中国人民政治协商会议山东省龙口市委员会

龙口文史资料

徐镜心集

李日 徐学航 李一苇 主编

山东大学出版社
SHANDONG UNIVERSITY PRESS
·济南·

图书在版编目(CIP)数据

徐镜心集 / 李日,徐学航,李一苇主编. —济南:
山东大学出版社,2022.12
ISBN 978-7-5607-7699-6

Ⅰ. ①徐… Ⅱ. ①李… ②徐… ③李… Ⅲ. ①辛亥革命—文集 Ⅳ. ①K257-53

中国版本图书馆 CIP 数据核字(2022)第 248485 号

策划编辑 刘森文
责任编辑 郭凯迪
封面设计 王秋忆

徐镜心集
XU JINGXIN JI

出版发行 山东大学出版社
社 址 山东省济南市山大南路 20 号
邮政编码 250100
发行热线 (0531)88363008
经 销 新华书店
印 刷 济南新科印务有限公司
规 格 720 毫米×1000 毫米 1/16
32.25 印张 454 千字 12 插页
版 次 2022 年 12 月第 1 版
印 次 2022 年 12 月第 1 次印刷
定 价 118.00 元

图 1　徐镜心(1874—1914)

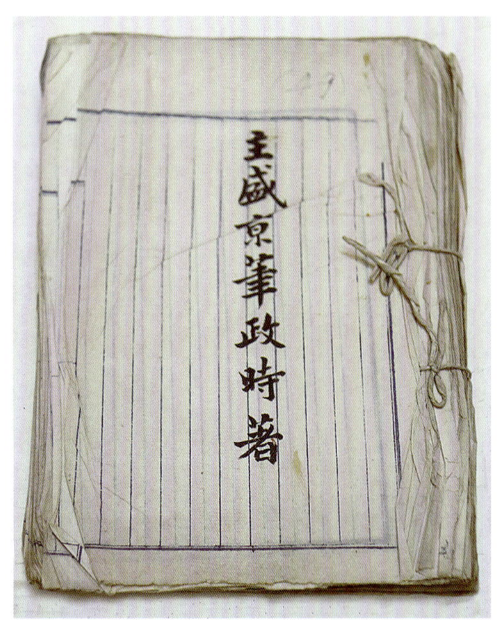

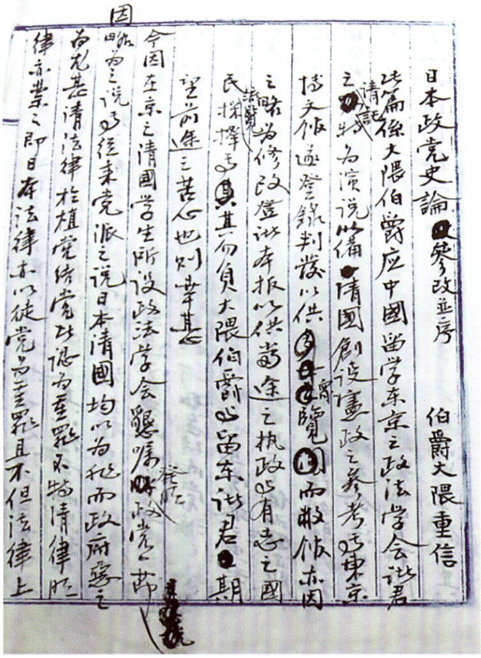

图 2　徐镜心《盛京时报》社论手稿之一(山东博物馆藏)

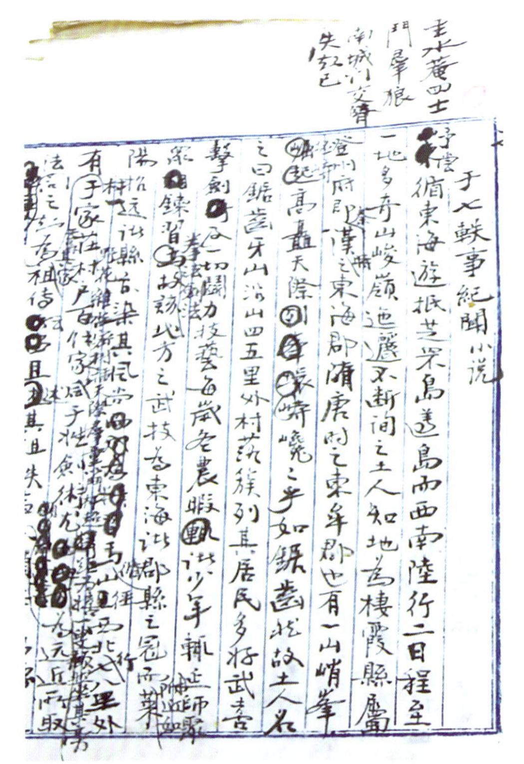

图 3 《于七轶事纪闻小说》手稿

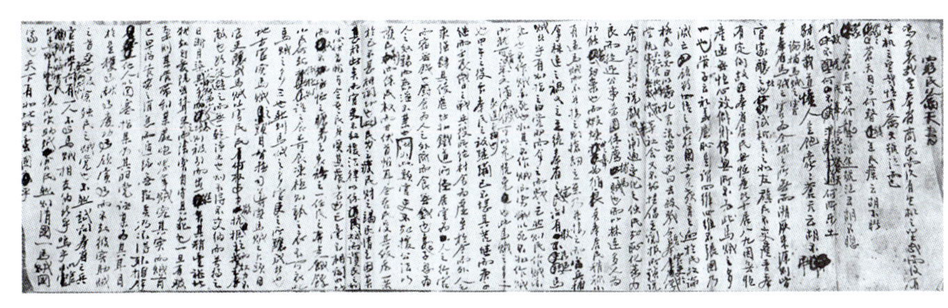

图 4 《穷民吁天书》等未刊稿

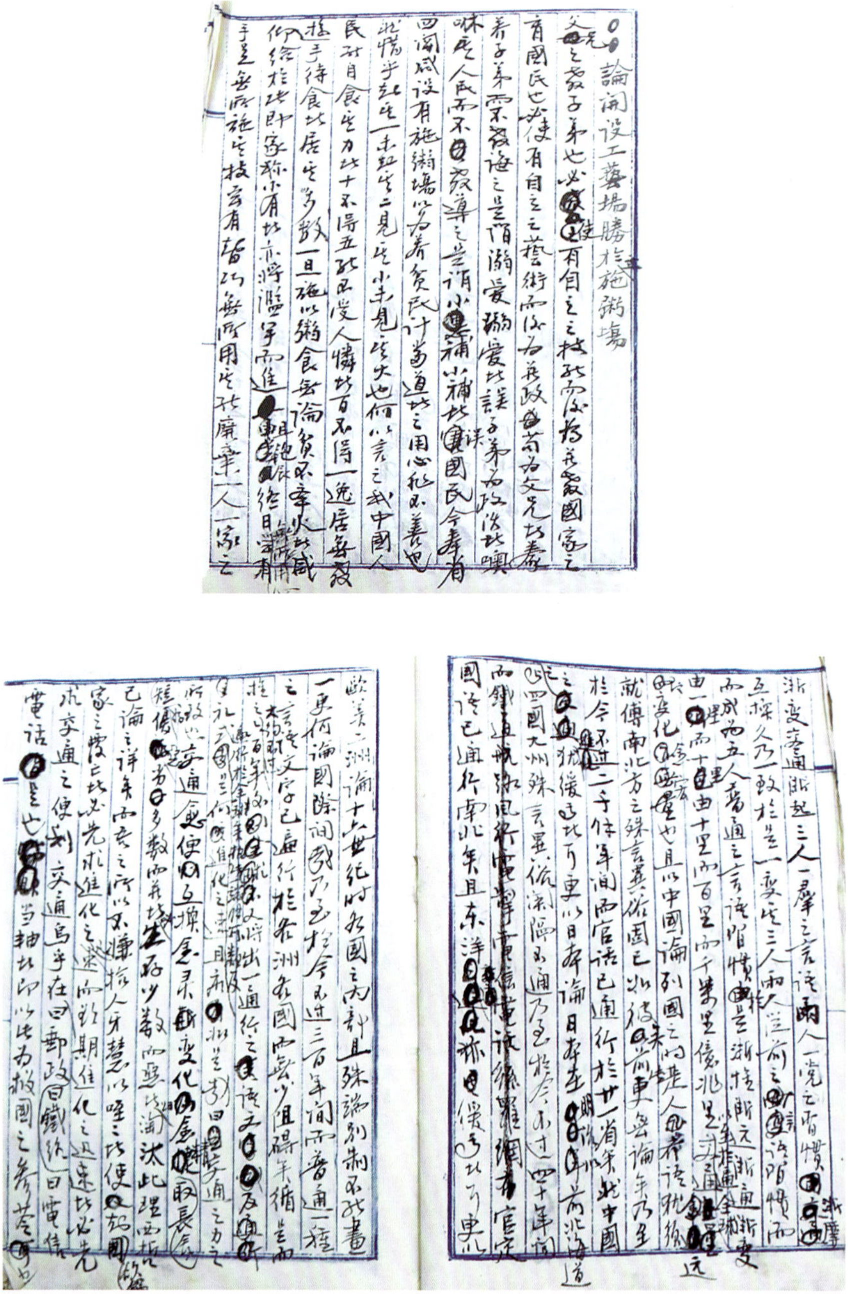

图 5 《盛京时报》社论未刊稿(部分)

图 6　徐镜心像（北京市档案馆藏）

图 7　《盛京时报》社旧影

图 8 《政界表说略》(孤本,山东博物馆藏)封面、扉页

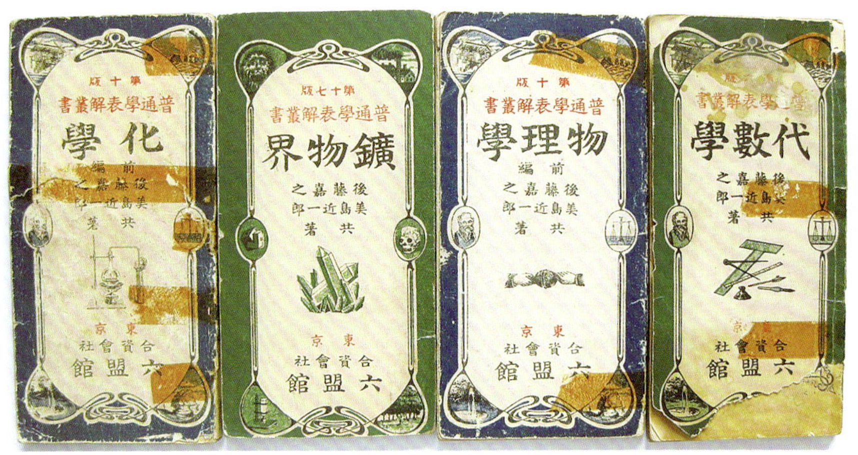

图 9　徐镜心留学日本时使用的课本

图 10　1912 年 10 月 1 日徐镜心陪同孙中山游崂山的合影(山东博物馆藏)

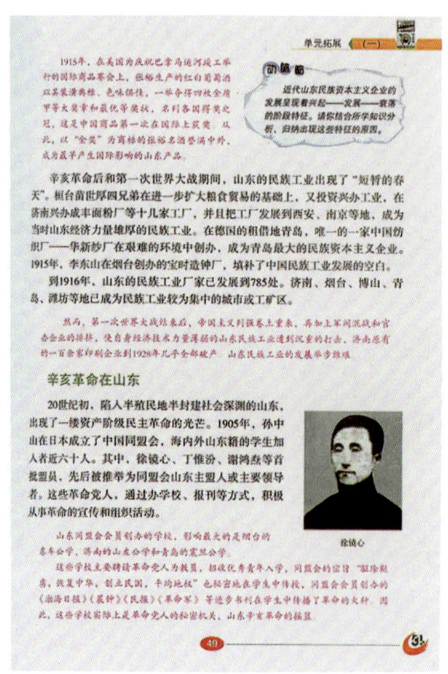

单元拓展（一）

1915年，在美国为庆祝巴拿马运河竣工举行的国际商品赛会上，张裕生产的红白葡萄酒以其浆液秀雅、色味佳佳，一举夺得四枚金质甲等大奖章和最优等奖状，名列各国释奖之冠，这是中国商品第一次在国际上获奖。从此，以"金奖"为商标的张裕名酒誉满中外，成为最早产生国际影响的山东产品。

动脑筋

近代山东民族资本主义企业的发展呈现着兴起——发展——衰落的阶段特征。请你结合所学知识分析、归纳出现这些特征的原因。

辛亥革命后和第一次世界大战期间，山东的民族工业出现了"短暂的春天"。桓台苗世厚四兄弟在进一步扩大粮食贸易的基础上，又投资兴办工业，在济南兴办成丰面粉厂等十几家工厂，并且把工厂发展到西安、南京等地，成为当时山东经济力量雄厚的民族工业。在德国的租借地青岛，唯一的一家中国纺织厂——华新纱厂在艰难的环境中创办，成为青岛最大的民族资本主义企业。1915年，李东山在烟台创办的宝时造钟厂，填补了中国民族工业发展的空白。

到1916年，山东的民族工业厂家已发展到785处。济南、烟台、博山、青岛、潍坊等地已成为民族工业较为集中的城市或工矿区。

然而，第一次世界大战结束后，帝国主义列强卷土重来，再加上军阀混战和官办企业的排挤，使自身经济技术力量薄弱的山东民族工业遭到沉重的打击，济南原有的一百余家印刷企业到1928年几乎全部破产，山东民族工业的发展举步维艰。

辛亥革命在山东

20世纪初，陷入半殖民地半封建社会深渊的山东，出现了一缕资产阶级民主革命的光芒。1905年，孙中山在日本成立了中国同盟会，海内外山东籍的学生加入者近六十人。其中，徐镜心、丁惟汾、谢鸿焘等首批盟员，先后被推举为同盟会山东主盟人或主要领导者。这些革命党人，通过办学校、报刊等方式，积极从事革命的宣传和组织活动。

徐镜心

山东同盟会会员创办的学校，影响最大的是烟台的东牟公学、济南的山左公学和青岛的震旦公学。

这些学校主要聘请革命党人为教员，招收优秀青年入学，同盟会的宗旨"驱除鞑虏，恢复中华，创立民国，平均地权"也秘密地在学生中传授，同盟会会员创办的《渤海日报》《晨钟》《民报》《革命军》等进步书刊在学生中传播了革命的火种。因此，这些学校实际上是革命党人的秘密机关、山东辛亥革命的摇篮。

49

图 11　中学历史课本中的徐镜心

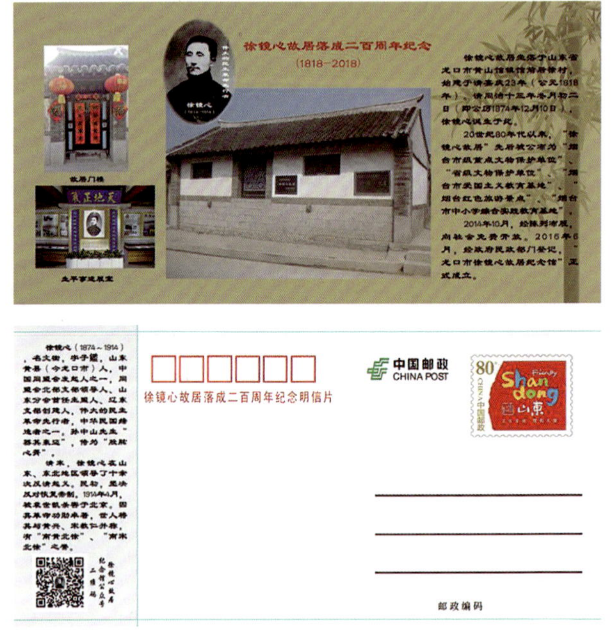

图 12　2018 年中国邮政集团公司发行的徐镜心故居明信片

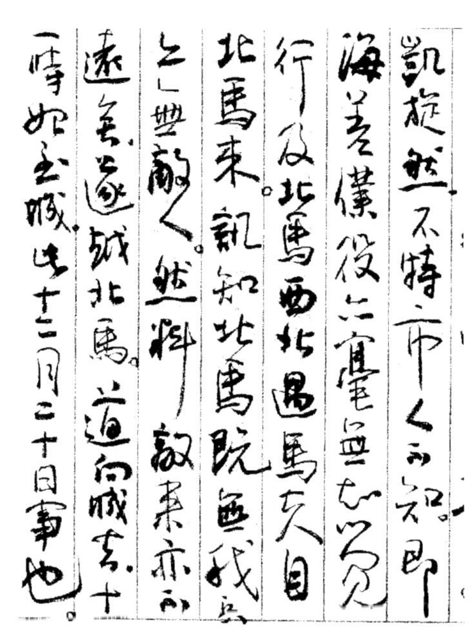
凱旋，然不特市人不知，即
海关僕役亦毫無所覺。
行及北馬，西北遇馬夫自
北馬來。詢知北馬既無我兵，
亦無敵人。然料敵來亦不
遠矣。遂離北馬，道向城去，十
一時始出城，時十二月二十日事也。

图 13 《光复登黄战事纪实》李恩祥抄本（部分）

《光复登黄战事纪实》是辛亥革命先
烈黄县徐子鉴先生的手稿前一部分，所
记为一九一一年十一月至一九一二年一月光复登
黄两地的战斗事实。后一部分则是在围城
中与敌军作战的经过。失败后，先生退到
烟台，於四月上旬取道天津转往济南。这
稿就是在船上写的。当时用的两個本子大
小不一致，不可能订在一起，就成了两部分。
后一部分字迹较少。
一九三○年前后，黄县编写黄县革命
史实，主要是以手稿为纲而打写的。后
来又把原稿归还了先生长君焕章保
存。前年为纪念辛亥革命五十周年征
集文献遗物，我曾发过四十多封信征
集这個稿本，迄未到（焕章已逝世）。

图 14 张静斋跋《光复登黄战事纪实》手稿（杜明甫代拟）

图 15 《徐氏家谱》中有关徐镜心的记载(右页)

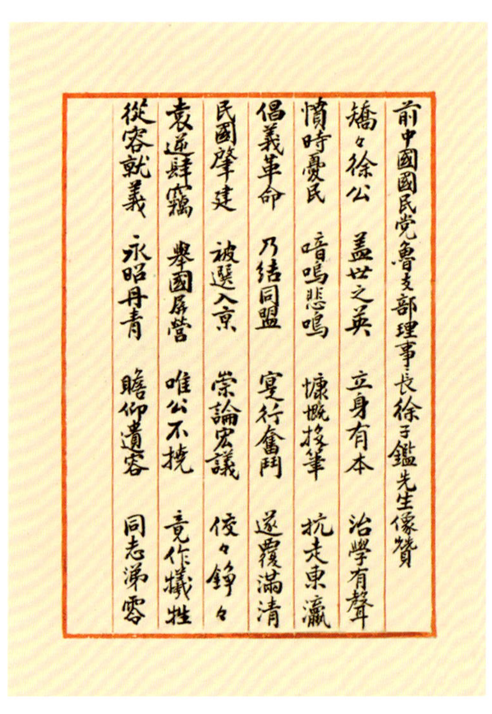

前中國國民党魯支部理事長徐子鑑先生像贊

矯々徐公 盖世之英 立身有本 治學有聲
憤時憂民 喑嗚悲鳴 慷慨投筆 抗志東瀛
倡義革命 乃結同盟 寔行奮鬥 遂覆滿清
民國肇建 被選入京 崇論宏議 侃々錚々
袁逆肆竊 舉國屏營 唯公不撓 竟作犧牲
從容就義 永昭丹青 瞻仰遺容 同志涕零

图 16 丁惟汾所藏《徐镜心像赞》(丁惟汾孙女丁叒提供)

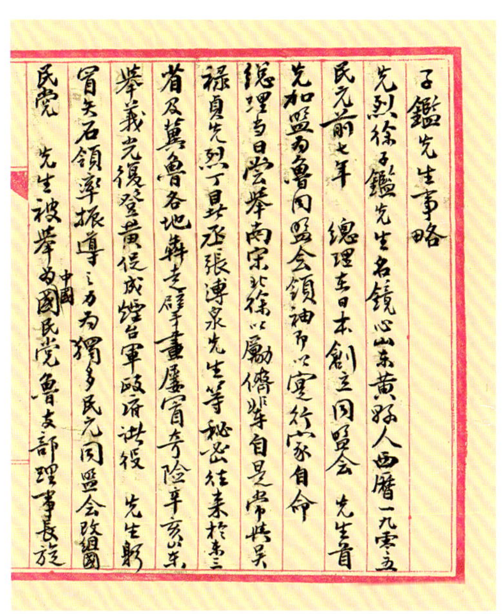

子鑑先生事略

先烈徐子鑑先生名鏡心山东黄县人西曆一九零五

民元前七年 總理在日本創立同盟会 先生首

先加盟為魯同盟会領袖力以實行家自命

總理当日嘗舉南宋北徐以勵儕輩自是常與吴

禄貞先烈丁鼎丞張溥泉先生等秘密往来於東三

省及冀魯各地奔走籌畫屢冒奇险辛亥山东

舉義光復登黄促成煙台軍政府諸役 先生躬

冒矢石領率振導之力為獨多民元同盟会改組國

民党 先生被舉為中國國民党魯支部理事長旋

图 17 《子鉴先生事略》手稿(部分,丁惟汾孙女丁叒提供)

山東先賢圖傳之三 徐鏡心先生

徐鏡心,字子鑑,黃縣人,清末赴日本入早稻田大學。總理創立同盟會,委他爲山東主盟人,回國後,聯合同志,組織革命機關。袁世凱密謀帝制,鏡心起而反對,民三被捕遇害。

图 18 1936 年《山东民众教育月刊》刊载之

《山东先贤图传之三:徐镜心先生》

图 19　1917 年初徐镜心忠骸自京迁葬故里民国政府公祭挽联

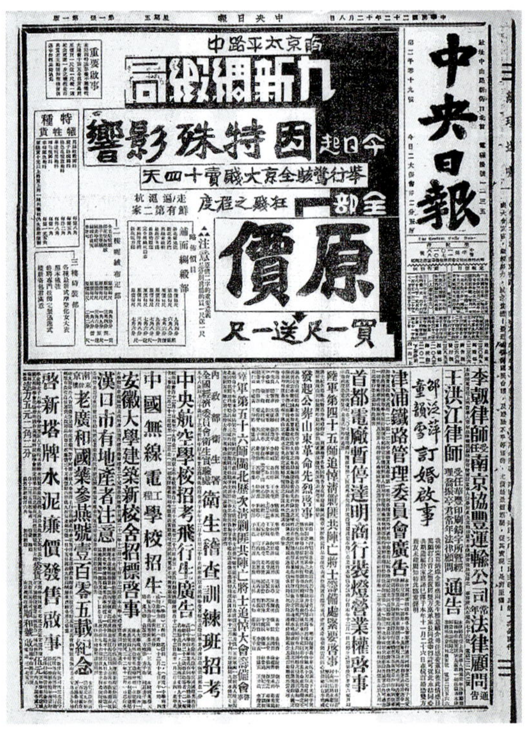
中央日報

南京太平路中
九新綢緞局
今日起
因特殊影響
舉行驚駭全京大賤賣十四天
全部一律
狂賤之程度
原價
買一尺送一尺

李覲律師受任南京協豐運輸公司常年法律顧問通告
王洪江律師 通告
訂婚啟事
津浦鐵路管理委員會廣告
首都電廠暫停達明商行裝燈營業權啟事
發起公葬山東革命先烈啟事
衛生稽查訓練班招考
中央航空學校招考飛行生廣告
中國無線電工程學校招生
安徽大學建築新校舍招標啟事
漢口市有地產者注意
老廣和國藥參燕號壹百零五載紀念
啓新塔牌水泥廉價發售啟事

图 20　1933 年 12 月 8 日《中央日报》发布《发起公葬山东革命先烈启事》

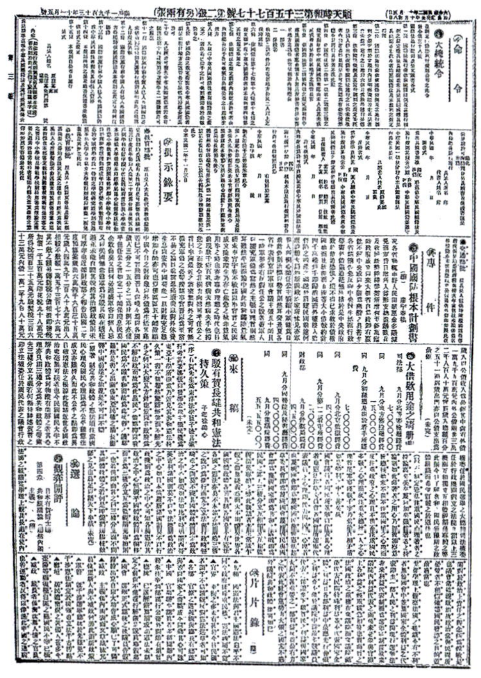

图 21 《顺天时报》刊载徐镜心《驳有贺长雄共和宪法持久策》

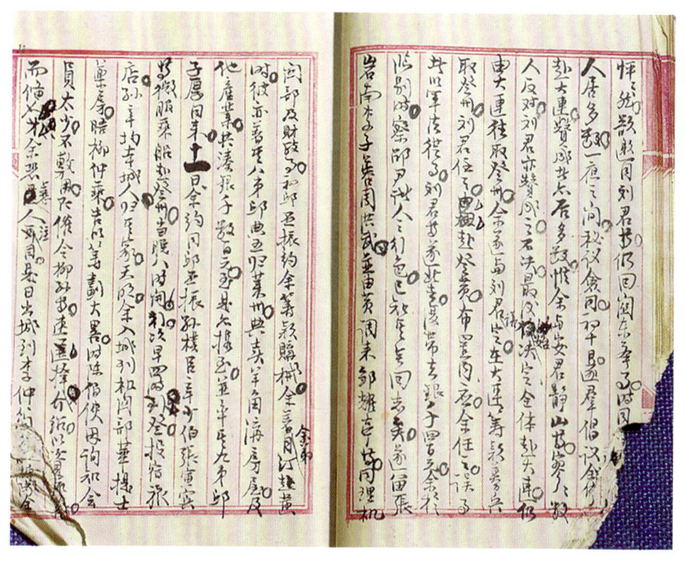

图 22 《光复登黄战事纪实》手稿（国家一级文物，烟台市博物馆藏）

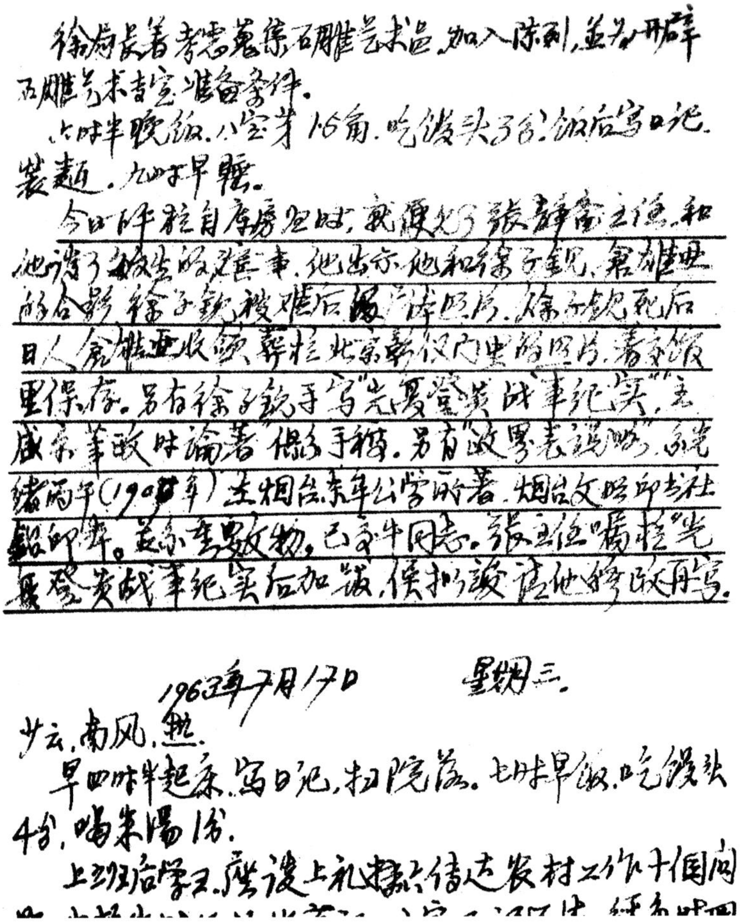

徐局长着李春蓬[illegible]石雕艺术品，加入陈列，并为开辟石雕艺术专室准备条件。

六时半晚饭，八宝菜16角，吃馒头3个。饭后写日记、装题。九时早睡。

今日下午在自库房[illegible]时，就便与张静斋主任和他谈了[illegible]的旧事，他出示他和徐子钧、鲁雄世的合影，徐子钧被难后遗下的照片，徐子钧死后日人火化收领，葬于北京彰仪门外的照片，嘱交馆里保存。另有徐子钧手写"光复登黄战事纪实"未完成、"笔政时论著"化名手稿。另有"政界表现略"，光绪丙午（190[illegible]年）在烟台东牟公学所著，烟台文明印书社铅印本。这都是贵重文物，已交牛同志。张主任嘱在"光复登黄战事纪实"后加跋，俟拟就请他修改再写。

1963年7月17日　　星期三。

少云，南风，热。

早四时半起床，写日记，扫院落。七时早饭，吃馒头4个，喝米汤1份。

上班后学习，继续上礼拜六信达农村工作十个问

图23　《杜明甫日记》中关于《光复登黄战事纪实》手稿的记载（1963）

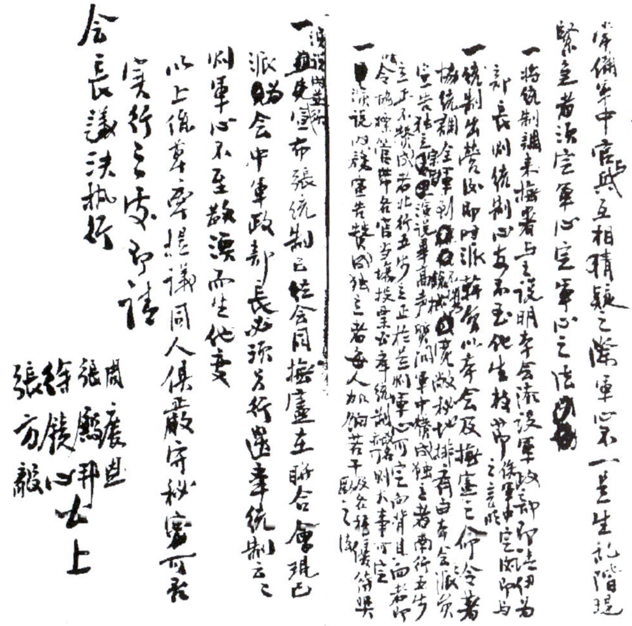

图 24　徐镜心领导山东独立时的秘密文件

图 25　徐镜心烈士之墓(位于济南千佛山东麓)

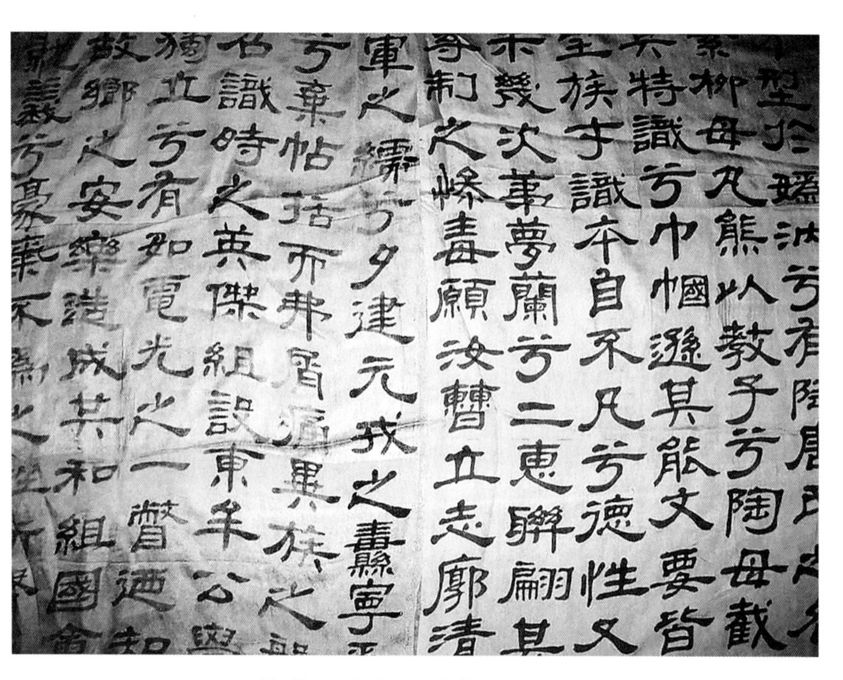

图 26　徐镜心母亲王氏诔文(1919,局部)

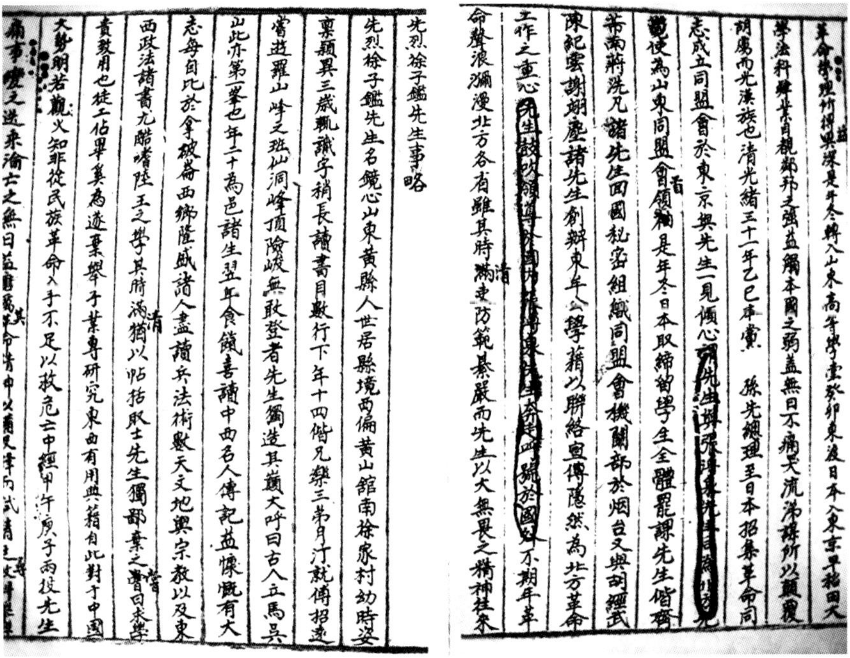

图 27 《先烈徐子鉴先生事略》原件(现藏于台湾国民党党史会)

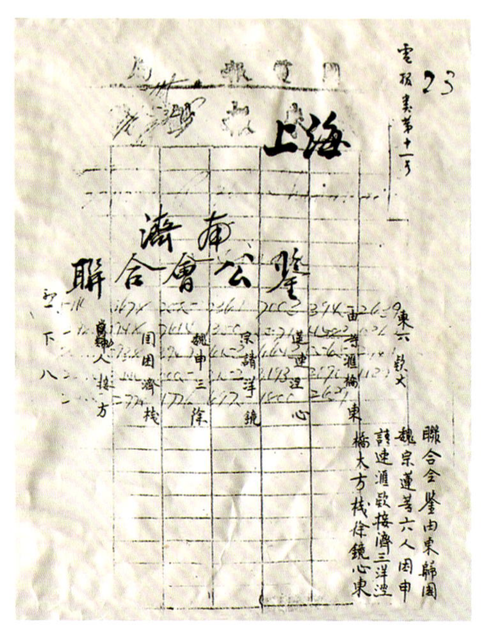

图 28　1911 年 11 月 21 日徐镜心由上海发给山东各界联合会的电报

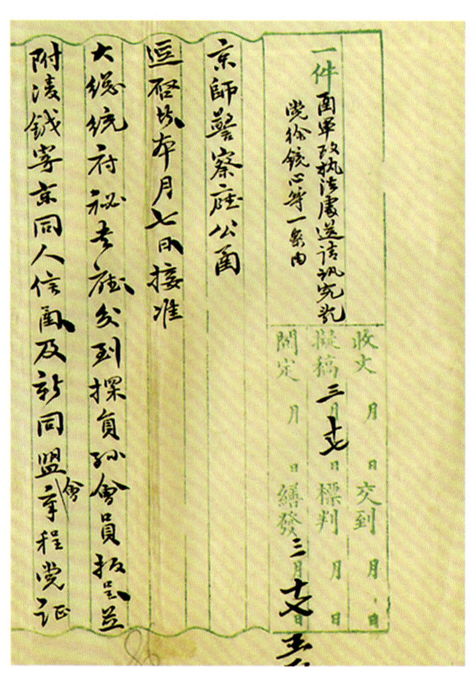

图 29　袁世凯杀害徐镜心的原始档案

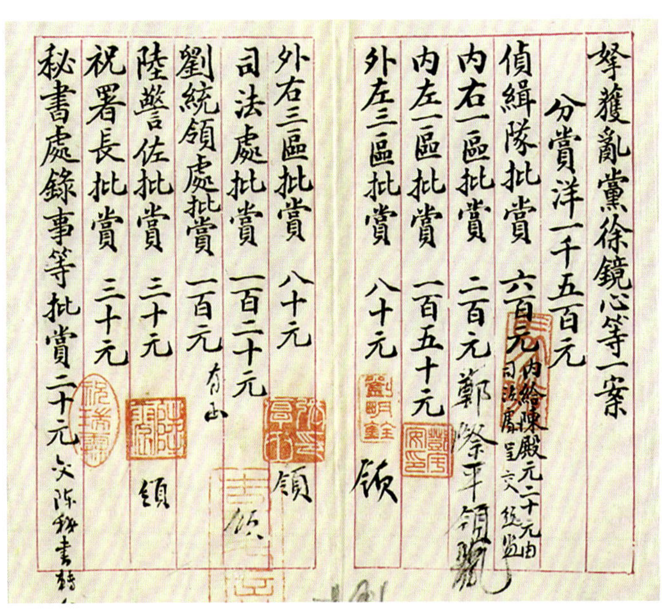

拏獲亂黨徐鏡心等一案

分賞洋一千五百元

偵緝隊批賞　六百元　内給陳殿元二十元由司法處呈交 [illegible]

内右一區批賞　二百元　鄭祭平領

内左一區批賞　一百五十元

外左三區批賞　八十元　領

外右三區批賞　八十元　領

司法處批賞　一百二十元

劉統領處批賞　一百元

陸警佐批賞　三十元　領

祝署長批賞　三十元

秘書處錄事等批賞二十元　交陈秘書 [illegible]

图 30　徐镜心案京师警察厅赏银单(北京市档案馆藏)

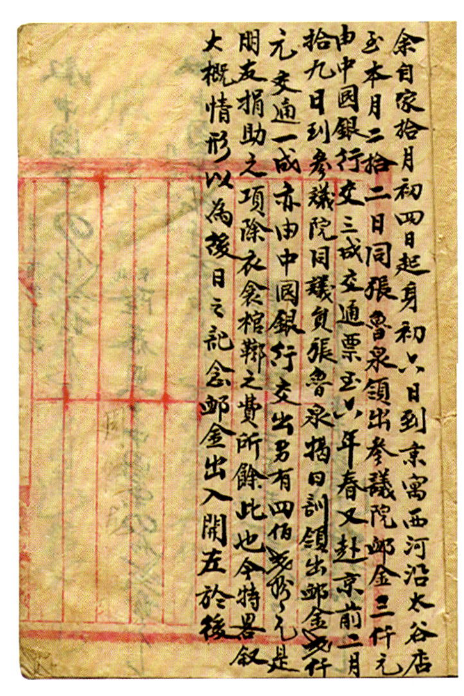

余自家拾月初四日起身初六日到京寓西河沿太谷店至本月二拾二日同張魯泉領出參議院卹金三仟元由中國銀行交三成交通票至六年春又赴京前二月拾九日到參議院同議員張魯泉 [illegible] 領出卹金二仟元交通一成亦由中國銀行交出另有四佰 [illegible] 元是朋友捐助之項除衣衾棺槨之費所餘此也今特畧叙大概情形以為後日之紀念卹金出入開左於後

图 31　徐镜心抚恤金存根(1916 年 11 月—1917 年 3 月)

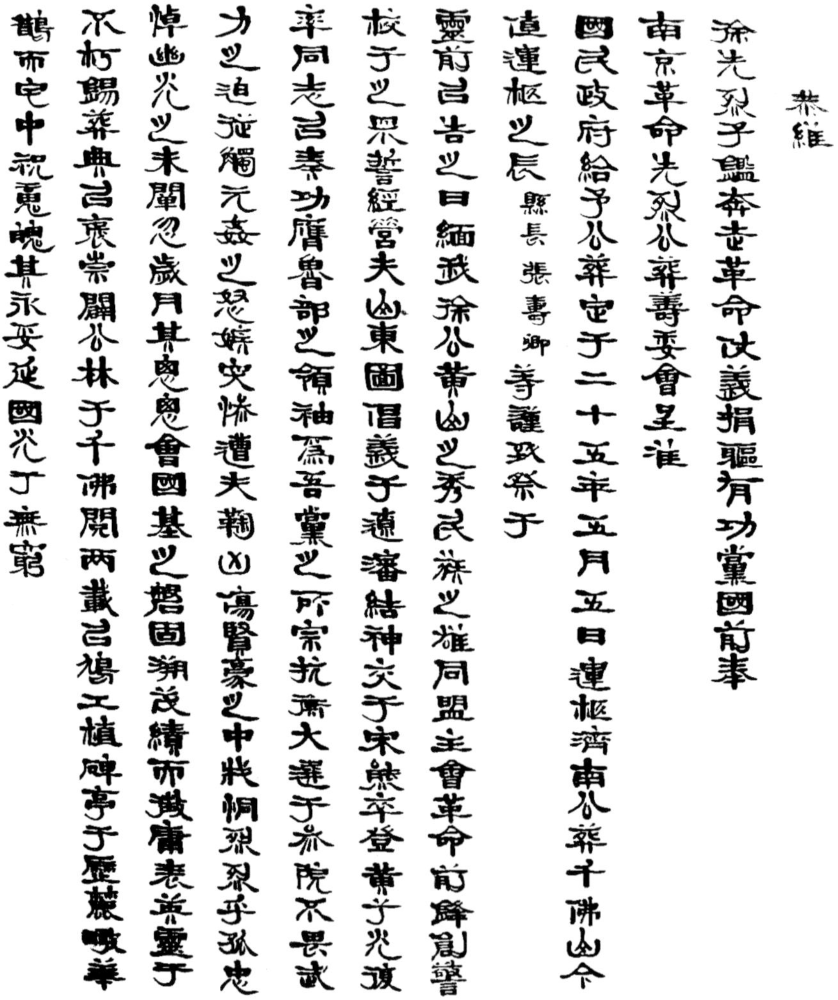

恭維

徐先烈子鑑奔走革命仗義捐軀有功黨國前奉

南京革命先烈公葬籌委會呈准

國民政府給予公葬定于二十五年五月五日運柩濟南公葬千佛山今

值運柩之辰 縣長 張壽卿 等謹致祭于

靈前曰告之日緬我徐公黄山之秀民族之雄同盟主會革命前鋒創警

校于之罘誓經營夫山東圖倡義于遼瀋結神交于宋然卒登黄子光復

辛同志曰奉功膺魯部之領袖為吾黨之所宗抗衡大選于參院不畏威

力之迫從觸元兇之怒嫉突怵遭夫鞠凶喪賢豪之中殀惆烈烈乎孤忠

悼幽光之未闡忽歲月其悤悤會國基之鞏固溯茂績而徵庸表崇靈于

不朽錫葬典以褒崇闢公林于千佛閱兩載以鳩工植碑亭于歷麓峨華

鵲而宅中祝冤魂其永安延國光于無窮

图 32　1936 年黄县县长张寿卿撰写的徐镜心祭文

图 33　“光复黄县死事官兵墓碑”碑文拓片(于富江提供)

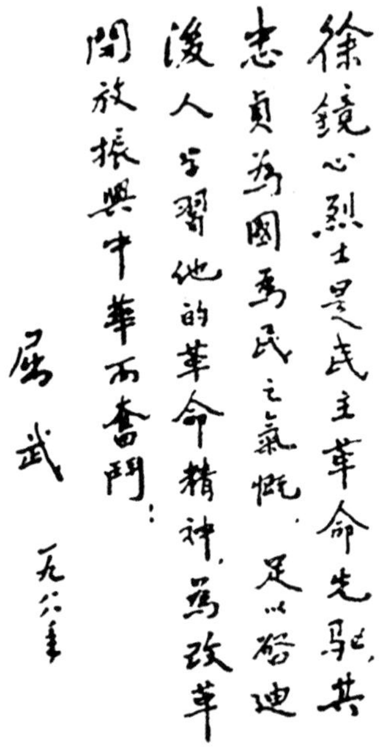
徐鏡心烈士是民主革命先驅，其
志貞爲國爲民之氣慨，足以啓迪
後人學習他的革命精神，爲改革
開放振興中華而奮鬥！
屈武
一九八八年

图 34　1988 年民革中央名誉主席屈武题词

革命巨子徐鏡心
周鐵農

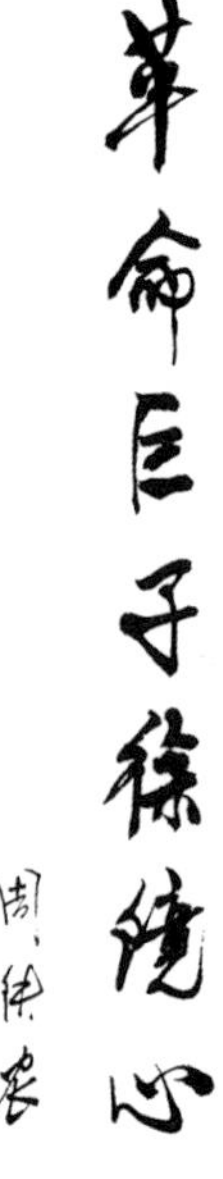

图 35　2011 年民革中央主席周铁农题词

编辑说明

一、本书收录了徐镜心先烈在《之罘报》《盛京时报》《民立报》《顺天时报》《民主报》《泰东日报》《中华报》《亚细亚报》《申报》《新闻报》等报刊上发表的政论、函电、诗词、议员提案等文献、已出版的著作和各类未刊手稿(如《光复登黄战事纪实》等)。

二、本书内容按照时间顺序编排。编者标注的时间均为阳历。为尊重原文、原稿和原著,行文中使用阴历的地方,除非必要,通常不作改动,一仍其旧。

三、原文著述日期不甚明确者,由编者酌加考订具体日期或大致时间,置于书中合适位置。不能考订具体年月日者置于本书最后;只能考订具体年月者,置于该年该月最后;只能考订具体年者,置于该年最后。

四、所有文献,均由编者重新分段、标点、校勘,有的酌加标题。作者原注,予以保留。但为阅读方便起见,均改为页末注。原文中涉及的部分重要词汇、典故、人物和事件等,为方便读者更好地理解原文,编者进行了简要注释,一体置于页末。

五、本书使用规范简化字和规范的现代汉语,对于原文中的错字、别字、脱字,编者在其后加〔〕予以订正,或补充,或酌加说明。字迹漫漶不清无法辨识者,以□代替。少数文字确属明显排印错误或笔误,则由编者径予改正,不再另行说明。对于近代音译的外国名字或表述,一般不予改动。

六、原文的某些说法和观点,是由特定的历史环境造成的。本书因系历史文献资料汇编,为保存原貌,编者未加改动,特此说明。

七、徐镜心是伟大的旧民主主义革命先驱者,平生笔耕不辍,著述颇丰。截至本书竣稿之时,仍有部分重要文稿和书稿散佚在外,如《原老篇》《气占法》《养生秘诀》《武备择要》等,虽经编者多方寻觅,至今仍不可得。在此恳请读者诸君不吝赐教,提供线索或惠赠资料,以俟再版时增补订正,使成完璧。

引言　“南宋北徐”述论

李　日

辛亥革命时期，许多仁人志士为推翻君主专制制度、建立民主共和国家而壮烈牺牲。仅中国同盟会高层①便有宋教仁、徐镜心两位领袖被袁世凯残酷杀害。宋、徐同为中国旧民主主义革命的重要领导人，他们有共同的革命理想，相似的革命经历，同样的革命贡献，因此在辛亥革命史上人们将二人并称，有“南宋北徐”的赞誉。但是，“南宋北徐”身后的历史际遇并不相同，直有霄壤之别、云泥之判。这不仅是一个历史学专业问题，也是一种十分罕见的社会学现象、政治学现象和文化学现象，值得重视和研究。

一、“南宋北徐”的由来

据现有资料，“南宋北徐”这一说法最早出现在1934年5月国史馆编纂的《先烈徐子鉴先生事略》中，文中说“先总理尝倚为股肱心膂之寄，并举‘南宋北徐’以励侪辈”②。

最早直接将宋教仁和徐镜心相提并论的是孙中山，其次是国民党元老丁惟汾。1905年10月21日，丁惟汾由徐镜心主盟加入同盟会，是继徐镜心、张传一、彭占元之后同盟会山东分会（山东留日学界）的第四任会长。1934年，丁惟汾呼吁国民政府褒扬辛亥革命时期牺牲的山东先烈，

---

① 此处所说的高层是指1905年8月20日中国同盟会成立大会上设定的总理、三部（执行部、评议部、司法部）部长和骨干、国内五个支部和国外四个支部的主要领导人。

② 《先烈徐子鉴先生事略》，原件藏（台北）中国国民党中央党史史料编纂委员会库藏史料，档案编号：230-470.2。

最终推动了国民党召开中央常务会议，追赠徐镜心为陆军上将，明令褒扬，事迹交党史会，并在济南千佛山东麓建立山东辛亥先烈公坟。与此同时，丁惟汾撰写了《徐镜心传》和《赠陆军上将黄县徐君碑》碑文。在这两篇文献中，丁惟汾均将宋、徐并列。

在《徐镜心传》中，丁惟汾说：袁世凯“乃遣心腹示意，饵以甘肃都督，欲收为己用，镜心不为动。及大选，袁氏行贿，不敢及镜心。及投票，袁氏临以兵，同盟会人无屈者。袁氏忌之甚。用赵秉钧暗杀宋教仁，将以次而及其余，人为镜心危”。

在《赠陆军上将黄县徐君碑》中，丁又说：“袁世凯谋为帝，知革命党必挠己，思先屠戮其巨子以灭党而盗国。二年三月，宋教仁遇难于上海。其明年，徐镜心就义于京师。”①

丁惟汾还曾说：徐镜心“以才略为袁世凯所畏恶”，“袁氏知能阻阏其帝制者厥为国民党，而镜心尤国民党中巨子，故袁氏称帝必先择民党之健者，次第戕贼，而后以为莫我敢抗者，于是镜心死矣”。②

此外，国民党元老居正的夫人在其《我的回忆》中也有类似的说法。该回忆录属编年体，其中关于宋教仁的记录是：“次年（1913 年）三月二十日，宋教仁先生由沪启程入京，觉生（居正）在交通部召开大会，并以晚宴饯行，至晚间十一点始散。”“觉生在席散后刚回家少息，党部职员拍门而入说：‘宋先生在车站被刺，已经抬到铁路医院了。’觉生立即赶往铁路医院，天明才回家。休息片刻，再往医院，则宋先生已因伤重殒命矣。”“未几，江西徐秀钧、山东徐镜心被杀，谢持被捕。国会无力抗衡，议员更失保障。余于五月中旬奉命出京，谋讨袁也。”③

从上述史料可以看出，宋教仁、徐镜心同是中国民主革命的伟大先

---

① 丁惟汾：《赠陆军上将黄县徐君碑》，李日、徐学航主编：《革命巨子徐镜心》，山东大学出版社 2011 年版，第 316 页。

② 丁惟汾：《徐镜心传》，李日、徐学航主编：《革命巨子徐镜心》，山东大学出版社 2011 年版，第 127 页。

③ 居钟明志著，居浩然注释：《我的回忆》，辛亥革命史研究会、武昌辛亥革命研究中心编：《辛亥革命史丛刊》第 15 辑，湖北人民出版社 2012 年版，第 428 页。又见于居正：《梅川谱偈》，陈三井、居蜜编：《居正先生全集》上册，“中央研究院”近代史研究所，1998 年，第 106 页。

驱,他们的革命贡献和历史地位难分伯仲。“南宋北徐”这一赞誉,是国民党中央、国民党元老和许多革命同志的客观认识和公允评价,史上早有定论。

二、“南宋北徐”的革命交集

“南宋北徐”的说法,不仅从史料的考证上是成立的,而且细考二人的革命经历、革命活动、革命交集和革命贡献,我们不难发现,“南宋北徐”亦完全成立。

(一)“南宋北徐”共创中国同盟会

1903 年,徐镜心到日本留学。宋教仁于 1905 年 6 月进入日本法政大学学习。在日本留学期间,二人都是倾向革命的青年。宋教仁创办《二十世纪支那》,宣传反清革命。徐镜心与邱丕振等人创办“利群社”,鼓吹革命。宋教仁联络湖湘子弟追随孙中山,加入同盟会。徐镜心则作为山东旅日同乡会会长,不仅联络时在日本的山东志士,更写信回国内邀集山东青年赴日留学。① 他还利用假期回国之机,赴省内青岛、济南、潍坊等地宣传进步思想,网罗优秀青年。②

同盟会成立前后,宋、徐各自奔忙联络,为同盟会的创立做出了重要贡献。1905 年 8 月,中国同盟会成立,宋教仁任司法部检事长和《民报》庶务干事兼撰述。徐镜心被孙中山任命为中国同盟会北部支部领导人兼山东分会主盟人,宋、徐一起成为同盟会领袖集团的中坚人物。

同盟会成立后,宋教仁在东京总部工作,主持《民报》。徐镜心则在留学生中大力发展同盟会员。据现有资料,在不到半年的时间里,由徐镜心主盟加入同盟会者共有 46 人,占山东初期会员(53 人)的近 90%。

1905 年底,徐镜心归国,在烟台创建东牟公学,作为中国同盟会北部支部和山东分会的机关部。该公学“网罗志士,陶铸英豪”③,是北方革命

① 徐镜心:《劝山东人士游学日本公启》,《之罘报》1905 年 4 月 4 日。

② 黄县革命史编写委员会:《徐镜古传》,中国史学会济南分会编:《山东近代史资料》第二分册,山东人民出版社 1958 年版,第 159 页。

③ 魏懋杰:《黄县三十年闻见录》(下),《山东文献》(台北)1979 年第 5 卷第 2 期。

的摇篮。当时,青年来此求学者甚多,最盛时有200余人。公学设立师范科和警察科,师范科学生毕业后又分赴各地教书,宣传革命,集纳英才;警察科学生则专攻军事,习文尚武,是日后革命武装的核心力量。由于东牟公学卓有成效的教育和宣传,一二年间,“鲁东各县,革命思潮风涌”①。

同盟会总章规定:北部支部设于烟台,下辖蒙古、直隶、东北、陕西、山东、山西等地。其中,东北三省的战略意义尤为重大。至1906年夏间,山东的革命工作已经步入正轨,徐镜心认为“覆满必先撼其根”,因此决定到东北清王朝的“发祥地”去“讲演主义,结纳豪杰”②,开展中国同盟会北部支部的工作。临行,他将山东党务交于刘冠三、谢鸿焘等人主持③,嘱托他们大力发展同盟会会员④,自己则渡海北上。

1906年夏秋间,徐镜心到达东北。⑤ 他首先开展的是革命宣传工作。适逢日本人中岛真雄筹备创刊《盛京时报》,徐镜心被聘为该报首任主编。徐镜心正是利用了这一有利时机,介绍革命党性质以及最近的革命动态。他在该报发表“时评、诗文数百篇”,产生了重要影响。正如丁惟汾所说:“辽、吉、黑三省豪杰,闻革命之说而奋起者,《盛京时报》尝有先驱之力。”⑥

在主编《盛京时报》同时,徐镜心已经开始筹建同盟会在东北的组织领导机构。当时在东北的社会各界中,山东人或祖籍山东的人数最众,徐镜心因此创立“新民山东同乡会”,并以“同乡会”为抓手,开展革命工作。

---

① 黄县革命史编写委员会:《黄县革命史实》,中国史学会济南分会编:《山东近代史资料》第二分册,第126页。

② 丁惟汾:《徐镜心、王日吉、徐镜古传》,烟台市政协文史资料委员会、烟台文史资料编辑部编:《烟台文史资料》第十四辑,1991年,第143页。

③ 张彦忱:《先烈徐子鉴传略》,中国国民党中央党史史料编纂委员会库藏史料《国民政府抚恤徐子鉴》,处字第782号。

④ 中国史学会济南分会编:《山东近代史资料》第二分册,第126页。

⑤ 现据可考的文献资料判断,徐镜心在东北地区的革命活动,主要集中在辽宁和吉林。赵尔巽档案资料中有关于徐镜心的记载,反映的亦是徐在辽宁安东、凤城一带的活动。而徐在吉林的革命活动,“只能秘密进行,因而很难反映在官方的文书档案中”(吉林省档案馆、吉林省社会科学院历史所编:《清代吉林档案史料选编》,内部发行,1981年,第2页)。

⑥ 丁惟汾等:《山东革命党史稿》(二),《山东文献》(台北)1967年第1卷第4期。

他与河北张继、保定商震、山东陈干、左雨农、宋涤尘等人，或扮作收购山货的商人，或扮成售书卖报的摊贩，或扮成民间艺人演唱胶东大鼓，或身穿和服充日本浪人，深入民间，“联合关外贤豪，散布革命种子”，“漫游各地，讲演主义”，发现和培养进步人士，秘密结识富有正义感的“马贼”头目，“未二载，党员得三百余人”，“诱致豪侠数百人”，在“白山黑水之间，真不知埋下多少革命思想的种子”。①

从1906年秋至1907年4月近一年的时间里，徐镜心联络、发展了大量同盟会会员如宁武、连承基等人②，又通过他们在学生、新军、马侠和联庄会中活动。此后，还发展了马侠头目杨国栋、联庄会首领顾人宜等人。由于徐镜心等人卓有成效的工作，到同盟会辽东支部成立之前已发展同志300多人③，联系辽东联庄会4000余人，绿林队伍1000多人，新军3万多人，革命力量不断壮大。至此，在东北地区建立革命领导机关的时机已经成熟。

（二）“南宋北徐”共创中国同盟会辽东支部

宁武评价说：“宋教仁是位热心团结同志的革命政论家。徐镜心是位血性革命者，信仰孙中山先生，在东北和宋教仁经常奔走东三省军政界，负联络总责。”④1907年4月间，鉴于在东北建立革命领导机关的时机和条件已经成熟，徐镜心经同盟会东京本部同意，决定组建“同盟会辽东支部”。而此时，适逢宋教仁到东北运动“马侠”，遂与徐镜心等奉天革命党人结合，创建了辽东支部。范予遂说：“（徐镜心）曾于1907年建立同盟会辽东支部。”⑤

宋教仁一直密切关注中国北方的革命进程。他对东北地区战略地位

---

① 冠华：《徐镜心为国牺牲》，《小学与社会》1936年第2期。

② 宁武：《东北辛亥革命简述》，龚世萍主编：《爱国志士宁武》，辽宁人民出版社1994年版，第220页。

③ 中国社会科学院近代史研究所中华民国史研究室编：《中华民国史资料丛稿·人物传记》第二十辑，中华书局1984年版，第69页。

④ 宁武：《东北辛亥革命简述》，中国人民政治协商会议全国委员会文史资料研究委员会编：《辛亥革命回忆录》第五集，文史资料出版社1963年版，第544页。

⑤ 范予遂：《徐镜心烈士传略》，1983年撰，未刊稿。范予遂（1893—1983），曾任国民党中央执行委员会委员、常务委员会委员。新中国成立后曾任民革山东主委。

的认识十分深刻，对活跃于白山黑水之间的“满洲马贼”抱持好感。他认为是“清政府不纲，国力削弱，不惜以祖宗巢穴拱手赠人，遂使我数十万神明华胄之同胞流离转徙，无地可托，无家可归。乃不得不效稗官野史中所谓宋江、吴用辈之仁义，与夫鲁达、武松辈之豪杰，以藏身而保命，其事甚奇，而其心亦甚苦”①。

宋教仁认为“马贼”通过教育引导可以改编为民军，与同盟会在南方的革命相呼应。1907 年 4 月 1 日，宋教仁偕白逾桓等人到达安东。4 月中旬，酝酿已久的中国同盟会辽东支部在奉天成立。可见，宋教仁的到来，为联络马侠，实现响应南方、对清廷进行南北夹击，革命形势紧急，革命任务紧迫，加速了辽东支部的成立。②

不唯如此，“南宋北徐”在东北革命过程中，发生了密切的交集。1907 年 6 月间，南方传来孙中山领导惠州起义的消息，“南宋北徐”决计在东北起义响应，不幸事泄，徐镜心逃“至吉林，充高等学堂教员”，宋教仁亦来到吉林，与徐镜心继续策划反清起义，他们前去吉林桦树甸子拜访了在此淘金的韩登举。二人为掩人耳目，先后在翠花胡同③创办“木植公司”④和“建筑组合公所”⑤，作为秘密联络机关，“阳为实业机关也者，阴实部勒豪猾，须时而动”。他们计议由白逾桓负责，在辽南碱厂招兵发动，

---

① 宋教仁：《二十世纪之梁山泊》，《宋教仁集》上册，中华书局 1981 年版，第 13 页。

② 有关中国同盟会辽东支部的成立过程，可参见《中国同盟会辽东支部史事考论》，《辛亥革命研究动态》2019 年第 3 期。

③ 杭新斋：《徐镜心先生事略》，《黄县民友》1934 年第 2 期。

④ 据徐镜心后裔回忆，徐家“大柜上有一箱书，其中有很厚的一本英汉大词典（已捐给烟台市博物馆），邹容的《革命军》几十册，林纾（字琴南）译的《茶花女》，及《块肉余生》《木马屠城记》《暴君焚城录》等小说多本。另外，革命文宣材料很多，满满的一箱子，我大伯只有在过年扫灰时，才有机会搭木梯子上去，打开箱子看看。箱子里还有我曾祖（徐镜心）和宋教仁为了掩护革命，在吉林成立木植公司（实为同盟会活动机关部）组织章程四五十本，是石印本，字迹清楚。我大伯上小学时当字帖用过，以后烧了”（徐学航：《徐镜心史事补遗》，李日、徐学航主编：《革命巨子徐镜心》，山东大学出版社 2011 年版，第 195 页）。

⑤ 《吉林建筑组合所之成立》，《盛京时报》1908 年 4 月 18 日第 3 版。

“欲袭据辽宁，逼榆关，窥燕京”[①]。“时革命运动已大致遍全国，所在清吏伺察不遗余力，刻刻防闲，故义旗甫举，辄为所败。况满洲为有清发祥地，伺察防闲，于他省益严。”起义最终流产，白逾桓等多人被捕，宋教仁逃往东京。徐镜心则在连承基的帮助下幸免于难[②]，“乃往依边务大臣吴禄贞，禄贞亦同盟会员，乃假以垦务委员名义，磨砺以图再举”。“南宋北徐”联袂在东北酝酿发动的武装起义，虽然均以失败告终，“然革命种子，已远播满人之发祥地矣”[③]。

现在看来，“南宋北徐”在东北运动革命过程中，之所以能够配合默契，是因为他们的许多革命理念相近或相同，是真正志同道合的战友。例如，在对待“马贼”的问题上，当时革命同志内部的认识并不一致，而宋、徐二人则英雄所见略同。据宁武回忆：

> 当时同盟会辽东支部，发展对象首先是教育界，其次是联庄会，再次是军界。有的同志倡议绿林也可以发展，但张榕、吴禄贞等都反对，认为革命党是纯洁的爱国者，不应罗致些打劫杀家的坏分子。徐镜心、宋教仁对张、吴力说，所谓打劫杀家者都是穷苦人被逼上梁山的。张榕很激动地说：“大家不明白我省‘耍人’（即地痞流氓之类的人）的内幕，若辈都是游手好闲的人，这种人不一定都是贫穷人。如辽中县已故的杜立山，他原是小富有者，后来‘上了马’。现任统领的张作霖，他兄张作甫原是海城乡间广置田产者（地主），张作霖不安分，吸大烟，嫖女人，作了抢男霸女的贼匪，现在竟因匪而作官了。这种人如何能革命呢？”但宋教仁不以张的话为然。[④]

宋教仁对待“马贼”的态度已如前述。徐镜心对于“马贼”的态度，也是深怀同情理解并寄予希望的。他早在1906年秋到达东北后，对“马贼”

---

① 邹鲁：《中国国民党史稿》第6册，中华书局1960年版，第1654页。

② 丁惟汾：《山东革命党史稿》，李日、徐学航主编：《革命巨子徐镜心》，山东大学出版社2011年版，第169页。

③ 魏懋杰：《黄县三十年闻见录》（下），《山东文献》（台北）1979年第5卷第2期。

④ 宁武：《东北辛亥革命简述》，李日、徐学航主编：《革命巨子徐镜心》，山东大学出版社2011年版，第295页。

问题进行了详细调查并予以重点关注。在宋教仁尚未到达东北的数月前即于1907年1月7日、2月13日的《盛京时报》上发表了《论奉天三省多马贼之原因》和《论捕获马贼害及良民》两篇论说。他认为,“马贼”产生的原因有三:第一,清廷的盘剥压迫,导致“民无恒产”,“因无恒产,遂无恒心”,故“放辟邪侈,无所不为”。第二,清廷株连残酷,对平民百姓、行旅商人,动辄以“马贼”之名行勒索之实,致平民“做贼亦死,不做贼亦死”,“与其不做贼而含冤负屈死,何如做贼犹可以膏粱文绣驰逞自由死?而或仍可以免脱免也”。第三,东北地区连遭日、俄等列强蹂躏,清廷既不能保护于事前,复不能赈济于后,人民“奔走饿殍”,“饿极则孰不可食者,冻极则孰不可衣者”,因此被逼上梁山。① 可见,“南宋北徐”对“马贼”的认识完全一致。

1907年9月,宋教仁经朝鲜半岛回到日本东京,从此不复践履白山黑水。而徐镜心则继续留在东北,坚持战斗到1912年。

(三)“南宋北徐”共同反对袁世凯复辟

1912年中华民国成立后,政党蜂起,国内政治局势错综复杂。袁世凯极力独揽军政、财政和外交大权,实行独裁统治,遭到同盟会革命党人的坚决反对。

为反对袁世凯,宋教仁于1912年8月13日联合统一共和党、国民共进会、共和实进会、国民公党成立国民党。同日,寄函各地同盟会支部、分会,报告改组经过,设本部于北京,设支部于各省及海外各埠。徐镜心随即在山东组建国民党山东支部(鲁支部),与宋教仁遥相呼应。新组建的国民党虽因良莠不齐、鱼龙混杂而饱受诟病,但是力量最为雄厚。最终在1913年2月的参议院选举中,以压倒性优势获得胜利。这使袁世凯“大为骇忌”②,遂于3月20日派人在上海车站将宋教仁杀害。

宋教仁遇难后,徐镜心在国会“首倡弹劾袁世凯、查办赵秉钧甚力”③。徐镜心反对袁世凯的努力主要集中在以下三个方面:

---

① 徐镜心:《论捕获马贼害及良民》,《盛京时报》1907年2月30日第2版。

② 邹鲁:《中国国民党史稿》(上),东方出版中心2012年版,第140页。

③ 孙丹林:《山东辛亥革命之经过》,中国人民政治协商会议全国委员会文史资料研究委员会编:《辛亥革命回忆录》第五集,中华书局1963年版,第340页。

一是以国会为阵地，坚持合法斗争。

“南宋北徐”都是勇猛的反袁斗士，但二人的斗争方式却不尽相同。宋教仁坚持到各地巡回演讲，宣传党纲，壮大力量。而徐镜心则以国会为阵地，在参议院和众议院中，联络进步议员，于国会开会之时据理力争，坚持合法斗争。从1912年4月8日国会开幕到1914年1月10日袁世凯解散议会的9个多月中，徐镜心在国会上发表了大量反袁言论。

1913年4月28日，徐镜心与汤漪、张我华、周震麟、居正、马君武、吕志伊等联名批评袁政府善后大借款为“违法丧权”①。5月24日，与朱念祖、丁佛言、朱兆莘等联名质疑袁政府非法逮捕议员谢持，痛斥其“野蛮非刑”与前清无异。② 5月28日，与林森、曾彦、彭邦栋等督促袁政府查办云南省国税厅厅长熊范舆挪用公款的贪腐行为。③ 6月10日，与卢信、李绍白、谢良牧、杨家骧等连发两函，谴责袁政府调兵南下镇压革命。④ 6月13日、7月11日和7月16日，分别与杨永泰、卢式楷、梁士模、段世垣、张鲁泉等质疑袁政府对叶镜湜、冯国璋、张锡銮、张镇芳等腐败官僚的放任和纵容。⑤ 9月16日，与童杭时、李英铨、郑林皋等联名质疑袁政府停办北京大学的用意。⑥ 其间，还与宋渊源、符鼎升、蒋曾燠、燕善达等建议袁政府与英国严正交涉，废约停运印度鸦片，与蒋羲明、吴文瀚、周泽南等催促袁政府规划国民银行，以救济财政而防“利益日流于海外”⑦。

徐镜心原为参议院选出的国会宪法起草委员会候补委员。1913年9月13日，递补辞职的蒙古族议员阿穆尔灵圭，成为宪法起草委员会正式委员。在宪法起草委员会会议上，徐镜心也极力主张制定宪法，以制约袁世凯的权力膨胀。到1913年10月31日宪法起草会议闭会，不足两月间徐镜心在会上共发言57次。所发言论主要包括三个方面的内容：(1)坚决反对大总统有宪法修改案的提出权。主张效法美国制度，由各省议会

---

① 民国政府众议院：《众议院决议案汇编》，1913年，第9页。

② 民国政府众议院：《众议院决议案汇编》，1913年，第20页。

③ 民国政府众议院：《众议院决议案汇编》，1913年，第29页。

④ 民国政府众议院：《众议院决议案汇编》，1913年，第42页。

⑤ 民国政府众议院：《众议院决议案汇编》，1913年，第89页。

⑥ 民国政府众议院：《众议院决议案汇编》，1913年，第127页。

⑦ 李日、徐学航主编：《革命巨子徐镜心》，山东大学出版社2011年版，第401页。

三分之二以上提议，方能提出修正案。(2)极力主张由参议院选举审计官员，监督政府财政，指出“众议院既然有预算决算之权，则审查之权当然归之参议院”。(3)强烈反对定孔教为国教。原因是孔子的学说只是一种哲学思想，并非宗教，而且中国也从来不是宗教国家。

从现存的徐镜心在宪法起草委员会会议上的发言可以看出，他一直致力于限制大总统的权力，遏制袁世凯通过修改宪法膨胀权力，以免新生的民国再次陷入独裁专制。他反对将孔教定为国教，是对袁世凯在思想文化领域内掀起的尊孔复古逆流的有力反击。由上可见，从政治上、法律上和思想文化上反对袁世凯，是徐镜心在民初宪政斗争中的根本内容。

二是以报刊为阵地，公开揭露袁世凯及其爪牙的罪恶和野心。

1913 年 4 月，袁世凯与英、法、俄、德、日五国银行团签订了《中国政府善后借款合同》。该借款以民国盐税、关税以及山东、直隶、河南、江苏所指定的中央政府税项为担保，曾经参众两院表决，“认为违法，当然无效”。但袁世凯并不甘心，继续运动进步党议员，“百计捣乱，希图翻案”。为此，徐镜心撰写了《袁政府违法借款之铁证宣言》发表在大连的《泰东日报》上①，公布了袁世凯违法借款的四种证据。

文章指出：“据此四证，则政府所称从前参议院议决云云者，概属空言捏造，自欺以欺天下。我国民负债务之则，断难含混承认。况合同之丧权破产，违法签字。令外人握我财权，致我死命，以埃及我，以土耳其我。茫茫神州，沦胥以亡，妻孥财产，永为人奴。稍有人心，能勿痛愤？”文章还列举了袁世凯和五国银行团的罪状，指出袁世凯“乱中华秩序，是为中华民国之罪人”，五国银行团“破坏东方和平，是为东方全局之罪人”。袁世凯“经两院反对，不肯取消合同，反欲运动翻案，是真穷凶极恶。银行团知国民激愤，不早出手转圜，反欲试渐交款，是真狼狈为奸”。袁世凯“挟银行团以抵抗国会，依外凌内，是真丧心病狂。银行团依私法以破坏国际法，以私废公，是真反道败德。袁氏为法律之贼，银行团为道德之贼。不弹劾

---

① 徐聪：《北方革命先行者徐镜心》，李日、徐学航主编：《革命巨子徐镜心》，山东大学出版社 2011 年版，第 283 页。

袁氏,无以谢中华全国”。[①] 反袁言辞之激烈,说理之谨严,立场之坚定,在民初国会中,可谓无出其右者。徐牺牲后,同志曾有诗赞曰:“呼呜徐子鉴,杀身以成仁。议员千百个,汝不愧平民。”[②]

“二次革命”失败后,袁世凯加紧独裁步伐,并为此大造舆论。在其授意之下,其日本顾问有贺长雄撰写了《共和宪法持久策》一文。该文作者为迎合袁世凯,一改其一贯主张的“责任内阁制”,进而鼓吹“大权政治”,力主废除“国民主权说”,无限制地扩大总统权力,全盘否定《天坛宪法草案》,为袁世凯力主的总统制鸣锣开道。为此,徐镜心立即在《顺天时报》上连续 9 天发表《驳有贺长雄共和宪法持久策》,对有贺长雄的观点逐条批驳,揭露了有贺长雄助袁独裁的险恶用心。

文章指出,从法理上看,有贺长雄“不但不注重多数国民之心理,而反注重大总统一人之心理。首尾寥寥仅千字,而乃前后矛盾,如是势力之中人甚矣哉”,“实为法学败类”。从中国前途看,有贺长雄和袁世凯“蔑视国民与国会,即为蔑视国家,即为共和之蟊贼,即为民国之罪人”。[③] 徐镜心以其专业的法学、政治学造诣,引经据典,把有贺长雄的“持久策”瞬间打回原形。《驳有贺长雄共和宪法持久策》,凡六千余字,堪称民初宪政斗争的经典文献。

遗憾的是,《驳有贺长雄共和宪法持久策》至今不为学界所知。现存有关民初宪政的研究成果,包括所有研究有贺长雄的成果,均未注意到徐镜心和有贺长雄的这场经典论战。诚如时人所说:“此文早梁启超《异哉所谓国体问题者》两年,可谓先觉者矣。然世只知有梁氏反帝制之文,而不知有徐氏反帝制之文,可谓异矣。”[④]

三是联络南方,以天津为基地,准备武力讨袁。

---

① 徐子鉴:《袁政府违法借款之铁证宣言》,罗家伦主编:《革命文献:宋教仁被刺及袁世凯违法大借款史料》,(台北)中国国民党中央委员会党史史料编纂委员会,1968 年,第 176 页。

② 刘大同:《哭徐镜心烈士就义于北京》,《刘大同集》,吉林文史出版社 1993 年版,第 127 页。

③ 徐镜心:《驳有贺长雄共和宪法持久策》,《顺天时报》1913 年 10 月 5 日。

④ 魏懋杰:《黄县三十年闻见录》(下),《山东文献》(台北)1979 年第 5 卷第 2 期。

与宋教仁不同的是,徐镜心对袁世凯从不抱任何幻想。早在1912年初,徐镜心就领导了山东人民反对袁世凯爪牙张广建和吴炳湘的“驱逐张吴运动”。先是,1911年11月,山东独立取消,袁世凯派张广建任山东巡抚,吴炳湘为巡警道。张、吴二人秉承袁世凯旨意,在山东大肆镇压革命,杀害革命党人。他们“表里为奸,逮捕民党,摧残舆论。屠即墨、高密、诸城数县,纵兵杀掠,惨无人理。种种劣迹,罄竹难尽”①,因此遭到革命党人数次设伏暗杀,但均未成功。② 这更加遭到张、吴忌恨,他们疯狂反扑,逮捕丁惟汾、侯雪舫、张弼臣等人,“故意侮辱民国代表”,制造“宜春轩惨案”,残杀革命志士。为此徐镜心在《申报》上连续3天发表长文揭露张、吴恶行,号召山东人民群起驱逐张、吴出境。③

1913年初,徐镜心到北京任参议院议员,袁世凯曾极致拉拢之意。“袁以诈术控制山东,仍以镜心为虑,乃先后以利禄诱之,镜心均不为动,袁氏愈衔之。镜心当选为参议员,谒袁氏于北京;袁劳之,示罗致之意,并饵以甘肃都督,不受。袁术穷,既忌且畏,大选行贿,不敢及镜心。”④徐镜心在坚持议会合法斗争的同时,“见袁氏逆谋日彰,知已无能觉其迷津,乃拟以武力声讨之。遂联络旧日同志,筹谋起事”。

1913年1月27日,国民党天津交通部成立,徐镜心挚友邹耀庭(斌元)任总务科主任干事。“宋案”后,徐镜心在天津密设机关“救国社”,召集旧部,开始武装反袁。同年5月,徐镜心复于天津召集北方革命党人会议,会议决定成立“中国同盟会北方革命行动委员会”,众推徐镜心为理事长(张继后加入,任副理事长),统筹领导北方反袁武装斗争,派遣宁武、刘雍、谢宝轩等人由关内秘密返回东北,在大连成立了革命行动委员会东北支会。徐镜心的亲密战友连承基、郑天楚、任重(知方)等应召相继秘密到津。他们以“直鲁豫煤矿公司”的名义,负责筹款、组织、联络等

---

① 徐镜心:《山东统一会电》,《申报》1912年3月7日第6版。

② 参见佚名:《山东吴警道被炸未中》,《申报》1912年3月2日第6版。

③ 参见徐镜心:《山东全体人民公布张广建、吴炳湘罪状书》,《申报》1912年3月7日、8日、9日第6版。

④ 魏懋杰:《黄县三十年闻见录》(下),《山东文献》(台北)1979年第5卷第2期。

事宜。

不幸的是,“时袁氏爪牙密布津门,事为侦知”。8 月 29 日,国民党天津交通部遭到破坏,任重、邹耀庭被捕,转日被押往北京。“连承基见事败,谋刺袁未遂,亦被逮。斌元被审二十余次,慷慨陈辞,始终不屈。九月九日,连承基被杀。十月三日,邹斌元就义。事虽失败,而足褫敌魄,惜史书未之书也。”①

更为不幸的是,同时被捕的革命党人中,除了邹耀庭、连承基、任重等六人“均早谋讨袁先期失败成仁”外,“余多变节希荣”,出卖同志,徐镜心的处境更加危险。11 月 5 日,天津警察厅奉袁世凯命,解散了国民党天津支部和国民党天津交通部机关。8 日,令国民党员限期上缴证书和徽章。14 日,复令取消顺直省议会国民党籍议员资格。面对袁世凯的疯狂进逼,徐镜心密召关东大侠鲍化南到天津,准备伺机暗杀袁世凯。据史料记载:“时袁氏逆谋愈急,有鲍君者,镜心在关外所结之侠客也,密谋诛袁氏。”至此,袁世凯对徐镜心“既忌且畏”,终于在 1914 年 3 月 15 日下令,命吴炳湘罗织罪名,将徐镜心逮捕下狱。

在狱中,袁世凯仍未放弃对徐镜心的拉拢,“袁氏捕镜心,置之狱。然犹惜其才,冀服而舍之,诱挟者万端。逾月,知终不可屈”。袁世凯凶相毕露,对徐镜心施以酷刑。据同狱的杭辛斋②回忆:“军法处长陆建章淫刑拷掠,用针由指痕串入寸许,并用利刀通开皮肤,灌以豆油,内置纸媒,燃之以火。当斯时也,声如鬼啼,备极惨苦。而先生(徐镜心)不为之屈。”③

---

① 魏懋杰:《黄县三十年闻见录》(下),《山东文献》(台北)1979 年第 5 卷第 2 期。

② 杭辛斋(1869—1924),名慎修,又名凤元,浙江海宁人。1890 年入国子监,后考入同文馆。1898 年在天津与严复等创办《国闻报》,鼓吹维新变法。变法失败后,受到清廷追捕,到山东避难。其间受徐镜心影响,加入同盟会。先后创办《京话报》《中华报》《农工杂志》《浙江白话新报》《汉民日报》,提倡白话,宣传新学,是清末著名的言论家。入民国,当选众议院议员,1913 年因反对袁世凯被捕入狱,1914 年 3 月 15 日徐镜心被捕后,与其同狱。徐镜心狱中受刑惨状,为其亲见。1916 年 6 月袁世凯死后出狱。1917 年,参加护法运动,任国会非常议会惩戒委员长。1923 年,当选国民党一大代表,1924 年逝世。

③ 杭辛斋:《徐镜心先生事略》,李日、徐学航主编:《革命巨子徐镜心》,山东大学出版社 2011 年版,第 133 页。

1914 年 4 月 14 日,袁世凯在北京将徐镜心秘密杀害。

“南宋北徐”均以追求民主共和为奋斗目标,二人的斗争方式或有不同,取向亦有偏差,但他们坚持不懈反对独裁专制的革命斗志,做广长舌、狮子吼的努力却完全一致,最终又都牺牲在他们共同的敌人袁世凯的屠刀之下,成为中国近代民主革命史上最伟岸的形象之一。

三、“南宋北徐”的历史知遇

“南宋北徐”相同的革命经历和革命贡献已如上述。但是,自 1913 年宋教仁遇刺、1914 年徐镜心被害以来的一百多年间,学界、政界和民间社会对“南宋北徐”的历史认知程度却有霄壤之别。这种巨大的差别,主要表现在以下五个方面:

1. 文章数量和出现频次。无论是学术研究领域,还是社会关注程度,宋教仁均占压倒性优势。首先,从严肃的学术研究来看,中国知网上以人物名字为篇名的论文数量,宋教仁为 301 篇,徐镜心为 11 篇。其他如关键词检索、摘要检索、全文检索等结果也十分明显。其次,从大众传播的角度看,从百度搜索的结果来看,宋教仁和徐镜心的被关注度更有霄壤之别。具体情况,列表如下:

中国知网和百度检索“南宋北徐”条数对比情况(单位:条)

检索内容	宋教仁	徐镜心	大致比例
篇名检索	366	12	31∶1
关键词检索	609	50	12∶1
全文检索	16924	524	32∶1
百度搜索	16200000	342000	48∶1

注:以上数据截至 2021 年 6 月 20 日。

不唯如此,宋教仁研究近年来持续高涨。据统计,仅 2011—2021 年十年间,新发表的宋教仁研究论文即有 153 篇,而徐镜心研究论文仅有 6 篇,刚刚起步。从已有的学术研究内容来看,宋教仁研究涉及其革命活动、民主政治思想及其特色和贡献、议会活动、经济思想、新闻思想、与会党的关系、与同志的关系、“宋案”等各个方面,而徐镜心研究则仅在其革命活动、政治思想和“徐案”方面,尚有大量的主题无人问津,如中国同盟会北部支部、辽东支部、中华民国共和急进会、奉天联合急进会、戏曲改良社、徐镜心与同志关系、民初政治活动、军事思想、新闻思想、法政思想、宪政理念、诗词音乐和书法、民初移民东北垦植等。

2. 出版专著情况。迄今为止,有关宋教仁或以宋教仁为叙事、研究中心的著作共有 20 多种,若加上这些著作的修订本、重印本和再版本,总数已达 50 种。1913 年 4 月 1 日,即宋教仁遇害后十日,上海民立报馆便出版了徐血儿、邵力子等人编辑的《宋渔父》,随后杞忧书社出版了《民国伟人宋渔父》(4 册)、《开国伟人宋教仁初集》。1936 年,正中书局出版了程途所著《宋教仁》。1985 年传记文学出版社出版了吴相湘的《宋教仁传》。1997 年湖南师范大学出版社出版了迟云飞的《宋教仁与中国民主宪政》(2008 年再版)。同年,岳麓书社出版了马志亮的《喋血共和:回忆宋教仁》。2010 年,湖南师范大学出版社出版了迟云飞的《宋教仁思想研究》。2015 年,湖南人民出版社出版了钟发喜、熊英的《宋教仁精神》。可见,研究宋教仁的专著,在 1913 年到 2015 年的一百多年间,持续不断。此外,有关宋教仁的通俗读物如《宋教仁》《宋教仁研究论文集》《宋教仁诗联鉴赏集》等亦复不少。而有关徐镜心研究的专著仅有 4 种:1991 年山东人民出版社出版了张久深的《徐镜心》,2005 年中共党史出版社出版了马庚存的《徐镜心》,2011 年山东大学出版社出版了李日、徐学航主编的《革命巨子徐镜心》,2011 年中国文史出版社出版了张久深的《义炳千秋:徐镜心与山东同盟会》。

3. 学术会议。迄今为止,有关宋教仁的学术研究会主要分为两类:(1)以宋教仁为主题的学术会议。如 1987 年的宋教仁诞辰 105 周年学术讨论会、2011 年 10 月的首届两岸宋教仁学术高层论坛、2013 年 3 月 20 日的“宋教仁殉难 100 周年纪念大会”、2013 年 3 月 22 日的宋教仁殉难 100 周年上海纪念座谈会、2017 年 4 月 5 日的纪念宋教仁诞辰 135 周年座谈会。(2)相关学术会议中有关宋教仁的内容。例如历次辛亥革命主题的国内国际纪念大会和各层级的辛亥革命研讨会,都有关于宋教仁的研究成果发表。而上述会议中,仅有两次出现关于徐镜心的研究成果,以徐镜心为主题的学术研讨会,至今尚未召开过。

4. 纪念地概况。关于宋教仁,现有或曾有教仁学校、渔父中学(1937—1957),渔父小学、渔父职业学校等教育教学单位,有宋公园(教仁公园、闸北公园)、宋教仁故居等纪念地。关于徐镜心,现在只有镜心学校、徐镜心故居纪念馆和山东辛亥革命烈士陵园三处。此外,早在1952年,中央人民政府政务院总理周恩来就亲笔签名,向宋教仁家属颁发了宋教仁的革命烈士证书,而徐镜心至今没有被新中国追认为革命烈士。

5. 研究机构。截至目前,有关宋教仁的研究机构主要有宋教仁常德研究会、桃源宋教仁研究会、台湾宋教仁研究会和中国现代文化学会宋教仁研究专业委员会。宋教仁常德研究会还连续出版内刊《宋教仁研究》。而有关徐镜心的研究机构迄今尚未出现。

从上述分析来看,“南宋北徐”的历史知遇相差悬殊,已是不争的事实,这种严重失衡的状况令人担忧。“南宋北徐”历史知遇之所以相差悬殊,有其特定的历史、社会原因。

首先,“南宋北徐”牺牲时的政治环境不同。

1912年1月1日,中华民国成立。民国肇造,百废待兴。国民参政议政的热情空前高涨,各种政治势力之间的角逐亦由此展开。数月之间,政党林立,政党报刊蜂起。袁世凯为争取更多的政治势力支持,处处表现出亲民爱民的开明形象,博得民众的好感,也导致一大批革命党人对袁抱有幻想。孙中山称赞袁世凯“才大”,极盼袁“为总统十年”①,呼吁“国民对袁总统万不可存猜疑心,妄肆攻讦”②。黄兴对袁也是称赞有加,如1912年2月15日国会公选袁世凯为大总统后,广东革命党人“大不满意于新总统,并云决意北伐”,黄兴致电安慰说:袁世凯“处两艰地位,苦心孤诣,致有今日,其功实不可没”。③ 1913年3月20日,宋教仁在公共场合上海火车站光天化日之下遇刺,直到临终仍然“伏冀大总统开诚心,布公道,竭力保障民权,俾国会得确定不拔之宪法”④。宋教仁为民初宪政领袖,在

---

① 陈锡祺:《孙中山年谱长编》上册,中华书局1991年版,第717页。

② 陈锡祺:《孙中山年谱长编》上册,中华书局1991年版,第715页。

③ 黄兴:《致伍廷芳等电》,《黄兴集》,中华书局1981年版,第125页。

④ 宋教仁:《致袁世凯电》,《宋教仁集》下册,中华书局1981年版,第496页。

当时国内民主共和情绪高涨之际,他的牺牲深刻刺激了社会神经,并引起国内国际的强烈关注,最终导致了“二次革命”。

“二次革命”后,革命力量遭到沉重打击,革命志士或被杀害,或避走国外,国民党被宣布为非法,革命处于低潮。袁世凯则以胜利者自居,国内各政治势力争相趋附,其独裁野心暴露无遗,民主共和成为政治避讳。此时的国内社会政治形势较一年前不啻有霄壤之别,袁世凯“就职岁余,渐恣肆”①,对于袁世凯的倒行逆施,国人或为求自保,随声附和,或噤不敢言,道路以目。在此白色恐怖之下,徐镜心被秘密逮捕后又秘密杀害,实难引起社会的关注和震动。

其次,“南宋北徐”牺牲时的舆论环境不同。

宋教仁牺牲于上海,徐镜心就义于北京。清末民初,上海和北京的新闻舆论环境也有天地之差。上海是中国近代新闻业的中心,中外报刊不仅数量大,而且影响广泛,新闻传播的速度和能量亦为全国之最。加之上海租界林立,各国新闻制度、新闻模式和新闻价值取向各不相同,因此上海还是世界级的新闻发布中心。此外,上海是民初革命力量的大本营。宋教仁遇刺后,“宋案”立即见诸报端,经过革命同志的强烈呼吁和细致追查,出版了大量纪念性的印刷品,国民党的机关报《民立报》、戴季陶的《民权报》以及《申报》等上海大小报纸,开足马力,纤毫毕现地跟踪报道,前后持续两个多月。因此“宋案”成为1913年的年度新闻舆论焦点。

而北京作为原清廷帝都,在清代即是《大清报律》执行最为严格的城市。袁世凯在镇压了“二次革命”以后,对全国的报刊媒体进行清洗。他通过立法的形式,使其意志上升为国家意志,再通过收买、津贴的手段,使绝大多数报刊渐次归顺。而对于持不同政见的报刊,袁世凯则采取逮捕和杀害报人的手段予以封禁,因此制造了中国近代新闻史上最大的浩劫——“癸丑报灾”。据不完全统计,到1913年底,全国的报刊数量由年初的500多家锐减到130多家,民国新闻业完全处于白色恐怖之中。

在北京,袁世凯通过“报界同志会”,对北京的报刊实行严密控制。在打击和镇压革命力量时,袁世凯吸取了“宋教仁案”的教训,变得异常

---

① 吴相湘:《宋教仁传》,中国大百科全书出版社2010年版,第175页。

谨慎。不仅由公开转为秘密,而且钳制媒体,严密封锁消息。1914年3月15日,就在徐镜心被秘密逮捕的当日,袁世凯的总统府秘书厅即专门发文命令京师警察厅封锁消息,京师警察厅当日明令“报界同志会”,“破获徐子鉴及段世垣、林英钟等一案,不得登载,致有泄漏”①,报界同志会复于当日通知驻京各报馆“暂缓登载”。

对于驻京的外国人的报刊,京师警察厅也于当日同时通知不准登载。如京师警察厅致函日本报纸《顺天时报》:“破获徐子鉴一案,事关内乱,尚有应办手续,自当严守秘密,以便进行。用特专函奉达贵报馆,幸勿登载此事,致有泄漏,是为至要。”②但是,《顺天时报》并不理会,16日便发布了徐镜心被秘密逮捕的消息。北京的其他报馆如《国华报》,立即为此致函京师警察厅,认为“《顺天时报》将此事揭出,已无可隐秘”,希望也能发布这一消息,但京师警察厅回复说:“来函敬悉。所询一节,足征贵报馆慎垂之意,良用钦佩。唯此案尚有应办手续即须进行,一俟办理完竣,自当将全案真相披露,送交各报馆刊登,以免传讹。现时,仍请暂缓登载。”③因此,“徐镜心案”从来未见国内报刊登载,《顺天时报》因为得不到其中细节,亦再无下文。一百多年以来,“徐镜心案”便隐秘无闻,鲜为人知。

再次,“南宋北徐”牺牲后的社会环境不同。

1913年的“宋案”,发生在新闻事业高度发达的上海。上海也是革命党精英的聚集地,因此宋教仁牺牲后,包括黄兴、章士钊、谭人凤等湖南同志在内的所有革命者,都纷纷以自己的形式表达对烈士的纪念。一两月间,《宋钝初被刺始末记》(两册)、《宋渔父遇刺记》、《桃源痛史》、《渔父痛史》等书籍便接踵出版,铸有“为我等死”的“宋教仁流血纪念章”广泛发行。江苏都督程德全等同志更是穷追不舍,并于4月25日公布重要文证,“霹雳一声,阴霾尽揭,至此袁世凯、赵秉钧授意杀宋已成铁案”。最终使“宋案”成为中国近代宪政史上一次刻骨铭心的集体记忆。

而1914年的“徐镜心案”,发生在报刊被严厉钳制的北京。这里是旧

---

① 李日、徐学航主编:《革命巨子徐镜心》,山东大学出版社2011年版,第412页。

② 李日、徐学航主编:《革命巨子徐镜心》,山东大学出版社2011年版,第412页。

③ 李日、徐学航主编:《革命巨子徐镜心》,山东大学出版社2011年版,第413页。

势力的大本营，白色恐怖弥漫全城，人人自危。又值“二次革命”失败，同志星散，加上徐镜心被秘密逮捕和杀害，因此“徐案”在当时并没有引起社会注意。此后，徐镜心的革命同志如邹耀庭、连承基、邱丕振、刘冠三、蒋洗凡、胡瑛等或因继起反袁罹难，或因疾患去世，或投袁变节，到1935年的二十多年时间里，徐镜心文献无人辑录，遗物渐次散佚，生平事功无人传扬，迹近湮灭。

据不完全统计，现存资料中有姓名可考的山东籍同盟会员有658位，其中能够确定卒年（包括牺牲、病逝）者有168位。在这168位同盟会员中，1905年至1912年间因革命而牺牲者有50位，1913年至1916年间反袁牺牲的有50位。即1917年前便有近60%的徐镜心的革命同志和战友已经离世。1928年国民政府成立前辞世者共有128位，占总数的近80%。1935年前辞世者共有137位，占总数的82%。到1949年前辞世者共有152位，占总数的90%多。① 由上述统计可知，山东籍同盟会员在1917年前因为反清和反袁便已折损近60%，其中包括徐镜心、邱丕振、邹耀庭、王叔鹤、丛琯珠等一大批精英骨干。到1934年丁惟汾提出褒扬山东先烈时，超过80%的山东籍同盟会员已经辞世。众多知情者的辞世，不仅是徐镜心生平事功传扬的重大损失，更是北方辛亥革命的重大损失。

大多数北方籍同盟会中坚骨干牺牲，导致的一个必然结果就是北方籍同盟会员在以后的国民政府中任职数量少，比例低。众所周知，1911年武昌首义后组织湖北军政府时和1912年初在南京组织临时政府时，中国同盟会北部支部领导下的东北、山东、直隶、山西、山西、蒙古八省正在与清军激战。当时绝大多数的北部支部的重要领导人（徐镜心、连承基、刘冠三、蓝天蔚等）都在前线鏖战，根本无暇他顾。孙中山先生对此也有觉察，他曾明确告诉居正、田桐和张继等人说“（临时）政府中北方同志很少”②。

入民国后，在国民政府中地位较高的北方志士仅有张继和丁惟汾二

① 参见李宏生等：《齐鲁辛亥英烈》，济南出版社1997年版，第193—219页。

② 王葆真：《滦州起义及北方革命运动简述》，中国人民政治协商会议全国委员会文史资料研究委员会编：《辛亥革命回忆录》第五集，中华书局1963年版，第422页。

人。张继与徐镜心熟稔，但至今未见其对徐镜心有任何回忆和纪念表述。1928 年后，丁惟汾在国民党中的“地位非常显赫”①。到 1935 年，他已出任国民党中央执行委员会常务委员多年。此时，他资历很深，地位稳固，于是向国民党中央提议褒扬在辛亥革命和反袁斗争中牺牲的山东先烈。

1936 年 6 月 10 日，国民党中央召开中央常务会议，会上接受丁惟汾提议，通过了《褒旌山东辛亥革命先烈办法》，“追赠徐镜心为陆军上将，国民政府明令褒扬，事迹交党史会”②。会后，相关部门即着手开展徐镜心资料收集、文献撰述以及陵园建设等工作。同年，山东省内选举乡贤，“镜心膺首选，并与堂邑武训、蓬莱戚继光同为鲁人之模范”③。遗憾的是，次年抗战爆发，尚未竣工的陵园建设工程遂告中辍。

最后，“南宋北徐”牺牲后的学术环境不同。

史学界对于辛亥革命的研究，“在革命尚未结束时就已开始，至今仍在继续”④。有关辛亥革命的研究以 1949 年为界，可以分为两个阶段：

解放前的辛亥革命研究，“除出版数量较多的有关辛亥革命史资料外，对于这一领域的学术研究还很难令人满意”。解放后，辛亥革命研究方兴未艾，但是，由于“左”的思潮的干扰，“刚刚活跃起来的辛亥革命史研究横遭摧残”，后来更遭到“四人帮”的破坏，“辛亥革命史被歪曲得面目全非，正常的学术研究被迫完全中断”。⑤

改革开放以后，辛亥革命史研究热潮持续高涨。以章开沅、林增平为代表的史学家组织学术队伍，创立研究团体，出版研究成果，辛亥革命研究成为显学。但是，这些学术队伍、学术团体绝大多数分布在中南地区，其学术研究的对象也多聚焦南方史事。而北方辛亥革命基本上还处于尘封状态。资料收集、史事考订、系统研究等大量工作尚未启动。截至目前，已有的北方辛亥革命史研究十分薄弱，北方各省各地之间的辛亥革命

---

① 李维忠：《丁惟汾生平史料编年》，中国文史出版社 2004 年版，第 155 页。

② 《中央昨日举行常会》，《大公报》1936 年 6 月 11 日。

③ 魏懋杰：《黄县三十年闻见录》（下），《山东文献》（台北）1979 年第 5 卷第 2 期。

④ 严昌洪、马敏：《20 世纪的辛亥革命史研究》，《历史研究》2000 年第 3 期。

⑤ 章开沅：《五十年来的辛亥革命史研究》，《近代史研究》1999 年第 6 期。

研究领域分散，角度多元，质量参差，而且成果之间的关联性差。北方辛亥革命领袖徐镜心及其领导的中国同盟会北部支部、辽东支部以及山东分会的革命活动长期被忽视。以湖南和山东的辛亥革命研究为例，这种差别便尤为明显。

辛亥革命时期，以黄兴、宋教仁、蔡锷、杨毓麟等为代表的湘籍革命志士，与以徐镜心、陈干、刘冠三、邱丕振、丁惟汾、蒋洗凡、孙丹林等为代表的齐鲁儿女，都为推翻帝制、建立共和做出了卓越贡献，他们的历史功勋永远值得人们纪念。但是，辛亥革命一百多年以来，出于各种原因，曾经为中国近代民主革命做出同样贡献的湘籍志士和山东志士的历史知遇却有云泥之判。

从学术研究上看，山东省内除李宏生、赵树好、刘晓焕、马庚存等学者长期从事辛亥革命研究之外，很少有人在此领域持续耕耘，青年一代更是后继乏人。山东辛亥革命的重要人物徐镜心、刘冠三、谢鸿焘、彭占元、丁惟汾、蒋洗凡、陈干、邱丕振、连承基、王鸿一、丛禾生、孙丹林、吴启宪、于洪起、丛琯珠、孙学悟、吕子人、刘溥林、薄子明、刘大同、周树标、邓天乙、崔士杰等数百人，文集没有编撰，生平没有研究，传记很少出版，没有课题立项，没有学术会议，缺乏研究基金，全省与辛亥革命有关的省级文物保护单位仅有三处。

而湖南则不同，从林增平先生开始即有专门团队致力于湖南辛亥革命研究。至今，仅湖南省内高校便有以饶怀民教授为带头人的辛亥革命博士点，现已招收博士后 10 人，博士研究生 120 余人，硕士研究生 300 余人。湘籍辛亥志士黄兴、宋教仁、蔡锷、陈天华、杨毓麟、刘揆一、李燮和、章士钊、宁调元、禹之谟等几乎所有志士均有较好的研究成果。至今已出版湘籍志士的文集、学术专著等 160 余部，论文 700 多篇。四卷本《三湘英烈传》“旧民主主义革命专辑”，收录湘籍辛亥志士传记 400 余人。举办国际学术会议 4 次，专题学术会议每年一到两次，国家社会科学基金立项 18 项，省部级立项 60 余项，研究基金会 4 个，每年到位经费 100 多万元。投资 4 亿元的湖南省辛亥革命纪念园区已经建成。全省与辛亥革命相关的国家重点文物保护单位 6 处，省级文物保护单位 34 处。

此外，湖北、江苏、浙江、安徽、江西、广东等省对于辛亥革命的研究和纪念也各有特色。相比之下,山东作为中国同盟会北部支部的所在地,有与黄兴、宋教仁并称的革命巨子徐镜心,有以徐镜心等为代表的近700位同盟会员组成的庞大革命志士群体,他们发起武装起义数十次,无论是革命代价和革命贡献,还是革命精神和人格气节,比起任何省份都毫不逊色,但是山东辛亥革命研究至今没有得到足够的重视。可以说,辛亥革命研究中的"马太效应"正在凸显。

"南宋北徐"并非简单的文字组合,他们联结着深刻、复杂的历史过程,是那个波澜壮阔的大时代的缩影,是推翻独裁专制、创立民主共和过程中南北呼应的重要符号。以徐镜心为核心的中国同盟会北部支部所领导的北方辛亥革命是中国旧民主主义革命的重要组成部分。换言之,缺乏北方的辛亥革命,并非完整的辛亥革命。缺乏北方辛亥革命的研究,亦非完整的辛亥革命研究。

1936年,魏懋杰在其《黄县三十年闻见录》中曾经指出:"今人只知有南方之黄克强而不知北方之有徐子鉴者,可谓异矣。"①学术研究不断深入,但北方辛亥革命研究的薄弱或缺席,致使学术界对于许多问题的研究遇到瓶颈,受到制约而徘徊不前。尤其是涉及辛亥革命时期南北方关联紧密的若干历史问题时,往往见仁见智,莫衷一是。其症结便在于政治层面、学术层面、社会层面上没有给予"南宋北徐"以同等的重视。因此,只有将以徐镜心为核心的北方志士群体作为关键和枢纽,进行重点研究,才能纲举目张,南北方辛亥革命中的所有史事才能真正确定其历史坐标。

"黄山白岳相对峙,细看从来无厌时",说的是黄山与其北面的齐云山,风景同样美丽,但黄山名重,齐云山为黄山所掩,世人多有不知。反观辛亥革命史,以徐镜心为代表的北方志士及其革命贡献,在过去的一个多世纪里,亦鲜为人知。虽然先烈们"向视义行为当然,不作虚名之追求;以是事过境迁,辄湮没而无闻焉。然先辈之瑰行义举,实不容长被埋没"。因此,从现在开始,将以徐镜心为代表的北方辛亥革命研究开展起来,深入下去,是包括学术界在内的社会各阶层义不容辞的责任和义务。

---

① 魏懋杰:《黄县三十年闻见录》(下),《山东文献》(台北)1979年第5卷第2期。

目　录

言志联(一)(1905年7月) ………………………………………………… (1)

言志联(二)(1905年9月) ………………………………………………… (1)

泰西格致家因苹果而悟吸力、因田鸡而悟电力、因沸瓶而悟汽力、因悬灯而悟摆力与中古人创制同义论(1905年2月26日)……… (2)

西史家谓国家之能造文明极轨者,在古多沿大河流域,如埃及、巴比伦、印度是,在今多因海线延长,如英、法、日本是,然越南、高丽诸国,则又亘古不化,能明其古欤(1905年4月25日) ……………… (4)

黄人之遏底拉、成吉思汗,白人之亚历山大、该撒,其兵力所及,孰为最远论(1905年3月5日) ……………………………………… (7)

论地球构造之原始与诸星球之关系(1905年3月5日) ………… (8)

挪亚之避洪水、摩西之返迦南,其明决坚忍孰为优论(1905年3月19日)……………………… (9)

波兰有哥修士孤不免俄、普、奥之分,埃及有亚拉飞仍受英、法之制论(1905年3月26日) ……………………………………………… (10)

近百余年英握地中海形势以通印度、中国航路,其建置握要何在,自俄筑西比利亚铁路、美开巴拿马运河情势趋重,东亚应如何先事预防,以维全局(1905年4月4日) ……………………… (11)

劝山东人士游学日本公启(1905年4月4日)……………………… (13)

论欧洲腊丁、条顿、斯拉夫三族之强弱及究竟(1905年4月11日)……………………………………………………………… (16)

敬告同乡父老书(1905年5月9日)………………………………… (17)

上袁宫保安置沿海八省书略(1905年10月20日)……………… (21)

芝罘公立东牟公学公启(1906年2月27日) …………………… (23)

东牟公学募捐公约四条(1906年2月27日) …………………… (25)

明新学堂校歌(约1906年3月) …………………………………… (25)
政界表说略(1906年农历四月)…………………………………… (26)
徐镜心《盛京时报》文献编辑说明 ……………………………… (40)
《盛京时报》发行之辞(1906年9月1日) ………………………… (41)
论钦差东来考查要政事(1906年9月13日) ……………………… (42)
论督抚宜巡察地方吏治(1906年9月16日) ……………………… (44)
演说俄国压制家之结果并历史(1906年9月17日、20日) ……… (46)
论州县宜拆去城墙(1906年9月29日) …………………………… (49)
论中国宜裁撤驿传添设邮电(1906年10月1日、2日) ………… (51)
论奉省旗营利弊(1906年10月6日) ……………………………… (54)
论保全国家自由须整饬边防武备(1906年10月15日)………… (55)
论道德心与科学之关系(1906年10月16日)…………………… (57)
论奉省宜整顿医学考究卫生(1906年10月19日、20日) ……… (59)
论近时抗捐之风潮(1906年10月30日)………………………… (61)
论州县宜整顿巡警(1906年11月14日)………………………… (62)
梁启超《爱国歌》序(1906年11月22日) ……………………… (64)
物理动静浅说(1906年11月22日、24日) ……………………… (65)
论奉省旧用过码之制(1906年11月27日)……………………… (68)
论鄂省梁臬奏请设立曲阜学堂(1906年12月10日)…………… (70)
论议改地方官制事宜(1906年12月16日、17日) ……………… (72)
论盐政(1906年12月18日、19日、20日) ……………………… (75)
论三省商民宜捐助江北水灾(1906年12月23日)……………… (79)
政法专门教育意见(1906年12月26日)………………………… (80)
丁未元旦祝辞(1907年1月1日)………………………………… (82)
述阴历阳历(1907年1月1日)…………………………………… (83)
论奉天三省多马贼之原因(1907年1月7日)…………………… (85)
读阁抄钦天监奏风从艮来为上岁说(1907年1月11日) ……… (86)
论俄人图南现象(1907年1月12日) …………………………… (88)
东三省添设练兵大臣论(1907年1月14日) …………………… (89)
论俄国背约举动(1907年1月21日) …………………………… (91)

论东三省宜设储蓄银行(1907 年 1 月 26 日) …………………… (92)
穷民吁天书(未刊稿,1907 年 1 月间) ……………………………… (94)
奉天音乐会章程稿(未刊稿,1907 年 1 月间) ………………………… (94)
论地方自治与官吏分治之异同利弊(未刊稿,1907 年 1 月) ……… (96)
论开设工艺场胜于立施粥场(未刊稿,1907 年 1 月) ……………… (97)
论张香帅反对司法独立之非(未刊稿,1907 年 1 月) ……………… (98)
论普通教育之粗作用(1907 年 2 月 4 日)…………………………… (99)
再论督抚州县宜久任(1907 年 2 月 6 日) ………………………… (101)
论过渡时代之人才(1907 年 2 月 7 日) …………………………… (102)
论东边道所属州县宜添设警务学堂(1907 年 2 月 8 日) ………… (103)
论限制留学生南北省宜别其制(1907 年 2 月 9 日) ……………… (105)
论奉省办矿之宜急(1907 年 2 月 10 口)………………………… (106)
论捕获马贼害及良民(1907 年 2 月 13 日)……………………… (108)
论赵次帅留任奉省之适宜(1907 年 2 月 14 日)………………… (109)
论交通之关系于进化(1907 年 2 月 15 日)……………………… (110)
音乐学说并序(1907 年 2 月 16 日) ……………………………… (112)
论国家宜速收回东清铁路权(1907 年 2 月 17 日)……………… (113)
论学务公所宜分派劝学委员到各州县劝办民立学堂以期教育之
　普及(1907 年 2 月 18 日)…………………………………………… (114)
日本大隈伯爵政党史论(1907 年 2 月 20 日至 4 月 5 日连载)…… (116)
论地方自治要义(1907 年 2 月 27 日)…………………………… (149)
论法学之要领(1907 年 2 月 29 日)……………………………… (150)
论州县官吏宜速变通(1907 年 3 月 1 日) ……………………… (152)
论俄官焚死华人之惨毒(1907 年 3 月 2 日) …………………… (153)
论绅士与地方之关系(1907 年 3 月 2 日) ……………………… (154)
论今日宜急求法治(1907 年 3 月 4 日) ………………………… (156)
论中国宜提倡社会以预备议院之组织(1907 年 3 月 6 日) ……… (157)
论维新后人才之分派(1907 年 3 月 7 日) ……………………… (159)
论东省新政之阻力(1907 年 3 月 8 日) ………………………… (161)
论地方自治当取法日本(1907 年 3 月 9 日、12 日、14 日)……… (162)

论法学家宜择言(1907年3月11日) …………………………… (166)
论南洋大臣奏请开爵捐以筹赈款(1907年3月13日) ……………… (167)
论东三省改设行省(1907年3月16日) ………………………… (169)
论开通下等社会的好法子(1907年3月21日、22日) …………… (170)
论演剧急宜改良(1907年3月22日) …………………………… (173)
论书吏衙役之弊及其改良之方(1907年3月23日) …………… (175)
论俄国民党要求政府允许之两大要件(1907年3月25日) ……… (178)
论强兵之道当求深得兵心(1907年3月27日) ………………… (179)
论中国贫困之原因(1907年3月29日) ………………………… (181)
论伤风败俗之营业宜速禁绝之(1907年3月29日) …………… (182)
论政府用人之无定(1907年4月1日) ………………………… (183)
论中国庙会的风俗沿革和利弊(1907年4月3日) ……………… (185)
论小说急宜改良及其改良之办法(1907年4月4日) …………… (187)
论理财之道开源尤贵节流(1907年4月5日、6日) …………… (189)
论外交之要道(1907年4月7日) ……………………………… (192)
论岑尚书之决不反对立宪(1907年4月7日) ………………… (193)
论忠孝节义的原理(1907年4月8日、11日、12日、14日、17日)
…………………………………………………………………… (194)
论州县为郅治之本(1907年4月12日) ………………………… (200)
论俄政专制之流毒(1907年4月13日) ………………………… (202)
论督抚与国家之关系(1907年4月13日) ……………………… (203)
论移民垦荒为东三省之要务(1907年4月14日) ……………… (204)
论国家进化必由于竞争(1907年4月17日) …………………… (206)
论中国起用革员之利弊(1907年4月17日) …………………… (208)
论东省新改官制(1907年4月19日) …………………………… (208)
再论政府之无定见(1907年4月19日) ………………………… (210)
论奉省学务之费款(1907年4月20日) ………………………… (210)
论添设农务学堂为东省通商练兵之要(1907年4月21日) ……… (212)
论风云雷雨不是神作的(1907年4月21日) …………………… (213)
论奉省城商务之害于税捐局(1907年4月22日) ……………… (214)

论宜速催俄人设关以保利权(1907 年 4 月 22 日)………………… (215)
论官场习气之误国(1907 年 4 月 25 日)……………………………… (216)
论各国对付中国之政策将见变更(1907 年 4 月 25 日、26 日、27 日)
……………………………………………………………………… (217)
论中国宜开放党派之禁令(1907 年 4 月 26 日)……………………… (221)
论各省宜开地方官会议之例(1907 年 4 月 27 日)…………………… (222)
论奉天三省宜速派员测绘舆图编修地志(1907 年 4 月 29 日)…… (223)
论东省宜速创设官员考验处调查会(1907 年 5 月 1 日) ………… (224)
欢迎三省军督徐公颂词(1907 年 5 月 1 日) ……………………… (225)
论英报员之论中国(1907 年 5 月 3 日) …………………………… (227)
论新督抚来奉之盛观(1907 年 5 月 4 日) ………………………… (228)
论对待革命党之方法(1907 年 5 月 5 日) ………………………… (229)
论辽阳州民聚众滋事(1907 年 5 月 5 日) ………………………… (231)
论东省宜设农政专官(1907 年 5 月 8 日) ………………………… (231)
论国家弭变之良法(1907 年 5 月 9 日) …………………………… (233)
论瞿军机被参开缺(1907 年 5 月 10 日)…………………………… (234)
论肃邸升民政部之尚书(1907 年 5 月 10 日)……………………… (235)
论奉省商情窘困宜变通捐税法以保护之(1907 年 5 月 16 日)…… (236)
论新督抚之晓谕奉省人民之告示(1907 年 5 月 19 日)…………… (237)
论教育与生计之关系(1907 年 5 月 22 日)………………………… (239)
论国人当知各尽责任以卫国家(1907 年 5 月 23 日)……………… (240)
论暑假归里之学生(1907 年 5 月 24 日)…………………………… (242)
论中俄设关之条约(1907 年 6 月 5 日) …………………………… (243)
论奉省各乡镇巡警宜派警务学生办理(1907 年 6 月 8 日) ……… (245)
论新旧机关并立之弊(1907 年 6 月 8 日) ………………………… (246)
论平满汉之界以遏乱萌(1907 年 6 月 10 日)……………………… (247)
再论平满汉之利(1907 年 6 月 11 日)……………………………… (249)
论宪法为国家之元气(1907 年 6 月 12 日)………………………… (250)
论赵侍御之开复原官(1907 年 6 月 14 日)………………………… (252)

论各省州县士商宜遵照去岁厘定官制大臣所议地方官制，禀请督抚设立地方董事会与地方议事会，以立自治之基础（1907 年 6 月 14 日）…… （253）
辽东义军檄文（1907 年 4 月 25 日）…… （254）
圣人与诗人（1907 年 6 月 17 日）…… （258）
于七轶事纪闻小说（未刊稿，约 1907 年 7、8 月间）…… （260）
家族教育会规则（1910 年 2 月 16 日）…… （267）
公订年节送香发纸罚规（1910 年 2 月）…… （268）
公订春秋墓祭罚规（1910 年 2 月）…… （269）
手稿残片（约 1910 年 2 月）…… （270）
山东独立大纲（1911 年 11 月 4 日）…… （271）
致夏溥斋手札（一）（1911 年 11 月 11 日）…… （272）
致夏溥斋手札（二）（1911 年 11 月）…… （273）
致夏溥斋手札（三）（1911 年 11 月）…… （273）
致陈其美转孙中山等电（1912 年 1 月 15 日）…… （274）
爱国（登莱民军军歌）…… （275）
烟台共和急进会电（1912 年 1 月 17 日）…… （276）
致沪军政府转南京大总统电（1912 年 1 月 27 日）…… （276）
致孙中山电（1912 年 2 月 24 日）…… （277）
山东统一会电（1912 年 2 月 29 日）…… （277）
致袁世凯、孙中山等电（1912 年 3 月 3 日）…… （278）
致南京总统府等电（1912 年 3 月 8 日）…… （278）
公布张广建、吴炳湘罪状书（1912 年 3 月 7 日、8 日、9 日）…… （279）
致孙中山、袁世凯等电（1912 年 3 月 8 日）…… （282）
致孙中山、袁世凯等电（1912 年 3 月 8 日）…… （283）
致孙中山、黄兴等电（1912 年 3 月 8 日）…… （283）
致孙中山等电（1912 年 3 月 10 日）…… （284）
致孙中山电（1912 年 3 月 18 日）…… （285）
致袁世凯、孙中山电（1912 年 3 月 19 日）…… （285）
致袁世凯、孙中山等电（1912 年 3 月 20 日）…… （286）

致袁世凯、孙中山等电(1912 年 3 月 21 日) …………………… (288)
致袁世凯、孙中山等电(1912 年 3 月 21 日) …………………… (289)
致孙中山等电(1912 年 3 月 22 日)……………………………… (290)
致袁世凯、孙中山等电(1912 年 3 月 25 日) …………………… (291)
致袁世凯、孙中山等电(1912 年 3 月 28 日) …………………… (292)
致袁世凯、孙中山等电(1912 年 3 月 30 日) …………………… (293)
致袁世凯等电(1912 年 4 月 2 日) ……………………………… (295)
致袁世凯、黎元洪等电(1912 年 4 月 4 日)……………………… (295)
徐镜心自陈鲁事书(1912 年 4 月 10 日)………………………… (296)
镌叙烈士缘起文(1912 年 4 月) ………………………………… (297)
光复登黄战事纪实(1912 年 4 月) ……………………………… (302)
敬告山东同胞文(1912 年 7 月 13 日)…………………………… (329)
中华民国实业协会鲁支部杂志出版启事(1912 年 8 月 16 日)…… (331)
鲁垦植会公电(1912 年 9 月 27 日)……………………………… (332)
关于库伦问题的通电(1912 年 12 月 2 日)……………………… (334)
鲁共和党之丑行(1912 年 12 月 12 日) ………………………… (334)
再志鲁共和党之丑行(1912 年 12 月 14 日) …………………… (335)
山东垦植银行筹备处公告(1913 年 2 月 6 日) ………………… (335)
垦植协会鲁支部呈(1913 年 3 月) ……………………………… (336)
垦植协会鲁支部垦植有限公司移垦章程(1913 年 3 月) ……… (337)
家书(1913 年 4 月 23 日)………………………………………… (341)
关于绝不承认袁世凯违法借款的通电(1913 年 5 月 5 日) …… (341)
通告少数人挟制国会电(1913 年 5 月 11 日)…………………… (343)
参议员布告全国之通电(1913 年 5 月 14 日)…………………… (343)
感怀诗(1913 年 5 月) …………………………………………… (345)
垦植协会鲁支部请于运河两岸提倡林业
　广植桑秧呈(1913 年 6 月 15 日)……………………………… (345)
参加联署的国会议员质问书(1913 年 4 月 28 日至 9 月 16 日) … (346)
袁政府违法借款之铁证宣言(1913 年 4 月至 5 月间) ………… (360)
民初参议院发言记录(1913 年 5 月 30 日至 10 月 28 日)……… (361)

在民初制宪中的发言(1913年9月13日至10月2日) …………(364)
驳有贺长雄共和宪法持久策(1913年11月5日)…………(376)
参加联署的参议院查办案和建议案 …………(385)
自书私债券印刷之缘起(1914年3月17日)…………(393)
狱中供词(1914年3月25日)…………(393)
狱中便笺(1914年3月27日)…………(394)
附录一:看看看中国新女界之发达/徐文炳 …………(395)
附录二:徐镜心创立的革命团体和社会组织考略/徐学航 …………(397)
附录三:徐镜心东瀛史事考/李日 …………(414)
附录四:徐镜心《光复登黄战事纪实》的成稿、流传
及其史料价值/李日 …………(424)
附录五:《〈辛亥光复蓬莱纪事〉补正》补正/李日 …………(441)
附录六:刘艺舟"都督演戏"辨/李日 …………(459)
后记 …………(479)

言志联(一)[①]

事到万难须放胆
理当两可且平心

言志联(二)[②]

不肇物议非君子
敢破天荒是丈夫

---

① 原载于李日、徐学航主编:《革命巨子徐镜心》,山东大学出版社 2011 年版,第 350 页。

② 原载于李日、徐学航主编:《革命巨子徐镜心》,山东大学出版社 2011 年版,第 350 页。

泰西格致家因苹果而悟吸力、因田鸡而悟电力、因沸瓶而悟汽力、因悬灯而悟摆力与中古人创制同义论①

充积乎国家者，人类也；主宰乎人类者，思想也。愚狂以思想而进于圣贤，野蛮以思想而输入文明。万机以思想而开，百度以思想而成，则一家之事备。万人有思想，则一国之势强。中国学术之闭塞，无思想也。泰西学派之昌盛，有思想也。思想之所系大矣哉。

君子观今日之泰西，乃益思古代之中国。泰西哲学源于希拉之索格拉底，而盛于英之倍根、法之笛坎儿。笛氏倡怀疑之说，倍氏主实验之派。任自由之思想，破旧学之奴性，遂为欧洲学界，放大光明。

厥后德大儒康德氏，总集两家言，成一纯全完备之学。由此诸名儒接踵起，新理日出，妙义纷披，固已指不胜屈矣。而其尤称便利、应用无穷者，则莫如吸力、电力、汽力、摆力四大端。

吸力之说，始于奈端。奈端见苹果落地，遂悟地心有吸引力。盖吸力之生有二：一生于热，二生于动。地中有火，蕴于地为热，为元阳。现于空为雷、为电，所以生万物，蒸云雨，摄众质，以成地球之终始者也。且具此摄力，与日星诸球相吸相制，以应其运转，循其轨道，定其节候，而动力生焉。

夫琥珀玻璃，磨之使热；金银铜铁，燃之使红，皆可以吸物。况地质之大，而热力之博哉？火车行驶，物坠必集于辙中；火船放速，物落必趋于轮底，皆牵于吸力。况地体之博而动力之健哉？磁石以养指南针，铁架以引无线电，种种妙用，难以枚举，非皆吸力之明效乎？

① 原载于《之罘报》1905 年 2 月 26 日。

电力之学,流传已久。而田鸡生电,创于迦尔瓦尼①。厥后福尔达始审其误,谓电不生于田鸡,而生于强水之化铅。因剪铜片、铅片,夹以羊毛布,注以淡强水,联以二铜丝,叠之以作电柱。后人仿之而制电池,用者便之。

盖干电必以阴、阳二物摩擦而生,湿电必以阴、阳二金交感而发。以其电力之多寡定之,多者为阳,寡者为阴。以铜交铅,铜电寡而铅电多,故其电柱之两端,铅片尽处为阳电,铜片尽处为阴电也。强水者,化合交感之资;毛布、铜丝者,吸引传送之用也。而舟车灯炮,传信寄物诸妙用,从此遍行全球上矣。

汽力之用,昉自英之吴斯德。因水沸盖起,遂悟其理,而创汽机法。盖借蒸汽之力,以运动机器也。水之气有冷热,冷无力而热有力。气愈热愈稠,则力愈大。水愈被压,则热愈增。夫气每方寸重二十二斤十二两,水之热力足相抵。若更加压力,则愈热而有力矣。

如以铁管盛水少许,内安活塞,置火上,俟水热气涨,而塞起矣。若更有以数倍之力压塞上,则气力不益大乎?此仅水之涨力也。至塞法利,乃又悟其吸力,因酒沸将尽,遽执壶倒置水中,壶中空气尽出,即吸水上行满壶中,且外水又被空气所压也,因作吸水机器。此则用其吸力者也。自此而运车、行船、印造、纺织、碾锯等事,皆可不费人工矣。

若摆力,则革利底悟之于悬灯者也。凡物之动,必有援引力,而后不能息;必有限制力,而后能不紊。摆力者,兼援引、限制,而为原动力之发轴,所谓行乎其不得不行者也。自此而自鸣钟之适用,通诸万国矣。

观于兹,而知西人之有自由思想,俨如中国之古人矣。夫见转蓬而造车,睹窍木而作舟,视鸟迹而制字。凡日用所需,器具之备,孰非古昔圣人之所竭其思想,仰观俯察,近征远取,以创垂于后人者乎?

乃自秦皇焚坑士类,而思想一窒。武帝罢黜百家,而思想又一窒。至宋儒,而异端之辨益严,名教之防益甚。学者蠕缘蠹食,标榜成风,束缚于

---

① 伽尔瓦尼(1737—1798),意大利医生和动物学家。1786年,伽尔瓦尼在实验室解剖青蛙,当他用刀尖触碰蛙腿上外露的神经时,蛙腿剧烈地痉挛,同时出现电火花。经过反复实验,他认为痉挛起因于动物体上本来就存在电,并把这种电叫作“动物电”。

经典，牵制于政治，陵夷至今，晦盲否塞，是道几于索然矣。泰西以思想追古人，中国以古人阻思想。勿怪乎西人之日进于文明强盛之域，而中人方日趋于顽固愚弱也。悲夫！

西史家谓国家之能造文明极轨者，在古多沿大河流域，如埃及、巴比伦、印度是，在今多因海线延长，如英、法、日本是，然越南、高丽诸国，则又亘古不化，能明其古欤①

世界之变迁有二大时代：曰天行，曰人治。榛莽甫辟，物类稀而生机畅，存亡之运听诸天，天行时代也。水陆宏通，酋长列而竞争起，成败之权操诸人，人治时代也。而时代递嬗之间，正天人交争之会，国度因之有兴废，民族因之有盛衰。此则天行、人治之过渡时代也。

纵横九万里，生灭之原因；上下数十纪，文明之历史，乃益恍然于其故矣。则试登希玛拉山，西眺欧、非二洲间，尼罗河一泄三千里，居民百万家，德伯斯都城百门，加仑湖广第三千，则四千年之前之埃及故国，政治、学术，开希腊之前驱者也。迤北则巍巍峨峨，幼发拉底、革哩两河，纵贯其间，人烟之所充斥，耶教之所发祖，古名城巴比伦也。乃东则恒河万里，民族繁滋，汉书所谓身毒，而佛教之所权舆也。至此乃益信物族之繁殖于大河流域，而天行之发达于古时者盛也。

继而远瞩欧西，有区区三岛，属地遍六洲，海线通五洋，握全球之大利权，为商务之中心点者，非英伦乎？雄峙于地中海之北岸，辟土于东大陆之南边，与英人争雄海上者，非法兰西乎？左顾亚东，有扬旗于太平洋，与英法并驰名于世界者，非日本乎？至此乃益信列国之富强于海线之延长，而人治之发达于十九世纪者盛也。

---

① 原文连载于《之罘报》1905年2月26日第2期和4月25日第4期。

虽然执是说也，则越南、高丽诸国，澜沧、汉江，岂无大河？南洋、黄海，岂无海线？乃礼仪教化，昔不称于史，今不名于世者，何也？嘻！吾知之矣。天之生物也，始于同，终于异，有存有亡，有争有择。土物相宜，而后民息蕃；衣食相需，而后竞争起。生息蕃，竞争起，而后知愚判，强弱分，优劣见。

其宜于土地，而能争为智者，且强且优者，则天必择而存之。其不宜于土地，而不能争，而为愚且弱且劣者，则天必不择而亡之。其存焉者，非天行存之也，其人治之足以持其天也。其亡焉者，非天行亡之也，其人治之不足以持其天也。

此埃、土、印度之所以赫赫于上古，而奄奄于今日也。此英法日本之所以寥寥于往年，而勃勃于现世也。此越南、高丽诸国之所以终古没没也。不特此也，矿学家之所记，异禽怪兽、奇花瑶草之繁，而为古山经、《尔雅》之所不载者，何限？诸凡动植，生不得其地，存不得其养蕃衍之数，仅抵毁伤，经千百年而种产不盛者，又何限？

甚矣物竞之烈，淘汰之速，天行之害之可畏，而人治之权之可峙也。吾深惜夫埃、土、印度，得天行之文明，而人治不能保，遂为他人之奴隶。吾深羡夫英、法、日本，逞人治之发达，而天行日有功，遂成一世之雄长。吾尤悲夫越南、高丽诸国，物土既不宜，竞争复不剧，其天行之力，不足起其人治之点；其人治之功，不能胜其天行之害，遂若碌碌终古，不能见头角。

呜呼！我支那大国，文明最先。天行之盛，不亚于埃、巴、印度也。人治之隆，远逊于英、法、日本也。今日教化之滞塞，几等于越南、高丽也。然而，今即时代递嬗之间也，今即天人交争之会也。今即兴废不旋踵，盛衰不可知，最切最要，功最伟、祸最劣之天行人治之过渡时代也，则将如之何而后可？曰：修人治以持天行而已。修人治奈何？曰开我智，合我群，作我气，新我政，明我教，以保我种而进我化。（以上载于《之罘报》1905年2月26日第2期）

（续第2期）带河大海，天下至拙者之所恃也。举古今文明野蛮之国，而一一委之河海，则何国无河海之表里，何部无河海之利权？而何以改良之发达者，人民仍相竞强；改教之腐败者，人民仍相委惰。可知人和与地利二者，互为因果而有密接不可间之关系。舍人和而言地利，则无造势之英雄。舍地利而言人和，亦难展富强之手段。此其理于文明诸国得之焉。

上古文明之国有三焉：巍巍乎形胜独揽、纵贯全地，北达地中海，东绕苏彝士河，非埃及尼罗之河耶？浩浩乎大气盘旋、汪洋千里，东拥高塔，北映横桥，非巴比伦幼发拉底之河耶？高逾千刃，湍湍焉，倒流而下，源达雪山，攘攘焉，万艘聚集，非印度安顿之河耶？之三国者，其声明文物，岂无教育之进步，理想之媒介，为之胚胎而组织而觇人国者，何竟以流域目之哉？

然而世有升降，时有变迁。流域之钟毓，一变而为海权之天下。英吉利，不过三小岛耳，而握大西洋之利薮，衣袖海之险堑，经营开拓，遂为千古莫□。法兰西，不过一野番部落耳，而握地中海之屏藩，海洋之蒂固，振作奋发，遂称欧洲无敌。日本素称为弹丸之地耳，而据四围环海之地利，培其根本，荣其枝叶，遂俨然为东亚之一英。

由此观之，国家之缔造，文教之畅达，所谓流域海线之原因，是耶非耶。然予睹越南、高丽而疑焉，汉江富良，非无流域之可凭也，地悬海外，非无海线之可握也，而何以古今一致，越不得嗤夫高，高亦不得嗤夫越也？予为之深思其故，而知地利如膏土，然无明君贤相淘汰人民之思想，鼓铸人民之知识，则膏土等如石田。彼古之埃、巴、印，今之英、法、日，岂尽以地利而然耶？

盖亦乘地利之文脉，合全国之民力，萃全国之民心。民力合，则制造兴；民心萃，则教化起，夫而后有不文明者哉？若第论以地利，则高丽之国势，奄然如夕阳在山矣；越南之国势，依然与社稷共据矣。而河山之利益，法人吞而噬之，万国公而有之，则地利可足恃乎？然地利固不足恃，而有地利者，弃如弁髦，至使人据为己有，则有心人俯仰往昔，凭吊当今，能不慨然而神伤乎？

黄人之遏底拉、成吉思汗，白人之亚历山大、该撒，其兵力所及，孰为最远论①

间尝登希玛拉，东极亚东，西瞻欧非，南瞰古印度，北瞩北冰洋。纵横五万里，上下四千年。酋长错列，兴亡接踵。有能持长鞭，策万国，压倒一世豪杰，使之倾耳侧足，詟服于号令之下而不敢动。此固尧、舜、禹、汤之所不为，而亦尧、舜、禹、汤之所不能为也。亦为其时其地所限耳。巍巍乎黄人之中，其惟遏底拉与成吉思汗乎？白人之中，其惟亚历山大与该撒乎？

遏底拉、成吉思汗，皆起于漠北，纵横于欧洲诸大国间。然成吉思汗混一全亚，遏底拉限于南朝，则辟土之广狭有间矣。亚历山大起希拉，该撒起罗马，皆能折服欧洲诸国，横行非亚二洲间。亚历山大自阿大利亚海至印度河，疆域西蹙而东伸。该撒自西班牙至替革利司河，疆域西广而东狭，绝长补短，两人之拓地等也。

兹四人者，方其崛起一隅，号召全部，奋击百万，流血千里，风行雷厉，山岳倾摧，其豪情可以吞六州，其雄心无难混一世。乃遏底拉挫于法而死途中，成吉思功未成而殁六盘。亚历山大阻于众而以忧卒，该撒嫉于人而被刺死。一若恃德者昌，恃力者亡，为因果之定理，彰瘅之微权也，而亦知有大谬不然者。且夫运会趋而世变极矣，种类稠而争竞多矣。强者胜，弱者败，既势所必然。胜者王，败者寇，亦习然固然。

古人尚德，后世尚力。尚德故无内政，尚力故侈边功。德与德相胜，而后大德显。力与力相胜，而后大力生。尧、舜、禹、汤，以大德显于数千年之前。遏底拉、成吉思汗、亚历山大、该撒，以大力显于数千年之后。而且遏底拉兴，而后匈奴之豪杰辈出。成吉思汗作，而后北人主中夏之局开。亚历山大、该撒出，而后欧洲之枭雄英王，相继而起。

① 原载于《之罘报》1905 年 3 月 5 日。

呜呼！时势造英雄，英雄造时势，不诚然乎哉？独是时势有二：曰小康，曰大同。英雄亦有二：曰圣贤，曰豪杰。时势由小康可进于大同，英雄由豪杰然后有圣贤，何则？当时势淆乱，豪杰并起，竞以兵力相争，争之不已则相胜。力与不力争，则力者胜。力与力争，则尤力者胜。人人皆尚力，即人人皆尤力。夫至人人皆尤力，则无所用其争且胜。无所用其争且胜，则相让。让之不已，则相下，而圣贤出焉，而大同之世成焉。然则若遏底拉、成吉思汗、亚历山大、该撒者，固小康之世之极点也。数十纪后，不又将转而为大同，而尧、舜、禹、汤相继而起也哉。

论地球构造之原始与诸星球之关系①

闻尝冥心太初之表，游神造物之先，想见夫浑浑噩噩之中，郁郁葱葱之状，气与形相杂，空与色不分，凉与热合度，温养孕育，不知几亿万年。一旦划然，雷腾火发，类聚群分。轻清上升，重浊沉沦。阳精迅转，喷吐纷纶，渣滓团结，诸天球轮，远近高下，循轨不紊。此乾坤之所以立，而诸球之所由分也。

地球之始造，与诸星球关系之理，中国儒者不详其说，覆盆鸡卵诸喻，皆荒唐不可信。西儒德雅道氏、法拉不兰氏，倡为云霞星之说，颇近理可信。说以太阳为一大火团，转极速，喷出无数煤气质，其始状若云霞之在空，渐冷渐凝。一部分煤气质，即凝成一星球。热质蕴于内，冷壳包于外，地球亦煤气质之一部分所结成也。迄今西人考地质学者，皆主之。

吾为之申其说。诸球之出于太阳，固也。而太阳之热又能生诸天之气，气愈热则愈涨，愈涨则愈紧，团结诸球之力愈大，排挤诸球之力愈足，斡旋诸球之力愈速。故能使诸球之高下合度，疏密适宜，彼此又自有相摄相制之力。摄制之不已，则又生运动力，愈运动，愈摄制，以球摄球，以球

① 原载于《之罘报》1905年3月5日。

制球，即以球运动球，此球与球关系之妙理，而地与诸星之所以结体不散，悬空不坠，顺轨不乱，按节不差也。

虽然，物无久而不耗之理。诸球以气悬转，气以热蒸腾。积之既久，则太阳之热质渐销，热力渐减。减之至于不团结，不能排挤，不能斡旋，不能相摄制相运动，则气冷形散，万球滃然，浑合一团，复其浑沦之初体，此则结局破坏之理，有可推想者也。至于何球之摄何球，何球之制何球，运动何球，此惟精于测天者能指出，固非愚蒙之所敢妄谈者矣。

挪亚之避洪水、摩西之返迦南，其明决坚忍孰为优论①

舜纳大麓，风雨不迷。周公居东，雷电拔木。盖其精诚之心，蓄积已极，则幽可以泣鬼神，明可以格天地，坚可以贯金石，险可以入水火。其事随神奇，若可诧异，实则至性之所感，而通积而成者也。观挪亚之避洪水，摩西之返迦南，不益可见乎？

西史纪挪亚、摩西事，似多怪诞不经。然洪水之患，孰实传之，方舟之备，何以预知之？督工百年而不中辍，人笑为狂而不改操，又何以孜孜不倦若是？

至若摩西，伤心同种之惨，而不遽发，遁荒野四十年，卒能窘法老，救十二族人出险。跋涉三十七年，经百战而气不衰。

呜呼！兹两人者，其奇迹若有神助，如黄帝之以梦得风，后高宗之以梦良弼，精神所通者，或告之理亦有焉，然不必深求。第其见微知著，历险不劳，济人之所不能济，忍人之所不能忍。苟非明决坚忍、至性不挠，乌能成人类于几希，出群生于陷阱哉？

夫运际其穷，扫荡凶类，必择盛德以延物种。上帝好生之德也，境处其危，拯救众生，乃借神圣以保善类，至人格天之力也。况当鸿荒甫辟，人

---

① 原载于《之罘报》1905 年 3 月 19 日。

神相近,以两人之精诚,自应感通神明,呵护之,辅翼之。

西史所传,非必尽诬。遥遥二千余载,后先辉映,轩轾何分。然洪水为灾,挪亚处不得不避之势,同种被残,摩西存不忍不返之心。两人之德性虽同,而优劣则有间矣。尤可疑者,挪亚之事,史不称其至诚之极。可以前知,而谓上帝谆谆命之,何其陋也。夫月晕风,础润雨,滔天巨灾,能无朕兆之蒙乎?特人皆不察,而唯挪亚知之耳。不然,虫豸动物,何一一之不遗也。至摩西,史谓其数以术窘法老,然则击石取水,云柱、火柱诸神异,得非摩西之行术所致乎?不然,(以下缺失)。

波兰有哥修士孤不免俄、普、奥之分,埃及有亚拉飞仍受英、法之制论[①]

上世灭国以战,后世灭国以不战。灭国以战者,显肆其虐于共见之地,祸止于失土地;灭国以不战者,阴逞其毒于无形之中,祸至于绝命脉。土地失,犹可复。命脉绝,不可兴。膏肓深矣,虽有和缓,无能为矣。此所以志士挥涕,仁人流血,惕然于波兰之前车、埃及之先兆,而恨哥修士孤、亚拉飞之不早出也。

波兰为欧洲强国,埃及亦非洲大邦。乃一则世家分党,争立国君,竟借外国之力以相胜。而俄人遂乘势执其政,操其权,卒与普、奥分其土地。一则国帑屡空,势须借款。而英法乃因积债之多,托理财之名,以夺其行政之柄。虽哥修士孤、亚拉飞各率国人,以图恢复,卒至被擒,益招惨毒,君子惜之。

嗟乎!古之取人家国者,以得民心为先务。今之取人家国者,以窃政权为要图。得一国之政权,即可制一国之生命。通商、开矿、筑路诸利益,收之唯我,发之唯我,开放把持之,莫不唯我。而民族习于其政,有不服

---

① 原载于《之罘报》1905年3月26日。

者，权可以压制之。列邦涎于其利，有相争者，权可以抵抗之。

然无故而夺人之政，既显违于公法，仗势而攘人之权，又见讥于列邦。于是为之解纷纠，靖祸乱，清国债，理财赋，始则以旁代，行其狐假虎威之阴谋。继乃以威迫，伸其蚕食鲸吞之素志。故灭国而人不知，得地而兵不劳，盘踞既深，巢穴已固，即有一二志士，窥其隐，知其谋，号召天下，力图克复，亦无如之何也已矣。此俄、英、法、普诸国之外交伎俩，而波兰、埃及，特其先见者耳。虽然，防患于未然，保邦于未危，物有虫而后虫生之，国自乱而后人伐之。使当俄、英诸国之志甫萌，而哥修士孤能和其国党、开其民智、整其纪纲，则波兰安于泰山矣。亚拉飞能广其生殖、兴其工商、充其府库，则埃及固如磐石矣。彼俄、英诸国计将安行哉？故君子观波兰、埃及之亡，乃益殷殷然忧，栗栗然惧。而为哥修士孤、亚拉飞惜，而尤为波兰、埃及惜也。

近百余年英握地中海形势以通印度、中国航路，其建置握要何在，自俄筑西比利亚铁路、美开巴拿马运河情势趋重，东亚应如何先事预防，以维全局①

三代上国之治，乱在德政；三代下国之强，弱在利权。隋唐前，利权犹不出地中海。近百年来，利权乃遍及五大洋。得之者为伯长，失之者为奴隶。得之者遍走万国，失之者委顿一隅。故东西列强，趋之若鹜，各出大力，以经营竞择要区相角逐。东亚大陆，几几成列邦之汤沐邑。吁！危乎哉。欲筹先事预防之策，先观列强握要之图。

自隋唐以来，东西之交通渐盛。其时，商业繁盛之区，东以锡嵛岛为最，西以地中海为最。而犹太人居两海之间，遂操东西之利权。及大食国

① 原载于《之罘报》1905年4月4日。

兴，而水陆商权乃尽归亚拉伯人手。盖苏厄司上腰，为东西航路之梗，而犹太、亚拉伯握其冲也。

且夫利权之得失，系于航业。航业之通塞，系于关隘。自两美洲新地出，苏厄司运道开，英国能以三岛之地，牵制五洲，西据堪阿大、乍美喀（此处缺二十二字）取险奈何，属埃及、据阿典，以握红海之咽喉也。夺玛岛、守锡崙，防新加坡，以保印度洋之门户也。割缅甸、租香港，借九龙、威海，占高丽之巨文岛，以卫东洋之利薮，并遏俄人东出之路也。而且结好丹国，以拒波罗的海之冲也。保护土耳其，以塞黑海之口也。

凡孔道所经，无不建埠要兵，以通百货、以护商旅。虽近年互市，势趋东亚，亦将谓世世保之，利权可以无失矣。而岂意俄筑西比利亚铁路，潜夺其南洋之航路哉。而岂意美开巴拿马运河，欲握太平洋、大西洋之要津哉。而岂意法德诸国，蚁附鳞集于东亚，竞争大帝国之垄断哉。虽然，英之失其利权者犹少，中国之失其利权者甚大。故吾不为英国危而先为中国虑。

且夫蒙古、满洲，几成俄国之领土矣。山东已为德之根据地矣。长江左右，不出英之势力圈矣。西江、闽江流域，允法、日以敷设之权矣。各国精神，趋重于太平洋之大帝国。东方商业，将驾西洋而上之。而我之势渐失，我之权渐替，我之利益渐尽，命脉渐绝，将何以待之？

曰：内修未举其政治，则兵商路矿诸大权，不落外人手；外守未失其关隘，则津沪粤汉诸要路，不为列强夺。然后兴一切本有之利益，蕴于山者，采取而熔炼之。滞于路者，接连而贯通之。失于上宜者，详究而栽培之。绌于人力者，辅助而兴起之。其或败于旧章、格于成例者，革除而斟酌之。新我百度，展我智力。励我臣庶，整我纪纲。则西比利亚之铁路，巴拿马之运河，将以助我转运，通我商务，益我富强，复我威力，我之全局不将借此益固哉？东亚商业不将借此益盛哉？

劝山东人士游学日本公启[①]

饿虎入室，其视眈眈，惟恐不博一饱。而醉人僵卧，方演黄粱，不知死期之已至。迩来国势阽危，强邻侵逼，偿款割地，得寸进尺，势不尽食我肉，寝我皮，括我土地、财产，以繁殖其种类不止。而我国人，犹复琴书诗酒，歌舞湖山，日优游于太平广宇者，几以故乡局促，耳目不灵，虽豆分瓜剖之祸，近在眉睫，而茫然不知。

仆等羁居海外，回首故乡，河山破碎，不堪设想。尤痛恨者，我山左自胶湾租借，德人即据为己有。铁路矿局，星罗棋布，其兵民逡巡四出，又无不淫虐横恣，惨无天日。而吾登州三面拒海，辽东对峙。近日露〔俄〕战争，日已占旅顺，英尚据威海。数年后，必有英日合谋以窥吾山东，而攫德人之利权者，是内地之有战祸，将首出于山东。而山东之被害，以登州为最剧。切肤之灾，吾与身受，而犹徘徊观望耶？且即为公等进身计，亦有今是昨非者。

古人云：识时务者为俊杰。国家鉴于甲戌、庚子之役，知科举取士不足恃，亟亟以兴学堂，遣派出洋留学为急务。又恐持之过激，愚柔将嚣然不靖。三科减尽，暂延时日。顷者进士亦须入校，官吏必学政法，明明著为令典。则新旧学派嗣后之孰兴孰灭，不尤彰明较著乎？

目前，新学潮涌，游学日多，各省竞争，几成学战。留学日本者，两湖、川、浙，各六七百人，云贵、苏、徽、直隶、江西各三四百人。惟山东两次官派六十人，自费四五十人，较之山陕河南虽稍优，视他省则不及远甚。夫作事不可居人后，生今之世，为今之人，与其株守旧章，虚延岁月，何如游历方外，振吾精神，增吾魄力，造就有用之学问经济，力图进取？况吾祖宗赖以血食、子孙赖以图存者？非有此通中达外之人，相与作民气、开民智，

① 原载于《之罘报》1905 年 4 月 4 日。

断难挽危机于万一，而欲长此静坐得乎？

公等皆吾同胞，事苟少有不利，何敢漫为劝驾？近因山东筹款尚艰，未能多派官费，为此萎缩不前，同怀观望。仆等天涯跂望，敢竭彼诚，谨将东游概要，恳恳为同乡诸公告。

一、游学日本之便宜。日本与中国同文，尊孔教。水程自烟台登轮一星期即至东京，故留学最便。

一、同乡招待之妥善。海外同乡以东渡者，言语不通，诸多不便。特于神户、横滨、东京三处，设有招待人，照料一切，章程附后。

一、入学校之无阻碍。凡自费者，惟陆军需带本省咨文，余则径由本省同乡会赴公使处请咨保送，无不妥谐。

一、学科之可以自择。初等如普通、速成师范、速成政法、速成实业、体操专修、理化专修等，高等如农、工、商高等学校、高等师范学校、帝国大学（理、法、农、工、医）以及私立大学等。

一、学科之可以现定。无论何科，各有速成、长期。速成分六月、九月、一年、二年；长期自七八年至四三年不等，可按自己之资斧现定，毕业时皆有文凭。

一、经费之可以节省。无论入何校习何科，修金、衣服、房饭、书籍、零用等费，一年不过日元二百五十元。若能俭约，往来川资在内，亦足敷用。计开留学费：

修金，月四元或二元。

衣服（冬、夏衣各一套、鞋帽、里衣等），约十五六元（衣服初到时必须全置，后只随时增补而已）。

宿所（含饭费），月八元或九元。

书籍、笔墨等，月约二元。

由烟台至神户轮船，五日，中等廿八元，三等十二元，每七日一次。

由神户至东京轮船，一日，中等七元三角，三等三元二角，每日午前一次，午后三次。

由烟台至横滨轮船，六日，十八元，每七日一次。

由横滨至东京火车，一小时，中等五角四分，三等三角二分，每日十次。

由上海至神户轮船，五日，中等廿六元，三等十二元，每七日三次。

由烟台至上海轮船，二日，中等十八元，三等十元，每七日二次。

招待章程

一、招待人。

神户，清国领事馆（在神户山下町）或公和号（在神户荣町第一百六十六番地）。

横滨，山东事务所临时派人前往招待。

东京，同（横滨）。

一、凡决意东来者，先从邮政局致函山东事务所，言明某县某人欲到东学习某科，于何日启行，以便同乡会预备招待。信面〔格〕式：

日本东京牛込区赤城元町十六番地　山东事务所公启

自某县某村寄

一、由烟台至神户，或由上海至神户者，可径赴清国领事馆或公和号询问一切。由烟台或上海至横滨登岸者，先致函于山东事务所，须注清船名及抵岸日时。由神户乘火车抵东京者，务先期达一电报于山东事务所（电费约二三角），须注明在神户何时开车，届时即有人招待。

一、各学校均有制服，东渡者不必多带行装，但足现时服用即可。

一、烟酒、绸缎为入口应税之货，万勿携带，免致多生枝节。

一、启行时，必凑齐一年之留学费或自带或汇兑，以免到东失措。

一、招待员所需费用由同乡会支领，不用新到者照应。新到者所需费用，亦应自行支领，招待员不能相助。今岁丛琏珠、丛琯珠、赵蹱先于六七月回国，八九月复东。有欲结伴偕来者，可先致一函。丛系文登城里人，赵系黄县城里人。

刘之进、徐镜心、姜宗汉、仲藜乙、徐文炳、丛琏珠、丛琯珠、徐广化、赵蹱先、刘虎臣同启

论欧洲腊丁、条顿、斯拉夫三族之强弱及究竟①

全球之人类五:曰黄、曰白、曰红、曰黑、曰棕。数千年前之文明,以黄种为最盛。百余年来之富强,以白种为最优。黄种分二族:曰汉、曰胡。汉先兴而胡继起。白种分三族:曰腊丁、曰条顿、曰斯拉夫。腊丁始盛,条顿中兴,而斯拉夫终强。黄种自两族混一,而胡主汉奴,汉强胡瘘,东大陆遂成麻木不仁之世界。白种自列邦割据,而英轩俄轾,法颌德颜,西欧洲遂为物竞炎炎之剧场。

试披全欧历史,推其迁流之原,究其强弱之故,乃益叹种学之不可不讲矣。且夫法、义、班、葡诸国,腊丁族之苗裔也。英、德、荷诸国,条顿族之支派也。俄、波、路、玛、尼诸国,斯拉夫族之云仍也。上世罗马大一统,腊丁已称欧洲强族。沙立曼、路易、腓力、拿破仑,相继执欧洲牛耳,腊丁族人于斯称极盛焉。自英人崛起大西洋,普王统一日耳曼,纵横海上,并驱中原,条顿族人之雄视全球,至今莫与比。嗣后,西比利亚之铁路告成,而英、德之权力,渐夺于俄斯拉夫族人,遂有骎骎日上之势。推其所至,必将与条顿族人,并扬旗于东西洋中。此三族竞争之大势也。

然吾观目前之情形,则日耳曼族之繁衍于荷丹诸邦,盎斯鲁撒逊族之蔓延于北美诸地,一若条顿族之强盛,有不可遏抑之状。不知夫俄人之眈眈北方,拥膏腴据形盛,附近大陆,侵占易为力。苟非列邦合力抵拒,早已席卷欧亚,囊括四海,巍巍乎为环球之鲁灵光矣。一旦列邦解体,隙瑕一露,高掌远蹠,有不思逞其志者哉。

甚矣种族竞争之烈也,世界进步之速也。三族竞争而欧洲诸国之优劣分,五族竞争而六洲万国之成败见。迄今白人之足迹遍天下,而黄红黑棕四种之土地,几成白人之别馆矣,四种之人民几为白人之奴隶矣。他种

---

① 原载于《之罘报》1905年4月11日。

我不遑恤，我数千年前之文明黄种，乃亦至于此极。徒仰视他种之忽盛忽衰，我转为牛马鱼肉，而不知耻与彼红黑棕之三种同归于泯灭。此英雄所以奋袂，志士（以下缺失）。

敬告同乡父老书[①]

敬启者：仆等留学海外，心切祖国。外顾强邻逼迫，内忧国步艰危。明知空言无补，强聒招尤，第事亟情迫，隐之而不能隐，讳之而不能讳，如矢在弦，如马勒崖，不得不作万一之想，为吾山东父老告曰：

嗟乎！试问十八省父老，犹以为堂堂天朝，赫赫华夏，可告无恙乎？而不知十八省已亡其六七矣。又试问山东父老，犹以为宣圣故里，尚父遗风，可恃无恐乎？而不知山东已亡其八九矣。

何言之？国家之有权，犹人身之有力，力竭则身疲，权落则国弱。疲者死之兆，弱者亡之根，必然之理也。自环球大通，殖民求地，举两大陆、五大洋，搜罗殆遍，甚至沙砾不毛，亦设法垦辟，变无用为有用。而况土田膏腴，物产丰饶，如东亚，如中国，如山东省，有不蚁慕蜎集者乎？

西人垂涎东亚久矣。自谟克波罗始，尔时各国尚强，不得使其并吞。自元迄明，风气寖衰，彼即捣吾之虚，假通商以为名，阴逞其无厌之欲。印度，吾邻土也，而亡于英。安南，吾属国也，而亡于法。琉球、台湾、朝鲜，吾册封保护及行省也，而亡于日。唇亡齿寒，辅车谁依？锁港主义，几经铸错，可悲也夫！

渐近而及我海岸，英据香港、九龙、威海，法租广西，葡占澳门，德领胶州，日争大连、旅顺，俄领海参崴。东南一带沿海诸港，无一存者。更进而及我陆地，若满洲，若藏卫。其尤绝望者，现已更换主人翁。他如蒙古、新疆、伊犁、青海等处，亦皆岌岌不可保。西北一带，藩篱半撤，残破不完。

① 原载于《之罘报》1905 年 5 月 9 日。

又进而及我内省，山东其受害尤甚者。

曹州杀害教士一案，德人借口索我胶州及各府矿产。大修胶济铁路线，亘八百里。设船坞，筑炮台，实以粮药，每台可容二百人，粮可持三月。又建总督府，设胶济总督。总督者，地方行政之长官也。是直以山东作己有之物，故名胶州曰德之东京，署其旗曰新领山东，极其横暴之状，目中并无山东一人。

嗟乎！函谷入而秦亡，阴平过而蜀灭。前车不远，奈何奈何！前三月间，阅日本报，有登〔州〕府杀二德人一事，仆等惴惴者久之。果也德人借此要求十一款，铁路、矿务、口税，政府业已允许。惟附近胶州诸县，割入租界一款，政府严辞力拒。德公使曰，尔不我兴，余必以兵力自取之。次日即有占领海州一事。夫山东南通九省，北接直隶，南北之枢纽也，枢纽断而南北梗，首尾不能互应。所谓长蛇之阵，竟成两断。西蔽山西、河南，陕甘诸省腹地之屏障也，屏障撤而堂奥不能固。且为水陆必由之径，京师之门户也、喉咙也，岂有门户塞而出入得自由，喉咙闭而饮食得下咽者。

就全局通筹，比较关系之重莫山东。若闽浙江湖徽广九省又次之，云贵川陕山西河南七省又次之。直隶为京师首区，不在此例。盖川陕乃割据地，非交通便利地。若仍执天险之说，去幽燕而都关中，是犹闭户不出，自为安燕雀处堂而自为得也。以此自守尚不足，况言战乎？

凡事不可依赖他人，满洲其己事也。俄之于满洲修东清铁道，自西北利亚直达海参崴，及旅顺，布置严密。自以为金城汤地，子孙万世之业，岂知铁血横飞，连战连北，不能敌日人之忠勇。而我东三省之老幼，非婉转于道路沟壑，即死亡于炮雨枪烟。寻父觅儿，呼兄唤弟，悲惨之声，不堪入耳。故曰山东亦第二之满洲也，德人即山东之附骨疽也。

就中国之现势论，瓜分之祸，万不能逃。各洲剖划明析，久无余土，列强所注意之烧点，即在中国。其所以奄奄一息，得以不绝者，列强彼此猜忌，不得不托名保护，以阴施其经营蚕食之策。万一全局震动，吾知英据长江一带，法据两广、云、贵，德据山东、直隶、山西、河南，俄据新疆、陕、甘，不崇朝而四分五裂，必然之势也。

譬如一群虎共守一极大之肥豕，俟牧人睡而欲分啖之。然各虎皆有独吞之心，遂共立一约曰：勿伤其生，须大家保全之，赞成者其书名。群虎唯唯。然此时之馋涎下流，或牵其蹢，或爪其肤，或 餂其血。豕虽未死，已不堪其扰矣。突有饿虎立，破公法，坏中立，衔其首以去。于是，向之耽耽者，各断其一体，顷刻立尽。嗟乎！此真弱肉强食之时代矣。语曰：人为刀俎，我为鱼肉。岂过论乎？

再就瓜分后之情形论，更不堪设想。今日之瓜分人国者，不必显露其行迹。行迹露，人心必不□□□□□□□□□□□□。于其君，则华室以居之，岁给数十万钱。阴下敕谕外，他事不得问闻。于其民，则束缚之，禁锢之，不令入校读书，但作马夫车子，兼课重税以困之。贫不能娶，人不知卫生繁育之法。久之，种自消灭。然此时印人之愚，犹且仰观敕谕，相顾而喜曰吾国未亡。不然，何尚有煌煌明诏耶。嗟乎！所谓以子之矛，刺子之盾，死而不知，其病之根者也。可叹哉，可怜哉！

假中国处此际，可奈何？振兴学校一事，中其所忌，不得自由可想矣。即欲开国会公议，而警察权操于他手。偶语者，必犯禁。将欲联络亲友，而邮便权秉之外人，一字亦不能达。束手无策，坐以待毙。角力则斩木揭竿，不过乌合之众；忍辱则执鞭侍座，孰堪奴隶之羞。甚至两雄相斗，殃及池鱼，同室操戈，残伤骨肉。无事则满盘散沙，有事则一锅烂粥。此弊此情，在所不免，《易》曰“履霜”，《诗》曰“未雨”，望吾父老三复此言。

驳者曰：方今四方无事，子何出不祥之言？辨曰：优胜劣败，不竞争不能生存。此语已为现世定盘计，不及此奋勉，吾言不中，当抉吾眸子！然吾正望吾言之不中，使父老当享安饱之福。虽为盲，亦甘心。

驳者又曰：君者出令，民者听令，有政府之保护在，何戚戚为？辨曰：君待政府保护，政府又将待谁保护？自顾不暇，遑恤下民？信如君言，将台湾、满洲遭涂炭者屡矣，何为而不保护之耶？驳者怳然曰：子言诚然，其如无官，守言责何？辨者泣曰：必有位者，始准言事。必在位，而后谋政，如君言，中国绝望矣。

夫越职侵官等语，为有职有官者道。吾等读书人，当以学贤为标准。孝友施一家之政，周流行四国之政，授徒著书，立万世之政，又何职之能越而官之得侵乎？孔子曰：“无求生以害仁，有杀身以成仁。”范文正曰：“先天下之忧而忧，后天下之乐而乐。”读古人书，所学何事，仅以供八股之料，何益之有？

故天下者,天下人之天下也,非一人独有之天下也,又非一人独理之天下也。分天下而共有之,天下何愁不平?合天下人而共理之,天下何患不治?一人争之不得者,十人争之;十人争之不得者,百人争之;百人争之不得者,千万人共争之。此社会人群之学,不得不讲也。千万人所不敢为者,百人为之;百人所不敢为者,十人为之;十人所不敢为者,一人独为之。此分干义务之责,不得不尽也。处今之世无良策,莫如立地方自治之法,法之要有三:

第一,忍耐包涵,以防祸端,仇教固非,排外亦未必尽是。前杀二教士,偿以胶州湾。今又伤二德人,因据我海州。执此以例,再伤数十人,而山东之土地尽矣。夫德以区区数命,易我险要港口,而我以数千里之雄图,仅博取一刀之快。此孰智孰愚,孰得孰失,稍有识者,当必能辨之。此愿与父老约者一。

第二,广立学校,以开风气。无论实业、军备,非教育不能收效,德、日其前鉴也。况学无分乎中西,圣经、贤传,吾之哲学也,吾之国粹也,阐发奥理,措诸实政,为大学问。若执新旧之见,歧而二之,互为抵抗,自相攻击,俾渔人得利,岂计之得者?西人最讲种族,故有黄祸之说。思患预防,我不彼若。《诗》云:“兄弟阋墙,外御其侮。”谁非虞夏商周之后,胞与之念,勿背师训。此愿与父老约者二。

第三,募集款项,以备不虞。财犹血也,无血不能生,无财焉能强?现今实业竞争,经济一学,最为紧要。平时不能储蓄,临事不免张皇。空手赤拳,奚足应变?自此以后,请作扑满之计,称家有无,以为捐输。凡山场庙产之存款,烟酒戏会之浮费,节约省俭,日积月累,将邱垤之墟,增之可以比泰岳;涓涘之水,萃之不难成沧海。此愿与父老约者三。

夫不有第一之严戒生事,以防借口,则十暴不敌其一寒。不有第二之讲求实学,锻炼智识,则空谈何补于时事。不有第三之整顿财政,隐植根本,则豪杰亦不免作困。守此三约,以训子弟,以联乡邻,以结团体,以待机会。所谓国虽亡而人心尚不亡,雪耻复仇,指顾间事耳。

若仍踌躇观望,人人推诿,各存异见,吾恐四万万人民之生命,数百万人之舆图,永沉于大海中矣。日本矢野文雄新著一书,论东亚将来之大势。此启略仿其说,复参己见,以当警钟。语云:良药苦口利于病,忠言逆耳利于行。区区愚诚,愿父老一再思之。

上袁宫保安置沿海八省书略[①]

窃维今之为中国谋者,莫不汲汲曰开民智也,修内政也。不知夫中国此时不患民智之不能开,患人之不待我开而蹂躏之也。不患内政之不能修,患人之不待我修而摧折之也。恐人之蹂躏我而摧折我,于是讲外交者,不曰联此,则曰和彼,不曰奉天永久局外中立,则曰奉天、福建互换。

夫曰联此,则必绝于彼。曰和彼,则必伤于此。曰奉天永久中立,无论英、日,失其利权,必不认可。即令认可,又何以处夫其余各省也。曰奉天、福建互换,无论日本之势力扩张于奉天、福建者,已十分之七,互换则徒失福建之主权。彼日本之布置于奉天者,能稍退让而不为防俄计乎?且各国之对于此问题,又将何如?

彼日俄之战,日人所号召于各国,张大其名义者,固保东亚之和平,非利中国之土地。彼自愿尽其义务,我何尝要其挞伐。战前我既无要求之行为,战后我即无酬谢之责任。奉天且非其所应得,又何论乎福建。

今若却奉天而受福建,是以福建为中国领土,而奉天直为日本领土矣。夫奉天之为中国领土,此各国之所公知而公认者也。既非日本之领土,何得曰互换?直强索耳。不索我奉天者,畏公理之抵排,以塞各国之口也。直索我福建者,逞强权之私心,以偿一己之欲也。日本可以索福建,则德国亦可索山东,法国亦可索广西。其余各国,亦畴不可借利益均沾之例,要索于我。而分裂之祸,有不堪设想者矣。各省既分裂,且试思奉天能脱日本之范围,自立于诸强国之间乎?此不可知者一也。

且各省之士民,对于此问题,又将何如?奉天为朝廷发祥之地,福建独非国家之领土乎?奉天可保而勿失,福建独可弃之如遗乎?福建可弃,则山东亦可弃,广西亦可弃。其余诸省,亦何一之不可弃?各省士民,处

---

① 此文系1905年10月20日撰,原载于《中华报》11月4日、5日。

此时势，遭此遗弃，能勿大伤感情，哄然齐起而谋所以自治、自卫之道乎？至于此，而十八省之大乱作。且试思朝廷能安否？而奉天能孤立而享太平乎？此不可知者二也。

然则联和不可，奉天一区守中立又不可，奉天、福建互换则尤不可，将如之何而后可？曰此非使沿海八省，若奉天、直隶、山东、江苏、浙江、福建、两广，皆守永久之局外中立不可。

何则？商业、交通、自由，公理也；土地战争，妨害秩序，非公理也。此各国之所公认者。按永久局外中立，必其地为两国或数国之所争，及各国商业之所交通，恐国际竞争妨害秩序。由本国发表自愿为永久局外中立，经各国承认，始定为永久局外中立。其对于各国应享之权利有二①：一、各国保护其中立，永久不许侵犯其土地。二、内政外交，得自由行使其完全之主权，不待他国之许可。应尽之义务亦有二：一、永久不能与外国战争。二、永久不许援助他国。故永久中立国，在公法上为一种特别之全主权国。然有举全国守永久局外中立者，如一千八百十五年，欧洲各国以瑞资伦居中枢，为群雄所共争，于是订约公认为永久局外中立国。一千八百三十一年，比利时离荷兰，自立各国恐启战争，妨害商业，于是公认为永久中立国。一千八百六十七年，法德争罗克森不尔，各国恐启衅端，致伤和平，于是亦认为永久中立国。是年，列国瓜分非洲时，公额居非洲中央，为商业枢要，各国垂涎，争欲得之，乃结约于柏林，又定为永久中立地，使比利时王兼王之，以息战争而保全商业焉。亦有指其国之水陆一部分守永久局外中立者，如埃及之苏彝士、奥大利亚②之多瑙河是也。要亦皆为保全各国商业而指定认可者也。

今中国内地诸省，各国之交通尚少，既非中立之性质，即不必享中立之利益及受中立之限制。若沿海八省，固列邦互市之胜场也。夫中国既开放此八省，以饷列邦之商业，列邦即不可不认为永久中立，以保东亚之和平。不然，奉天之战，中国之民命、物产，损害者固多，即各国之商品交换，妨碍者亦不少也。

---

① 以上原载于《中华报》1905年11月30日，第3、4页。

② 今译作奥地利。

若山东亦复如是，直隶亦复如是，江浙、福建、两广皆复如是，则东亚战争之惨，各国商业之害，复何堪设想也。故列邦之承认八省为永久中立者，国际之公理也。而中国之自愿八省为永久中立者，则当事者之提倡也。若夫当事者提倡矣，列邦公认矣，而凡八省之土地权、领海权、政治权、裁判权、路矿权及他一切之主权，所关列邦仍不让与当事者，仍复委弃是列邦，仍不以永久中立遇我，而当事者亦不能以永久中立自持也。然为各国之商业及东亚之和平谋，我知列邦之必不肯出此，而当事者亦必不能出此也。①

芝罘公立东牟公学公启②

今夫学也者，文明之先导，富强之始基，而生人之命脉也。无学之国，斯谓非国；不学之人，斯谓非人。非国非人，不亡何待？此固忧时之士数年来所不惮奔走号呼，掬血泪以明诏我同胞，而亦我同胞所心藏而耳熟者矣。

顾寰瀛之波，非一勺所能容。千钧之木，借众擎而始举。取譬皆然，兴学为最。查东西洋学堂，成数泰半，官立者什之一，民立者什之九。大而都邑，小而町村，星罗棋布，弦歌四溢。非但以辅公家财力之不足也，其意盖谓，吾侪受天赐，使得为一日之国民，即当尽一日之义务。苟有裨于公益，虽牺牲身命可也，区区财产奚足论。是以上下一致，万众同心，奋起疾追，孜孜若不及。誉之者谓其无地无学、无人不学，洵非媚而谀之也。

---

① 以上原载于《中华报》1905 年 12 月 1 日第 5、6 页。署名“日本留学生徐镜心”。文末附有编者按语：“是书原稿首尾六千余言，兹仅录其大略。其中凡关国际语，外人皆不得知。按徐君镜心，留学日本法政速成兼警察速成。先是，德人于海州岛上岸时，徐君即与其同学友杨君度议，倡论沿海八省永久中立。杨君难之，至是徐君乃自著是书上之。若宫保及诸外交执事者，能提倡而实行之，则东亚和平，可以常保列邦享商业之利益，中国收国家之主权，真有两利而无一害者也。是所厚望焉。”

② 原载于《时报》1906 年 2 月 27 日第 4 版。

矧我东亚帝国，轩黄贵胄，式微积弱，乃至如今。鉴覆辙于前车，激风朝于外界。至有诋我堂堂国民为富于一种依赖之根性不可铲除者。不但一息尚存，誓共雪斯言之耻，即返诸诋我者。

平心而论，亦当不尽谓然。乃即山东，言之圣贤遗泽，泱泱大风。考诸古，则如彼，外力所侵，岌岌危殆；镜诸今，则若此。宜如何感奋而兴起者，而风气盲塞，甲于他省，学界起色，近微萌芽。除省城官立师范高等暨各府县官立中小学堂外，其民立者竟寥寥无几。岂果昧于时势之变迁，学术之关系欤？抑真阻于独唱而无和，含意之未伸欤？

抚院杨公愍然忧之，命琏珠任劝办登州民立学堂之责义，不敢以不才辞。奉札后，当即驱车东来，道出黄县。与其士夫之热心教育者商〔定〕，于公益学堂内增设中学班，于育英学堂内增设师范班。业已广告招生，刻期开学。

复思芝罘为濒海要区，交通既便，见闻自广。诚于此公立一高等学堂，求完全之科学，为全府之总枢，其获益当非浅鲜。抵芝罘时，适鸿焘等自日本留学归，公议兴学，其宗旨竟不谋而同，全体赞成，斯议遂决。

独是寒素儒生，棉力薄弱，纵热心者至于破家变产，终非集合众力不为功。古人云："人之欲善，谁不如我。"又云："天下之事，匹夫有责。"为此敬告吾乡人，尚蕲急公若私，通力合作，勿疑沮，勿观望，慨捐巨资，襄成斯举，则岂但吾登学界之光荣，抑亦祖国前途之希望已。嗟乎！琏珠等谫陋庸脆，无尺寸柄，怆怀身世，自问滋惭。惟是顾天民分子之义，敢卸责于此生郁？敬恭桑梓之诚，聊贡愚于一得。勿责其人，第论其事，倘亦吾乡之贤士大夫、父老昆弟所哀而许之者乎。

登州府劝学委员丛琏珠、日本留学生谢鸿焘、徐镜心等谨启。

东牟公学募捐公约四条[①]

一、现奉学务处面谕，凡捐款入本学者，遵照抚帅兴学八则，捐京钱三百千以上者，给五品奖札；二百千以上者，奖六品功牌；百千以上者，奖九品功牌。临时汇禀请奖，其在三十千以上者，由地方官酌给匾额；独力捐银一千两以上者，禀请抚帅专折奖奏。

二、凡捐资入本学者，除禀请奖励外，本学即推为学董，登芳名于匾额，以为纪念。

三、本学设捐簿二册，一存本学，一由劝学员携带。欲输捐者，或在本学登簿，或俟劝学员到处随时登簿。

四、凡捐入本学之款，兑于广仁堂东益丰祥号收存，由该号暨本学会计处给以收照，以昭信实。

明新学堂校歌[②]

4/4　　　　徐镜心　词曲

| 3 53 1 1 | 22 12 3 — |
| 头 角兮 山 崩 | 撞破 自由 钟 |

| 3 53 2 12 | 54 32 1 — |
| 嘴 唇兮 海 裂 | 饮尽 匈奴 血 |

| 1̇1̇ 65 43 2 | 65 43 2 — |
| 翻身 飞上 大舞 台 | 雷火 天地 开 |

| 13 55 67 1̇ | 55 67 1̇ — |
| 转脚 踏渡 昆仑 顶 | 风雨 欧美 并 |

---

① 原载于《时报》1906 年 2 月 27 日第 4 版。

② 约创作于 1906 年 3 月。

政界表说略[①]

光緒丙午年

每冊大洋六角

刷印者烟台文明印書社

發行所烟台誠文信

政界表說略

板權所有

翻印必究

日本留學生徐鏡心著

《政界表说略》扉页

① 作于1906年农历四月。孤本,现藏于山东博物馆。

叙

岁丙午春，自东归，与同人设东牟公学于芝罘，以所学与诸少年相研究。间有所得，辄表绘而志之。会以公务赴历下，谒杨巡①及连学使，遇何观察秋辇于抚署。往拜之，谈次及新政界，遂以所绘表呈阅，而就正焉。观察颇嘉奖，并转呈阅于杨抚。既而连学使亦索观览，乃又取而呈之，蒙大称赏，并嘱为誊一册，用资存贮。余方愧草草者，未足供大家览，不图乃遂邀青鉴。殊事冗，无缮写暇，遂付梓，聊刷数册，以资复命，未能免俗，聊复尔尔。误谬处甚多，高明者尚其指正之。

丙午立秋日子鉴徐镜心自叙于东牟公学

政界表说略总目

第一图

国法表

警察表

第二图

国法职员警察职员表

城埠、乡村警察之组织表

第三图

商会之组织表

第四图

学会之组织表

① 即山东巡抚杨士骧。

第一图　国法表

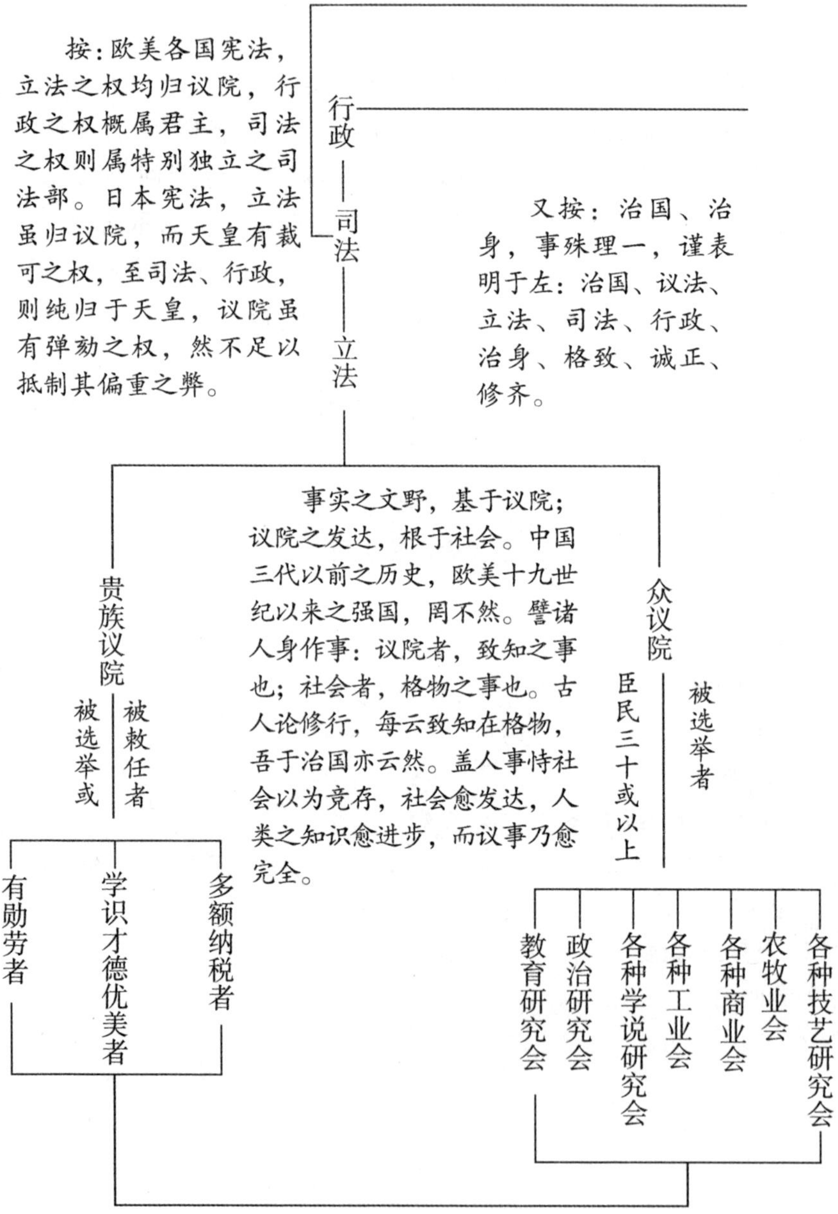

按：欧美各国宪法，立法之权均归议院，行政之权概属君主，司法之权则属特别独立之司法部。日本宪法，立法虽归议院，而天皇有裁可之权，至司法、行政，则纯归于天皇，议院虽有弹劾之权，然不足以抵制其偏重之弊。

行政

司法

立法

又按：治国、治身，事殊理一，谨表明于左：治国、议法、立法、司法、行政、治身、格致、诚正、修齐。

事实之文野，基于议院；议院之发达，根于社会。中国三代以前之历史，欧美十九世纪以来之强国，罔不然。譬诸人身作事：议院者，致知之事也；社会者，格物之事也。古人论修行，每云致知在格物，吾于治国亦云然。盖人事恃社会以为竞存，社会愈发达，人类之知识愈进步，而议事乃愈完全。

贵族议院

被敕任者

被选举或

有勋劳者

学识才德优美者

多额纳税者

众议院

被选举者

臣民三十或以上

各种技艺研究会

农牧业会

各种商业会

各种工业会

各种学说研究会

政治研究会

教育研究会

（接下页）

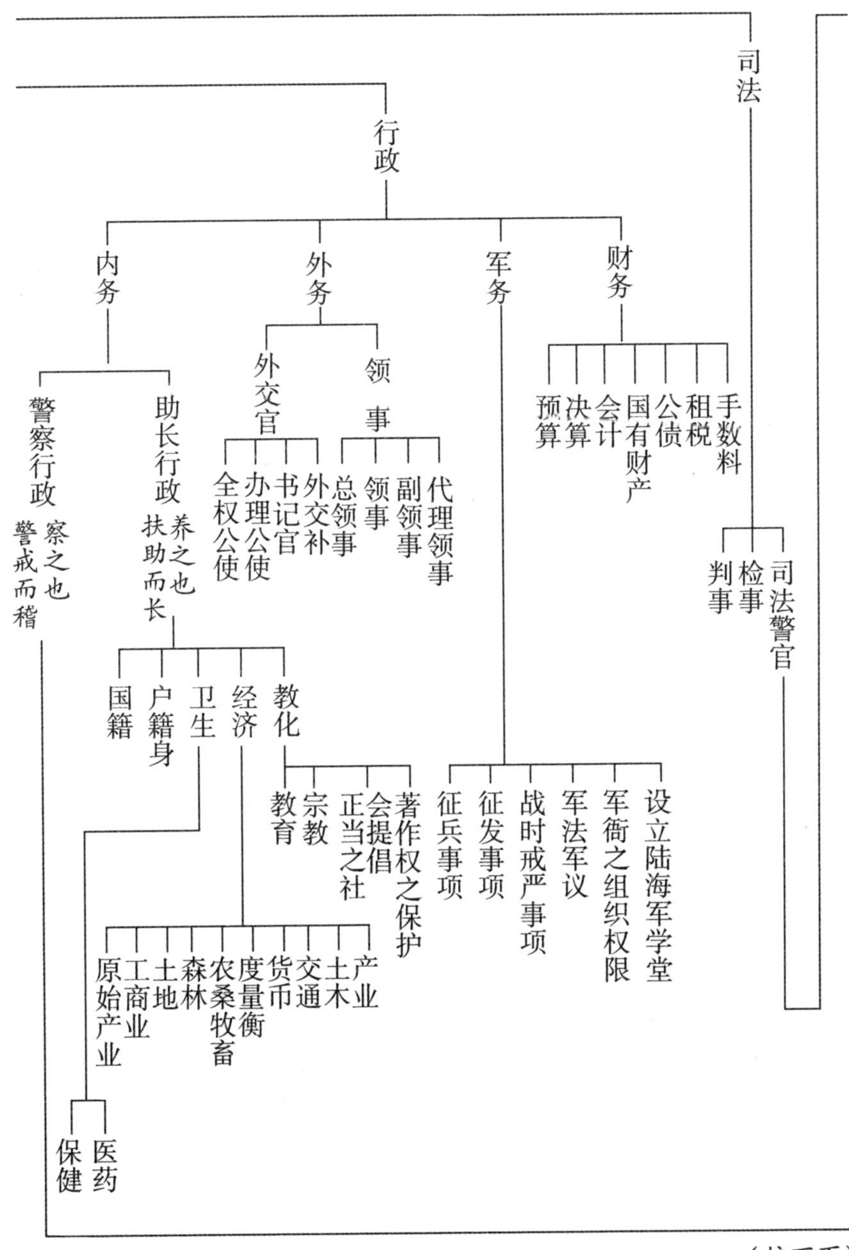

司法
行政
内务
外务
军务
财务
外交官
领事
预算
决算
会计
国有财产
公债
租税
手数料
警察行政
助长行政
全权公使
办理公使
书记官
外交补
总领事
领事
副领事
代理领事
判事
检事
司法警官
警戒而稽察之也
扶助而长养之也
国籍
户籍身
卫生
经济
教化
教育
宗教
正当之社
会提倡
著作权之保护
征兵事项
征发事项
战时戒严事项
军法军议
军衙之组织权限
设立陆海军学堂
原始产业
工商业
土地
森林
农桑牧畜
度量衡
货币
交通
土木
产业
保健
医药

（接下页）

第一图　警察表

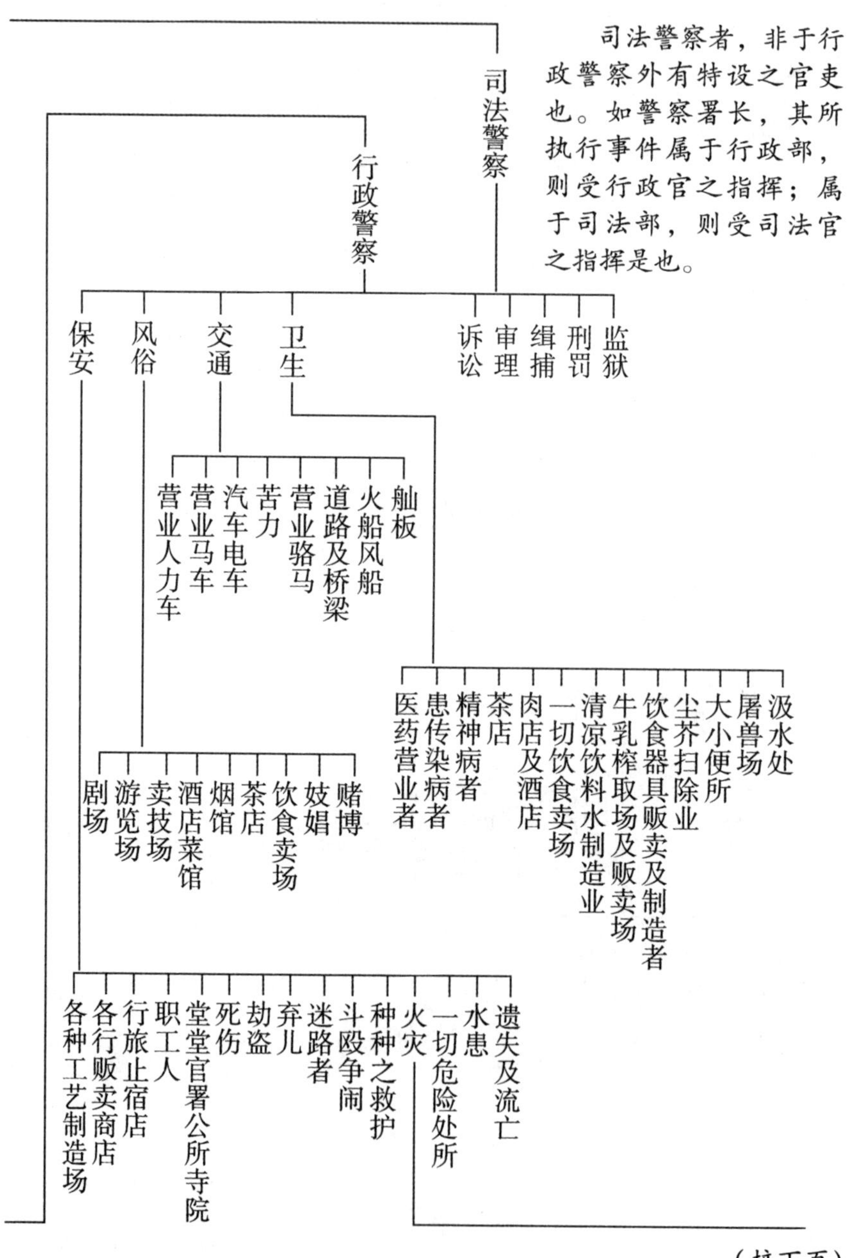

司法警察者，非于行政警察外有特设之官吏也。如警察署长，其所执行事件属于行政部，则受行政官之指挥；属于司法部，则受司法官之指挥是也。
司法警察
行政警察
保安
风俗
交通
卫生
诉讼
审理
缉捕
刑罚
监狱
营业人力车
营业马车
汽车电车
苦力
营业骆马
道路及桥梁
火船风船
舢板
医药营业者
患传染病者
精神病者
茶店
肉店及酒店
一切饮食卖场
清凉饮料水制造业
牛乳榨取场及贩卖场
饮食器具贩卖及制造者
尘芥扫除业
大小便所
屠兽场
汲水处
剧场
游览场
卖技场
酒店菜馆
烟馆
茶店
饮食卖场
妓娼
赌博
各种工艺制造场
各行贩卖商店
行旅止宿店
职工人
堂堂官署公所寺院
死伤
劫盗
弃儿
迷路者
斗殴争闹
种种之救护
火灾
一切危险处所
水患
遗失及流亡

（接下页）

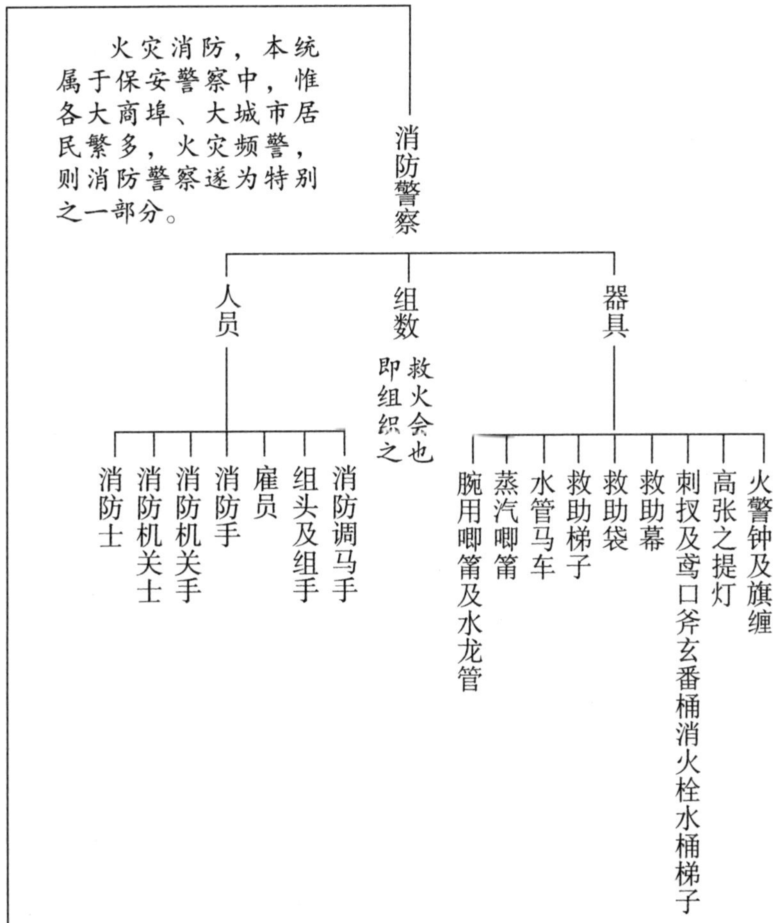
火灾消防，本统属于保安警察中，惟各大商埠、大城市居民繁多，火灾频警，则消防警察遂为特别之一部分。
消防警察
人员
组数
救火会也即组织之
器具
消防士
消防机关士
消防机关手
消防手
雇员
组头及组手
消防调马手
腕用唧筩及水龙管
蒸汽唧筩
水管马车
救助梯子
救助袋
救助幕
刺扠及鸢口斧玄番桶消火栓水桶梯子
高张之提灯
火警钟及旗缠

第二图 国法职员警察职员表

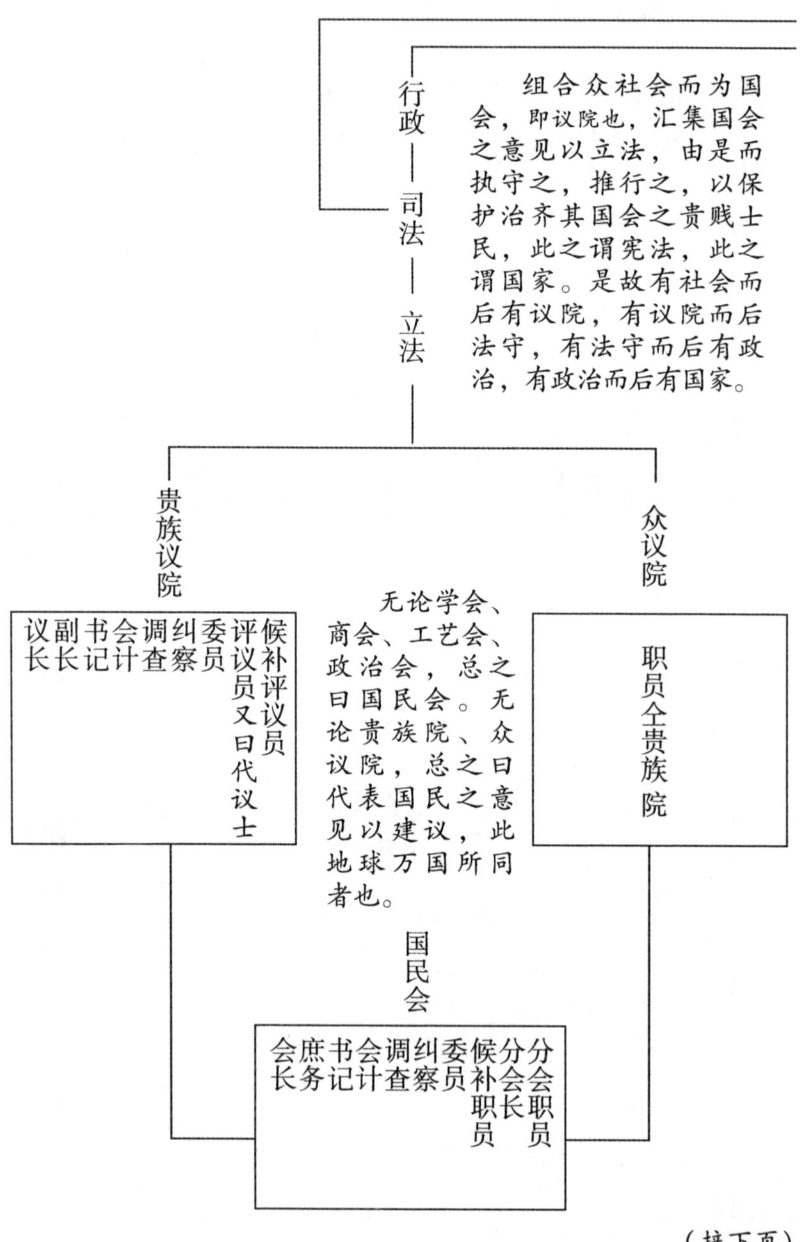

（接下页）

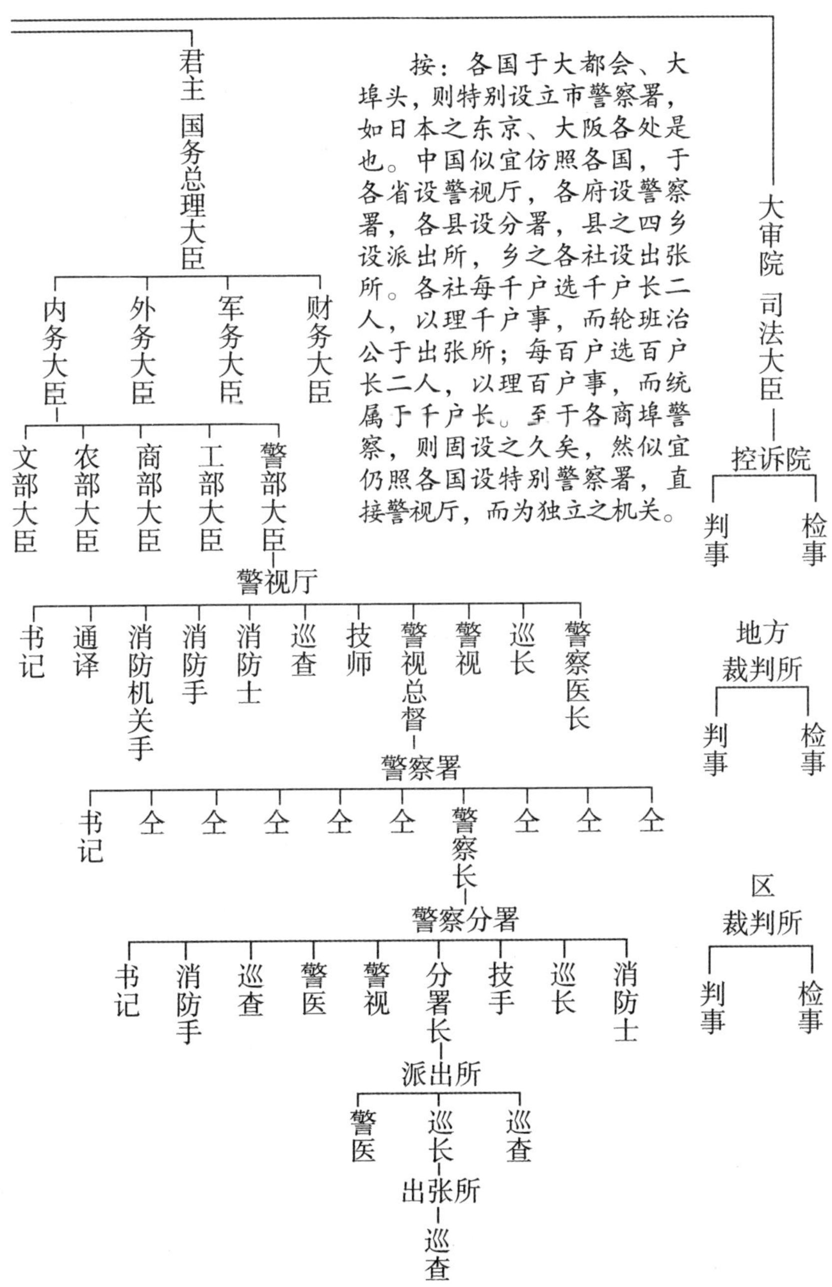

按：各国于大都会、大埠头，则特别设立市警察署，如日本之东京、大阪各处是也。中国似宜仿照各国，于各省设警视厅，各府设警察署，各县设分署，县之四乡设派出所，乡之各社设出张所。各社每千户选千户长二人，以理千户事，而轮班治公于出张所；每百户选百户长二人，以理百户事，而统属于千户长。至于各商埠警察，则固设之久矣，然似宜仍照各国设特别警察署，直接警视厅，而为独立之机关。

第二图　城埠警察之组织表

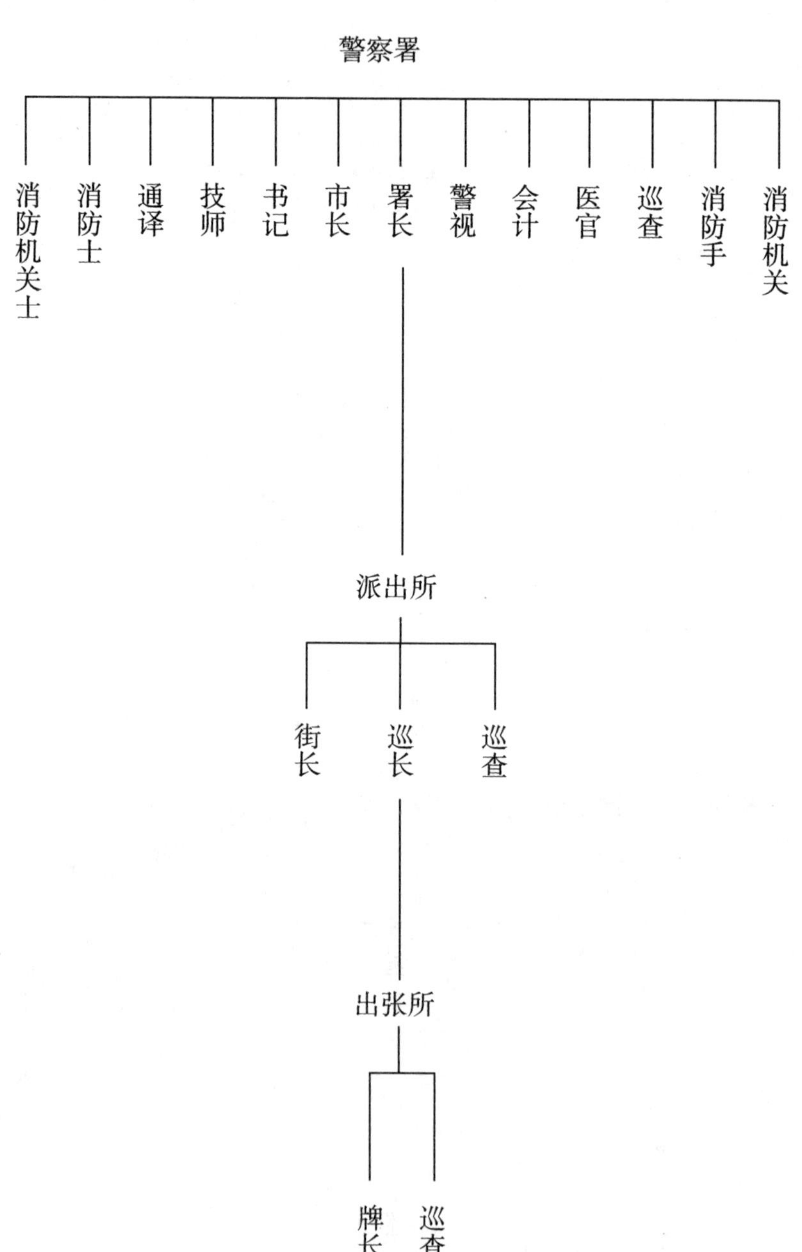

第二图　乡村警察之组织表

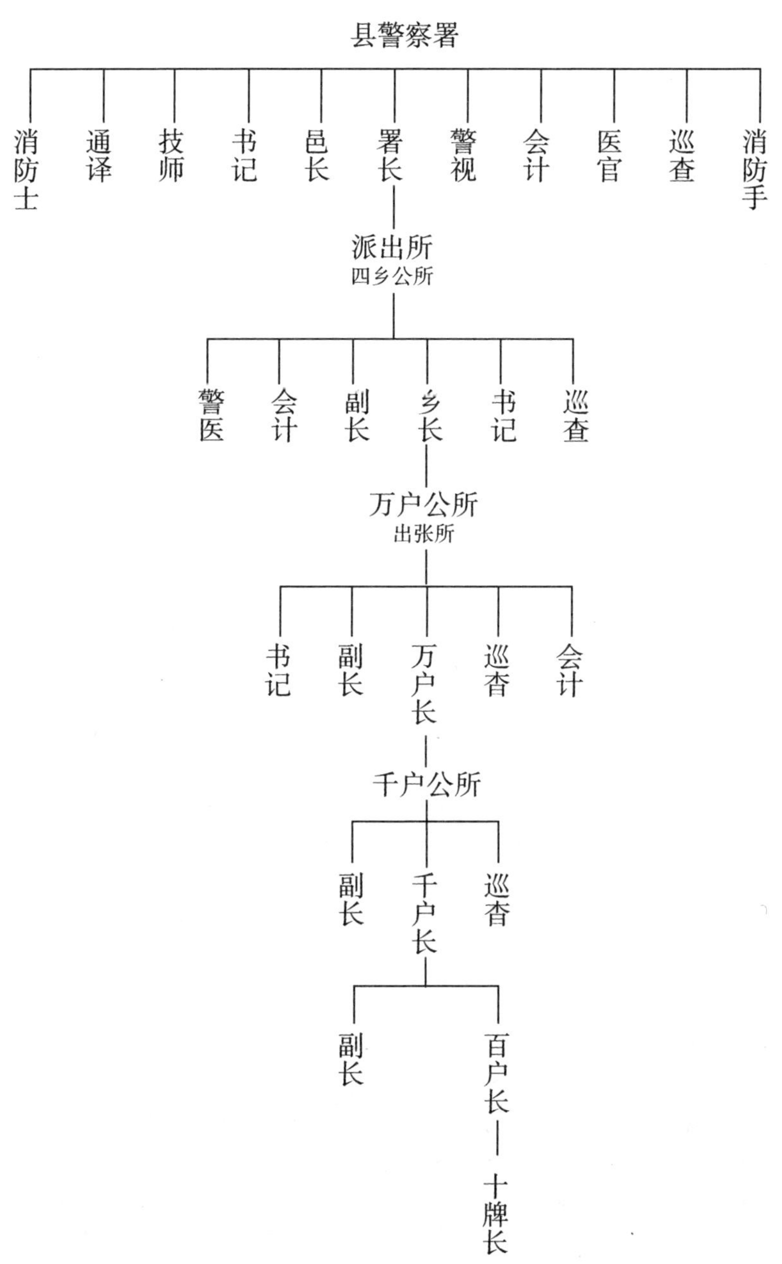

第三图　商会之组织表

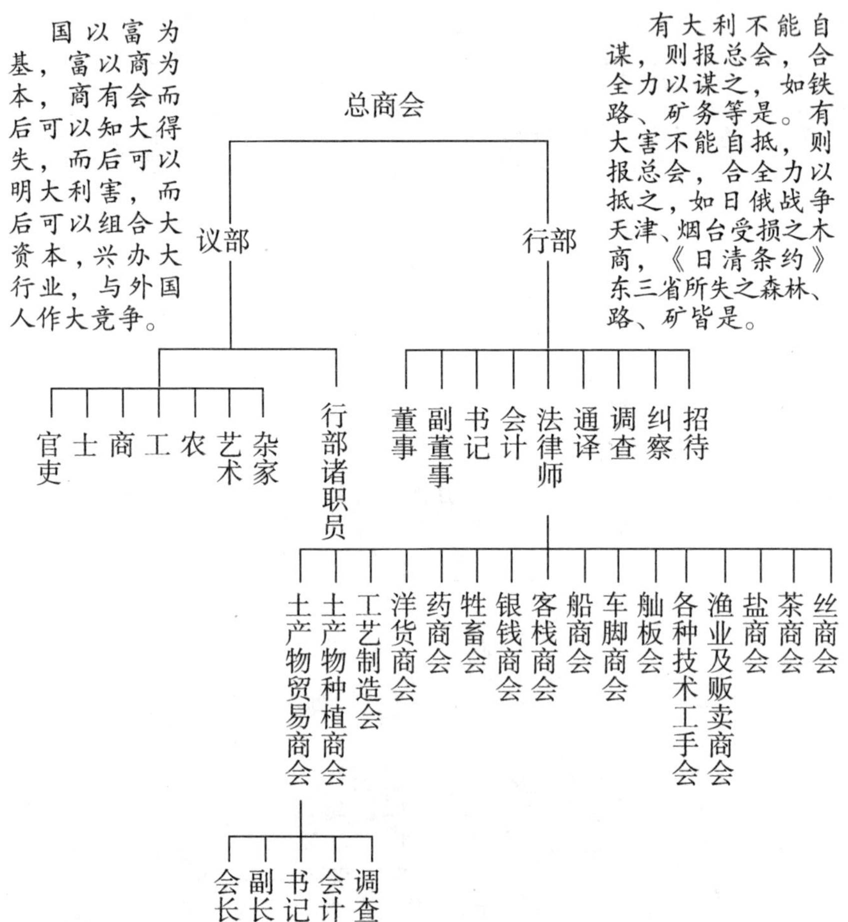

以下各会职员概仿此，但临时亦须酌量其事之繁简，以为增减，未可株守成见也。凡本行商内有新开张者，由调查员催其将资本金数及开张之年月日，尽行报明书记存案，由会长仍报明总会书记存案；至年节各行商清账时，仍须各将出入货物之总数及赚利若干或折本若干，均报明存案，以便核稽得失。遇有组合大股本事，则须按各商家所存积年余利，或十分抽一，或百分抽五，以集作股本金，则商不劳而事易成，利莫大焉。

（接下页）

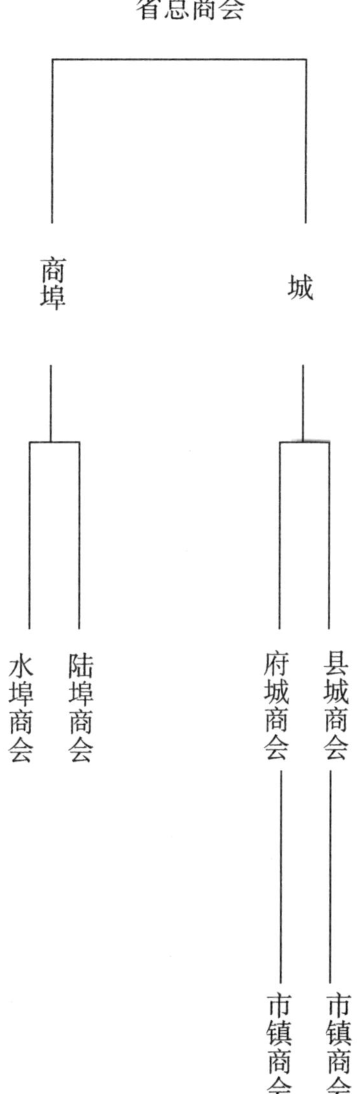

凡各地方商会，董事及他职员，皆须由各地方商家，会集投票公举，其章程规则，均由总商会颁定，行有不适宜处，须随时参酌增减。

第四图　学会之组织表

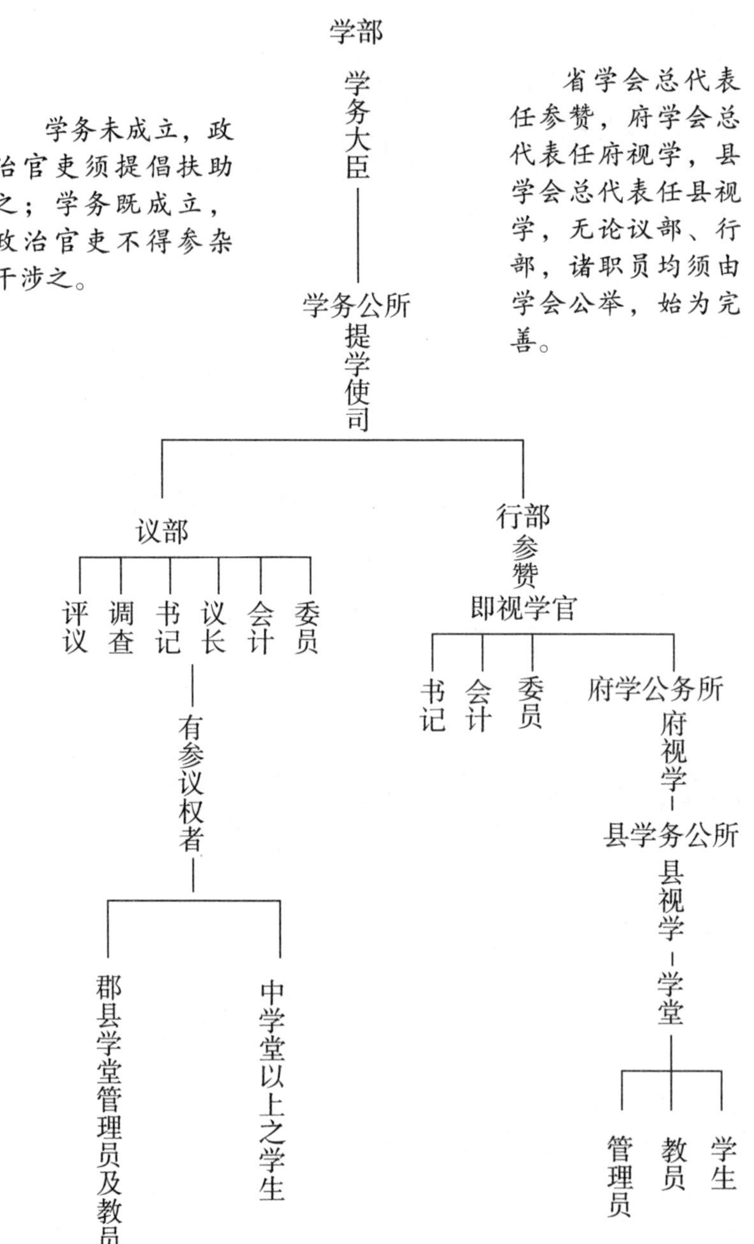

学部
学务大臣
学务公所
提学使司
议部
评议
调查
书记
议长
会计
委员
有参议权者
郡县学堂管理员及教员
中学堂以上之学生
行部
参赞
即视学官
书记
会计
委员
府学公务所
府视学
县学务公所
县视学
学堂
管理员
教员
学生
学务未成立，政治官吏须提倡扶助之；学务既成立，政治官吏不得参杂干涉之。
省学会总代表任参赞，府学会总代表任府视学，县学会总代表任县视学，无论议部、行部，诸职员均须由学会公举，始为完善。

跋

予读徐君政界表，恍然得为政之要领矣。方今新政未颁，旧政未除，议论纷如，莫衷一是。绝不意他人所连篇累简而难罄者，徐君乃以数表出之而了如也。吁！予犹忆居东时，与徐君同法政学，积年余，风雨晦暝，时相过从，聆其妙谛，辄令人悠然神远。居恒言治病者于病未萌时着手，治事者于形未成时用力，则功成而形迹俱泯，是为王道。又尝言修身而不从致知诚意处下手，而徒张皇于形骸者谬，为政而不从德化教育上施行，而徒驰骛乎强迫者谬。今读徐君书，乃益信其言之确。嗟乎！全球政体咸臻于美备矣，而惟俄国尚存无限专制体，今已哄乱而变矣。日本犹有立宪专制形，前亦警署焚毁矣。中国将来其为俄乎？为日乎？为欧美诸国乎？当局者盍亦有所取舍斟酌于其间乎？若然，则徐君是书其益于吾中国官吏士绅商民者岂浅鲜哉！岂浅鲜哉！

丙午夏四月予与徐君相遇于青岛，得翻其箧而读之，遂乃为之跋。

燕北遯翁

徐镜心《盛京时报》文献编辑说明

从1906年9月1日《盛京时报》创刊到1907年6月17日[①]辞去主编之职，作为该报的首任主笔，徐镜心在此共计工作了九个半月。其间，他笔耕不辍，每日一论或一日两论，数量有"二百多篇"。他曾将在该报发表的作品剪报汇集，"长短不同，有数公分厚，装订成一册"，可惜"以后不知去向"。[②] 加上当时出于革命需要，徐镜心的大部分"论说"和其他形式的作品均未署名，这使文集的收集、整理和编辑工作一度陷入停顿。

幸运的是，根据《杜明甫日记》等文献提供的线索，编者得知徐镜心主编《盛京时报》时所撰写的社论、小说、译著等作品均有手稿原件传世，并且这些手稿原件现藏于山东博物馆。感谢该馆领导和于芹主任的热情帮助，编者最终得以将这些手稿原件与《盛京时报》逐篇核实比对，不仅落实了本集收录的已经发表的论说篇目，而且还有出人意料的收获。[③]

一是手稿中尚有数篇未曾发表的论说。如《论地方自治与官吏分治之异同利弊》《论开设工艺场胜于立施粥场》《论张香帅反对司法独立之非》等，还有数篇论说残稿。至于未发表的原因，尚待进一步研究。

二是手稿中发现有《于七轶事纪闻小说》（前两回），凡五千五百余言。迄今未见该小说以任何形式发表过，此次属首次公布。

三是手稿中有《大隈伯爵日本政党史论》全篇，凡二万八千余言。《盛京时报》发表时并未署名，且有较多遗漏，此据手稿补全。

---

① 当日《盛京时报》第2版左下角的《本馆告白》说："本馆主笔徐君镜心现已辞馆赴日本去。"辞职原因有二：一是其言论方向与该报创办者中岛真雄渐渐背离，即在中国问题、满洲问题上，与该报的日本立场相对相反；二是赴日本向同盟会总部汇报革命工作，从此革命重心转向"实行"。

② 徐学航、徐学豪：《徐镜心史事补遗》，李日、徐学航主编：《革命巨子徐镜心》，山东大学出版社2011年第195页。

③ 具体经过可参见本书附录四《徐镜心〈光复登黄战事纪实〉的成稿、流传及其史料价值》。

《盛京时报》发行之辞[①]

二十世纪之世界,一优胜劣败之世界也,口食者谓之物竞世界也。国家苟不谋自强,则他国争强擅胜,必钻隙以肆鲸吞,不割地而不已,势必至也。孟子曰:人必自侮而后人侮,家必自毁而后人毁,国必自伐而后人伐。盖谓不自侮、自毁、自伐,他人终不能侮之,毁之,伐之也。

我中国乾隆时代受欧风美雨之鼓荡,不能闭关自守,乃大解海禁,与列国订约通商,懋迁有无,竟投于国际竞争之涡漩中,迄今阅百七十余年矣。是时,自王公以至于庶人,率由旧章,因循废弛,百弊丛生,无长足录,内忧外患,迫于眉睫,国势阽危,有不保旦夕之势。所以近来两宫宵旰,励精图治,迭降纶音,更张要政,振兴教育,造就人才,各省风气始觉蒸蒸日上。然我奉省地处东隅,强邻环伺,民智不开,迷信不去,新法未兴,百废未举,昏沉抑郁,将何以保全本朝龙兴之地,为各省教育之冠哉?

前者天祸吾国,强邻借端南下,占据本省,侮渎官民,凌辱妇女,破败身家,暴虐不仁,恣横无忌,此我三省同胞之寤寐不忘者也。嗣遭日俄开衅,通省土地、人民陷于枪烟弹雨之中,死于炮林雷阵之上者,数万生灵,肉飞血溅,产破家倾。父子兄弟哭于途,夫妇亲朋呼于路,痛心疾首,惨不忍闻。我民何辜,罹此大劫。此我三省同胞当书绅[②]默记者也。

今也战祸熄矣,我土地、我人民多方保全,冀力图自强,置亚东大陆于优胜之场,生存之界,始有今日安居乐业之庆。然北强奢望,仍属未了,拥大兵,备重饷,鹰眼逐逐,虎视眈眈。暂忍败北之辱,肃清内讧,隐藏恢复之心,抵御外侮。我三省人士当此身居虎口,国步艰难,偷一日安,即添一倍患,存事后心,即蹈前车覆。质言之,从此不欲图光复,保身家,为国民,

---

① 原载于《盛京时报》1906 年 9 月 1 日创刊号。

② 出自《论语·卫灵公》:“子张书诸绅”,指把要牢记的话写在绅带上。后亦称牢记某事为书绅。

靖国难则已，如仍欲立于一国之内，而为人立于地球之上而称国，则非铭记耻辱，力图自强，不能挽日下之江河。此我三省同胞当痛定思痛者也。

虽然理衣得领而襟直，剥茧得头而丝顺，舍本图末，徒劳无功。如今日救时匡世之途，虽不外乎自强。而自强之策，必先整顿内治；整顿内治，必先振兴教育。盖以人材匮乏、民智闭塞，将何以与会议而赞襄国猷？故识时学者以国民教育程度为国家富强之标准，诚务本之论也。然国民教育为分二端：一学堂，一报章是也。

学堂者，培养青年子弟拾级晋升，以造就高等人材。而年当壮暮者，未便概为陶镕，然竟漠然置之。是全国壮暮年而溃溃者占最大多数，欲行新法，终归无补，所以各国又设有报馆。夫报馆也者，社会之木铎（此处缺22字）告真确，使人人知当世时事，悉国民义务，以效力于国家，实能补学堂之不逮，相辅以鼓铸国民，其功力、其程度，较诸学堂，有过之无不及也。

上年赵次帅莅任以来，竭力经营学务，筹款兴办，教育制度因有起色，诚知所先务矣。惟报界仍在幼稚时代。夫以三省之大，竟无一完全报章，致令民气凋敝至于今日，此真可为长叹息矣。吾侪不揣谫陋，所以发行《盛京时报》者，即此故也。况今朝廷明降谕旨，着王公大臣筹议官制，举行自治，以预备立宪。圣宸精明如此，他国争十数年，流十数万人血而后得者，吾国竟坦然得之。斯时也，如不尽力开通风气，以襄盛举，争生于优胜劣败之舞台，则不惟无以对奉省同胞，且将何以对朝廷开通主义？岂可须臾缓哉？

论钦差东来考查要政事[1]

我国肇迹东方，黑水白山，实为龙兴旧壤，一切规划，与十八行省不同。顺治元年，设按班章京。康熙元年，改按班章京为镇守将军，复设副

---

① 原载于《盛京时报》1906年9月13日第2版。

都统，分镇于将军所辖之地。其时，迁鼎冀域，仍设户礼兵刑工五部侍郎以下及内务府各官。岂其重陪京之制，为形胜之观哉？根本所在，欲令子孙世世而守之，固宜厚集其力于根本之地也。

二百年来，东三省之地，僻且视为隔膜矣。当承平时，城堡之不修，仓库之不实，器械之苦恶，兵戍之单寡，而官吏之不知，他省犹有以奔竞干物议、赃败撄重辟者，独东三省不闻有是。以官吏之不知，积而为朝廷之不知。久之，以发祥之地，竟同秦越人之视其肥瘠①，此我政府二百余年对付东三省之已事也。

明罗圭峰②曰：物之坏也，皆出自边始。故先王慎之，而重为之防。非夫边之不足以抗之之为忧也，忧夫无以抗之，有坏而入内之道也。由边而内者为俄罗斯。先是，康熙时，定大兴安岭为中俄分界。至咸丰朝，俄人私拔界石，南至黑龙江，更于混同江、绥芬河二口设立商场，陈列兵卫。其狡焉思逞之心，借端要挟，逐渐南侵，有尺进而无寸退。至乘庚子之拳祸，几将囊括三省，归彼掌握。而辽河东西之地，已非中国人之有矣。夫人不自保，他人乘之，国不自保，他国乘之，此二十世纪物竞世界之公例。今俄滋蔓三省而不可图者，履霜坚冰，非伊朝夕，然果谁为之，而谁致之欤？

俄既受创于日，谓竟低首下心，甘铸此错，置前事于不问乎？而果也俄之部署且益密，经营且益奋，迭出殖民之使，支吾撤兵之期，以冀大得志于东亚。窃谓朝廷近四十年来，不谒堂子，不诣三陵，邠岐片壤，或非睿虑所及，乃竟幡然变计，慎选大僚，授赵次帅③为奉天将军，与吉、黑两将军

---

① 出自韩愈《诤臣论》："视政之得失，若越人视秦人之肥瘠，忽焉不加于喜戚于其心。"指彼此毫不相关。

② 罗玘（1447—1519），字景鸣，号圭峰，江西人。明中叶著名学者、文学家。著有《圭峰文集》十八卷，《续集》十四卷，《类说》二卷及《圭峰奏议》等。《四库全书》称"玘文规模韩愈，务出以深湛幽渺之思，多掩抑其意，迂折其词，使人得之于言外"。

③ 赵尔巽（1844—1927），字公镶，号次珊，辽宁铁岭人，祖籍山东蓬莱。清代同治年间进士。历任湖南巡抚、户部尚书、奉天将军、湖广总督、四川总督等职。1911年，任东三省总督。武昌首义后，在奉天成立保安会。入民国，任奉天都督。1914年，任清史馆总裁，主编《清史稿》。

鼎足而峙。所谓厚集其力于根本之地者,骎骎乎[①]将以复开国之宏模,一归二百余年之秕政。意若谓前此之吏治败坏,百务丛脞[②],则期期以为不可矣。

次帅赴任后,与吉、黑两省协力整顿,兴剔利弊,不遗余力,而犹不敢望最高尚之目的者。或政府未悉外省情形,犹执重内轻外之见,加以阻力,因而有妨于治理也。吾方为东三省人民忧,而圣谟之远,迥非寻常思议所及。乃复简振贝子[③]、徐大军机[④]来东考察要政。夫而后废者以举,弛者以张,北强之窥伺以戢,且盛京既开商埠矣,列邦群处,皆与我有相维相系之情,则两钦差之悉心考察,亟亟筹善后之宜,而为政界上所注目者,岂容缓哉?

今夫立法、行政、司法,三者皆独权。地方督抚,行政者也;以钦差而考察地方之要政,司法者也。而欲行政者不失政,司法者不骪法,惟有各申其权,两不干涉而已。不干涉复不放任,于此无龃龉之迹,于彼有密切之情。是固三省人民所馨香以祝者,培植根本,岂有过于是哉?

论督抚宜巡察地方吏治[⑤]

亲民之官,莫重于牧令;督率牧令之权,莫重于督抚。论其位置,如天与渊;核其关系,如形与影。相维相系之切,不可须臾懈也。

况吾国一省,多则百余州县,少亦数十州县,缺额最繁,人品最杂。又

---

① 出自《诗经·小雅·四牡》:“驾彼四骆,载骤骎骎。”形容马跑得飞快。

② 指细碎、杂乱。

③ 爱新觉罗·载振(1876—1947),字育周,满洲镶蓝旗人,爱新觉罗·弘历玄孙,封镇国公、贝子头衔。1903年,赴日本考察。回国后积极参与新政。1906年,任农工商部大臣。1907年,因妓女杨翠喜案被迫辞职。

④ 徐世昌(1855—1939),字卜五,号菊人,晚号水竹村人、石门山人、东海居士,天津人。1905年,任军机大臣。1918年10月,当选为民国大总统。1939年病故。编著有《清儒学案》《退耕堂集》《水竹村人集》等。

⑤ 原载于《盛京时报》1906年9月16日第2版。

值捐例宏开之后，贿赂风行之时，仕途之滥，尤难剖晰，而遽以地方警察、教育、词讼、钱谷等权与之，漫不经心，任作百里之侯。幸而贤则政平讼理，俗正民安，造一方之幸福。不幸而不贤，横征暴敛，害虐蒸民，林林总总，呼吁无门，害遂深而乱遂大矣。故牧令之贤愚，关于民生之甘苦；民生之甘苦，关于督抚之善恶；督抚之善恶，关于国家之安危。噫！牧令之任，可不慎哉。

查牧令之任，其始也，非科甲，即劳绩。受任之后，又必引见，询以治理，以验其果否胜任。今也政务繁多，皇躬难以细择，于是引见之举，竟成具文。慎选牧令，培植政本之权，遂移于将军、督抚。故将军、督抚上对朝廷，负振兴吏治之责任；下临苍赤，柄保卫抚恤之职权。如伏处深署，罔悉无逸之箴，意存指挥，不问溺职之吏，虽抱经世奇才，未可为称封疆大吏之职也。故今日之将军、督抚巡察地方，为至急之义务也。

当尧舜时，五载有巡狩之典。《孟子》亦云："天子适诸侯曰巡狩，巡狩者，巡所守也。"夫圣天子对于诸侯尚若此，而况将军、督抚之对于州县乎？查东西洋各国，虽路政发达，消息灵通，千里有如比邻，兼之报纸遍布全国，有闻必录，潜处个室，可知时事，而地方大吏犹不免周历管辖各地，以防吏治之弊，而保黎庶之安，此盖精益求精，实事求是之意也。况我国各省地方广阔，加以路政邮电仍未发达，完全报章尚不多见，信息梗塞，风气不灵，相隔百里，实如异域，似此隔绝，乌得不以巡察地方为大吏勤慎办公之职务乎？

虽然我国封疆大吏当励精图治之时，亦曾委派僚属查看吏治，然此等委员瞻徇情面、贪图贿赂者十居八九。虽有弊窦，而意存含糊，差旋朦禀，大吏乌得而知之。故不如督抚出巡，不拘期限，随时查看，认真考核，庶几官民联络，情弊疏通。贪官污吏，手足无所措。苛索不敢行，吏治必为之振，民心必为之安。上可以符古圣王之鸿猷，下可慰苍生之希望矣。

所可患者，法虽善而弊随生，在所不免。彼辈州县，每当上宪莅境，极意承迎，吸吾民之脂膏，大张盛筵，悬行辕之灯彩，广求欢心。是大吏不出，如苍生何？大吏一出，苍生奈何矣。此等弊病，是吾国三尺童子均得而知之者也。今如行巡察地方之制，如非贤明督抚未必能免。论至此，又忧时者所萦萦于方寸，而未敢毅然决然者也。虽然人存政举，人亡政息，非常之法必待非常之人行之,始可以成非常之功。巡察地方虽善,成败如何,听于督抚。吾侪望其行之,吾侪望其慎行之。

演说俄国压制家之结果并历史[①]

俄国京城里头,有一个做总督的,名字叫杜列破布。这个人做的事,算是在世界上打头[②]的一个大压制家。你猜什么叫"压制家"?就是国里头[③]所有的事情,全都由着自己办理,自己想怎么办,就去怎么办,不管别人愿意不愿意。要是有人不愿意,不是罚了,就是杀了。仗着自己的势力,往下一下子,可就把你们压制住了。你们要想翻翻身啦,也是不行的,这就叫做"压制家"。

我今天把他的压制革命党的手段,说说给你们听听。这个人胆子最大,心眼[④]里头,又鬼诈,又毒狠。做出事来,教别人听见,把魂都吓掉了,仿佛在灵官爷面前站着,怕挨鞭子是的。你们说够多们[⑤]吓人呢!

从前,俄国里头有一个带兵的总头儿,名字叫尼哥拉斯,算是很有势力的,所有俄国的兵队没有不听他的话的。这个人可就假装着得了总头儿的话,告诉俄国所有的兵队,说无论什么地方,要是瞧见不对眼[⑥]的人,你们赶紧把他拿枪打死,可别耽误了。这人的心眼就怕革命党把他害了,他才处处防备,处处留神,打算着把革命党一个也不留。这一下子,各国的人也都听见说啦,就没有不害怕的。你猜怎么着?等了没几天,听说这个杜总督就死啦。有说拿毒药酒灌死的,有说得暴病死的。也不管他怎

① 原文连载于《盛京时报》1906年9月17日、20日第2版。
② 打头,龙口方言,意即第一、无双。
③ 里头,龙口方言,意即里面。
④ 心眼,龙口方言,意即心思、头脑、思想。
⑤ 多们,龙口方言,意即多么。
⑥ 对眼,龙口方言,意即顺眼。

么死的，就是他这样子的做事，大概是怎么死的，也就可想而知了。

这人先前在莫斯科警视总监的时候，革命党的人，瞧他就像一个恶鬼恶魔，你说够多们讨厌。大家伙早晨晚上，打算商量一个好法子，把这人害啦。前后杀了他七次，虽没要了他的小命，也算是可以的啦。我想这个人，要是有点天理良心，也该明白明白自己错了。就是不肯认错，应当逃在老山老岳①里头，避避难，这可以多活几年。谁知道没把命断送了，他还是不放心。于是与革命党仇上加仇，比以前的手段更狠得多，没有不做的恶事。咳！像这样的糊涂也算到了头②儿啦！

可是有一样，革命党的人更不怕死，更不怕压制。虽说受了这一番的毒手，革命党人的心更觉着结实③了，想出的法子更觉着厉害啦。然不把这样压制人的命要了，那是总不能完事的。嗳呀！上有天，下有地，生出了这样的压制人，就生出这样的革命党，活活的要唱一出热闹戏。这也是没法子办的，这也是两下里④的势力催的。等我细细的把他们压制起头⑤的人，与他们的生平事由，说来听听。

俄国当初声张压制主义的那个头儿，名字叫“破被多诺斯接布”。第二个跟他学的，就是“杜列破布”。总统这两个人的，就是俄国的那些亲王。前年在莫斯科地方，当总督的，名叫“泄尔查斯亲王”，也在其内。以先⑥杜列破布跟这个亲王最相好，后来才逡得了莫斯科警视总监之官。跟亲王同心尽力的，放着胆子，办理压制的事情。不多的日子，这亲王教革命党的人杀了。革命党既除这个祸害，这个时候，都知道革命党的力量大。于是威风大振，比前头强得多咧！俄国京城也有了骚动样子，要像这个时候，杜列破夫就该逃跑了罢，你猜怎么样啊？

（续前）却说杜列夫这个人，好大的胆子，不但不跑，又升了首府总督啦。这一升不要紧，威风更大了，简直拿着人命当玩艺儿。又举行了一宗

---

① 老山老岳，龙口方言，意即深山老林。

② 到了头儿，龙口方言，意即达于极点。

③ 结实，龙口方言，意即坚定。

④ 两下里，龙口方言，意即双方、两方面。

⑤ 起头，龙口方言，意即最初、始祖。

⑥ 以先，龙口方言，意即最初、从前。

铁血警察法,就把国中的好歹百姓,也杀了个不亦乐乎!

就这样一办,民间可就乱啦。革命的风儿没有一处没有的。俄国皇上一瞧,这个事可要不好,赶紧下了一道上谕,说我从今以后,让你们大家伙会在一处,商议国家待百姓的办法就是了(就是叫百姓开国会),你们可不要再闹了。可是民间闹革命,已经久了,把这革命的事儿,当着见天①吃饭似的,一顿不吃都不行的。俄国皇帝,虽叫他们会议,他们却一点儿立宪意思没有。到了开会的时候,不是要革命,就是要把国家原来那些混账政治,全都破坏他。再不然就是要把从前犯了事的犯人,全都放了。又,国中有势有钱的有产业的,全都拿来平分。要是不依我们的,那是不行的。

俄国那些做官的,听说这个话,这个怕把家当送了人,那个怕我的官儿保不住。这个也说不能依他们,那个说有了他们,就无我们。闹去闹来,终是不行,会议也就算了。会议既算了,你猜革命党肯不肯答应?更是闹得狠了。于是弄些纸,写些告白,劝全国的百姓,不要给国家上税,等他们穷死。不要给他们当兵,使他们没法处治我们。这个意思,是想他们皇帝怕他们,好事歹事都依他们。

这时候的俄国,简直了②乱七八糟,皇帝也是白皇了,大臣也是白大了。这位杜列破布,他还是不知死活,前回听说俄皇让革命党会议,他就肚子都气大了,说我好不容易拼了七回命,才赚得这点威风,着你这皇帝,一下子就让了别人,我要不想法儿压制他,后患真就够瞧的了。所以去年年终,他就找乌拉日密尔亲王,求亲王提拔他做禁卫兵队统领,将就好进宫想法压制俄皇,不准俄皇自由。诸位听听,别人说压制,是压制百姓。这位杜大哥,他不但压制百姓,并且要压制皇帝起来了。你听听他这神通,管多们大。这样人还不杀,还留着他干什么呢?

他既得了禁卫兵统领,他压制的手段是不用说更是大的了不得啰!你们猜这位乌拉日密尔亲王,为什么就给了他的禁卫兵统领呢?原来这亲王,也是喜欢压制的,并且势力比一切亲王都大,与杜大哥最有压制上

---

① 见天,龙口方言,意即每天、整日。

② 简直了,感叹词,龙口方言,用于形容词或副词之前,意即用语言难以言表。

的交情呢。他两人外,又有个陆军司令官,是个亲王,名字叫“尼哥拉斯”,也与乌拉日密尔、杜列破布,打伙儿①压制俄皇的。杜总督既有了两个亲王的势力,自己又是禁卫兵统领,那压制革命党,简直是饿极了的老虎见了肉,恨不能一口把革命党吞完才好呢。可是一宗②,杜总督虽是民贼,可也算是孝子。

怎么说咧?他的父亲前头也做过警视总监,也是有名的人物。你们猜是有什么名的人物?是有压制名的人物,俄人都叫他是“杜压制”。可见压制是杜氏的祖传。杜列破布既压民又压君,可见他的功劳比他父亲还大,可真给他父亲争了脸了。如今拿这压制命,压制骨头,压制皮,压制筋,压制的结果还他父亲,这不是孝子吗?

俗话说的好“有其父必有其子”。这人在生,就是个能说话的豺狼,这人死了,就是天地间的一股极脏极臭极毒的瘟气。人要撞着了,简直说罢,不死也要蜕一层皮。连他父亲一块说,是狼父狼子。这下遇着打猎的了,死于非命。论说两辈人压制,管害了多少人,像这样死,还便宜了他呢。呜呼!这样怪物,已经死了。仁人君子,也不必与他计较了。可现在活着的压制家,趁早改悔罢!要是不悔,恐将来比杜破布还死得苦呢!

论州县宜拆去城墙③

尝闻某西人之言曰:中国城墙者,人文杜塞之墙壁也。此言诚大有所见矣。夫各府州县,建筑城墙,开辟四门,以为内外出人之区。一至夜间,即为关锁,以杜绝交通。虽有要事,亦只内外相隔,必俟至翌日黎明始通往来。当局者以为,此即防御匪人之妙法,而不知于商务上生多方之窒碍,获小利而忘大害,诚非善策也。

---

① 打伙儿,龙口方言,意即众人一起,共同。

② 一宗,龙口方言,意即还有一点、另一方面。

③ 原载于《盛京时报》1906 年 9 月 29 日第 2 版。

城垣之制,始于黄帝之时。彼时筑城邑以居者,本为军事上之目的起见。然彼时文化未开,所有军械无非戈矛弓矢,闭据城门,大有一夫当关、万夫莫开之势。其后军械虽次第发明,制备枪炮,而运用笨拙,难收实效,故据坚固墙壁,以御敌军,虽百万之众,亦难必克。所以城垣之在当时,诚国家如磐石之安,有泰山之靠,为军事上必要之设施也。

今世界文明进步与人群学术进步,蒸蒸日上。由十七八九世纪以至今日,其间工艺奋发,智机活泼。今日创一新机,即较昨者之器倍觉灵巧著用。加之群雄并立,各扶植国家之势力,兵连祸结,为意中事。故军械机器日日求新,枪炮炸药威力猛烈,用之则铁石糜烂。城垣虽坚,究何足恃?

且今日行兵,以数十百万编为大队,教练精详,运动灵敏,与古昔战攻法术迥然不同。况昔日兵与兵战,与今日队与队战,其间有疏密轻重之殊。城墙隔绝,既不足恃,而大军进退,又失敏速。夫敏速既失,虽有精兵亦归废弛。此弊于日俄战争屡经试验,无一人不以为累,决非吾人之臆说也。可见就军事上而论城垣,城垣实为赘瘤也。

且也民素以城垣为可恃,则精神专注城垣。一旦城破,民心涣散矣。纵有恢复之机,亦无可施其妙术。倘无城垣,虽危至眉睫,而民心必仍凝聚,不至有闻门开而溃散之弊。此以习惯上论城垣,而城垣实足以误国家也。

或问难曰:城垣者,所以防匪徒之横行也,乌得谓之为赘瘤,为误国耶。此意余亦深以为然。但弹压匪贼,巡警之任也,军队之责也。警察善,军队精,匪贼无所伺其隙,无所肆其威,此必然之理。苟为防匪贼而重城垣,不惟自张匪贼之势,抑且自表警政之腐败,军队之窳弱,岂非国家耻辱之标帜哉?

要之,二十世纪之城垣,诚赘瘤之城垣,误国之城垣也,秋毫无补于实际,妨交通而碍商务耳。倘悉行拆去,其裨益实非浅鲜也,试举例言之。

天津自庚子而后,城垣拆毁,遂日见商务之兴隆。较之庚子以前,实觉别开生面,而地面安宁,秩序亦较胜于从前,未闻匪徒之扰攘。此无他,警察、军队之效也。又如上海,商务最盛也。汉口,商务亦踊跃也。而其万商云集之区,何以不处城垣之中而必在城垣以外,于此大可见城垣妨害商务之一般矣。

我中国大梦觉来，知商务为富国之根本，故经营不遗余力。此后无论通商大埠及僻乡小邑，亦必以商务为国家之血脉。然既知商务为重，则城垣宜去，无待言矣。不揣鄙见，愿以公于全国，择善而从，吾政府其采之。

论中国宜裁撤驿传添设邮电①

觇国之强弱，于其通塞而已。上下不通，则无宣德达情之效。而桀黠之吏，因缘以为奸。内外不通，则无自近及远之规，而狡诈之邦，乘机以愚我。中国内忧外患，迭起循生，譬之风痺之疾，医者于此，先求其筋络血管之灵通，与夫四肢百骸之畅适，而后节之以饮食，和之以药饵。安在塞者之不可为通，弱者之不可为强乎？吾国效法文明，艰钝万状，独怪其事已举，其效已见，因推行之不广，从而减文明之速率者，莫如邮传一事。

夫万国并立，犹比邻也；齐州以内，犹同室也。比邻之事，而吾不通，犹可说也。甚乃同室所为，不相闻问。虽操戈阋墙之凶残，而如盲聋跛哑之无告也。且吾国人固明明曰同胞也，曰团体也。假使比邻之事而吾不知，然其势相均、力相敌，邻不必加害于我，我不必有惧于邻。长此互相推诿，互相因循，互相漠视而无所顾，犹无害也。而吾国人又明知优胜劣败之局，我居于败而人据于胜，有旦暮不相容之势也，非去塞求通，去弱求强，国家与国家、个人与个人联为一体，通为一气，实有所不可。是故东西两洋之谋国者，尝以邮电二者为通信之机关，国家之喉舌，其亦筹之矣。

我国通信机关见于书策者：《周礼・遗人》："十里有庐，庐有饮食；三十里有宿，宿有路室；五十里有市，市有候馆。"其曰十里、三十里者，半属地方之交际；其曰五十里者，兼供朝聘之往来。汉之驿马，三十里一置（见《续汉舆服志》）。唐之三十里有驿（《唐书・百官志》）。金之急递铺（《金史》泰和六年事）。宋之急脚递（见《大名府志》）。明时十里为铺，

① 原文连载于《盛京时报》1906年10月1日、2日第2版。

设卒以递公文。皆沿周时旧制，今制亦然。《汉书·黄霸传》师古注曰："邮亭书舍，谓传送文书所止处也。"特我所恃以广交通等消息者。中国之九州耳，小则投赠，大则朝会。而神农以上之大九州（见《帝王世纪》），既不通商，又不传教，故但遣一介以为要约而已。坐一室而知五服之安危，不出门而知郡国之利病焉。

若以国家而世界的国家，则东西各国之设邮电是舌，而致千里之遥。云山虽遥，洋海虽阔，卒能朝以发夕以至，夕以发亦朝以至，政令之颁布便焉，商货之订购易焉，学问之声气溥焉，交游之候问频焉，其利便益若是。而彼国家不惜筹拨巨款以设之者，不但如吾云云也，彼以为君一而民万，设者一人，用者万人，始于以寡推众，卒于以众奉寡。盖以一人独出之利，而散之万人，则万人利矣；复以万人群集之利，而归之一人，则一人利矣。是设者与用者交利也。夫至设者与用者交利，国家乌得不富强哉？

而中国邮递之事难言矣。既以州县官及驿丞掌之，司道总之，具册报部，复隶于兵部之车驾司。一岁差官之廪给、仆从之口粮，水驿则备舟楫，陆驿则供于牧，视地之冲僻、事之繁简，以定应给之数，而编征于田亩，或支领于户部。讵意数千年之旧法，陵夷以至于今。其害之中于吏治者，更仆不能数，非独文报之延搁，官马之缺额已也。十里五里之距，若秦越人之视其肥瘠。忽焉不加欣戚于其心，而谓能为国家筹缓急，视异域若户庭，亦千百而不一二觏矣。

（续前）请与论泰西之邮电。一千八百二十三年间，英国始用电气报信。其时，邮信尚用马递，旋用马车，至铁路盛行，而邮信益便。英国邮电有分而为二者，有邮局兼管电报者。不及百年，遍行于各国。近年以来，合计各国所收之信资，已不知若干亿矣。中国以总税务司赫德之议，光绪十六年于各税关内置邮政局。初但贯注于通商诸口，至二十三年，乃遍置于内地，及今总局、分局只一百余处而止。电信虽无所不通，而注重在禀折要件，不及私信。以七百四十二万七千四百五十余顷之地积，而施设仅仅如此，岂人才之不及与经费之未足耶？抑以前有去者，后有来者，前人既不为，而贻之于我，我何不转以贻之后人，而必亲于其身见之耶？职是故耶？

今者朝廷之谕旨已特设邮传部矣。以旁观而代筹当局，窃以为添设邮电,犹较易于他项之举动也。何也?合力以办一事,其中之甘苦不之知。我不能预算他日之利以歆动之,彼亦岂肯舍其现在之利而轻掷之?欲求其事之成,不得也。

若夫吾国电报之利,已历二十余年之久,成竹在胸,有利无弊。近年邮政虽有折阅,此则信局之暂为牵掣,亦由铁路之不尽完全。由是言之,苟使国家裁撤驿站,节其三百余万两之常款而专注于邮电。其有不足,分担于二十二行省(前张香帅①及已故刘岘帅②奏全国需款不过数千万两,以二十二省约计之,每省需款二三百万两),他日各省纷然歧出之,信局亦将挈其旧有之资本而受役于公家。所谓其事已举,其效已见,而推行之未广者,此也。

且今之时,非可以闭关自守也。环球之大,古昔之所未通,见闻之所未及者,欧人如升阶级然,如履堂闼。然独我国人囿于咫尺,无远大之谟。一邑之子不知他邑,无论夫他府;此省之人不知彼省,无论夫彼邦。吾独不解汲汲于讲舆地、学测绘、详考五洲之方域与夫五带之寒温者,果何用也。夫上下之不通,犹其后也,患在縻巨资而仍误要公。内外之不通,不足恤也,患在遏利源,而不知计划。加是则推广邮电,乌可一日缓哉。

至东三省二十八万方里间,风俗既朴,工艺之事,俱未萌芽。邮电之设,若可从缓而尤不容少缓者,则以强邻之窥伺其间,固非文报一局所能通其呼吸也。今日我国要害之地,悉为他人所租借,我国四达之路,亦为他邦所建筑,而满洲三省,倏失倏得,经百起之变,状犹得还我旧物,仍号陪都。守兹土者,诸所兴剔已井井,而二十九驿之承办,未有丞议,改图一新耳目者。所愿以果敢之精神,谋维新之实业,以一方之振作,为各路之先声,言出惟行。一纸之力耳,勿以刍荛之计③置而弗采也,有厚望焉。

---

① 张之洞(1837—1909),字孝达,号香涛,又是总督,称"帅",故时人皆呼之为"张香帅",祖籍直隶南皮。1863 年,中进士。历任山西巡抚、两广总督、湖广总督、军机大臣等职。与曾国藩、李鸿章、左宗棠并称"晚清中兴四大名臣"。

② 刘坤一(1830—1902),字岘庄,湖南新宁人。1862 年任广西布政使。1864 年任江西巡抚。1874 年调署两江总督。1875 年授两广总督。1876 年兼南洋通商大臣。1891 年任两江总督。

③ 出自《诗经·大雅·板》:"先民有言,询于刍荛。"刍荛,割草打柴的人。刍荛之见,谦词,意为观点、说法很浅陋。

论奉省旗营利弊[①]

旷观古今时事、中外风情，无利而不有弊，亦无弊而不有利者也。盖利久则弊生，弊极而利挽，自然之理也。固兴利必先革其弊，非除弊断难新其利，必然之势也。此岂仅旗营则然，尤非独奉省则然耶。

溯旗营于我朝开国之初，战必胜，攻必取，无往不利。此其所以利吾国者，固未尝不恃旗营之众志成城，以致本固而邦宁者。专乃曩竟获利于旗营，利益良多；今转为积弊之旗营，弊窦奇出。何也？殆骄生怠，怠生玩，诿缩偷安，习与成性，因循既久，嗜好多端，固渐染日深，颓靡日甚，而贫弱至极者也。且甚矣于奉天，□深于今日。兼由来之故态，利则趋，苟得其财；害则避，苟免其难。喻于利，顿忘大义；放于利，而行多怨。总之，一利未兴，百弊丛生，利于私而不利于公，利于官而不利于国，利于己而不利于人。其若此种种陋习，果何忍一一直陈也哉？

窃就管见所及此，姑且略试以论之。其弊于世也，前非尧舜之时，谬行唐虞之政，修胶执应制而置守成规。其弊于事也，文尚奢华，语无归宿，内极腐败，外壮观瞻。其弊于人也，榛可隐兰，驽遍掩骥，本省荆堪出色，外城玉亦无光。其弊于情也，夤缘缺点，嫉妒多方，酬酢票疏，把持綦密，其于官制不利也。旗佐繁而寅僚分党，官愈大而弊愈增，势权乱而满汉交争，制益尊而弊益重，其于政教不利也。文明不讲，武备何恃？弁既无谋，兵专知勇，其于纲常不利也。设职分旗，旗务不整，尚武之精神何振？养兵筹饷，饷精徒糜，自强之基础何期？其于体用不利也。军械不齐，整顿无望，俸饷太歉，振作难期。斯弊也，不利也，总非夫未尽乎此也，而实不外乎此也。

第时切百度维艰，事则诸端待理，此英雄立志之际，正国家运转之秋

---

① 原载于《盛京时报》1906 年 10 月 6 日第 2 版。

也。倘按所举数端，力图励精一治，因时制宜而杜渐，通杜达变而防微，富强之转机，肯赖乎此。或者谓弊易滋何以补利，难转何以移欤？讵知得纲以举纲，子目皆张，引领而振裘，万毛自顺（报纸此处空白，缺7行字）。知武尚修文，必合群而不党，官制进而政教丕变，纲常振而体用兼权，化用其俗美矣夫，而后纯国粹、复国力、扬国威者，自有不期然而然者矣。

论保全国家自由须整饬边防武备[①]

有国家，必有独立自由之主权；有主权，其于国内之政治，不准他国之干预。如唯唯听命于他国，是非完全国家也。虽然使他国不准干预，尤必使他国互相尊重。犹之社会中人人既互重自由，而复以礼让相待，斯社会安矣。国家互重主权，所以酿世界之和平也。故侵他人自由者，社会和平之贼也；侵国家之主权者，世界和平之贼也。社会和平之贼，有法律以绳之，道德以化之。若夫世界和平之贼，绳之化之不能也，有国家之责者，何不先事而预为谋，岂必临事而始为计哉？

何为绳之化之不能也？国家之间有国际公法，岂无法律？国家之间有各国公论，岂无道德？而独不能施之于国家者，则以其发达极为幼稚也。于是方今两国相交，不论大小，不论是非，而专以国之强弱为衡。故强暴之国，恃其领土，逞其威力，乘他国之窳弱，以侵蚀其主权，占据其疆域，得寸进尺，不夺不餍。岂真弱者之不可为强乎？何为如摩纳哥者，前倚法国，复倚萨尔的尼，不数年而为民主之小国也。故国家苟欲独立，必须养成劲旅，以固边圉。是以各国外倡和平，而内则添设军舰，改制炮术，孜孜而不厌者，皆为此也。

我国国民驯太平数百年，流于文弱，不讲武备。咸丰以来，垂五十年中，失地丧国者不可胜计。近虽如醉初醒，如梦初觉，置海部、筹饷糗，大修

① 原载于《盛京时报》1906年10月15日第2版。

武备,然不过长江及畿辅一带而止。其余各省,兵勇疲苶,军械之粗恶,即使闭关绝好,犹不足以自守,况处列强纷竞之世乎。然在腹地诸省,暂置不论可也,若江吉两省与蒙古各地,茫茫数万方里,如入无人之境,任彼胡匪出没,不能一扫而平之,一旦有事,其何以计,果何以作士气,固边防哉?

夫江吉两省与外蒙古,为俄国毗连之地。俄国以侵略主义为名,自康熙以来,侵移界石,变乱旧约,以狙诈之手段,施蚕食之诡计,种种无理于我者,指已不胜屈,至彼得大帝嗣立,其垂涎我国者,复百年于兹矣。庚子一役,竟敢乘拳匪之祸,夺我三省。而至今江吉两省,时有俄人勘测地线,密探矿产,盖其统一宇内之雄心,迄今未死也。夫彼持此未死之心对待于我,我则迭经而不知所改,知所改矣,而犹徐徐以发,若视为不急之务者,果何为哉?

或曰:日俄之役,俄人既受日创,以致损兵靡财,废时失业,请和于日本而后已。今欲再举,得无虑力之不逮乎?呜呼!此则不知时势者之言也。夫百足之虫,死而不僵,以俄土地之大,人民之众,谓经此一战而遂偃旗息鼓,不敢南越一步,无是理也。果尔,则徐治疮痍,恢复颓势,俟饷足兵充之后,卷土重来,亦意中事耳。而我边防不严,武备不饬,他日事果及此,我国一二宪臣将一矢不报,拱手低头以听彼指挥乎,抑徒效新亭之哭①而已也。

然则我国之当道诸公,为我国今日之大局计,整饬边防,其首务也。新疆藏卫,亦边围也。非边防不急也,而与京畿远,又无祖宗陵寝之关系,则今日满蒙边防,又为首务中之急务也。

《孟子》曰:“无敌国外患者国恒亡。”天以敌国外患予中国,天之厚待中国,而冀其有悔心也可知。乃政府难料及此,而未见诸施行。江吉两省虽有招练常备军之议,而以未得政府之对付,迟迟而未有定论。呜呼!我国军务之废弛如斯,凡在旁观,孰不为我寒心哉。吾人深望当轴之鉴于诸列强,而早为未雨之谋焉。

---

① 出自《世说新语·言语》:“过江诸人,每至美日,辄相邀新亭,借卉饮宴。周侯中坐而叹曰:‘风景不殊,正自有山河之异!’皆相视流泪。唯王丞相愀然变色曰:‘当共戮力王室,克复神州,何至作楚囚相对?’”后常以“新亭之泪”比喻忧国忧时的悲愤和痛心国难而无可奈何的心情。

论道德心与科学之关系[①]

中国,道德极高尚之国也。君臣父子、夫妇昆弟朋友之伦,惟中国首明之;孝悌忠信、礼义廉耻之德,惟中国实倡之;日用饮食、文物制度之原,亦惟中国实倡之。此世界所公认而无庸复述者也。

虽自秦以来,进化停顿,然人民膺儒行则古称先。峨冠博带之伦,固渐仁摩义,贩夫走竖之辈,亦目染耳濡。两千年间,虽无罔道败德者流,而自知为世所不容,遂亦不得不心非口是,阴违而阳奉焉,从未有明目张胆、蔑视道德、嚣嚣然号于人者。近五十年,受外界刺激,慨内治腐败,时怀更新之思。

迨经甲午、庚子两大潮流,国中学术思想,概不惜舍己从人,至以儒为诟病,爱国志士滋惧焉。于是乎倡保存国粹之议,或高谈性命,或潜究经史,以及训诂词章。凡先先民所宝贵、为近今所放弃者,悉郑重而称述之。粹诚粹矣,吾惜其于今时病痛,未能审定,而投以针锋相对之剂也。

今日之大病何在乎?曰:在人人欲发达其思想,奉欧美权利之说为泰斗,而视吾固有之道德若弁髦,以世界为科学之世界,驯至有机事者,必有机心,不恤利己而损人,非惟不恤也,且视为强者所应为。然公私理欲之界,皆不暇辨别。有规正者,辄曰此我之自由也。呜呼!自由果如是解乎?

欧美宗教家惧夫民智益进,世风浇薄,势必机械百出,而人民日即于非行也。大倡天堂、地狱、灵魂等说以警之,唇焦舌敝,涕泣而道,此即吾上古神道设教之意。泰西宗教、哲学,两相鏖战,虽宗教势力不敌哲学,而世界杀机因之稍戢,人类和平幸福缘之稍存。

吾国民于神权一说,智者既信为理所必无,愚者则惟欲媚之以祸福。

---

① 原载于《盛京时报》1906年10月16日第2版。

外人之宗教,既格不相入,而已国之古道德又吐弃之。民人无范围不过之则,无造次不离之经,而惟是逞自由口说,以肆意妄行,宁我负人,无人负我。吾恐科学日进,机械日深,生人之具,假以杀人。物质虽明,用违其当,非特尽失强国保种之初心,亦将复返于洪水猛兽之世界矣。

此夫非吾臆度之词也,明者见远于未萌,知者避危于无形,今则萌孽已现,危机日呈。试举欧洲科学杀人之举,及吾国近岁人民野蛮之行,有令人气夺神骇、毛发股慄、不可终日者。如医所以救人也,而医士即用以毁坏物器之具。催眠术,心理学也,理官以之诘奸,医士以之治疾,而无赖者得之为淫邪之用。

此皆欧西科学杀人之已事。吾国人科学程度现尚幼稚,而炸弹之用,已至再至三,未诞日之大和魂已步俄之虚无党。无论其所为之不当矣,而以图一人故,波及多人而不恤。循是以往,则中国科学之进步,即杀戮之进步,有断然者。

吾为之惧,思有以药之,务使科学增进,杀机不与俱进。思之至再,舍发挥古道德外无他法。发挥古道德,舍编辑古人之嘉言逸行为修身课本教授学子外无他法。中国今日锐意教育时代,人人有不学面墙之惧,非僻壤遐陬学堂林立不足以救中国。如教员能身体力行,心惟口诵,则学子少成若天性,即不虑他日物欲牵引矣。若至弱冠以外血气未定之人,则视其所处之社会,责成其首领,以诱掖奖劝。综其行谊,而以时登降之。人之钦善,谁不如我,还醇返朴,岂异人任乎?

或曰:信如子言。今日书肆之修身教科,已一印再印三四印矣。学堂已一星期教授一二次矣。美种已布,佳果指日可俟,何喋喋为?则应之曰:否否。吾所急编辑者,为彼逐利不惜败公德者进消化品也。彼自利者,既心乎利不顾矣。若与泛言仁义,则必凿枘不入,闻而思卧也。吾之主义,在因其所明者,以为推而进以利人主义,使知非利人,则自利必不能完全。而国民团结心、道德心,当油油然生矣。刍荛之言,惟诸君子裁择指正之。

论奉省宜整顿医学考究卫生[①]

阴阳之理，阳为昼，阴为夜；阳为生，阴为死；阳为热，阴为冷。西学不论阴阳，而生气、养气、炭气诸说，实与吾国阴阳之说相发明。人之一身，热气充乎其内，遍行于四肢百骸，乃徐徐挤出其身内不足用之气，是曰炭气。炭气即死气也。去此炭气，而后少者以长，弱者以强，病者以起。明是学者，其惟卫生家乎。

中国讲卫生者凡三家：一曰医，二曰道，三曰养生。其授受之源，皆在三代以上。周官设医人而并及兽医。道家一派，专以呼吸、吐纳为事。至魏伯阳而有《参同契》一出[②]，以明坎离出入之互用。养生二学，始见于《庄子·内篇》，要亦道家之支流，愿其为用也，皆以后天之挽回，补先天之不足。养此七尺，蕲至于无灾无害。大则为家国所倚赖，小则为家族所仰望，最小亦以组织个人之自由，勿以此身处縻世界之爱色货利、饮食男女而已也。

今之矢口而谈者，曰自强。曰自强，亦知不能强一身，其能强一家乎，强一国乎？是故饮食之不节，寝兴之失时，喜怒之无常，男女之过度，此犹中国人人所能言者。然使居处湫隘而不透天光，洗澡不常而垢秽日积，团无佳树而空气何以滋生，道不辟除而矢溺因以召疫。此则中国人难能言之，而终未见诸施行，一一布为功。今者几于遍十八省皆然，则无明医学者提倡之，而遂不避养痈之诮也。

此次日本议交营口时，而谆谆以巡警、卫生为嘱。巡警，防一乡之盗贼；卫生，防一身之盗贼也。夫行一事，而不能力自振兴，赖彼邻邦大声以呼之，其亦可以醒悟矣。且去一身之盗贼，而不能急急自从事于此，犹赖

① 原文连载于《盛京时报》1906年10月19日、20日第2版。

② 魏伯阳（约151—221），名翱，字伯阳，道号云牙子，东汉著名的黄老道家、炼丹理论家。出身高门望族，但生性好道，不肯仕宦，闲居养性。所著《周易参同契》，是我国最早系统阐述炼丹理论的著作。

他人焉以警觉之，其内容之疲茶，已概可想矣。圣人所谓利用厚生者，究不过卫生一语而已。然则医学，考究卫生，岂容一日缓哉？

（续前）卫生医学于民生之关系如此其大，故文明各国以卫生为要政，设各种官立医院，以防病毒之蔓延。又设医学堂、试验所，以普及卫生思想。是以国民保天然之寿，乡堡少瘟疫之灾，家国享久远之幸福。体强则志强，志强则用以接人持己、读书处事，而皆有一往不可御之气，种类于是乎亦强。文明各国之讲究卫生，整顿医学者，盖为此也。

赵次帅熟悉时务，其见识之远大，实封疆大吏中一出色人物也。到任以后，悉心筹划，兴办新政，于实业，于学务，于财政，于军务均有所创制。以此景象而较之从前，耳目焕然一新矣。而独不能不为刍荛之献者，则于卫生一事至今犹有厚望。

次帅既开设卫生局，聘请医士，以讲究其理。局内复开设医院、学堂，以教学生，以治病民。而吾人于此终未能满愿者，无奈规模甚小，机器未整。又以讲此学者，虽术业渊博，恐未能施其妙术也。

尝考欧美各国，户口数万之都市，尚有官立大医院及医学堂。今以奉天之大，幅员之广，二十万数之人口，而设立病院不过一处，收留病夫不过数十名，教授学生不过二三十，是何异以一寸之篷而撞十石之钟，欲其声之遍及于全钟也，乌可得乎。夫奉天号为陪京，且为黑吉两省之领袖，而卫生机关乃复尔尔，比而较之欧美，其优绌为何如哉？

或者难曰：医院学堂亦当务之急也，然我省经大战后，百政待理，需款孔繁，其安筹此巨款，以庇我同胞乎？此则不知时势者之言也。

奉天财政，自赵次帅到任后，渐有起色。每年进款逾一千万两，不啻倍蓰从前而已。且迩年以来，民气渐开，百姓渐富，农工商务亦形兴旺。从此而后，奉省财政但有增收，决无减收，固不识者而已明也。

夫设学堂医院，需款之大，无过于建造房屋，购办机器。有此需款，以达尽善之目的，亦不过数十万元而已。其余药品什器，虽枝枝节节，而为之无妨，且其所费亦非巨。总而言之，房屋已建，机器已妥，则尔后应需之经费，殆不足言也。况医院已建，诊治病民，其药价等之进款源源而来，借以偿每年经费，尚有余裕哉。奉省财政，假如支绌，岂不能筹措数十万元乎？

呜呼！方今二十世纪，列国对峙，万国并立，国家竞争，日加剧烈。优胜劣败,强存弱亡。列强之争,不容一日而息;自强之道,岂容一日而缓乎?欲自强,先强兵;欲强兵,先强种;欲强种,必兴医学,设医院。卫生之思想,普及于圆颅方趾之众,冀得强壮国民而编成劲旅乎。然则添设医院学堂,岂可旦夕缓哉?望当道诸公,三致意于此焉。

论近时抗捐之风潮[①]

兴一新政,预先认真考察人民程度、地方情形及其影响,然后施行焉,庶几无弊。然当轴之士惟按学理而不究实在,置此等问题毫不费推阐。突然举办新政,其意虽良,而其弊窦之丛生,或有不堪设想者矣。各国学者谓学理与事实时相扞格者,亦是故也。

赵次帅自到任以来,力图吏治,殆不遗余力。有弊必除,有利必兴,一切要政,无不举办。奉省内治外交,颇有整顿。而举办政治,必待于财政之富足。库款支绌,何以兴新政?筹措无方,何以除弊政?次帅以干练之才,有见于此,于财政尤为注重。整顿税制,裁并税捐,渐有成效。于是各项经费源源不竭,比较二三年以前,不啻倍蓰而已。

然次帅关心民瘼,爱民如子,徒愿裕财政,而收敛诛求,则其所不敢为也。此于统捐政策,可知一斑,岂待吾人赘言焉哉?如是,则我奉省商民理当鼓腹讴歌,以颂德政也。不意突闻愚民揭竿起抗捐之风潮,谁不愕然而惊哉。

赵次帅办理财政如斯,而执笔人犹闻商民嚣嚣诉苛税之声。今又见田庄台、凤凰厅各属相继抗捐,激成风潮,岂决为无故哉?夫口舌之怨咨,未足以为罪也。然苟至于结党起事,固为国法所严禁。彼民也虽愚,岂不知之,知而敢违,其艰苦情形可推而想矣。

或曰:向来奉省为国朝龙兴之地,税捐甚轻,往往坐拥膏腴,而于国课

---

① 原载于《盛京时报》1906年10月30日第2版。

二字竟有置之脑后者。自次帅到任后,斟酌中外税制,一律征税。愚民无耻嗜利,眼无国家,乃仍作向来之大梦,其势汹汹,或致恃众要挟,以有斯滋扰,未必可为苛税之故也。

诚然此论实含有一大公理。执笔人初闻众民诉苛税之声,亦以为三百年之积习一旦改变,欲令各破悭囊,无怪犯其所忌。虽然,若众民蜂起,则事体攸关,原因复杂,未可以此单纯之原因为其全体之动机也。

夫所谓全体之动机者何?则以调查之犹未全,实情之犹未尽,民智之犹未开也。奉省交通之梗塞,信息不灵,下情难达,上德难宣。虽次帅之贤,亦无从知悉各地情形,一部人民亦不能知悉次帅用意所在。于是次帅斟酌课税,而民以为诛求。盖此次抗捐之风潮,非出此误会乎?想交通未能发达之地,往往有此弊,实天然之罪居多,非当局之罪而已。但考察民情,未尽完全之讥,究竟不能免也。

总而言之,次帅关心民困而激成变者,殆因为山河所阻,而不细察民情。然而奉省固信息不灵之地,其余各属未保无斯弊。当路之士宜速派员考察民情,以期税捐之无累于良民,而可以纾国家之急。殷鉴不远,岂可再蹈覆辙哉?

论州县宜整顿巡警[1]

大同之世,外户不闭,而道不拾遗。世变愈下,人心险恶,盗贼充斥,相望于道。然变益下,而历代之制作乃进而益上。小而作,为黥刖劓刵城旦鬼薪[2]以禁之;大而作甲胄,作弓矢,设关隘,修城堡,置楼橹。凶暴之

---

① 原载于《盛京时报》1906 年 11 月 14 日第 2 版。

② 出自《秦律杂抄》:"秦人出、削籍,上造以上为鬼薪;公士以下刑为城旦。"城旦,古代刑罚名,一种筑城四年的劳役,以后泛指流放或徒刑。鬼薪,秦汉时的一种徒刑,因最初为宗庙采薪而得名。强制男性从事官府杂役、手工业生产以及其他各种重体力劳动,劳动范围广泛,包括从事土木工程或制作器物等,在刑罚等级上次于城旦。

徒稍稍慑于势而不敢逞。然皆临事而强为制，非先事而预为筹也。其先事而预为筹者，其惟井田之相友相助相守望乎。海禁既开，各国善政，听人仿择，则所谓巡警者，其有合于井田遗制之一端，良不诬也。

巡警者，小以解纷斗，大以遏盗贼也，办理得法，可使厖无夜吠，行旅商贾皆出其途。腹地诸省，水则有长江大河，陆则崇冈叠嶂，所在皆是藏瑕纳污，未始无之。而白昼持械，登门劫掠之案，岁不当有，有则悬赏购线，亦易缉获。固由人烟辐辏，耳目众多，亦以大江南北，斥堠泛地之严①，令此辈猝难下手也。满洲三十余万方里之地，客民土著，寥落如晨星，听彼胡匪出没，如入无人之境。于此而不早为之防，虽由此而酿成大变，亦意中事矣。

今日朝廷设立警部，而得风气之先者，东三省为最。省城设巡警总局，乡间复设分局。刊印章程，条理井井。在省会中日新月异，犹能进步，但其他僻处乡间暨各府厅县，风气不甚灵，指摘不能加者，听彼鱼肉，可胜计乎。

以予所闻，各属警兵非失馆之儒生，即地方之积痞。幸而分属两处，别清浊，各不相谋，不幸而聚在一隅，则是非何能互定。然其无益于地方，而有害于地方自治之基础者，则一也。故今日整顿警务，为东三省至急之事，而不容一日缓者也。

虽然，整顿亦难言矣。他国警兵皆出学堂，历数年之攻苦，经各等之考校，由小成以至大成。其于燥湿之异宜，刚柔之异性，良莠之异品，默识于心，不第为一身一家计，而为君国富强计。其出而为巡弁也，故能灼知地方之利害，以辅议院社会所不及。满洲学校，程度之低，无论新学，其旧学家思想之所积，初无远大之怀，视彼警兵且以厮贱走卒目之，彼亦即以厮贱走卒自待也。而愿责其视道路若家庭，合群心为团体，犹见卵而求时

---

① 出自《左传·襄公十一年》："纳斥候，禁侵掠。"堠，古代瞭望敌情的土堡。斥堠，亦作斥候，系中国古代军中职事，专门负责巡查各处险阻和防护设施，缉拿盗贼。秦汉以后，军中不再设此职，而称远出哨探的侦察兵为斥堠。唐宋以后，侦察兵也不再称斥堠，而是根据马步侦察的不同装备，改称探马或探子。

夜,见弹而求鸮炙也①,其可得乎!

然而不可不加之意者,则以今日之满洲,非复根本严密之地,而为各国商战之场也。门户既已开放,而我国之举动皆为外人所注目。近复纷纷谣传,有以巡兵而包花会②者矣,有以巡兵而通剧盗者矣。失此不治,恐越俎而来者,皆有跃跃欲试之象。夫耳目近,则防范易周;相处久,则感情愈亟。以一乡之民保一乡之土,宜何如关爱者;以一局之官统一局之兵,又宜何如密切者。若坐视其颓败,得令外人假手其间,是开门而揖之进也。衮衮诸公于心安乎?

梁启超《爱国歌》序③

适于案头书中觅得《爱国歌》四章,再四读之,觉其意味深长,最足提倡民志,振励精神,以结团体。当兹维新伊始,国民是重,举是歌以遍诵之,于我国立宪大局不无小补云。

爱国歌

泱泱哉!我中华。最大洲中最大国,廿二行省为一家。物产腴沃甲大地,天府雄国言非夸。君不见,英、日区区三岛尚崛起,况乃堂堂中华。结我团体,振我精神,二十世纪新世界,雄飞宇内畴与伦。可爱哉!我国民。可爱哉!我国民。

芸芸哉!我种族。黄帝之胄尽神明,濅昌濅炽遍大陆。纵横万里皆兄弟,一脉同胞古相属。君不见,地球万国户口谁最多?四百兆众吾种族。结我团体,振我精神,二十世纪新世界,雄飞宇内畴与伦。可爱哉!

---

① 出自《庄子·齐物论》:"女亦大早计,见卵而求时夜,见弹而求鸮炙。"意即看到鸡蛋,就想求蛋化为鸡,用来司晨报晓。看到弹丸,就想得到鸟的炙肉,比喻言之过早。

② 包花会,即押花会,清朝时的一种赌博游戏。

③ 原载于《盛京时报》1906年11月22日第2版。

我国民。可爱哉！我国民。

彬彬哉！吾文明。五千余岁历史古，光焰相续何绳绳。圣作贤述代继起，浸濯沉黑扬光晶。君不见，揭来欧北天骄骤进化，宁容久扃吾文明。结我团体，振我精神，二十世纪新世界，雄飞宇内畴与伦。可爱哉！我国民。可爱哉！我国民。

轰轰哉！我英雄。汉唐凿孔县西域，欧亚挎陆地天通。每谈黄祸詟且慄，百年噩梦骇吾戎。君不见，博望定远芳踪已千古，时哉后起君英雄。结我团体，振我精神，二十世纪新世界，雄飞宇内畴与伦。可爱哉！我国民。可爱哉！我国民。

物理动静浅说①

凡物不能自动自静，即如人身，用力令他动，这不是自然动，所以动时不能立静。请列证如左：

（一）比如：人乘坐马车前行，忽然间跳下，必定要跌倒。人急奔时，脚底下被石一绊，也定要跌倒，这都是动时不能忽静的证据。

（二）枪弹穿过玻璃，那所穿的窟窿，必定比石块穿过的小的多。这因枪弹穿得快，四旁来不及转动，所以窟窿必小。石块穿得慢，四旁能够转动，所以窟窿必大。这样看来，物体若是静着的，虽附近处有物忽动，那静的仍然自静。

（三）试收银圆一枚，搁在厚纸上，纸比银圆稍大，顶在左手指头上，用右手第二指，使劲弹那厚纸边，便见纸片被弹飞去，银圆却仍在原处。

（四）试用一木片，盖在杯子上，木片上搁一银圆，乃手指使劲弹那木片，但见木片飞去，银圆却落入杯中。这就是因静时不能忽动的缘故。

（五）甲、乙二人，前后追赶。当乙将追到时，甲忽回身转弯，在后的

---

① 原连载于《盛京时报》1906 年 11 月 22 日、24 日第 2 版。

乙,一时难以转身,必定要略费时刻,此时甲已多行数步,越追越远了。

(六)狗、兔二物,前后追赶,狗每每追赶不到。因兔身又轻又小,容易转弯,狗身又重又大。追赶的时候,兔屡转弯,狗也随着同转,既费时刻,又费气力,所以便永远追不到。

(七)轮船、火车、马车等等,急走如飞的时候,忽然间要转弯,车船必定翻覆,也因动时不能立静的缘故。

(八)赶车的长鞭一挥,每成响鞭。试想这鞭声从哪儿来的呢?实实在在是因鞭子受动,忽然止住,却不能骤然间静,稍上还是急动,所以便致空气发声。

(九)厨子洗菜,要除去菜上的余水,向空屡屡挥动。不明白物理的人,必定以为,是水动故落下。哪知不然,实因菜动水不动,菜离去水,所以水点落下。

(十)取一块小石,搁在大石上,要用拳打碎小石,必不行。倘然左手拿着小石,抑扬作势,触大石上,随即右手击他,小石必应手破碎,因受动力的缘故。

(十一)动静的妙理,到处可见。在寻常事情中都能考验,人不虑会罢了。不会骑马的人,两腿不能夹紧,马行忽然站住,人身必向前倒。因马身已静,人身还在那儿动呢。

(十二)人跨坐马背上,马向前行。不会骑马的人,人身又必向后倒。这时候,又因马身已动,人还是静的呢。

(十三)在桌子上,搁一块白布,布上平搁两枚大银圆,一枚小银圆。大银圆一左一右,小银圆搁在中央。另用玻璃杯一个,倒架在大银圆而上,令杯口切在两个大银圆的中心点,人如要取出小银圆,不必移动杯身,只要用手指在杯外布面上连连拨动,那布纹被震动,杯中的小银圆,自然而然地,移出杯外来了。

(十四)在手绢子上,搁一件重物,用手急抽绢子,绢子落下,重物依然不动,仍在原处,并不落下,这都是动静的妙境。

(续前)(十五)取大银圆数十枚搁在桌上,叠高五六寸。另用一片薄板,要比银圆稍薄些。试举板,使劲横击那银圆柱的中腰,但见中央一银圆飞出,所有上下的银圆,仍稳叠如原式,毫不摇动。这因击力太快,上下不能传动,所以有这妙趣。

(十六)毡毯铺在地上,往往容易积聚尘土,试用藤条拍动,尘土必定尽去。其实并不是尘土自去,只因毡毯震动,尘土却仍是静的,但不过无所依附,便至飘落下来。

(十七)用杌凳两个,搁在左右两边,大约可相离三尺光景。另用玻璃高杯,分搁在杌凳向里的那一面边。再用一根细木棍,长也约三尺光景。木棍的两头,各拴一针,横平架在杯口上。此时两个杌凳边上,有两个玻璃高杯。两个玻璃高杯上,横架着一根棍子,已经危险得很了。因他危险,却还有出奇。再另取一根棍子,举手向横棍的中间使劲打下。不明格致学的人,必定说是:这一下子,玻璃杯必要粉碎了。哪知不然,一下子打去,横架的一根棍子成了两断,那两个玻璃杯,却安然不动,并没有落下来。这因横棍的两头,有两个针,那动力传不到杯口,所以杯身不至翻落。外国人演戏法,用一根杆子,架在两个人的鼻子上,照样的打去,鼻也不疼,就是这理。又,我中国戏场,演(大卖艺)的,用一张板凳,架在两个椅子背上,人在板凳上竖蜻蜓、翻筋斗,板凳安然不动,不会滑落下来,也是同一理由。

(十八)丝棉线一条,长数尺,粗一二分,要用两手拉断他,万万不行。却有一妙法:先拉线的上端,绕在左手第二指上,再把余线,绕过掌心掌背,把下端穿在掌心线内,骤然间使劲一抽,一点儿不费力,那线已成两断了。这也因抽动的快,动力传不到上线的缘故。

(十九)在玻璃瓶口上竖立一个硬纸圈,圈顶上中央处搁一枚铜钱。试用手指,向圈内拨动,圈去,钱正落入瓶口内。这也因纸动太快,钱来不及动,搁钱的地位和瓶口正成一直线,所以直落瓶内。倘在外面拨圈,动力不快,钱便不能落入瓶中。

(二十)拿一个木球,挂在高处,上下都有绳。人手急抽下绳,便下绳断,缓抽下绳,便上绳断。这因抽的太急,下绳的动力,不能传到上绳,所以下绳断。抽的迟缓,动力传到上绳,上绳之下又有球体垂着,重力更大,所以上绳便断了。

世界之大,物类众多,到处都是哲理,凡物都可考验。只要处处留意,眼面前的一切物件,哪一样不可考证格致呀?人的脑筋宜动不宜静,越动越灵,看官注意。

论奉省旧用过码之制[①]

古人有言:“两利相形,则取其重;两害相形,则取其轻。”天下事不必有利而无弊也,酌乎利弊之轻重,而权衡出焉。故一法之立也,或多历年岁,以比较其前后之差;或集思广益,以博采夫众人之识。修之改之可也,损之益之亦可也。若因一二人之利害,牵制全局,辄举数百年之成法,一旦而废之,则此一二人之外,必其有大不便者存。何也?以此一二人之利害,与彼千万人之利害,非如符节之相合,始可听彼指挥,任彼操纵,而悉无怨也。

奉天之通用过码,二百余年矣,他省亦有之,特名称不同耳。语其为利,约有数端:乡人终岁勤动,牵车入市,以其所有易其所无,一纸到手,举饮食服御养生送死之所需,咸取给于是,而地于是无弃货,亩于是无栖粮。此利于农者一也。

列肆而居,非皆家红腐而户贯朽也。此有所余,彼有所不足,其朝夕之所需犹农也。有此过码,则呼应皆灵。呼应免灵,营贩之时,精神陡起,市面亦受其影响,而胀力渐加。此利于商又一也。

若夫盈千累万,归于掌握,携带之便,不虞暴客,农商之外,亦未有见其不利者矣。今概禁之曰:凡有交易,非银与钱不可。夫交易之必出银钱也,其权力稍充、团体稍大者,挹彼注兹,犹可借贷,但其转移间不待积久而已坐困矣。何也?凡受借于人者,必筹所出之数以为之地。所出之数零拆也,所借之数整块也。惟为整块,故其为款也必巨,旋以所出之数分购诸货夫所购之货,不能按期而销,滴滴归源,合为整块也明矣。

此时借于我者,登门执簿,彳亍而来,必将悉心以筹之,多方以应之,指他处为尾闾,挖眼疮以补肉,而又难必所购之货之一一出售无耗折也。

① 原载于《盛京时报》1906年11月27日第2版。

如是而至再至三，颓败日现，何往而得占利市欤？

商界如是，其波及于农工者，无论也。其权力不甚充，团体不甚大，长年坐守，无可借贷者，无论也。其借者之受朘剥，积子母，辗转漏卮，终归于尽者，又无论也。独惜国家慎简大僚，将以兴民之利，除民之弊也，竟以喋喋之言，变乱黑白。成命一下，猝难收回，坐使行商坐贾束手待毙，此则进言者之罪之不容诛矣。

然其怂恿官长，颠倒是非，固别有辞也。以为民无现银，即无资本，仅以一纸空文互相转注，日积月累，以至于亏折倒闭而后已。不知商与商之交接，信之于其素而已。非以三寸之舌，立谈之倾，辄能慨他人之慷，以为我有也。其行义孚于人，为远近所慕服，即一纸空文而人亦信之，通融之间，彼此便利。苟其心术不甚正，誉望不甚隆，虽拥厚资，其能取用不禁、畅行无碍哉？夫知己知彼，百战百胜，以商战者何独不然？如是，则过码与现银奚择焉？

虽然创此议者，我固知之矣。即其稍有现款，能笼络诸商家。今其仰彼鼻息，而施其种种鬼蜮之计者，皆是也。以彼思想之所积，仅为一身一家计，而不为地方公益计。盖过码既废，民必出于借贷，民既借贷，彼即设法钩致之。担保也、契押也、零天利也，可以惟我所欲为，而为所遁。然果如邓之铜山、郭之金穴，任彼求取者之无尽藏也，犹之可耳。岂知朘剥既甚，主客皆伤，数年之后，商界之前途必日壅塞矣。

况数月以来，商货之钝销，市面之减色，诸栈庄之倒闭，见于报纸者指不胜屈矣。请得为诸商代筹曰：及今时日未久，犹可支持。诚有热心商家，顾全大局，联名具禀，设法挽回，系铃解铃，或可望也。又请为满洲大吏告曰：天视民视，天听民听，彼造化主冥冥中犹时有转移。以地方官而察地方利弊，随时改正，以求至当，勿设成心可也。如是而商业之兴，有不蒸蒸日上者，我未之信哉。

论鄂省梁臬奏请设立曲阜学堂[①]

予读梁廉访[②]奏请开设曲阜学堂一折,而不能无所叹也。曰:古有学而无庙,冬夏诵读,尝以春秋之仲行礼于先师,释奠以致敬。今有庙而无学,列先师于祀典,推一校官以司笾豆[③],而弦诵之声反致不闻。盖自宋三舍之制既废,历元迄今六百余年,后生小儒口称曰孔子孔子,而禀承未得其真,渊源即无所附。譬若门第之无宗谱者,于其始之祖居处欤?笑语欤?其情之不相属也,固已久矣。

夫古之乡先生,其身已没,风雅好事,过其游钓,犹恋恋不忍去。此非有宗庙百官之美,车服礼器之存也。但以闻风兴起,慨然欲从百世之下,急起而追之,亦身后是非之不容紊,人心公通之不容没者矣。

犹忆光绪初,日本长尾槙太郎撰《儒学本论》上下篇,亟亟于孔孟之术。彼于新学繁兴时,不弃其夙昔之所好,以从事于儒,其择术之士固不待言,论者以他邦人士而抱残守缺若此。然则居圣人之乡,读其言,挹其流风,以辅世翼教为己任者,宜不乏人也。而曲阜一隅,隶版图二百余年,无闻人伟士可以为圣人俟。卓然不惑于百世者,岂玉书一出,乾苞坤符[④],其秘已泄,若帝王之一姓不再兴欤。抑元会之数,穷亦能转,固将待其人以为之兆也。今者廉访一疏,通古今之变而为之邮,人才消长之枢,其在是乎,其在是乎!

孟子曰:"孔子,圣之时者也。"孔子曰:"物穷则变,变则通,通则久。"

---

① 原载于《盛京时报》1906 年 12 月 10 日第 2 版。

② 即梁鼎芬(1859—1919),广东番禺人。历任汉阳知府、湖北按察使等职,诗词多慷慨愤世之作,为"岭南近代四家"之一。"廉访"为清时对按察使的尊称。

③ 古代祭祀及宴会时常用的两种礼器。竹制为笾,木制为豆。借指祭祀礼仪。

④ 出自汉代《春秋纬》:"河以通乾出天苞,洛以流坤吐地符。"苞符,即河图洛书,中国古代流传下来的两幅神秘图案,蕴含了深奥的宇宙星象之理,是中华文化、阴阳五行术数之源。河即黄河,洛即洛水。

是则善通变者，莫如孔子。儒为世病久矣，当此时而西学崛兴，立法施度，竟能与儒暗合。孔子虽圣，又何讥焉？且使孔子而生今世，其于公法、条约、天文、地文、声光、化电之属，亦必择善而从矣。而愿听其乡之人，汶汶默默，晦盲痞塞，积千百年无能挽回于万一，无是理也。故一旦学堂之设，有能通中西之驿，由寻常小学直超高等。推寻以至于此心此理之同，又推寻以至于孔子之门庭，去其非而讲其是，隆隆然无纤统之翳障，不可谓非廉访之蕴火有以发之。而孔子有灵，亦且喜其异世之同揆，而急于引进也，有必然者。

今夫读一书，宗一教，不能目击而与为存，犹中路婴儿之失其母也。泰岱之高，黄河之大，秦阿隋楼之丽，揽胜者不能一至，但目想而神游焉，斯已耳。苟其获至，其惝恍炫耀于心坎中者，一刹那间，诡变万状，始而意为之转，继而天为之随，学问之道亦然。盖有据其一胜而尽无穷之览者矣。岘首之碑[①]，要离之家[②]，愤王之祠[③]，彼其所得几何，犹令人景慕若此。事固有莫为之前，虽盛弗传者。他日曲阜旧乡，人才蔚起，其一二可传，传而远出各直省千余百州县者，亦理之可预决者也。

而廉访窃窃过计，并援引宛斯绎史，请旨命湖广总督搜辑遗书之有类于是者，付枣以行世。其广术兴微，翼赞圣业，将乐与海内君子泯中外夷夏之见，求至德要道之归，无疑也。夫书之传与不传，非一人之私喜怒、私毁誉所得而主持。然而东家一老，历世承其唾余，诵习弗绝，诚有以协人心众好之同，如饥渴饮食之不可一日离也。其视为经，固已久矣，往尝与二三昆季评骘《祖庭广记》及《东家杂记》二书，谓其体之龙而言之杂也。得廉访之意者，必有区别诸书，汇刻一贯，取旧闻故事，灿著之于篇，余将拭目以俟之欤。

---

① 即岘首沉碑，又称杜预沉碑、碑沉汉水，出自《晋书·杜预传》："预好为后世名，常言：'高岸为谷，深谷为陵'，刻石为二碑，纪其勋绩，一沉万山之下，一立岘山之上，曰：'焉知此后不为陵谷乎！'"比喻世事变迁，又喻建立功业。

② 要离（？—前513），春秋时期吴国人，生活在吴王阖闾时期。虽身材瘦小，仅五尺余，腰围一束，形容丑陋，却有万人之勇，曾用"苦肉计"成功刺杀庆忌。

③ 愤王，即楚霸王项羽。愤王之祠，又称霸王祠、项王亭、英惠庙、项羽庙和西楚霸王灵祠等，系为纪念项羽而建。

论议改地方官制事宜[①]

古今中外天下，凡国家立政，必先设官分职，以明定其权限，而后能任之事。故立宪之官制与专制国异。而专制国之官，万难责之以立宪。夫乃知立宪之国，苟原于开国伊始，其官制皆由初定，固无庸后嗣之改革。若其始未尝立宪，后嗣欲改行宪法，政体自有别矣。

无论其由专制而变更，或嗣共和而改行，昔之职官权限，使仍安其旧署，能令其行新政乎？且新政之行，非必谓安旧署者不能胜任愉快也，待以权限未定之故，不能循名而责实，治法何由而行，庶绩何由而熙乎。虽立政之名称，大为之改易，其如不能实行何。

吾中国专制政体相延已数千年，积弱之原因在斯，深识大局者咸知之。今观列强之立宪，其盛也如彼，中国远莫之及。是以派员出洋考察各国政治，取立宪之规则，以作我之矜式。当其始，意甚盛也。既而考察政治者回，朝廷锐意图强，遂以变法为急务。于是将京内官制悉为之厘定，明诏外省疆吏，将地方官吏情形，随在细心妥筹，改定其品级，划分其权界，增置其禄位，以为预备立宪，意亦非不善也。

然而各疆臣电复，大半因循者多，决意赞成者少。独不思国势至今，处列强竞争时代，非改为立宪政体，殊难力与之争衡。然既言将实行立宪矣，所以准备实行立宪者，能舍此厘定地方官制而为之妄事改革乎？未改革官制之法，虽其绪纷纭多端，有难细论其详者，而其要领之所在，尤无庸错杂辨论，自可数言尽之也。

何以言之？立宪甚于地方自治，创办地方自治之制度，此要领之一。夫官制之所以必须改革者，以其权域未分，有窒碍于立宪也，则划分行政、司法之权，又其一。至如议会为立宪之要，尤不可置之为缓图，则自乡镇

① 原连载于《盛京时报》1906 年 12 月 16 日、17 日第 2 版。

州县以及各直行省,急先开创议会,聚众思于广益,非又其一端乎?

苟厘定地方官制,能确立此三大纲,则新政之基础,庶几兆端于兹,而宪法之制度,何难次第举行乎?且自立宪之诏下,闻者固皆欣然,识其要领在斯。而内外臣工,既已遵奉谕旨与议改地方官制,筹划事宜之人,必先承认此三大纲,始可以析其条目,秩然举之不紊,无遗误于事机,无滋弊于利益也。

苟昧乎其义,而不深察其体要,谓此三大纲者皆非今之急务,概言民智不开,各地方举办新政,恐其滋扰已甚,否则谓人才不足用,亦无的款可筹,因循以需时日,尚免陨越之羞。彼果详审若是哉,一彼一此之间,嚣然各肆其争论于可否,毫无定见,究之何所适从哉?

若此恝然而止,官制仍安其旧,政体侈谈其新,于实行有何济乎?欲变法自强也难矣。若云苟且以图后,是犹戴盈之曰什一去关市之征,今兹未能,请轻之,以待来年然后已。当时孟子于此胡不赞其详审,而谓"如知其非义,斯速已矣,何待来年?"揆之于今,义亦类是。

夫政府诸大臣,会议改正地方官制事,吾侪虽不知其详,故不敢悬为臆测。然读各省督抚复电,凡关于改革地方官制事宜,有难令人释然者,故不禁感触于兹也。

夫自古法政事业,当改革之时,其实行之难,倍甚于开创。盖以人囿于故习,骤令其变易从新,在真识时务之俊杰,晓然于穷则变,变则通,通则久,能决定之而不疑,其他难言之矣。然使改革一事,欲人皆认此主义,必翕然无异言,而后改革之,不知将至何时,始能奏成功也。即如主持改革者,欲行之无疑意,不可俯从顽固之偏论,不可瞻循腐败之人物,惟审机以观变,能确见其利益所在,为之痛除积弊。受庸愚之反对可也,被在官者之诽谤,亦无妨于制治也。在昔英主贤臣,当变法图治时,何一不忍怨任劳,而能大有所为哉?虽然,一人独行其是,又不若与同志者共为之易也。

苟有与之同志者,并力以主持其事,中心皆无所私营。虽不为物议所挠,而自彰其大公之概。举凡可以有为之辈,即纠合于一以组织坚确之政府,勿使别生枝节,变言以乱政,而众庶之舆论,则力为之劝导,鼓舞其作新之志,使之知自振兴,其收效尤远也。银巨不敢辞,群怨不敢避。虽初衷人不谅,久则意自建白矣。于改革也何有,畏首畏尾者,勿足语于斯。

且夫实行立宪,改革官制事宜,敢决其无惑。然法制皆死物也,惟人能改革之,亦必人乘其改革,于事宜能经理之,而后特著其明效。假使制定进步善良之法,当局者若公卿大夫,无实行之精意,无运用之才能,即举列强官职表,悉数设于海内,不惟人心惶惑,于实政莫补,且恐流弊滋甚,视因循之害尤大也。

所谓改革官制者并其弊政而改之。但云增益爵禄,以位置冗滥人员,不其误乎。故中央政府不思立宪则已,不欲改革则已,苟欲实行立宪,断然改革勿中止,必使直达其目的,以新天下人之耳目,令其鼓舞知感,则立宪原自易也。及是时专其责成,于反对改革之大吏,先宜严为申斥,令彼切实奉行,庶几力图时艰,以报称于将来。若仍误于执迷,即勒限降罚之。如是,则中央政府得以表示其威力,改革官制之事行。实行立宪之治,即无难次第施行也。由此转弱为强,非皆人意中事乎。

彼中央政府诸臣,亦宜振制其精神,勿循其私见然后可。尝考列国政府,位内阁大臣者,必以志同道合之人,组织其各部机关,以施行一定之政策。其地大小官僚,俱莫能与之抗,似其揽权已甚矣,而不知非也。

盖其政策善,则受其益者多。人固钦佩之莫名,彼自与有荣施。设其政策之所行,未能适与时宜,贻害于国中不少,则内阁大臣等咸各去其名位,不得混迹于朝班,以贻国人羞。其黜罚有当也,彼大臣能勿帖然。于是令他政治家,复为之组织内阁,鉴前车之覆辙,急图补救于将来。虽尽为改革之,亦不惮其烦,夫何丛脞之有哉?

方今中国政府,有军机大臣,有各部尚书。虽其名位不同,皆与议通国政治。然军机大臣之辈,与各部尚书之伦,其政策有殊也,其意见不一也。既意见不一矣,亦政策有殊矣,所以施为之者,孰能令其开诚心布公道,极忠纯于无间乎?故立宪之宗旨,政府有主此议者,而不愿立宪者亦有之。以是改革官制事,京内已粗定之,而外省地方官制,迄今毫无成议。其势如进如退,其机一消一长,殆似潮之将满然,果何谓也哉?

前此数月之间,当宣谕立宪时,朝野上下诸人闻而滋疑惧者,固有此等辈。而改革之精神实充满于政府部内,似未尝有惰容也。故天下望治之民,咸仰首而伸观,以为变法自强,中国将实行之。苟非下愚之顽夫,孰不闻立宪之诏欣然而称贺。

是其势如旭日初升，辉光虽发于明旦，环球悉仰望之，以其悬象著明，渐高于天中，为世所称羡也，发达其奚有极？未几数日之久，因预备立宪事，会议地方官制，意至莫衷一是。群黎百姓之众，不啻大失所望。所谓实行立宪之时，不知待何年月日也。数月前改革之锐气，果尽消磨无有哉。抑蓄之久而后发也，人谓其似夕阳西倾，流光亦式微矣。噫！吾中国人心之鼓动，激发此国家思想者，要皆渐明乎政治，愿游于光天化日中，永受其长养之恩，何至暮气几见哉。

夫政策之方针必有所定向，始能取信于人世。若果摇动不定，不惟政治难言，莫足语图强。而中外瞩目于兹，将何以昭大信哉？况乎改革官制与立宪有密切关系。苟各地方官制，漫然中止其改革，则立宪即作罢论矣。所云变法图治者，徒托诸空言已乎。尚冀政府王大臣，迅速议定改制，作实行立宪预备，则政体转移间治象自因而改观也，慎勿以末议置之。

论盐政①

国以民为本，民以食为天；国或君可无，民不可一日无；民或财可无，食不可一日无。孟子曰“无恒产，无恒心”，此之谓也。故地不问东西，时不论古今，凡贤君良相治国安邦，必以民之得衣食为宗旨。而今日财政学说，亦以此宗旨为公例。凡国民衣食居处诸货物，一律免税，否则亦轻减税捐。而国家需款，抽之他项货物，故国家无款项告匮之忧，黎庶有衣食充足之喜。以此君民相安，上下协洽，相助为理，毫无隔膜。于是国运蒸蒸日上，内无内忧，外无外患，乃得共享泰平之喜。所谓唐虞三代之治者，亦不外于此也。

夫盐也者，中国国民不可一日缺者也。而税捐之苛，莫重于盐课。一

① 原连载于《盛京时报》1906年12月18日、19日、20日第2版。

石之盐，工本不过一元，而民购之，须偿五元。盐课之重，比之制盐之本，不啻倍蓰而已。盖盐也者，就中国而论，穷民用之甚多，富户用之较少。何也？富户多用酱而少用盐，贫民无力购酱，乃专用盐，故盐课轻重，于富户不必感痛痒，而穷民则受其影响，决匪浅鲜。天下富户少而穷民多，而能为国家之基础者，断乎不在富户。然则盐税之有碍国民，固不待智者而已明也。

夫按财政学说，国家赋课，可重于富绅，不可重于穷民也。盖斯富绅者，内有余帛，外有赢财，优游自适，坐享和乐。虽课以重捐，亦于产业殆无轻重也。然穷民则如何？朝履霜而出，夕荷月而回，二六时中①，汲汲经营，仅获衣食而已。

如征一税，则割其衣食。如至税捐稍重，则衣食不接，为饥寒所迫。刁健之徒，出入盗丛；软弱之徒，则潦倒道途。如斯商民何以堪此？财政学说以重于富户而轻于穷民为公例者，实此之故也。然中国盐课之苛，如斯之甚，而盐课之重，所以厚富户而轻穷民，亦既如斯。然则盐课之须速轻减，不待吾人言之也。

论者或曰：盐课之于中国，为筹款之大宗。但以东三省而论，每年亦有一百万之进款。当此百端待理、需款孔多之日，各省大吏亟亟于筹捐筹税，犹苦不足，一旦轻减盐课，则库款益告匮，诸多要政必致旷废矣。夫民瘼固可恤，而专为个人谋利益，不可危国家之生存，如子之说，不亦昧于时务乎？

余答之曰：此说虽似有理，实不过皮毛之见而已。盖盐课为进款之大宗，一旦减之，国课为之亏乏，理固然也。虽然，中国税捐比之他国尤极简少。今以局外而为局中代筹，衣食居处而外，其借以供玩好、示骄奢、纵耳目心志之欲者，岂仅一二端哉？此而税之，则应课之税源，不一而止。虽减收盐课，岂别无妥切之税目哉？

盖盐也者，国民必需之品，不论贫富，无一人不用之。其行销之多，无他物可比。故筹款之易，莫易于盐。是以各国皆见为利丛，殆无不课税者。然各国顾念民生，虽为正供，而仍以穷民之生计为限制。其税则之

---

① 中国古代用十二地支记昼夜十二时辰，昼夜各六个时辰，故称“二六时”。二六时中，即整天，整日整夜。

轻,十中仅抽二三,较诸我盐课之苛,岂啻霄壤之差哉。吾人提倡盐课之轻减者,决非无处也(注:本论所谓穷民者,言中产以下之民,不但就贫民而言也)。

(续)我国盐政,发源已久,《管子》谓"海王之国,谨正盐策",国用富强,盖我国盐制肇端于春秋,而后世善于货殖者皆仿此制。至汉而始创盐官,历朝因之,莫不注重盐政。国朝龙兴之初,整顿盐政,设官监督盐务,并在产盐地方划定销盐区域,招徕盐商,发给引票,以定界限,不允盐商互相搀越,以便稽查。盖当时所以施行此制者,在乎便征税而裕国帑,故官酌定盐价,不允盐商蒙混谋利,以恤民瘼。其制甚美,而用意亦深。无奈时世变迁,流弊丛生,如今盐法之累于国民,实不堪设想也。

夫当年盐法,系察户口之多寡,按道路通塞并考产盐之多少,以定为界限。乾隆、康熙之际,需用与供给丝毫不爽。官有畅销之喜,民无难购之忧,官民共享其利矣。然尔后迄今已经二百余年,交通之利便,产盐之多寡,生齿之增减,比较当年迥然不同。当年道路洞通,犹如比邻;而今则改适他途,人烟寥落者有之矣。今或利源既枯,出息甚薄;而当年卤汁兴旺,源源不竭者有之矣。至于生齿之繁殖,则尤不啻倍蓰。而犹执国初之制,用之今日,其有不合宜者,固不待智者而决也。

例而言之,甲地产盐物美价廉,而乙地产盐物粗价贵。然乙地居民不能不忍气吞声购用乙地之产。故同出一价而美恶颠倒,同是中国国民而利害迥异,天下岂有此不合理之制哉?虽官盐售价有一定限制,不听奸商之任意昂落,然产盐之额不异于当年,户口之殖则倍蓰于当年,安能维持旧时之价永久不变,拘定一地之价固守不通哉?生计学上所谓物价与需用供给相为比例之理,虽以帝力亦不能翻,而今日种种之不宜者,中国之制,竟如此也。

且盐商之售盐也,减轻分量,搀入杂物,而小民无辞可措,必须购用。如任便购用他引之盐,笞杖立加;购私盐,则刑更加重。故诡诈嗜利之徒,以垄断逐利,而庶民苦楚,实非口舌所能形容。吾曾闻而咋舌(此处缺9字)不积巨万。盖此言词短意长,盐商如何操利,庶民如何受累,可以揣摩其一斑矣。

抑国家之立法也,为裕官便民起见,然盐法之扰累庶民,至斯已极,但因此而博利者，则有数十之盐商耳。呜呼！牺牲多数国民之生计，而肥少数奸商之私囊，天下岂有如斯之理乎。盐课固当轻减，而整顿盐制，亦当务之急，不可一日从缓也。

（再续）夫我国盐政，为裕官便民起见，而流弊之甚，已达极点。爱民之良制，反为厉民之苛法矣。其弊有二大端：一则限制销盐之弊也；二则允盐商专利之制也。限制售盐，故所产之盐不敷所需，盐价为之涨昂。故欲革此弊，必须裁撤引地之制，合二十二行省为一大销盐之区，以便运盐。如甲省户口繁多而产盐告匮，乙省生齿稀薄而出盐兴旺，则以乙省之盐接济甲省，庶得划一盐价以苏民困矣。但我中国，墨守旧法，而不讲新法，故产盐之额，比较当年，殆无如增，而生齿之多，不啻倍蓰而已。

于是乎，供给有所不敷，盐价因致涨昂，不惟非当年之可比。且比之外洋诸国，亦见物粗价贵。盖中国国民之于盐，其感苦痛之程度可谓至重且大矣。英吉利禁运外国谷物，而国势萎靡不振；允谷物之进口，而民力勃然日隆。盐之于民食殆亚谷物，为人世不可缺之急需也，尔则禁运洋盐，岂非为中国国民自强之一大阻力哉？

抑盐之切于民食，必当轻减其价，已于前论反复论之。然而轻减盐价之策，莫急于解洋盐进口之禁矣。我中国以盐为禁制品，不但不允运出土盐，抑亦严禁洋盐进口。盖国初所以立此禁制者，以为任意运盐出洋，恐奸商因此牟利，不顾民食，以致不敷接济也。然是杞人之忧而已，如今交通发达，火轮交驰，环球列国犹同室也，万里隔绝犹比邻也。当是之时，苟非世界产盐全告匮乏，何愁盐之不接济而民之困于食耶？

或曰：盐者，民食所关，权必当操于国家，如徒愿民食之廉，解洋盐之禁，必为其所压倒，权归于外人矣，不亦危哉。此亦固陋之见也，如英吉利，如德意志，注重工业，国民粮食多仰给于美国。如据论者所言，以评英德两国，其国势之危，犹风前之灯也。倘若有人以此言告英德人，谁不哄然笑其迂哉？

虽然，洋盐进口，土盐必为其所压，价值跌落，则不无利权外泄之虞。然以盐商与购盐者相较，盐商居少数，购盐者居多数，故多数国民因盐价低落，其所享之利，决匪浅鲜。以此而偿其损害，尚有余利矣。况一解盐禁，内地盐业为其所激励，而讲究新法，以致见一大发达耶。呜呼！洋盐之解禁，为利已溥矣，何弊之有哉？

我国盐法之弊，不宁唯是，又在乎盐商之专利，前已论及。盖盐商之制，由官发给引票，允其按票运销。而所谓盐商者，享有特权，可以传于子孙。其余商人虽愿为盐商，亦不可望。故售盐之权全归于盐商，民必由盐商购买。若辈以为奇货可居也，任意舞弊而不顾民艰，如前已略述其甚矣。然而补救之法，唯在乎广招徕。夫广招徕，而允各商售盐，则盐商与盐商互相竞争，盐价因而跌落，无复若辈垄断之弊，庶民享福，宏大无边，是必当速举办之急图也。

总而言之，盐政之弊，至斯已极，其累于国民生计而妨于国家发达，实有不堪设想者。然其补救之策，非至难之业，但一举手一投足之劳而已。当轴诸公宜速设以去民害，永置国民于丰乐之场，吾有厚望焉。

论三省商民宜捐助江北水灾①

今岁江北霪雨为灾，泛滥数千里，其受灾之区以山东、淮徐、河南、皖北为最，饥民数百万。热心之士绘为图说，募赈募蠲，迭见于各报纸。独我三省士女，安享太平，如登春台。白居易诗云："沉舟侧畔千帆过，病树前头万木春。"试为设身以处，则一枯一菀，一升一沉，一则死生在呼吸之间，一则晏处无啼号之苦。诚念同胞之谊，遘此危难，有不当食而嗟，立起自责者，必非人情矣。

闻各省大吏尝疏之于朝廷，皇上发帑项十万以给之。不知恩之出自上者，虽博施而难为继，义之激于众者，竭绵薄而无可辞。于是各省志士或以画赈，或以唱戏赈，而闺秀中之杰出者亦且摒挡钗钿，搜罗苊箧。近数月来，尽此义务，各省皆有之。而吾亟亟为三省劝者，救人之急，如救水火，为数不嫌其多，赴义不嫌于骤。彼既不善治庖，有起而代之者，亦不嫌于越俎也。

① 原载于《盛京时报》1906 年 12 月 23 日第 2 版。

语曰:救灾恤邻,古之善道也。予闻泰西诸国睹此惨状,亦戚戚于心,其官吏议于朝,其商民议于市,无不为江北饥民谋。其情之可感为何如?恻隐之心,人皆有之,恐不愿乘人之急而因以为利,并且损己之利而转以利人,诚不忍坐视其疲癃残废、颠连困苦以死也。夫他国之于我,其迹甚疏,其情甚淡,相爱乃至此,而谓同在一版图,同奉一共主者,竟视秦越人之于肥瘠,而痛痒不相关也,有是理乎?

且即以报施论之,而亦不忍漠视也。往者日俄之战,三省之民,其身膏原野,散走四方者无论矣。若其白叟黄童,非羸则弱,肠中轮转,饥火似烧,此时欲求一勺一粒而不可得者,殆亦不下数万人。而江南义士既捐红十字会外,复鸠资集股,殷殷接济。夫人于为善时,非必预筹他日,幸人之灾,乐人之祸,而责其报复也,亦尽其在我者而已。彼不责我报,我竟置之不报,于事亦无害也。独不解生同此人,人同此心,一厚一薄之间,相差乃至于是。清夜自问,其能安欤?今者朔风凛冽,积雪晶莹,三省士民围坐一室中,老老幼幼,子子女女,话家常,数盐酱,不知人世间饥寒二字为何物。予尝忆昔有大官,于冬日拥炉宴客,客皆锦衣狐裘,其时炉火甚炽,座客悉汗下。大官乃曰:今岁时令甚不正。门外乞人闻之,怒气答曰:外边时令恰甚正!大官乃惭谢。呜呼!江北之民即门外乞人也,而所遭诸惨状比乞人为过之。予亦不忍言,若东三省之民与昔之大官何异哉?吾不解惭谢云云,东省士民能领略否也?

政法专门教育意见①

凡专门教育之目的,在培植人才,备国家任使。故当创办之际,常宜立定大方针,以为达此目的之地。设或稍因循,则动使国民汩没于空理空论。人各为说,缺思想之统一,及其流弊,或至反对政府,阻国家之进步。

---

① 原载于《盛京时报》1906 年 12 月 26 日第 2 版。

而尤可危者,则法政专门教育是也。

考各国之成例,所谓政法专门学堂者,无论其学科程度之高下,学生种类之多寡,及其他种种之情形,各有不同,然无不以研究本国政法为主眼。至外国之政法,则第于程度稍高之学堂,供其参考而已(如《奏定学务章程》中,所谓通儒院者,系既通本国政法,欲更进以研究深邃之学理,故习学外国政法自属要务)。是盖国家对于政法教育应施之方针,由是以保思想之统一,而人才将不可胜用矣。

是故中国之办理政法教育,亦必本此方针,以宏设施,使中国之法制业经完备。上自大学政法科,下迄各省之速成学堂,皆能研究中国政法,以使中国独立之政法学日增发达,宁非快事?抑亦余之所昕夕希望而不能已者焉。

而无如以今日中国之情形,未易语此,则不得不更思其次,以最相切近之方法,为中国政法教育之方针,亦一时权宜之道也。然则其方法奈何?即于各国政法中择一与中国情形较近,且便于中国人学习者,为讲授之基础。由此而追求东西政法之公理,而以整饬之外国法,列于高级学堂之参考科焉斯可矣。

然以外国政法而可为讲授之基础者,平心论之,舍日本现行政法,无以膺其选。盖其理由有四:中日两国,俗尚人情,素不甚异,文字亦近。故即日本之政法,移以植之中国,不至有隔阂扞格之患,其理由一。

考日本政法之沿革,第一期为日本固有政法时代,第二期为支那政法折衷时代,第三期为欧美政法折衷时代,经几许之变迁,以迄今日,故现行之日本政法,直融化东西法理于一炉,由是以探东西之公理,其径较捷,其理由二。

普及政法思想,不仅为中国目前之急务,即使一旦政法完备,非国民素有此等思想,欲其家喻户晓,推行而无碍,抑亦已难,而普及之法,莫如从学习日本政法着手为最速,其理由三。

中国学生数千人留学日本,多修政法学,其内地各学堂亦皆于日本政法三致意焉,即近来政府之新法令亦多取法日本,是等现象皆足以证中国各政法学堂不得不暂致力于日本政法之研究,其理由四。此其大概也。

(以下缺失)

丁未元旦祝辞[①]

新岁朝贺盛节，谨之有祝辞，常例也。夫祝之云者，每发于朕兆未形之际，可欣可慰之事，不必其果有，而望其必有之。可惊可愕之事，不必其果无，而幸其或无之。惟其视为常例，立言者亦自等于酬用之作，而不必其由衷。见者亦以为常例也，束之而勿览。夫如是，称吏治则召杜龚黄，论文艺则向歆班马。揣好谀恶直之心，犹自托于主文谲谏之义，不亦举可废欤。

执笔人亦循常例而发端曰：以五洲之大而有中国，以四千余年之中国而有我朝，以十一代列圣之相承而有我皇上，以共和纪年后而有今年四十四届之丁未，以丁未而有今日三百六十岁首之一日。其时之递推递迁，机之旋纵旋逝，无有捷于此者。虽喻以箭之离筈，驹之过隙，不是过也。则无数横生纵生，圆颅方趾，共旋转于一刹那中，而得此将逝未逝之一息，谓非凡有血气者，所额手以庆乎。进祝辞者亦据此庆幸之心，而使之留而不逝者也。

一为我皇上祝。读去年七月十三之上谕，国民之满望得此者，奋然而起矣。未几而有九月之诏，官制之改，但于京部，立宪之制，期以十年。不得谓非一缺陷事，而不知非缺陷也，鉴于戊戌而惕然矣。我欲变法，而使汉唐之党祸重见于今兹，圣心之所不忍也。徐以俟之，如种谷然，旧者没而新者升矣。况天纵圣龄，比之有虞氏仅二分之一乎。可祝也。

二为我官吏祝。朝廷爵赏，贤者以为功名，不肖者以为富贵，此我国数千年之旧习也。其实，贤、不肖之相去，能有几何？要其所归，大都个人之私利而已。富贵固为我有，功亦我之功，名亦我之名也。今者明诏既下，去满汉之界，停捐纳之科，自司员以至部堂，升转不由他部，自内除以

① 原载于《盛京时报》1907年1月1日第2版。

至外补。铨选不设成心,设一至公至大之规,并为功名之士拓其进步,自是而数千年之旧染焕然一新。如今日之履端于始也。可祝也。

三为我国民祝。我国旧分四民,各操其业而不相顾,是为良民。若甲业之人干涉乙业,即为乙业所默许,而谕者非之,以为越俎。按之天赋之职,无是理也。名以国民,则民事皆国事之所苞,而国力即民力之所积。无论为农、为工、为士、为商,探社会之原起,察地方之蕃耗,因物情之变嬗,深究其消息循环之理,放而至于一邑一郡一国,十年之期,不转瞬焉。而犹幸其期之未至,得以悠游肆力于其间。可祝也。

要而言也,已往之中国,犹去年腊月三十日也;未来之中国,犹二十世纪之初起,三百五十四日之第一日也。其三百五十三日之为阴为晴,为寒为燠,不可知。不可知,则我中国前途之为强,为弱,为进化,为退化,则亦不可测。然而虽不可测,而为地球上视线所集者,则固物产丰美、土地饶沃、人民众多之一旧有中国也。有此中国,唯日望可欣可慰之事,印入吾脑中,而必不出于可惊可愕之一端,夫是以拜手稽首而上此祝辞也。

述阴历阳历①

国朝诸典礼,沿明旧制,明制亦参酌前朝。所损所益,不拘于一代,然皆就地文、地质、地史而言,于天文无与也。天文之学,可分为二:占灾祥者一家,考躔度者一家。占灾祥者,以《开元占经》为大成。自是而后,嗣其学者绝鲜。今所传术数诸书,托名刘伯温,其说皆支离诞漫不可信。

而天文之学,后出者胜。其法分天为九重,考东西经度、南北纬度,分黄赤道之斜正,而以三百六十五日四分之一日,为周而复始之积根,然其精益求精,愈出愈胜,非经七十余家之修改,固不能有此最高尚之一日也。

定历之法,肇于黄帝,至后三正并用,周以子,商以丑,夏以寅。三正

① 原载于《盛京时报》1907 年 1 月 1 日第 2 版。

者,则以斗杓所指子、丑、寅之宫为正月也。自汉太初以迄于今二千余年,皆用夏正。独秦以十月定朝贺之礼,自称以水德三,符玺印章,旗帜玉帛,皆取义于水,而用六数□□□□□,此为大误。盖周以火玉□□三代以前之旧说,秦始信之,拘于五行之理,□水能制火,而自托于水德。汉高之不能改,因不足怪。独怪叔孙通诸人能采据古礼与秦仪,定为汉制,而不能改易正朔,以成一代开国之模,为缺点也。

今且不言三正,不言秦之以十月为正,而独有阴历、阳历两家。

何为阴历?以太阴之合朔为规则也。何为以太阴之合朔为规则?则以合朔十二次,太阴已十二周天。太阳之日行一度,亦历天之十二宫而一周天也。以太阴、太阳合朔十二次一周天,定为一岁,其合朔十二次,而太阳尚未周天者,则为闰月以补之,此阴历也。

何为阳历?以太阳之南北为规则也。何为以太阳之南北为规则?则以地球遍历一周天,不问太阴之合朔几何?出度、入度几何?但以太阳之自北而南为准。前此之自北而南与后此之自北而南,大约皆三百六十五日,其有有余、不足者,别为闰日以增减之,此阳历也。

中国用阴历,东西各国用阳历。阴历之正月为寅,阳历之正月为子。以寅为正月,亦有讥其不便,而急宜改正者,如《游子六夫经》《或问》所载是也。以子为正月,亦有喜其不用闰月,急欲从之,而以为不便于农工之东作西成者,如梅定九《历学疑问》所载是也。

今以各国之史考之,希腊之初用阴历,埃及用阳历,罗马则先用阴历,而改用阳历。夫罗马之改用阳历也,盖始自该撒。伊与算学家再三商榷,复经克列哥里亚十三世,本该撒之制,悉心改良,以期尽善尽美,当时天主教民皆从之。而耶稣教中则不以为然,极力反对。噫!其亦知英之反对已久,至西历一千七百五十二年,竟尽弃其旧法,而决然从之耶。

日本初取法于隋唐,久用阴历。明治五年十一月,改用阳历,以至今日矣。俄国虽用阳历,而比较各国迟十三日,推其原故,因用该撒历法,而不用克列哥里亚历法也。闻教皇克列哥里亚改正历法,所谓太阳春分点者,在三月十一日。然以其意欲令阳历一年与太阳一回转期相符,遽加十日,以为在三月二十一日,是以俄历与各国历日有十日之差。然俄历比较各国历法,每百年则差一日,今则差至十三日矣。

抑阳历所谓一月者，为罗马人祭义雅奴斯神之月。而以一月为岁始，实不外于罗马之遗风也。若是阴历以四季为基础，故周历一次，而寒燠之期丝毫不爽。阳历以太阳为标准，而每月之中气不可改移，其节气则先后难定。

故虽至新年，亦不回春。今地球之上用阳历者多，用阴历者独我中国，而他国鲜闻。向使当闭关绝好之时，我行我法，亦奚不可。而今则商贾之贩运，诸生之留学，公牍之往来，一度通问，而诸多窒碍，不知者几以为春秋之不辨也，故识者又有改历之议也。

论奉天三省多马贼之原因①

东三省马贼之多，为中国十八省之所与。官府防之非不严，乃防愈严而愈奇出之不穷也；杀之非不多，乃杀愈多而愈群聚之无休也。将以兴教育而化之乎？而彼辈皆无业之游民也。将以修政刑而治之乎？而彼辈均无起之愚氓也。然则如之何而可？

曰：古人有言曰：民有恒产，则有恒心；无恒产，则无恒心；苟无恒心，放辟邪侈，无不为矣。然则马贼之多也，实由于无恒心。其无恒心也，实由于无恒产。何以言之？国朝自定鼎以来，三省土田，分置八旗兵民，以耕以种，以享其权利。故三省之土地所有权，惟八旗人有之；其次则汉人之入旗者，亦稍有之；外者则均不得买置土地之实权。

其民有自关内诸省移来者，则仅能租田而耕，租屋而住，是谓佃户。而八旗之人为地主，按时收其租税焉。佃户有稍拂其意者，则收其居室，夺其田畴。而佃户于是乎失业无归，则相聚而为马贼者有之。即不然，而凡为佃户者，皆居人之居，一切耕治，苟且了事，乌能尽地之利，俾无遗旷哉？一旦岁荒，听获不给，催租到门，咆哮万端，势不获已，则相聚为马贼

① 原载于《盛京时报》1907年1月7日第2版。

者又有之。

统奉天三省计之，旗民不过十之二，而佃户则居十之八。佃户之不能常守其田，为其非恒产也。佃户不肯善治其田产，亦以为其非恒产也。既无恒产，岂有恒心？以三省之地之辽阔，而有数百万无恒产、无恒心之居民游其间，岂复有安靖之时哉？然则如之何而可？

曰：使三省之民各有恒产而已。各有恒产奈何？无论在旗、在民，皆许有买置田产之实权，则民之治生必勤，贻谋必臧，防卫必力，自治必严。不数年间，数百万无恒产之佃户胥变而为有恒心之良民，则盗贼不戢而自消，内政不肃而自治。此之谓务本之治。当途者其以为然耶否耶？

读阁抄钦天监奏风从艮来为上岁说[①]

凡势力相伴，际遇相等，智巧相类者，两相遇而不必有相倾相轧之事，而且利害相同也，休戚相关也。至于以术愚人，以祸福中人，举冥冥不可知之数，以欺人而陷人，必其势力机会智巧之两不相敌。而据其多数者，又不肯出其全力，以与少数者争短长，乃设为阴阳衰旺、五行生克之说，以牵制之。故中国术数之学，托始于兵家，又以黄帝为千古兵家之祖，故托始于黄帝。

延及后世，喜其理之不易测，说之不易破也，而其风乃独盛于中古。《书》之稽疑，《诗》之考卜，《礼》之朱雀、玄武，《春秋》之筮短龟长，诸经所载，无一不颠倒于休咎之间。变而为谶纬，变而为太乙，变而为风角，变而为建除，变而为壬遁，即以《大易》一书，出三圣人之手，经诸家穿凿，效爻像象，亦入于迷离惝恍之中。谓官鬼之说，起于官有渝；福德之说，起于王明并受其福；父母之说，起于明夷之王母者，皆是也。

虽然，行兵则可，欺人愚人则不可；欺人愚人则可，自愚自欺则不可。

① 原载于《盛京时报》1907 年 1 月 11 日第 2 版。

物竞之理，必物能自争，而后去凶而为吉，转亡而为存。天择之理，必择物之能自争者，而后予其所最宜，去其所最害。

今信之于术数，岂我处于吉，人处于凶，人处于吉者，而我据于尤吉乎。以是而言学问，则学问不患其疏；究生计，则生计不患其蹙；论治理，则治理不患其不优。我但择一最合之方向，最旺之时日，按式立局，以克制人，将无不得其种种之利益而如愿以偿乎。

今夫风，庄子以为大块之噫气，新学家以为气球之流质。是则风之为气，气之能动而不能静也，必矣。能动而不能静，即不能不传之各处；既传之各处，则不能无所触；既有所触，则亦能定其为。一时一地一人一物以断之也，又必矣。

乾坤六子，艮为少男，其性则止，其象则为土、为石、为背，其方则东北。则谓风之自艮来者，独于其方断之，而不并取其性与象之所属，是则上岁之说未必符，即符而不能概，各行省之无少丰杀也，又可必矣。

夫迷信之习不能破，则人人有自恃心。充其所至，不使含生之伦，各私其受性，各趋于侥幸不止。夫钦天一职，古以太史掌之，谓天以阴骘之理降殃、降祥，假手一二人以隐诱其衷，可也；谓天以一成之格为成、为败，隐待一二事以巧与之值，不可也。

今以风从艮来为上岁，则是与艮反对，而来自坤方者，其为凶岁无疑矣。且以后天方向不同，先天艮位所居，亦不拘于东北。占者取义在艮，则不必问其来方。取义在艮方，果能出奇无穷，合先后天而无所戾耶，此尤不可不讨论者也。

要而言之，远古之世，智虑未开，狉獉未化，惑溺于祸福因果而不能自拔者，即西人亦不免。及文化日启，制作日隆，而昔日弇陋蔽锢之习，一扫而空之。是故渔猎之嬗而为畜牧，畜牧之嬗而为树艺，树艺之嬗而为制造交易。经历日以深，操术日以密，腐败日以除，考之各国，无大远也。

独我中国人人设新学，言新法，新者既不可得，而此支离诞漫，不可究诘之间，信之崇之，采之于四库，宝之以千金，民智之沦，顾何由乎？呜呼！安得有习知天道者，号为“太史”，取占卜诸书，重为编次，而知钦天所奏之说，概与摈焉弗列哉。

论俄人图南现象[①]

俄自亚历山大以上，其传之历世而视为国政者，皆以拓土启疆为业。中国不幸而与俄邻，其狡焉思逞而未满厥志者，盖二百余年矣。推原其故，中国习于关闭自守。俄虽狡谋，无由窥我之虚实，而一试其锋。今则藩篱尽决矣，而以受日之创，又徐徐而未发。语曰：积之厚者，其流必光。敌国之谋人也，何独不然？吾有以知俄盖计之深而筹之熟焉。

夫特悬一格，竭我之志力以赴之，而幸达其目的也，岂不甚愿？若既不能达此目的，而犹抱此志力，不别立一术以相党也，又岂不甚愚？俄之于东三省，所谓竭志力以赴之者也。其觊觎西鄙，则固初愿之所不及。而中途改计，所谓别立一术，以相党者也。

或谓俄之觊觎西鄙，由来已渐矣。然当其经营东三省，而未遑兼顾伊犁、蒙古者，有觊觎之志而未举进占之实也。自日俄开战而后，俄乃一败涂地，不能复振。于是失于东隅者，将欲收之于桑榆。西窥伊犁新疆，北迫内外蒙古，或派矿师暗入商队，以勘测利权，或派武员乔扮教士，以图绘险要。呜呼！俄之谋西鄙，可谓无微不至矣。

然则谓俄竟谋西鄙乎，而其事又不然。其下手在西，其注意又未始不在东。所谓常山之蛇，击首则尾应，击尾则首应者，俄人有焉。顷阅上海《法字新闻》，称驻京俄公使璞科第君，催促俄政府速将张家口至库伦铁路筑成，倘中国迁延不能开筑，俄国当自行建造。呜呼！稍有人心者读之，谁不谓俄国之横暴竟至于此哉。夫中国有自主独立之权，筑造库张铁路与否，俄国不能问也。今其言曰倘中国迁延开筑，俄国自行建造，设彼非以内外蒙古为其势力范围，如常山之互相牵制，其敢出此不逊之言哉？

而俄之蔑视中国主权，不宁惟是而已。顷接京函有云：俄国照会外

---

① 原载于《盛京时报》1907 年 1 月 12 日第 2 版。

部，请在乌里雅苏台、乌尔木齐等处开设领事馆，外部未允。夫不允则既不允矣，设以他国处此，惟有宛转相商，求伸己志。而俄则不俟后言，擅自开设。经外部邀求裁撤，而犹借口托词，不肯承认。窃谓《中俄伊犁条约》其第十条有云："乌尔木齐、乌里雅苏、台科布多等处，俄欲设领事馆，须与中国磋商，俟中国承认，方可开设，若中国别有意见，则断不可。"而俄人视此条约以为具文，置领事，设行栈，悉心经营，不遗余力，以预备将来侵略地步。似此举动，其殆以我族类为俄之隶属者，岂堪浩叹哉。

虽然，木必自腐也而后蠹生之，人必自侮也而后人侮之，俄之阴谋秘计，藐视我国主权，至此已达极点。我国乘此奄奄未尽之一息，去其泄沓，破其成心，力图奋作以为二百余年之晚，盖犹未晚也。若夫听彼横行，不求对付，彼且视为天与，得寸进尺，不夺不餍，一旦竟囊括伊犁新疆蒙古，以归胡儿之掌握。衮衮诸公其何以对我共主哉？又何以对我列圣哉？

东三省添设练兵大臣论[①]

前明东北边防，至兴京辽沈而止，辽沈以东，声教所不及，弃为瓯脱，剪为要荒，内地为所之制，至此亦穷于施矣。我朝统一函夏，幅员之广，突过前明，在明称为边塞，于我朝为发祥重地，防守之严，远驾直省之上。乃不三百年，驻防旧制，尽归徙废。而虎视在旁者，乘此机会，遂注其全力于满洲，自甲午后而根本形势扫地尽矣。今日振、徐两钦使之急于练兵，赵次帅之急于设练兵大臣，事固无大且重于此者。

夫满洲全境，南界朝鲜、渤海，北逾外兴安岭，西接内、外蒙古，东尽大海，水土深厚，地势崇高，于此而部署军政，既有险要之可凭，定有完全之布设。即以盛京论之，牛庄一埠，实辽河湾伸进之要冲；安东一隅，尤凤、岫、宽怀之腹脊。若吉、黑二省之宁古塔、伯都纳、长春、打牲乌拉、齐齐哈

---

① 原载于《盛京时报》1907年1月14日第2版。

尔、墨尔根、呼伦贝尔、绥化各地，生而风土之钟，长而气染之习，大约剽悍之性较关内为尤甚。考诸前史，若辽之宫帐、部族，金之穆昆、明安，元之特默齐、固尔哈，当时无精锐之器械，卒能牺牲其生命，以成国家莫大之功，诚有人焉。罗而致之，今安必异于古也。

朝廷既改兵部为陆军部矣，修整边以固吾圉，厚植根本以巩吾基，固为谈新政者所必及。今虽明谕未下，而中外大臣筹于未雨，一旦特简重臣奉命前来，亦指顾间耳。夫因山为寨，并村为堡，设碉卡，审斥堠，此旧说也。置常备、后备军，购运枪炮，储子药，明测绘，此新说也。酌乎新旧之间，以内保主权，外杜边患，达此目的，固甚易矣。惟是广漠荒区，村落稀少，积二百四十余年之生息，而食指未甚盛，版籍未甚繁（顺治十八年，奉天府府尹张尚贤《根本形势疏》已有此说，历今二百四十六年），此则满洲之大缺点，而为当国者所不可不筹及哉。

夫兵，所以卫民也，既无民，兵于何附？列强之殖民也，其状虽不一，要能日辟千百里，以新拓之地，永遂其生。生不足，则染指于异邦，探险于绝域。俄之于东亚也，法之于北非也，德之于小亚，英之于埃及也，其初借农工商之利，皆能占彼领土，张我国权。独我中国，以二十八万方里之宏大，遏其生机，不使发达，其势可惜，而其计又甚愚。故前此两御史欲移江北饥民于东三省，盖有见也。昔鼌错移民实边而为人指斥者，错欲移富民故。富民不可，饥民则可。特以给发资本，位置田屋，弹压骚扰，分别良莠，甚费大吏之心耳，孰谓移民非计之得欤。

虽然殖民之说，尔为当局者进一解耳。以今日而言练兵，即使人烟寥落，财力凋劢，其事不容缓也。且他国之在我国也，德之于山东，英之于长江，犹能充其势力，守以兵备，以图经济之开拓。中国无治外之权，而于内权所及，不加整顿，岂真将拱手以俟外人耶？

今日者绑票诸匪，出没靡定，白昼劫行客、夺货财，地方官吏不敢问。而巡警诸兵分段而治，能为乡井之守望，不能为五里十里之招呼。诚有将重兵，临方面，奉天子命来镇是邦，此曹亦赤子也。或至之死地而与之生，驱而策之不难矣。教训之良，不益为生聚之助哉。

论俄国背约举动[①]

两国相交，乃有约章，此亦向来之公例。所以然者，诚恐历岁既久，时过境迁，有此约章，乃可出而示之人人，以为他日之证据。未有时日不经久，人物不变迁，口血未干而背盟爽约如北俄者，此固为通商各国视线之所集，而况于中国有剥肤之灾，噬脐之悔者，而愿听彼横行，不一置喙乎。

《易》曰："履霜，坚冰至。"语曰："月晕知风，础润知雨。"识微之士，往往于未来之情事，能防之于未然，推之于究竟。前者，俄国声称先期撤兵，亦有疑其狡诈以为要索之地步者，而闻者不以为信。亦谓俄虽横暴，要其圆颅方趾，同为纵生，而何至有意外举动，为吾人思虑所不及乎。况又有日俄约章之可据，非如鹿马之可妄指，黑白之可混淆乎。

然而吉林来函，俄之不守成约而肆行猖獗者，事非一端。尤可怪者，莫如编哥萨马队一事。彼其有所借口也，以为护持商民已耳。夫护持商民，诚至要也。然当日俄议约之时，不闻先出一议，以为今日编队之地步，至今日而忽现变相，而故与日本分道而驰。日本撤兵，而俄若知之，若不知之。其知之者，则亦曰撤兵撤兵；其知之而假为不知者，撤而不撤，而改其名曰哥萨马队，何哉？

夫日俄撤兵约章，原为笃念邻交，以不侵中国之主权为宗旨。故除铁道守备兵之外，所有驻兵一律撤退，以明无他意。而今俄国擅编马队驻屯吉林，不但蔑弃日俄议约，又实蹂躏中国之主权。俄国背信，世所共知，而竟谬戾如此，可谓亦极矣！

吾盖窥其隐，而有所垂涎也。吉林素称天府，地占险要，富冠东省。俄国据此已久，势力滋蔓，视为己有，彼亦以为鸡肋也，而弃之有所不甘。况其费心如彼，养力如彼，而肯一朝拱手，以授其主乎？其依依不忍者，固

① 原载于《盛京时报》1907年1月21日第2版。

其所也。然公约炳焉,复不可诬。俄国倘以文明先进之国自居,则遵照章约,可以昭公允也。而今则如此,其陋不亦甚哉。

且其专横之手段,各国皆知之,独中国不之知。使中国而果知之,当其请允准时,或婉辞以讽,或正言以谢,决不令其擅肆己欲,毫无忌惮也。然中国不之知,而犹幸各国皆知之。则讲对付于俄国者,必有人矣,此非他,即日本也。夫以中国之旧地,日朘日削,不以为可愤,反使抱公愤者而为远在重瀛、不关瓜葛之人,则岂非事之至怪,情之至舛,而非意计所及料哉。

论东三省宜设储蓄银行①

民之衣食,全赖乎地利。因地之利而流转者,全赖于商家。贩贱卖贵,视商家之兴衰,而剂之平者为货币。考货币之赢缩,以有易无,以羡补不足者为银行。由是观之,用财者与生财者,其始若不相谋,其继有密切之关系。况各国贸迁,逐渐进步,非比未开化以前。或以渔猎,或以畜牧,或以耕种,一家八口,几几可以自给者,而无事仰求于人,交易不多,而亦无需称贷也。故银行一业,当二十世纪商战时代,其倚赖为最重,必推广其事业,而不容一日缓者矣。

各国银行,种类甚多:一、中央银行。二、商业银行。三、农业银行。四、工业银行。五、储蓄银行。六、外国贸易银行。中央银行者,其最大之权,为发行钞票;其最重之职,为管理国库。外国贸易银行者,专以他国汇票为本,因而调查他国金价之高低,而不失利权于本国。此二者与民无与,而为农工商谋资本。开借贷者,则为农业、商业、工业诸银行,并其宗旨,若近于专门,犹未若储蓄银行之推行广、利殖宏,裨益于个人经济与国家经济不少也。

---

① 原载于《盛京时报》1907年1月26日第2版。

夫所谓储蓄银行者，一为国民便周转，一欲使国民辛苦所得，一丝一粟不轻消耗，而代为存储也，其游手废弃无所事事者，无论矣。其他为农工商，农登谷，工制器，商通有无，终岁勤动，不能无所盈，亦不能无所缺。盈者或拥资而不欲用，借银行以为库藏；缺者或逋负而不能偿，赖银行以助一臂。而职司其事者，所收零碎之资金，积为巨款代为流通，非如他省各票号、钱庄，必待盈千累万，而后为之借贷，为之收存也。

其原理如是，一旋转间，相与登谷、制器、通化居以事其事者，惟所欲为已。乃他省尚多有票号、钱庄，而满洲不闻多有此，无怪乎地面之萧索，商业之衰颓，物用之沸腾，钱根之紧迫也。民间非无富户，富户中非无胸襟阔大，其思想之积，或为村邑谋生聚，地方保安全，而转辗踌躇。我之所有者，既不能借他处为尾闾，则我之所无者，亦不能视他人为外府。即徒抱此黄白之物，日为守财虏而已。譬犹农田之讲水利也，上流之水，潴之蓄之，高者若潦下者苦涸矣。虽然次于富户而为小康、为中人、为下户者，其苦亦可知。

且满洲既辟为商埠矣，东西两洋已在此设立银行矣。不能抵制之，而设法挽回之。虽仅十一百一，不为无济也。

夫吾国之为被动而不为主动也久矣，所以然者，文网之密，层层钤制，无能自由。凡地方之益，地方绅富既不敢言，而地方官吏亦不之问。今但设立银行，实于国计民生良有便益。苟得一大有力者，首先提倡，纠集公司，即不能驾欧美而上之，而第内课农工，外通商贾于满洲一隅，集群心，合国体，此而对于大商战之剧场以为一小队也，亦奚不可哉?

至于一切章程，如贷约之如何订立，贷出之款之宜多宜少，存款之收回当在何时，行内应存现款，以备存款家之提索当需几何，凡此诸项，时地不同，因应不一。然其开办之大概与经理之职业，虽由阅历而得，亦有成法可稽。如上海信成储蓄银行之种种规条，与其历年进步之增减，取而则之，改大为小，收广为狭，必可行也。

穷民吁天书[①]

呜乎哀哉！吾奉省商民尚没有生机之望哉！尚没有生机之望哉！惟有吁天号泣而已。

蒙蒙苍天目兮！何瞽积年民瘼,云胡不睹？

蒙蒙苍天耳兮！何聋沿途号泣,云胡不聪？

何政不虎？何民不辜？蒙蒙苍天,何所乐土？

豺狼载道,惟人是饱。蒙蒙苍天,云胡不吊？

奉天音乐会章程稿[②]

第一章　宗旨

本会专为研究音乐,以备军国教育之用,故名“音乐会”。

第二章　会所

本会初创,暂假××为会所,以资研究练习。

---

① 未刊稿,录自徐镜心手稿,根据该手稿前后文字推断,约作于 1907 年 1 月间。

② 未刊稿,录自徐镜心手稿(现藏于山东博物馆),根据该手稿前后文字推断,约作于 1907 年 1 月间。可与 1907 年 2 月 16 日论说《音乐学说(并序)》参照阅读。

第三章　教员

本会特聘请熟习中外之音乐学者为教员。

第四章　会员

凡有志研究音乐者，无论何省，均可入会为本会会员。但亦须由介绍人呈明会员之姓名、籍贯，以便存册。

第五章　职员

本会拟设会长一人，副长一人，总理一切事务。书记一人，管一切笔记、文件。会计一人，管一切金钱出入事。由会员投票公举。

第六章　会费

凡初入会者，有特别捐，多寡任意。至学习音乐，每月人纳学费贰圆，以供聘请教员、购买乐器等费。于每月之初一日纳交会计，即由会计发给收条为证。

第七章　赞成员

本会当发起之初，凡乐器及学校应用器具并聘请教员诸多费用，须由好义诸君捐集，多寡任意。此为名誉赞成员。赞成员得于本会开会时，临会观听，并设特别优待席，以宠异之。

第八章　会期

本会定于每三个月开一次会，每年开例会四，以演奏所学、研究得失，并为演说,借开风气。两会期为一学期,优等者于开会时当众发给普通卒业文凭,两学期发给高等卒业文凭。

第九章　参议

凡会员咸有参议本会事务之权,惟于教习之讲授事不得参越。

第十章　核算

每一会期由会计将所入所出各项核算一通,开列分明,对众宣布一通。

论地方自治与官吏分治之异同利弊[①]

分设官吏以治各地方之人民,谓之"官吏分治",亚东诸国之所以退化也;地方人民自治其地方之事务,谓之"地方自治",泰西各国之所以文明也。

官吏分治,质言之即"君主政体"或"贵族政体"也;地方自治,质言之即"民主政体"也。就其表面观之,截然相反对也;究其本源溯之,混然归一致也。其截然反对者奈何?一则由政府派人而治,黜陟之权悉操之政府;一则由地方举人而治,其去留之权悉操之人民。权在政府,则弊易于专制,而人民之权小,不可以完内治;权在人民,则弊易于涣散,而国家统一之权轻,不足以御外侮。其混然一致者奈何?一则政府为各地方人民公立之总机关,以统一国权而抵御外患(以下缺失)。

---

① 未刊稿。录自徐镜心手稿(现藏于山东博物馆)。在该手稿中,此篇论说及其后两篇论说(《论开设工艺场胜于立施粥场》《论张香帅反对司法独立之非》)位于1907年2月4日论说《论普通教育之粗作用》之前,因此可断定作于1907年1月,未刊原因不详。

论开设工艺场胜于立施粥场[①]

父兄之教育子弟也，必使有自立之技能而后为善教；国家之育国民也，必使有自立之艺术而后为善政。苟为父兄者，豢养子弟而不教诲之，是谓溺爱。溺爱者，误子弟。为政治者，噢咻[②]其人民，而不教导之，是谓小补[③]。小补者，误国民。

今奉省四关咸设有施粥场，以为养贫民计，当道者之用心，非不善也。然惜乎知其一，未知其二，见其小，未见其大也。

何以言之？我中国人民所自食其力者十不得五，所不受人怜者百不得一。逸居无教、游手待食者，居其多数。一旦施以粥食，无论贫不举火者，咸仰给于此，即家称小有者，亦将滥竽而进，且饱食终日，无所用心。虽有手足，无所施其技；虽有智巧，无所用其能。废弃一人一家事业者，患犹小；废千万人之营业者，患甚大；耗损国家之款项者，患犹轻；怠惰国民之精神者，害甚重也。故各国法律于滥行施赈者，必禁之，其无所用意也哉。

且省城有施粥场，附近居民可以免啼饥矣。而各州县乡野之饥民饿殍者，仍复累累相望，能人人而施之乎？然则施粥场之设，虽有小得，不如所失之大也；虽有小益，不如所损之多也。且夫施大恩者，周恤无私，而人人皆蒙其惠也；图大德者，施与无迹，而默默咸沾其惠也。

自各国工艺之学兴，民无游手之虞，而家得赡养之道；国家无赈款之

---

① 未刊稿。录自徐镜心手稿（现藏于山东博物馆）。在该手稿中，此篇论说及其后一篇论说（《论张香帅反对司法独立之非》）位于1907年2月4日论说《论普通教育之粗作用》之前，因此可断定作于1907年1月，未刊原因不详。

② 噢咻，此处为安抚、笼络之意。

③ 出自《孟子·尽心上》：“夫君子所过者化，所存者神，上下与天地同流，岂曰小补之哉？”意即小小的补益。

费,而制造极物产之奇。此所以工作之场局,随在皆是;施济之场,各国咸稀也。所谓以工代赈者,此也。

中国近年各省之工艺局亦逐渐兴办。然以积弊未除,是以成效未著也。其成效卓卓可征者,则皆大河以南诸省,如两广、两湖、江浙诸工作场是也。北方如天津之工艺局,及山东青州之工艺织造场,皆有成效可观者也。

人民得,所以用其才力以为衣食之谋;国家得,所以收其产殖以裕商贾之原。事各得其人,人咸任其事;境内无游民,国中无费事。教与养并行不悖,为政之善,孰有过于此者?岂必施粥场之设置哉?然则其奉之施粥场,改作工艺场,不犹善乎?未审当道者以为然也,否耶?

论张香帅反对司法独立之非①

三权分立之说,中外诸法家论之已详。而各国之实行之者,已复俱有实效之可征,兹不具论。但论其分之所以为利,与不分之所以为害者,则张香帅之反对司法独立之非,固不烦言而解矣。

立法必无弊而后为良法。故立法者,恒以有弊、无弊为归。三权合而不分,此中国之政之所以多弊也。人苟非至圣,孰能无一念之偏私?既不能无偏私,则立法由我、司法由我、行法又由我,既全权由我,而无一人之足以监制我。此尤我之偏私所易生,而况我固非能一私不杂之至圣者乎?

由一念之私而行法,则是非不妨于颠倒;由一念之私而司法,则曲直亦可以出入。由一念而放之,则念念皆私;由一事而纵之,则事事皆私。夫至念念事事皆何无弊之云哉。以此立法,则国政不日退化者,吾不信也。中国秦汉以来之历史,皆其明证也。

今各国之政体,总不一致。然考其大概,立法归议院,行政归君主,司

---

① 未刊稿。录自徐镜心手稿(现藏于山东博物馆)。在该手稿中,此篇论说位于 1907 年 2 月 4 日论说《论普通教育之粗作用》之前,因此可断定作于 1907 年 1 月,未刊原因不详。

法则居特别独立之机关。夫司法而必特别独立者,盖立法之议员、行法之君主皆在法律中,不出法律外。司法而归议员,则易生议员之专制;司法而归君主,则易生君主之专制。一有专制,则法、司不得其平,百弊因之丛生。譬如议院而兼司法,君主而犯法,果能否治以应得之罪于其身乎?此司法权之所以必归特别独立。而泰西各国之政治之所以日进而善,而十七、八世纪以来之历史,皆其明证也。

由是以观,则司法之宜独立否,固不烦言而解;而张香帅之反对之非,亦不俟剖辨而明矣。虽然吾因之有感矣。自古好奇之士,恒欲于万同之中立一特异之旗帜,以期出色当行,因不审夫理之是非与事之可否,而一意逞其簧舌,自圆其说以煽动天下,而天下人知之者稀,信之者众。加之夙望之高,人争附之,于是结果遂成为社会事实之大蛊,而数世受其毒焉。信乎言之又不可不慎,而听者之不可不察也。

张香帅位望之高,久为我国官吏绅民所瞻仰。乃因一念好奇之思,而为此特别之议论,以期出色当行。独不思此事固我中国前途治乱之所关系哉?吾愿听者审以理、核以事,勿为所惑焉可也。

论普通教育之粗作用①

教者之浅深,视乎学者之程度。有普通教育,有高等教育,其感受固不同矣。然非可强而致之,又非可躐而求之也。有粗而后有精,有表而后有里,有普通而后有高等。热心教育者,欲胥一世而陶冶之,以直达其至高无上之一境,而不问其程度为何,是犹饰瞽者以藻火,强东施以粉黛也。南方诸省,学堂林立,已越十年;独满洲一隅,迭经大宪,先后提倡,而混沌未凿,无风气之可言。尝为之悉心踌躇,而知今日普通之教育,可为他日高等教育之基础者,望其亟亟行之,不容一日缓也。

---

① 原载于《盛京时报》1907年2月4日第2版。

何谓普通教育？幼稚园也，蒙学堂也；白话报也，文明小说也。乃以施之此地，犹若阶级之不及。此地居民以苦力营生者，十人而七，习经营者十之二，近文墨者十之一耳。此什一之数，年齿已长，支立门户，米盐琐屑，最易消磨。责其为彼十之九者集公资、讲实业，或苦于财力之支绌，或败于孤掌之难鸣。自是而文明之进步，益以迟矣。今但杂取民间小曲、鼓词、说部、演剧，陆续改良，以轨于正，从而散之四方，速于邮递，庶几第檐妇稚，濡染既久，传述必多。此则普通教育之尤浅而易晓、简而易行者。而高等教育根基，立于是矣。

且城市之间，开化尚易；乡野之区，影响甚难。三省省垣开办学堂虽不及关内之早，已如句萌之初达，勤心培莳，终有繁茂之一日。而彼四乡，地本荒凉，民又强悍，又急为图之，一旦游手失业，必反而为盗贼。用故善治民者，必先事而顿为之备。尝见民间无事，聚二三乡老，借盲词瞽说，以为消遣。当其悉心听受，一语之微，眉为之开而肺为之动。故知平等智慧一受外界之激动，见浅见深，必有思想之发达。

今为设法筹及，凡向为世俗所戏玩、倡优所演习者，一一改正，俾民也见见闻闻。虽莲花、竹枝，隐穷教育乎其间，而董为善良，则转移亦非难也。然改良曲本，必先预备其宗旨。夫忠孝节义，其名非不美，然或立脚太险，取经太奇，适以长北方之风，助杀伐之焰，不取也。近时小说，刺取外洋事迹，以驰域外之观，事非不可。然不如按本国之历史与夫人情风俗，有合于今日之急务者，以存国粹。不然，数典而忘祖，舍己而芸人，不取也。元明曲子，或恙无故实，凭空结构，此特骚人之寄托，今借此以为教育之一分子，理取其新而事取其旧，谈语说有，贻笑杜撰不取也，此则编辑者之责也。

如是而付之技师，为之引宫刻徵，按合腔拍，乃娓娓动听矣。今之学界，动言强迫教育。夫强迫之事，父不能得之于子，师不能得之于弟。仅以社会之联络，谓遽能责备于受教者而慰我希望乎，此必无之事也。

语曰：鼓之舞之以尽神。又曰：优而柔之俟其化。西人有言：人之见闻，须印人脑中二百次，乃能历久不忘。若日手一编，分列课程，虽极勤奋，综其所积，奚能达二百次哉？故凡诸大吏担风化之责者，于各种歌唱、小说、曲本改正流传，以收二百次以上之效果，虽曰形式上之粗作用乎，必且成熟于精神上有经验矣。

再论督抚州县宜久任[①]

地方之官吏，必先周知乎地方之风俗，熟悉乎人情之习惯，洞彻乎事实之沿积与夫时势之趋尚，然后可以兴利除害，施行一切。而犹惧有民隐之未知，一夫之不获者，或为盛德之累也。然此非可以旦暮间从事也。

古人云：圣人久于其道，而天下化成。天地久于其道，而万物化生，此之谓也。吾窃不解我中国之督抚州县，朝夕升调，迁转无常，而不使久于其任者，何哉？中国宦途之弊固多，而此弊实为诸弊之所丛生，且历历举而详言之。

一、中国官制。凡行政官员，咸越省受职，无官本省例，于地方之风俗习惯，沿积趋尚，一概茫然，此已非政之善者，然苟使久于其任，则地方利弊，积久可以周知，循渐可以推行。虽不克治臻美备，要亦必有可观者。乃有朝湖广而夕奉天，今岁川陕而明岁苏浙者，民情未知。新令方下，而迁转之诏至，调补之文催，奔波方少息，行旌又载道，至有循良吏而地方民禀请留一任而不得者。吁！是何异使匠制器，器未成而遽弃之，或器将成而遽毁之。岂不重可惜哉！

二、地方官者，主治之主体也。人民者，受治之客体也。主治者而不能久任，则官吏将视己身如过客，视厅署如传舍。我躬不阅，遑恤我后。由主体变而为客体，天下岂有过客而能为主人善治其事者哉。且也前客既去，后客复来，人民则迎送不绝，胥吏则交代不休。官与民痛痒既不相关，民与官爱戴亦不甚切。其贤者虽欲建白其素志，而不限于时期，无可如何。其不屑者，则苟且了事，敷衍塞责。惟计宦橐充，私囊饱，勿贻困乏尤足矣，谁复作长久计哉？

由此观之，任不久，实为诸弊之所丛生也。又吾闻诸孔子云：善人为

---

① 原载于《盛京时报》1907年2月6日第2版。

邦百年,亦可以胜残去杀矣。又曰:善人教民七年,亦可以即戎矣。曰百年曰七年,可知政治一端,非可以一蹴就。今之督抚州县,以未如善人之资格,复远之无百年之长期,近之无七年之小限,而欲于一过留间奏完全之政绩,虽过化存之至圣,亦未易语此,况其下焉者乎。然则欲议去中国官场之弊者,必先自久任始。

论过渡时代之人才①

山之莽莽苍苍,下平原,渡高田,凌层霄而直立焉,其转关在起伏之间。水之浑浑浩浩,导龙门,走积石,越千里而一泻焉,其激动在涡漩之处。夫转关之间与激动之处,山水亦改其常度,而其脉益沉。人才者,时代之筋脉也;鼎与革,贞与元,时代之转关与激动处也。吾尝访人才之生,或于盛世,或于衰代,无分消长于其间,而独于衰无可衰、盛不遽盛之时,生才之天,其势亦沉沉而莫能起,为可慨已。

夫过渡之不同也,揖让之变为征诛,征诛之变为攘窃。迎新送旧,时过者退。如四序之变迁,往为不留者焉。今则犹是一姓之主,徒以受外界之激刺,力翻成案,追步文明,举政治风俗而欲改良之。其势既弱,不过如句萌之初达,一画之初开。而举国之嫉之者,竞相争而不已,则以挟四千年之旧说,范围甚广,而信之者又众,非一二新学家、数十留学生所能抵而抗之也。

文化初起,而有此过抑,人才消灭,即在是矣。诚使在上者知所以维持调护之,翕受欧美之精华,保存原有之国粹,取长舍短,合为一家,天下事犹可为也。夫性分之地,不判中外;理想之积,无分古今。日本吉田松阴、西乡隆盛、木户孝允等无不致力于阳明之学。东乡平八郎又尝语人曰:平生得力,在阳明知行合一之旨,是以处危难而不惊(见《伤心人

① 原载于《盛京时报》1907年2月7日第2版。

语》)。

夫阳明之讲良知,非得于梭革拉底之哲理也;擒宸濠①,非得于该撒之武功也。其所游处,又然有欧风亚雨之纷也。而日人效之,乃以成明治莫大之功,此岂有他故哉?人同此心,心同此理,用其公心公理,以普及于全国,譬酿群花而为蜜,集千腋以成裘,无所谓新旧也。

今若取其新而弃其旧,又若视其旧者为敝帚,则必视其新者为雠仇。一国之中,各分党派,不数十年,旧者既已澌灭,新者无栽培浇壅之方,则亦无余孽发生之地。一旦事败,不可收拾,虽欲维持调护而无从。呜呼!谁为为之,而构此现象也。

故处此时代,在上者既不能培养人才,在下者必具一独立不移之性质,以宏兼包之量,而因以通彼此之邮。上下数千年,当废兴之际,往往有人焉,坐遽庐之中,环顾大局,莹发其真理学识,分而饫之于同人。山岳有灵,为之翕聚,如沅澧之歙合,因以建大功,立大业而有余。今何不闻有此也,所接于耳目、见于报纸者,学界之风潮,京员之钻弄,巡警之腐败,商业之颓废,外交之凌杂,党匪之充斥,税则之苛横。而盛京一省,则又加以命案之纷呈,盗剧之叠出,四顾茫茫,百念后集,有心人其能遣耶?我独不解黄虞世胄,演迤至今,午运未末,而陵夷至此。邵氏之言可信,不知此后人未入申,又当何如也?

论东边道所属州县宜添设警务学堂②

闻之内政肃而后外交靖,何则?商有秩序,则与人不作无理之竞争;民有秩序,则与人不起野蛮之行为。无背理之竞争与野蛮之行为,则虽合数十国人群居而集处,亦不至起交涉棘手之案件,此理之彰彰者也。

---

① 宸濠之乱,又称宁王之乱、宁王叛乱,指明武宗正德十四年(1519)宁王朱宸濠在南昌发动的叛乱,波及江西北部及安徽省南部,最后由王阳明平定。

② 原载于《盛京时报》1907年2月8日第2版。

东边道各州县，为清日韩三国人之所杂处，而铁道之所经过，尤为各国人所丛集，且山岭错峙，盗贼巢穴，在在而有，故奉省交涉案件，以东边所属为最多。无教育之商民，既与人不能以礼相交接，地方官又不知所以保护维持之法，又何怪交涉件之日出不穷也。

然则当此教育未能普及之时代，非于各州县到处多设警察不可。顾以省城一警务学堂，所出之生徒几何？粗鄙无学之武夫，既不足膺行政之选，而稍有学识资格者，供全省官弁之用且不足，更何能拨及东边州县哉？然则非于东边道添设一警务学堂不可。设之之法奈何？于安东县或凤凰厅城择地以立警务学堂，札令东边各州县于各地方之每牌选学生一人。须读书有教育者，即由本牌会中供给其学费。每学生月费金十二元，衣食宿用费均在内。各州县将学生选齐考试毕，送交学堂。学堂设总理一、学监一、书记一、会计一、教员四，其余夫役，由总理、舍监安置之，事务员与教员均须警察学卒业者，或任他警务职者亦可兼任。每月即以所入诸生之学费，充作学堂之一切经费。合东边道所属州县计之，可得学生六七百人，由六七百人中，每州县选其程度高者五人，合之可得三十余人，定为高等班。学期限以九个月或十个月，以俟卒业后，分充各州县官弁之任。其余悉定为普通班，学期限以六个月，以俟卒业后，分拨各州县充各会牌练长之任。

如此则不过一年，东边道各州县之警务，到处斐然可观矣。而外人足迹所至，各州县之各练长，亦咸知所以保护维持之法。若商与民，对于人亦不至起无理之竞争与野蛮之行为。而交涉棘手之案件，亦可以不作矣。未审当道者其以为然耶否耶？

论限制留学生南北省宜别其制[1]

中国南省开化早，北省开化迟，此人人之所知者也。大河以南诸省，如湖南之东洋留学生，已至四五百人；而吾北数省，若山东、河南、直隶、山西、陕甘及东三省，尚复寥寥无人也。

今也南省之内地学堂林立，而外洋留学之人数已日见其减，而不见其加矣，为之立限制，宜也；而北省则内地学堂尚零星无几，出洋留学生尚属萌芽之时代，而乃于南省一律限制之，可乎？譬诸聚群饥者而与之饮食，然南人已腹满而去，北人方将下箸，而遽禁之不使食，是饥者饥，饱者饱，饿殍鼓腹，不相平等，岂人情也哉？

即以奉天一省论，师范速成生已敷用乎？曰：未也。法政速成生已敷用乎？曰：未也。他若商业、农业、工艺等速成生，均已敷用乎？则必亦曰：均未也。奉天且复如是，又何论黑龙江、吉林诸省之寂寂无人者哉？

且今遍观各省，其发起诸事功者，大抵皆速成科诸学生也，至于长期专门诸生，则相继而收其成功者也。是故无速成生，别无以救目前之急；无长期专门生，则无以济远大之图。特是均之速成也，而以国内之速成与外洋之速成较，其程度之高下，相去不啻霄壤矣。何则？速成生必汉学优纯，具有根柢者始得入选，一旦出洋，游历所经验，耳目所观感，外界与脑筋所激刺，皆足以发其深省之念，动其爱国之心，印证其平昔所学，而感迫其实行之志。

故有出洋不数月而归国发起若大事业者，比比皆是也。若使其在内地，虽速成与不成等。何则？耳目所见，身世所接，依然旧现象、旧风景，终无以发动感迫其深省之念、爱国之心、实行之志也。况南省内地之速成学期，惟警察生有六个月者，若师范生则至少须九个月或十二个月。而奉

---

① 原载于《盛京时报》1907年2月9日第2版。

天之速成师范生,乃仅六个月,尚复能得几许学问哉?科学既不通晓,思想又不发达,以之发起诸事,既无其实力,以之继成诸事,又无其实学。

再三年后,此辈不又将束之高阁而无所事事哉。然则耗此兴学之巨款,果何益哉?且也南省汉学优胜之人,实占多数,而留学东西洋之回国者,又复已遍布内地。故其文明之进步速,而百度之改革易。

今北省以不如南省汉学之优胜,复不如南省出洋留学之多,北省其真终底于灭亡乎哉。奈何不区别南北之程度与时代,而漫然一律限制之哉?窃愿当局者深思之而审处之,吾有厚望焉!

论奉省办矿之宜急[①]

论理财学者,有曰天然之利、人为之利两端。所谓天然之利者,天地所生成,自然利于人者是也。所谓人为之利者,人工之所制造而成者是也。顾人为之利,又有形体与精神之别。凡需人手足官骸之所劳动而成者,皆形体之利也。凡由人精神所贯彻、思想所发明而成者,则精神之利也。天然之利,加之以人为,其利乃愈显。形体之利,运之以精神,其利乃愈宏。

今之时代,一争利之时代也,一争精神之利之时代也。精神优则形体巧,天然之产,得人力而益著其瑰琦。精神劣则形体拙,虽有天然之产,人力不足以发其精英。吾奉之天然利,若森林,若矿产,不可谓不富矣。但以矿产论,若煤铁,若金银,若铜铅、锡、黄、大理石、灰石、石绒等产,其发现者已不知几千万处,其未发现者,复不知几何矣。且仅以煤炭一项言之,其关系于中国者,不特近为本省之利源,抑且远为北部诸省之命脉,试晰言之于下。

吾奉此时居民少而森林多,故民间饭炊所用,取材于山足矣,无所资于矿也。且工艺实业之学未兴,水火机器之用不盛,故照炭之消用亦甚

---

① 原载于《盛京时报》1907年2月10日第2版。

稀。迨十数年后，居民之生齿日加多，森林之蕃植日减少，工艺实业之学盛，水火机器之用繁，将土地之毛不足以给百家之需，不矿之取用将何用哉？顾不于此时提倡开办而保持之，而必待既雨而绸缪，临渴而掘井，则固残山剩水，无几何矣。虽食脐奚及哉？此不可不急办者一也。

中国北部，若山东、直隶诸省，虽产煤亦寥寥，故天津、烟台诸埠，多输用南洋、东洋之煤炭。若使东边诸煤炭矿能扩张而兴办焉，则由安东县运往天津、烟台等处，朝发而夕可至，运费既可减少，利权亦不外溢，一举而两获其利焉。此不可不急办者二也。

他如铁、黄诸产，尤为北部诸省所罕见，而外洋之输入者尤多，利权之外溢者尤大，其宜亟亟兴办者，视煤炭尤不容稍缓焉。特是办矿亦非易事也，其令人裹足不敢前者，厥有二故：

一曰筹款之难。大谋一国之利益者，必组合全国之人力；谋一省之利益者，必组合全省之人力。以奉天全省之财力，办奉天全省之矿务，岂不绰绰乎有裕余哉？况此事尤关系北部诸省，即组合北部诸省而为之，亦奚不可者。惟是官府中饱之弊，久令民闻而丧胆，故此事必须归绅商合办，而官府提倡扶助之，则事可底今试于成功。

选择各州县之富绅巨商，县各五六人，以为之倡率。合之全省富绅巨商，令其开会，选举其孰为经理，孰为协理，孰为书记、会计、调查、纠察等员。然后合议集股开办章程，一股定五圆或十圆，取其小而宜举，自然集而易多也。且富绅巨商为一切人民之所信仰，故其股易集而事易成也，此筹款之不足虑也。

二曰用人之难。款已筹矣，而人才未裕，则兴办无措。故首以培植矿务学生为急务。即以公中之款，拣选有教育之学生数十人，分别其孰宜速成，孰宜长期，孰宜路矿，孰宜工艺，各因所长，送之出洋留学，以俟卒业，接办一切。而目前创办之初，则须聘东西洋留学矿务及工艺之学生，无论速成、长期者数人，听其自由布置，创办一切，毕及本省学生回国，固已诸事稍稍就绪，正可接手扩张矣。此用人之不足虑也。

如此则以人才之营谋，宏财力之作用。数年以后，将见蒸蒸日上，其不膨涨发达者，吾不信也。所谓以精神之利运用形体，以人为之利助成天然者，此之谓也。

论捕获马贼害及良民①

近日东边一带，马贼敛迹，说者谓是捕获之效也。虽然予近自东边来，目睹夫无辜良民被株连而逮其身，籍其家，辱其妻孥者，正复不少。吁！不特一家哭，亦一路哭矣。吾因之有感矣。嗟嗟，吾奉省马贼之害为亚东大陆之特色，而溯厥由来，则固有酿成之者也，且拆言之于下。

旗民不交产，吾奉有定例。故旗有恒产，而民无恒产。因无恒产，遂无恒心。放僻邪侈，无所不为，此马贼之多一也。

《管子》云："礼义廉耻，是谓四维。四维不张，国乃灭亡。"顾欲四维之张于国，必先教育之遍于民。故孔子论格民，必曰以德礼；羊舌论治盗，必曰去杀戮。今吾奉奉地方官吏，于学堂既不肯实力扩张之，而于下等社会又不知立阅报所、演说会，改良新小说、戏曲等，以开通而变化之，而徒以逢迎公事，希图保荐。捕一马贼也，而以株连多人为功能；审一劫案也，而以锻炼无辜为循良。

古人云：歼厥巨魁，胁从罔治。诚以生杀宜酌量经权，罪犯宜分别首从也。且吾奉居民稍称小有者，遇马贼而不善接待之，则抢劫立至。乃一善接待之，而吏胥兵勇辄嚇叱而要挟之曰："此某马贼之羽党也！"其知机者，贿托即可以无事；其昧然而不屈者，则鞭挞绳锁交相加矣，监压刑讯死罪定矣。至有商民多名，代为诉冤，出保且不免者，是作贼亦死，不作贼亦死，愚民何知！如其不作贼而含冤负屈死，何如作贼犹可以膏粱文绣驰逞自由死也？而或仍可以兔脱免也。此马贼之多二也。

甲午之战，吾奉民之被蹂躏，已不堪其苦。继而庚子之联军，继而壬辰之日俄，炮云弹雨，血地腥天，妻子委沟壑，室家余燋土，兵役所过，村舍全墟，老弱疮痍，至今未复。而胡匪之乘乱肆劫，如报章所载者，方仍未艾

① 原载于《盛京时报》1907年2月13日第2版。

也。民力之疲,民财之濁,民情之困,莫甚于此矣。而地方官吏不知援法律以保民之权、护民之利及思所以抚恤而赡养之者,坐听吾民受其鞭棰,奔走饿殍,若与己毫不相关也者。小民何知?饿极则孰不可食者,冻极则孰不可衣者。此马贼之多三也。

然则马贼之多,是谁酿成之者乎?酿成马贼以害民,民欲拒捕之而势不敌也,欲徙避之而安土又重迁也,则不得不交纳而善接待之。日渐月染,小人耻独为小人,贫而愚者则被诱而出一辙矣。

其稍有身家而知自爱者,则阳不敢不耸谀之,而阴犹不敢自越其范围焉,而辄漫然指之曰:此某盗之党类也,此某盗之羽翼也。于是获焉,于是献焉,于是庆功而领赏焉。嗟嗟,抑思其所以致此之原因乎?抑思其实逼处此之苦衷乎?火之燎原,谁实厝其薪?水之横流,谁实决其障?罪魁祸首坐令其逍遥罗外,而鱼网鸿罹反受此无妄之灾,此岂人情也哉?嗟嗟,其审克之哉。刑期无刑,辟以止辟,岂以杀为贵哉。不然草菅民命之讥,诚不容辞矣。

论赵次帅留任奉省之适宜[①]

朝廷之一举一动,疆吏因之有升转,地方因之有纷更,事功因之有兴废,而官吏绅民亦遂因之有忧喜焉,可不惧哉?曩者闻次帅有迁调他省之说,则不禁殷殷然为奉省忧;今者闻次帅有留任本省之说,则又不禁忻忻然为奉省喜。

何忧乎尔?吾奉自次帅来,一切发起之新政,举行之百度,如政务、学务、商务、农工诸务,方渐渐有起色,稍稍乎就绪,而遽易而去之,无论来者未必优于次帅,纵令才学历炼倍于次帅,而茫茫百端,何处措手?一弦更张,势等再造,耗款不知复几何,费时又不知复几何矣。且不特内部诸新

① 原载于《盛京时报》1907 年 2 月 14 日第 2 版。

政直接而行之与间接而行之者,有相宜、不相宜之分别。

即外国交涉诸事件,为次帅所经手议定者,亦或以一转移间,易人换手,而起无穷之异议变象焉,亦未可知者也。且奉省处列强所争之地,而年来又为交涉最繁多、最紧要之时代。诸国领事与次帅交久知深,故磋商一切,无甚棘手者。一旦易人,两情未洽,猜虞互生,其不丛脞者鲜矣。吾之所殷殷然忧者此也。

何喜乎尔?已发起之庶绩,诸多未完备,则可逐渐而扩充焉。将举行之万机,诸多未创办,则可次第而更张焉。且不特各地方之民间疾苦、风俗人情,既已周知而熟悉,可为兴利而除害。即外交一切事宜,亦可以竟未竟之志,成将成之功,而外人亦咸得安常袭故,不致旁生枝节焉。

况次帅未莅奉以前,奉省沉沉如在黑暗地狱中。次帅莅奉仅一载余,而凡百事为放大光明焉。易人而为之,保能如次帅之勤劳国事、关心民瘼如此也,则吾未敢必也。吾之所忻忻然喜者此也。

虽然吾忧之,而与吾同其忧者复不知几何人;吾喜之,而与吾同其喜者又不知几何人。闻之朝廷先天下之忧而忧,后天下之乐而乐,则太后皇上之忧喜,视吾辈当有过之而无不及。所不能不厚望于次帅者,则将来新政之待兴办,旧弊之待改良者,正未艾也。而朝廷与吾辈之所喜,当必有加无已也。

论交通之关系于进化[①]

今试猝语人曰,世界必有言语大同之一日,则人必惊为诞妄;世界必有习惯大同之一日,则人必讶为不经。环球之大,国度之繁,种族之殊,好尚之歧,风俗之异,虽一方隅一国土,犹不克归于一致,而乃合全世界比而同之,天下有是理哉。而抑知有大谬不然者,则且循其端而竟其委,溯其

① 原载于《盛京时报》1907 年 2 月 15 日第 2 版。

源而推其流，相与穷思夫世界之造始，渺想夫世界之结果，一发阐其理焉。

草昧甫辟，人类兆生。当其时代，不能到处皆人也，亦不能悉人类而生聚一处也，不过散布于山隈水涯，而三人为一群，五人为一党，各安其居，不相往来。虽一乡邑之近地，言语犹各异，习惯犹互殊，不相同也。

迨夫獉狉渐变，交通渐起，三人一群之言语，五人一党之习惯，渐摩互换，久乃一致。于是一变其三人五人从前之言语习惯，而成为七人通行之言语习惯矣。由是渐推渐远，渐通渐变，由一里而十里，由十里而百里，由百里而千万里亿兆里，以至于遍全球，交通所届，即变化所及，愈交通，愈进化，不爽之理也。

且以中国论。列国时代，楚人齐语，犹须就传，异方殊俗，固已如彼，前此更无论矣。乃至于今二千余年间，而官话已通行廿一省矣。夫中国犹其缓焉者耳。

且以日本论。明治以前，北海道之与四国、九州，声气犹阂隔，不甚通灵，故习尚亦不甚从同。乃至于今不过四十年间，而官定国语已通行南北无碍矣。且亚东诸国，犹其缓焉者耳。

更以欧美二洲论。十六七世纪之时代，各国之内部且殊方别制，不能划一，更何论国与国际哉。乃至今不过二三百年，不特各国内部咸归齐一，而公定一种之言语文字，且通行于各洲各国间矣。循是而推之，约六七百年后，不又将出一种公定之语文礼式，通行于全球各国哉。

执此一端，余可类及。吁！泰西之进化，何如彼其速；中国之进化，何如此其迟也。曰此交通之利不利之所致也。诸国惟交通速，故进化亦速；中国惟交通迟，故进化亦迟。譬诸人身，耳目聪，手足捷，而后趋利避害，无不如志。聚群人而行于岩墙下，其聪颖健捷者，则见机而作，不俟终日；其盲聋跛痿者，无闻无睹，不知祸之将作。既闻且睹，而四肢麻木，不能迅避出险，亦终粉身碎骨绝其命而已矣。

盖交通愈便，则互换愈灵，变化愈精，多数而优者必保存，少数而劣者归淘汰，此理西哲已论之详矣。而吾之所以谆谆不嫌拾人牙慧者，俾知欲保国家之覆亡者，必先求进化之迅速。而欲期进化之迅速者，必先求交通之便利。交通乌乎在？曰铁路、电路、邮政、电信、电话是也。当轴者即以此为救国之参苓也，亦奚不可。

音乐学说并序[①]

仆来奉已数月，历观各学堂，规模大概悉备，教法亦颇可观，几于无瑕可疵矣。惟音乐一科，各校缺如。虽一二女校亦设有歌唱一班，然亦视等若有若无之一条，不甚重要视之也。推其原由，固师传之乏人，实亦未知音乐之在教育上具何作用、居何位置也。仆因不揣固陋，而略为之说焉。

孔子订礼，特存《乐记》一篇。古代设官，不废乐师一职。诗可以兴，故雅言居首。乐以知德，故斯须不去。乃知古人之于政教两端，罔不资音乐以为化民成俗之美术。秦汉以来，逐渐残缺。唐宋而后，乃益澌灭。近数年来，教育渐兴，学堂渐备，热心教育者渐知音乐之切要，而于古乐府之传流，搜罗一二曲，不足以广沨沨[②]移人之妙用，乃复取资于各国而练习焉。此日本留学诸君之亚雅音乐会之所由组合也。

年来习者渐多，而各省内地学堂亦罔不增此一班，以宏其用。于是，音乐之作用与其位置，乃渐表见于教育界而不可掩矣。吾且为之略陈其说焉。

教育者，所以养成国民之体力、知识与德行也。音乐之在教育上，其位置居乎体育、智育、德育诸科学之先。而其作用，则总集乎体育、智育、德育诸科学之成。何以言之？

音乐之益人，可括以两大端：一曰体质，二曰志气。其益人体质者奈何？人身肌肤之会，筋骸之固，其关节之疏通，血脉之流行，咸有一定之部位与一定之节序焉。部位有常，节序不紊，而后肌肤充而筋骸固。部位节序，稍失其正，则关节错乱，血脉淤滞，而百病生，体质弱矣。

自音乐之学兴，则五中有隐郁者可以宣发之，六气失调和者可以平静

---

① 原载于《盛京时报》1907年2月16日第2版。

② 象声词，形容乐声婉转悠扬。

之。他如军人之训练,必用之以节其步伐,而肃其官骸;学生之游戏,亦资之以齐其舞蹈,而养其天和。甚至一步履、一动作一揖接间,能使人有容而有节,不偏而不倚,则亦音乐之妙用。所驯养而成者也,此其益人者一也。

其益人志气者奈何?志者,气之帅。气者,体之充。故体羸则气怯,气怯则志衰。因而情之所发,不得其平。性之所至,亦失其正。而百事乖,庶绩隳矣。得音乐以优游而涵养之,则称干而歌,同仇敌忾之气奋。鸣琴而治,阜财解愠之化成。情之激者,音乐可以平其躁。志之涣者,音乐可以起其颓。甚至不利疚不害赇之大节操,行素位入,自得之至性。行亦无非音乐之所涵泳、熏陶而出者也,此其益人者二也。

观于音乐之益人,则其在教育上之作用可知矣,位置亦可知矣。故今各国教育家咸视音乐为无上之教品,而特别之为一科学也。而于小学中尤以唱歌、舞蹈为最要条者,盖非此不足以炼其坚实之体质,养其活泼之志气也。吾奉省之热心教育者,其于此加之意焉可也?

论国家宜速收回东清铁路权①

铁道权之关系国家,论者多能详其重要,兹不复赘。中国铁道权之损失者甚多,而以东三省为最。近年来各省绅商渐知铁路之重要而群思筹款,以图赎回之不暇。何居乎俄人之欲还我东清铁道,而国家犹迟迟不决乎?

夫俄人之经营远东,不惜縻巨款以筑此铁路者,固将视远东为将来之利薮,即必视铁路为远东之命脉。苟非败于日本,退出远东,则俄之经营,方有进无已。吾虽赔之款数百亿万,亦终无归还之期也。

今则前途无望,大局全抛。余此东清铁路,正如赘疣,无所可用。纵不亏折,犹将迫我赎还,况复有所借口哉。虽然,此实天夺其魄,赐我以机

① 原载于《盛京时报》1907年2月17日第2版。

会,我乘此而赎还之,而俄人进取远东之思想从此永断藤葛矣。我乘此而不赎还之,则俄人岂遂以铁路运载之亏折而平白抛弃之以遗我乎?且吾恐过此时机,不数年后,俄人之元气复、国帑裕,因此一线铁路之牵连,又起其恢复远东之政策。我虽欲加数倍赔款而赎之,亦不可得矣。

古人有言曰:虽有智慧,不如乘势;虽有镃基,不如待时。此之谓也。且吾闻俄人归还此铁路,索赔款四亿五千万卢布,而中国政府与以三亿六千万卢布,俄以赔款过少遂作罢论。吁!此等事焉可以价值之低昂为行止哉?彼时特以不得志而售之,冀稍足以偿其费足矣。若赔款过少,则彼岂不能逆料中国将来之进步。

果能否终弃此铁路权于外人手而永不收回之乎?则不妨姑留之以为后图乎?或者曰:俄人惟运载亏折,故售之。若中国购回,独不虑其亏折乎?曰:是大不妨。俄人惟不图远东将来之进取,故售之,岂因其亏折而出售乎?中国惟欲图东三省将来之扩张,故购回之,岂因其亏折遂不购乎?且既欲图东三省将来之扩张,则此时购回,虽少有亏折,而后日所得,将必有偿其所失之一日也。

夫蔽于目前之小得失,遗弃将来国家之大事权,稍有识者必不出此,而谓政府之高明者为之乎。孔子云:小不忍而乱大谋。又曰:见小利则大事不成。当道诸公尚其深思之而审处之,幸勿贻噬脐忧①。

论学务公所宜分派劝学委员到各州县劝办民立学堂以期教育之普及②

人民者,国家之分子。积人民而为社会,积社会而为国家。故人民有普通之知识,而后国家有完全之社会,此人人之所知者也。顾当此百废俱

① 《左传·庄公六年》:"亡邓国者,必此人也。若不早图,后君噬齐。"此处"齐"通"脐"。杜预注:"若啮腹齐,喻不可及也。"指因遭受极大损失而后悔不及。

② 原载于《盛京时报》1907 年 2 月 18 日第 2 版。

举之时，正是筹款维艰之际。苟各地方之乡邑里党，亦悉待国家筹款为之兴学，非特力有所不足，即势亦有所不及也。

遍观关内各省，近年以来，学务之日有起色者无他故，民立之学堂多使然也。民立之学堂多，则与官立学堂互相竞争，以为高下，学务遂蒸蒸乎日起而有功。国家不费兴学之巨款，但使地方官吏提倡而扶取之，则士绅商民即咸趋之而若鹜，斯亦可谓不费之惠矣。

吾奉除省城而外，各州县之学务以宽甸、海城二县为最盛。然官立学堂外，民立者不过寥寥廿余所。较之关内诸州县，每一保甲设一学堂者，相去已远。况其他州县，复海城、宽甸之不若哉。推其原因，故由地方绅民之不甚开化，实亦官吏久提倡力有未尽也。

关内各省，于各府州县简其地方之师范卒业生，派为劝学员，或视学、查学等员，以奔走劝告，极力运动。故绅士亦遂起而应之，或变卖庙产，或筹募公捐，多方以图学堂之成立，倡之者一，和之者百，于是乎风气渐开而锢蔽渐化矣。

今吾奉不闻有一劝学员之派遣而师范生之卒业者，纵有二三学业优胜、热心教育者之可供奔走，乃不家居闲散，则候差省垣，困居旅邸。官立学堂既无用若辈处，而民立者又苦倡导之无人，是野有遗材，而国多废事，岂不两可惜哉。

今诚于卒业诸师范生中，择选其学业优胜、热心教育者数人，分遣之各州县，责令劝办民立学堂，并札令地方官吏扶助而倡导之，将不数月间而绅士办学之禀牍如山积，乡村学堂之告成如林立矣。如斯则民立之学堂多，各师范生不必家居省候，而所学咸得其所用。各地方不需国帑官款，而教育自可以普及。一举而数善备焉，可弗亟亟施行哉。

且尤有进焉者，官立学堂多饰尚虚文，民立学堂咸举行实力，不特各省同此弊，即各国亦同此弊也。故民立多，则官立者相形而益知改良；官立备，则民立者相较而益求进步。竞争进化，互相奋勉，学务有不蔚乎日新、斐乎月盛者，吾不信也。是所望于有学务之责者。

日本大隈伯爵政党史论[①]

按:此篇系日本伯爵大隈重信应中国留学东京之政法学会诸君之嘱托,特为演此一论,以备清国创设宪政之参考焉。今敝馆略加修饰,采登本报,以备当道诸君与夫热心国政者垂阅而采择焉,愿勿负大隈伯爵与留东诸君期望前途之苦心也,则幸甚。今录其词于下:

今因在京之清国学生所设政法学会恳嘱发明政党一节,遂略为之说焉。

从来党派之说,日本、清国均不以为然,而政府恶之为尤甚。清法律于结党植党者,认为重罪。不特清律,明律亦禁之。即日本法律,亦以徒党为重罪。且不但法律上认为罪人,即道德上亦以明党之排挤为忌讳也。自古已然,今尚未免也。然日、清两国,征诸古史,其以徒党而兴起者,实不乏人。特其形式,与今人之所谓党派者稍异耳。何则?人心之不同,有如其面。志向既殊,趋途必歧,而争端因之以起。入主出奴,党同伐异,初犹澌溜,终成江河。一二人倡导于前,千万人应和于后,至此而党派之势成矣。

盖自有人类以来即有社会,有社会即有党派,此必至之势也。且党派之兴起,多在专制之时代,爰即其情形,为诸君一言之:有时因政令之偏陂,而起不服从之思想;有时因权力之重迫,而作大反抗之行为。于是密地结伙,隐处联群,初犹低唱,继乃大呼,迨至势成滋蔓,遂致革命流血。纵幸而不起革命,亦难免由是人乱也。

今世界之历史,姑置不论,且但即清国历史而追溯之。三千年来,反

---

① 根据徐镜心手稿整理而成。此文在《盛京时报》1907 年 2 月 20 日至 4 月 5 日间分 29 次连载。连载稿与原稿相比,有删减和改动。为保存全貌,编者依据手稿,进行了整理、校勘和补充,其中二续至七续因现存《盛京时报》该部分报纸缺失,编者依据手稿将缺失部分整理补全。

乱也，革命也，其事屡屡不绝书，其述历历皆可考。夫曰“反乱”，曰“革命”，此岂一人之力所能至哉？苟非结党众多，畴克办此。周文修德，天下归之。斯时多数之诸侯，皆周之党派也；而当时之附助殷纣者，即谓之“政府党”，如飞廉恶来①之属是也。虽寥寥无几，然诸侯犹未尽叛之也。故文王犹率诸侯之大党以服事殷，不忍背之。迨至殷德腥闻，残暴已极，诸侯之党于殷者，乃尽叛而归周。而后武王恭行天罚，遂起革命。

孟子论武王诛纣粉饰文章，虽未言党，而孟津一会，诸侯八百，实则一大党也。此所谓用武革命者非耶？虽与今之所谓党派者稍有不同，然古往今来，社会既兴，党派即存，何时无之，何代无之？其形式虽殊，其为党则一也。当时殷政府党之主权者，对于周，恶之殊甚，禁之愈严。彼盖以周之党派为非，故恶之禁之。然而愈恶之而愈盛，愈禁之而愈滋者，何也？究竟党派非可以禁制之而消灭者也。在专制时代已然，况在今日之支那、日本，岂能以禁制之而消灭者哉？

（二续至七续）余且即党派之不可禁制而进言之。唐柳宗元论封建曰：封建，势也，非圣人之意。此论谅诸君必稔之。势者，非人力之所得而制者也。如以石转谷，积水决海，此势之不能防阻者也。政治亦然，处万难制之，势必不能制之也。水之就卑势之自然也，欲使上之于山，是逆其势也，不能也。

夫人之生也，其类不齐。利害所关，是非所在，异同自分，同者即成党派。顺其势而利用之，则有宜，逆其势而反阻之，则有害，是理之自然也。又何怪欲制之者不能获其宜，而反受其害哉？日本然，支那亦然。且不特日本、支那为然，即欧美亦然也。乃知党派所在，虽不世出之豪杰哲人亦不能制之者，势也。于是，为政治者知其然矣。

欲使党派无害于国家之安宁秩序，则不干涉之法出焉，任自由之律行焉。由是而为集会自由、结社自由、结党自由、言论自由。私党日衰，公党日兴。盖自为私利而争斗者绝迹，而后为公益而竞争者出现。为公共之利害休戚，各执意见，以相争辩，而对于国家，公共心乃渐以发达矣。虽

① 飞廉，亦作蜚廉，是古代汉族神话传说中的神怪，鸟身鹿头或者鸟头鹿身。恶来，一作“恶来革”，姓嬴，飞廉长子，商纣王宠信的大臣，以勇力而闻名。

然,又有争端焉。如一国家定一国教,而以他教为异端而攻之,则争端又起矣。即如欧洲为教战者,不一而足,最后者为卅年之战。想诸君咸读过《欧罗巴近世史》,其初由德内乱,新教与旧教相争而起,延至全洲大乱,卅年间转战无休。谓之三十年战,是为宗教之战争也。欧洲列国经此战,财力竭、兵力疲,困难之极。遂大猛省,而宗教自由之曙光乃渐呈露于世界,此二百五十年前事耳。

盖当专制时代,圣主之明诏,政府之命令,无非以压制人民之率由为宗旨。其党派之性质,既非其行为之横暴殊甚。一经革命者起,遂致流血事成,社会人民惨苦不堪言状。要之,政府之所以敢行暴虐、苛猛如虎者,因无舆论之足以抵制之也。舆论之名言至理,足以谋公益,而为政府所矜式;革命之党众势大,足以图大事,而为政府所畏重。如是则暴政可绝,专制可革矣。

然凡事成于敬而毁于怠,虽明君贤相,秉权专政,而苟无国民以监督之,则玩忽之心易生,专恣之事易行。有国民之党派以监督之,则慎于始者,勤于终,治可臻于上理,是所谓顺党派之势而善用之,则为益者也。大禹治水,无他妙策,顺其水势之自然而治之也;大禹治民,亦无他妙政,顺其民势之自然而治之也。

余今且即柳宗元之旨,而申言之曰:政党者,势也。顺而善用之,其利益于国家,正非浅鲜;逆而反制之,则如洪水泛滥,为害亦无穷也。俄国之现状,非其明鉴欤?俄国今日革命之行动,实为专制国之流毒之明征也。非特民不聊其生,即皇族贵族亦岌岌乎朝不保夕者,何也?逆其势而制之之所制也。而俄皇及其皇族、贵族,今已恍然悟矣,知民势之不可以逆制,乃顺而用之。于是颁宪法、伸民权,而国民遂获其自由,党派公然而成立如所云,国民自由党、民主党、社会党、急进党之种种党派,在在续兴。然卒之俄政府未受其利而受其害者,则欲逆而遏制之,秩序之已乱,改革之不早也。

党派之性质形式,既如上所说矣。日、清俱视为唯一之罪恶,而法律均在不赦。原夫日本之法律,实取法有唐以来至明清之律。顾日本卅年前,街市到处揭有切支丹邪宗门之禁制、徒党之禁制,迨至维新以后,一切悉去之。然徒党之禁虽废,而人人感情依然有从前禁制之影响也。

今清国之视党派,与我三十年前之日本当同一情形也。清律之禁制党徒,仍存此条律也。凡密地结党者,一经官吏发觉,立拿解案,不容疑者。此次清国之革新党,其变甚大。然清当此变法之时,正宜急废此禁制党派之律条,使彼密地行动之私党,转为大张旗鼓之公党,与国家协图维新之事业,是为第一之要事也。

诸君稔听宪法学及行政学之讲究矣。学校讲艺,固无党派事。党派者,与商会、公司不同,非以政府命令组织之,又非以法律而成立。民法无之,商法无之,宪法无之,其他行政法亦无之,盖以势之自然而兴起者也。有人而后有族,有族而后有群,有群而后有社会。既有社会,则自然同志相聚,同志相聚是为党,此即势之自然者也。颁行宪法,实行自由之政治,即结社之自由,言论集会之自由,以及人身之保护皆可获也。诸如此类,为人类至重且要之权利。

今清国意图改良政治,须将此第一等之权利为之革新,以副国民如愿之要求。盖国民之第一所要求者,即在伸权利为先之故也。幸有明君在上,洞识时势,知非早布宪法,急切难救,遽下革新之上谕。余思人君具此英断,则所言国民之自由权利,自下而上迫之,必自上而下获之无疑矣。如是则策治安、陈利弊,人才辈出,同志朋兴,而社会盛、党派显矣。今诸君且听余辈以往所历之实情,以资将来为清国国家言治之参考者,诸君可知所以自处,而余亦欣然愿为诸君述所历也。

日本今有二恒语:曰明治维新,曰大政维新。此实系我日本有史以来创见之政治也。今变法已久,回溯其初,实具有原动力,以为全国活动之根由。譬如巨舰长驾重洋,铁车飞行大陆,则水火为其原动力也。电信之千里传心,电话之重洋晤面,则阴阳电为其原动力也。水雷大炮击沉巨舰,则炸药之原动力也。国家之革新、变法,亦同此理,必有原动力之运发,始克成维新之大业,以列为世界之强国。

且如清国此次变法,恐自唐虞三代四千年来未曾有之大变也。非革命也,亦非覆满也。并非如始皇之灭六国、焚书坑儒也。我日本之大政维新,亦神武天皇以来之大变也,正与清国此时同其变动,真一活动大写真之剧场也。究之,其活动之原动力果何在乎?电力乎?汽力乎?水力乎?皆非也。然则果何在乎?路船无汽则不驶,线无电机则不灵,炮弹无药则不炸，原动力之所系，亦要矣哉。巨艇坚城，英雄豪杰，一触雷霆，忽为粉碎，原动力之为用，亦伟矣哉。支那四千年，日本三千年，有史以来创见之事也。然欲知其原动力之所在，且将日本革新之实例为之撮述一遍，想诸君亦必有所领会也。

日本在大政维新以前约二百余年间，不执兵器，泰平之久有如是，是支那历史之所无也。支那鲜百年间无乱况，唐虞三代之治，虽不得其详，然亦鲜如是之泰平。如虞舜称第一盛德，然有苗不服。南方乱作，舜往征之，战殁于苍梧之野，即今湖南地。而支那历史，皓然可考者也。其时，娥皇、女英随军在南，大悲帝殁，今洞庭湖君山犹有英皇庙，足征二帝之世亦不可谓泰平。惟周初成王、康王时代，四、五十年间，可谓泰平耳。自是而后，八百年间无宁岁。汉文景之世，诸侯跋扈，危甚累卵，贾生寝薪厝火之喻，殆不虚也。史家著述，词多粉饰，虽贾生之正直亦未能免。

然观其治安策，所言语语慷慨，言言乱象。匈奴猖狂，诸王跋扈。吴王不朝，文帝怀柔。朝廷文弱，诸王骄侈。此贾生之所以流涕长太息而未一言及泰平也。乃史册于周之成康，汉之文景，每称刑措，路不拾遗，何文饰之甚也？唐初虽略泰平而不时用武，迨后武氏临朝，高宗、玄宗继起，其初有美政，然不旋踵而骄奢生末路之悲。禄山之叛，上皇之蒙尘，藩镇之跋扈，迄无宁岁，终唐之代无泰平时也。

我日本二百年之升平，士不执兵，国不用武，史册昭然，岂欺我哉？不特支那历史无之，即全世界历史亦无之也。此二百年中，鸡犬桑麻，光天华日，真所谓安眠于武陵桃源者也。乃不意震耳雷霆遽自天降，江户湾内忽来美国水师提督，惊破长夜之酣梦，恍睹世界之竞争，始知时世之危迫。列强之形情，决不容居闲贪眠矣。于是维持国家之营谋，乃日急一日矣。足可见我日本最大之原动力则从外交起也。日本二百年之培养，元气充足，故一见外人，杀气纷起，而攘夷之派乃唱和满境矣。此攘夷主义，实创于孔子。周末夷狄扰乱，北部管仲以尊周攘夷而成伯功，孔子称之曰："微管仲，吾其被发左衽矣。"此其拒外之义亦坚矣哉。

日本初于外人之来，深闭固拒。无论英美，凡红毛碧眼者，皆目为夺国侵土之夷狄，与禽兽等，不以人类齿。故攘夷者，夺起焚笺交加，百方抵拒。然彼器锐我器钝，数战数败，徒使人志气愈骄，要索愈急。于是废然，自反思所以培养国本，蓄积精力焉。方其为外部所激刺，被外人所逼迫，悉依孔教之精神，试其强项之魄力，欲以反抗胜此困难，卒以招败。此第一次之反抗受损者也。

遂有一二稍识时务者起谓：彼非禽兽，依然人类。而巨炮火轮各种利器，制造精良，足征智巧，我非其敌也。惟人性野蛮，政治道德，毕竟彼劣我优耳。于是渐知效彼，如兵法、机械、驾船等学术，极力研求。当此之时，日本之党渐出现矣。

先是，虽有党派，概属族党。族中有权力者，附之者遂多。于是权势所在，党援渐多，夤缘斯起，族党愈强。所谓英雄崇拜，范围渐广。可知党派不一，有因人类之关系而起者，有因土地之关系而起者。如支那之湖南、湖北或山东、山西，或南清、北清之分界，或满蒙、旗汉之别类。因地而党兴，因人而派起。有一豪杰出，人争趋之，即成一党派。如汉高起沛，而沛人多汉功臣。曾国藩起湖南，而湖南多清朝中兴人才。日本丰臣秀吉起于尾张，部下多尾张豪杰。至有农夫而成伟业者，德川家康为将军，而部下多三河豪杰。又如泰西各国，宗教分党。今清之民教相仇，即其端也。总之，党派之兴，不因人则因地，或因教及他一切事。如清国地大人众，言语互异，亦可分党，满汉不和，蒙藏不通，皆可以起党也。

日本之党派，倡言攘夷者为最先起，次则稍知世界情势者，即开国党也。今日言之，开国党即进步党，攘夷党即保守党。开国党主开放，保守党主闭关。于是开国、锁国两派分立，吴越同舟，骨肉相反。然因外强日迫，事端频现，旋遂合为一党矣。

日本天皇，万世一系。天皇统于上，大将军秉权于下。当时将军颇专权，而天皇拥虚名于上。于是遂分尊王党、佐幕党。尊王党旋与攘夷党合焉，佐幕党与开国党合焉。当时之佐幕党恒与外人交涉，故知外国情势，而将军又总集大权，一切维新之辈皆属之，通词译文，政府皆厚用之。出洋游学英美，考查政教，归则进为国家望人，内秉持政权，外揆知时势。然在天皇左右者则皆顽固、闭关自守之徒，既不与外人交，不知外国情势，而一意高唱攘夷、尊王之主义。于是新旧两派，倾轧日甚。著名学者慷慨爱国，就捕下狱或被斩者，实不乏人，余友亦多罹此祸。当时骚乱异常，此时日本之政党派始兴，其争愈烈，但以不获自由悲歌，慷慨执剑反对，或唆使无赖之徒私行暗刺，行动秘密。而当时将军政府、藩王府拿解严办。

有西乡隆盛者，近世之人杰，为书生所崇拜，诸君当亦知之。西乡与当时之有权力者殊其见解，每被沮抑，遂往京都清水寺依居寺僧月照。月照者，学优气盛，亦尊王攘夷派也。寺素富饶，志士之贫者悉趋之，月照亦无不开门善纳之者。时政府之捕拿诸人甚急，豪士杰僧至此大穷。西乡、月照以置身无所，又不屑就逮，乃结体齐投于海。西乡体胖，以救得生，月照竟死惨哉。既而西乡亦被逮，窜于琉球之大岛，如此骚动者十五年。

十五年间，初则开国、锁国纷起，继则尊王、攘夷联结，终则开国、佐幕合并。两两对峙，朝野骚然。于时朝廷之居中调停者，思所以解和两党之意见，乃请将今上天子之叔母和恭内亲王者，下嫁于关东将军，所谓政治上之婚礼，盖将借此以解和之也，如支那之王昭君嫁匈奴，唐太宗妃之与吐蕃结亲，皆此类也。在日本，则皇族与臣下结婚，始属创见。顾为民为国计乃出此，然竟不能和解两党之意见也，卒至流血交战，尊王党胜，而七百年执政之幕府一旦倾覆矣。顾事体之变象，竟有出人意想之外者。尊王党既胜，宜乎与外国之大开战争也。乃一夜之磋商，竟变其锁国之意见而为开国进取主义。于是，两党稍和解。

明治元年，宣谕《誓文五条》，大旨为誓于天地明神，以期隆兴国家也。旋攘夷党大愤，为人所愚，反抗王政维新者又起，提倡以王政、复古为宗旨。复古之义，诸君考西史可知之，哥伦威尔起革命，施行民主政治，哥死即覆，复为王政。

日本七百年来将军执政，今已倾废之。所谓复古者，复神武天皇之古也。于是遂变为复古党、王政维新党两大派。王政维新党，即今之进步党也；复古党，即顽固党、保守党也。王政维新党所主持者，一切政治学术悉法泰西。虽嫌玉石俱焚，实则急何能择。古来事物，咸唱为腐旧而废之；一切施措，悉延聘外国人为之，如中央政府也，教育也，铁道也，电信也，货币也，簿记也，无一不学西法。且于各衙署咸设各学校，如大藏省设银行学校，海军省设海军学校，横须贺设有造船学校。凡农工商及各种学艺，皆延外人为之。极之宫内，亦延外国人以授御衣、御膳等事。此时奉教之人亦出，出洋之学生亦多，正与诸君今日相同。日本派者，亦皆少年或有学问之士。其父兄之有识者，咸派其子孙出洋，以考究新学为主。顽固在内,梗于新政者,则令出游。文物之邦,以外洋之水洗其耳目,开其胸臆。正如清国今日之顽固大臣反对革新相同。又劝三百余诸侯游历外国,于是有携妻者、带子者,亦有在外国与外人结婚者。维新党遂日益多,而一□复古党,遂又与封建党结合。

其时,封建之废,为日尚浅,而旧日沾封建之泽者,尚有四十万武士存于国内,以延颈待封建之复。故当时有建议学始皇坑灭此四十万人者,然王政维新党仍心存爱恤,冀以渐变化之也。而此四十万人者,遂尽趋于复古党之中,乃树封建党之旗帜,肥后之神风连①,其最著者也。此辈怀仰古昔之思想,倡言日本神国,妄自尊大,谓昔元忽必烈送大军于日本,其时因起神风,遂吹没其船,故今倘外国船来,则祷于伊势之太神宫,可吹沉之。尤有奇焉者,若辈行路时,遇有电线则避,不行其下;继则,虽行其下,亦必开扇蔽其头而过。此极顽固之态矣。如熊本镇台长官,为此辈所戕者,不一而足,亦惨矣哉。此时王政复古党即封建党也。

维新党乘世界之潮流,颇忻忻有喜色。西乡正直非复古党,忽翻其旗帜者,实为人所唆弄也。此时政府萃全力,视今俄日之战更烈,而西乡负重望,为渠死者颇多,率三万子弟,顽固党又附之,战至八个月,内乱之大,岌岌乎殆哉,而竟夷灭。自此以后,顽固党、复古党、封建党极大屏息,而维新党则一往无阻矣。

王政维新党及复古党之情形,前已说其略,今更详言之。余亦维新党之一也。方其初,维新未成,诸少年志士栖隐楼中,慨论时政。及外人苦我,由我无善政之故,郁郁乎慷当以慨,恒以天下国家为忧戚。余亦勉从诸志士后,诸志士居恒拔剑起舞,搔首问天,亦不计及时代之骚动,或招刑辟祸也。及维新一成,天子躬政,此辈志士一跃从龙,直入政府,非如今学校肄业受考得官,优等及第,所得极卑。余辈则朝为匹夫,夕登廊庙,昨犹在缧绁,将加杀戮,一夜之间,骤获高位,佐圣天子,布行新政,此维新党得志之时代也。

于是之时,国中慷慨之士咸欲仕进。然四十万志士中膺官守者,至多

---

① 日本明治维新时,宣布"废刀令"等政策,废除了士族的特权。1876 年 10 月 24 日,旧肥后藩的士族共约 170 人组成敬神党,反对废刀令而掀起叛乱。因为敬神党被称为"神风连",所以这次叛乱被称为"神风连之乱"。

不过两千人。居枢机要地者，至多不过二百人。且显达之中亦复尊卑不等，高下各异。其怀异才居下位而折郁不平者，尚有多人。新进膺显宦而先进咸置闲散，门生蒙优奖而先师反受下职，怨望者遂日多。而复古党遂略变其方面，乘机又起矣。此次之复古党改为保守党，其在政府操大权者，亦复不少，故政府内部即分复古、进步两党派。如前之近卫公，实公卿中之名门；今之总理大臣西园寺侯，亦公卿中之名门也。此皆复古党中之卓卓者。

日本公卿，位高禄少，实乏资财。诸侯视公卿，位虽卑而领地博，生产饶裕。政府当时擢用公卿、诸侯，所以收揽人望，利用积帑为一时救急也。然此辈实碌碌无学识，正如清国今日之总理衙门王大臣、庆亲王等，虽名位倾一世，而中实无底蕴，不过假门客、幕宾诸干员作事耳。我国之公卿、诸侯亦然，拥虚名，乏实力，特部下一二英才酬酢一切事。故士之不得志者，争趋附之。

于时保守、进步两党，分执国政，而倾轧之祸渐又起。凌轹百出，有能力者得势，无伎俩者失势。自元年至四年，咸为强权内争之时代。其间唯萨长、土肥之人得势，余咸归淘汰，枢要地位，悉为所占。故国民志士报不平者滋起，叛乱之事不绝。有为公卿所勾联而发者，有学人所运动而兴者，相继毙命，实不乏人。如云井龙雄，学优，工诗词，兼备过人才力，至今学生犹爱慕之。此辈志士四方蜂起，暗杀权贵，煽动谋叛，以图倾覆政府，然竟为政府压制之力所胜，而不克竟其功。

（八续）当时权力之大者，以萨长为最。虽朝廷广用人才，萨长不得专擅，然明治四、五年时，国家全权渐归萨长。而舆论沸腾，佥谓政归一地，非政之善，且日本之政府，国民之政府，非萨长之政府也。舆论日高，公理日显。即清国言之：一省大臣专政，偏用本省之人，则他省必起谠议而攻讦之；汉人专权，偏用汉人，则满人必怀不平而排挤之。

日本封建之制已七百余年，列藩割据，难免秦楚吴越之畛域。虽朝廷用人惟贤与才，力秉公正，然同族亲也，异族疏也，同乡亲也，异乡疏也，人情之常，孰能免者？日积月累，情弊渐著，萨长专擅，亦愈恣行，直臣愤议，遂致决裂。

西乡首先去朝，世谓其因征韩之议不行，其实非为征韩也。于时联袂去朝者，如板垣伯、副岛伯、后藤伯、江藤诸大臣。板垣伯，首唱政党人也，事详于后；副岛伯，工诗文，屡使清国，为日本著名之外交家也；后藤伯，纵横有干略。皆维新功臣，而相继以去。

尔时长州人最占优势，而才智者亦复多；萨摩人正直力强，多优于勇而绌于智。时有江藤新平者，雄辩之士，苏张之流也，恒与同志辈谋，斟酌萨长两家而利用之，以拨正朝权之偏陂。谓智者多虑，不若勇者易与，苟运用长州人以抑萨摩人，则两权相抵，势必自破。然后公举人才，平反国政，不亦善乎？

是谋也，西乡、副岛、板垣皆正直，余知其必不出此。而江藤辈乃暗与萨摩人联络，提起征韩之问题，而国家自此又多故矣。当时政府诸公，以为国事多艰，务远略以启外衅，不如务内治以培国本，如教育、陆海军、地方行政，及造铁轨、修道路，一切富国强兵之事，待办者尚多，故不主张征韩。而主张征韩者，则以为借外争可以和内群，且国威受挫，而不以为辱，则外人侵入之势益力。于是治内、征外两论纠结，互相抵抗，甚至民间亦起党相争。此西乡、副岛、板垣、后藤、江藤五大臣之所以联袂去朝也。

当此之际，骚乱异常，岩仓右大臣被刺，幸未殒命。是时东京警察废弛殊甚，不能保安秩序，致暗杀频见，政府几几有颠覆之势。时西乡握陆军兵权，大有名望，势力非今日大山大将、山县大将之比也。此人苟一下号令，则全军响应，甚至通国不平之徒皆有趋投之势。以如斯之权力而去朝，故陆军①部有力之中将少将，咸相率辞职，从西乡归里。此时政府危如累卵，苟西乡直树反旗，宁复有制？视唐安氏之乱，殆有甚焉，当不止如白乐天所谓“渔阳鼙鼓动地来，惊破霓裳羽衣曲”者也。将士崩瓦解，不知伊于胡底矣。

然而，西乡虽满腔幽怨，究不肯出此者，只以部下多青年血气之徒，恃万夫不当之勇，居辇毂之下，稍失防御，即变生莫测。故率诸人归田里，舍官为农，弃剑把锹，并设学校，教育子弟，时时勉劝诸壮士，以臻时养晦，待他日为国尽瘁等语，盖将欲长此以终老矣。

（九续）方斯之时，天下骚然，长州士民亦起不平，结成一派地方党，

---

① 此段在《盛京时报》中缺失，现根据手稿补齐。

与通国党派互通声气，其宗旨亦保守党派也。其首领即前参议兼陆军大臣之前原一诚，亦长州人也。为封建之制废，先西乡而去朝，归长州之旧邸，集合诸不平之徒及毛利藩之武士，以居虎嵎之形胜，窥天下之大势，一切不平之士，咸与相通。

于是，又改保守党为封建党。封建党内分数种，大别言之：一为保守党，一为进步党。保守党中又分数种，有专属一地方之党派，有联通各处之党派，又有孔教为主之党派。一时之小党，分立无数，然无一反抗帝室之党派。虽有反抗王政维新者，然亦政治之反对，而非天皇之反对也。且多因用人失才，或用才失当，以致怨望者多，遂致结党起抗。

如前原一诚，方维新时，率兵队，有战功，亦中兴功臣也，苟录其功而用之，亦不至此。又如长州之大乐源太郎，亦人杰，而首先唱攘夷者也，其外虽反对维新，而中实抑郁有不得其志之怀，苟擢其才而用之，亦不至此。顾政府不务出此，卒致叛乱死伤枕藉，亦惨矣哉。

又如江藤新年，前任司法大臣，法律多出其手所创定，又任文部大臣，于教育界亦极提倡之力。苟政府善于运用，亦何致起谋不轨，其功勋亦岂可没灭者？迹其机敏如鬼神，雄辩如苏、张。目击诸豪杰，如西乡隐居萨摩，前原雄据长州，神风连树党肥后熊本诸地方。江藤揣摩各党之势，知神风党必与西乡合，而与前原必反对，西乡一举旗，政府必瓦解，而大权归其掌握矣。于是，趁西乡游移之际，江藤突离东京，归故里。肥前之佐贺，聚境内子弟，树反旗，密约鹿儿岛之西乡、土佐之板垣、后藤诸豪杰，讵诸人无一应之者。

而政府知变，预为之备，调兵镇抚。不过两月，而江藤夷灭矣。江藤虽恃智而败，而政府之忧惧仍未艾也，萨摩之势力有增无减，西乡又不为轻率之举动。时通国志士咸趋附萨摩，号称“游学”，实则萨摩人以武勇著，学问则非所长也。然学者之归，如水就壑，自大阪、奥羽、关东、中国诸地方，志士咸归之。第诸生至萨摩，辄以外人及政府言激动西乡。初颇不为所动，久之，东京有大政治家曰大久保者，亦萨摩人，素谨厚，善政治。时创设东京刷印局，规模宏丽。学生有持其照片告西乡以政府之奢侈者，西乡亦以为于此可见一斑，信之，乃大激愤。江藤乱平后，前原与神风连继起。前原势弱，旋溃败。神风颇凶猛，袭击熊本镇台，杀戮诸官长，未几,亦为台兵所败。

前原、神风平靖两月余,而西乡旋为诸生所激起。警报所至,朝野震动,闻者失色。先是鹿儿岛有武库,以藏火药军器,至是西乡诸生徒,趁势先夺武库,叛迹显著,而朝廷遂发全国兵讨之。西乡率三万子弟,以抗政府十万兵,搏战八阅月,卒不胜而败。虽然此一战之结果,实为我国将来党派之一大关系也。

(十续)更即党派初起之情形言之。方政府之意见不合,西乡去朝以后,如板垣、后藤、江藤、副岛诸政治家,联名以攻萨长之专擅。又以维新主义、四民平等,遂胚胎广兴议会、万机决于公论之诏旨。又演说世界大势,提倡设立民选议院之要政。于是,国会之论,遂渐兴起。如今清国已宣布革政之上谕,此后议院之论、党派之论亦渐起矣。

诸君于日本之党派,欲知其发动之机括,观于清国之现状,即知日本以往之历史。清皇此次之宣布预备立宪,虽非直布宪法,然宪法之必行无疑矣。然则清国此时正预备开设议会,以为立宪之时代也。诸君之考究日本政党,以为现在实行之资料,诚要事也。兹更略述各国之政党,以参考之。

世界各国首创行议院政治者,为英国,故诸宪法国多取范于英国。英国宪法先布,而后议院立,数百年后,始有党派之兴起。日本则党派先起,继而宪法布,终乃议会成。新兴诸国,如德国、法国等,概皆如此。英国初因帝室与贵族不合,渐至发达,而创议院,故不待党派之兴;德、法两国,当议院未立时,已起党派;德意志初为数十小国,如巴巴利亚、索逊巴典等,皆为平等自立之王国或公国,后为外患所迫,诸党派议论纷起,遂联盟为德意志,推普鲁西王为总皇帝,其间党派多地方党与宗教党。诸君读历史,已得其详,兹不复赘。

法国则民受压制之政久,陡起极大之革命。是时党派以惹个丙党为最烈,而杀人亦最多,至同派亦带剑相残。其宗旨则自由也,平等也,博爱也。一切帝王、贵族、僧侣诸阶级,一概抹倒。时杀人如麻,杀之不胜。有医者发明一杀人机器,日可杀数千人,后医者亦死于机上。故西史于此谓之“恐怖时代”。今俄国之虚无党,即其派也。厥后拿破仑出,不特全法国乱,并全欧洲亦乱矣。其事亦详,于西史可考。

诸君于此视为鉴戒，可也，侧而效之，则不可也。究之英、德、法诸国政党之有无先后，均与清国之情形不同。日本与支那，道德既一源，习惯亦无殊，历观史册，事实之相仿者，不一而足。故诸君研究日本之政党史，参以欧美之政党史，则于清国将来之宪制上，其裨益固非浅鲜也。

（十一续）方西乡之乱未靖以前，无一完全之党派，不过倡为民选议院之言论而已。惟土佐有立志社、爱国社，推行至四国诸地方，渐行发达耳。初集会之兴也，合数十同志，汇聚一处，各陈意见，以为演说。而更新闻报社，又与为唱和，以攻政府。政府恶其激烈也，遂定《新闻条例》以拘束之，定《集会条例》以限制之。一时政党之势焰为之稍息，时政府正百度革新之时代也。

前清国简派大臣考察东西各国政治，归国即见宣示立宪之上谕。日本当时亦然，我皇上钦派岩仓木户、大久保诸大政治家，今之伊藤侯亦在其内也，以廿个月，游历欧美各国，考其政治文物，比及归国，力图改新。今日本所行之教育令，皆此辈为之立其基础者也。前所叙征韩之议，即起于此时。此议一起，政府方拟秩序内乱而调查各国，所得新政，遂止不行。旋以佐贺之乱，纷纠一年有半。至明治八年，西乡在萨摩又复汹汹。政府恐失人心，乃议召板垣等入政府。是年即有诏，创立元老院与大审院。

元老院者，会议一切行政之命令与法律，而立法之权属焉；大审院者，以司法之独立为主，而司法之权属焉。此为行政、司法创立分行之初也。于是，板垣入内阁，后藤、副岛入元老院。前因征韩去朝之一二辈，至此亦意见略合，惟西乡仍复异趋耳。

斯时国中之政治议论，为之一靖，未及半载，板垣等又以他故而去朝。萨长党外诸大臣，继去者颇多，而萨长人遂日加多，权力亦日加大，向欲抑制之，今反增长之。事势至此，朝野上下乃群然悟，非立宪法、资国民之力以抑制之，势必弄巧成拙，激成变乱，不可收拾矣。

由是国民之思想既日进步，而势力之培养，团体之结合，机关之运动，亦日发达矣。党派至此，形式将成立，而西乡之乱忽起，扰扰几一载，党派因此大受损伤，如苗将秀遽遭蹄牧，如花将开骤蒙摧折，不重可惜哉？

西乡起时，诸豪杰多投之，以图颠覆政府。如纪州人陆奥，为元老院干事，居重要地，乃募兵于纪州，以应西乡；土佐人林有造，今为众议院议员,经营党派几三十年,亦著名政治家也,当时乃用国帑,托外国人购兵器,聚土佐诸勇少年,以应西乡。时天子在西京,东京虚无守兵,乃以巡捕充卫兵。故该时警察人乏,致盗贼横行,市民不获安。斯时苟有一千之敌来侵者,东京即为所蹂躏矣。即西京天子左右,卫兵亦不满千数。苟陆奥率纪州三千兵,袭京都,拥天子,缚大久保、木户诸大臣,以号令天下,国民素怀忠义,孰与天子令抗者?陆海军时在九州,与西乡相持。苟敕命降于反对者,则兵权悉归西乡手,而明治政府倾覆矣。岂不危哉?

然卒之陆、林诸人,咸报逮,而祸乱悉平。是乱也,后藤伯几累及,而政府宽恕之,不追究。板垣伯亦处嫌疑地,然仅部下人坐事下狱。至此而西南之乱悉平,而国民之大运动亦止。时政府中以木户、大久保二大臣为最有权力,木户明治十年病死京都,存者大久保一人耳。

西乡德望遍国中,而大久保反对之。故西乡之死,国人咸怨大久保,有谓杀大久保,则政府可覆者。果也,西乡死半载,而大久保亦毙于贼人手。一时政府如昏夜失烛,不辨津途,微弱之势,不堪言状。然自此之后,人心渐趋明治政府,而问鼎轻重之思想变而为国会创设之要求。自明治十一年至十三年,遍国一议,气焰颇张。而期望开设国会之同盟会,遂起于各处,结为团体,施其运动。此时政党之形式虽未成立,而政党之基础已日积而高矣。

(十二续)前所云期望开设国会之同盟会,今更述其成立之效力。兹会倡论之主义,约二载余,已普及通国郡县,几于无地无之。咸亟亟以期国会之成立,要求政府一若所愿,不偿不休。时国中志士集东京,觇政治者甚多。其间珍重自由者,固皆引领立宪。亦有附和人云者,随在骚然震动。环顾国民全体,多主持废封建,置郡县,士族平民,均定平等,士农商工,同为营业。如此则四十万封建党之士族,前此养尊处优者,一旦而降尊失优,下与平民伍,能勿忿怨不平哉?

斯时中央政府以统一政权为急务,列藩拥据土地,政治各殊其法。但以税法论,有失之暴敛而税重者,有失之寡取而税轻者。民苦于苛法,莫不怨声载道。政府于是以改正地租之事,为收揽藩权之策,乃广派吏员循行各藩,以勘定土田之疆界,测绘土田之形式,甄别土田之等级,以俟均一其法律,平定其税则。惟兹事概巨,需款亦多,则不得不取诸民以用之。

乃各地方农民，惜目前之小费，昧日后之大谋，疑政府暴敛，将有如而无已也，遂汹汹四起。而士族之忿怨政府者，亦借端滋事，乘机煽惑，诬以加税之说，鼓动愚民。民心益惶惑，起作大反抗，而成一揆之乱矣。一揆者，与支那所谓土匪者稍异：即农民集合，揭竿滋事，逼毁官府者，日本谓之百姓一揆也。地方富豪，被害尤甚。前后七八年间，民之乱者十八起，一起多有至数万人者。然卒之少数者，以警察镇抚之，多数者，以兵队弹压之，咸归靖息无事。

初，西乡之平也，政府以为可高枕无忧矣。乃因改正税法，乱民四起，不特封建不平之旧党，乘机起而煽乱，即期望开设国会之新党，亦因一二雄藩，专权秉政，阻碍宪法，使国会不立，议院不行，忿无所泄。一旦乱起，遂亦随波激浪，趁风飏旗，借此以迫专制之政府，使发猛省之深心。至此而国会成立之势，日迫一日矣。

时政府亦微闻外间人言，原自木户、大久保相继逝后，政府已失其中心点，所遗阁臣，不过寥寥数人，威望亦未甚著。于是，国民知中央政府之力薄，渐致信服之心轻，一揆之乱，所由起也。而希望开设国会之同盟会，见此机会，以为时不可失，而运动愈急，逼迫愈甚，要求愈频。虽一二阁臣已识民意之终不能拂，朝野非无同心，奈阁臣内部意见异同，互相排挤，议论歧出，莫衷一是。如清国今日方议改革，而诸王大臣，维新守旧，各持己见，同此情形也。大臣既异趣，万机必偾败。政府此时若以有德望、有权势、有才力之人而处此，以维持政治之中心，纵或支吾，然向可率属一统也；其不然者，则统一之力式微而弱，不散涣四去者几希矣。

（十三续）斯时国民之现状，教育则日进，知识则渐开，出洋游学与卒业归国者亦日多。此辈归国之士，从事于民间，则为政治集会、学术集会，或演说会、讨论会等事；其从事于官场者，则提倡应举行之新政与夫应革除之旧弊，大声疾呼，不遗余力。

一时官立、私立学校日多，而私立者尤形发达。如庆应义塾为福泽君谕吉所倡立，同人社为中村君正直所主宰，二校教育，称极盛焉。其校卒业生徒，与夫当时之政治家，咸从事于新闻杂志，借资论说之著述，以为改革之要求，畅发一己之意见，鼓动举国之人心。报资有不继者，政府或有时助之。

惟是新闻既多，党派亦显。久之，报纸上亦有保守、进步之两党出现。外此，则期望开设国会之同盟会。至是内部亦分党派，或云“立志社”，或云“爱国社”，然皆浑噩略具规模，不能如今日之形式备具者也。要其当日之勃勃不可遏者，实为今日诸党派之先导也。

时政府视舆论之太剧，遂颁《新闻条例》《出版条例》《集会条例》，为种种之法以约束之。至其无碍国家之安宁秩序者，则不得不宽其范围，听其自由行动矣。

惟政府自一二雄藩人士专权秉政，而贤才杰士转被沮抑，不获展其经纶。于是谠论四起，异说横生，物议既多，良莠错出。或讥贵族专制之误国，或訾新法烦累而难行，或以改正租税，疑将重敛，或因政见不合，诬告煽惑。国民之大反动所由起也。

顾初虽良莠之见不齐，主持之说亦殊，迨其后莠者渐失势，舆论遂合一，专以政治之意见，争辩其异同。而萨长之专擅，遂为全国所属目，于时寡头武断之讥，藩阀专制之议，日见于报章。而期望立宪之人，日益加多，极之农民、商贾，亦咸发政治之思想，则当时国民发达之程度，诚勃勃可观矣。

时则政府内部亦渐起除塞通流之思。日本维新，明治政府实以除壅蔽、通民隐为根本之主义，然往往隐而不显，一经感触，即复发见。西乡战死，木户、大久保殁后，政府遗臣地位、声望概平等，无甚著特色者，又复意见互殊，不能统一，驯致冲突，遂形决裂。此明治十四年十月十二日所由降敕书，期于二十三年召集国会施行宪法也。

（十四续）方施行宪法之敕书未降也，全国情形有如鼎沸，志士咸集东京，于新富街戏园开集大会，盛为演说，士气民势，激而愈奋，致起国民之大运动。虽以警察之力，不克遏禁之。加以通国报章，万喙一声，反对政府。民情至此万难遏抑，政府知稍一拂逆之，祸且立起，此宣布立宪大命之所由降也。

前此大命未降，立宪无期，专制仍行。虽有党派，仅如草木之萌芽，未及滋长，而牛羊斧斤牧伐相仍，以视英美党派之峥嵘郁勃、形式美备者，相去远甚。大命既降，未及三、四月，而党派朋兴，如春笋之争长，芃茂不可遏者。一为自由党，一为改进党，一为帝政党，三党鼎峙，蒸蒸乎日进而上矣。

大政维新以来十四年间，余亦在政府，久跻重地，与至尊常会议。迨布宪命降，余同时去朝，退居林下，旋又为党派所推举为首领。初，板垣伯之去朝也，奔走草野，专为政治之运动，故日本政党首推板垣为巨擘。

明治六年之暮，方建白民选议院之际，板垣伯首先署名，竭力运动，遂于土佐之地，创设"立志社""爱国社"。迹其历年之经营，实为余辈之先觉，抑即日本民权家之一人，自由家之先进，我国民所最尊敬者也。明治十五年，板垣伯在岐阜赴演说会时，中途为保守党、顽固党所要劫而见刺，伯身已受伤，幸得不死。方被刺时，大喝曰："板垣虽死，自由不死。若辈虽能杀我，究不能绝灭国民之自由。"壮哉是言！诚哉是志！日本国民之自由，果从此骎骎乎发达矣。

余则继板垣伯起而为党派之运动者也，明治十五年，为多数同志所推举，遂为改进党之首领。是时，改进党与自由党，其主义见解，大同小异，惟改进党主稳和，自由党主急激，此其稍异者耳。其与政府反对，希望完全宪法之施行，则一也。即如选举权一节，自由党专主速行，直达极点，以急进成事为主；改进党则先图国民之进步，逐渐扩张，以循序持重为主。自由党则意壮气盛，急于国权之伸张于外；改进党则由近及远，先求国政之秩序于内。但当时人心多躁，学问未优，故赞成恢张国权者多，欢迎推广内政者少。而改进党所论因国民进步之程度，以为选举权之推广，此尤为国人所不悦，惟一二深识有学之士以为合宜者。两党之纲领既同，似可以一齐行动矣，乃反时见冲突者，何哉？冲突愈起，竞争愈烈，甚至两党人不通婚姻，且有已婚而言离者。是为争求两党之进步，以致启衅，至于此极。

夫两党虽有缓急之分，要其与政府之反对则一也。乃不克合力同心，要求政府之改革，反至阋墙起衅，是亦余辈之罪也。然余实无争心，即板垣、后藤二伯，及他诸人之为自由党首者，余亦知其均无如是之争心，愿以一二人，表率多数人。又非如军队官吏之特有规则，为之节制，安能保党中人之尽无争心乎？

虽然两党但知私事，而不知公益之所失者大矣。政府方乘此机会，颁定政社法，以约束政党之行动。而我辈蒸进无已之政党，忽然蹉跌，不复能达其自由之极点矣。噫！鹬蚌相持，渔人得利，其此之谓欤。

（十五续）于时政府无甚措意，忽见后藤伯之一方面结起大同之团体，高唱日本今日之势实在危急存亡之秋，拟号召通国志士，勒逼政府。此声播传，遍及国中，虽无关政治之界者，亦咸起政治之思想，议论纷如，势颇汹汹。政府一时亦惊慌，此《保安条例》所由颁发也。此条例于日本社会之发达，文明之进步，实有大阻碍也。

按《保安条例》中凡有害于安宁秩序者，则逐之出东京三里外。今东京市长尾崎君行雄，亦当日被逐之一人也。余辈政友，情谊关切，大愤政府措置暴戾，乃劝尾崎君出游外洋，调查政治。政友争捐赀，助其旅费。居今思之，苟非借此机会，尾崎君乌能游历英国，养成今日之学识哉？他如土佐之林君有造、片冈君健吉，均温良负时望，而咸被逐出京。一时人心，颇为愤激。又因政府外交不振，国人为所激刺，咸为不平，以致改进、自由两党互起冲突。政府乘机以《集会条例》压迫党派，于是党派浸见衰弱矣。

此时，自由党之首领，如板垣、后藤二君，咸出游欧洲，党内无主持人，遂形式微。各党派如此，亦咸以条例之束缚，谓不如解散党派之形式，而结合以精神之为得也。于是，自由党首先解散，帝制党始终不振，亦悄然自灭，存者惟改进党，则巍然一鲁灵光矣。

此时外务大臣与外国使臣会议，方提议改订条约。当局者有谓欲改订条约，须仿效欧洲，一切风俗法律，悉改效西人。极之，日本国变作欧罗巴可也，日本人化作西洋人可也，当时谓之欧化主义。顾余以为此事言易而行难，且地之欧、日，人之黄、白，此决不能划一者；即划一，亦与国政之美、恶不相关也。今且即当局者之成见与举措，略一陈之。

谓衣则男女须咸变西装也，食则割烹须效西洋料理也，行则男女须咸学欧人之把手跳舞也，甚至有谓宗教亦宜舍我孔孟而学彼耶稣教者。好事者且有常往耶稣教寺听讲者，究之皆皮毛之浮慕，非实心之奉行也。于是假馆聘师，时有鹿鸣馆，为内外人娱会之所，馆内有舞场，今之华族会馆是也，官人绅衿，咸会此习舞跳。官人妻有年老不喜习此者，则多方劝谀之。施朱粉，戴羽冠，着裙裳，束腰纤纤，化为欧妇人，赴会所习舞。至着衣，且倩外国妇人为之，并学其着衣法。此风既开，细君少女，日惟饰服装，学踏舞，粉白黛绿，长宴群集。日本语云：英雄多好色，此时多好色之英雄，与美人伴舞，或为舞班之首领。欧化至此，侈靡极矣。至今思之，令人赧颜。

（十六续）于时豪杰后藤伯起而大声疾呼，唤醒当途，谓国家危亡在前，人民饿殍载道，而当局者乃长宴罗珍，酣歌醉舞，此何事也？俄方筑西比利亚铁道，势力直逼北海道；美方开巴拿马运河，舰队直渡太平洋；而所称贵族官人者，乃奢侈淫逸，酒色游戏，此何事也？

时局之颠危，既已至此；当道之玩忽，乃复如彼。奚所恃而国不亡者？我辈国士救亡之不暇，乃暇及冲突哉？惟有合志一意，结全体，运全力，推倒腐败之政府，俾勿为民害，作成新造之国家，庶免为人奴也。于是远迩同声相应，结立大同团体，并游说通国，极力运动。前农商务大臣大石君正已等，从事新闻，著政论报，痛訾时政，不遗余力，语言激切，闻者风生。维时政府迫于舆论，遂发布《保安条例》，而改订条约之议至是遂辍。或以国民之振动，似徒劳而无功，不知政府瞶瞶，措施失当，为国民者，既坐视而不忍，复钳口而不能，爰借讽议，用为规箴，亦不获已之苦心也。

盖自政府布一切条例，束缚党派，党派遂式微，不足以监制政府。政府愈纵恣，遂开欧化主义。积之久，民气郁而思奋，起大同之运动，致全国之变激。虽不越二年而蹉跌，然欧化之侈俗，当道之浇风，至此为之靖息矣。

是时宪法之发布，期限密迩矣。因外交内乱相仍，故欧化跳舞渐皆废止。惟法律编纂一事，著著就绪，未为诸故所阻。此自明治初年以来之问题，非因布宪大命降后突起之问题也，诸君宜于此三致意焉。日本、支那法律均恶，盖专制之政体使然也。然以法理之观察，支那二千年前，法理已大有发明，惟编诸法典者，稍未完善耳。迨后专制愈密，法律愈偏，订法既无良典，行法安有良吏？人民因之受其苦矣。

秦始皇治天下，背古明训，任法不任德。当时苦于苛法，后儒遂并法律而轻之，斥法家者流为刑名学，鄙不屑道，法律之学遂废。法律之思想，亦遂日窒而日退。夫法律者，原于道德，即所以保全乎道德者也。《中庸》一书，始终发明“用中”二字，此万世万国法理之精义也。执两用中者，即斟酌于道德、法律两者之中而用之，使不背于道德复不背于法律也。

率性谓道，即中也；修道谓教，即用中也。周代之法令，《周礼》一书大略备矣，其一切行政之组织、法律之规定，允称美备，故孔子曰："今用之，吾从周。"战国时代所以犹有此专门名家之学也。乃后儒不解古人立法之精义，而以秦皇之苛法，漫指法律为刑名学而鄙之，是不犹因噎而废食者乎？可鄙孰甚焉。

（十七续）今诸君来日本为法律学，固于诸儒之锢说，早已勘破无疑义，而知法律之可以保存国家者，实不可须臾离也。如国际公法、国际私法、宪法、行政法、民法、刑法、诉讼法等，缺其一不可以为国也。且人类之竞争，愈趋愈烈，国际之交涉，愈出愈奇，苟非法律者，则人类胡所恃以为生活？国家胡所恃以为存在哉？

日本明治初年，为法家言者尚寥寥；维新以后，政府始知为当务之急，而争讨论之。聘法国之法学者二人，置诸司法省，与日本学者合译一切法律书。明治三年，司法省设法律学校，与工部省之工学校同时创设者也，编成之法律书，与欧美现行法较无大逊，次第发布，即今日施行于实际者也。当时编定法律，取英、美、德、法诸国之法律，比较研究，参观对镜，而日本法律峻急之弊，严酷之失，以相形而益显。遂权其轻重，度其长短，斟酌其过与不及，执其中而用之，通其变而行之，如法典编纂也，行政组织也，司法制度也，警察也，陆海军也，教育也，皆由此义推而出之者也。

《孟子》云："权，然后知轻重；度，然后知长短。"此之谓欤！且国家之变法也，犹人身之迁善也，见人善而后知己之不善，见人贤而后知己之不肖。见善而不思迁，见贤而不思齐，人而如此行必败，国而如此政必衰。日本变法，五十年于兹矣，无非对己观人，取善去恶，逐渐改良，随时进步，以故发达至于今也。

政党之变化，政治之兴衰系焉。人类别而利害殊，利害殊而党派起。有保护政府者，则为政府党；有反抗政府者，则为反对党。国无党派，互为竞争，则委靡而不兴，专制而退化，宪法无成立之日矣。

夫宪法之成也，凡属国民咸有政治之关涉。故国民有选举议员之权利，议员有监督行政之权利，如法律或财产，及他一切国事之行止，议员咸有评议之权利。苟为国民而不知此，放其权而不知收，弃其权而不知保，是甘自暴弃，为人奴隶，国不灭亡者，未之有也。

顾近世纪来，公理日出，凡为国民，咸知权力所在为其性命所关，身首虽可断，权力不可侵。非无民贼枭雄，一时逞强肆虐，欲以大力侵夺之，其究也公愤所激，暴发如雷，甚至天翻地覆，龙蛇起陆，而此国民之完全权利，几经盘错，终不能损其万一也。观东西洋已往之历史，不咸彰明较著乎？

（十八续）日本政党之消长，亦有可述者。当预备立宪之宣布及《保安条例》之施行，时政党大受攻击，而政府之放恣骄慢，亦复日甚。党派之情形一变，旋以改约之议为国民所抗阻，内阁总理大臣伊藤侯因之去朝，内阁员悉更变。维时人心咸宁帖，无复政治之运动，党派之情形又一变。未几，宪法宣布，臣民欢呼，即明治二十二年二月十一日纪元节也。

时天皇率文武官，并欧美各国驻京使臣，在丰明殿前躬宣敕书，发布宪法，由是日本遂为立宪国，而党派运动之效力至此乃日著矣。党派之情形，至此又一变。初，党派之对于国家也，其能力甚微，不过以新闻论说，议时政之得失利病，以讽刺当局而已。至此而宪法实行、议员选举、议会成立，凡不利于国计民生者，国会咸得直奏天皇，以参以罚，此国民之势力振动于实际者也。苟政府不纳舆论，则政府所提之国计预算，国会可不与决议，并不许政府取用国税。此国会之所有权，足以抵制政府者也。故议会未开以前，政党仅为虚立之团体；迨议会既成以后，政党克为实地之施行。日本之文明，自此遂日发达，国民之运动，自此亦益踊跃矣。

二十二年宪法之发布也，国民罔弗加额庆。彼一切大同团结、反抗政府不平之徒，骎以消灭，非无一二反对者欲以危言激动民心，而民无复听从者，不特此也。大同团结之首领后藤伯，动于板垣伯之劝告，且翻然而舍其党派，入于政府矣。是反对者变而为服从，被治者变而为治人矣。

此时为第一次议员之选举。政府既不相干涉，国民亦咸自慎重。盖希望立宪二十余年，至此始克如愿偿：诸班弊政，一朝除之；各种良法，逐渐行之；人民脱羁绊之苦恼，而享自由之幸福。想尔时忭舞，当何如者？

虽选举之弊，各国有之，或政府以权力掣肘选举人，或恫吓选举人，逼夺其自由之意思，擅作威福，无所不至，然日本当此创举，弊端尚鲜。虽所举之议员，亦有一二地方名士落后而次焉者入选，人才似难尽齐，然统计通国所得三百议员，均足代表国人，而堪委以国家重任者也。惟党派争选,行动危激,至于流血,此则不能免者。故政府颁定集会政社法,以约束党派之自由。

自由、改进两党,时复相轧轹。自由党未几解散,大同团结继起,虽极一时之盛,然自后藤入内阁,党势亦日渐消灭。故此次之选举,党派颇微弱,不获尽其力。方改正条约之议之起也,各地方分起小党派,如九州改进党、关东四国自由党,分门别户,各据其地。时改进党颇受国民之反对,余实当局,负伤而败。国民群起而攻,改进党势几不振。自由未散之余党,到处与改进党竞争选举,势颇激烈。又有政府党,即中立党,后称为大成会者也,又与自由、改进两党到处竞争选举。

选举毕后,咸知小党分裂,不足以反对政府。于是,通国之自由派合一,而自由党复兴。改进党员,九州居其多数。然九州之改进党,又分为合同政府党、合同反对党两派。合同反对党,以反对政府为主,即立宪自由党也。改进党之外,大抵皆立宪自由党。两党之形式虽异,其精神则同,而均为政府之反对者也。至此各党派复成立,而议会始开矣。

(十九续)时当局者以为国民既得议政之权利,势必压迫政府,阻挠行政,遂奏请天皇,组织内阁部,整理行政大权。于是矿物、制造等事业,凡政府所承办,皆卖归民间自办。如今日有名之三池矿山,即当时所卖者也。亦有献于帝室者,如壹岐、佐渡之金银矿山是也。又,凡国库一切剩款,以其一部献之帝室,余则贷与人民者,能缴则缴之,不能缴则销之。二十余年,专制之弊政悉加改革焉。

议会开时,优于势力之山县侯为总理大臣,练达财政之松方伯为大藏大臣。战竞惕厉而临议会,此为日本官民初次之对叠也,不意冲突即因而起矣。时国民主张休养民力,节减政费。凡属民党,同此主义,以逼当轴。尔时政府岁出入额,非若今日之巨,仅七、八千万之出入耳,较之今不过六、七分之一。议会意见:因地方困苦,民不聊生,拟于此中减九百万圆;政府以国事日繁,需款日巨,只当议加,不能议减。于是起冲突,政府党之大成会虽力助政府,然民党势力终占优胜。

老练如山县侯、松方伯者,亦咸束手无措。于是,内阁、议会妥协之议起。其议事互相主张,方提议解散议会,否则内阁辞职。初期议会冲突乃至此,于日本宪政诚有妨碍也。于是有出为调停者,期为退让,以平争竞。

议会遂稍退让，以九百万之减额，降为六百万。又约整顿行政，废除繁文，力求节俭，并具案宣于次期议会。内阁、议院遂归调和，不至决裂闭会，此亦明治政府之幸事也。

经第一次国会之会议，国民势力大见效果。较其胜负，则民党胜而政府负，政府悉听命于国民也。民党遂大增光辉，三百议员各归地方，报告议会情形，国人罔不忭舞。未几，第二次会期又届，议员意气乃益壮往，政府甚忧之。

先是，第一次议会之终也，山县侯辞总理职，其因病乎，或因议会所约有难实践乎，均不可知。山县辞任，松方任总理，品川子爵任内务大臣。松方伯之临第二次会议也，不拘初期之约，所具案反增经费，并提出扩张军备案。此时，清国水师提督丁率兵舰来品川湾，威势堂堂，令人望而生畏。政府遂借口扩张海军，增筑铁路，为各种提案。苟非增税，不能兴办，况云减费乎？

然是时民气如胜军临败敌，众议员代表民意，勇气勃勃临会场，乌知政府较初次态度一变矣？松方伯故示骄异于政府机关报上，讽示议会以解散等语，至再三恫吓之。于是，反对党大激而起，即硬派也，视政府之于议会，不以柔怀而以刚克，事胡能协者？因大起冲突。自由、改进两党夙称不睦，至此亦联合一体，反抗政府。开会以来，大相牴牾。时海军大臣临会演说，言词不慎，遂滋事端，议会大闹。由是议员同谋，上诉君主，听候圣裁。当即上奏，政府遂直行解散议院矣。诸君夙听宪法清义，此上奏一事，为议会之最强权力。事体至此，所关极大，故政府直行解散之。然大乱又从此起矣。

（二十续）众议院之解散也（众议院即下议院），上下大骚乱，前此所未有，所谓明治二十五年之选举大干涉者是也（谓民间分党，互相干涉），杀人流血，遍国中罔有秩序，较诸今之俄国内乱殆有甚焉。至有地方民相激战，数日不得行选举者，虽有警察，不克保安秩序。至朝廷镇抚以宪兵，始稍稍就绪，则当日之乱可想而知矣。

夫众怒不可犯也，群情不可逆也。国家压制人民，不可以穷极，穷极则反抗，反抗则乱生，至于乱生，虽怀以德，求其宁帖，亦不可得也。支那古历史，事甚多不胜举。故孟子论："得天下，必曰得民心。"专制时代且然,况开明之世哉?

人之感情,激而愈奋,人生莫不重生命财产,乃至感情激发时,虽荡产亡身,亦不顾惜。观美国之叛英可见矣:初,美为英殖民地,岁由支那输入茶甚多,英廷乃定新课印纸税,一圆物税取十圆,盖欲以此抵制入口茶,保其利权之外溢,非甚暴虐之政也。然民犹以为苛取,感情遂激动,诉于英皇而不纳,请于议会而不许,于是民气益奋,宣言独立,倒戈相向,激战数年,奋而益烈。众怒之不可犯,群情之不可逆也有如此。支那历代史,革命之激起亦然。日本明治廿五年之选举大干涉,亦压制穷极之所激也。当轴之过,支那可鉴为前车矣。

厥后松方伯仆败,政府逆料将来,知专制之难以服众也。诸有力大臣如伊藤、山县、井上、大山等,起而组织阁部,乃务以宽大为主。然国民抵力,仍有加无已。硬派虽受干涉,依然多数被举,仍合其力,勒逼阁部。事穷则相争,争穷则上诉,仍复上奏以闻。伊藤伯自知以刚克众,议会愈激,乃变以他法调息之。维时议会、内阁同时降诏,略谓和衷息忿,赞襄圣意。诏下,忠义国民至为感泣,内阁亦颇悚惶焉。

议会、阁部之牴牾也,起于制造战舰,至此乃和衷协议,不以加税累民,亦不以缺备误国,仍求节俭,逐渐造舰。上自帝室,下及臣民,咸抽捐以裕国。约七年间,帝室年出三十万圆,国务大臣及大小官僚,皆出薪俸十分之一,国民亦按产提捐,以造军舰二只,即富士、八岛二船是也。由是上下一心,臣民合复。第三次会议秩然毕会。虽然外无敌则内患生,议会、内阁既已和协,政党无外敌,乃互起相攻击矣。民党先决裂,即硬派也,自由、改进两党亦相继而溃矣。

(二十一续)自国会、内阁之和协也,不特民党分崩决裂,即政府内部亦渐著破溃。时山县侯辞朝去,惟西乡、品川诸有力者,新结党派,以抵民党,御其反对,用助政府。此与汉高祖楚,项羽抗秦,秦未亡而楚汉之力合,秦既灭而楚汉之争起,其事适相类也。

自由党夙为民党,反抗政府,至此乃变而为政府党,反对民族。他如素附政府之国民协会,今乃变而为反对政府党,其表面虽浑沌无所见,其内容实愤官府之干涉其选举。盖此次选举,不特民党互为干涉,以相竞争,即百吏庶司,亦擅作威福,肆其运动,甚至贿赂行私,情面请托,如支那今日之腐败者，民党至此又一变矣。维时为民党之中坚，以抵政府者，厥惟改进党。

自由党内有愤己党之附于政府者，乃脱离自由党，别立一革新党以抵政府。国民协会离政府，与改进党相结合。其他小党分立，共有六派，谓之六派连合，如战国时之合纵以拒秦者是也。此派之立，一以抵自由党，一以抵政府。当此之时，圣诏忽下，议会、阁部冲突始息，三次会议乃得晏然闭会。至第四次议会，民党依然强盛。所谓硬派者，高唱强硬对外主义，与今日支那之主张扩张利权者等也。此时政府外交荏弱，以故六派连合，勒逼政府。事将上奏，旋又解散众议院。此次选举无甚干涉，虽一二处有之，然究竟选举所得，反对党仍占多数也。继此而自由党渐离散，国民协会分为六派者，旋亦与改进党合，因改称为进步党，于是进步党之在议会，势力占大多数。

时日本与清国事端将起，众谓国会之抵制政府，失之太多，故政府又行解散众议院。解散后复行选举时，适韩国东学党之问题起，因而日清之兵端开。此时议会不暇冲突，平和闭会。虽然此际进步党之势力殆达极度矣；自由党因附政府，渐致旁落，党魁板垣伯，虽居内相要职，党势终不克振；民党则势力颇强；国民协会则在议会中，恒与进步党同其步调，以当政府。故进步党此时实为民党之中坚也。

（二十二续）方日清之战未开也，伊藤内阁实处艰难之极地。苟非有战争，则第二次议会解散后所举议员，民党仍占多数。吾知伊藤侯之去朝，早已唯恐不速矣。是故日清之战，伊藤侯之护身符也，犹之日俄之战，桂阁部之延命丹也。

举国当时咸默不发一言，非伊藤侯之无懈可讥，实为国家多难故。然伊藤阁部之失人心，实以此时为最多且甚，亦犹之桂阁部《波支马斯条约》后，酿成去岁九月五日讨毁之变也（去岁九月五日，桂阁部主持和俄订条约，民党大反对，至焚警署政府讨之，汹汹数月）。

日清战后，伊藤侯亦知世局亟亟，战后经营，最为棘手，如清宜和、俄宜防等事，必须举国一致，以图国是。于是思与进步党议和，乃该党魁大隈殊顽固，不易和，盖知曲从则失己，守正则不容，故直斥之。维时板垣则主和，盖自由党之助伊藤阁部已久，其党中名士星亨者又复始终尽力主持运动,故自由党名实皆为政府物。

时进步党,势孤立,然举国人心咸归之。伊藤侯知其势盛,故来尝试,以期调和。是时,财政殊艰窘,渡边国武为大藏大臣,清之战与有力焉。惟各银行及他诸实业家,咸不满其人,战时负国债一亿圆,战后招募公债一千万圆,乃各银行同盟无应者。渡边自知不胜任,遂退职,伊藤侯亦坐守困难,无所筹措。

于是群议有谓松方伯温和老练,且对诸实业家有人望,阁部宜松方充之。惟是松方之与伊藤,自选举干涉以来,因起冲突,遂伤感情。虽伊藤或能降心相从,而松方终难未同而合也,况松方时代之政府党与进步党,实相合一,故此时进步党之与松方伯亦极相亲密也。

当此之时,松方伯亦忧政府乏人,愿以一己入内阁,恐或贻丛脞羞,不若挟大隈并进,庶几可以匡济时艰也。于是遂代伊藤入内阁,故时论谓之松隈内阁。

(二十三续)是时现象又一变矣。前附于政府之自由党,今则变为反对党矣;前反对政府之进步党,今则变为政府党矣;前在议会与进步党同其步调,且与松方伯敦其睦谊之国民协会,今亦变为反对党矣。政党之状况,至此乃益纷杂。

余初入阁时,提议有数条件,其要者有二:一是阁部开临议会,宣言其施政之方针,至于国务大臣不副舆望者,不得居其任;一是言论、集会、出版,宽其自由之范围,而政府之停止新闻、干涉言论诸法例,悉废止之。顾是时阁部虽因事而和,旋有议而争,渐至意见龃龉,故越一年而余又去朝,阁部又仆。后此继成之阁部,时论谓之蛮勇内阁,旋复解散众议院,未几阁部亦败。厥后所成,则第二次之伊藤阁部,虽元勋以立,然仍短命而仆也。

于时民间情形又一变矣,进步党极盛,自由党极衰。政府诸公咸知党派之要,如伊藤侯自选举干涉后,尤重党派;他如西乡、品川、井上伯诸人之深恶党派者,至此亦知非依党派,难望立宪政治之完善,于是竞欲立新党派。视自由党常立政府地位,思欲笼罗之,以自固其基础。伊藤侯拟于帝国客馆对议员宣言立党,将举行立党之式矣,奈为时已晚,其出类者,咸早树党自立,所余者不过残党羽卒,不足有为。于是伊藤侯一举不成,此念顿冷，将图再举，旋又去朝矣。

此时之自由党被诸元勋所诱惑，四分五裂，几不成党。加之前此附于政府时，党内之反对者咸投进步党，故至此散漫，不复能成立。于是自由与进步两党合一，成一立宪政党，党势至此盛极矣。

故伊藤侯临去朝，奏称大隈、板垣收国民多数之人心，以此两人组织内阁，庶几得之。时论所谓宪政内阁之成立是也。

当宪政党内阁时，选举极公平，争端亦鲜起，其结果至宪政党员占三分之二以上。然则宪法政治之发达，大可希望矣。维时全国中除官僚派及保守派外，凡国民罔不属望于立宪政党者。乃不料祸起萧墙，变生肘腋，本党内忽起大冲突。推原其由，无他故，改进党与自由党本有二十年相争之历史，虽合为一，终属有间。合离抑何常，聚散每相因，惟不自外起而自内生，此则日本宪法史上、政党史上均属可愧之事也。余惭薄德，适当其轴，调济未善，致有此变，虽然人事变迁，反复无常，此亦不获已之事也。

（二十四续）宪政党之决裂也，其原因实起于山县侯。山县，保守派也。自由党之杰士星亨者，既与改进党决裂，遂阿附山县，肆其运动。而山县阁部于是乎成此为最保守党之内阁也。

时星亨指挥，势力罔无至，全国自治团体，至府县会、市町村会，亦咸为所蹂躏，非特二十五年选举干涉之比也。山县虽保守主义，存心颇忠义，然知地方行政之紊乱，人心之腐败，乃渐疏绝自由党。星亨及其党人于是怒而起反抗。星亨，亦政治人杰也，人谓其为黠杰，吾以为是学文中之汉吕布也。迹其目空一世，蔑视英雄，恣其才智，张其事业，反道败德，与事竞争，在泰西或恕其小恶，称其鸿功，若依孔子春秋笔法论之，乌得为豪杰哉？余孔子徒论断亦若是，即山县侯之论星亨亦若是，故莫不敬而远之。

星亨既见疏于山县，乃翻旗而趋伊藤侯，此伊藤侯入政友会之近因也。伊藤侯久知非依党派不克宏树立美政宪，然地方行政，斯时之腐败，实国之羞，而又党之弊也。是结立党派，固国家要图，即改良党派，尤当今急务也。伊藤侯方日以此往来胸中，而星亨适惠然肯来矣。星亨之来，正如丧家犬怅怅无所归，遂将全党委交伊藤指挥下。

夫党派者,道德之团体也,持一定主义,据独立宗旨,以成此道德之结合。非如将军、总督之受君主命令,听一人指挥者也,亦非如家业财产之可以分割让人者也,今自由党,板垣伯退,而星亨率之,如游蜂之东西无定,如水萍之离合无常,亦不知其持何主义,据何宗旨,是则大可怪矣。故借非然者,伊藤侯之理想胡由施诸实行?久任内阁之老臣与夫国民协会之一部、自由党之余派,胡由合为一体?政友会又胡由成立哉?

于是山县又辞任,伊藤侯承其后又组成内阁,是谓政友会内阁部也。乌知国民至此乃群然反对星亨,未几,星亨被伊庭想太郎刺而死。痛哉!当时国内人心无不反对星亨者。星亨在伊藤阁部为最有势力,星亨死,人心之反对乃集于伊藤侯,至贵族院之全体,罔不反对伊藤阁部者。时阁部中亦有牴牾,老练政治之伊藤侯,至此内外受敌,遂又辞职退朝矣。

(二十六续)继此者即为桂阁部,袭阁位四载半,为最长久,至去午国民反对俄约始退职。其间无民党为之援者,惟政友会隐助之,然反对者亦时时起。故有一次众议院之解散,其后政党渐沉沦,腐败至极点。

旋日俄启衅,上下遂一致,议会亦无龃龉事。夫国家当平和之余,必有政治之运动及政党之变象。乃日本近数年来,寂然不动者何哉?俄之役,政府课税增至一亿六千万圆,以云巨则诚巨矣,国民岂无痛苦者?然卒不闻诅咒声。盖此一战后,国权所张,威势所震,各种事业勃兴,利害问题盛起,人争趋赴经营之不暇,而宪法之精进否,政治之发达否,无暇问及矣。

然则今日现象不几将满而溢乎?曰不然。党派则群议其改良矣,政治则众论其厘整矣,统全国人心观之,无论教育上、风俗上、社会上,咸郁郁乎有困而待舒、汇而将决之势。譬诸天气,阴云不起,四郊沉沉,则暴风急雨将至之象也。日本现状,民气郁结数年,隐忍而未发,则将来必有猝然变起、崇朝燎原之一日也。非满而溢也,固将虚而歉矣。

诸君咸读英史矣,英相马尔勃罗,大政治家也,常用兵于大陆,列国莫不畏之。顾其为人,颇华侈,贪贿无厌,于小贿则舍之,至几千百万之大贿,则取之。苟议员有议之者,则以巨金钳其口,正复易易,取之不难,故予之亦不惜也。然其伟烈昭人耳目间,亦人杰也。其极盛时,英国将相任一身兼之,武功既张,外交亦振,列国咸震慑,莫敢支吾。

然此时英国之人心则沉郁极矣，政府行动，虽不满于心，究敢怒而不敢言。未几，果大骚动，加奈陀一战而马侯败于法。自此一蹶不振，外交萎靡，财政支绌，终陷于穷地。国民乃思真英雄，而老必笃者遂乘时出，所谓时代出英雄也。即维廉必笃之父，为人谨严，虽王宫贵族军队不甚悦其人，然国民舆望咸归之。必笃甫秉政，除积弊，退恶吏，简贤任能，英国势复振，而大陆咸归屏息矣。

日本现时，观其表，则战胜强大国，凯声彻环球，亦盛矣哉；然察其隐，则政治不振，党派不振，欲期繁荣，亦綦难矣。且夫雨之降，不降于降之时也；祸之起，不起于起之时也。国家者，国民也。国民发达，政府始能巩固；国民沉沦，政府乌能昌明哉？

今清国之衰，实以此故也。诸君归国，鉴于日本，资为将来之法戒，挽救今日之衰颓，其勉乎哉。政党者，成于势之自然，非王者之所能建设，亦非王者之所能禁制也，况乎政党盛则国家盛，政党衰则国家弱。政党与国家，生死相维系，存亡相关切。则国家之于政党，固宜未出也，提倡之；既成也，保护之。盖保政党，即所以保国家也，奈何复逆其势而禁制之哉？

英国为宪法之先导，故吾辈旧挹之于彼；日清为道德之同源，故诸君今取之于此。诸君能以余之所以语诸君者，归而语与诸君之君相大夫及缙绅先生，而施诸实行也，斯不负今日研究之苦心，诸君勉乎哉。

（二十七续）兹将结论且就国家之组织略述一二，以为今清国最要之取用，而故非以国家学之学理述之也。试问今日清国之国家，其构造法果完全否也？则必曰不完全之甚也。

夫国家之组成，因地与人以为基础，有斯二者，始成国家。清国地广土腴，民族繁多，据此广土众民，宜为世界第一大国家也。顾乃与列国相遇，非但不能列优胜之地位，且不能保其平等之地位者，何也？盖清国实一小国也。曷以言之？今清国虽变法图强，而国中人如疏星散火，分崩离析，不克团凝为一大热体以合力维新。故四万万人不啻四万万小国，乌得为一大国哉？

今世界国际之竞争亦云烈矣，然纵无因国君或大臣一二人之私衅而起战争者。古时国君或宰相，往往因一人私忿，致起两国战争。春秋战国时，此事甚多。欧洲昔时亦有之。近世改造政府，为国民之政府，国君恒从民意,以为设施,于是国家遂为一国之公物,而非王者一人之私产矣。故事不关一国公忿者,不能起国际战事,日俄之战,其明证也。苟俄胜者,则东洋之祸无穷期矣,故我一国之民莫不忿然起。

盖国家存亡安危之所关,即为国民之所战。若夫俄国则不然,其皇帝及其亲贵大将军,喜功好大,一二人欲满其欲望,而战遂开;至其国民,则多数中不知其开战之原因者。然则是战也,是不啻以日本之全体国民,与俄皇及大将军一二人之军队交战也,是日本小国战胜俄大国也,而吾以为是日本大国战胜俄小国也。详言之,即日本五千万同胞,无论男妇老幼之一大团体,战胜于俄皇及将官之一二人之小团体也。盖所谓大者,在精神不在形质,在人心不在兵额,在团体不在境土也。

(二十八续)是故国者,民之积也;政府者,民之机关也。各国莫不知其然,为战为和,罔不惟民意是从,支那古圣帝明王亦莫不然。所谓王道,本乎民情也。

今世立宪君主国、民主国、共和国,其所设施,率与古王道相结合,即谓为王道世界亦无不可也。国家既以民族为依归,即莫不思为民族扩大其幸福。于是,国与国争雄,实民族与民族争雄也。其力相平等者,则平和成焉,今谓之武装平和者是也。顾两强之间,必有弱国,互思侵吞,遂启争战。是搅乱两强国之武装平和者,非强国之构祸,而弱国之阶厉也。

譬诸人之两强相遇,相持不下,有弱者出其间,则必受其祸焉,甲午之战,其明证也。日清两国,非为韩故,胡致起交涉,相寻于干戈哉?然则韩实日清之祸水也。日俄之战亦然,清国虽据此广土众民,而组织未完善,以致强俄眈眈,日肆侵噬。名为保护,实则攘夺,满洲全境不既全归其势力圈哉?苟任其扩张,安有止境?于日本之安危存亡,实大有关系。国虽小,乌能不力争哉?使清国此时,力强势足,能自立门户,使盗首不敢窥,则日本固可高枕而卧,相安于无事者也。他如美国之与西班牙,曩亦因此等事而开战。中美、南美一带,争端不绝,亚非利加与摩洛哥亦将开战,大抵皆因此等事起衅者也。

然则今日东洋全局之乱阶,不得不归咎于清国矣,不得不归咎于清国之组织之不完备矣。苟组织而完备者,则三强相峙,可保东洋永远之和平也。故筹世界之大势,统各国之组织,有一不完全者,则世界之和平难保不破坏也。盖力必相等而后能相持,能相持而后能相安。借非然者,群雄纠纠,我守其雌,群虎逐逐;我失其鹿,不特害及其国家,并累及全世界矣。

于是清国皇太后、皇上及诸王大臣有鉴于兹,而遽然改图,此预备立宪之上谕之所降也。特是变法者,革其故而新是图也;立宪者,定上下共守之法,通军民一体之情也。若今日言维新,而明日仍故我,今日言立宪,而明日仍专制,是以宪法为饰人耳目之具,不特无以取信于国人,并无以取信于外国矣。乌得谓实行变法哉?乌得谓实行预备哉?

(二十九续)窃思清国此次之明诏,实出洋各大臣之运动也。兹当万机改良,庶绩更新,若政务,若学务,若农商、工商诸务,罔不任事择人,任人当事,汲汲以图国家之完善。虽然,尤有一重要之问题,则国君是也。

夫国君者,国家之中心也。凡物失其中心,则立见倾覆。如地球失中心,则世界必崩坏;太阳系失中心,则众星必紊乱。维国亦然,国之中心,即为君主。清国四千年之历史,实为君主中心之专制国。既有中心,则四万万民须向其中心也明矣。

虽然,地方党派,实破坏国家之中心者也。即如清国十八省分党派,则必成为十八国;南北省分党派,则必成为南北朝。地方党派苟发达,则国必分裂,而失其中心。内忧一起,外患纷至,其结果必至鹬蚌相持,而使强国之渔人得利也。故清国此时改造国家,以避除地方党为最要也。

其次,则满汉之界宜泯也。清国满汉一家,已数百年。苟满人得志,而排挤汉人;则汉人得志,亦必排挤满人。如此雠仇相寻,蔑有底止,微持宪法,不能持其平,即国土亦乌能一其统哉?

又其次,则学说之分派宜调剂也。学说愈发达,国家愈进步。顾学说兴,则党派起;党派起,则竞争盛。此不独各国之现象皆然,即支那之古时亦有之也。然因学派相倾轧,往往遗累及国家,此欧阳修所以作《朋党论》也。

盖学说之竞争,等于宗教。若因其争而禁制之,是因噎而废食,阻国家之进步。则惟立之法律,以调剂之,使并行而不相害,斯获益而不受损,如所谓宗教自由、学说自由、结社集会自由等法皆是也。泰西各国宗教之乱,前已言之,兹不复述。清国虽无宗教之乱,然学派之争,势必难免,如汉学派、宋学派、程朱学派、陆王学派等,又如日本留学派、英美德法留学派,各据所学,思变国政,意见既歧,攻击斯起,此势之所必至者也。

夫党派者,宪法无之,法律亦无之,虽为立宪政治之明认团体,实为代表民意之无形机关。一政不善,党派訾议之;一法不平,党派争论之。故党派者,国家政府之监督道德上之制裁也。顾党派有公私之分,因之对于国家有利害之别。为国家民族谋公益,而不为身家一部之私利计,是谓利国之公党;为一方面一部分图私利,而不顾国家民族之公益,是谓害国之私党。

如地方党派而能为公共之安宁谋,不为一地方之私利计,则是地方自治之团体也;满汉党派苟满党而不为一族之私利计,汉党而亦不为他族之公益侵,则是族党自治之团体也;学说党派而苟研求国家之公益,不图偿一己之私愿,则是学说研究之团体也。是皆为利国之公党,而国家之不可斯须缺者也。方提倡组织之不暇,而甘避除而泯灭之乎。

(三十续)诸君欲殚精竭力,富强国家,借兹美备之资料,用施构造之新法。虽积弊甚深,未能遽刈其根株,然改写有术,亦克渐新其面目。日本采诸英美德法各国之成宪,为因为革,为损为益,取长舍短,审时酌宜,以构成亚东之新岛国。

清国则取诸日本之现象,变通而仿效之,足矣,无庸更向泰西各国费其观察也。况泰西与东洋,文明异其源,道德异其本,人类异其种,风俗异其好尚,历史异其沿积。其间治乱兴衰,或起宗教之争,或作封建之乱,以致封建与王权起冲突,王权与民族起冲突,平民与贵族起冲突,几经流血,几经盘错,遂致今日,臻于富强,则皆诸党派之力也。

日本吸取西洋之文明,咀嚼各国之政治,于兹五十年间亦不知几经变乱,几经改良,始组成今日之国家,得陟于强国之地位者,则亦皆诸大公无私之党派之力也。

今诸君欲以一时之学力,变支那五千年之旧习,其于党派公私之辨,尚其加之意哉。清国党派之兴,渐将萌芽;宪法之行,亦在目前;言论、集会、出版之自由权,亦必如愿以偿;即选举代表,参议国是,监督国家之行政权,亦能逐渐而行。不然,则无以拯今日之衰颓也;不然,则无以救今日之危亡也。故今日实为清国盛衰转圜之机,而诸君又为今日盛衰转圜之人,诸君之责任亦重矣哉!前途亦远矣哉!

余承诸君之下问,用敢不揣固陋,勉为应对,以备参考。敢云日本政党之现状,足为矜式乎哉？其实余之不满于日本政党之现状者,犹之乎诸君之不满于清国政府之现状也,惟有与诸君奋勉,以期臻于美善而已。顾以现状较之,则日本似优,清国似绌也。然美国人之苛待日工,与苛待华工正复无异也。

故东洋人方当同力奋勉,以达于世界文明之最高度,庶乎可免于世界强国之压迫力也。噫！处此竞争之场,欲求进步之速,非知识、道德二者俱优不为功。顾欲二者之发达,必求政治之美善。政治,非一二人之力之所能争也,于是以结党派,以逼政府,以修百度,而后政可平,而国可强。此余之所身亲经历,而诸君之所最宜注意者也,岂必事于战争哉?

诸君拥美备之资料,据博大之境土,苟能宏其知识、道德之力,构造厥国家,行将雄飞世界,鹿逐环球,大同之景象,无难拭目以待也,诸君勉乎哉。

《日本大隈伯爵政党史论》书后:

予读《大隈伯爵之政党史论》,恍然于日本国家数十年之盛衰治乱,罔不基于政党之废兴存亡。其始也,以排外而起攘夷之党;其继也,以治内而起开国之派。未几,而尊王派又随攘夷党而并兴矣。未几,而佐幕派又随开国党而同起矣。又未几,而佐幕开国之派盛,而尊王攘夷之党衰矣。又未几,而尊王攘夷之派胜,而佐幕开国之党败矣。又未几,而尊王、开国两派合一矣。又未几,而尊王、开国两派分张矣。又未几,而尊王攘夷派变为复古党,开国佐幕党变而为王政维新派矣。又未几,而复古党日渐衰微,维新党日渐发达矣。

其始也,锁国、开国两派相争;其继也,复古、维新两党相持;其终也,保守、进步两家相搏。纷纠数十年,死亡数十万,铁肉搏战无虚日,卒致云雾销尽,天日焕明,克底今日,岂偶然哉？兹固豪杰志士忠肝热血溃激所成,然使上无明主昏暴专横,严禁党徒,壅闭舆论,虽有志士,奚由施其干局？虽有谠言,奚由达于天聪？徒演流血之剧,终底灭亡之域而已。

论地方自治要义①

处此群与群相争之时代,而不行地方自治之政策,则国不可以保存。顾外不除阻梗自治之阻力,内不裕组织自治之基础,虽日言自治,无当也。所谓阻梗自治之阻力者,奈何?曰官吏之越省授职,正与地方自治相反对者也。官权重,则地方权轻;官利多,则地方利少。官制一日不改,则自治一日不兴也。官以客而入为主,地方以主而退为客,主、客既倒行,治、乱必逆施。此非专制之流毒,而自治之阻力哉。所谓组织自治之基础者,奈何?曰其详不及细陈,且即其要义而分言之,厥有两端:

一曰培养个人,以立社会之根本。社会者,国家之分子也;个人者,社会之分子也。欲组织国家者,必先提倡社会;欲提倡社会者,必先培养个人。故个人之知识不开化,则社会必顽固;个人之体力不壮健,则社会必柔弱;个人之德性不良善,则社会必浇薄。盖个人为社会之一体,社会为个人之全身。譬诸人身,社会为躯壳,而个人则躯壳中之血轮质点也,诚于中,形于外,毫厘不爽也。

顾培养个人之道,亦不一端。举其要者,约有三事:一分立各种学堂也,二建设报馆及阅报所、演说场也,三改良诸小说、戏曲、俚歌也。如此,则人无论贵贱贫富,业无论士农工商,咸得受新教育,而发新知识。佐以官话字母,普行广谕,将五六年后,普通教育,十人可得六七焉。顾在个人之进化,仅得数小分,而合多数个人之表现于社会者,则不止数十百倍矣。如此,则各种人才辈出,各种事业咸作,而社会将蒸蒸日上,所谓培养个人以为社会之根本者,此也。

二曰提倡社会,以立国家之根本。社会之关系于国家,犹个人之关系于社会者也。世无离个人而能自立之社会,即无离社会而克自立之国家。

① 原载于《盛京时报》1907 年 2 月 27 日第 2 版。

故国家又为社会之躯壳，而社会为国家之血轮质点也。即如学无会，则学术不发达；商无会，则商业不扩张；工无会，则工艺不完备。极之一行业，一事业，苟无社会，则利弊必不能周知，竞争必不能优胜，此可断言者。故国家无社会之竞争，则诸事废而莫举，百务弛而不振。

国家有社会之抵柱，则庶绩熙而就绪，万机张而咸理。盖自有人类以来，初则为个人之竞争，进之则为社会之竞争，又进之则为国家之竞争。顾个人不立者，社会必受其累；社会不成者，国家必获其害。此各国之于社会学所以罔不研究而提倡之也，所谓提倡社会以立国家之根本者此也。

嗟乎！今世界一社会竞争之时代也，一社会竞争而进为国家竞争之时代也。而我中国乃以不完全之个人，与人之社会争，且以不完全之国家，与人之社会国家争，孰胜孰败，固不烦言而可决者。然则非亟亟以图地方自治，乌乎可哉？非痛除挠梗自治之阻力，力裕组织自治之基础，又乌乎可哉？

论法学之要领[①]

有人即有群，有群即有争，争穷而法生焉。故法者，所以保全人群相交之秩序，而平和人类相处之竞争也。中国三代以前谓之礼，西汉以后始谓之法。条分而规定之，谓之律；辅助而实行之，谓之刑罚。小之一人之晋接、一事之作为，大之社会之组织、国家之交际，胥准乎此也。

持是世界之事，类有万殊，即法律之制定有万变，以有限之精神，穷万变之法律，无论耳目有不能周，实则要领亦不在此也。要领乌乎在？曰《诗》不云乎，有物有则，其则维何？子思不云乎，率牲谓道，其道维何？尧舜之执两用中，厥中维何？孔子之吾道一贯，厥一维何？

吾且以今人之学说，发明古人之精义。今之法学家言有两派：一曰理

① 原载于《盛京时报》1907 年 2 月 29 日第 2 版。

想派，谓一切法律由理想发明而出者也；一曰历史派，谓一切法律由事实沿积而成者也。主张理想派者，谓事实有限，理想无穷，但凭历史以为因革，未免滞于有象，而无以极灵明之妙用；主张历史学派者，谓理想虚而无凭，历史实而有征，仅恃理想以为因应，必致涉于空虚，而无以适实地之施行。两派学说，互相是非，正与中国之陆王尊德性、程朱道问学，其分门户，别宗旨，若合符节也。

今学者于两派相持之中，而得一折衷之说焉，谓两派不可偏废，人非至圣，畴能不勉不思，从容而中。故资历史以为持循，则理想有所凭而得其正；资理想以为变通，则事实不至拘而囿于一。此所谓尊德性而道问学，相资为用，相倚而行者也。

然则法律者，散之在万事之表，聚之实不越一心之中也，远之极万里之外，近之乃不出方寸之间也。是至性中物也，是人人所有也，是万国所同也，是千万世不变也。循乎是而行之，由身而家而国而天下，皆可以推行无碍者也；率乎是而推之，由个人而社会而国家，固可以攸往咸宜者也。数人而谋一利，有一人之不护，即非善法，推之于社会、国家，罔不然；数人而防一害，仅一人之得免，亦非善法，推之于社会、国家，罔不然。曾子曰："所恶于上，勿以施下。所恶于下，勿以事上。所恶于前，勿以先后。所恶于后，勿以从前。所恶于右，勿以交于左。所恶于左，勿以交于右。此之谓絜矩之道，此之谓法。"

虽然，法学者，实行事也，非空谈事也。匪知之艰，行之维艰，学者惟日考考，穷年兀兀，一旦临事，失所凭依，不得要领者。何哉？曰是由其心源未澄也，是由其私念未除也。私念有二：一曰趋利，一曰避害。事物之当前，祇此利害之两端。我而溺于利害中，不克自摆脱，则心为物引，遂失其正，于是则生于心者害于事，发于事者害于政矣；我而超于利害外，不为所牵制，则心以静存，自泰其天，于是则诚于中者形于外，发乎迩者见乎远矣。

《大学》一书，以诚意正心为治平之本者，为此故也。此处得，则由身而家而国而天下，由个人而社会而国际，无一事不合法，无一法不得中矣。《诗》之所谓则则此也，子思之所谓现此也，尧舜之用中中此也，孔子之一贯一此也。以此观各国政法，则美恶立辨；以此考各国法规，则是非自明。学者于此，三致意焉可也。

论州县官吏宜速变通[1]

方今百度维新，庶务俱举，所亟亟以图改良者，不外政、教两大端。论改良教育者必曰：科举不停，则学堂不兴；论改良政治者必曰：警察不办，则政治不良。今科举停矣，而学堂仍不盛；警察设矣，而政治仍不善者。何也？吾且为之进一论曰：乡塾不废，则学堂不兴；州县不改，则警察不行。何则？科举虽停，而乡塾不废，则顽固者仍有所资以为修藏也；警察虽办，而州县不改，则小民转无所决以为率从也。则且即其利害而分晰言之。

一、州县固政治官吏也，警察亦政治官吏也。既无法律，以别其权限，分其职守，而徒漫然以设之，杂然而行之，则利之所在，必互相争趋，争则事不偾不止。害之所在，必互相委让，委则事不弃不休。现时各州县之与警局，龃龉不偕，互相禀覆者，累累相望，其明证也。此其害一也。

二、任州县者，多守旧候补者流；办警务者，多维新特派者流。新籍分党，多挟意见，不复揆诸公理，势必枝节横生，倾轧百出，寅之不同，事将安济？此其害二也。

三、其不相反对者，则必警务官吏，为州县官所保荐或委任者，将沆瀣一气，无少差池，意旨所在，逢迎恐后。如此则警察官之所奉行，皆州县官之所图度，甚至罔上欺下，同恶相成。是有警察如无警察等，徒为国与民，增无数人员，耗无数钱财，添无数纷扰也。此其害三也。

四、州县理民词，警察亦有审判。警察巡捕，州县亦有捕役。有时一事分控两署，有时两署共理一事，民之伸情于彼者，或反见抑于此，受罚于此者，或反得直于彼。为政为法，无所分别，为适为莫，无所折衷，徒使奸吏黠民得以依违弄弊于其间也，此其害四也。

---

① 原载于《盛京时报》1907 年 3 月 1 日第 2 版。

有此四害,而犹欲有条不紊治臻上理也,不綦难乎。然则如之何而可？曰乡塾不废,学堂不兴;州县不改,警察不行。何则？

乡塾之学费廉,而适以合乡愚守旧之思想。一旦废之,绝其路,节其财,俾舍学堂别无可求学之门,则学务不强迫而自澎膨矣。州县之权重且制久,因循执行,可以阻挠一切。一旦改之,分其权,省其款,俾诸事得分科,以收专任之效,则政治不纷更而巡理矣。

改之之道,奈何？曰州县官署,改作四局,可也。一裁判所也,二警务局也,三学务所也,四课税局也。其他则视其事务之繁简,以为吏员之增减。分其职守,清其权限,定其法律,俾各司其事,勿相侵越。而州县官可以裁,六房三班可以撤,诸门口皆可以废也。如是,则款不筹而裕,事不纷而理,其不蒸蒸乎日起而有功者,吾不信也。

论俄官焚死华人之惨毒①

读哈尔滨俄报,载有本月廿日晚六句钟俄警兵与胡匪搏战,胡匪败北,奔匿华人家。该警官波土洛夫饬兵纵火,烧该华人房屋,致延烧无数财货,并焚死华人六名。

余至此不禁废纸而叹曰:方今文明世界,乃有此灭贼之新法也哉。胡匪犯罪,于人之房屋何涉？于人之财产何涉？于彼六华人又何涉？乃穷于捕拿之术而一并焚之。文明如俄国,乃出此灭贼新法哉。推是法也,贼在哈尔滨,则举哈尔滨而悉焚之可也;贼在俄国,则举俄国而悉焚之可也;贼在地球,则举地球而悉焚之可也。然而有是理哉？

今文明各国法律,最重生命财产之自由,而俄员乃轻蔑人之生命,蹈践人之财产,视等儿戏,不少顾惜。以野蛮之行为,作俄国之代表,其真惨无天日哉。嗟嗟！游子天涯,家山万里,父母妻子,梦魂恋恋,一旦遘此奇

---

① 原载于《盛京时报》1907年3月2日第2版。

祸，血肉焦灼，筋骨灰烬，含烟茹火，身无焦类，孰非人情，能勿惨哉。

回忆庚子之乱，俄人借辞驱除胡匪，而炮击我同胞数万人，逐赴黑龙江中。弹血满空中，浮尸塞江流，不死于火，即毙于水，至今江畔天阴月夜，犹闻鬼哭。东西各国闻此事者，莫不伤感，斥为野蛮。乃前辙未息，后烬复燃，俄人其真视我民命狗马之不若哉。

且夫俄人之轻蔑我民命也，固为不共之天，而我国官吏之听人轻蔑我民命也，尤属残狠之极。身为民父母，而食其膏脂，享其租税，乃不克保护我民之身命财产，坐任外人之百般蹂躏而不一顾惜，苟非冷血动物，乌有不动于中，奋于气，发作于交涉者哉。

嗟嗟！民为邦本，杀其民而不问，行将夺其土，戮其官，缚其君，相取其社稷矣。本之不存，末将安附？则今日之为我民争命者，即为我他日之社稷君相官吏土地保存之地也，有保民之责者其思之。

论绅士与地方之关系[①]

地方之办事，必有绅士，犹舞台之演剧，必有正角也。演剧而无正角，舞台之上必无一点精神；办事而无绅士，地方之间必现一番冷落。绅士之关系，亦重矣哉。

何以言之？盖由全国而分为行省，由行省而分为州县，由州县而分为村落，凡夫冠带之伦，其所以立于世界者，莫不有趋利避害之心、去危求安之想。然而论今日之现象，村氓野老，草服黄冠，其平日未尝有读书明理之功，而眼光狭小，识解卑污，利害之界不能分，安危之机不能辨；即稍有聪明者，或识破安危利害之途，而平日之众望不孚，虽知之而不敢言，即言之而人亦不听。故凡地方之事，非有声名素著者以为之首领、为之拨弄、为之指挥，则必如无轮之车，难行寸步。

① 原载于《盛京时报》1907 年 3 月 2 日第 2 版。

绅士者,固一乡所仰望而钦慕者也,或承先祖之荣名,或经本身之仕宦,其见闻既广,其识解亦超,言也而人皆从,行也而人皆服。其所居之地方,无论有何兴作,有何设施,一经绅士之提倡,则咄嗟立辨。是绅士之权力,较官家之权力,犹有大焉者矣。

惟其权力之大也,故凡新官莅任,莫不先投刺拜谒于其门。此非可咎官之好奔走也,盖莅任之始,未谙其地之风土人情、习惯、积弊,绅士为此乡土著,其知之也必悉,其阅之也必深,苟得一为道破,则遇事可有把握,而不至有棘手之虞。且犹有益者,其爱民之官,固将借绅士以行其仁政。即苟贪利禄之徒,思欲为殃民之事,而知绅士为乡民所仰望,或恐阻挠其侧,而不敢施其伎俩之能。

孟子曰:"为政不得罪于巨室。"所谓巨室者,即当今绅士之谓也。盖不得罪于绅士,则欲办何事,而事可立成;得罪于绅士,则漫论绅士出为抗争,即一袖手焉,而自为破坏。绅士之力,如此其巨,彼为绅士者,宜何如自重哉?

况现在中国将行立宪,正在整顿地方自治之时,以此事而责之遍氓,必有万万不能者,是又责在绅士矣。于斯时也,绅士善则利且无穷,绅士不善则害将何极。此机轴之转,即斯民生死之关,且愿为绅士者尚其自念也。

然窃观当今之世,为绅士者有两派焉:一为进取派,一为退敛派。进取派者,其才力、其识见,本皆大有可为,而其心乃不出于正,凡事揽权,排击正士,媚己者用为羽翼,背己者视为仇雠,串衙丁为虎狼,苛小民为鱼肉。故尝见有家非富室,及办官事数年,俨然家累万金而骏马貂裘者矣。退敛派者,事事让人,不肯出首,以为功名富贵我自有之,与其用心用力,受终日奔走之劳,何如无是无非,享几年清闲之福。不知身家财产,全在本地存留,己身享受终年,他日犹遗之孙子,地方不治,未必不累及后人也。

今日出力,外貌似乎为人;他日成功,利益还归于己。其利之细者,固言不胜言。今且言其利之大者,譬如整顿学务也,今己虽不入学堂,将来子孙便有求学之地;整顿警务也,今己虽稍输捐款,他日财产便有保护之方。屈指以计,无论地方何事,何在不关于己,而徒关于人乎。

现在中国濒危亡之局，处积弱之秋，窃愿为绅士者讲求公益，为地方尽一分之劳，切勿效进取派之丧尽天良，退敛派之但顾目前也。

论今日宜急求法治[①]

天下千万国，古今数百朝，来去代谢，惟“治乱”两字而已矣。人而生逢治世，则安享承平；身际乱时，则载罹荼毒。考之史册，证之诗歌，一为想斯民之苦况，有令人掩卷焉而不忍卒读者矣。

今之时，何时乎？乱世乎，治世乎？吾不必断言也。但海禁大开，万邦互市，交涉一有不善，我中土地将来恐不免为战阵之场。不及时而早图之，迨火势燎原，则难为扑灭。早图奈何？惟望全国中四万万之同胞，振刷精神，讲求法治，统土地、人民、主权三项之材料，打叠成堆，然后可已乱而几于治。

夫国家治乱，原在人力，而不在气运。而治国主脑，则可恃法治，而不可徒恃人为。从前儒者之谈，曾言“有治人无治法矣”。非谓真无治法也，盖谓法可随时而变更，不可一成而不易也。当修不修，当改不改，此非法之病，乃行法之人之病耳，法又安可一日无哉？或者谓法也者，盖为不知守法之病，乃行法之人之病耳，法又安可一日无哉？或者谓法也者，盖为不知守法之小人而设。若人为君子，虽使无法，亦必能不逾规矩，遵守范围。当今而欲求治，则但能兴学校、普教育，纵尽毁刑书，而亦可不致于乱。然此特一偏之论，非中正之谈也。

盖法治为全国之精神，譬之一人之身，起居有度，动作有方，则身为法治之身。吾知其人之设施，必能兴家而立业。国家而有法治，则君子行事，得遵守而有所主张，即小人亦有所畏忌拘束而不敢于逞。故无法治之国，其国必弱；有法治之国，其国必强。

---

① 原载于《盛京时报》1907 年 3 月 4 日第 2 版。

现今欧美诸邦以及东洋日本，大都任法治而不任人为。诚以任人治，则有如机器，少不着手，则周转立停。且人各有心，心各有主，无法治以为之作用，则前任之官未必与后任同其志趋，此处之事不能如彼处一其章程。如此，则诸事纷离，乱无头绪。在上者既无所把握，在下者又何以奉行？譬之织布，无縢杼以为之约束，漫欲其斐然成章也，能乎不能？若以法治，则人守一法，法皆一律，人人有共和之意，人人有担任之心，人人知官长代国家行权，上下自泯猜嫌之迹，人人知政府为斯民效力，贵贱自有同体之亲。且人治国，则立法与执法合权，于民生诸多妨碍；法治国，则立法与执法各任，于民生多得周全。

中国讲人治而不讲法治久矣，故法治之学问渐渐消磨，而人治亦不过假作圣贤，铺排门面。久而久之，乃积成今日无法治，遂亦无人治之天下。而腐败官吏，乃得乘其隙，而肆其荼毒，岂不可慨也乎？

自庚子变后，始知中国之时局艰难，于是取法东西，兢兢焉力图振兴。乃数年以来，政府诸公力言革旧矣。然但博革旧之名，而不求其实；竞语维新矣，然但取维新之貌，而不得其真。各所、各局、各公司，徒为任用私人者，应开门路。守此而行，吾知中国再迟数年，其祸患将不堪设想矣。

今又将行立宪，各省设立法律学堂，期养成行法人才，为将来任法不任人之基础。然仍恐循名忘实，徒有任法之意，终不免有任人而蔑法之心，则亦徒取闹一时，终必莫收其效也。窃愿当道诸公，尚其实，行法治，勿亦如诸新政之徒取外观也，则天下幸甚。

论中国宜提倡社会以预备议院之组织[①]

今中国宣言立宪矣，抑知立宪之本在议院，议院之本在社会，社会不发达，虽日言立宪，无当也。如筑室然，必先立其址基，而后垣墉有所循而

① 原载于《盛京时报》1907 年 3 月 6 日第 2 版。

积也;如合药然,必先备其材料,而后丹丸有所资而炼也。议院者,国家之址基与材料也;社会者,又议院之址基与材料也。世界无不设议院而克成立宪之国家,则亦无不资社会而能成立法之议院者也。

一国之法律,为一国人民之所遵守;立宪国之法律,必先为一国人民之所承认,而后始为一国人民之所遵守。其不承认者,即不遵守也。然则一国之法律,必合一国之人民公订之而后可。议院者,人民所举之代议士,以代表一国之人,议一国之法者也。故一国法律必经议院之决议或认可后,始能发布施行。是不啻一国之人议之,一国之人行之,无所谓不承认,又安所谓不遵守哉?故曰:议院者,立法之本也。

一国之代议士,既由一国之人所选举,则选举之法,必区别社会之人数,以酌定选举之人额。社会分数种,有以地理分社会者,如各省郡县之同乡会是也;有以事实分社会者,如各学会、教育会、政友会、商会、工艺会等是也。无地理社会,则地方自治之团体不立;无事实社会,则各种事类之统属无方。

故关乎地理之政治,则以地理社会,分别选举之额限;关乎事类之政治,则以事实社会,分别选举之额限。总之,无论何种社会,必组织于平时,庶交通之有素,得以熟究其利弊,周识其贤愚。而后举人者明于取舍,选无失人;被举者明于利害,议无失策。社会愈美备,议院愈完全。故曰:社会者,议院之本也。

由是观之,国家之法律,出于议院;议院之人才,出于社会。社会兴而后议院立,议院立而后法律良,法律良而后人民治、国家强。今中国既宣布立宪矣,而于民间之结党立会,仍严禁之,不少开放。是犹筑室者之坏其址基,而求垣墉之崇;合药者之抛其材料,而冀丹丸之成也。微论事不能行,抑亦为天下笑矣。

论维新后人才之分派[①]

中国自维新以后，办理新政之人才，日多一日，年多一年。其学贯东西、治通中外者，固不乏人；而无一技之长、徒知自私自利者，亦所在多有。然而其自私同、自利同，而其各行其术，则同而不同。晰言其派，厥有七焉。

其一为名誉派。此其人纯盗虚声，平日名望之隆，早为上司所耳熟，故不用托情面、借出身，自可得美差，而占于最优地位。此何故哉？盖彼本素有名誉之人，苟使之置散投闲，则彼之名誉益增，而上司之名誉乃损。已早念此至熟也，故出其高抬身价之手段，以钓取当路之推崇。于是，或则为监督，或则为总办，府衔道衔，连膺保荐，加级加赏，叠奉明文。在上官破格用人，不为不至矣。乃日复一日，年复一年，而一考其职任之成功，毕竟毫无一效。所谓在家为远志，出则为小草者，此也。若是者，谓之名誉派。

其二为文凭派。自科举既停，专以学堂为取材之地，而取材之证据，则惟注重乎文凭。无如志趣卑劣之流，不以文凭为学问积累之证书，专以文凭为升官发财之执照。故功课不必办，技艺不必精，但求在学堂出入数年，苟得将如花似锦之一纸，攘取得来，便即偿其所愿。其入吾中国学堂者，不必言矣；其自海外归来而专恃文凭得富贵者，盖指不胜屈焉。此其人又不顾名誉也，但掷却数百银元，出洋一览，便买来无尽荣华，供给终身之享用。至于国事之济不济，则不之问也。若是者，谓之文凭派。

其三为排场派。排场派者不用名誉，不借文凭，专恃几幅文绣章身，假作方行矩步，其中则一无所有，其外则光彩照人。仆役家丁，坐车走马，朝游楚馆，夕宿秦楼。譬彼奸商，但装饰几间门面辉煌，自可博赢余数万。

① 原载于《盛京时报》1907 年 3 月 7 日第 2 版。

而中国上官之积弊，每好体贴人情，今见其人如此排场，知薪金太廉，不足以敷其度用，于是择肥缺，派美差，不数年而家藏万贯矣。弃于此者取于彼，失于先者得于后。若是者，谓之排场派。

其四为钻营派。其人意谓，我既无名誉，又无文凭，即只恃排场，终非必得之券。且徒饰外貌，亦非本色英雄，何如低首下心，借钻营以广开门路。某为某大人之厚友也，必思何以交之；某为某大人之至亲也，必思何以见之。三节馈礼，两寿登堂，迨幸得一接尊颜，则或称晚生，或称受业，其一切鄙琐不堪之态，真有令人不可形容者。若是者，谓之钻营派。

其五为揣摩派。揣摩派者，专以觑破上司之心性人格，为独一不二之主义。上司喜维新，则其与上司言也，非夸誉文明，即笑嗤顽固；上司喜守旧，则其与上司言也，非推尊周孔，即景仰程朱。上司为好事人，则今日上一书，明日陈一说；上司为怯懦人，则吓之以冲突，恐之以风波。以上司之意为意，以上司之心为心，真有如影随行、如响随声者矣。若此者，谓之揣摩派。

其六为身式派。一生就事，专靠此一技生活，举一切声光化电、天文地舆、格致算术、水陆兵法等等诸事，无一能通。而惟恃身式之合格，立正打千，站班侍座，便博得上司之一片欢心，一生吃著之不尽。平常除侍候大差之外，不过为看花饮酒之欢，其余则不之计也。若是者，谓之身式派。

其七为面皮派。面皮派者，较之以上之六者，尤较多一番容易。但生有宋玉之容、潘安之貌、子都之美、张绪之娇，适如经济家，确有天然资本。试观今之各所、各局、各署、各公司，不大多其人乎。所谓面皮派者，盖此类也。

然吾非特为苛论也。现今中邦积弱，危亡之象已兆端倪，正赖新学诸公相与维持于不坠，慎勿流于七派，而故为瞆瞆也。是则余所厚望焉。

论东省新政之阻力[①]

今之策治安者，莫不急急焉办新政矣。然而一切新政，非可以妙手空空即能厘然就绪也，势必先筹的款，俾用之不尽，取之不竭，然后可为所欲为，而不至于诸多棘手。

东省之土地肥美，形势博大，民素以富厚称。夫富则多财，多财则好义。凡百新政，似宜易举，而不至筹划维艰矣。然窃闻诸事为难，款项奇绌，一有兴作，民间动多阻挠。其何故也？

论者或曰：东省自庚子以后，民气凋残，生齿零落，诸物昂贵，用度维艰。且内省之穷民，麇集求食；胡匪之猖獗，劫抢横行。以兵燹之余生，际时机之困敝，而更令其集资财以报国，出巨款以急公，民安得不为难乎？

予应之曰：子论固然，而尚非充类至义之尽也。夫东省之民，虽经丧乱，而贫则犹未也。盖东省土地丰腴，资财之厚，甲乎天下，数年前虽遭蹂躏，而连年丰稔，元气已再复矣。惟其民智不开，不知新政之美善，故一闻其说，不免议论之沸腾。

又兼为官者，借事生风，胥吏则肆行骚扰，用一敛百，用百敛千，暮夜追呼，刑骗势迫。而奸绅复为中饱，假公事以恫吓乡民。追钱到官家，其办何事、治何公、入几何、出几何，更隐秘不宣，并无清单以昭人耳目。小民无识，安知筹款者之果为公耶？抑为私耶？疑议滋生，又奚□□小民怪欤？

为斯之计，宜以开通民智为当务之急；而开通民智之法，宜以广设报馆为必要。报馆者，人民之所为耳目也，上下之所为间接也。故外洋各国，恒视报馆之多寡为国家强弱之证书。报馆多者，其国必强；报馆少者，其国必弱。其报品之分类也，首言大报。大报者，专报议院之言论，国用

① 原载于《盛京时报》1907 年 3 月 8 日第 2 版。

之会计,人数之死生,户口之增减,地理之险要,民业之盈绌,以及学堂课程,物产品目,邻国举动,兵力增损,法律改变,并格致器艺之新理新法,无不皆大书特书,俾民皆了若观火。

其次,有水军报、陆军报、农报、商报、警报、工报、妇女报、妇孺报。出报之别也,有一季报、周月报、半月报、旬日报,七日、五日、三日、两日、半日各有报。报馆愈多,人民愈智,故上下有相通之益,官民无隔阂之忧。国家应办之事,民皆晓然于心,办事所费之财,报纸悉列之为表。故官无私充之囊橐,民无徒费之脂膏。此所以兴一政,创一举,无不咄嗟立办也。

中国报界,惟京都尚有起色,各省府县,寥若晨星。因而官场行事,讳莫如深,小民则莫闻消息,国家与民,截然两物。而民之视国家也,遂亦为无关乎痛痒,不足为有无。夫人惟有切身之病,乃不惜其切己之财。今以其无关痛痒,不足有无之事,而令其出财以为助焉,能乎不能?现在京都风气颇开,义赈义捐,层出叠见。推见其故,大多报馆提倡之功。今东省为我皇发迹之区,又为东方之门户,而国事之崎岖若此,岂不可慨也乎?

今急当仿照京都,饬下各府州县,多多设立报馆。而报馆之规则,即以本方之土语白话为主,俾稍识字者,即能读其文,即不识字者,亦可以耳食而解其义。借以知家与国有密切之关系,公与私有一切之维持。而官场举动亦必有所畏惧怵惕,而不敢为侵吞公款之为。如此,而民犹有不愿输将奉上,诸事尚多阻难者,则未之尽矣。窃望有地方之责者,尚其实行之也。

论地方自治当取法日本①

中国有留学日本者,向由日回华,寄宿旅馆,予往谒之,觌面叙。寒暄毕,因座谈,予询之曰:窃闻日本之地面人口,较他国皆不及远甚,乃近年

① 原载于《盛京时报》1907 年 3 月 9 日、12 日、14 日第 2 版。

以来,战胜两大,雄甲全球,文化武功,悉达极点,殊不解其所以然之故。若留学于该国数年,必于其所以致强者,能其述颠末也。君其为我言之,俾得开拓其心胸,而恢宏其识见,可乎?

留学生曰:善哉,君之问也!夫日本文明之治,美不胜言。仆留学日浅,未得其详,不过少闻其大略耳。然日本全国政治别类分门,君将问其全体乎?抑将问其偏端乎?请示其意。

予应之曰:吾闻日本乃立宪国也,请即举其立宪之本末大概,为我约略言之。

留学生曰:唯唯听命。遂启口言曰:窃查日本之立宪也,实行在明治二十三年,而其预备立宪也,则于明治八年为基础。是年六月,与地方官会议,以公议舆论定律法,开上下协和、畅达民情之路,务使人民各安其业,且俾知有义务,人人可担仜。国家特充召地方官,代人民协同公议,以本户孝允为议长,开议会于东京浅草本顺寺。日皇亲行其仪,许官吏旁听。诏议官先以体察民情为急务。问目五条:一曰修筑道路、堤防、桥梁,二曰地方警察,三曰地方民会,四曰贫民救恤,五曰小学校设立及保护法。是会也,十七日而始毕。又亲临元老院,资议一切要政,以改正法律为大端。

然斯时也,正当变法之初,在朝之旧臣,多以保全禄位为念,于等等新政,诸多阻挠。日皇特从宽厚,为设元老院以处之,尊其名不责以事,高其位不任以劳,迨至凋谢无存。乃于二十三年冬,诏裁此院。维新之速,未必不由乎是也。此变法之苦心妙用,最为可法而可传也,其立宪之先声有如此者。

予曰:日本立宪之预备,既闻命矣,而其立宪之实行,究竟如何乎?

留学生曰:君勿躁,予姑为君述所闻。自其改专制为立宪也,仿各国三权鼎立之制,分立法、行政、司法三部,以综全国之机关。其立法也,设有上议院、下议院,以公议全国行政事宜。上议院,以皇族、华族及敕选议员为之;下议院,以全国人民所选举之议员为之。每岁由敕命开会于东京。议定之事,上之天皇,经天皇裁可,然后颁布施行。然必上下两院合一,始谓为帝国议会。故下议院如解散不开,上议院必立时停止。此立法之大略也。

若夫行政云者,以内阁总理大臣为首。其下则有外务,管理各国交涉之事；有内务，管理地方行政、警察、土木、道路、卫生、医疗、地理、宗教、新闻、出版各事；有大藏，管理每岁出入租税、国债、货币、预金及银行各事；又有陆军、海军、司法、文部、农商、递信，统凡九省。议院议之，内阁各省奉而行之，不能于所议之外，于民间兴一事、敛一钱。此行政之大略也。

（续前）其司法部，则设各级裁判所。其最高者，曰大审院，全国惟此一所，设于东京。其下有控诉院七处，有地方裁判所四十九处，有区裁判所三百一十处，分设于各府县，凡以判断民事诉讼。刑事诉讼而皆属于天皇之大权。夫民事诉讼者，即如我华之户婚、田土、钱债案件也；刑事诉讼者，即我华之刑案也。中国则浑而为一，而日本则晰之为二。若行政官背议院所立之法，而妨害国民之利权，则又有裁判所，以判其是非曲直。无贵无贱，无尊无卑，同守一法而不可移易。此司法之大略也，此所谓三权鼎立之制也。

予起立而复问曰：立宪政体，三权鼎立，予既得闻命矣。而其国民乃团体固结，不似吾中民之各不相顾，直如一盘散沙者，其故何也？君请再为我言之。

留学生曰：君坐勿躁，请更为君述所闻。窃尝奉教于日友矣。友人言：日本早时天皇，深居九重，君民隔绝，有时行幸，警跸森严，辟人罢市。明治初，乃用大久保利通"废旧仪、改新治"之言，捐除一切礼禁。有事出幸，惟有巡查数人，清除道路，扈从只一分队，不用多人。若平时出幸，尚不用分队，只有警卫数人随之。而其御车，则以马驾驶，车上窗户洞开，民得瞻仰天颜，致敬尽礼。

每岁西历十一月初三日，为天皇万寿，名曰"天长节"。是日，天皇观兵青山，凡各国使臣与国内学士以及庶民，无论男女老幼，皆可往观。其与会者，恒至二十余万之谱。然而整齐严肃，厘灭秩灭①也，按部就班，万马无哗。

天皇圣年寿五十余，军装短服，骑骏马，佩利刀，胸前朗朗列宝星，光彩射人。按辔徐行，神威可畏中并露蔼蔼可亲之象。将弁见者，皆举枪为礼，官绅平民，则脱帽为礼。天皇不直受，咸以手加额而答礼焉。以视吾

---

① 指整理编次，有秩序。

中国之靖街闭户,致令草野编氓,终身不得一望颜色,有大不相同者矣。

若夫亲王大臣,下及于地方各官,咸捐除一切仪仗虚文。即各大臣、各大将,行动自由,不用仆从扶掖,谓己非痿痹,何必事事需人,自长怠气。官吏与平民交接,不似中国之官长,高坐堂皇,小民则踉跄下跪,以致下情之不通也。惟见其和悦朴诚,词色温好,直似家人妇子之耦俱无猜。此其君臣一体,团体之所以固结也。

予复问之曰:团体之固,既知其所以然矣,而其地方自治之法,究竟何如哉?

留学生曰:考日本之自治也,全国分为三府、一厅、四十三县。其区划,街市则分某区、某町、几丁目、几番地,乡里则分郡町村,合数町村为郡,合数市郡为县。凡地方皆有自治之责,政府又与以自治之权。尝闻其东京府北某郡,地面之积仅该国七日方里余,而郡町村之会员,乃合计至数百八十八人之多,其自治之整齐可知矣。

且地方自治者,别于国家之行政事务而言之也。日本旧时,官长专制。民间之祸福,前与后不同,彼与此各异。前遇好官而蒙其恩,后遇贪官而被其虐,彼得循吏而沐其泽,此得污吏而受其欺。且今地方自治,人民有权,而此等弊端乃悉为除去。

其自治之进步也,凡夫道路、渠堤、桥梁、学校、工业、卫生、森林、渔业、猎业、矿产、种植诸事,无不考究精尽,发达利权。至于任官之法,必经试验,乃界以任。大臣如不得志,则引身而退,无尸位素餐、苟贪荣利者。凡居官者,皆谙熟法律,故东、西两京官内大学堂内,设有法律一科。

此外设有私立法律大学数处,其学中之课程,或研究英吉利法派,或研究法兰西法派。皆有预科,有大学科,有专门科。预科学期限一年半,中学校卒业生始得入之;大学科及专门科,皆三年卒业。而每学学生,多则万余人,少亦数千人。明治三十七年时,法政大学总理梅谦次郎君,热心教育,乃商之文部司法大臣及我中驻日之杨钦使,于法政大学中附设速成科,专教我国官绅之在日者,以华语课东文,限以年半卒业,先后入此学者已五六百人,其教法分十九门,讲求一切法律。

夫法律者,自治之基础也。一人知守法律,则一人自治;人人知守法律,则人人自治;国而至于人人自治,则自治乃达极点矣。我中国国民不知法律为何物,为上者亦藏其法律而不使人知,且并有平民读律之罪。以视日本之必以法律教人者,不相悬天壤乎。

窃闻其讲师云:吾国讲求法政三十余年,为强盛第一之原因,而不第此也。又恐国内之民,不能尽明法律焉,则又有普通教育,以济乎法律教育之穷。盖教育之善否,即自治之善否所关。尝闻其敕语曰:朕惟我皇祖皇宗,肇国究远,树德深厚;我臣民克忠克孝,亿兆一心,共济厥美。此我国体之精华,而教育渊源,实存乎此。尔臣民,孝于父母,友于兄弟,夫妇相和,朋友相信,恭俭持己,博爱及众,修学习业,以启发智能,成就德举。广公益,开世务,常重国宪,遵国法,一旦缓急,义勇奉公,可以扶翼天壤无穷之皇运矣。如是,不独为朕忠臣良民,又足以彰显尔祖先遗风。斯道实我皇祖皇宗之遗训,而子孙臣民所当俱遵守焉。通之古今而不谬,旋之中外而不悖,庶几朕与尔臣民,俱拳拳服膺,咸一其德。此敕既出,文部大臣而刊刻刷印,颁行全国,谓之《教育敕语》。国内各学无不兴奋。于是教育宏普,而自治之根基巩固矣。

凡此者,皆仆所留学日本时所得于耳食者也,但志之不确,故语焉不详,疏略之罪,望希见谅。

予闻留学生之言,不禁念为之动,意为之释,心为之恍,神为之怡,固喟然而叹曰:向见日本,崛起东方,初不知所以然之故。今闻先生言,乃知日本之所以强者,非偶然也,其一切布置,乃竟如此之周密也。我将以君之所言,告于当道诸君。诸君或采择而行之,则吾国前途其有望乎!语竟辞去。

论法学家宜择言①

中国方图维新,百度未备,政治学尤幼稚如胎婴。近年来,留东法政学诸同人归,南北洋报章书籍为法家言者,不一而足。余因是而欣然喜,

---

① 原载于《盛京时报》1907 年 3 月 11 日第 2 版。

喜夫吾国民,久处专制政体下,至此闻诸法家真诠,可睹世界之大光明矣;余因是而又惕然惧,惧夫吾国民,方浑噩无真知觉,苟有以邪说进者,将终身入迷途矣。孰真诠?孰邪说?余又乌敢知者。

虽然,余亦尝与诸君共研摩,风雨一堂,听讲师说法,微领略其旨矣。法律者,保全个人之利益,而并保全社会之利益,使彼此共同生活而不相侵害者也。故利于个人,不利于社会,或利于社会,不利于个人者,均非善法。如利于君父官吏,而不利于臣子民族者,难乎其为下也,非法也。推之于社会、国家,罔不然:利于臣子民族,而不利于君父官吏者,难乎其为上也,非法也。

《大学》有云:"所恶于上下前后左右者,勿施于上下前后左右。"是古之所谓絜矩,即今之所谓法律也。今吾国民,昏昏如居暗室中,恒视诸君之论述,以为明烛之指迷,借定中心之趋向,引于善则善,牵于恶则恶。一二人倡之,千万人和之矣。

目前播其种,他年获其秋矣。其造成国民之国家也,亦在诸君此时之倡导;其造成奴隶之国家也,亦在诸君此时之倡导。一言之善也,则将来可以养成大圣贤、大社会,作出种种大事功;一言之恶也,则将来可以酿成大暴戾、大乱党,作出种种大破坏。一口舌之演说,一笔墨之著述,而国家之成败,民命之生死,均于兹乎系焉。呜呼!可不慎哉?可不择哉?诸君之为法家言者,幸勿以余言为河汉也,则幸甚。

论南洋大臣奏请开爵捐以筹赈款①

顷闻南洋大臣电奏:请开伯、子、男三等爵捐,以筹江淮赈款,现已交度支部议奏矣。嘻!真稀奇之新闻也,微特为中国四千年开特别之生面,抑亦为全球数十国创未有之奇观。若是法而可行也,东西各国咸将取法

① 原载于《盛京时报》1907 年 3 月 13 日第 2 版。

矣。其不然,则喧传非笑遍环球矣。

今且穷其利弊而论之。人有二美质:曰德,曰才。又有二幸福:曰利,曰名。惟具天下之美质者,可享天下之幸福。无其质而享其福者,是谓滥窃;有其质而不赐以福音,是谓负功。滥窃而负功,以治其国,不纷乱而灭亡者,吾不信也。爵禄者,国家酬庸之具,名与利并存乎中也。

中国自汉武始,行纳粟授爵例,后世踵行之。不过以卑官杂职,换取民间钱,以救一时急蹙,然后儒犹非之,中国今日犹废之也。西洋惟英国,旧例许武弁捐金得职,他官无之,今废已久矣,余国则从无此劣制也。

今中国方图维新,百度改良,捐官之制废,宜也。奈何某大臣,何身任柱石,不识大体,而漫请开伯、子、男三等爵捐哉。夫赈难,美政也;筹款,要图也。然亦视其得失之大小而为之,乃出此下策哉。三等之尊爵,可以捐金得,则财之势力至此已极。将可以得财者,虽奴隶牛马之役,盗窃劫夺之暴,人亦争为之。是率国人而出于财产之争也,是率国人而趋于奴隶牛马盗窃劫夺之行也,是率国人而乱也。

古圣人严义利之防,至绝口不言利者,岂无故哉?且捐金可得重爵,则虽乱臣贼子、鄙夫野人、苟多金者,即可以为伯、子、男矣;则虽贤人君子、至德硕才、苟无多金者,即不得为伯、子、男矣。然则我国之为伯、子、男者,不将珍禽奇兽,错出其间,而成世界之第一特色哉。是享幸福者,不必具美质也;是具美质者,不必获幸福也。是欲滥窃而负功也,是以灭亡之道治国也。是真开四千年特别之生面,创数十国未有之奇观也。故吾曰稀奇之新闻也。噫!

论东三省改设行省[①]

自变法维新而后，朝廷诸事逐渐改良，数年以来，兴利除弊，粗得端倪。惟东三省改为行省之说，舆论沸腾，二三年前，久已喧传里巷。然增府增县，屡见明文；而改省之谈，终付子虚。嗣乃寂然而无其音耗。

自去年七月十三立宪诏下，京都各署互有变更，而东省改为行省之谈，乃复哄动朝野，为东隅之一大问题。延至今又数月矣，刻下改省议定，旧将军行将去任，新督抚刻即来东。而局外之议论此事者，乃又尨然纷然，啧啧焉而莫衷一是。

或曰：此事乃朝廷之失计也。夫东方为我朝发祥之地，其经划制度，自不能与他省相同。宗庙陵寝，先人之灵爽，实式凭焉，且云礽繁衍，子孙族类，生长此邦。故领斯土者，特别为旗缺，而赐以将军，原为保护根基起见，而不使满族之子孙隶于汉人肘下也。且并有与各省对待之隐情，以防疆臣之跋扈。今而改为行省，而旗缺变为汉缺，是自拔厥根基矣。此一说也。

或曰：此事之原动力，起点实本于直督。徐尚书为直督之幕友，朱、唐、段皆直都之故人。又且因去岁，袁少帅与次帅议论不合，几起官场之冲突。今将三省改为行省，而新督、新抚悉为慰帅之旧交，故此番举动，直督之为力，实不少也。此又一说也。

或曰：动力在直督之说亦莫须有，然亦三将军自贻伊戚[②]也。忆自接任以来，办理新政，财力艰难，筹款倡捐，责成州县。而州县乘机借势，或不免苛派乡民。故京中各报新闻，时有所载，而风声流溢，朝廷微有所闻。谓边地困苦荒凉，小民何堪如此？今而改为行省者，特为地择人，以苏东

---

① 原载于《盛京时报》1907年3月16日第2版。

② 自寻烦恼，自招祸患。

方之困云耳,无他意也。此又一说也。

虽然,此三说者,皆浮空掠影之谈,而非实知改省之深意者也。

夫东三省之改为行省者,亦迫于时势之不得不然,将以平满汉之界,用以联络全省之势力,矢集于东方,以巩固东陲之保障云耳。

夫当今大势,我国之最为缺点者,满汉之不合也。同戴一尊,同履一土,而乃划界分疆,互分畛域。论官场,则曰某为旗缺,某为汉缺;论种族,则曰某为旗族,某为民籍。互不相侵,互不相混,故亦即情暌意隔,划鸿沟而各不相谋。东省之将军,其宜改变也,盖不自今日始矣。况现在北边吃紧,满洲兵力孤弱堪虞,不改行省以通融之,则东省前途又何堪设想哉?

且欲为大同之治者,必先立大同之名。名同者,其心乃同;名异者,其心亦异。即以他省论之:今之陕西,昔之秦也;今之湖南,昔之楚也;今之江南,昔之吴也;今之浙江,昔之越也;今之云南,昔之滇也;今之广西,昔之桂也;今之广东,昔之南越;今之四川,昔之巴蜀也。既皆以行省以统一之,故各省皆视为同胞,而不相歧视,又孰特别为四百兆人,曰秦、楚、滇、越等等之各异也乎?借使各省之名称仍其旧而不改也,吾知此争彼竞,必不能一朝居矣。

今东省而改督改抚,亦将化满汉为一家,合种合群,俾全国之大吏疆臣联络一气,以保东陲之大局,与地球争种战之长也,此其肇端矣。且不独平满汉之界已也,嗣且推广而大合种、大合群。凡我异种人,将群起而与他种人驰驱于九万里周径之战场焉。则亦于我新督抚是望矣。

论开通下等社会的好法子[①]

于今中国维新的人,都知道开通民智,是强国的第一个好法子了,却不知道这人是不一样的,有富贵的,有贫贱的,有读书习字很有学问的,有

① 原载于《盛京时报》1907年3月21日、22日第2版。

一个字也不识的。这些富贵的和那识字有学问的，也可以入学堂，也可以看报章和那一切的小说杂志等书。所以这些人，还容易开通的。单是这些贫贱的人，他又没有钱教他的孩子去入学堂，所以这种人家往往的好几辈子，没有读书识字的。想这等的人，要去开通他，当用甚么法子呢？

而且是中国的人，十个之中，这样的总有八九个，也算是很多了。若是不开通他，这个普通的教育，到底是不行的了。你就是立些个学堂，他们也是不能入的。你就是立些个报馆和些阅报所，他们也是不能看的。甚而言之，你就是立些个演说会所，去演说给他们听，不用说他们不愿意去听，就是去听，你说的话若是程度稍微高一点，他们就不明白了。就让是他明白，你说甚么爱国，甚么保种的些话，他听着也没有甚么滋味。

究竟是不如那说书唱戏的，倒教他们越听越爱听，越看越爱看，听到好处的时候，还有眉飞色舞的，或是痛哭流涕的。可知他们，受这个感情，是很深很灵的了。但是一件，如今这些说书唱戏的，并没有忠孝节义的正经书戏。不过是那些相传剩下的，甚么公子攀亲，甚么连环计，甚么翠屏山，甚么盗御马，象这些书戏，教人听了，怎么会不生坏心眼呢？有了坏心眼，怎么会不做坏事情呢？十个之中，有了八九个坏人。若是不变个法子，中国还有好的日期么？这么说起来，除非是改良说书、唱戏，再没有开通下等社会的好法子了。就把这两件事，做到好处，这些不识字的人，渐渐的就开通了。但是这两件事情怎么改良呢？再把他分开说给大众听听。

第一件，这些说书的人，到处都有。要想个个去教他改良，这是很难做得到的。可也有个法子，能做得到。就如奉天这一省，特是将军下个札子，教学务公所的提学使选出几个博古通今的学问人来，叫做“说部编辑员”。再安置上一所房子，仿佛小学堂的样子，叫做“说部教授所”。再下个札子，到那各州县去，教那些地方官出几张告示，晓谕他的百姓，凡是说书为业的，无论男女，或睁眼，或瞎子，定一个日期，通同的到官的衙门里，考验一番。简着能识字，有记性再能语音清亮、性质伶利的，挑选两个人，地方官就给他预备了川资和学费，把他送到省城内“说部教授所”居住，就叫那“说部编辑员”把他编成的教忠教孝、变化风俗、感动人情的那些新书教给他们，大约六个月的工夫，他学的书，就够说一气的了。就定为六个月卒业，也给他们卒业的凭据。每州县挑送这样的两个人。到得卒业的时候，回到他那州县里，再把他学的书，教给那些没有学过的，好到处去说。

从这里以后，地方官就得出个告示，凡是从前的旧书，有害于风俗人情的，一概禁止，不许去说。若是有说的，就是违犯官禁，必定惩治他的。并且凡系说书的人，不是从说部教授所学出来的，也必得跟着教授所卒业的人学出来，才许他到处说书。要不然，就不许他说了。照这个样，不过一年来的工夫，这奉天全省的说书的，都可以改良了。你说快不快罢？

至于那说部教授所，六个月以后就可以不用他了。因为有编出来的书，那些卒业的，看着书就能说了，也能教给旁人了。只是这说部编辑员是得常常有，不好废的。因为一废了他，这说的书就不能随时的改良了，这以上是说的改良说书的事情。

（续）第二件，这唱戏的人，也是到处都有的，要是个个去改良他，这更难了。可也有个法子，更容易做得到的。比如奉天一省，戏园子是各码头都有的。只要学务公所，挑出几个有学问的人来，这叫做“曲部编辑员”。教他照这东西洋近三百年的历史和那中国近数十年的事情，凡是关系政界、国际、民族，那有声有色的事，编做新戏曲，也不用有教授所。只把这新戏曲，交给那些戏园子的老板，教他演出来唱，包管他是很愿意的。

要是再加上个奖励的法子，凡是演新曲能到好处的，就奖赏他一个高等名优的徽章。这更是快马加鞭，包管现出的新曲，就能现演做新戏了。不上一年，这奉天到处的戏园子，必定都换却新面目了。再教那各地方官禁止唱那旧戏，败坏风化。若是有唱的，也按着违犯官谕惩治他。照这样也不过半年来的工夫，凡是唱的戏，都可以改良了。这以上是说改良唱戏的事情。

这样看来，说书唱戏的两件事，也算很容易改良的。因为费钱也不多，费时也不多。可是一件，得的益处可是很多了。人没有不愿意听说书唱戏的，你到那说书场和戏园子里看看，就知道了。

我们中国，十个人之中，有八九个不识字的，正好拿这新书、新戏去变化他，去感动他，教他眉飞色舞，教他痛苦流涕，教他也知道世界的大势，也知道国家的大势，也知道民间工农商贾的大势。这益处你说大不大？

比之学堂报馆,费那些钱,开通那几个人,我们这法子,看起来真胜强百倍了,你说是不是好法子罢?想着去开通下等社会的人,请把这个法子,试一试才好呢咳。

论演剧急宜改良[①]

窃闻行远者必自迩,登高者必自卑,谓其以渐次而达也。良弓之子,必学为箕,良冶之子,必学为裘[②],谓其有所借而入也。教育之道,亦何莫不然。中国自改变科举,设立学堂,固欲使全国人民,开智识,拨愚蒙,用以辟富国之渊源,立强兵之基础,诚法良而谊美矣。

然善斗者必扼其吭,善挟者必提其腰。善为治者,必因势利导,先其易而后其难。今值文明初启,而欲国民普通教育,恐非一朝一夕之可以奏功也。是惟赖因民之所易晓者,而开其心;因民之所易明者,而启其智焉而已矣。

夫民之所易晓而易明者,孰有如演剧一事哉?英人有曰:小说为国民之魂。吾得借其言中之意,窃谓演剧亦国民之魂也。夫中国之演剧,盖创于楚之优孟,而胜于唐之明皇。优孟之事,不少概见,姑不具论。惟考明皇,天亶聪明,精晓音律,置左右教坊,以教俗乐,又选坐部伎之子弟数百(明皇之乐工有两部:一为坐部,一为立部),教于梨园,号"皇帝梨园子弟",更别教宫女数百,亦以"梨园子弟"名之。故今之优人,均谓之"梨园"。然当时不过鼓吹乐章,杂以舞蹈而已。初未尝登台杂扮,而必为形容之尽致也。沿至后世,变本加厉,乃竟涂脂抹粉,帽彩衣花,托古人之遗迹遗言,为油调花腔之杂曲,固已非本来面目矣。然犹可贵者,或传忠臣

---

① 原载于《盛京时报》1907年3月22日第2版。

② 语出《礼记·学记》。意思是:想要把打铁的本领学到手,就要先学好缝制皮衣的技术。想要把制造良弓的本领学到手,就要先学习用木条做簸箕的技术。即求学应先易后难,循序渐进。

之轶事,或写孝子之真情,或为节妇显其名,或为义夫彰其美。且将奸淫邪盗,报应循环,一切世态人情,全盘托出。俾观之者,作法作戒,触目惊心,用以辅国家教权之所不及。其裨益于社会者,亦良不少也。

乃不意近日以来,愈变愈非。凡有益于人群之曲,几零落而无存,而所演者,非为思男慕女之私情,则为放火杀人之强盗。即有如《庙中会》《翠屏山》《赠珠》《拜杆》《舍玉镯》《珍珠衫》《花铃计》《铁弓缘》《送盒子》《荷珠配》《卖胭脂》《送灯》《戏凤》《戏叔》《银匠还家》《采花赶府》《梵王宫》《富春楼》《对银杯》《海潮珠》《剪姑子》《烤火山》《大观灯》《小上坟》《双锁山》《狐狸缘》《瞎子拿奸》等等淫戏,更仆难终。演出者丑态不堪,观之者怦然心动,伤风败俗,莫此为甚。其尤可恨者,前只以男子登台,今俨然以红颜入队,秋波婉转,春色风流,解带宽衣,形容酷肖。自是而后,其不至淫风流行,胥全国而成为郑卫也,吾不信矣。

至若《四杰村》《拿谢虎》《盗御马》《二龙山》《西黄庄》《八腊庙》《偷鸡》《盗甲》《九龙杯》《下庆兴》,一切绿林举动,种种各剧,不可尽言。至今少年子弟,印入脑筋,触动其步起后尘之主义。今三省抢劫之案,层见迭出,虽不能归咎于演剧一事,而演剧之默为流毒者,为不少也。

今我国文明初启,教育之事实未能溥于大同,急宜将演剧一事,斟酌改良。凡伤风败化之曲,一概扫除,责成该地巡警严行禁止。戏馆主人须将戏单呈阅警厅,经警厅许可者,方能开演,如私演淫词,严加罚惩。所有戏班班主须延聘通人,择古今事迹之有益人心、足开民智者,编为新词。如北京惠兴女士之类,借行乐以教化愚蒙,用补学堂之缺陷,于世道人心当不无裨益也。窃愿有地方之责者,勿河汉斯言也。

论书吏衙役之弊及其改良之方①

今之图治安者，皆纷纷然言改官制矣。故自上年七月十三日立宪诏下，从前部署均增益而变更。至各省、各府、各厅、各州县，虽未见之实行，而其改变之耗闻，亦久已喧传，其势将来必不可以中止。

夫改官之计，原以备后日立宪之基，诚哉其善举也！然而官制虽改，而书吏不改，衙役不改，势必至增一缺，愈增一扰。变一法，徒增一文，而闾里小民，渐必迫切困穷，浸假而莫为生路。何以言之？盖国家治法之坏，其原因之在官者十之二三，其在书吏衙役者十之八九也。

今即以州县论，每一州县，必有科房。凡一切户口、地丁、刑事、差徭、征收、杂税、词讼、案卷、公牍，官不能办，皆委之书吏以代办之，势亦不得不然也。然每科房不下数十人，每人之家计生活，皆取足于此。男不耕，女不织，而饮食丰美，衣服奢华，直比之富室大家不相上下，此其何所取给哉？亦取之于民间而已矣。

查各州县律例不同，官一到任，殊不能知，必问之于书吏，书吏曰如何办，官即照其说而办之。于是，一县之势力乃在书吏而不在官，民知书吏有若大之权也。于是，欲借为护符，争相与媒蘖夤缘，以为交游光宠，而此馈柴米，彼送银钱，日夜往来，门常如市。虽挥之而不去，且不召而即来。故见有家本单寒，及在科房盘踞数年，俨然而高门大厦矣。然此犹民之自为与也。

至于勾串门丁，交通幕友，挑词架讼，表里为奸，混乱是非，颠倒可否，招摇撞骗，无所不为。赃污贪鄙之官，方乐得其人，以为辅助。即廉明之循吏，而内外互为掩饰，亦无从以烛其隐而照其奸。书吏之弊，盖有不可尽言者矣。

---

① 原载于《盛京时报》1907年3月23日第2版。

若夫衙役之害，更显然而易见也。官署之界，不种稻粱，堂坐之前，不生菽麦，而各县各班之差役，累千累万，聚伙成群，其所衣所食者，无非百姓之脂膏，群黎之血肉。一票到手，如获珍奇。及至乡间，狐假虎威，索食索饮，索票规，索鞋费，索驴费，索车费，一不遂心，则大声疾呼，竖眉瞪目，虚疑恫吓，凌虐愚民。及至衙前，又复勒索百端，穷方尽技，刚柔并用，善恶兼施，呵之不可则哄之，哄之不可则辱之，辱之不可则留难之。累年累月，而不得一质公堂，致令失业废时，必令其多出资财，偿其所欲而后已。

及其偿所欲也，然后齐集两造，引其到案，始得一诉其情。讼之胜者无论矣，其不胜者，则又以美语甘言，急为挑唆，曰“某绅士，吾之至亲也；某师爷，吾之厚友也。如欲讼胜，吾可代为之媒”。愚民听信其言，于是辇金暮夜，诡秘不宣，浸至累讼长年，因至荡家而破产。

其尤可恨者，班房之内，野蛮私法，惨酷不可尽言。一入其中，欲立则锁之立，想坐不得；欲卧则锁之卧，想起不得。渴也而不令饮，饥也而不与食，非有仇也，为钱故耳。必令犯者，忍不能忍，受不能受，出金以贿之，而其心始慰，其刑始宽。顾炎武谓：“养百万虎狼于民间者。”此言诚不诬也！

夫论书吏之弊则如彼，论衙役之弊又如此。二者之害民，盖势均而力敌矣。而且书吏以衙役为羽翼，衙役以书吏为护符；书吏舞文，衙役弄武。同恶相济，狼狈为奸。官独何心，而竟忍养此毒螫害民之物哉。于此而正名定罪，非尽杀之不可！

虽然杀之诚当矣，然窃虑二者之害，非一杀之所能除也。何以言之？盖闻求木之茂者，必培其本；欲流之长者，必浚其源；思民之安者，必兴其利，宏其益，而后害可以除，弊可以去。如本不培而望木之茂，源不浚而期流之长，利不兴，益未开，而欲民之安焉，必有万万不能者矣。

夫书吏也，衙役也，州县之所不能无也。今欲一举而杀之，乌乎其可哉？杀之而不用其人也，官何能自任其劳？杀之而尚用其人也，前者如是，后者仍然，则杀之又何可胜杀乎？是非兴其利、宏其益、培其本而浚其源焉不为功。

且夫书吏、衙役，人多视为贱事，其不齿于士类久矣。人以为贱，彼亦遂以贱自居。故礼义不顾，廉耻不顾，惟兢兢焉，财利之是图。今欲除之，莫如贵之。贵之之道，奈何？亦仍不外于立学堂而已。古者原不以吏役为贱，《周礼》言："陈殷置辅。""殷"者，众也；"辅"者，府史也。汉武帝时，卒史皆用通一艺以上者；唐时，试吏必取通经；元时，小吏可致台谏。故其时吏、役皆知自重，而不屑无法无理之为。

今欲革书吏、衙役之弊，莫如创立吏役学堂，名曰"地方学堂"。学额按县属之大小，用人之多寡，酌量定之。延聘通达之儒为之教员，照法政学堂所用之书，逐日讲解。且择古书所载，凡吏、役之有名誉者，以为劝免。并教以地方自治之义，俾知民生与国家之关系，编氓皆我之同胞。学期或限二年，或限三年，卒业之后，甄别优劣，上等充书吏，次等充衙差，然必更其旧名以荣之。

现今地方将行自治，书吏、衙役均有地方一分之劳，拟更书吏曰"地方书员"，更衙役曰"地方行员"，均界以徽章衣服，顶戴荣身，并折免差徭，以示优待。一府之内，另立一调查员，专调查各县书员行员之利弊。三年之后，择优保举，予以实官。与各学堂之学生，不论低昂，一律委用。至书员、行员之薪水，则照小学堂之教习，酌量加厚。每月数目，按县之大小、事之多寡定之。大县事多，书员薪水，或二十元，或十五元；小县事小，或十五元，或十元。行员薪水，照减二成。以功过定升降，书员三次记过，降为行员；行员三次有功，升为书员。此权专归调查员管理。

若夫薪水之款项，则为地方办事，地方当自酬劳，然亦不必特为敛派，一转移间而已矣。查州县皆有陋规，即将陋规调查确实，择其有大害于民者而去之，其无关紧要者，即化私为公，别立一司财所，专司出入款项。一切讼狱、杂项、各事列示一表，悬挂堂前，或应罚金，或应纳金，均有定数，俾民一望而知。定数之外，书员、行员不得私索分文。如有私索者，许民间呈诉，加十倍议罚。如此办法，亦地方自治之一端也，然此不过约略言之也。有地方之责者，苟不以刍荛见弃，再斟酌而改良焉，则且拭目俟之矣。

论俄国民党要求政府允许之两大要件①

顷读俄报,知俄国民党现又以同盟大罢工,要求政府允许其二大要件:一为言论之自由权,二为国会于国家财政之监督权。兹二权者,政府苟不允许,则将作大崩溃,非仅前此之同盟罢工已也。吁!吾因之有感矣。

俄民而结如是之团体,作如是之要求,其力之雄厚,识之深远,岂我同胞之所能望其项背者哉?日言立宪,日言预备,而于党会之发见,则剔刈之不遗余力。言论之敷陈,则钳制之不惮严酷;课税之收敛,则囊橐自私之不少顾忌。天下有是立宪国哉?天下有是预备术哉?

乃环顾我国民,犹复高插国旗,欢呼万岁,忭舞若不可名状。其蠢尔愚氓,固碌碌不足责,独怪夫素号文明以国民自期待者,乃亦缤缤纷纷,若喜若狂,若脱缧绁,出黑暗地狱中者。而于一身天赋之人权,被践踏至极地,而不知合死力以经营之。岂吾同胞终竟底灭亡乎哉?何遂智出俄民下哉?

虽然,俄民之敢极力要求者,恃其民党之坚且大也。吾闻之,俄有二大政党:一为宪政民主党,其在议会之议员,百五十名,选举人则七百万名;次则为劳工党,其在议会之议员,百十六名,选举人则六百万余;其余小党,多不及悉数。夫俄人有如是之政党,尚何要求之不允,目的之不达哉。今我国民之政党安在哉?

嗟嗟!俄民第一期之罢工,要求议会之成立,议会竟成立矣。此次又将以罢工,要求言论、财政之主权,行亦必如愿以偿矣。究厥始终,微政党之力不及此,政党之用亦大矣哉。有政党而后有议会,而后有国家,我同胞即于此政治党会,三致意焉可也。

---

① 原载于《盛京时报》1907 年 3 月 25 日第 2 版。

论强兵之道当求深得兵心[①]

列强环伺，构难中土，眈眈之象，势甚可危，逐逐之形，令人可畏，此正贾长沙所痛哭流涕之秋也。数年以来，赔款割地，屡屡受创。执政诸公乃急急筹饷练兵，以为求强之计，于是改绿营，裁募勇，办巡警，立新军。而步队、马队、枪队、炮队，无不日加训练，切实讲求。又每年试以秋操，以振刷其精神，而验之于实用。行见尚武之风溯轰全国，从前腐败之象可一洗而空矣。

虽然，吾窃虑中国之兵，亦只壮其外观，一旦大敌当前，窃恐其弃甲抛枪，仍然不战而走也。夫战阵之事，亦在得兵心而已。盖步伐不整，纪律不明，阵法不精，器械不利，闻风败北，势所必然。不知步伐虽整，纪律虽明，阵法虽精，器械虽利，而无勇敢不退之心，终恐其窃走潜奔，一溃而莫能收拾。

夫兵心果何以得哉？姑举其要，厥有四端：一在于厚饷糈，一在于公赏罚，一在于养廉耻，一在于恤死亡。查中国兵丁粮饷为数甚微，多者每月不过四两有零，少者或三两二两不等。即全数与之，已不足为养家之用，再加以短秤短色，其为数又少矣。而更扣其伙食钱、衣服钱、鞋帽钱，统一年计之，则所应得之粮饷业已去其大半矣。若再除朋友周旋，本身花费，漫言养家也，窃恐入不敷出，行多负债。夫贫困之若，最人情之所难堪。生计艰难，虽父母不能以有其子，谓将帅而能保其士卒乎？

外洋各国，兵制不同，大都较中国之饷糈皆从其厚。平日无事，所得之饷足以仰事而俯畜；至开战时，则加倍酬劳，用以鼓其竞争之气。故人皆乐为效力，咸以杀敌致果为心。中国之兵，皆暂求窃食而已，殊不足以羁縻豪杰也。所谓宜厚其粮饷者，此也。

---

① 原载于《盛京时报》1907 年 3 月 27 日第 2 版。

然粮饷虽厚，而赏罚不公，仍不足结其心也。中国官场之大弊，最讲人情。有人情者，虽罪不罚；无人情者，虽功不赏。即以现今论，见有当兵不及一年，俨然而跻营官矣。及询之，乃知为某大员之至亲也。又有从军未经数月，忽然而升统领矣。及问之，乃知为某军帅之厚友也。既无一长，又无一技，而荣华富贵，光耀门庭。至怀才抱略之人，乃终沉于庶僚，经半世而仍居下位。一旦有事，谓能望其效力乎？必不能也。所谓宜公其赏罚者，此也。

然赏罚虽公，而不能养其廉耻，则兵心仍不固也。从前军营之恶习，不可尽言，即现在改订新章，较昔日颇为壮色，然而上官之习气仍不少除也。上官盛气自高，每视兵丁为奴隶，一不适意，则辱骂随之。夫兵士有过，处之以军律，宜也，特任意而欺凌，奚可乎？且上官如父兄也，兵丁如子弟也。上官之待兵丁，要当爱护教导，以养其忠义之气，俾咸能有勇而知方，职宜然也。若平日牛马视之，则兵丁之视上官，行且如仇，恨不能刀加其颈。及临敌，乃犹望其羞为退避也，知必有万万不能者矣。所谓宜养其廉耻者，此也。

然不能恤死亡，终恐无以为后来劝也。夫泰西各国，无不体恤兵丁，而日本则尤为加厚。兵丁战殁，无不优恤其家，旌其门户，且每逢招魂祭日，上至天皇，下至士庶，无不预备祭礼，以祀殉国之英灵。故人人有尚武之精神，莫不以战死为期，而以生还为戒，此区区三岛所以能战胜全球也。中国兵士，战殁疆场，则弃掷尸骸，无人过问，父母妻子亦徒号天抢地、哭望天涯而已。至其家人之困苦饥寒，国家则不与闻也。待兵如此，而期兵皆乐战，感激而许驰驱也，夫安可得哉？夫安可得哉？所谓宜恤其死亡者，此也。

窃望有练兵之责者，深长思也。

论中国贫困之原因[①]

呜呼！中国至今日贫已极矣，困已极矣。此果何以故哉？将谓地狭人稠而致然耶。然窃考中国土地，面积总括数十万里，幅员固孔长矣，地何为狭？人民四万万兆，固不为不多，然而边省各地，其荒芜不治，杳然而无村落者，犹不少也，何为人稠？

且闻《大学》之言曰：有人此有土，有土此有财，是财生于土，而生之于人，人与土皆财之所由出也。乃中国人之多也如此，土之广也如此，而近闻库款奈绌，百计维艰，将欲取之闾阎，而循行乡井之间，又皆憔悴而无以自存，穷苦而莫为生计，孰为为之？孰令致之？乃竟贫困斯之极耶。一为推究其原因，盖皆分利之人，实贻伊戚也。夫均是人也，何者为分利人哉？

一为盗贼。天地之精华无限，必赖人力以生成。若盗贼则不惟不生，反于生之者诸多损害。不农、不工、不商，而饮甘食旨，衣锦策肥，问何所取？取之于愚民而已。且不独取民之财也，甚且至伤民之命，他省固然，东省尤甚。抢劫之案，层见迭出，民安得而不穷乎？所谓分利者，此其一。

一为游民。夫同是民也，何以谓之为游民？游民者，游而无定之民也。人必置身一业，然后不愧一分子之称。乃有懒惰性成，日无所事，田荒不治，屋圮不修，引类呼群，吸烟聚赌，父母妻子，皆弃掷而不顾也。家有盈余，任情挥霍，及手中困乏，惟典当家产而已。所谓分利者，此其一。

一为浪子。夫浪子者，较游民而尤甚者也。此类之人，平常之民犹为少，纨绔子弟最为多。其生涯也，饮酒看花；其为业也，斗鸡走狗。朝歌楚馆，夕宿秦楼，狎游妓，伴相公，舍此之外，无他事也。且一行而仆从如云，一乐而金银如土，夫焉能而不贫耶？所谓分利者，此其一。

---

① 原载于《盛京时报》1907 年 3 月 29 日第 2 版。

一为娼优。中国之妇女,已多为分利之人矣。若娼优,则分利之尤甚者也。中国今日,此风盛行,酣歌漫舞,尽态极妍,帖翠涂朱,迎欢献媚。而观其衣,则锦绣也;问其食,则珍馐也。一日而获千元,一用而须百串,又且坐车走马,仆役纷如。此其财,何自来乎?亦敛之于生利者而已。所谓分利者,此其一。

然此尤为分利之小者也,请进言其大者。夫分利之大者,莫如各局所之冗员,各学堂之虚位也。中国之官吏,不分利者居少半,分利者居多半。若今之各局所、各学堂,则较以前之多半中,而又增其半矣。夫一局而用数十员,一学堂而用数十员。试问此数十员,其所办者为何事乎?即使各有其事,然合数人之事,一人可以兼之,乃不以一人兼之,必用多人以任之,在上司岂不甚明?盖不过为厚友至戚,筹其位置耳。一人每月数十金,一家即赖此以为生活。锱铢之利,不能自为求也,夫一人数十金,综合各局、各学堂之冗员虚位,盖不知几百万金矣。此非分利之卓卓者乎?

合上数者而论之,则天下之生财者,亦仅居其半耳,夫安得而不患贫耶?彼有国政之任者,尚其别筹法治也,则幸矣。

论伤风败俗之营业宜速禁绝之[①]

所贵乎政治者,惟其能兴利除害,锄暴安良,凡益于民者提倡之,凡不益于民者杜绝之也。兴一善举,则余徽之渐被,不知其几千万里也;作一恶业,则流风之沾染,亦不知其几千万世也。费人工于无用之地,耗物产于无益之场,人心中其害,社会受其累,国家被其扰,至于举国成风,数世流毒,则皆为政者不知防杜之所致也。

以中国论,如鸦片、赌博、造伪币、编淫乱小说等,此尤显而易见者也。至于造刍马纸人、制金银纸簿及黄白纸钱、冥器、爆竹等物,此则举国通行

① 原载于《盛京时报》1907 年 3 月 29 日第 2 版。

而不以为怪，数世相沿而不知其非者也。统全国计之，岁费人工不下数万人，岁耗物产亦不下数百万金。即仅以奉天一省论，丧祭庙会所焚纸人刍马、金银纸簿等，所需冥器、爆竹等，合计之，岁费亦不止二十万金。似此巨款，何事不可为，而乃听愚民之浪掷于无用地哉。

虽然，此等风俗其来已久，遽行禁之，恐难净尽，无已有二道焉。一著为白话论说，发明人神之真理，乃其沿革之来由，宣示远迩，使人知其无益，则为之者自鲜。二定为通行禁例。凡造纸人刍马、金银纸簿、冥器、爆竹等物者，概行禁止之，违者依违警罪论。凡商贾贩卖以上各种货物者，亦禁之。凡民间丧祭庙会，需用以上各种货物者，亦禁之，违者均依违警论。如此则民畏法禁，此风可息矣。

盖有以前之劝谕，则民咸明其理，故行以后之禁令，则民不以为苛。由是变无用为有用，化无益为有益，人神之界渐明，迷信之心自破，恶业既除，善举日兴，其裨益于人心、社会、国家者，固非浅鲜也。有政治责者，当勿以余言为河汉也夫。

论政府用人之无定①

从来国家之治乱，亦视乎用人之贤否而已。用得其人，则治可企；不得其人，则乱必至。此古今一定之理也，即东西各国亦不能外此理而别出神奇。盖宇宙之大，民庶之繁，诸政之巨细不同，百事之纷纭丛集，朝廷不能以独力持之。

故不得不慎选夫天下之有德行、有学问、有经济、有智略、有才干者，并考察其优劣低昂，俾无旷厥官，名称其职。而犹恐深宫之内，见有未周，故特以铨选之权，委之于政府枢臣，用以详考于平时，而不至鱼目混珠，黜陟全无把握。是政府为朝廷用人之枢纽：用人贤，则政府之功；用人不贤，

① 原载于《盛京时报》1907年4月1日第2版。

则政府之过。人才之或贤或否,政府实不能辞其责也。

夫政府之责如此其重,则苟用一人,固宜斟酌焉,详审焉,必实见其有可取之长,然后可量才而畀以官,因能而授以任,又安可出以粗疏,将以鲁莽。今日方跻以显秩,明日忽褫其职衔哉,异矣乎。

今中国政府之用人也,观于段中丞升巡抚一事,亦可窥见一斑矣。自东三省改设行省,于是有徐菊人为三省总督,朱、唐段为三省巡抚之命。谕旨一下,到处传闻,乃未及数日,而言官入奏。据传段芝贵夤缘亲贵,物议沸腾,遂将段芝贵撤去布政使衔,削去黑龙江巡抚之职。综此事之前后观之,其纳贿之果否属实不必论,而政府用人之无定,有令人不能不为疑义者矣。

盖朝廷用人,自有权衡,不得因爱憎而遂升降。方加诸膝,忽坠诸渊①,从古铨选权衡,未有如斯之易易者。窃观东西各国,有文官服务规律者保护官吏,非违背此项章程,不得开去其职。乃中国用人,一惟当局者爱憎之是从,政府则毫无定见。爱之者,则朝登荐剡②,夕则陟以显荣;恶之者,夕上弹章,朝又褫其御带。以往之事,不必再言,即以近事言之。朱家宝经袁督为力荐,上谕既下,明明擢为侍郎矣。而岑云帅忽上一疏,朱家宝旋行撤任,计其时不过十数日,或升或降,前后迥殊。今段中丞又不过十数日之间,竟与朱家宝如出一辙。噫!政府用人,何乃竟如萍迹随波,漂流无定之若是哉?

夫用人之必宜审慎也,盖不自今日始矣。《书》曰:“敷纳以言,明试以功,车服以庸。”③孟子曰:“左右皆曰贤,未可;诸大夫皆曰贤,未可。国人皆曰贤,然后察之见贤焉,然后用之。”古者用人之道,如是精详,岂故为迟疑乎?亦恐用之不当,多费一番周折耳。且不独古惟然也,即今外洋各国,凡用一人,必察其有何如程度,然后授以何等职衔,从未有一人言其

---

① 出自《礼记·檀弓下》:“今之君子,进人若将加诸膝,退人若将坠诸渊。”喜欢某人就把他放在膝盖上,不喜欢了就推进深渊里。意谓不讲原则,感情用事,对别人的爱憎态度,全凭自己的好恶来决定。

② 出自顾炎武《与李星来书》:“今春荐剡,几遍词坛。”荐剡系推荐人的文书,此处引申为推荐。

③ 出自《书·舜典》:“敷奏以言,明试以功,车服以庸。”即按照功劳赏赐给车舆和官服。

贤,即日而升其官,一人言其非,即日而削其职者。

今中国政府之用人,乃竟懵然、昧然、冒然、突然。忽然而升,忽然而降,如风云之变幻,如傀儡之登场,一人之身,今昔互异,顷刻之下,贵贱攸殊,直令人哭、令人笑、令人惊、令人疑,而不觉目瞪心迷,舌翘而不能下也。

论中国庙会的风俗沿革和利弊①

现在世界各国,最讲究的是社会改良主义。无论什么事,都是联个社会去做。怎么叫作社会改良主义?比方做一件事,凡做这件事的人,通同合到一块,立个不偏不向的法子,大家照着一样的做去。又比方要想做一件事,凡是有这一样的意思的人,就都合在一块,一齐去做,这就叫做社会改良主义。于今各国多得很哩。做国家的有政治会,读书的有各样学会,工有工会,商有商会。凡是一行人,就有一行的会。

近来中国也渐渐的有了,可是不见发达,也没有大爵高官去提倡它。因为有禁止结会立党的法律,所以就没人敢去做了。但是有一样会,却很发达、很普通的,就是这各处的庙会了。到得开会的日期,男妇老少,烧香还愿,远至数十百里的也有来的。人山人海,拥挤得风水不透。少妇美女往往招来意外的变故。最大的会,人数有到数十万的,这风俗遍中国是通行的,官家也不禁止。问起这会的宗旨来,就是"烧香敬神"四个字。起初发起的时候,也有会首,也有会友。修筑工程,往往有费到数十巨万的。要是把中国的庙会,合盘地算计起来,所费的钱,也不知有几千万万亿,也算是中国的一宗大去项了。

要问起这个缘起来,差不多人都说不上来,我于今稍微说一说它。这是从汉明帝时候迎西域的和尚来,留传下来的个风俗。其初不过是合弄

① 原载于《盛京时报》1907年4月3日第2版。

些人,听那和尚讲经说法。后就渐渐地大家凑出钱来,修起庙来,定个庙会的日期都来听那和尚的经法。

到了梁武帝时候,这佛教就越发地兴起来了。佛殿庙会,也渐渐地多了。到得唐太宗的时候,越发宠信佛教。叫些和尚到西藏去取经学法,于今都说唐僧取经的故事,这就是那时候的事情。后来,邱长春把它编出《西游记》的书了。唐太宗信佛,所以他的子孙们也信佛教信得了不得,遍天下修了些佛庙,遍天下是和尚了,出家的人越发多了。

到了宋朝、元朝,又有几个皇上信奉佛教,把个中国简直的全弄做个佛教了。所以这佛庙会,到处都有的。但是,起初还知得讲经说法,后来就光会念经了。到得现在,你问问和尚,他也不知他念的经是什么东西了。

有的说,念经能念活了死人,又能免去死人的罪恶。但是,我却没见过死的人叫和尚念活了的。要说免罪,这死了的人,谁看见他呢?且谁看见和尚真个把罪都给他免了呢? □□□□的事,这和尚就该一点罪没有的,就该不能死了。而且古来那些敬佛、信佛的皇上,比于今的人,敬信得还厉害哩,也没有一个不死的。而且是饿死的也有,被人杀死的也有,失了天下的也有。这佛祖的神灵,没见他保全了一个人。更有一个大大的凭据,这印度、西藏,是佛的祖国,于今被英国灭亡到这步田地,那佛爷连他自己的国家、自己的子孙都不能保护了,还能够保护别人么?

这样看来,活人免罪,都是欺人的话无疑了。骗的些人费了多少没味的钱,烧了多少没味的香,磕了多少没味的头,剃了多少没味的发,出了多少没味的家,你说可惜不可惜。依我说,不如把这些和尚,全教他还俗;把这些庙房,全改作学堂;把这些庙产,分些给还俗的和尚,作他的恒产。留些给创办的学堂,作他的学款。这就是唐朝韩愈的个主意。于今我们照着办,是很合适的。但是一件,这些佛经却不必全烧了它。因为他那经上,也是说些致知格物的道理,好留着给那些有学问的人,考究那佛教的哲学,也不算辱没了佛的苦心。这就是他感激不尽的了。

论小说急宜改良及其改良之办法[①]

日昨值中历四月朔，正逢礼拜休息日，消闲无事，独坐小窗下，披阅历史。忽一人投刺求见，刺上面署“贾次钧”。迎入室，略叙寒暄毕。未及坐，即含笑问曰：昨阅贵报所载，有《演剧急宜改良》一题，论说演剧之事，关于人心风俗，殊属重大。披阅之下，令人开启心思，增益识见。操政柄者果能本此说而行之，其裨益于国家社会者，良不少也。但论文中，有引用英人言“小说为国民之魂”一语，适有触于予心。因思小说不过为稗官野史之谈，其关系何如是之重乎？且关系既如是之重，中国之小说亦宜改良否乎？愿先生明以告我。

予应之曰：善哉，君之问也！君且坐，予试与君言之。但予才识劣下，不能道其详，请为君姑言其略。

予尝游于书肆矣，见其架头所置，正书之外，则有《绿牡丹》《红楼梦》《升仙传》《九巧传》《说唐》《隋唐》《彭公案》《施公案》《双钗记》《三侠五义》《永庆升平》等等各名，屈指难数。及一披览之，其中所言，非详写男女之私情，即多夸盗贼之智技，致令阅之者，印入脑筋，受其影响。而桑中淇上[②]之约，几遍尘寰；杀人行劫之峰，流行全省。其为害，诚非浅鲜矣。此何以故哉？

盖中国文法艰深，其经传鉴史、伦常道德诸书，最难讲解，非有十年功候不能望其门墙。而小说则词意粗俗，明白易晓，但能识字者，皆可因其事而读其文，因其文而知其意。故有草野农夫，蚩然无识，迨谈及野史，乃于其事之初终本末、结果原因，竟能娓娓而陈，津津以道。虽老师宿儒，亦

---

① 原载于《盛京时报》1907 年 4 月 4 日第 2 版。

② 出自《诗经 · 鄘风 · 桑中》：“云谁之思？美孟姜矣。期我乎桑中，要我乎上宫，送我乎淇之上矣。”指男女私奔幽会之处。

无如其渊洽①者。

在作是书者,或仅为假托之词,而愚民则信以为真,牢记之而终身弗谖。且一人目睹而演说之,则耳食者而不啻百人矣,百人耳食而又演说之,则承受者不啻千人矣,浸至妇人孺子,罔不闻知。师说一尊,遂同气同声,深信焉而牢不可破。英人谓小说为国民之魂者,盖此意也。今中国小说之腐败如此,是亦非改良焉不为功。

贾君又曰:小说之宜改良,予又闻命矣。敢问改良之道奈何?

予应之曰:此易易耳,不过去不善而化为善,一转移间而已矣。夫衣之敝者必改为,器之窳者必改造,室之破者必改修,法之敝者必改订。改也者,亦除旧更新之谓,非一扫而空之谓也。

且闻芸草者,必锄其根;止沸者,必撤其火;治结症者,必施以攻伐,而后进以参苓;医疮疡者,必刮其腐脓,而后可敷以药物。今预改良小说,是必敛旧有之小说而焚之,聚其版片而毁之,饬令书肆贾人勿得重翻,再行滋蔓。

一面于省城设立一白话报馆,内附编辑小说一门,择古今英雄豪杰、孝子忠臣并东西洋之各种学理、各种艺书,凡有关于人心世道、足以开通风气、可以裨益于社会者,编辑成书,并报纸一同售卖,俾阅报者皆得随便而阅小说。此因势利导,顺水行舟,必易收其成效也。

并责令各处巡警,留心保护,注意考查。若仍有以旧日之腐败小说妄为讲演者,则重加惩办。如此则不过一年,民之脑筋所印,必将焕然一新。当于新政学堂,不无补助也。此改良小说之法,实为当今之一大端也。

贾君闻之,乃起立而言曰:先生之论,诚至美至善。吾将告于执政者,请行君之言。语毕辞去。

---

① 出自《魏书·常景传》:"景艺业该通,文史渊洽。"意谓精深广博。

论理财之道开源尤贵节流[①]

窃闻扬汤止沸，不如去薪之为愈也；居下恶湿[②]，不如登高之为得也；好奢恶贫，不如惜财之为善也。中国今日穷困极矣，外债累累，几不可以京垓[③]计，又兼新政迭兴，需款甚巨。罗雀掘鼠，搜刮皆穷，乃犹复设筹款局、理财所，增捐增税，利较锱铢。数年以来，日形繁剧，而闾阎景象，疲敝凋零。若不设法救正，吾知再迟数年，民之富者必日即于贫，其贫者且无立锥之地矣，几何其不穷以死耶。

夫国家者，积民而成焉者也；国家所费用者，皆众民所纳焉者也。故《论语》曰："百姓足，君孰与不足？百姓不足，君孰与足？"今使中国百姓至于将穷困以死，而国家乃尚欲自为国家，则何异一人之身截去其股肱手足，而犹欲求其生活也？得乎不得乎？

谋富国之策者，则或曰开矿也，修路也，通商也，而且讲制造以维工艺，讲种植以教农桑。立渔业公司，而使资财不遗于水；辟森林事业，而俾利益不弃于山。苦心筹划，非不至密而至周矣。然开源而不节其流，终恐入不敷出。

母财蚀，而子财亦日减也。譬之一家，统计终岁之入款，仅足一千之额，而终岁之出款，乃至一千二百之数，则不得不借二百之债以补足之，迨明年则母财蚀矣。母财既少，而出款犹是也，则仅借二百不足矣。借债增，则利息益增，利息益增，则母财益蚀。不及五年，而一千之母财必荡然

---

① 原载于《盛京时报》1907 年 4 月 5 日、6 日第 2 版。

② 出自《孟子·公孙丑上》："今恶辱而居不仁，是犹恶湿而居下住。"意谓厌恶潮湿却住在低洼的地方，比喻行动跟愿望相违背。

③ 古代数字名称有个、十、百、千、万、亿、兆、京、垓、秭、穰、沟、涧、正、载、极、恒沙河、阿僧祇（qí）、那由他、不可思议、无量数，其中个至万为十进制，从万至不可思议为万进制。比个位小的数，按十分之一递减，依次为分、厘、毫、丝、忽、微、纤、渺、漠、模、糊、逡巡、须臾、瞬息、弹指、刹那、六德、虚空、清静。此处"京垓"系指数量极大。

净尽矣。一家如是，推之一村，一村如是，推之一县一府一省而一国，一国如是。则全国中一年之所生，不足给全国人一年之所用，则安得不仰给于外人耶?

乃今之讲新政者，第以开矿、修路等等诸事为独一无二之主义，其亦属一面之词，非统筹全局之论也。夫苟至中国所生，不足为中国之用，而惟俟外人以为接济，将四万万兆之人民，嗷嗷待哺。吾知开矿、修路诸事，其权不渐溃，而全归于外人手者，则断乎其不能也。

然则为今日理财计，徒开其源焉，犹未也，是非节其流焉不可。节流之道奈何? 亦曰省浮费而已矣。夫同是费也，何者而为浮费乎? 一在于裁冗员。自办理新政以来，国家之需材孔亟，于是破格录用，不次超迁。在朝廷为国求贤，本期量才而授任，乃或瞻徇情面，或滥受苞苴，亲友门生，多方位置，夤缘暮夜，极意结营。或保举为总办，一月而与以数百金；或力荐为委员，一月而酬以数十两。而此辈本无长可录，遇事张皇，又不得不引类呼朋，借相辅助。于是别立名目，广设冗员。一局所之中，既有坐办、总办，又有会办，更有帮办。一学堂之内，既有监督，又有副监督，又有提调、副提调，又有教长、副教长，下至等等委员、等等司事。出入杂沓，仆从如云，大轿马车，耀人耳目。事则少，而人则多，局所、学堂直成为豢养废人之处。统计京城虚费不下数百万金，一省所费不下数十万金，全国所费则不下数千百万金矣。所谓裁冗员以节流者，此其一。

(续前)夫裁冗员以节财流，犹其小焉者也。中国现今之大弊，莫甚于贿赂之公行。权贵当朝，显然卖官而鬻爵；疆臣坐镇，居然虎噬而狼贪。而鄙琐无耻之徒，或暮夜辇金而遽登显秩，或钻营请托而即获超迁。故见有某大员节贺年禧，一日而受若干之礼物；某亲贵筵开寿诞，一日而收无数之金银。甚至门包小敬，且累数万之多，棚彩虚文，亦至百千之费。一时山珍海错①，备极欢娱，舞妓歌伶，均膺厚赐。诚哉，其为盛举矣!

然试问此所得之物、所耗之财，果从何处来乎? 要无非百姓之脂膏，闾阎之血肉而已。聚千百蚩蚩者终岁之所生，不足以给此巍巍者终朝之所用。彼辈诚乐而忘归矣，而哭泣者不知有多少人也。且一大员如是，使

① 指山野和海里出产的各种珍贵食品，泛指丰富的菜肴。

各大员均如是,则所费者不可胜计矣;一年如是,且年年如是,则所费者更无穷期矣。

小官敛于民而供于权贵,权贵纵其欲而肆意奢靡。聚天地有用之财,而弃于无用之地,但总一岁而计之,已不知多少万万矣。故执政者今日言富国而国仍穷,明日言富国而国益穷。虽其故不尽在此,而此辈之虚縻者,其贻害固非浅鲜矣。为今之计,朝廷当明降谕旨,饬谕大小臣工勿得私行授受,如有纳贿、受贿等事,一经参奏,处以严刑。如此,则官知所畏,而此风庶可绝焉。则禁贿赂以节流者,又其一。

然此特即官场论之,而犹非合全国而统论之也。夫当今全国之漏卮,有为东西各国之所无者一事焉。其事为何?则民间之奢侈是也。从古一朝肇兴,必先定一朝之服色,故夏尚黑,殷尚白,周尚赤。夫固判然、划然、厘然、秩然、崭然而严为区别,晰然而不相混淆也。故农夫也,则褐衣被体;儒士也,则韦布章身。人格何居,即有何等衣冠之定制,固未有纷如杂沓,混然而任意自为者。

近年以来,我中国朴厚之风渐归澌灭,奢华之习程度日高。争时样之翻新,笑家风之守旧,天孙云锦,斗巧争奇。红紫也,而制作常服;丈夫也,而妆如妇女。上下尊卑,漫无等级;工商士庶,绝少区分。此何如之怪象乎?然此犹可言也,甚至优伶贱品而貂裘炫耀,充宠拟于王侯。娼妓下流,而狐腋辉煌,排场同于仕官。一衫之细,竟值数百元;一袭之微,直费数百两。以生灵之膏脂,供外貌之美观,财安得而不遗乎?

乃举世习惯,而不以为非,争相效尤,恐居人后。有财者,为倡首;无财者,亦步后尘。浸至各省、各府、各县、各村,一气流通,相与同条而共贯。而尤有甚者,妇女之耳环首饰,手串腕镯,金玉焕其光,珠宝耀其彩。一簪之细,价值百元;一指之间,费须百两。统中国之全国计之,此项之耗,每岁又不知几千万万也。此又中国之一大漏卮也。窃愿有理财之责者,一为思也。

论外交之要道[①]

中国十数年来，弱状昭著，政不及修，兵不及练，教育不及施。虽屡败蹶，赔款割地，然国权犹未尽失，领土依然独立，瓜分之祸，终未实受者。此非我之政教足以自立，兵备足以自卫，而列强之眈眈者不足以袭灭我也，盖国际法律之所保全也。然则际此百备未及修明，而欲支持于列强中，图存于世界上，舍国际法律复奚所恃哉？舍外交要道复奚所求哉？外交得手，则国或可不挫，权利可不失；外交失着，则一时受损伤，百年难挽回。外交所系，顾不重哉？

虽然，吾窃见夫中国之外交家矣，其柔懦不振者，素不习国际法学，遇事仓皇，中无所主。与外人遇，口嗫嚅而不敢言，足趑趄而不敢进，以致人云亦云，旅进旅退，甚或迟迟数月不敢出一语，以为决定，卒至成约，遗人口实，失己权利，若是则媚外也而失之卑。

其矫激不平者流，虽或记诵一二法条，不能准诸公理，平其意气，以相商订。遇外人则扬扬然，临以盛气，发为激论，漫视人为侵夺我权利，占取我领土也者，而一意抗衡陵轹，至于决裂，招祸愈大，而受损愈多，若是则排外也而失之抗。

抗则过，卑则不及，均非要道也。夫所谓要道者，公理而已。国际相交，其事多端，约而言之，有二义焉。

一国际应尽之义务也。世界之交通，愈趋愈繁；国际之法律，愈出愈备。若通商，若传教，若旅游等事，彼此均有保护之义务。其为特别联盟，关系特别约章。或有特别各种之义务，但凡义务所在，必酌量人己相处之地位与国际相交之公理。其为我所应尽者，勿以激抗而负人；其为我所不应尽者，亦勿以卑鄙而失己。我无失德于人，人岂有过责于我哉？此其

① 原载于《盛京时报》1907 年 4 月 7 日第 2 版。

一也。

二国际应享之权利也。个人之对于个人或社会,有应享之权利;一国之对于一国或各国,亦有应享之权利。若通商,若传教,若旅游等事,彼此均有应享之权利。其为特别联盟,关系特别约章。或有特别之权利,但凡权利所在,亦必斟酌乎人己相处之地位与夫国际相交之公理。其为我所应享者,不以微弱而暴弃之;其为我所不应享者,亦不以强权而侵略之。我能以礼自守,人岂敢以非礼相加哉?此其二也。

若然,则不亢不卑,无排无媚,前此之屡蹶,犹能获法律之保护。今兹之守法,反至招列强之干涉,岂有此理哉?以此支持于列强中,图存于世界上,其庶几乎。然后修其政教,奋其武卫,以从群雄逐鹿中原,乌知谁称捷足哉?

论岑尚书之决不反对立宪[①]

今政界人,莫不谓岑尚书反对立宪,与宫保意见相龃龉。此传闻之误也。

夫岑尚书之行事,著著求实。既务实矣,则凡旧规模之不适于实用者,皆彼之所深恶而痛绝者也。袁宫保宏通中外,深明时弊,故其措施罔不以济时为急。天下事必切于实用,而后可以济时艰,此袁、岑两大臣之不谋而合者也。

或又云:岑尚书务守旧,袁宫保务维新,二人新旧不同党,向背自异趣。余曰:不然。往者,岑尚书派多员东渡,习法政学,并令其侄岑君德复亦往焉。此可知岑尚书之非守旧派而维新派矣。且不论其新旧,但以行事论,凡不适于实用者,即不可以济时艰者。此袁、岑二大臣之所均不取也,不然,且拭目以待。

---

① 原载于《盛京时报》1907年4月7日第2版。

自兹以往,二大臣者,将同寅协恭,共济巨川。微特无所反对,且岑尚书将更有进焉者。以国会不设议院,不立宪法,不能实行,国家不能实强,皆非其务实之本心也。故岑尚书革新之汲汲,视袁宫保当有过之而无不及。岂特无反对云乎哉?彼俗论之嚣嚣者,乌足知二大臣之心迹哉。

论忠孝节义的原理①

我们中国,从古到今,那些圣贤们流传下来,最重的是"忠孝节义"四个字。这四个字,差不多人人都知得的。可是一件,要真能知得的却是很少。能知得的尚且不多,那能行得的,越发就没有了。于今把这四个字,分开说一说,给大众一听,好知得那忠臣孝子节妇义士,自有个真正道理,并不是世俗所说的那个样子。

第一件是这忠字。于今讲这忠字,都因着"臣事君以忠"的这句话,把个忠单单的说在为臣的身上去了,一象似别的人都用不着的样子。都不知道这忠字,是人人用得着,事事用得着的。你看曾子不是说过:"夫子之道,忠恕而已矣。"又说过:"为人谋而不忠乎。"这样说来,不止是为臣当忠了,凡是君臣、父子、夫妇、昆弟、朋友,一切的搢接酬酢,一切的事,都当忠了。先儒讲说是"中心为忠",就是教这心不偏不倚,常在中间里的意思。比方作一件事,我也不向东,也不向西,单单的照着大道公理做出去,这便是个忠心的忠了。先儒又讲说是"尽己为忠"。比方人家托我做一件事情,我就拿着同我自己的事一样的,尽心竭力做出去,这便是个尽己的忠了。合以上这两个说法,这忠字才讲得完全。若是单说"尽己",不管中不中,比方人家托我去放火,我也尽心的去放火。人家托我去作贼,我也尽心的去作贼。难道说这也叫个"忠"不成?

① 原载于《盛京时报》1907年4月8日、11日、12日、14日、17日第2版,缺二续。

又比方为臣忠君的事情。这人君是拿着国家人民要紧的。为臣的，必得能治国家、安人民，才算是忠。要只是教君一个人欢喜，不管国家人民治不治、安不安，甚至剥削万民的钱财，供奉那一个人的快乐，这叫做助暴为虐的民贼，更不得说是个“忠”了。

听说古时候，周武王伐纣，走在道上，他骑的马开了肚带。武王叫他的随臣散宜生给他紧上这马的肚带。散宜生说：“臣是给你治天下的，不是给你紧马肚带的。”武王听这话，羞愧得没奈何，自己下马紧了这马肚带。这话无论真假，你说散宜生不是周家的大功臣吗？这事你能说他是不忠吗？要在于今这些为臣的，只怕跑不上去干这等事呢。

又比方我们作一个商会，或是学会。这选举的会长，是教他总理这一切的会事。其余选的些职员，或是书记，或是会计等等，是教他们分理这一切的会事。这会长就同为君的一样了。这些职员就同为臣的一样了。但是这会长，除了会事，凡他自己身上的事，不能支使职员的。那些职员，也除非是会事，不受这会长的支配。只需尽心竭力，照着大道公理，去办这会事，这就是忠了。所以这忠字，必得合起那“中心为忠”“尽己为忠”来讲，才算完全，要不然就不完全了。

（缺二续）（三续）第三件是这个节字。照古来的书上所说的“有容有节”“大礼与天地同其节”“不以礼节之”“临大节”等等些话，全是作个节制的意思讲。所以饮食也可说有节，言动也可说有节，以及人情的喜怒哀乐，百事的行止进退，没有不用这个“节”的。

这样看来，有规有矩，就是“节”的意思了。所以孔子说道：“知和而和，不以礼节之，亦不可行也。”这么凡是礼法所在的去处，就是节所在的去处，合乎礼才是节，不合乎礼便不成个节了。古人所说的礼，就是今人所说的法。一人有一人的法，便是一人的节。一家有一家的法，便是一家的节。一国有一国的法，便是一国的节。男有男法，女有女法，推到君臣、父子、夫妇、昆弟、朋友，这些人的交接，都有个法，便都有个节。

怎么于今中国人，说到节上，偏说是忠臣给君尽节，烈妇给夫守节。一像是除了为臣为妻的，别的人都用不着尽节守节的样子。这已竟和古人说的那节字，差了一多半了。何况今人说这臣妻的节，还是错的了不得呢。

讲到为臣的身上,你看中国历代换朝的时候,这死节的臣有多少呢?要通合历代看起来,这死节的臣,算是宋末明末为最多了。其间也有死的合式的,也有死的不合式的。若是说他们死得不好,都不死,倒去反颜事仇,这不更坏了么。若是说他们死得好,都不死,更去拼作一死,设法报仇,这不更强是①坐以待毙么?

两朝争天下,同两国打仗,是一样的理。争天下用的是臣,打仗用的是兵。若是当兵的,到了打不胜人家的时候,个个都去寻个自尽死了,你道不是没人打仗了么?这为臣的和人家争天下,若是争不过来的时候,就去个个寻自尽死了,你道不是再没人去争了么?这样说来,那历代换朝,不争不杀,寻个自尽的那些臣,不都是亡国的罪人,死有余辜的么?这能说他是尽节的忠臣么?不过是比那反颜事仇的强点②就是了。

又如明朝失了天下的时候,若是明家的人,通同全去寻个自尽死了,这固然没有给人家作奴隶的人了。可是,这自家的国家,还有兴复的人么?还有兴复的日期么?所以这为臣民的,必得是争到尽头,杀到尽头,没一分一毫的指望了,这才死,这才算是尽节呢。

讲到这妇人身上。你看中国,那烈女坊、节妇碑,有多少呢?可是其间也有殉名死的,也有殉夫死的,也有为名守的,也有为夫守的。可是,这男女的婚配,为的是生息起见,生息的多少,与种族国家的盛衰,是有大关系的。古人因为这男女杂交,私奔乱淫,既有碍于生息,还易起些争端,所以才定这婚嫁的大礼和些节义的防范。

要是不碍于生息,也不起那争端,管他甚么婚不婚、嫁不嫁、节不节、义不义的,任他自由,这也使得。所以列国时,那越王勾践图着国人生聚,定个法子,教那些寡妇,住在山上,任那些士人去游幸他。后来越国到底霸了诸候,也没有说他这法子很不好的,不过是不大合乎中道便了。要但为国家谋些生息起见,倒也使得的。

可有一件,若是那时的寡妇,有为夫死心灰,百念冰冷,不愿意去上山,那越王也必不一定强人所难,这是一定个道理。可见越王那么个时

① 黄县方言。“强是(或强似)”,属形容词(或副词)加“是(或似)”结构,意谓比某某更好。

② 黄县方言。强点意即好一点点、稍好。

候，还有节妇呢。这“节”字是从人情自然发生出来，才算真的。并不是强迫勉强，所做的件事情，就是强迫勉强做出来，也是假的。既是假的，要他干甚么呢？所以我说只有一种妇人，可以教她守节，其余有几种妇人，很不必教她守节，下边再分开说他。

说的是哪一种妇女可以守节呢？就是那恩爱夫妻，情谊敦笃的。丈夫一死，她那种至性真情，再不愿活在世上，更不肯改嫁他人，这样人是自然而然能从一而终，不改柯节①的，只好任他自由，成全她的美意便了。可是于国家社会上，不过出了一个节妇烈女，也没有别的好处。

又道是哪几种妇女，不可以守节呢？一种是由他父母强迫结婚的。男女两个，彼此并不相投，或是男的嫌恶女的，或是女的嫌恶男的。总然过门成亲，他两人情同冰炭，到底是不和的。这样的若是男的先死了，正好教她另择佳婿，成全个人。若是也教她守节，你想她男人活着的时候，她嫌恶他，难道说死了的时节，她还想念他不成。既然不想念他，还教她守节，这不委屈她一辈子么？天地间这人，可以一辈子受委屈么？况且她受委屈，旁的人还有甚么益处么？社会国家还有甚么益处么？既然没益处，这就不必作了。

一种是性情浮薄的女人，无论是他父母给她结的婚，或是她自由结的婚，虽然不嫌恶她的男人，可是她的爱情不能纯挚，一定不移的。这样人要在年轻的时候她男人先死了，她一定还去爱怜别人，一定不能守节。总然怕人家说她不好，不去改嫁，也当不了②私下和男子来往，这还成个甚么节呢？中国这样的最多，或者还有给她挂节孝牌的呢。这于死的添了多少坏名。于她自己受不多少拘束，于社会国家做了多少丑事，倒不如定个光明正大的法子，凡寡妇了，许她改嫁或是招夫，自然的不致出那些淫乱的行为。且于国家社会还可以多生息几个人，岂不是两全其美么？

再一种是穷独无依的人。男人死了，她没得吃穿，没得住所，并没得亲近人可靠，也没得子息可希望，这样的要是自己情甘苦守，这叫着苦节

---

① 出自《礼记·礼器》：“其在人也，如竹箭之有筠也，如松柏之有心也，二者居天下之大端矣，故贯四时而不改柯易叶。”柯为枝干，意谓是不改变枝叶，比喻不改变操行和气节。

② 当不了，黄县方言，意谓难免、不可避免。

了。要是自己不愿意,你教她怎么守呢?只好另择婚配以图生活了,所以这种的也不必守节。

总而言之,女人守节,是为男人的,其实还是为她自己的。要是她自己出于中心,愿意守节,这才能守,这才算节,这才可以教她守。要是她自己不愿意,你总然出些法子,提倡她,奖劝她,她也是不能守,甚至不得已而为之,倒反误了个人,坏了风俗,累了社会国家,这岂是人情天理的良法么?要止就表面上看,夫死不嫁,就算个节,你看看印度国的风俗,男女一二岁,就结婚,要到三岁时,男的死了,那女孩子就守义,终身不另嫁了。

这风俗全国皆然,人人皆然。照中国说起来,这不是节义成风了么?你想好不好,于今英国得了印度,倒反把这个风俗,加倍的提倡奖劝,所以这风俗就越发盛行。倒成了英国人的个灭种的好法子了。你说可悲不可悲?

而且是在中国,我想那二帝三王的时节,这经传上也没见有像于今的,挂节孝匾,立节孝坊。这些提倡奖劝的好法子,或者古帝不如今皇这样善治也是有的,或者还是英国人待印度的意思呢。这个我就不知道了。我但知道东西洋文明各国,没有这样好风俗、好法子。可是丈夫生平不二色,女人生平不再嫁,那样义夫节妇,更不少见,可都是从真性做出来的,可都是从学问养出来的。所以女学不兴,自由结婚不行,这真节从哪里来呢?白白的死了些人命,误了些红颜,斩绝了些人种,你说可怜不可怜呢?

第四件是这义字。先儒说是"当然之谓义"。就如一件事,该当怎么的,就怎么做,这就叫做义。比如这尽忠的尽得不对了,就算不得忠;行孝的行得不对了,就算不得孝;守节的守得不对了,就算不得节。孔子说:"君子义以为质。"又说是:"质直而好义。"无论甚么事,都有个当然的理在,就都有个义在,所以这义的范围,也是很广的。可是后世,因着这"朋友以义合"的句话,多半把这义字,专说在朋友上,这已竟不是古人讲这义字的本义了。

但是就专说在朋友上,我看现今交朋友的人,也没见谁知得个义不义。说甚么结义,说甚么义气,说甚么举义,细看来不是循私情,就是沽名誉,哪来的义呢?怎么样就叫做义?这朋友必得是志同道合,才能相交。或是志向同,或是事业同,总得有相同的地方。若不然就不能成朋友了。

就如孔子当日,三千多门人。这三千多人,因为和孔子同是一个修身治世的目的,所以通同和他成了朋友。那长沮、桀溺①一流人,是不愿意治世的,所以和孔子就成不起朋友。再如那荆轲宜僚,是同一个刺秦始皇,破坏专制的目的,所以他两人,也成了朋友。那李斯一流人,助秦为虐的,就和他两人成不起朋友了。

又如于今各国有些甚么政友会、自由党等等,多有到数十万人。一个党会的,这也是因为他们同一个政治的思想,同一个自由的意见,所以才联结了这么些个朋友。也有和他们反对的一班人,也同了一个谄媚政府的目的,也联合成一班的朋友,叫着甚么政府党,却和那政友会、自由党等等反对政府的,不能成为朋友。因为他们彼此目的不同的缘故,这就是个义同则合、义不同则离的道理。

假如孔子那些三千余人,内中出一个不愿修身,或是不愿治世,这就是负了初心,背了大众,这就叫负义了。荆轲宜僚,倘或当日有一个不去刺秦皇而死的,这就是负了初心,背了朋友,就是负义了。这各国的甚么政友会、自由党等等,若是他党会里的人,出来一个反对的,或是私通外人,讪谤自己的党会,倾陷自己的党会,这也是负了自己,违了大众,这也叫作负义了。所以古人说:“宁择而后交,勿交而后择”,就是为的这个缘故呢。

说到现在的中国人,那些交朋好友的,或是三个人换帖,或是五个人磕头,不是酒肉的应酬,就是财货的投报,不是声势的攀援,就是差事的请托。到得酒肉没了,财货空了,声势落了,差事撤了,他那朋友的交情也就渐渐的冷淡了,换的帖也不好使了,磕的头也忘记了,哪还知道个甚么义不义呢。

再好一点的,有些读书的人,拿着谈诗论文,作了会友的雅事,动不动说甚么二三同志,说甚么得一知己。究其实,不过是些吟风弄月、腐词滑调的一场游戏,于那国计民生上并没有一点的益处。所以昨日的同志知己,到了来朝就成了陌路人了。因为他们没有那远大的目的、深沉的志

---

① 出自《论语·微子》:“长沮、桀溺耦而耕,使子路问津焉。”长沮、桀溺是春秋时楚国的两名避世隐者。

愿,维系着他们,所以转眼间就散了。

再好一点的,就是这新学界的人了。也结甚么政党,也立甚么学会,也能联合几千百个会员党友。可是一件,其中这大公无私,为国为民,应声求气的,也有几个人,但是百不得一了。其余的人,不是谋利的心重,就是图名的念急。所以这同会同党中,往往有起先①自称为知己同志的,到后来无端地就起了倾轧,几乎就有拼命的心肠,你说可笑不可笑呢?还有因着嫉妒的私心,起了反对的行为,连他的党会都受他的损害,你说这不是负义到极处了?

所以有几个志士,看这情形,伤心国是日非,人心日坏,他就蹈海而死了。新学界尚且如此,那旧学界更不容说了。念书的尚且如此,那不识字的更不容说了。那襄有得义士,作那外国党会的义团,做那荆轲宜僚的义举,学那孔子师徒们的义气呢?这朋友上的义,是今人所讲究的,已竟是这样了,别的事还容问么?

以上这四件,都是中国人的口头话,差不多妇孺们,也会说忠孝节义这四个字。只是说的也不是古人创这四个字的意思。也不是如今东西洋各国,行这四个字的意思,所以我才从古人说到今人,从外国说到中国。若是今人能以②比古人强,这也算我说得不对了。再若是中国能以比外国强,这也算我说得不对了。要不然,诸君就得把我这话,思思想想,到底怎么个样,才算作忠孝节义呢?请领教一下子。

论州县为郅治之本③

且闻天下之治乱,视乎人才之贤否而已矣。然其枢机,则皆操自大臣;而其密切,则莫重于州县。盖宰相为朝廷之腹心,督抚为众官之师帅,

① 起先,黄县方言,意即刚开始的时候或此前。

② 能以,黄县方言,意即能、能够。

③ 原载于《盛京时报》1907 年 4 月 12 日第 2 版。

不过操用人行政之大柄，而于闾里小民，未得亲为治理也。

夫国家设官，本以为民。其与民最亲者，孰有如州县乎？惟州县与民最亲，则贤否得失之间，动关国家之治乱。而州县之官职虽小，较之宰相、督抚，其维系尤重，其责任尤艰。何则？天下者，州县之所积而成也。积民众而成州县，积州县而成国家，州县治，则国家治，州县不治，而漫求国家之治焉，其理固有所不得，而其势亦必有所不能。

乃观于中国今日，盗贼充斥，讼狱繁兴。论者或归咎于民气之不良，民风之不古。而不知此非民之罪，实州县未得其人之罪耳。盖我朝授官分职，吏部实操铨选之权，而铨选之定章，率范之于掣签按轮之中，绝不问其人之贤否。虽策名仕籍，而选补无期，故有候补多年而负债累累、一贫如洗者。及幸得一缺，安得不暴敛苛征，借以偿其所失。于是，手施蛇蝎之毒，心同狼虎之贪，即上司有所风闻，加考语而严为参撤，而小民之受其剥削者，已多死亡而不可救矣。

间有廉能之吏，一意兴新政，以教养斯民，而知府之意见不同，司道之苛求难给，上官掎之，同寅笑之，必溃其成而后已。巧宦者，知其然也，于是阳避处分，而阴济奸贪，一事不为，而无恶不作，上损国计，下剥民生。但能博上宪之欢心，得同官之要誉，则天变不足畏，人言不足恤，君恩不足念，民怨不足忧。

做官十年，而家富身肥，囊橐累累，数十万金在握矣。而上司且荐之曰干员，同僚共推之曰能吏。民之被其鱼肉者，虽痛心疾首，钳口侧目，而无如何也。噫！上下之间，相蒙相遁，而至于如此，而犹急急求自治、立宪也，岂非南辕而北其辙哉？为今之计，欲求郅治，非崇州县之爵，增州县之俸，革吏部铨选之规，除掣签按轮之弊，是必有万万不能者。

查外洋制度，百僚升降，必量才能；期会之令，出自君主；选举之政，操自民间；地方官或用土人，无回避本省之例。听讼之事，派以陪审，而肆威作福之弊除；列以辩护，而妄指诬陷之弊绝。所谓“爵人于朝，与众共之；刑人于市，与众弃之者”。中国则徒有此语，而无其事；外洋则实行其事，而不必古有此语也。而且俸糈优厚，人无内顾之忧；职称才能，官无后补之苦。故既任一官，必能尽一官之责，否则议院排之，君主斥之，不使一日而居其位也。外洋各国所以臻于上理者，非必其民心风俗较中国之为优，要亦其吏治之文明,实有以操其本也。

夫国以民为本,而致治之道则莫切于亲民之官。所愿当路者,澄治吏治,裁汰冗员,务期官皆勤慎,吏尽清廉。但论才能,不拘资格,则积弊一空,民生日遂,而自治之基础既坚,自强乃应可望矣。

论俄政专制之流毒[①]

昨英伦来电,言俄国匪徒猖獗日甚,近在鲁杜府地方,匪徒抢劫邮传部货车,杀护送警兵四名,抢去金币四千卢布。哥萨克巡逻队闻警赴救,匪徒散迹。该巡逻队遂闯入棉纺工场,滥放手枪,击毙无辜工人二十五名,伤三十九名。噫!俄国官吏蹂躏国民生命,残酷至于此极哉。

夫匪徒抢劫,工人何辜?即云匪徒或匿迹工场,亦当区别良莠,审检分明,提取而惩治之。奚不可者?乃漫不审判,乱枪击人。死者、伤者,胡所赔偿,胡所控诉?虽退化如中国,古所云草菅民命者,亦不至是也。奈何文明如俄国者,犹出此野蛮行为哉?

夫巡逻,所以卫民也。乃以卫民者而害民,世界有此法治哉?噫嘻!我知之矣。俄国政体务专制,专制认官权,不认民权。故其君若相,视民命如草莽牛马之不若,而践踏之不少痛惜,举国官吏尤而效之。而戕毙犹太人,动至数千,而于波兰基士聂夫诸民命,尤不顾惜。残暴命案,无日无之,民怨所积,郁而莫伸,遂有虚无党、革命党,诸反动之行为其下焉者。遂结众纠徒,出于抢劫官府,攘窃国家之恶行。推其用意,不至于颠覆国家,改作民族国家;翻倒政府,改作民族政府不止。要其原因,则固官府之所逼迫而出。君上之所专横而致者也,岂无所由来哉?

夫俄官之虐待己国民,犹若是其酷,又何怪其待我中国人,杀之,焚之,鞭之,棰之,驱数万民命于黑龙江水中,而不少顾恤哉。彼俄国所称为

① 原载于《盛京时报》1907年4月13日第2版。

文明法家者流，乃斥东亚黄种为劣性，不贯于公法，而自诩俄国为文明。岂有文明国而有此野蛮政府，出此残暴行为哉？

吁！殷鉴不远，中国方图维新，固宜首瞻北鄙，警政如彼之密，武备如彼之强，万几如彼之修明，而专制且不得不改，议会且不得不立，民权且不得不尊，况微弱不振如我中国者乎？衮衮诸公冥顽不灵，有阻挠新政者，其亦可以自反矣。

论督抚与国家之关系[①]

且天下之大，万民之众，君不能以一人而理也，则不得不命官分职，而使代为理之。于是，在内而辅君者，则有宰臣；在外而治民者，则有州县。斯二者，均于国家有至密至切之关系者也。然而，中国之制度，宰臣不能直辖州县，州县不能直接宰臣。故州县之贤否，宰臣不得而知也。其上接宰臣，而下接州县，有统维全国之关系者，盖莫如督抚一职矣。何言之？夫督抚者，朝廷之腹心，群吏之师帅也。故督抚廉明，则官无贪墨；督抚公正，则吏尽循良。督抚实握治乱之机关，操安危之枢纽。

恭读世宗显皇帝之谕云："封疆大吏，实关系国家之隆替，但得有猷有为有守者，二十余人，分布寰区之内。俾临莅庶官，敷宣教化，则天下大治，计日可期矣。"

又批谕广东总督疏曰："身膺封疆要任，当远大是务，不宜见识浅狭。公私界限，只在几微念虑之间。一涉瞻循，即为负国溺职。重则贻累功名事业，轻亦难免物议沸腾，无如烛理不明者，比比皆然。每争趋些少光华，以图目前快志，遂置日后不计，难免悔吝于无限也。"

观此两谕，皆于督抚大臣谆谆致意。仰见圣明洞鉴，深悉督抚为国家要任，实为安危治乱之一大关键焉。则凡膺斯职者，固当守法奉公，以作

① 原载于《盛京时报》1907 年 4 月 13 日第 2 版。

州县之表率。若不能使地方日有起色,风俗日见淳熙,其何以握节钺而无愧乎?

又尝读先正史公疏云:“督抚为特简之大员,信任专而委界重,一切兴利除弊、整纲肃纪之事,尤当不避嫌怨,不惮勤劳,不博长厚虚声,不踵因循陋习,事事凛遵训旨,实力奉行。庶几民可以安,吏可以察,政可以举,教可以兴。贪墨知惩,豪强敛迹,盗风止息,国赋阜盈,文武协和,兵民辑睦,方无忝节制之重任,方无负简畀之殊恩。”

无乃中国积弊已深,为督抚者,殊失此旨。命见有夤缘奔走,结纳廷臣,谄媚逢迎,交通当道,年送规例,节馈礼仪。身膺保障之司,日以贪婪为计;位寄边疆之重,专以粉饰为能。治内政则率尔操觚,理外交则茫然无据。至所用之人,大抵非门客帮闲则亲朋分润。本有统兵之任,而保举不当,壮士灰心;本有察吏之权,而黜陟不公,英才短气。

夫现在外洋各国,互市通商,各省繁区,其所恃以笃邦交之好,联友谊之欢者,要惟各督抚之是责。而以此等之人才,膺坛坫周旋之重任,其不至贻误大局者,吾不信也。

吁!我中国今日削弱极矣,所望有督抚之任者,去从前之积弊,革以往之浇风。既列百僚之首,自当正己率人,兴利除弊,务矢公忠,为百姓图平安,为国家谋长久。勿泥古而昧今,勿钓名而沽誉,勿舍本以求末,勿畏难而苟安。用人勿任私情,取才勿拘资格。至于交涉案件,务须度理准情,筹维尽善,尤不可以坚僻自恃,昧公法而致启衅端也。此则督抚之职也。吾且望为督抚者,一为深长思也。

论移民垦荒为东三省之要务[①]

国家之赋税,出于人民而已;人民之供亿,出于土地而已。故自古圣

① 原载于《盛京时报》1907 年 4 月 14 日第 2 版。

人,咸以农业为重,而五十而贡,七十而助,百亩而彻[①]。夏、殷、周三代兴王,莫不定赋税之正供,为朝廷之取用,且宅不毛者出里布[②],农不耕者出夫家之征[③],故其时地无遗利,民无余力,而闾阎饶富,仓廪丰盈。考之经籍,证之史书,知当年累陌连阡,夫固无荒田,而鲜旷土也。然当时三代版图,偏于西面,现今之东三省,尚为游牧之场,厥后虽历数朝,而终非一统。

迨我朝定鼎,始得混一土宇,南北一家。于是,内地居民乃渐次东来,用以开陇亩,辟草莽,为养身安家之计,迄于今,颇称繁庶矣。然窃考三省之地,面积数千里,其未垦之荒土荒田,犹一望而渺无涯际。村庄落落,草莽离离,满目荒凉,增人悲噫,致令宵小得以匿迹,奸宄易以潜踪。商旅惊心,行人丧胆,浸且联群结队,胡匪横行,放火杀人,肆行劫掠,并敢与官兵抗拒,俨然藐视王章。噫嘻!以中国肥沃之地而致为贼盗出没之场,以中国少壮之民而致为伏莽兴戎之类,操政柄者,抑独何心而不留意于此耶?

或者曰:现时垦务,已设局所,子何事哓哓为哉?予应之曰:局所之设,夫固闻之矣。然窃叹其办法之未善也。何以言之?夫开垦之事,不宜仅为目前之计,当为久安长治之谋。考内地人烟稠密,生齿日蕃,土地之所生,几几不能以自养。于是势出无奈,行多出洋而别觅生活。所以南洋各埠,新旧金山,华人之流离于此者,殊不可以亿万计。而逼作苦工,甘受困辱,飘零海外,莫望生还。而中国边境荒凉,反寥寥无人家烟火,致令强俄得计,并不劳一兵之力,即将混同江东。二千里茫茫土宇,从容卷席而括囊,岂不可惜也哉!向使其地有十万华民,以耕以牧,吾知俄人虽强,亦未必遂泰然而窃据也。

今虽设局开垦,然究其所垦之地,非为巨商渔利,即为富户并吞。试

---

① 出自《孟子·滕文公上》:"夏后氏五十而贡,殷人七十而助,周人百亩而彻,其实皆什一也。"即以五十亩土地若干年产量的平均数,征收百分之十的定额农业税。

② 古代的一种地税钱。《周礼·地官·载师》:"凡宅不毛者有里布。"郑玄注:"宅不毛者,谓不树桑麻也。里布者,布参印书,广二寸,长二尺,以为币。布,泉(钱)也。"

③ 出自《周礼·地官·载师》:"凡民无职事者出夫家之征。"郑玄注:"夫税者,百亩之税。家税者,出士从车辇给徭役。"夫家之征,是"夫税"与"家税"之合称,指战国时以家庭为单位征派的田税和军赋。夫税是按一夫受田量征收的田税,家税为按户征派的军赋。夫税有等差,家税乃代役钱,非亲服力役。

问买地者，究属何人？不過仍归本地之民焉而已。以为目前筹款，夫固少有得耳；若为永远计，则非吃紧之著也。为今之计，莫如将三省所有之荒地，丈量清楚，划界分疆，绘图帖说，详细奏闻。然后按一夫百亩核算，招内地无业之民，携家前往，籽粒牛种，官给以资，舍宇堤防，官助其力。三年以后，再为升科。迨民既各得安居，复仿管子内政军令之规，效古昔寓兵于农之意，闲则讲武，忙则务农，将蚩蚩之编氓，即为桓桓之劲旅，固我边防。无须筹饷，此何如之利益哉？

查外洋各国，莫不以殖民布种为万不可缓之图。而我以素所固有之沃壤，反为荒废之场，岂不可慨也乎？苟能移民以实之，将内地之贫民有业，免迫饥寒；呼群之胡匪难容，莫为巢穴。行见瓯脱之地变为繁庶之乡，危险之途易为太平之域。曲突徙薪，已觉其晚，若再因循苟且，效燕雀之处堂，则三省前途恐终不堪设想也。切望衮衮诸公，尚勿河汉斯言也。

论国家进化必由于竞争①

椭地茫茫，环列万国，通商互市，辟地殖民，逾沧海如坦途，过高山如丘垤。此诚千古来所未经见、所未得闻之一大世界也。

中国位置偏处东方，土域宽广，人民众多，气候得其温和，生产极其饶富，又且开化最早，礼乐政治为五洲冠。泱泱大风，亦东亚之一雄国矣。

乃至于今，封疆日蹙，文化日微，致令海外列强或诮我为羸弱病夫，或称我为老大帝国，或谓我为一盘散沙，或喻我为东方睡狮等等名号，曲尽形容。其鄙夷我，讥诮我，轻亵我，痛骂我，诚有令人不忍闻、闻之则讶然而惊、怫然而怒者，以为我中华以黄帝神明之胄传国数千年，彼外洋诸邦何得蔑视之如是哉？继而思之，不必惊也，不必怒也，我事事不如人，着着不如人，亦何怪人之笑我而嗤我乎？

---

① 原载于《盛京时报》1907 年 4 月 17 日第 2 版。

夫我国国民亦知不如人者之何在耶？亦在于多奴隶性，而不知竞争故也。且夫竞争云者，非排外之谓，亦谓思我之何以不如人，必求其所以如人，且不但求所以如人，并必求所以胜人。当今之世，以我与外洋较，人智而我愚，人巧而我拙，人群而我散，人进而我退，人果敢而我怯懦，人文明而我野蛮。人事事求新，我拘拘守旧；人着着切实，我步步因循。人之所作，必求其精神；我之所为，不过求其外貌。人之兴一艺、行一政，莫不随时而改良；我如兴一艺、行一政，亦只效颦而学步。故变法虽已数年，而迄无功效者，盖坐此守旧病而缺少竞争心耳。

夫列国并立，非竞争无以自存。物竞天择，优胜劣败，天演之公理然也。查外洋各国，莫不以竞争为进化之母。故此或创新机，而彼乃更造一新机，以居其上；彼或制一新器，而此必又成一新式，以夺其权。今日甲优，明日则乙胜矣；今日乙胜，明日则丙又优矣。相师相效，相妒相忌，相尚相高，相比较而各不相下。

火车神矣，而又进为电车；轮船妙矣，而又创为汽船。电线精矣，而无线传声，则又进乎其技；气球巧矣，而借球成队，则又进乎其能。即一国言之，则人与人争；即列国言之，则国与国争；即东西言之，则西与东争，东与西争。如斗走然，不肯居后；如赛马然，务期在前。此外洋各国所以日胜一日、年胜一年也。

今则环球诸国，相起而与我中国争矣。或以兵争，或以商争，或以工争，或以农争，或以器械争，或以教权争。有有形之争，有无形之争，分途并进，万马交驰。而我当退缩如故，委靡如故，其何以争自存乎？惟望我四万万同胞，言学术者争神髓，勿徒袭其皮毛；言军事者争精神，勿只求其影响。广立商会，争挽商务之权；多开工厂，争保工人之利。各争自强，各争自立，各争自治，各争自尊。争保种，争保教，争团体，争合群。争公愤，勿争私斗；争文明，勿争野蛮。有进无退，有勇无怯，则庶几我东亚神州之地，可与泰西诸雄国并驾齐驱矣。天下事如逆水行舟，不进则退。且为我中国消消[①]而悲，又为我中国切切以望也。

---

① 消消，形容凋敝貌。

论中国起用革员之利弊[①]

中国官制:于已革员,许以劳绩,奏保开复,此各国之所无者也。各国官吏,有过举者,罚俸示儆。非有大罪犯,不能废黜,所以重官方而养廉耻也。一经废黜,则终身不复录用,所以慎登进而防积弊也。故官吏亦鲜有大罪犯,稍有不利众口者,即引身自退,亦不俟罚黜之及其身,所以保其令名也。

中国则不然。官吏弄法,举国成风。朝廷革黜一官,视等儿戏,有保奏者,行即开复,至有朝被弹劾,夕邀宠眷,今日革职,明日升官者。故官吏视黜陟不甚为荣辱,甚至贿赂请托,奔走钻营,有一人经黜陟至数次者。似次寡廉鲜耻,屡蹶不悛,云胡不误乃公事哉?

官吏既不自重,小民因亦轻蔑之。令行禁止,视为具文,谁复爱戴而服从之哉?夫人之所恃以持躬涉世者,耻而已矣。苟无耻,何事不可为者?官感民应,风行草偃,官不耻于黜废,民不耻于刑辱,以数千百之无耻官,率数万万之无耻民,成此无耻国,其何以立此文明世界哉?是故官吏赏罚不滥而后民知耻,朝廷黜陟不滥而后官知耻,官民知耻而后国家治。

论东省新改官制[②]

从来国家之建立,必有君王以坐治于上,尤必有臣工以佐治于下。故内则设宰辅、公卿、部署司员;外则设督、抚、提、镇,府、厅、州县。诚以天下

① 原载于《盛京时报》1907 年 4 月 17 日第 2 版。
② 原载于《盛京时报》1907 年 4 月 19 日第 2 版。

之大，万民之众，不可以一人而理，所以分职命官，必周备而不惮其详也。

然窃考中国官制，异姓代兴，互有更定；今昔各异，前后攸殊，岂故为多事哉？亦审几观变，因时而制宜耳。我朝官制，多法前明，相沿已久，百弊丛生。忧国志士早经提议，然阻挠者多，赞成者少，延迟至今，终未实行。自上年立宪诏下，官制乃大见更张。然犹仅行之于京都，而尚未行于各省，此岂朝廷之咎哉？亦执政诸公奉行之不力耳。

今东三省改设行省，一督三抚，坐镇边陲，足见朝廷与时变通、眷顾根本之至意。然现今时势，东省事务繁剧艰难，仅凭一督三抚之精神，恐亦照顾之不及。此东省官制之措置，不能不统筹全局，而先事竞竞①。今观新督抚官制之奏，窃观其才猷远大，经济宏通，一切筹划经营无不至周而至密。诚哉，其无愧封疆之重寄也哉！

凡为政之道，无综其纲者则散漫而无纪，无分而理者则亦孤掌之难鸣。如为巨室，一木不能支；如奏乐章，一弦不成曲。今设总督以揽三省之成，设巡抚以各扼三省之要，固已得其纲领矣。而分设二厅，则用人等事、法令等事，权相侵者，即任不相诿，此即各省藩臬之意。而惟较藩臬之署，则可免冗员坐食之縻。至交涉有司，则中外之和平可保；旗务有司，则满汉之争竞可弭；而且民政府司，则可识闾阎之利病；提学有司，则可以明教育之是非；推之度支以理财，劝业以兴作，蒙务以垦荒。凡此七司，兼收博揽，诚如本奏所云，振兴政治，有裨地方者于此可见其大概矣。

至如设督练以扩军政，设提法以理刑名，此二者之措施，尤中东方之肯綮。统观前后布置，纲举目张，从此而后，吾知东省前途必大见起色矣。而尤有望者，窃闻为政之道，必在于人。

人道敏政，地道敏树。三省之地，如是其大；三省之事，如此其繁；三省之封疆，逼近强邻，如此之吃紧，又且为我朝发祥之所，宗庙陵寝，实在兹矣。凡在各厅、各司、各员以及各州县，改制之后，窃望诸公各尽各心，各尽各力，各求称其职、举其任，勿负我督帅筹划之苦心，勿负我朝廷经营之至意，则三省幸甚！天下幸甚！

---

① 出自晋葛洪《抱朴子·刺骄》："恂恂以接物，竞竞以御用。"即小心谨慎的样子。

再论政府之无定见①

岑宫保总督两广，未几调督滇省，未几调督四川，又未几调署邮传部尚书，又未几复回督两广。前后不越数月，迁调凡四更，朝令迁变无常，臣下奔走疲命。数年经略，尽销磨于车尘马足间；巨万金资，悉消耗于路驿亭邮上。上之不获收长治久安之策，下之不克蒙道久化成之休。《易》云："不恒其德，或承之羞。"为人然，为国亦何独不然？

夫封疆大任也，宰臣重寄也。若以该大臣为材堪内弼也者，则当道直留邮部，以资朝夕之顾问，胡为又重赴粤南耶？若以该大臣为任可方面也者，则当终任两粤，以资南顾之倚毗，胡为又谕留都中耶？朝三暮四，翻云覆雨，何前后之若两人，始终之不一致也？

噫嘻！我知之矣。岑宫保之内迁也，实出两宫怜才之本意。及其外调也，乌知非由二三谗佞，畏宫保之明察严惮，肆力运动以出之耶？果而，则是取舍之大权不啻操之谗佞手中矣。《孟子》云："不信仁贤，则国空虚。"以此空虚国家，处此文明世界，其能久乎？其能久乎？

论奉省学务之费款②

昨闻财政局员言，奉省学务，每月耗费约四万金，均由财局拨付学使，全年约需五十万金。吾初闻之，不禁为奉省喜，以为借此巨款，可以无学

---

① 原载于《盛京时报》1907年4月19日第2版。

② 原载于《盛京时报》1907年4月20日第2版。

不兴，无教不备矣。我继察之，又不禁为奉省惜，以为费此巨款，乃仅所学尔尔，所教尔尔也。

查关内各省，若山东、河南、山西等处，岁费学款多不过二三十万金，视奉省仅及其半。然各省学务，则郁乎文哉，视奉省有过之而无不及。是何所费之繁简，若是悬殊？而所获之效果，若是差别哉？岂关内各省文明之程度稍优，奉省文明之程度稍绌，故提倡因之有难易，费款因之有多寡哉？抑或关内各省之地狭人稠，易于从事；奉省之地大民希，难于经营也哉？此则吾之所不解者矣。

闲尝参观奉省各学堂，其教员每日所讲授，学生每日所练习者，不过是加减法之算数也，左右转之体操也。今日如是，明日复如是，学生之进步不见其速，学堂之费款日见其加。讲堂必华也，各室必备也，役夫必多也，器械必美也，供给必奢也。观其外面，若有美必备；考其内容，无善可师。此中国务外之积习，而今流行于学界者也。

若夫外国则不然。讲堂不务其华也，而务其坚洁；各室不务其备也，而务其适用；役夫不务其多也，而务其足使；器械不务其美也，而务其切实；供给不务其奢也，而务其适可。故外观若无甚奇异，而内容实极于美善，此所谓务实用不务虚声。各国之所崇尚，而关内各省之所仿行其万一者也。

夫外有余者，内必不足。修身如此，治事亦然。一人之精神有限，费其精神于无用之地，势必于有用之地不足以接济之矣；一省之财力有限，耗其财力于无益之场，势必于有益之场不足以供给之矣。故善修身者，节于无用而费于有用；善治事者，简于无益而耗于有益。是以神不劳而身修，财不竭而事治，不特学务为然也，而学务一事为尤要。操学务之权者，上之负国家之责成，下之负学界之期望，当勿以予言为河汉也夫。

论添设农务学堂为东省通商练兵之要①

盖闻树木之道，本固而后枝荣；治水之方，源清而后流浚。凡物如此，惟国亦然。国家兴办诸政，不先于本源着手，而徒竞竞于末流，则必至取闹一时，终不能收其成效。中国办理新政，已历有年。观其外颇已有方，视其内实无确益，是何以故？皆舍本求末，塞源溯流之故耳。

今东三省改设行省，新督抚刻将东来，一切政端行且逐渐改良，一洗从前之陋习，此固东三省前途之幸福也。然三省本边疆重地，诸政均待更张，而其最为吃紧者，尤不外于通商、练兵之两途。盖通商所以收利益，练兵所以保边陲，谓为吃紧，诚吃紧矣。然援算术之比例法以较证之，则通商、练兵之两政，尤属其末而非其本，尚为其流而非其源也。

所谓本源者，何在？亦在于各州县推广农业而已矣。何以言之？盖各国商业之盛衰，必视乎出口之货宗以为准；出口货之多寡，又视乎土产之盈绌以为衡。考东省土域博大，性质丰腴，但地旷人稀，其货之弃于地者，不可以数计。百里灌莽，芜秽不治，兽蹄鸟迹，交于其间。以有用之田而弃为无用之土，于此而言通商，乌乎其取材哉？

即现在垦务业已设局，农务试验业已设场，知以后之农功，行将大加推扩。然仅设一二，恐教育终未周也。夫中国农夫惟知守旧，溉粪无术，择种不良，丰歉一听于天，旱潦无能为力，即幸逢乐岁，每亩所出，除人工资本计之，所获者为数无多。即有矿产、森林可资接济，而工艺不兴，利收尽失。民间日用之物，又多取给于外洋，生产艰难，制造拙笨。人以土物来，我不能以土物往，去货之数少，来货之数多，如此而言通商，则不过为各国计耳，而我国不惟无所益，且将有所损也。

若夫设兵，本以卫民，东省列强逼处，又多胡匪之横行。练兵之谋，诚

① 原载于《盛京时报》1907年4月21日第2版。

属万不可缓。然窃闻三省近况,粮价日益增高,兵燹以来,诸物昂贵,若再增兵,则必增饷。食之者众,生之者寡,恐本地之生不足供本地之用矣。将取给于外省焉?则千里馈粮,士有饥色,樵苏后爨,兵不宿饱,脱巾哗噪,势必不免也。况衣服、器具日用之物,为数不资,若不设法以供取求,则势又增无穷之漏卮。

由斯论之,通商也,练兵也,若不添设农学堂,推广农业,仍不足以为功。然则何如而可推广农务?三省各立一农务大学堂,当于三省之各州县再分立农务中小学堂。或延聘日本农务教员,或调取出洋毕业生,荟萃东西洋农务各书,择长去短,专讲求树艺之事(如麦果、桑茶等品)、畜牧之事(如牛、羊、驼、马、鸡、犬、蚕、蜂等类)、林材之事(如培植、灌溉、修理、斫伐等事),并渔业、制造、化料、农器等等各法,无不除旧更新,以期事半而功倍。正不独兴荒涨之垦利,抉种产之所宜,肄化学以粪土疆,置机器以代劳力,为足尽农学之长也。

学有所得,传之民间,劝谕民人,各以新法从事,如此则十年之后东省之地必无遗利矣。以言通商,则生产博而获利必多;以言练兵,则取给便而利权在握。故曰:添设农务学堂,为东省新政之要也。

论风云雷雨不是神作的[①]

于今我们中国,被那和尚道士们说的,无论甚么,都当是神作的。所以风神、云神、雷神、雨神等等,凡是天地间的事事物物,没有一样没有神的。

其实这些事,不用说西洋的学文发达,都知道不是神。就是中国古来,也没有这么些神和这么些庙。不过几个有功德的人死了,人人都想他的好处,就给他修个庙,写个牌位,年年崇拜他。后来就越弄越多,越弄越

① 原载于《盛京时报》(附张)1907年4月21日第3版。

错,又加上和尚从西藏来了,这各样的神,才越发出来了。这也得思思想想,偏偏外国没有这么多的神。他的人也聪明,国也富强。中国有这么些个神,咱的人也糊涂,国也贫弱。偏偏古时候,没有这么些个神,也有圣人,也出贤人。

于今有了这么些个神,倒反出了这么些个坏人,这不是怪事么?有神的中国,倒不如没神的外国。于今的神多,倒不如古时的神少,这是个甚么缘故呢?有的说道:照你这样说来,和耶稣教说的一样了。我不料你枉读孔子的诗书,却说些邪教的话头。

我说道:且不用说耶稣教得好不好,我只问你,这孔子的诗书上,甚么地方说过有雷神有雨神来?甚么地方说过烧香烧纸来?你拿着佛教的流弊,当作孔子的宗旨,你不是闹错了么?你连孔子都不知道,你还说耶稣教去,请教你呐。

那人说:这么天地间,敢是没有神了。可是这风是谁起的?云是谁布的?雷是谁打的?雨是谁下的呢?我说道:那天地间的神有不有,暂且不必管他。我先和你把这风云雷雨的事,说个大概你听听。(以下缺失)

论奉省城商务之害于税捐局[①]

处今交通之世界,各国咸以商业竞争为富国强兵之本。智识发达之程度,有先后迟早之不同;斯工艺物产之懋迁,有丰歉盛衰之差别。苟无术以维持之,则丰者益丰,歉者益歉,盛者益盛,衰者益衰。国际贫富之等级,愈差愈远;世界和平之秩序,愈趋愈乱。此各国之关税权之所以特重也。

夫国之设税权,非徒为营利计,为夫平内外之商情,而保国家之权利也。商情犹流水也,水之性避高而趋下,商之情避贵而趋贱。故各国税法

① 原载于《盛京时报》1907年4月22日第2版。

重入轻出，盖防商情之外趋而利权之外溢也。吾不解夫奉省城税捐局之设立，乃不能保护国家之利权，而反驱逐商情之外趋者，何也？

夫奉省城内销行各货，皆商人自外埠贩运而来者也。其为中国物产者，已经落地有税，苟再税捐，益不足以抵制洋货；其为洋货也者，已经进口有税，苟再征税，洋商必不任受。且现今奉省销行各货，洋货居十之九，土货不及十之一。奉城税捐局既不能行之于洋商，惟行之于中国商耳。洋以商贩运洋货，较诸中国商人之贩运，其价之廉费已有间矣。

苟无此税捐者，则此贩运之利，中国商犹可与洋商相竞争。今经此税捐，中商贩运必赔折，转不如购洋商货，犹可以得微利焉。于是，中商之贩运者，争裹足不敢前，惟让洋商独居奇货耳。至于贩运者，皆洋商，无一中国商。试问奉城税捐局，将何所抽税捐乎？

故吾谓奉城之税捐局为洋商之驱雀于丛、驱鱼于渊者也，待至雀鱼净尽，驱者无所用其力，徒然失其雀与鱼而已。然则此税捐局者，苟操之过急，则不过六阅月；即持之稍缓，亦不过一周年，贩运者皆洋商，无复中国商矣。既无所抽其税，又安所提其捐哉？徒失此中国商人贩运之利而已。

夫奉省工艺未兴，物产不备，商人之所营营者，不过贩运一事耳，而今已矣。外国设税，为商之利；中国设税，为商之害。一税害之而不足，继之以捐；一捐害之而不足，继之以种种之捐。奉省商务其从此不振乎！其从此不振乎！哀哉！

论宜速催俄人设关以保利权①

夫设关征税者，万国通商之公理；输货纳税者，群商共认之明文。此环球列国莫不于此事而竞竞致意也。自日俄和议以后，东三省之商埠次第开办，中国乃急以此项问题，向两国相为提议。日本笃念邦交，慨然允

① 原载于《盛京时报》1907年4月22日第2版。

认,现大连已开关在迩矣;而中俄设关,乃迟迟而终无决定。此中之得失损益,有令人不能不为提议者。

盖大连虽设税关而中俄国界不设税关,将商民之出入大连者独受亏损,而从俄境通商者独享利益焉,岂一视同仁人义哉?且该界既已无关,则进口之货无税,而其价必廉,土产之货有税,而其价必贵。价廉则购者必多,价贵则购者必少。行见俄商垄断,而华商必日形减色矣。虽有大连一关,亦徒令各国商人之贩运于此者独纳税金,与华商同受买用不售之困。而俄人之贩运,乃自享特别之利权,岂理也乎?

且中国之设关提议,原期以振兴商务而保护商人。乃昔已提议之,今竟迁缓之,亦何谓也哉?所望当轴诸公,速催俄国设立税关,以维持东三省商业之利权,是则众商人之幸福也。

论官场习气之误国[①]

日前与日本友人谈及中国官场事。友云:东西两洋,官民相会,与平人等,故上下之情无扞格,遂致有今日。中国则官府高大,士民不得与谋面,故上下之情不通,遂致至此极。

余闻而叹曰:世界之文明,起于道里交通之便利;国家之变乱,起于上下情意之壅塞。将相自尊大,不与官吏交;官吏自尊大,不与士民交。则上情不下感,下情不上达。一国中父母子民漠漠若陌路人,甚至上焉者草菅民命而不顾惜,斯下焉者寇仇君国而逞反抗。国不破败而衰弱者,未之有也。反乎是,则官民上下,话咻咻然,若家人妇子,无一隐郁之不达。上视下若手足,下视上若腹心,上下同德,以图内治,上下合力,以御外侮。国不富强而臻上理者,亦未之有也。

今中国民变且数起,行将继俄乱而踵其后矣。而将相若官吏,且峻厥

① 原载于《盛京时报》1907年4月25日第2版。

门墙，高厥涯岸，以防士民窥足之不暇，前途将伊于胡底乎？然则中国之衰，不亡于外政之未修、外交之未衰善，而于习气之不除、上下之情不通也。噫！

论各国对付中国之政策将见变更[①]

呜乎！吾观今日中国之政策，窃为中国幸矣；而观中国今日之举动，又为中国悲矣。夫中国正居温带之方，疆索博大，人烟稠密，土产富饶。故海外列国内向垂涎，鹜趋麇集，樯帆相望，不避巨浪洪涛之险，各运货物以辟商场。盖因我国商业工业尚未发达，咸思乘此机会以收获中土之利权。于是路政、矿政以及其余各利益，权归洋商把握者，不可胜计也。

近来中国风气渐开，实业日进，而官绅学子、志士达人又为极力提倡，于是收回利权之议，舆论为之翕然。收回利权之运动，到处以萌朕兆，行见转贫为富、转弱为强，实可为国家贺矣。

但有无智之徒，不明事理，自负才能，徒迷心于收回利权之说，不度德，不量力，不审时，不观势，不晓内政，不谙外交，惟一味痛恶外人，动即以排外仇教之谈，鼓簧众庶。而愚民无识，遂致被其煽惑，致酿祸端。

自上年来，朝廷眷念友邦，顾全大局，因以预防排外，宣布纶音，天语煌煌，已为世人所共聆。而无如中国之教育甚浅，人民之程度太低，今仍不免有排外仇教之举，为外人启要求之端。岂不可悲也哉？

夫地无论东西，时无论今古，具眼之士少，无识之徒多。以中国今日论之，惟当以宏教育、开风气为国家进化之母，而立百年不弊之基。则凡有立言导世之责者，所宜以慎重从事，不得以卤莽灭裂，致令外人或为误会，而致启祸机也。且自庚子乱后，各国以中国人民咸目之为蛮野，凡在居留内地者，莫不枕戈待旦，防范森严，鹤唳风声，时深戒备。

---

① 原载于《盛京时报》1907 年 4 月 25 日、26 日、27 日第 2 版。

苟收回利权之说稍失激厉，各国必群相疑议，行且联合组织预防中国排外之风潮，而庚子之乱或不免再见矣。虽系于误会使然，而既有庚子之乱肇之于先，已覆之前车，即为后车之炯鉴，难曰误会，要亦在人情意计中也。况今收回利权之说，到处盛行，中外交涉，日多一日，而各地愚民盲昧，并时起排外仇教之风潮。

晓起履霜，坚冰将至。于是各国对付中国之态度，渐如夏去秋来，凉风飒飒矣。德报有曰：近来清国对付列国，颇形傲慢，且达极点，列国不复能为容忍。若再不改此态度，海外各国行将联络一气，合志同盟，以谋对付之策。

吁！德报如此云云，此属何等之言词也乎。且闻此报一出，大动舆情，各国人士群相震动。所谓梧桐一叶落，而知天下秋者，此物此志也。观欧美之报章，载有如斯之论说，此列国对付中国之政策，非将见变更之真实景象哉。

（续前）方今列国，国际之关系幡然一变，已非从前之意义矣。日英盟约，早见订结；日法协约，不久告成；而日俄两国，变仇为友，亦将订立条约，相依相助相扶持，以保亚东之利权，而备中原之破坏。

就西洋而论，英与法、俄本为百年之仇敌，而近来邦交渐加亲密，行将通声气，讲约纵，往来通使，以谋互全。统观四国，或直接以修好，或间接以缔交。从此而后，我知日、英、法、俄必作一大联盟，其发现当不在远矣。

夫此四国者，皆环球之强国也，但即一国论之，已足为天下之劲敌，若再联络一气，而利害相共、缓急相济、祸福相同，以相立于世界，则何国能与争雄哉？然而此四大强国，均于中国关系至重，非他国之可比也。夫四国既与中国有至重之关系，则中国志士之留心时局者，亦何可轻视此国际之变局，而不早讲对付之策乎？

且均有关系者惟四国，而尤形亲近者则莫若日、英。盖日、英夙以提倡保全中国之主义，以对付列国瓜分之主义者也。前年德、俄人士已将瓜分主义提议发明，而迄今仍寂然阒然，终未见露其萌芽者，亦日、英两国相与为保全而不惜反对之力，为居多也。而何意中国乃如斯昧昧，尚沉睡而未梦醒也。不知笃念邦交之谊，惟知以收回利权之说作为口头禅；不知预防愚民雷同附和，酿生排外之风潮。且拘拘小利害，动与日、英两国起冲突,其向来情谊之厚,至今日而渐就浇漓。日、英处此,能勿默为伤心哉?

且各国士人闻收回利权之说,恐生排外之风潮,感抱杞人之忧,莫不兢兢焉,而思为抵制。推其势,亦几如烈药近火,一触即燃;弩箭在弦,一发莫遏。当是时,如有人焉议驳中国排外之非,提倡各国连衡之策,吾恐登高一呼,山谷响应,昔日联合谋华之空谈,今且为各国舆论矣。

或曰:日本与中国同洲同种,唇齿相依,英、美两国亦与中国久已通商,邦交亦称深厚。且三国之保全中国,又早为五洲所共闻。在三国推念前情,关怀大局,必不信联合谋华之说,而为之赞成。虽然是说也,盖未反审我自处如何,对人如何,而徒为一面之想,非统筹全局之论也。

观于今日,中国之对于列国也,交涉迭起矣,轇轕日繁矣。海外诸邦,其对待中国之心,渐皆灰冷矣。三国即与中国有密切之关系,不以中国之不如向来之理由,遂顿改保全之初念。然三国与中国有关,与他国亦非无关,总不信此妄之说而为之赞成,亦不能助中国反对之为而为之袒护。要亦惟守局外中立之地位,以自为保护而已。此情此理,当不待深辩而自明也。

(续前)呜乎!即今日各国对付中国之情形,以推测后日中国将来之危象。此虽曰悬揣之词,而月晕而风,础润而雨,当亦事所必至,理有固然也。关心时局者,当如何留意而早为防范哉?

夫人之处世也,必交结友朋,而善则相劝,过则相规,患难则相援救,然后可以立于世,而谋生存;人之居室也,必和睦卿邻,而出入相友,守望相助,疾病则相扶持,然后可以得安居,而消隐患。处世惟然,居室惟然,而谋国亦何独不然哉?

夫今日之天下,一大春秋之天下也。春秋五霸,桓文最强。然考其当年,召陵之役,列国多从;城濮之师,诸侯共助。两霸之所以服楚者,原非恃一国之独力,而实赖友国之同为尽力也。况今日中国之弱,而顾欲以独力无助,期与各强国共立于环球焉,能乎不能?故为今日中国计,非顾全邦交不可也。

然大地茫茫,环列万国,邦交之结,似亦为难。不知善斗者必扼其吭,善挟者必提其腰,善交邻者但能于著名之数国缔好联盟,自可以间接全球而联合一气。方今之著名者,不过日、英、德、法等国之寥寥无几耳。苟能无忘前好，交接出以真诚，彼数国者岂遽遐弃我乎？投彼木桃，报我琼玖，常意中事耳。

然或者谓：诸国皆夺中国之利权，中国如只以和好为念，则利权将终于外溢，其必无收回之日矣。不知利权之收，固无妨于中外之好。我苟以肫诚相待，即收回利权，在列国亦必无怨志；我如以傲慢相陵，即不收利权，而列国亦难免怨言。纤芥小事，即起争端，虽其实非排外之心，而列国见中国之如此情形，亦不能不为误会也，积衅生恨，积恨成仇。有为国之责者，所当先事而防，甚勿以细故而贻误大局也，则计之善矣。

且夫利权之失，原非列国之夺于我，实我自弃之，而列国乃拾取之也。其小利不必论矣，如矿产、铁路、商务荦荦诸大端，皆中国所未经讲求之事。自各国中华互市，乃本其才能学问，始在中国考求其利益，而大辟其利源。今见人之获利也，而欲纱其背而夺之，彼讵能安心受之耶？且漫云其不受也，即使受之，而人才不出，举各各利权所在，无一能通，其不至败乃公事者，吾不信也。

譬如有良田百顷，不能自耕，势不得不招集农夫代为工作。田主见农夫之获利也，乃欲悉行罢遣，自任其劳，而既不识耘耔之方，又不明灌溉之术，吾知前虽称为沃壤者，渐渍而变为石田矣，至田无所出，安得不贫？家道既贫，则百顷之田亦终归农夫之手。

今中国收权之说到处盛行，在外洋眷念邦交，亦不能坚为霸占。特国民无文明之程度，国家无政治之人才，当此而收回利权，其殆知如治田者之不任农夫，恐终亦不克自保也。所愿国人急急图强，苟能驾外洋而上之，则权不期收而自收矣。夫何必终日哓哓，徒取外人之猜忌哉？窃望操政柄者，尚其和平浑厚，勿以些须而贻误大局也，则天下幸甚。

论中国宜开放党派之禁令[①]

今之忧国者,莫不曰团体不坚,则人群涣;人群不合,则万几乖。是故官不以群治则庶绩废,士不以群勉则百学荒,工不以群作则智塞,商不以群争则利亡,农不以群劳则怠,兵不以群战则败,民不以群守则亡。此人人之所知者也。

夫所谓群者,岂与社会有以异哉?与社会同,岂与党派有以异哉?党派分,则社会立;社会立,则人群合;人群合,则国家定。人群之分党派,势之自然也。有以地理分者,如各省会是也;有以事实分者,如政友会、学会、商工等会是也;有以宗教分者,如各教会是也。

国家之设宪法,所以顺党派之自然,联社会之机关,以成人群之团体者也。故党会结社自由、宗教自由,各国方提倡党派之不暇,奈之何我国立宪复禁制党派也哉?且国家之有党派,犹筑室之有基础也。筑室而坏其基础,室安有成期哉?造国家而禁制其党派,国家安有成期哉?况今世界,一人群争竞之时代也,以有群之人与无群之人争,以有群之国与无群之国争,孰成孰败?不漳明较著哉?然则中国欲图强也,则必自立宪始;欲立宪也,则必自开放党禁之禁令始。

---

① 原载于《盛京时报》1907年4月26日第2版。

论各省宜开地方官会议之例[①]

为教者不知其学生之性情品格，则教育无由施；为政者不知其官民之利弊得失，则政治无由立。故善教者，师生无扞格之隐，而得以因材施教也；善治者，上下无不通之情，而得以随时改良也。此地方官会议之制所以不可缺也。

考各国官制，凡政府当轴与其所属州县，一年必有几次例会，以会议各地方政治之得失，以定施行之方针。其州县官之于市、町、村长亦然，其有特别施行事，并于临时特别会议。故其当轴，罔不洞识民间疾苦；而其大吏，亦罔不洞识属员利弊，而得以因时制宜，随地改良。故其政法莫不蒸蒸日善，治功亦莫不卓卓可风。

若夫中国则不然，平民无事，不得谒官吏。苟有事，则胥吏差役，勒索百端，即幸得赐一见，而赫赫严威，亦不敢望见颜色，况敢言论乎。至若属员谒上官，则尤若君门万里，投足无从，将进而趑趄，将言而嗫嚅，被接纳一二语，辄如三月坐春风，摈斥门外者，即若躬被斧锧。幸而百端贿托，得蒙不弃，亦不知几生幸福矣。一经举茶逐客，即须鞠躬退避，遑云会议哉。

虽然，亦有所谓会议者，则某缺优否，得钱多否，某差劣否，得钱少否，可调迁否，能保奖否，至若民间疾苦、地方利害，则问答不遑及，且若他人事，与己毫不相关也者。此政治之所以日非，而中国之所以日削也。

今者各省督抚苟能仿外国，而定与府州县官会议之例，复痛除官场仪注之繁文，各府州县得以敷陈其利弊得失，督抚得以酌定其设施之方针，则政治将不改而自新，州县官将不奖而自奋矣。州县官苟亦能常与市町村长会议，则民间既无隐不知，政治愈无美不备矣。是所望于当局者。

---

① 原载于《盛京时报》1907 年 4 月 27 日第 2 版。

论奉天三省宜速派员测绘舆图编修地志①

为国者不外文事、武备两大端:顾地理之形势不熟,风俗之美恶不知,地产之多寡不考,户口之增减不察,则文事无所资以为设施,武备无所恃以为攻守。虽日言变法练兵以图富强,无当也。

中国关内各省,虽亦百度废弛,然各省之舆图地志辄不数年一修缉之。故文事武备尚有所持循,以为改革。奉天三省则不然,其地理、风俗、物产、户口等,无测绘之新图与编修之专志,可资考核者,虽古时略有图志,然甚简略,且变迁至今,亦不适用。

又,日俄两国亦辑有三省图志,然皆为其国战争用,而不适于我国政治之施行也。然则今宜选派测绘学生,分遣三省各州县,以测绘新图。复札饬三省各州县官,以修辑其地方专志。然后合绘三省总图,汇集三省总志。庶几文吏武弁,行政施教,有所考核,以为率循矣。

且今日之三省,非复昔日之三省矣,处两强竞争之间,为列邦交通之地。居留之外国人,既日集而多;交涉之国际案,即愈出而奇。疆界不明,清俄之谈判起,清日之谈判又起;物产交争,清日之条约订,清俄之条约又订。他如铁路之敷设,关税之稽查,商民之交易纷争,难以枚举而悉数。何一非地理上事,即何一不从地理上著手哉?

况乎马贼猖獗,居民离乱,抢劫之祸,日且数起。则皆户口不清,而匪人之有所匿迹也。至若官兵捕贼,动辄败退,惟其不知山川形势,故逡巡畏避,不敢冒进。而山深林密之乡,遂为盗伏贼聚之窟,此非兵弁不识地理所致哉。

然则三省之舆图地志,固不可一日缓矣。噫!行路而不识径途,盲然壮往,终难达归宿之地,即达矣,亦疲惫不起矣;为治而不谙地理,贸然更张,究难抵美善之域,即抵矣,亦劳费不赀矣。当轴者尚其斟酌而举行之可也。

① 原载于《盛京时报》1907年4月29日第2版。

论东省宜速创设官员考验处调查会[①]

自东省改设督抚，现今已阅月矣。而督抚之莅任，乃如此迟迟者，盖有故焉。徐督本深明治理之人，洞达时务，持重老成，知三省边防关系极为重大，特将一切紧要事件，先事而筹，躬伏阙开廷对我皇太后、我皇上一一面奏。而设司员，改官制，练陆军，扩商务，妥筹经费，破格用人，其苦心筹策，诚至周而至密矣。然蒙窃谓东省之要务，则官员考验处、调查会。斯二者，尤不可不急为创设也。

夫中国官场之弊，一坏于捐例，二坏于科举，三坏于滥保，四坏于苞苴竞进，五坏于奔走逢迎。于是仕途日滥，仕品日卑。其不称职之官，十而八九；其称职之官，十无二三。今虽逐渐改良，而素日之下品劣材列于仕籍者，犹复不少。

其在他省，姑不必论。今东省正当创始，诸事更张，而吏治因循，民生困苦，诚有如前上论之所云者。若不澄叙官方，痛除积弊，虽督抚有长驾远驭之材，而数千里茫茫土宇，恐亦照顾之为难。又兼洋人杂处，交涉纷繁，苟措置之无方，必祸几之不测。内政、外交，两多贻误，督抚虽贤，亦奚能为？

闻外洋各国，有考验文武各官之法，又有惩戒委员之法。今当取而仿效之，于三省城内各立一考验处。以慎选于始，再立一调查会，以究察其终。凡各官到省，必先考其人之才质如何，心性如何，学问如何，经济如何，并何者为其所短，何者为其所长。其有滥竽者，则立行罢黜。然后因能而任，破格以升，不必拘从前挨次轮班之成例。

而犹恐考查未当，不免鱼目之混珠；或考验有成，不免半途而改节。每见有候补人员，上司偶派一差，颇能小心而谨慎。及放外府州县，乃至

① 原载于《盛京时报》1907 年 5 月 1 日第 2 版。

肆无忌惮,无所不为。即民间抱屈上陈,而为督抚者心信其人,不批驳为无赖刁滑,即批饬为要挟官长。我中国坐受此病,而小民之含冤地下者,盖不知几千万矣。

今设有调查会以察之,或坐不理事,或任意欺民,或苛敛暴征,或严刑峻法,或媚外而失权利,或排外而启祸端,一经查清,立行撤任。如此办法,则凡居官者必知自警,而上谕所谓吏治因循之病,则庶乎其可免矣。

夫州县者,一省之分子也;全省者,州县之积体也。譬如一人,手足痿痺,则全身不适;州县不治,则全省不安。今既如有考验处以慎于先,更有调查会以防于后,谓州县当有不良者,吾不信也。夫斯义也,斯法也,闻直省刻将举行矣。所愿我新督抚于斯二者而三致焉,则三省幸甚。

欢迎三省军督徐公颂词①

先是赵次帅总制奉天二年余,朝廷以徐尚书代之,总督三省,又控制内外蒙古诸旗,拜大将军职,得便宜行事。尚书奉玺书,卜日来莅。二三僚属,相与重趼走百里外往迎之,今且抵城下。父老子弟诣予乞言,为新军督赠。予谓:诸君翘首企足,所以致欢迎者何居?请陈词而予选焉。

父老辈始进曰:尚书为喉舌,顾垂绅委佩,而日近天颜。与出为开府,秉节钺,譬川泽之润物,所及者异矣。川渎发源数千里,旋折必多,挹之虽不尽,而及物之功缓。雨泽随施随受,虽无宏涛巨浪,而所及者溥。池沼盆盎,无不各满其欲,故及物之功厚。请以是为新督颂。

余曰:内而列乡,外而封疆。长安与日,互有远近。缓则俱缓,厚则俱厚,无异也。

诸君再进曰:新督以名进士登台省,洊历华朊,雍容岩廊之上。今为国家扞陬疆场,无异入宫峨眉,出为持门健妇也。酒浆醯鼓,纂组井血。

① 原载于《盛京时报》1907年5月1日第2版。

一不娴便，筑里笑之。命踵赵次帅后，意者前事之不忘，后事之师乎。请以是为新督颂。

余曰：毛嫱西施①，不必借色。麒麟騄駬②，不相学步。继萧何而起，不必皆曹参。舍叔敖而外，岂无以见优孟也。

诸君三进曰：国家之名立，而国家之土地归于一国之主权，独我满洲分为三际。其始也，我祖我父世世践食于兹，无虑三百年，如完全之金瓯也；其继也，我不能守兹土，俄起而占领之，俄又不能，日起而干涉之。如蒙茸之狐裘也，今则门户洞启，黄白杂揉。如雨之淅，如风之飕。视线所集，遍于亚欧。

予鄙人也，一屋如斗，未及阴而先绸缪。器用财贿，疏布干馔。轻如片楮，重如圆球。置筐与篋，并蓄兼收。乃得拥妻，拏召交游。饱食安坐，无内顾忧。盗不我伺，邻不我雠。此亦劳之至也。

使车之来，奉明天子德意。符瑞在手，进贤冠头。络绎旁午，盘错是投，诸所纲维而主宰者，更仆不能数，巧算不能筹。其急者，沛泽茅檐，去民间之苦如重繇；其大者，好会坛坫，咏我公之德如置邮。

再以其余肇兴商业，牵服车牛，靖彼萑蒲，付之爽鸠，所为根本重地虑深远者，其计必周。如是而又虑，朝廷之不许久留也。鄙人当上穷九阁，下竭九幽。还我冠公，以优以游。同享太平，与国咸休。请以是为新督颂，然乎否乎。

余闻是言，如河伯之见海若，舌桥而不能下也。乃谢曰：至矣尽矣，蔑以加矣。如吴公子之观乐，叹观止矣。于是退而条次之。此真可为三省之军督颂矣。

---

① 泛指美女。
② 泛指好马。

论英报员之论中国[①]

回忆英《泰晤士报》之北京通信员毛利逊氏，上年游历清国中南各部归，论曰："清国之中南各部，今方大梦醒觉，活泼景象，仿佛欧洲初兴时代。溯厥原因，实日俄一战之结果。日本既得西洋之文明，治功卓著，故清国亦取各国之法制，万几改良。"斯论也，吾初闻之，未尝不忻然幸，以为"东亚之病夫"从此将脱除沉痼矣。吾继思之，又未尝不悚然惧，以为"东亚之病夫"固依然残废未起也。

夫外人之知我，不如我之自知也；外人之论我，不如我之自论也。从前之中国，对于各国，犹立于完全之地位，犹操得独立之主权。自兹以往，所失既多，不能枚举。第就其大者言之，厥有二端：

一曰土地之遗弃。土地者，人民之居止，而国家之要素也。故土地存则国存，土地亡则国亡。中国近年来有土不能保，附外人保之；有地不能治，倩外人治之。若各属岛、各商埠、各边界，其租借而割让者，固不能以绳尺计，即其余寥寥数行省，亦复苒苒朝夕，不知将为谁家物。而政府委疆吏，疆吏委州县官，州县官委乡保人民，乡保人民复委政府。盖土地无主也久矣。

惟其无主，故树艺不兴，种植不勤。宝弃于山，谁其取之；土旷于野，谁其辟之。物既失其主，又何怪他人之争取也哉？我既非其主，又安禁他人之争取也哉？此则可惧者一也。

二曰政治之缺陷。政治者，人民之统属，而国家之机关也。政治张，则国之秩序宁；政治弛，则国之纪纲紊。顾政治之张弛，随时势为通变。

今世界，一公理发达之时代也，一民权崇尚之时代也。专制之政，日退而消；立宪之理，渐发而明。考之各国，利害既分明；审之当机，取舍宜

① 原载于《盛京时报》1907年5月3日第2版。

决定。乃立宪之诏虽宣,而专制之行不改。自治之局虽设,而官权之尊依然。政不知其何体,治不知其何术。今日出一令,而明日旋更也;明日革一官,而后日复缺也。政府游移两可,官吏首鼠两端,草野适莫两企。内治之纷纭既如此,外交之冒昧更可知。我既无信,人自相疑,此各国之所以轻蔑而施其干涉之手段也。此则可惧者二也。

土地被人争取,政治受人干涉,则所谓独立之主权,完全之地位者,果安在哉?虽然,惟我无独立之能力与完全之资格,故人亦不以独立完全者待我。苟我能独立且完全者,以与文明各国相交接,则各国将欢迎之不暇,犹安有所谓争取与干涉者哉?至此则真梦醒,真活泼,真可与欧洲各国并驾驰驱矣。然则毛利逊君之所论,固将来之景象,而非现今之状况。至其能至与否,则又未敢知矣。

论新督抚来奉之盛观①

仕于朝而为公卿,仕于外而为督抚,此人情之所荣,而今昔之所同也。盖均是人也,而独膺高爵,享厚禄,乘坚策肥,钟鸣鼎食。入而高坐堂皇,一呼百诺;出而拥护驺从,塞道满途。旁观者又孰不艳而羡之,景而慕之,相与欢赏而称之曰:不识此公,乃几生修到也,大丈夫不当如是哉?

不知官尊者任必重,职大者事必繁。在内而为公卿,则襄赞万机,以辅元首;在外而为督抚,则表率群僚,以镇方面。天下安危之轴,国家治乱之机,胥于一身乎是赖。夫岂易易也哉?旁观者但羡其外观之荣耀也,亦未审此荣耀中固大有艰巨在耳。

昨观新督抚之来奉也,众官僚咸迎于火车站旁,各致敬尽礼,按次接见。嗣皆从谒皇陵,反驾自北门入。一时车声隆隆,马蹄沓沓,衣冠如云,络绎不绝,士农工商,观者如堵墙。但见督抚乘四轮车,端坐其中,旌旗导

① 原载于《盛京时报》1907 年 5 月 4 日第 2 版。

前，骑卒拥后，剑戟森列，鼓乐喧阗。街市两旁，警兵持枪，耸立如林。各铺首悬挂龙旗，飘摇招展。居留各洋商，亦皆高插国旗，以表亲睦之谊。吁！盛矣哉！

在众人固莫不艳之羡之，景之慕之，相与奔走而告，以为我督抚盖享尽一世之荣矣。然此乃局外之鄙见，乃公之志，当不在此也。夫人必有非常之才，然后可任非常之事；能任非常之事，然后可建非常之功。忆东省三百年来，腐败已达极点，近又列强逼处，外交事故，错杂纷繁，势若风云，顷刻百变。措置少失机宜，贻误动关大局，不有非常之才，乌能当斯重寄也哉？

朝廷自变法以来，顾念此边疆重地，关系非轻，又且为宗庙陵寝所在，特慎选百僚中，而以乃公当此东方一面。此一举也，天下之安危系焉，国家之治乱系焉，栋梁柱石之任，胥以新督新抚是责矣。吾知乃公当早念及此，夫岂徒以外人之所为荣耀者，诩诩然自鸣得意乎哉！

尝读昼锦堂文有曰："高牙大纛[①]，不足为公荣；玄圭衮裳，不足为公贵。惟德在生民，功施社稷，勒之金石，播之声诗，以垂令誉休，美于无穷。"此言当堪持赠矣。我督抚之学问、之经济、之才干，其设施于平日者，已为陈迹，不必论。今之来东履任也，譬之东方初晓，红日将升。我东方国民，行且顶祝焚香，企足延颈，相与于于颙颙[②]，而观其后效。

论对待革命党之方法[③]

防水患者，堤障而壅塞之，则泛滥横流，为患益无穷矣；防民变者，捕获而杀戮之，则郁抑奋迅，为变益滋巨矣。是故善治水者，顺其势之自然而利导之，则滔天之祸立销；善治民者，视其心之所好而普施之，则反抗之

① 指军队大旗，比喻声势显赫。

② 形容屈曲敬肃的样子。

③ 原载于《盛京时报》1907 年 5 月 5 日第 2 版。

乱立息。

自十七世纪以来，欧洲各国革命党之乱屡起不绝，每一反动，杀人流血无量数。考诸欧洲近世史，彰彰可指。此风既开，全欧丕变。虽各国君主会于柏林，为神圣同盟，以期联络，压制党徒，卒底破败。而民权乃益发达，专制乃益衰落，渐次由欧而美而非亚。各洲各国罔不变动，以迄于今。小国之不变者，皆底灭亡；大国之不变，而仍专制政体者，则惟我国一而已矣。

然今已发见革命党之变乱，将来结局尚未知伊于胡底。要之，政府之对待此乱党，亦一极大问题，所当亟为研究者也。吾闻之："知己知彼，百战百胜"，欲求对待革命党之方策，则必灼知革命党之性情。今世界政党学者，其主持国民主义者十之五六，主持民族主义者十之三四，主持大同主义者十之二三，主持君权主义者十不得一焉。

闻中国革命党所主持，则国民主义也。所谓国民主义者，一国之政治，随一国人民之意向以为设施而已；国家之政法，设议院以评定而监制之；议院之议员，由民间分区而选举之。如是，则议院立法而行之，不啻国民议法而行之。好恶悉协民隐，自无不平之鸣；举措胥由民情，自泯反对之念。故政府此时苟施行立宪政体，一反其专制行为，则所谓革命党者，将不解而自散，不杀而自平矣。

此对待革命党无上之良策，而五洲各国之往事可师者也。不然，世界之公理愈发达，则国民之知识愈进步；国民之知识愈进步，则反对政府之党人愈加多；反动之力量愈厚大，流血之祸乱愈增巨。彼俄国之现状，日本之前辙，德、法、英、米各国之近史，非皆我之明证而炯鉴乎？

夫以各国政体之周密，禁制之多方，尚不能遏止公理之发荣，阻抑民权之昌盛，况微弱如我中国者乎？又闻之："知止不殆，知足不辱"，有不以吾说为然者，试登彼帕米高峰，顾瞻东亚大地，弹肉铁血，膻雨腥风。目前俄国之纠纷，即将来中国之现象，其成败之局、胜负之机，俄国既昭然若揭，中国亦翘足可待矣。

论辽阳州民聚众滋事[①]

税捐局之设也，营国家之筹款也。民必有国而后宏，筹款以为国，为国即以为民也，此不为非也。国无民不能立，害民则害国矣。税捐而致害民也，此不可也。

上为政以治下，下出财以奉上，此定理也。民而纳捐，事有固然也。聚众滋事胡为者，吾不能为斯民宽也。虽然，不可以一面论也。上以治下，下以奉上，纵曰定理，不可强也。如摘生瓜，则苦不可食矣。勒民纳捐，吾不能为税局宽也。大凡物不得其平则鸣，民之聚众滋事也，盖必有所迫而不平也。吾又不得不为民宽。

噫！中国税捐，其不平者抑何多哉。去年东边民变矣，田庄台亦民变矣。问其故，皆因税捐所致也。今而辽阳又聚有万人，而势甚汹汹矣。夫岂皆民之无良耶，抑国政之不善耶？有识者自知之，吾不敢断也。

论东省宜设农政专官[②]

国家本非有体也，必借人民之体以成体，民体固则国体强，民体完则国体健。此理甚明，无庸多辩。然民非食不能生，食非农无所产，农政之关于国家也，顾不重哉？况今日万国交通，五洲互市，或以兵战，或以工战，或以商战，无不各出其能力、智力，以麇集于中华。我苟无以抵御之，

① 原载于《盛京时报》1907 年 5 月 5 日第 2 版。

② 原载于《盛京时报》1907 年 5 月 8 日第 2 版。

其何以争自存耶?

乃谈时务者曰:“今我中国,固有御之之策矣。彼以兵战,我已讲练兵;彼以工战,我已开工厂;彼以商战,我已重商务。外洋虽强,夫复何虑。”不知兵非农无以强,工非农无以本,商非农无以畅,农之一途,固统贯乎兵、工、商而为三者之母也。

中国以农立国数千年矣,自后稷教民稼穑而农事以兴,厥后世世相传,而望杏扶犁,瞻蒲劝稼,元辰秉耒,小卯出耕,至于今犹流传勿替。然窃读《周礼》一书,凡农事必设专司,不徒任小民之自为兴作。故牛人、牧人分其职,稻人、草人立其官,而且山虞锡其号,林衡别其名,掌荼有专员,司稼有专任。夫岂徒多立名目,以粉饰承平云尔哉?

盖将以考察农业中何为利,何为害,何为巧,何为拙,何者宜损,何者宜益,何者宜去,何者宜存,务期臻于至善而后已。噫!古人之于农务一途,夫亦筹维之至密矣。乃及后日,井田之制坏,农务遂废然不讲,农官之职亦皆裁汰而无存。虽有大司农、大宏农之名目,然不过收掌租粮,存纳税项,其于闾阎之农事,则茫然不知也。治道陵夷,江河日下,故我中国虽以农立国,今且不如外洋,且不如外洋之远甚矣。

现在讲求新法,创立农务学堂,自此以还,或有农务发达之想望。然学堂之人数无多,恐不能遍地而广其传授,且即使遍地而授之,而无人以为之督劝,则迂滞者不肯遵行,游闲者不甘任事,虽学堂终亦无功。况在东三省,土旷人稀,农事之废弛已非一日。今既亟亟开垦,以广招徕,若不设农务专官,则尤易滋为流弊。

兹当仍仿《周礼》之大意,酌人数地亩之多少,分立农官,以督劝之。一切择种、去灾、耕耘、粪殖之事,必时时加以考查。并考查土壤中有何如之性质,肥料中有何如之作用,禾稼必何如可以畅茂,虫灾必何如可以驱除,旱潦思为预防,病害示为早治。不特此也,农器笨也,则教之以灵;农法拙也,则示之以巧。菜蔬果蓏,皆农之类也,为之筹培植之良方;牛马猪羊,皆农之须也,为之想滋生之善法。

而且循行田亩,稽考人工,孰勤孰惰,孰急孰缓,孰优孰劣,孰是孰非,一一详志。并核其每年每亩入粮之多少,以分其功过。张列一榜,表示通衢,此即古田畯之遗制也。如此办法,则农业之兴,吾知必速于置邮矣。

农业既兴，则练兵而饷厚，劝工而物多，道商而产美。东省边陲，庶其巩固乎。

论国家弭变之良法[①]

中国近年来民变接踵起，朝廷左右支绌，军人东西奔走。一波方平，一波复起；前辙已陷，后车又溺。几如山阴道上行，应接不暇矣。

有以政治专横变者，有以官吏贪暴变者，有以税捐繁重、开垦纷扰变者。总之，物不平则鸣，民不平则变，既变而讨之，不如未变而弭之之为得也，弭其为变之人，不如弭其致变之道之为得也。

致变之道奈何？好民之所恶，恶民之所好而已。弭其致变之道奈何？民欲与聚，民恶勿施而已。是故政治良，宪法立，则革命之党不作；官方肃，吏治明，则抗官之民不兴；捐税不苛索，开垦勿勒派，则商农反动之乱不生。借非然者，恐民之干涉国政，侵害官权，而立法以禁制之，百计以镇抚之。目前非不能牵制其手足，阻止其行为，迨积之既久，士气郁而愈奋，民情积而弥激，一旦崩溃，如决大川，一泻千里，演怀山襄陵之惨剧，成灭顶濡首之凶灾。虽欲觅一干净土以为栖止，亦不可得，况欲得而收拾之乎。

苏子曰："民犹水也，君犹舟也。水则载舟，水则覆舟。"其即此之谓欤？况今世界各国咸以文明相竞争，国强者民亦荣，国弱者民亦辱。国家之强弱，既为国民荣辱之所关，即为国民责任之所在。故国政之得失，即民身之利害。苟不协民情好恶以为施行，仅一二人逞其私意以为率由，势必恣情颠倒，任意取夺。剥千万人之公益，快一身家之私计。民利不知兴，民害不知除，久之，民间脂膏竭于诛求。筋力疲于奔命，千万人之死亡，仅足供一身之家生活。至此而民情穷，民计促，则不得不翻然起，暴然

---

① 原载于《盛京时报》1907年5月9日第2版。

动。以一时之反抗,求偿其数十年之所失,盖亦不得已之苦衷矣。不然,民虽至愚,安忍甘冒大不韪,轻掷身家性命,以博一时快意哉。

是故人苟能自由,不失其权利者,必不谋作乱。惟其生活自由之路绝,故不得不以死争;惟其固人完全之权失,故不得不谋恢复。然则,苟复其自由与权利者,则变将不弭而自息矣。不然,虽极力遏抑而制服之,其奈人心之不可以力征何哉。

论瞿军机被参开缺①

治国家者,赏罚必称乎善恶之量,黜陟必协乎幽明之分,则朝廷是非有定则,斯士民趋避有成见。推而远之,侧而效之,举国成风俗矣。否则赏罚紊、黜陟淆、是非混、趋避乱,朝廷上下有不纠纷如乱丝者,未之闻也。

顷闻瞿军机被恽侍读纠参开缺。吁！军机之入内阁历有年所矣,乃昔也邀宠眷,今也荷摈除,岂其昨是而今非耶?抑朝廷之前暗而后明耶?果尔则是数年来庶绩之丛脞,皆瞿军机之失德所致。而今而后,百凡施设,当罔不美善矣。

或者曰:军机在内阁久,诸事多所见白,乃被弹开缺,惜哉。余曰:不然。往者谏官诬蔑,亲贵退职,而军机不能阻抑谏官,保全亲贵,而袖手作壁上观,此其所以被弹劾而归田里也。借非然者,工其逢迎之术,周旋殿陛间,能瓦全亲贵之荣誉。则此次虽有过失,而恽侍读乌敢疏言者,即言之而朝廷亦必不听从,即朝廷听从而亲贵为之调停,又乌能开缺归籍哉?

虽然,瞿军机之被罪除免,不足深惜,独惜夫朝廷之去一国务大臣,经谏官一言,即不复疑虑审查,遽然开缺令回籍,如去一小儿。何果断若是哉?抑不须查核预信其不妄耶?果尔,则朝廷赏罚黜陟,一秉大公,既预知该大臣之罪恶,宜早宣布而除之去,又何待该侍读之纠参也?否则,乌

① 原载于《盛京时报》1907年5月10日第2版。

知夫该侍读之非挟怨怀私也哉？否则，乌知夫该侍读之非受人唆使，希图报复也哉？且军机如此其重也，历任如此其久也，乃不审虚实，惟凭一言以定黜陟，吾恐群臣将不安其位，而党援倾轧之风从此奇出不穷矣。吁，危哉！

论肃邸升民政部之尚书①

觇国家之强弱者，觇之于用人而已。今闻我肃邸擢为民政部尚书，窃不禁为国家之得人幸，为国家之新政幸，为国家之前途幸也。

夫观古人者，必综核其当年之事迹，乃可定其立品之是非；观今人者，必考验其以往之成功，乃可推其后来之建树。自中国变法以来，肃邸曾任步军统领之职，管理工巡总局。当时巡警未有专署，一切民政、警察事务，皆为肃邸是责。

夫京师地面，虽属王都，而步军之员弁兵丁，不过徒设虚名，腐败已达顶点。自肃邸出而任事，而鼓舞提倡，劝导教谕，谆谆切切，不惮其烦。利则兴之，弊则去之，而步军之景象焕然一新，巡警之规模秩然就绪。又尝便服出巡，明察暗访，考官吏之贤否，别兵士之勤惰。赏罚黜陟，一秉大公，此何如之用心也哉？

现今京师巡警，气象颇有可观，何一非我王之肇其端也。且不啻此也，京师崇门税务为国家之一大入款，然从前积弊已深，皆视此缺为利薮，入多报少，肥己瘠公，但得任职一年，未有不立称巨富者，即司员小吏，亦莫不积金累累，囊橐充盈。自我肃邸简派监督，痛除积弊，严防中饱，涓滴归公，而税务之骤增，较昔年大加起色，国家之进款，其借此充足者良不少也。而我王乃两袖清风，殊无铜臭，其家境艰窘之态，无异平民。

呜呼！总观肃邸已往之成功，非所谓铁中铮铮、人中矫矫者哉？夫以

① 原载于《盛京时报》1907 年 5 月 10 日第 2 版。

王如此之人才，建如斯之实绩，乃沉沦而久不大用者，是果何故乎？抑尝闻之："薰莸不同器，冰炭不同炉，柄圆凿方不能相入"，王本热心新政，如火如焚，其久不见用者，盖不免为顽固党之持其后也。

今我朝廷求才孔亟，擢王为民政尚书。

自此而后，吾知我王得所借手，一切民政机关必且大见进步矣。呜呼，若王者，真可谓华胄中第一之人才也欤！安得不为国家幸？安得不为国家之前途幸也？

论奉省商情窘困宜变通捐税法以保护之[①]

今世界咸以商战相竞争。商业优胜，则民裕而国自富；商业劣败，则民困而国亦贫。故各国莫不萃国力以保护商权，即以厚商利而培植国本也。

近来奉省市面萧条，商情窘困，巨商大行，倒闭相望。询之商人，则云有两原因：

一奉省迭经兵燹，民困未苏，加之捐税繁重，民益不堪。夙称豪富家，至此仅足自给；而贫困者则流离失所，自顾不暇，遑有余力以供挥霍而饰礼仪哉？故显宦富绅外，几见有乡中人招摇而过市上哉。此销路之所以闭塞，而钱货之所以不流通也。

二自日俄战后，奉天开放，洋商运货入城无捐税，中商运货入城有捐税。无捐税则费资轻，故出售之价廉；有捐税则费资重，故出售之价昂。价廉故洋商销路畅，价昂故中商销路塞，一畅一塞，而高下分、胜败见矣。有此二原因，故商情窘困，至于此极。

记者曰：苟如是而不知变通也，不过期年，奉省中国商业凋零行且尽，其存余者，不过洋商之代贩，然亦无几矣。虽然，不变通之害，商人受之；

① 原载于《盛京时报》1907年5月16日第2版。

变通之权,官府操之。变通之权乌乎在?则税捐是也。

税者,各国之所持以左右利场、平均商情者也。故欲保护己国之利权,以抵制外货之侵入者,则必重税入口,轻税出口。令入者不至价太廉,而畅销过于土货;出者不至价太昂,而畅销不敌洋货。庶内外可以相抵也。此海关之税也。

若夫入城有税,则货不重税。既负通商条约,自难施自洋商,既不能施之洋商,乃第施之中商,则所谓保护利权、抵制输入者,果安在哉?且使损于商而苟常久利于国者,则亦可为也。然洋商以无税而销路畅,中商以有税而销路塞,畅之久必至遍地皆其货,塞之久必至一货不得售。夫洋商至遍地皆货,则必极力为之矣;中商至一货不售,则必裹足不前矣。至是则入城之货皆洋商而无一中国商,将复向谁取税哉?然则不数月后,入城货税不得一文钱矣,是害于商而仍不能常久利于国也。夫害商而利国,文明国犹且不为,况并无利于国哉?一税害之为已甚,况复继之以税哉?

嗟嗟!为渊驱鱼,为丛驱雀,徒为洋商益于利而已矣。利权既操诸人,则不仅商人之性命悬于人手,即政界之举动亦受人牵制,甚至若士、若农、若工艺界,亦何一不操纵于人哉。是谓无形之灭亡,曷其奈何弗救?

论新督抚之晓谕奉省人民之告示①

从来善斗者必扼其吭,善携者必提其腰,善治民者必相时审势,揆几度理,务于至重至大、至急至切之事,先为提倡而发明,用以警醒愚蒙,俾得有所遵循,而不至贻误于大局。

今观于我新督抚之示谕,殊叹其苦心筹划,深得转复东省之机关,将来东省之富厚、东亚之和平,皆可拭目以俟。而东陲之保障,或可巩固于万年。胥于此一示焉,肇其端矣。

---

① 原载于《盛京时报》1907年5月19日第2版。

观其开章明义，首以发祥重地提示斯民，并将朝廷廑念东省屡遭兵燹之苦心，宣明昭布，其立意不已郑重哉。故示中述上谕云：“教东三省将军务必把一切烦苛之政都要扫除，把有利的都要兴办，把三省元气都转复过来。”

此盖示民以东省改督之意，关系于民命者，至大且深，并非寻常之变革也。原示又云：“仰体朝廷之意，整顿地方之吏治，筹划民间之生计。”此二语实中肯綮。盖东省吏治因循，生计艰窘，已非一日。若不从速改良，则本源未清，诸事必多形掣肘。贪官害民，民贫无赖，草野将谋生之不暇，奚暇治礼义哉？

故整顿吏治、筹划生计，所谓为第一宗旨者，诚不诬也。且向来各项捐税，实东方至要之图，凡学务、警察、农业、工业、商业等等各事，非有款项不能臻于至善。而我督抚则谓必想法从减，俾民各遂其生。此两全其美之苦心，盖亦无微不至矣。况税捐一事，近来各处屡起风颇，稍有不宜，必且酿为大患。我督抚所念及于此者，岂浅鲜哉？

而犹为至要者，现今东三省商埠已多，商务将日见发达。若不急力讲求，则民智不开，行且大失利权，而东省终无富强之望。况各国商民来东省者，日多一日，而现在小民教育未普，程度犹低，每不免轻侮外人，致起无端之交涉。

我督抚深见于此，故以睦邻兴商，与各国人和平相交，广开智慧，讲求制造。为地方大有利益之事，切切晓谕夫斯民，此固非目前之计，盖实为长久之谋也。至如书班衙役、讼棍无赖，我督抚亦无不为民虑及焉。其为民筹划者，又何周密之如是哉。

合此示之前后观之，我督抚之于东三省将来必有一番新气象。内政、外交两无遗憾，有必然而无疑者，正不待吾人之妄为拟议矣。

而尤为折衷之策者，惟东省马贼一患。夫马贼猖獗，已历有年，剿办诛杀，终无成效，辑柔招巡，屡不见功。我督抚示中但云“如能改恶从善，痛悔前非，也可以格外施恩，宽饶不究”等语。伏思此等奸民，似非可一二语所能晓譬者；然试思马贼之中原非尽梗顽不化，惟迫于饥寒之苦，势出于无可如何，为数或亦不少。我督抚所谓宽饶不究者，亦即如书所云“歼厥渠魁，胁从罔治”之义也。解散其党类，无赦其大憝，不尽尚诛戮之严威,亦不为招抚之故技。宽以济猛,猛以济宽,此非清理胡匪之善策也哉?

综观督抚之示,吾不禁为东省幸,吾不禁为朝廷之得人幸。我东省国民,且企踵延颈而瞻其后效。

论教育与生计之关系①

夫子之策,卫也,曰:“既富然后加以教”;孟子之策,齐梁也,亦曰“八口勿饥,然后谨庠序之教,申孝悌之义”。合观古圣贤之言,是人必丰衣足食,方可纳入礼义之乡。诚以冻馁堪虞,方将谋生之不暇,又安有资本而为就学计哉?此理此情,确凿不移,自古迄今,固无能别易一说也。

然即现今之时势观之,似当先言教,而后言富。教为母而富为子,教为本而富为枝,此非蔑视乎圣贤之言,而故为此反经之论也。盖五洲互市,万国交通,实迫于不得不然耳。今试即教育之关于生计者,约略言之。

夫斯人之生计,要不外乎农、工、商三者之大纲。人之为生也,一日不再食则饥,终岁不易衣则寒。顾衣食来源,无非取之于农业,农业旺则衣食充,农业衰则衣食缺。中国以农立国,自后稷以来已阅数千年,而人之繁衍也日多一日,地之占废也年少一年,土内原质之菁华亦几消极,而莫能为力。故近年现象,粮价腾贵,闾里艰难。若不研究新法,几何不穷困以死也。然而新法之兴,非愚民所能晓。苟非教之以农理,俾知耕耘粪殖、灌溉收获、畜牧渔樵等等各业,咸得一简捷便利之法,则地中之所生,必不足以供斯民之所用。是农业教育之关于生计者,此其一。

古时之器具,咸用人力而成,传至于今,仍守故常,而无所进步。自西人航海东来,用机器以制造,工既省而价值且高。故中国工业一途,近年已大形减色。虽亦设有实业学堂,及工艺局、劝工厂等处,然教育未能普及,其能制机器、用机器者,终属寥寥。

---

① 原载于《盛京时报》1907年5月22日第2版。

盖吾国民眼光狭小,每多拘守目前,学之恐迟费时光,制之又无从着手,且又以机器之用,先须耗费资本,故相与却顾而不前。不知当今之世,工艺竞争,人巧我拙,人速我慢,人日进于精良,我日趋于腐败,将来中国之金银,不尽流入外洋而不止,我又何以争自存乎?此工业教育之关于生计者,又其一。

经商之事,中国固不乏其人。然只讲商语,不讲商学,惟习成一机械变诈之能,即称为商家之高手。或以假物而冒真名,或以下物而充上品,但以欺蒙为良技。至于商业之进退,商务之盛衰,并不知考查其端底。兴败惟凭命运,其赚也,则曰"时气顺通";其赔也,则曰"时机不利"。

故近来洋商日见进步,而中商之亏欠倒闭者日有所闻也。此何也?此皆未受教育之过也。近来虽立有商业学堂,然皆惮于纳学费,谓不如直入商铺,尚可以不费钱财。不知现今洋商林立,各出其平日养成之学问,以与吾中商鏖战于市场。我但以乘、除、加、减之微能,以互为抗拒,安得不倒戈以北也。此商业教育之关于生计者,又其一。

夫是说也,固亦老生常谈也。然而当今之人,每吝惜资财,而不肯教育其子弟,谓教育必费财实,有害于生计也。苟即此理思之,教育子弟果于生计有害乎?抑有利乎?故古者先言富而后言教,今必先言教而后言富。

论国人当知各尽责任以卫国家[①]

国家云者,国民之性命财产所赖以托庇而保护者也。分言之,人各有家;合言之,全国一家。吾国安,则吾民皆得享太平之福;吾国危,则吾民之苦况,有不可尽言者。不观庚子之乱乎?庚子之乱,联兵入境,乘舆播迁,国势之危,已如垒卵。试问当时之民,苦耶,否耶?近在数年,皆所亲

① 原载于《盛京时报》1907年5月23日第2版。

历，不待赘言也。

夫国家之安危，关系于吾民者如此其重，而吾民之视国家，乃竟淡然漠然，若为无足介意者，不亦惑之甚或。夫既为一国之民，则必有一民之责任，人人能尽其责任则国事无不举，而可富可强，可争霸五洲，而称雄中土。

譬如抗千钧之鼎，非合众力不能胜；譬如芸万顷之田，非集多人不能治。非然者，此则推彼，彼则诿此，相望相责相倚赖，吾未见其能有济也。吾中国地大物博，人民众多，而衰弱不堪，事事出乎人下，致令外人或笑我为羸弱病夫，或谓我为老大帝国。其故何也？亦坐此推诿之病，而不知各尽其责任故耳。

中国数千年来，尚论者恒多责成于君相。其国之治也，则曰君相之功；其国之乱也，则曰君相之过。然试思天下之大，岂君与相之所能独理乎？惟君相不能独理，则自君相以下，各大小臣工，推至外官，而督抚藩臬、提镇司道、府厅州县，盖均与有责焉。

吾中国今日之衰弱，不敢曰皆官之负责任，其负责任良不少也。然此犹以前之论，至今日且不可专归咎于官矣。前此官有权而民无权，民之责任，惟纳租粮、供劳役，安分守己，不敢为非，即可谓克供其职业。现今将行立宪，而地方自治，已兆端倪，若事事惟责之于官也，亦奚其可哉？

夫一国犹一家也，官长犹父兄也，庶民犹子弟也。若子弟各为成材，各抱技能，各尽劳力，家安得不勃然兴？若子弟皆放纵自恣，游闲自得，凡所需用，凡诸事业，一惟父兄是望。父兄而不贤也，行将啼饥号，阖家之冻馁，在所不免。即令父兄而贤，安能以一二人之生产而供给多数之取求？且曰能也，以子弟之怠情，视父兄之勤劬，则又于心乎何忍？况以阖家而累及一人，必终不免为家之索也。苟明此义，则吾国民其宜各尽责任也。

有断然者，夫尽责任之义无他，一在保守，一在进取而已。保守云者，保其富为之业，士修其身，农务其力，工精其技，商裕其财，各尽其职分之当然，而不至荒嬉而坐废，此则保守而尽责任之义也。进取云者，进其所有之能，有才展其才，以办公益；有资者出其资，以济急需。靠人之念不可存，吝财之心不可有。人人想靠人，人终谁靠？人人存吝惜，财将何来？无人无财，则国不可以为国。至于不可为国，一旦外患纷来，而性命财产必无以保护，丧身亡家，所必然矣。此时而悔曰吾民苟各尽责任，出财出力，以保吾国，何至于此耶？吁！亦晚矣哉，亦晚矣哉。

论暑假归里之学生[①]

今庚伏伊迩，午暑将临，各学堂莫不循例放假，停课休讲，所以节劳也。诸生此时亦多归里省亲，借资游息，所以养精而蓄锐也。虽然，吾闻之："业精于勤荒于嬉，功成于思毁于随"，积数月之劳而得之，以一月之逸而失之，所谓十年之功，废于一旦者，不深可惜哉。然苟穷年兀兀，不一休息，则过劳伤生，犹非所以卫生而养健也。

中国丹铅夏楚[②]之漏习，使学者脑筋困惫。一经放假，如鸟脱笼，朝夕所学，遂沉巨浸，不复记忆矣。今旧习虽除，而新学犹稚，学者脑中恐旧日影响容有未尽泯者，则一日之荒，百日之憾矣。我老大之帝国，所恃以排除已往，开发将来者，全在学生之一身。故诸生今日之修藏，即国家他年之辅佐，当此兴亡不容缓、一刻值千金之时，所不能轻掷此伏假者，正为此也。此有四端焉，且陈之于下。

一炼养身神也。神者，身之主；身者，事之基。浴沂风雩，以酿活泼之机；学乐肄舞，以振衰颓之志。高唱国民歌，静养浩然气，神以怡而弥远，身以炼而益坚。因物寄想，随景生情，则以恬适之境，养其怀葛之天者此也[③]。

二补习学课也。平昔之所学，虽无遗忘，亦有误谬，不于此时补之习

---

① 原载于《盛京时报》1907 年 5 月 24 日第 2 版。

② 出自《礼记·学记》："夏、楚二物，收其威也。"郑玄注："夏，槄也；楚，荆也。二者所以扑挞犯礼者。"指古代两种体罚越礼犯规者的用具。后泛指体罚工具。

③ 出自《五柳先生传赞》："酣觞赋诗，以乐其志，无怀氏之民欤？葛天氏之民欤？"无怀氏、葛天氏二人皆为传说中的上古帝王名。古人以为其世民俗淳朴，百姓无忧无虑。

之,则积久而遗忘愈多,误谬愈甚,学业庸有成乎? 夫温故可以知新,有进可以无退。此时习之,为力虽无多;他日用之,获益则甚巨。不然,一玩忽间,隙驹已过,他日虽欲习之,不暇及矣。

三变化家庭也。家者,国之本;身者,家之基。我新我身,而不能新我家,非夫也。故求学之日多,则居家之日浅。乘此归省,父母兄弟聚首一堂,违久则爱深,爱深则言信,然后语以"保家自保国着手,务名从务实成功",与夫兴学校、务实业种种爱国救时之事功。俾家人丕乎罔不变,奋乎若将兴,则一家之智识既开,即地方之文明起点也。

四劝谕邻里也。奉省民智之不开,诸生与有责焉。趁此家居,戚朋相往来,把袂话故旧,则告以时势之现状,与夫外国之何以强,中国之何以弱,学堂之何以设,国民之何以危,何以为匹夫爱国之大义,何以为外人逼处之危机。言而有效也,或借以启一方面之愚顽;言而无效也,亦可以开一二人之茅塞。较之钳口结舌、不言长短者,相去奚啻倍蓰哉?

前二者为学问之自修,后二者为实行之试验,皆为暑假归家时所当实力奉行者也。苟奉省全体学生而尽如是也,将民智之开进步之速,有不可思议者矣。诸生其勉之。

论中俄设关之条约[1]

中俄界设关问题,屡经提议,迁延时日而未告成,论者纷纷,不无异词。今据北京专电云:"设关条约,日前已经由中俄两国议约委员互换签押,于五月二十八日在黑龙江满洲里及吉林省之小绥芬,开设两处税关。"闻其事者,以为此举实差强人意,谓从斯而后,吉、黑两省之税款必日见增进,东北边界之利权归我把握矣。窃不禁为欣然喜也。

然又闻设关内容,关税三分之一,且东清铁路两旁五十里定为无税

---

① 原载于《盛京时报》1907年6月5日第2版。

地,凡进出货物,一概免税。又不禁为懼然惊。

夫设关征税,各国所同;过口纳税,商民公认。然必斟酌尽善,质理审情,统筹两面,以求适中道而剂和平,不容畸重畸轻,有损益攸殊之势。今观两关之设,既云税三分之一,又云铁路两旁五十里之地定为无税地,如此办法,是有关直如无关矣。

何以言之?盖陆路通商,前日之约已非美善,然尚情有可原也。诚以铁路未通,道路梗塞,陆路之运费贵重,费重则价高,价高则销滞,销滞则赔累必多。故国家体恤商情,特为轻其税,以维持商务。而有志者且谓此约不可久行,今铁路开通,运货日便,而仍援旧例,将既失于挽回耶。且商人之货物,多半由铁路而来,若两旁五十里皆无税,是直许其遍地销售,并于三分之一,亦全无影响。岂非此关亦徒虚设?虽有而如无也哉。

自海禁大开而后,各处关防相继而立,而查其条例,殊无如此之两款,独许俄以特别利益者。此其议,吾不知出于俄人也,抑出于中人也。如出于俄人,则中国所当力争,断不宜即为照允;如出于中人也,则吾不知其果属何心矣。将命唯是听,而买俄国之欢心耶?将中日已设关,而中俄不设关,恐招从旁之议论,始假此设关之名,以欺旁观之耳目耶?果而,则设关之问题,当早议结,又何必迟迟而耽延时日欤?

然此特以小人之心,度君子之腹,支持此事者固未必如是也。抑或者曰:“智者千虑,必有一失”,“自非圣人,孰能无过”,此不过偶然失计,何必哓哓而议其后耶。且满洲里、小绥芬素本无关可守,无税可征,即益我三分之财,纵使铁路两旁免税五十里,而五十里之外必征税如常,所失者当亦有限耳。虽然是说也不为无理,然非统筹全局之论也。

夫设关者,商务之大事也;税项者,财政之大宗也。议此事者,固当精详审慎,以保利权,要不容冒昧从事,以贻家国羞也。况一方失计,牵掣全球,立法不公,行必资外人以口实。今独许俄以特别之利益,他国不言,我固无以对友邦。倘各国皆援此议以相争,其将何词以对也。夫子曰:“成事不说,遂事不谏,既往不咎。”今已照允矣,夫有何说何谏何咎哉?前车既覆,来轸方遒,窃望衮衮诸公,尚其为桑榆之赎也。

论奉省各乡镇巡警宜派警务学生办理[①]

国家之设官，所以为民也；学校之储才，所以备用也。设官而不任能用贤，则有官不如其无官；储才而终投闲置散，则有才仍等于无才。何居乎，奉省各州县之乡镇巡警，乃不学生之分派，而竟劣绅之委任哉？

一乡之警款，一乡之居民纳焉，而黠者则借为勒索苛派之端；一乡之事件，一乡之巡警操焉，而暴者即恣意专暴横逆之计。依上官之威福，剥下民之脂膏。民违其令，则诬为阻挠新法；民讼其虐，则斥为扰乱公务。甚至明则结交官场，暗则联络盗魁；阳则托为保护，阴则恣行抢夺。其为害于民，较之马贼殆尤甚焉。

至其所谓警察者，不过招集散兵流民数十人，日以携枪跨马，巡游乡里，美衣巧饰，夸示耳目而已。问以警察之方略若何，规则若何，则茫然不得要领，默然无所答对也。虽然，前此之委诸劣绅者，为夫警察学之无其人也，今则卒业警察学生已数百人，以之分治奉省各地方，固绰绰有余力也。顾何以病民者宜退而不退，学成者宜进而不进也，岂劣绅之盘踞既深，未易排除耶？抑上官之因循成习，不欲纷更也，何其颠倒一至于是也。

夫国之大患，莫甚于举错乱而赏罚紊，小人而获幸进之荣，则群将勉为小人矣。君子而发无位之叹，则谁复学为君子哉？是不特有碍于目前之治安，并累及于将来之风俗矣。或者曰："绅士中未必皆不肖，学生中何必皆贤者。"固也，然不学则无术，但以办警务论，则绅士之贤者，尚未必及不肖之学生矣。况乎学生之不肖，十不得其一二；绅士之贤者，百且不获其一焉。

是故劣绅不除，则地方无治期；警生不派，则抱负无展时。以此之有余，济彼之不足，莫妙于分派各生，以办各乡镇警务。俾各生施其干局，地

① 原载于《盛京时报》1907年6月8日第2版。

方收其治安，则一举而两善备焉。所望有警务之权者，斟酌而通变之可也。

论新旧机关并立之弊[①]

改棹而为兀[②]，兀成而棹败，兀与棹不能并立也；变帷而为帐，帐存而帷亡，帐与帷不能并存也。国家之改革亦然，变旧政而为新法，新法立而旧政除，新与旧不能并行也。

今中国维新以来，各地方若警务、税务、财务、农工商诸务，在在设有专司。情形虽未大备，规模固已略具，然考各省官制，上自督抚司导，下及州县佐杂，凡旧设官吏而经裁汰者，则固十不得其一焉。岂以新旧并立，有相济而无相妨乎。抑或以宦海生涯，遽施淘汰，一家哭泣，有所不能忍乎。果而，则是小不忍而乱大谋，近无功而误远略也。其误国有三大害，且约略言之。

一曰耗巨款。近年国帑告罄，民脂复竭，无益处多费一钱币，即有益处少作一事功。富国之道，固贵开财源，尤须节财流。今旧官吏不减少，而新官吏日加多，月薪岁俸，新旧所耗，正复相埒。夫一国家、一地方之施治，而有两班官吏之消费，虽富强时代，供给尤不足，况今贫弱时代乎。任事则才少，食粟则人众，安所恃以陟于富强域哉。此其害一也。

二曰误时事。一事也而两人共理之，一责也而两家分任之，既无向章以分其权限，复无现法以别其趋向。则事之利也，彼此皆可以竞争；事之害也，彼此皆可以推诿。其相得也，彼此可以同恶而相济；其相尤也，彼此可以分党而相攻。一竞争、一推诿而事偾矣，一同恶、一分党而恶成矣。有法律之国，千万官而一体；无法律之国，一二吏而异心。今各地方官之

---

① 原载于《盛京时报》1907年6月8日第2版。

② 棹，此处同“桌”。兀，为“杌”借字，即小凳子。

于局员,彼此纷纭、互相倾轧禀复者,非其明证欤?此其害二也。

三曰紊国纪。国之所以存立者,纪纲也;纪纲者,秩序也。上下不相侵,左右不相陵,前后不相越,则人各尽其职,事各协其宜。纪纲正,秩序宁矣。今新旧机关相参杂,即新旧职事相纠纷,令之行止无定,事之取舍无常,大体既乖,百度皆乱,又何怪揭竿四起者之相继不绝哉?盖纪纲之坏,秩序之紊,有自来矣。此其害三也。

兹三害者,今已呈其现象矣。苟不及早图之,乌知将来之泯纷胥渐,伊于胡底哉?然则,如之何而可?曰:新机关之未备者,速举行之;旧机关之未裁者,速删除之。为之立法,以清其权限;为之定章,以专其职守。使新旧不相纠葛,则□□自然就绪矣。此诚当务之急,当途者尚其如何。

论平满汉之界以遏乱萌[①]

梁襄王问孟子曰:“天下恶乎定?”孟子对曰:“定于一。”盖统一则君主一,君主一则政策一,政策一则风俗一,风俗一则天下一家,全国一体。夫又安虑其不治?故列国分立,而争竞开;战国分土,而争端起。三国分疆,而争地争城;六朝分民,而争强争胜。

推至宋元之世,南北两家,分体分形,日寻干戈而不息。历览前朝,乃以同种之民,相戮相杀相夷灭。何一不由分二十三行省,统辖四万万兆之人民。海内之地,悉如版图,一统之势成,纷争之患息。但求与海外诸国缔好联盟,勿开衅隙,不即可长治而久安乎?而何意外患方长,内忧旋起,南方诸省革命之党,屡起风潮,煽惑鼓簧,蔓延日盛。彼独非食租衣税之民乎,彼独无父母妻子之爱乎,彼独无忠君爱国之忱乎,而何为以血肉之身,甘为试法而不惜也?用得以推其故也,夫合则治,分则乱,前既言之,无庸再赘。

---

① 原载于《盛京时报》1907年6月10日第2版。

我朝三百年来，观其外，既已由分而合；而论其内，仍是由合而分；论官缺，则曰某为旗缺，某为汉缺；论籍贯，则曰某为旗籍，某为汉籍；论婚姻，则旗、民不结亲；论土田，则旗、民不交产。同是一家之民也，乃不视为一家，而树藩篱以隔之，划鸿沟以限之，此岂计之得哉？推其意，将谓满人亲而汉人疏，满人尊而汉人卑，满人贵而汉人贱。国家者，乃满人之国家；天下者，乃满人之天下。满人均系主人翁，彼汉人特仆役耳、奴隶耳，安可一律视耶？

夫主仆之说，是否不必深辩，即以此说论之，使化其畛域，不分亲疏，不分尊卑，不分贵贱，试与歧视而比较之，果孰利乎，孰害乎？况今日外洋宪法、文明政策输入中华，汉人奴仆之名，决不能甘心忍受，此南方诸省所以嚣嚣不靖也。

窃闻治水者，必顺其流；治病者，必医其本；治乱者，必审其乱之所由来，而求以平其气，而靖其心。为今之计，是非平满汉之界不为功。夫揭竿内乱，戕害同胞，正罪定名，在彼等似难从宽免。然此风既倡，诛之已不可胜诛。故逆其势而治之，不如顺其势而导之为愈也。

在彼等联谋合体，每以排满为词，于此而抉其藩篱，填其鸿沟，化官缺，变机关，通婚姻，易土田。凡居中国之宇者，即为中国之民，所有旗官各衙署、各名目，一律撤裁。居于何地者，即归何地之地方官管辖。如有公事讼事，均书“某府某县民人”，削去“红、黄、蓝、白，佐领、牛录”之字样。弛旗公营业之禁，免口粮供给之例。如此，则君主一；君主一，即政策一；政策一，即风俗一；风俗一，即天下一家，全国一体。然后再实行宪法。

如上论所云，大权统于朝廷，庶政公诸舆论。彼革命党人无所借口，行而不戢而自消矣。况今当物竞天择，优胜劣败之秋，非合种族，势必不能以自存。则岂惟平满汉之界而已，直当凡我黄种人均视为同胞，庶可与白种人，一较争雄于平和世界也。

再论平满汉之利[①]

平满汉之界,以遏乱萌一题,前论已备载本报。客有观者而议之曰:我朝三百年来,满汉之分界久矣,今以乱党借词之故,而为此说以顺之,岂非助纣为虐乎?且古人有言:“普天之下,莫非王土。率土之滨,莫非王臣。”彼等倡为排满之说,是直大逆不道耳。安可以无法乱言,竟使偿其所欲哉?

夫是议也,盖坐井观天之见,操蠡测海之谈。其亦未统筹大局,而审其利害也。大平满汉之界,非徒可以遏乱萌,其中盖有数利焉。

一可以合种族。夫今日之世界,岂第为争土地之世界乎?种族之存亡,于斯系焉矣。以物竞天择、优胜劣败之公理推之,小种族必灭于大种族,少种族必灭于多种族。即如春秋以前,杂居内地者,有所谓潞、徐、莱、淮、陆浑、赤、白、狄,迄今考之,尚有存焉者乎?盖以其小而少焉故也。

今五洲互通,种族各别,而我黄人之种族,势且将与各方种族竞生存。乃同是一种族也,而故以满汉分焉,是大也而故小之,多也而故少之,岂非自缩其势力也哉?我一国中,自分畛域,可乎不可乎?则平满汉以合种族者,其利一。

二可以广生计。盖今日之大势,非富强不能立国。而富强之道,不外于人人自立,国无游手之民。我国定鼎以来,凡旗人皆列兵籍,意将养劲旅以备非常,不令别营他业。久而久之,乃习成懒惰之性,既不能为农、为工、为商,并且不能为兵。浸至坐守困穷,饔飧莫给。观京城八旗之中,及各处驻防之户,其富贵者固多,其啼饥而号寒者亦不可胜计矣。是优恤之,不反以害之乎?则平满汉以广生计者,其利二。

三可以省国帑。查国家定例,八旗之为兵者,均给口粮,每岁运南槽,按月而分领之,又特为置无数之官以司其事。年费国家巨帑,不可胜算。

① 原载于《盛京时报》1907年6月11日第2版。

夫生众食寡，为疾用舒，足财之道，不外乎是。乃以数百万人不能自食其力，惟仰给于国家，国家安得不困？况今日举行新政，费款浩繁，使平满汉界而俾各谋生业，则国家既省无数之金银，而此数百万人再自谋生产，又可为国家增益多数之款饷，开源节流，兼收其美。则平满汉以省国帑者，其利三。

四可以结团体。夫人之恒情，其势分者，其心必分；其势合者，其志乃合。我中国今日积弊，外人皆笑我为一盘散沙，且谓我诸省为诸小国，亦以我分体分形，不能和群故耳。为今之计，方恐联合之不能，乃反自别曰某某汉人、某某满人，则是同胞而视为异类也。谚曰："兄弟不和，欺凌交集。"此言虽小，可以喻大。则平满汉以结团体者，其利四。

五可以消隐患。夫革命之党，借排满为名，前论既已言之，而其义犹有未尽也。旷观当今时势，各国商人麇集中华，西人传教者亦遍于各省；革命党屡起风潮，难保无别项匪徒亦相与乘机为乱，烧教堂，排外客，致启各国交涉之端。庚子前车，行且再见。今如平满汉之界，革命之党患既消，而匪徒无所借势，排外仇教之举，自无从而肇其端。邻邦睦谊，永保和平，直接间接，两收其功。则平满汉以消隐患者，其利五。

有此五利，长治久安之道即于此基之矣，夫何惮而不为乎？

论宪法为国家之元气①

凡物之生存于天地间，而可以永久不渝者，亦恃有元气而已矣。元气充，则精神足；精神足，则形质坚；形质坚，则可以颠扑不破，绵岁月而永垂不朽。此理甚明，无庸多辩也。物理如此，国家亦然。

国家者，亦天地间之一大物也。朝廷官民、省府州县，是为形质；纪纲法度、礼乐政治，是为精神。然精神有时而疲，形质即随时而败。所恃直

① 原载于《盛京时报》1907年6月12日第2版。

接以葆精神,间接以固形质者,则莫若于养元气。元气惟何?则宪法是已。

今日全地球号称强国者十数,除俄罗斯尚有宪法不完全之处,其余则皆为立宪国。至或为君主立宪政体,或为民主立宪政体,虽措置稍有不同,而其力去乎压制之弊,则均无大异。人第见外洋车船之坚,枪炮之利,工艺之巧,商业之隆,以为其所以致富强者不外乎是,而不知其国内之元气充盈。若车船枪炮、工艺商业,皆元气之周流而发现耳。或有谓:外洋不过一时之运,将来亦必有削弱之一日。此说也,盖迷信吾中国先儒“剥极必复①,盛极必衰”之旧论,沾滞而不通也。吾以为其宪法苟不破坏,由一世百世而至万世,可必其长此富强也。

盖立宪政体即永绝乱萌之利刃,培植国本之机关。何以言之?宪法者,上下同守之律例也。吾中国之治乱无常,相沿数千年,或乱自君行暴虐,或乱自臣下擅权,或乱自宦竖窃柄,或乱自嫡庶争立。致乱之道不同,而所以致乱者,则初无或异。

若宪法立,则政令之颁布,必谋及庶民,而暴虐何自起;大臣之进退,必协参于议院,而擅权必不能。君门虽深,闾阎皆得陈诉,宦竖亦奚由窃柄。君主承袭,皆有一定,嫡庶又何从争立。总而言之,宪法者,乃约束君主、官吏、人民,使不得为偏僻之行,而均立于完全之地。譬之一人,元气充溢于百体四肢,而风寒燥湿不正之气,自无由而得侵害也。

我中国今日衰弱之象,已达极点。为救时计者,于是立学堂,讲工艺,修铁路,安电线,开矿产,练甲兵,以为转危为安、转弱为强之主义。然此皆政体中之一部分耳,若无完全政体以包护之,则此分形政体,必至法久弊生,不能垂诸久远。

假如人当大病之后,元气已伤,瘠羸之容,不堪注目。医其疾者,惟当进以补养之剂,使之元气内充,渐渍而达于四体,然后可期其健壮而望其安全。若不培补其元气,但进以补形之物,以救其瘠羸,则且恐大用外腓,终无真体内充之日也。且不养其气,而徒养其形,尤恐虽有珍馐,必且食

---

① 出自《宋史·程元凤传》:“极论世运剥复之机。”意谓剥卦阴盛阳衰,复卦阴极而阳复。比喻物极必反,否极泰来。

而不化，于此而期夫延年益寿也，能乎不能？

故元气者，万物之生命也，人有元气则存活，国有元气则长治，其理一而已矣。然而视之则无形也，听之则无声也，将求国家之元气所在，何从而求之？曰：惟求之于立宪。

论赵侍御之开复原官[①]

国家之用人，得一才臣易，得一纯臣难；得一大臣易，得一谏臣难；得一忠臣易，得一诤臣难；得一智臣易，得一愚臣难。而要之，非真难也，特在为上者知与不知、用与不用耳。

古人有言曰："上有明君，则下有直臣。"盖君明，则贤否是非，必能深辨，而进言者乃敢不避忌讳，而伏阙陈词，纵有时触批麟之怒，然亦不过如云翳之蔽日月，倏忽云散，而日月之光明，仍如故耳。

即如赵启霖，前以参劾权贵，触犯天颜，降诏革职，罢归田里。闻其事者莫不窃窃疑之，以为我皇太后、我皇上夙以圣明称，何至待臣下如是之刻耶。不知此不过一时之怒，亦即云翳蔽日月之说也。昨又慨然明降谕旨，将御史赵启霖开复革职处分。由是观之，我皇太后、我皇上之待臣下，诚可谓天恩高厚。彼御史赵启霖，宜如何感恩图报？凡在疑斯事者，宜何如感恩图报哉？然而，两宫之心原非借此以市恩，亦爱惜人才，为国求贤之意，流露于不自觉耳。

自此而后，行且见言官气壮，献可替否者，日有所闻。而朝廷政治之设施，必且臻于美善，固意中事也。而独可虑者，人臣之品格不齐，每议一新政，改一新法，不免哤杂纷纭，莫衷一是，以致互相排挤，互相攻击，遂令朝政有丛脞之忧。清夜自思，独不负朝廷待臣之厚意哉？所望政府诸公，尚其同德同心，以辅弼我两宫，奠国家于苞桑之固也，则寰海小民且焚香顶祝矣。

---

① 原载于《盛京时报》1907年6月14日第2版。

论各省州县士商宜遵照去岁厘定官制大臣所议地方官制，禀请督抚设立地方董事会与地方议事会，以立自治之基础①

今东西各国民，罔不研究自治，尚矣。即中国近日亟亟预备立宪，凡达人志士亦莫不提倡自治，以为立宪之基础。故去岁厘定官制大臣，于各府州县官署外，议设董事会，以佐治一切，并设议事会，以决议一切。

夫生人之不幸，莫甚于失其自由；自由之大端，莫重于参与国事。盖切身之利害，而不获自由而兴之，自由而除之，取舍予夺，一听他人之舞弄，则不幸莫甚于此矣。今拟设议事、董事会，是使我国民咸有参与国事之权也。是我利我害，我兴我除，均获自由也，是我国民之第一幸福也。何居乎我国民乃不欢迎之而实行之哉？岂果压制已久，养成依赖之性质乎？抑或程度未优，终鲜自立之能力乎？

是二者，皆非也。谓养成依赖性质也，何以近年来抗官者十有九起，反动者报不绝书乎？且好善恶恶，人之通情，世无投之以所好，而勃然不悦者，即无与之以利权，而拂然不受者也。况夙昔求之，唯恐不得，今日弃之，反甘如饴，则必其丧心而病狂者也。苟稍有人情，必不出此也。是压制之说，不足凭也。

谓终鲜自立能力也，则四万万人，谁谋其生活？谁为之营业？工不资奖励，商不借保护，而制造于市场、懋迁于海外者，亦非尽无自治之团体也。况近已维新，教育日进，学问日益。若政、若教、若工商，各学科有人；若省、若府、若州县，各地方有学。以之对外虽不足，以之自治则有余也。是程度之说，不足信也。

且国家之与民以参与国事权也，则是除压制之弊，破程度之说，而以

① 原载于《盛京时报》1907年6月14日第2版。

完全优等之地位待我国民也。我国民而不承其化，顺其流，欢迎而实行之，是以不完全优等之地位自待也。是真依赖成性也，是真程度不及也。

虽然，世安有身将亡而不知存者哉？世安有家将亡而不知保者哉？世安有亲族将灭而不知救者哉？且安有欲存其身、保其家、救其亲族而不谋自治者哉？吁！自治者，自由之发端也。西人以自由为性命，吾于自治亦云然。

辽东义军檄文[①]

中华国民军辽东军政府檄告东三省汉满蒙军民人等曰：

呜呼！吾辽东之民，陷于涂炭也久矣。自清代既兴，以东三省为发祥重地，施行特别之制。除奉锦外，遍设军政，放弃治理，阻缚人生。病民之道，为前古所未有。

二百六十年来，民生日艰，民命日蹙。近岁则又惹进外人，酿成战祸，杀人盈城，流血满地。迄于今日，虽以两虎倦斸，战局告终，收回土地，改设官制，然而主权半丧，利权多失。疮痍未起，流亡未复；积弊未除，吏治未清。徒事更张，不务实际。甚且假新法之名，行苛政之实。阴险惨毒，不可端倪。遂使我三省伯叔兄弟、诸姑姊妹，如坐水火，救援无路，呼吁不应。生民之祸，盖至斯极。今将数列清廷待我东三省人民之罪状，以白于天下。

世界文明之国，皆以平等、自由治民，无所歧视。清廷统一中国，则故分阶级，区别旗、民之称，而东三省为尤严厉。旗人永世负当兵之责，以孳生之人丁，配一定之饷糈，坐食山空，无所为业。虽曰优待，实同禁锢。民人则视同皂隶，不与旗人为伍。对于政府，惟负义务，不享权利，是不平等，莫此为甚。居住、营业、结婚、信教，一切立身为人之道，无论旗、民，皆

① 原载于《民报》1907 年 4 月 25 日第 20 号。

被钳制，是不自由，莫此为甚。以是之故，乃满汉积不相能，二百年来莫能同化，妨人文之发达，阻国势之进步。大罪一也。

普天之下，莫非王土。清廷视东三省为其皇室一大牧场。除先有居民之地外，皆一律封禁。他省之人，不得移殖开垦，旗人亦不许越界迁徙。坐使辽东天府，变为混沌未开之域。其后虽因山东关内之民私自移入，渐成村落，乃不得已，改废前例，然亦不过一时权宜之计。观于今日，三省域内，无人之地，仍占大半，人口统计，未及千万，其故可知。大罪二也。

国之文野，视其国民读书识字多寡以为比例。清廷自康熙时定例：东三省人民不准读书习文，惟操练齐射，以免染成汉习。观其用心，实欲使三省人民返于太古不知不识之俗，驯伏无贰，永为世仆，以保其子孙帝王万世之业。既阅乾嘉道咸，则有赵殿吉富俞等奏请改制，而犹再三申饬，不允所请。所得行者，特奉天南部一隅。迄今辽东文化，犹为中国第一劣等。大罪三也。

祖宗之地，尺寸不可以与人。辽东在古，原为青、营二州之壤，乐玄四郡之区，关系中国，由来已久。清廷则视为弃土，不知疆理。经界所分，版籍不载其名；边徼所至，疆吏不晓其实。以致强邻窥伺，失地频频：咸丰八年之约，以使臣不谙地理，失大兴安岭以南地数千里；咸丰十年之约，以使臣不知公法，失乌苏里江以东之地千余里；黑龙江口之库页岛，不知何岁割与日本；长白山南之西垦土，不知何因弃与朝鲜。合计所失面积，较今三省有过之无不及。门户既弃，藩篱尽撤，遂来腹心之祸。大罪四也。

瓦尔喀人、鄂伦春人、马涅克尔人、达瑚尔人、索伦人、毕喇尔人，分族虽异，受治则同。若能开发诱导，使进文明，则未尝不可为北方屏藩。清廷视各种人则为蛮族，除借其兵役、贡物外，毫未策其治理。既不为之谋生计，复不使之近文化，任其自生自养，天演淘汰，甚至越界归顺外人者亦听之。遂使人口日见减少，东北一带变为荒凉不毛之地。大罪五也。

吉林有乌拉总管者，专司采办东珠、貂皮、人参之事，有翼领以下五十余人之员缺，有牲丁等一千余名之夫役。此外，宁古塔有采鱼、采蜜、采松之官，黑龙江有打鹰、打鹞、打鸡之使。每年及时备齐各物，以营兵护送，进呈于内务府。攘民之利，扰民之业，伤民之才，蹂民之田，以供其皇室荒淫无度之玩好。昔明有鹰犬使之设，宋有花石纲之举，不过一时之事。此则二百年间,垂为法令,世济其恶。大罪六也。

诉讼裁判之事,文明各国皆有专官掌之,所以明法权,重民命也。清廷自统治辽东,初则专委其任于不通汉文、不晓律例之旗官,用非所学,枉职病民。继则定旗民官会审之制,推诿成风,民情抑塞。至于近年,土地渐辟,移民稍多,各处屯达村长,僭理词讼,任意武断,滥用私行而不之禁。铁道开通,外交旁午,沿路一带皆设有交涉局。局员受外人颐使,强理地方裁判,卖国媚外,残害同胞而莫之问。且官吏贪欲无厌,残酷成性。一讼之费,有例外之诛求,上户卅吊,中户廿四,下户十六;一名之囚,有法外之虐遇,重者站笼,次者压杆,轻者跪锁。种种不道,更仆难数。近今虽有提法司之设,名为法权独立,实则不过为位置私人、虚崇体制之地。一切弊窦,毫未改除,民之黑暗,犹如旧日。大罪七也。

三省人民既经战祸,闾里丘墟,田畴荒芜。当是之时,宜如何抚绥招徕,使民复业,方称为治。清廷既不能保民于战时,复不能安民于战后。且益肆为淫虐,横征暴敛,重累吾民。地租之额,既课余地,复科山荒;商货之率,既税出产,复加销场;酒户之税,征及烟突;船运之捐,算准帆樯。此外如粮食税、牲畜税、山海税、斗秤税、土药税、灯膏税、店铺税、渔税、盐税、木税、矿税、猎税、参税、车税、煤税、窑税、硝税、烟税、屠税,或新制名目,或增高旧率。涓滴不漏,聚敛称能。又主税之官,相望于道。司巡横暴,胥吏勒索。公私烦扰,民益重困。大罪八也。

国于世界,非兵不强。东三省八旗兵制,在昔以勇敢闻天下,积久弊生,是在因时为变。清廷迷顽固陋,守旧成风,二百年来,徒尚骑射,且又不精。新式之操,连发之械,视为淫巧,不使梦见。将校变为纨绔,兵卒成为流民。东北重防,遂形崩坏,驯致内乱频生,外祸屡至。乃始招募练军,以资御侮,然大势已去,无补于事。国步艰难,遂至今日。大罪九也。

奴隶之制,中国各省已经废灭,清廷自开国之际,一切俘虏皆发辽东八旗,编为奴婢。各省罪囚,遣来为奴者,亦实繁有徒,世世子孙不能脱籍,待遇之酷,牛马不如。其有逃亡隐匿,斩杀无赦。迄今禁例虽稍疏懈,然生计维艰,解放无日。永世沉沦,不知所极。弃绝人道,背逆天理。大罪十也。

辽东马贼,原由失于生聚、教训所致,使果治之有道,未始不可平服。

清廷不揣其本，唯以诛戮为事。兵力所至，良莠不辨；淫威所加，玉石俱焚；甚且阳假团练，饵致贼目；滥行残杀，张大勋功。好恶因于兵弁，生杀由于缇骑，致令民怨益甚，贼党益多，满地荆棘，民不聊生。大罪十一也。

大创之后，整励内治，是所必要。清廷自战事告终，以仁柔寡断之赵尔巽、虚骄顽懦之徐世昌、目不识丁之唐绍仪等，先后为将军、督抚，纷更百度，茫无端绪，所行诸政，无一不病国病民。财政局则酿成民变之祸，巡警局则博得官胡之称。地方自治，徒为安插闲员之地；行营发审，适成草菅人命之官。其他教育、政法，农工、商矿，邮便、路政，莫不扬厉铺陈，虚设官职。因循苟且，无所事事，徒使人迷惑，上下骚然。大罪十二也。

甲午以来，清廷东省外交着着失败。金州半岛、东清铁道，先后割弃。近日，又与日本开议所谓满洲谈判，则更丧失利权，不忍言述。鸭绿江上流之森林，安奉线沿路之炭矿，熊岳城畔之渔业，渤海湾头之盐政，则允许其合办。奉天城内之居住问题，铁道地外之警察问题，中立地带之驻兵问题，租借境界之裁判问题，则承认其强求。绝地方之命脉，夺小民之生计。外患压迫，死亡无日。大罪十三也。

以上所列，大端各是。若夫穷神尽相，备举无遗，则伐白山之木，不能毕镂其奸，决黑水之波，不能尽洗其恶。夫厌乱思治，生人所同；伐暴诛残，天职有在。在昔桀、纣暴虐，汤、武伐罪吊民，天下称其圣德；胡亥不道，陈胜、吴广起兵发难，亦号义师。诚以独夫民贼，不可不仇；酷法虐政，不可不去。应天顺人，自应尔尔。我东三省伯叔兄弟、诸姑姊妹，身受奇祸，目击时艰，其遂忍长此终古而不一为计耶？

本军政府夙愤残民之政，深怀伐暴之志，趁机而谋，观时而动，号召同志，经营义举，为日已久。今也清廷罪恶贯盈，神怒人怨，天亡之时，宁复能忍？用特仗义兴师，为我三省人民请命，诛杀贪官，扫除苛法，出同胞于水火之中。我三省伯叔兄弟、诸姑姊妹，谁无血性？谁非同气？当速奋发兴起，响应赞助，以复世仇。

本军政府之目的，在于先覆陪都，建设根本；以次进取中原，诛其淫后昏君，推倒专政，创立民国，以与我四万万同胞更始。师至之处，凡诸力所能为，保护人民身家财产，增进幸福，维持治安，无不竭力从事。士农工贾，不论满汉，一仍旧职。士绅之家，有以刍粮金帛饷军者，受特赏。各地山泽之间，为清廷迫害避乱落草者，忠义豪杰，当自不少，其有率其部落惠然肯来，以助义声者，尤当竭诚欢迎，待以殊典。若夫顽固成性，不察时势，不通大义，为虏效忠，以逆大兵，或为间谍，妨我进行，一经发觉，本军政府不得复事姑息，不问谁何，必杀无赦。今当军兴之始，虑我同胞心怀惊惧，不即坦怀相遇，用是明白宣檄，诞告远近，以为约法如律令。

记者按：此篇由辽东寄稿，虽未深悉其昌义之人，然观其宗旨手段，无不与吾党同者。大义日明，同声相应，亦使党人愈知自奋也。

圣人与诗人[①]

短生飘飖兮即中路，从薄幽幽兮窘余步。遵长坂兮迷所之，将欲诉之兮心艰危。夫何灌木之樛狞兮，羌檀栾而日生也。闵余志之已绝兮，独烦冤与死为怜也。

呜呼！唐德神曲云尔，惟民适然而生，奄然而化。生至促也，化至速也。然而世有贤不肖之分，君子小人尊卑贵贱之名，或扬声于一时，或流恶于千祀，下者泯泯沦灭，无得而称焉。故夫特智之士，知人命易逝，束脩砥行，几树功伐，用垂令名。又恶不由其道，于是劳思焦虑，投苦赴恼，以成其事，以求其所大欲。求则得之，如应龙在天。求之不得，乃至悲哀怨怼，莫知其所以然，然则甚矣。余读唐德诗，其求之而不得者乎，可为豪杰独行非常之士也。诚闵其志，遂出一篇，曰《圣人与诗人》，取义广深，不仅为唐德发之。

夫人依世以生者也，世之性恶也。人虽品类殊异，然犹犹然与世化，日趋于恶，恶遂为天下之通性。故曰：顺夫世之性者，庸人也；逆夫世之性者，圣人也。圣人悲世之赴恶以沦，所为救之千途万彻，垂文树宪使可刑也，明礼正义为妨禁也，教人遗世之恶，归善以立道，无所不用其极焉。

---

① 原载于《盛京时报》1907年6月17日第2版。

惟圣人知世之恶，不愿以一手一足挽之，任重道远，必期于至，此圣人所以为圣人也。庸人梦梦以生以死，若莫知世之为恶也，以为至矣善矣，歌颂之，赞美之。若知世之为恶也，而驯而安之，而饰而涂之，而亦歌颂之，赞美之。呜呼！其太息痛恨于世之恶，虽不能匡正，然流涕而刺之，悲哀无聊，发为文章，直欲逃此世而不之居。其立身高，其用志微，则诗人之徒尔。圣人吾不得而见之矣，得见诗人斯可矣。吾慨夫时人往往与世化，冥于恶者之多也。故于人取二等焉：一曰圣人，二曰诗人。

一言以蔽之曰：悲世之恶，而知所以救之者，圣人也；悲世之恶，不知所以救之，而惟思逃之者，诗人也。其操心也危，其虑患也滋，则一而已矣。

世之奉圣人如天神，其视诗人雕琢薄伎而已。余乃以之与圣人并称，谁不以为狂惑。然吾爱圣人，吾爱诗人，故敢佛夫世俗之论而为是言。好学深思，心知其意之君子，殆将取之。天地廓廓尔，古今悠悠尔，圣人乎、诗人乎，其世间人类之最高、最美者乎，下此何足数哉。

夫为世所囿者，众人也，以世为罗，而众人规规然，自少至老，自顶至踵，驯伏于其中，不得以咫寸越焉。言论务与人同者，众人也，好剿袭弭顺他人之说，靡然和之，而不敢丝忽自恣焉。惟圣人与诗人不然，其吐辞立义，或非世俗所能知，虽取相非笑骇怪，然能不以利害祸福动其心，道广大而尽精微。誉之不以为喜，毁之不以为忧，放之则弥六合，卷之则退藏于密。洋洋乎，渊渊乎，故曰：圣人参天地者也，诗人邈天地者也。世俗恶足以几之哉，当论圣人与诗人之别于下。

一圣人，有高尚之思想，有不足于斯世之志，有移风易俗、改革斯世之道。二诗人，有高尚之思想，有不足于斯世之志，无移风易俗、改革斯世之道。

圣人与诗人之辨如此。《书》曰："惟圣罔念作狂，惟狂克念作圣。"狂者，其诗人之流乎。圣人知世之弊，于是倡一说焉，欲使天下之人尊而信之，天下之人亦以其说为可尊可信，从之如流水。诗人知世之弊，而不能名一，说徒佯狂肆志，为神怪恍惚幽隐玄窈之，谈要之，推其始性，则圣人与诗人蔑不同耳。

圣人必有经典，如黄老、释迦、孔丘、耶稣、谟翰墨德，并敷条树教。大抵以世为溷恶，人遂沦堕，惟己知其溷恶，乃说法以救天下之人，使纳于一道。先圣后圣，其意悉如是也。诗人多险诡之思，见世之溷恶，人之沦堕，以为非吾徒也，乃冥想无际，上薄九天，下彻九渊，不知所以寄其情者，而发为怪丽之辞。如屈原之《离骚》，和谟之古诗，李白、李贺之歌行，唐德之《神曲》，米尔敦之《失乐园》，格泰之优师剧，其他不可尽述，大率用意相类也。

呜呼！世之可贵者，其惟圣人乎？其惟圣人乎？或曰：诗人不过文士之雄耳，未足以知道，而亟称之，何也？夫大师硕儒，传经守道者，无代无有，固可尚矣。然依前说自树，惟抱圣人之遗言甚者，委曲阿世，则其志异于圣人。而所行或詹詹懦懦，竞利持禄。立身本末，每有不强人意者，何如诗人之洒然不可羁，为高洁之至者哉。

夫世之无诗人也久矣。吾国夙尚文学，千百年来其能完然无愧于诗人者，何其少也。圣人吾不得而见之矣，得见诗人斯可矣。诗人乎，岂寻常吟弄风月、铺缋景物者足以当之乎。然则居乎一世之间，为人之所当慕者，圣人而已，诗人而已，遑知其他。

于七轶事纪闻小说①

圣水庵四士斗群狼　南城门交臂失知己

予尝循东海游，抵芝罘岛，遵岛而西南陆行二日程，至一地，多奇山峻岭，迤逦不断，询之土人，知地为栖霞县，属登州府，即秦汉时之东海郡、隋唐时之东牟郡也。有一山峭峰环峙，高矗天际，巉巉乎如锯齿，故土人名之曰锯齿牙山。

沿山四、五里外，村落簇列，其居民多好武，喜击剑及一切斗力技艺。

① 未刊稿。根据徐镜心手稿整理而成，作于 1907 年 7、8 月间。

每岁冬，农暇，诸少年辄延师聚众，练习拳法、剑法。故该地方之武技，为东海诸郡县之冠，而附近如莱阳、招远诸县，亦染其风尚焉。

循山经西北行七、八里外，有村一，野花杂沓，密树插天际，群童以斗杆超距为嬉。一叟颓然坐其旁，问之，知为于家庄村。户百余家，咸于姓，剑术尤为远近所取法。其家祖传云，且述其祖轶事颇详，亦觉娓娓动听，姑录其事于左，以供好事者之浏览焉。

叟曰：余祖于七公者，前明嘉靖间武举也，名应龙，行七，故人称之为于七老爷。少读书，不求甚解。稍长，膂力过人，尤喜击剑术。闻莱阳圣水庵和尚法真剑术、拳术颇高妙，得少陵派之遗传，因决然往师之。同学者卅余人，惟余祖及刘光世、王大德、杨武汉四人为师所器重。他人所不传之秘，尽以畀之四人，四人技乃益精。

圣水庵故靠山麓。一日夕，四人者于松间石上踞卧纳凉，渐乃睡去。旋杨武汉觉面有毛物抚掠之，醒而扪之。起视，乃狼也。盖狼遇人睡，必先以尾掠之，试其酣睡否耶。狼大吼，三人亦惊起，见群狼无数，眈眈乎四周，怒相向。于是，四人合立一处，而各面向外，以空拳当群狼爪牙。狼方怒而扑，四人遂约齐超步前，各手搏二狼。分提之如兵器，以击群狼。舞旋忽忽如飘风，群狼披靡，死伤枕藉。比天明，各视手中所持之狼，仅一腿或片体，无一完全者。计死狼共廿六枚，乃畀归。自以庵左右山无狼迹。而四人者，亦以结此患难，情乃益亲密，遂结生死交。

居七年，尽得师之秘术，乃散归乡里。杨武汉亦栖霞东乡人，去余祖居仅三十里。刘光世、王大德均莱阳人，然去余祖居亦不过六、七十里。故四人者，家居亦时相过从。其后，余祖稍习弓马刀石，入武闱中式，分师又中式。乃游京师，与诸名士交游。得知朝廷一切政治之得失，睹宦阉之专横，外贼之猖獗，遂慨然有乘风破浪之思想。

一日午前，与友人散步前门外，饮酒楼上。酒间凭窗眺望，于行人梭织中忽见群人簇立道左围观，一卖卜先生肩摩踵接，几无侧足处。余祖怪而问诸友，云是山东文登县戚先生，卜大灵，所断语无不著，虽严君乎无一过也。人言其奇门六壬无不晓，且观其举动，似深心人而隐于卜者。余祖闻而默然，为之首肯者。再顷之，又见有一大马朱轮过卖卜处。车停，车中人下，乃一年少宦者，直造卜者案前，旁观皆辟易。旋见宦者卜毕，似翘首待卜者言。卜者喁喁,不知作何语。忽宦者大怒,奋鞭击卜者背,至再三不止。

余祖乃勃然大愤,飞步下楼。友人急呼:"君族矣!君族矣!何干乃公事为?"余祖若不闻也者而去。及出门至卜者处,则见尘飞人散,卜者、宦者、几案、车马俱已杳然,人咸道咄咄怪事不绝口,余祖亦挺然立如木鸡矣。久之,闻人言:"顷一阵风吹得眼迷睛炫,亦不知卖卜先生与打人宦者何处去所,此真令人索解不得者。"

余祖友方恐余祖恃气招祸,急下楼。见余祖木然,立即挈手拉回,曰:"速归去,勿多事!"比归寓,友人问余祖曰:"何君之前勇而后怯也?"余祖曰:"嘻!君何知此事者?"乃为友人述其故,友人亦愕然不知所以。自是余祖遂以交臂失人,深引为疚,而日思所以踵迹戚先生者。月余,迄不得。

齐化门良朋现相　饮月楼群杰决策

一日,与友人沿街行,闻人言藉藉政府令:"有知魏太监义子珠儿下落者,赏千金。有知前门外与珠儿争斗之卖卜先生下落者,亦赏千金。"盖前少年宦者,魏太监之义子珠儿也。太监最宠信,故失踪后即敕各官署搜索甚急。已得其在前门外与卜者相争之情形,故疑之,并索寻卖卜先生。

余祖闻人言,与友人相视呷舌,乃益戚戚然,隐为戚先生忧。友云:"顷闻齐化门外,月前来卖卜先生一人,号执一道人,卜声颇噪甚,君盍一往其踪迹之吉凶焉?"余祖闻言,恍如有所触。因语友人云:"君可与偕往乎?"二人遂向齐化门行。比至门外,则见群簇立拥一卜者,正与在前门外情景相似。

余祖与友拨挤人丛,至案前,则见一长髯叟坐在其上,道貌巍然,言人休咎甚详,余音亦复沉静。余祖乃道来意,求卜之。卜者熟视余祖,曰:"君欲求赏者乎?"余祖以耳目众,愕然者久之曰:"余山左栖霞人戚继家人托予踪迹者。"卜者乃曰:"此等无关紧要事,君可于晚间予暇时到予寓,为汝卜之。寓在南边路西小巷内顺德店。"言毕,左右顾问他求,卜者不复与余祖言。

余祖方愤恨,欲责问卜者,友人力牵其裾而出。继乃曰:"君何不知机耶？凡事之不近人情者，必有他故。卜者业卜，奚独于君而薄之？且余观其人，亦似非庸庸者，或彼知其实情，而欲于晚间无人时语君耶！亦未为可知。”余祖亦抚然疑有故，曰：“俟晚间来，不能语我以实情，再诘问之不晚也。”乃归。

晚餐后，相与复往。至则一僮在户外曰：“先生候客久矣。”导入室，先生甫客坐，问余祖曰：“观君豪气溢眉宇，诚山东人；审君语，亦栖霞人无疑。虽然，君之卜问戚先生者，果何故？愿详以语我其无隐。”

余祖曰：“视君亦非奸黠者，故敢布腹心。余与戚君不素识，特以闻余友言，知其抱负不寻常，方拟与把晤，订终身交，何期一觌面而邃渺若山河矣。”

乃为述其在前门外观卜遇事、下楼不见等情，及渴慕欲见之诚。语毕，先生熟视余祖及友云：“辱二君厚意，仆亦请肝胆见。”因起闭室门，自入寝室。

少顷，出则一廿许之书生，而苍苍鬓髯均归乌有，则固一在前外所见之戚先生也。余祖与友方惊愕间，先生曰：“仆即戚元龙，号静斋者是也。蒙二君谬推许，敢不显真面目也。二君且留此作竟夜谈，可乎？”

余祖方恨相见之晚，乃与友留宿焉。相与倾谈，欢若平生，因各述肺腑事。问及前门被鞭失踪事，先生云：“姑以小术摄彼去而沉之渤海中，乃改形变象，以隐于此耳。”余祖与友乃益奇之。

旋余祖曰：“朝廷失政，阉宦恣行，元气已尽，依君度之，王气何在？”先生曰：“明祚将不永乎！行见乱贼四起，中原糜烂矣。以时势度之，北方满胡方强，若挥军南上，明鼎危矣。以术数推之，二十年后，北方子水入主中宫，然则非满胡而谁哉。仆行将披发入山矣，誓不为异族奴。”

余祖与友奋然曰：“若果尔，君奚不出其所学为国家讨贼，以吐我汉人气哉？”先生曰：“此奚不可者，相时而为之可也。虽然天下所兴，谁能废之？予为术数误，行必气短矣，诸君勉乎哉。且仆溷迹京师，原拟乘机着手。今祸在迩矣，我辈不可久居于此，以撄乱首。宜各归，预为布置，俟将息时，而总其成功可也。”

余祖友曰：“果满胡入主中夏也者，誓不为人。虏力不胜，则身死之。身不成，则子孙继之，由此而已。二君归后，如不忘故人，起义时，幸赐一鸿音也。”余祖曰：“是何须言嘱者？愿君发难时，幸亦勿忘怀也。”自是三人遂作刎颈交，天明订盟而归。夜聚昼散，如是者月余。

忽一日，余祖友云：“闻山西贼势猖獗，官军累战不克。余拟明日归，将往结合吴楚中少年，伺机以备举事。”余祖亦约戚先生归，先生曰：“然则二君迟我二日，我将会别诸友，且为二君一绍介也。”遂约定，翌日晚于东门里饮月楼大集，相识诸豪侠。于素日交游诸志士侠客，择其尤关切者，遣僮申约。

翌日晚，齐集东门里之饮月楼，届时毕集。余祖与友亦续至。戚先生乃引与诸友拜会，通姓氏，道款洽。已而，集者已三十五人。先生曰：“客毕集矣。”遂依次坐，开樽话酒，畅叙中情。

客有自蜀中归者，道及官兵战败情状，人人为国家危。客有自关外归者，道及满廷兴旺情状，人人又为汉家危。继而，先生起谓诸客曰：“今日之会，无他故，仆有两疑义与诸君决之：一是时世淆乱中应作如何之准备？一是明祚覆亡后，当定如何之从违？”

一客曰：“我辈既无叛乱才，只得听之天命而已。”余祖奋然曰：“定乱，吾不敢知。然明祚覆亡后，继主中原者，其为汉人也，我听之。其为外人也，吾亦将听之乎？”又一客起曰：“是乌可听者，非汉人而王者，当共逐之，乌能坐听者？”先生曰：“善哉。然逐之而不胜，复奈何？”曰：“死而后已。”先生又问诸客曰：“诸君以为何如者？”齐应曰：“然，是无异义者。”

一客奋起曰：“誓不如此言者，有如白日。”戚先生乃又即前日理数之论，推广其义，激昂慷慨，歌哭泣诉，四座为之感泣，至有击唾壶碎者。酒阑，先生曰：“客有吴楚中者，请起！互通里居、姓氏。”次山右诸君，次山左诸君，均乞交换姓氏、里居，以备后图。事毕，先生曰：“夜深矣，盍散乎！仆等明日归，前路茫茫，后会有日。愿诸君勉为之，勿忘今夜言。”遂各挥涕散。

经此一会后，诸豪侠益知乱将作，多散归以备善后策。余祖友南归后，即联结吴楚中少年数万人。后吴三桂逐李自成南下时，余祖友即帅诸少年起而应之。继而，闻满胡入关篡位。乃奉吴，据南方相抗。后吴败，余祖友亦以战死。临终遗嘱子孙继行其志。其子旋与洪秀全举事，即太平天国宰相杨秀清是也。其事彰彰可考，兹不俱论。

论余祖事。余祖与戚先生归后，乃约集旧友如刘光世、王大德、杨武汉诸人，偕隐于巨嵎山之佛寺。诸少年多从学剑术。余祖恐惹人耳目，秘命刘、王、杨三人分布各处，阳为授生徒，阴实联结羽党。

余祖乃从戚先生日夜研究壬遁、兵法及一切符箓术。戚先生炼有宝刀一、钢叉一，皆以百炼铁为之，而复运以精神之灵炼，以日月之英义，则行必自随。遇变时，叉一着地，而身腾空行矣，刀则藏之，不以示人。惟余祖一人知之。又恒与余祖习武侯八阵法，及五行阵相攻守法。二人尝演试，如对敌状，争胜负，而余祖辄负。入夜，则仰占星宿三垣，以知天下之吉凶。

崇祯甲申，李贼陷京师之前夜，忽戚先生大呼曰："咄！白气入紫微垣，京师其陷乎！"既而又曰："咄！白气侵帝座，帝星晦，天子其不禄乎！"既而果然矣。尔时，余祖曰："议口举事，此其时乎？"先生曰："须知乱方未艾也。"然先生每心如死灰，兴致萧索，对余祖常曰："吾汉族岂果不祀乎？天意岂果佑胡乎？何北方王气之盛，而余每睹其势将侵及帝座乎？"余祖曰："事或有之，然吾不能坐待为人之臣妾也！"先生凄然默，不答一言。

会接京师友函，知都城陷后情状。又得吴中来函，约余祖举事，并示以吴楚布置大概情形。余祖悲喜交集，然以诸多未备，且刘、王、杨三人所联络诸少年，仅得五六千人，拟俟势足精锐，一举成功。遂作书答友人，然以乱故，交通梗绝，鸿鲤遂断。

久之，戚先生夜出，忽又大惊曰："天乎，今果然矣，吾无望矣！"余祖惊极，出室门问其故。先生曰："君试观紫微垣北口，被来气攻破矣。而帝星乃大明，显异常夜者，何也？非北人已入都即帝位之征乎？吾休矣，无容疑矣！"旋又南顾曰："吴楚中亦乱矣，虽然彼主星颇旺，杨君或能得其志。若北方则客星大耀，我辈恐不能为主人翁矣。"

翌日，先生束装拟出他去。余祖问曰："君何往？且夙约之谓何，吾辈举事，此其时矣，奈何又他去？"先生曰："予不尝云为术误吾气短乎，且予淡心于富贵功名也久矣。今天意又如此，吾辈各行其志可也。然吾必非安坐授首于人者，君亦勿望予能相助举事者。"

余祖曰："先生姑迟数日以待都中消息。果如兄所云者，再行兄志可也。”盖先生从事导饮修养术已非一日，故余祖亦不忍阻其成功也。

未几，有自都中归者言吴三桂南下逐李贼去，而满胡王率师度关入京师，已登大宝，颁行新朝诏令矣。余祖初闻之，犹疑传闻或失实。越数日，闻各州县接新朝天子诏，去留任意。消息所至，乡野骚然，山河未改，风景依然，而已两朝代谢矣。

余祖斯时如丧家犬奔走县城，访虚实，果无误。踉跄归山，比入室，见案上书函一，旁大刀一，而戚先生已翛然去矣。问之僮仆始知，先生昨晚出，惟留书与刀，待余祖归呈之。

余祖开函读之，略谓：“仆因丹果将成功，不敢懈以败前修，故遂别寻干净，去竟吾未竟事。若朱明山河，俟三百年后，仍复汉家故物也。吾行去复来，会面终有期，君好为之。今遗宝刀一，勿等闲视之也，此物与君性命有关。君已明其运用法，故遗之。又，仆一切学术、兵法，君已尽学得之。加之君之技勇，可以一举也。虽然谋事惟人，成功惟命，‘勿躁动、勿急功、勿轻生、勿怕死’十二字，乞毋忘也。会待晓星残雪中，迎君于崂山道上矣。”

余祖览书毕，凄然独坐，思函中有若可解不可解者。

未几，刘、王、杨三人齐至。叙寒暄毕，余祖曰：“三兄之来，实获我心，都中事想已闻得消息矣。”三人答：“已悉大概情形矣。”余祖曰：“弟拟即此起事，三兄以为何如者？”三人答云：“弟等昨接戚君函言，诸事未备，不宜躁动。惟于君性急切，诸君宜劝令少安勿躁，俟力足一举可成也，余三人之来亦此意也。”

余祖曰：“三兄党徒现可几何人？”三人答云：“合计之，可得五六千人，作乱则有余，图功则不足也。”余祖曰：“诚然，惟迟延一日，贼之盘结周密一日，待我毛羽丰而彼亦文章成矣，将奈何？”

三人曰：“不然，堂堂汉种，岂少大阵高旗与满人相雄角者？十年内乱，当无富岁，俟满贼力疲，而吾乘机而起，以朝气之盛，击强弩之末，乌有不胜者哉？”余祖遵从三人议，乃商订布置法。数日，三人各归去。

余祖亦归里，日以兵法、剑术教授里中子弟少年。居数月，从学者多且至数百人。时满朝初定，中原乱者四起，吴三桂抗于南，蒙人侵于北，势颇岌岌。

初，满人之入关也，栖霞故绅有李姓者，被诏征起为礼部左侍郎。势焰熏灼，子弟骄恣陵轹，乡里无所不至。其子往往见民女美，则抢劫而归，乡人苦之。余祖奋不平，数于广众中折辱之，故李氏族无不忌余祖者。

久之，李氏族刺知余祖有异谋，乃飞函京师表扬之，李侍郎奏满廷，诬以谋反。满廷飞檄，拨登州海防军二千人，往栖霞捕之。时余祖方为乡人之丧者主殡事，栖霞县吏暗以二役到余家探虚实，徘徊门首。余祖有八弟，素恶官吏，见役人，逼问之。役人答问吞吐，余祖弟怒殴之。役交奔，余祖弟持刀追杀之(以下缺失)①。

家族教育会规则②

教育不兴，家族涣散，分门别户，视等陌路，叔伯子侄，居然如秦越人之漠不相关。此世风之所以日坏，而尊卑长幼之序之所以日紊也。庚戌正月人日，爰与族中伯叔兄弟辈会议，而立家族教育会，议定简章如下：

一宗旨：以互相扶助、教育子弟为宗旨。

一名称：本会由本族全体人发起，即以本族为范围，故名家族教育会。

一职员：公举年长者二人为正、副会长，其余凡各支长，即为各支分会代表人，各家长即为各家代表人。

一地址：即以本族家庙为开会办公处所。

一责任：凡在本会居尊长之地位者，对于本族子弟均负约束及保护之责任。如见有本族子弟作恶为非，及种种犯规之行为而不约束者，以失察论罚。如遇有本族子弟无端被外人或异姓欺侮，而不保护者，以模棱论罚。

甲、约束规条：犯上、浮浪、斗狠、谩骂、赌博、酗酒、奸淫、吸鸦片、盗

---

① 未刊稿，录自徐镜心手稿(残卷)。

② 未刊稿，录自徐镜心手稿，作于庚戌正月人日，即1910年2月16日。

窃、宴逸、冶游、营业不正、不务营业、无故闯入闺闼。

乙、保护规条:被外人欺压、被异姓侵辱。

一会议:每年以正月初一至十六为例会期。如有特别事项,准开临时会。

甲、凡本家子弟不受本家尊长约束者,则报告本会,开临时会以纠治之。

乙、凡本族子弟不受本族尊长约束者,则报告本会,开临时会以议罚之。

一孤子:凡无父母及亲近尊长之子弟,及有父兄尊长而远出者,此等子弟尤当留意照料管束之。

一礼别:凡本族子女男妇,无事不准闯入闺阁,以别内外。

一庭训:凡子弟过八岁不入学,并不务营业者,责其父母。

公订年节送香发纸罚规①

一、凡宗子主祭,所有本宗所属各支子,于年节岁时,均到宗子祠堂,送香发纸。正月初一、初二、初三及十四、十五、十六等日,每日送香二次;初一、初三、十七等日,每日发纸一次。

一、凡送香发纸一两次不到者,罚香一炷,纸一刀,跪香一炷;其出于无心或忘记者,免罚跪香。

一、凡送香发纸自三次至五六次以上不到者,罚香纸费钱五吊,并跪香一炷。一年不到者,罚香纸费钱拾吊,跪香两炷。贰年不到者,罚香纸费钱廿吊,跪香三炷。三年不到者公布乡里驱逐出族,庆、吊不与相通。

一、无论送香发纸,接连三次以上不到者,即以故意论。

一、凡罚项所入,均交宗子收存,以备修墓祭祀各项公费。

---

① 未刊稿,录自徐镜心手稿,作于庚戌正月,即1910年2月。

公订春秋墓祭罚规[①]

一、每年春(清明)、秋(十月初一)上坟致祭。凡本支人等,均联合一体,挨次上坟,以俾子孙不忘祖宗及本支服内各墓地。

一、凡祭坟品物,按户轮摆,以木签为令。上家交下家,接签者摆祭。均于祭期一个月前交接。至期误交者,罚祭费钱叁吊,不接或接而忘设祭品者,罚钱十吊。

一、凡上坟时,除所自出祖墓致祭外,凡亲服内墓,亦须随班致祭。有不到者,议罚。其远出未归,及有重要事件家长不到而子弟到者,均免罚。罚例如下:

甲、一次不到,罚钱贰吊。一年不到,罚钱五吊,祖庙跪香一炷。二年不到,罚钱拾吊,跪香两炷。三年不到,驱逐出族,庆、吊不与相通。

乙、一邱坟不到者,期服[②]罚钱拾吊,大功[③]罚钱八吊,小功[④]五吊,缌麻[⑤]二吊,袒免[⑥]壹吊。亲尽者,应勿庸议。唯既定全体合祭,凡本支坟所在,均宜随班同祭,不得以亲尽自诿,否则以破坏公益,照甲论罚。

一、凡罚款所入,均交宗子收存,各支子为之监督,以备本支公用。

---

① 未刊稿,录自徐镜心手稿,作于庚戌正月,即1910年2月。

② 亦作“朞服”,丧服名。为五服之一,用粗麻布制成,以其缉边缝齐,故又称“齐衰”。旧制,凡服丧为长辈如祖父母、伯叔父母、未嫁的姑母等,平辈如兄弟、姐妹、妻,小辈如侄、嫡孙等,均服期服,时间因血缘远近各不相同。

③ 丧服五服之一,服期九个月。其服用熟麻布做成,较齐衰稍细,较小功为粗,故称大功。旧时堂兄弟、未婚的堂姊妹、已婚的姑、姊妹、侄女及众孙、众子妇、侄妇等之丧,服大功。已婚女为伯父、叔父、兄弟、侄、未婚姑、姊妹、侄女等服丧,也服大功。

④ 丧服五服之第四等。其服以熟麻布制成,视大功为细,较缌麻为粗。服期五个月。凡本宗为曾祖父母、伯叔祖父母、堂伯叔祖父母,未嫁祖姑、堂姑,已嫁堂姊妹,兄弟之妻,从堂兄弟及未嫁从堂姊妹;外亲为外祖父母、母舅、母姨等,均服之。

⑤ 五服中之最轻者,用细麻布制成,服期三个月。凡本宗为高祖父母,曾伯叔祖父母,族伯叔父母,族兄弟及未嫁族姊妹,外姓中为表兄弟等,均服之。

⑥ 赴五服以外的远亲之丧,不着丧服,唯脱上衣,露左臂,脱冠扎发,以示哀思。

手稿残片[①]

…………

二、许可。

许可者，谓对于特别之一般人许其为此等事也。曰可者，谓曾许为之而以限之也。凡事苟害于公众之利益，断不许为。至其害，不能及于公众而又不得已而为之，则不得不许其可也。盖此等事，苟不许可，民亦必窃为之，而政府不知是。故许可者，国家监视之微意也。得许可，则法可以容之；不得许可而为之者，则法可治之者。此谓无形之监督。许可条列如下：

（一）任官厅之认定。

（二）有定不可许情状。

（三）有定可许情状。

（四）有定可许情状与不可许之情状。

有许可之权利者，警官厅也。警官有自由酌其可不可、许不许之公权。许可有期限，限满者，效无；限未满而自行消除者，听。又，此许可之人之行为，而有侵害彼许可之人之利益，则彼可诉讼官厅。而私法上仍有救济之方法：

（一）在审查人，即对其人之好否而审查之。（二）在审查所为之方法手段。（三）在审查所为之方法手段与人，如医师免许呈。

许可之消灭（甲）、（乙）、（丙）：

---

① 此文原附于徐镜心所撰“树人东堂”《家族人口增减簿》手稿后部背面，是用铅笔撰写的行书字。原稿上有数处修改。此文盖系徐镜心1910年春节回家与亲人团聚期间所撰。《家族人口增减簿》前部有徐镜心亲笔所撰《家族教育会规则》《庚戌正月公订年节送香发纸罚规》《庚戌正月公订春秋墓祭罚规》及其历代直系祖先生卒年月和子嗣情况。

(甲)期限满。

(乙)因目的之消灭。

(一)人之死亡。

(二)变更手段及方法。

(三)抛弃其许可之权利及不实行许可之行为。

(丙)因取消。取消有二:一、取消许可;二、取消拒否。

(一)取消许可。法令载定取消许可情状。在法令外者,不得取消。许可权限与取消权限不同,许可法宽,取消法严,所以保个人之私利也。

(二)取消拒否。

三、认可。

事不经认可者,法律上无效。如社会章程,不经政府认可者,皆无效。认可之效果与法律同其效力。

四、特许。

…………

山东独立大纲[①]

一、山东全省自今以后与满清政府永远断绝关系。

一、联合全国父老兄弟,组织民族大帝国。满清所订之各种专制伪法,概不承认。

一、山东省之土地财产,山东人自有主权。满清无论抵押给何国、何借款,本省人概不承认。

一、凡本省已成军队、警察及将来招募新团,均由本会调遣执行,不受满清指挥。违者与满贼一体仇视之。

---

① 原载于李日、徐学航主编:《革命巨子徐镜心》,山东大学出版社 2011 年版,第 349 页。

一、凡山东省之公款、公产及军火制造，一切公共营业，均交由本会承管。其满清课税，一律停止缴纳。

一、现行自治制度，概由各省自行酌定。一俟新政府成立后，再重行修改。

一、凡我同胞对于满清均有复仇之义务。而对于外国之旅游绅商，均负保护之义务，不得有野蛮之举动。

九月十四日夜①

致夏溥斋手札(一)②

会长鉴：

敬陈要件，请酌择施行。

一、现值下芒期，各州县官粮课正收齐待解之时，污吏赃官或恐乘变携课银远飏，此当速饬县州，着将应解各款，即缴由地方自治会经理，一面仍知照各自治会，催缴接收勿缓。

一、各处游匪乘机蜂起，应火速照会各地方自治会速行招抚，暂做续勇。俟重行派员，合募操练，即化乱为治。

一、青州满兵驻防，蠢蠢欲动。满人有提议拆毁铁路，焚烧教堂，借惹起德人干涉，以祸我者；有提议肆行劫掠，且战且走，退回北京，以保生命者。确否虽不可知，然亦意中事也，不可不设法预防。外与德人交涉，令德与满政府订约，则我东自可卸责。内则或派兵驻防，或收回其军械。或电告满政府移往关外，此策不可行。

弟徐镜心、杨振瀛公上

九月廿日③

---

① 即1911年11月4日。

② 原载于李日、徐学航主编：《革命巨子徐镜心》，山东大学出版社2011年版，第351页。

③ 即1911年11月11日。

致夏溥斋手札(二)[①]

朴兄鉴:

顷闻杨君岘庄报告,按日人丰田口称:咨议局既解散,则各地方行政官吏,均将趁此机会,提取各金融机关之存款以便私逃。请速即知会各金融机关,非得联合会信印,不得私行挪用。又,巡警道等潘将有逃走消息,请速派员接办为要。此请公安。

弟杨岘庄、张殿邦、徐镜心公顿

致夏溥斋手札(三)[②]

常备军中官与兵相互猜疑之际,军心不一,是生乱阶。现紧急者,须定军心。定军心之法:

一、将统制调来抚署,与之说明本会添设军政部,即请伊为部长,则统制心安,不至他生枝节。俟军中定后,即与之言明。

一、统制出营后,即时派干员以本会及抚台之命,着协统调全军(不携枪械)到宽敞秘地排齐,由本会派员宣告独立宗旨。演说毕,高声质问:军中赞成独立者,南行五步立正。不赞成者,北行五步立正。于是军心即可定背向。其向者,即时令协标管带各官,当场投票公举统制(改名亦可),

① 原载于李日、徐学航主编:《革命巨子徐镜心》,山东大学出版社2011年版,第352页。

② 原载于李日、徐学航主编:《革命巨子徐镜心》,山东大学出版社2011年版,第353页。

则大事可定。

一、演说时，务宣告赞成独立者，每人加饷若干，及各种优待奖励办法。

一、演说时，并须宣布张统制已经同抚台在联合会，派为会中军政部长。必须另行选举统制云云，则军心不至涣散生变。

可否实行之处，即请会长议决执行。

周庆恩、张殿邦、徐镜心、张方毅公上

致陈其美转孙中山等电[①]

上海军政府陈都督转大总统孙及各省都督钧鉴：

本日九句钟，同志五百人，兵不血刃，已恢复山东登州府城，当即成立山东军政府。并预备欢迎南舰，请速派商船二只来登，载敢死队，以便会同北伐。此后组织，当随时电告钧座，并恳指示机宜为祷。

山东军政府徐镜心、刘艺舟

沁　印　登州发

宣统三年十一月二十七日

---

① 原载于《申报》1912 年 1 月 15 日第 5 版。

爱国（登莱民军军歌）

1=G $\frac{4}{4}$　　　　徐镜心词曲

3　3 2 1　1 | 2　2　3 2 1 | 5　5 4 3　3 |
呜　呼老大　国　更　待　何人作　英　雄出少　年

2　1　2　3 | 1　-　-　- | 3　3 4 5　5 |
休　道　不　是　我　　　　我　将为大　陆

6　6　5 4 3 | 3　2 4 5　5 | 6　6　5　- |
扫　除　烽烟火　我　将为国　家　造　命　脉

3　3 2 1　1 | 2　2　3 2 1 | 5　5 4 3　3 |
会　待大功　成　铜　像　馨香我　呜　呼老大　国

2 1 2 3 1　- | 3　3 2 1　1 | 6　6　5 4 3 |
更待何人作　我　将为大　陆　扫　除　烽烟火

3　2 4 5　5 | 6　6　5　- | 3　3 2 1　1 |
我　将为国　家　造　命　脉　会　待大功　成

2　2　3 2 1 | 5　5 4 3　3 | 2 1 2 3 1　- ‖
铜　像　馨香我　呜　呼老大　国　更待何人作

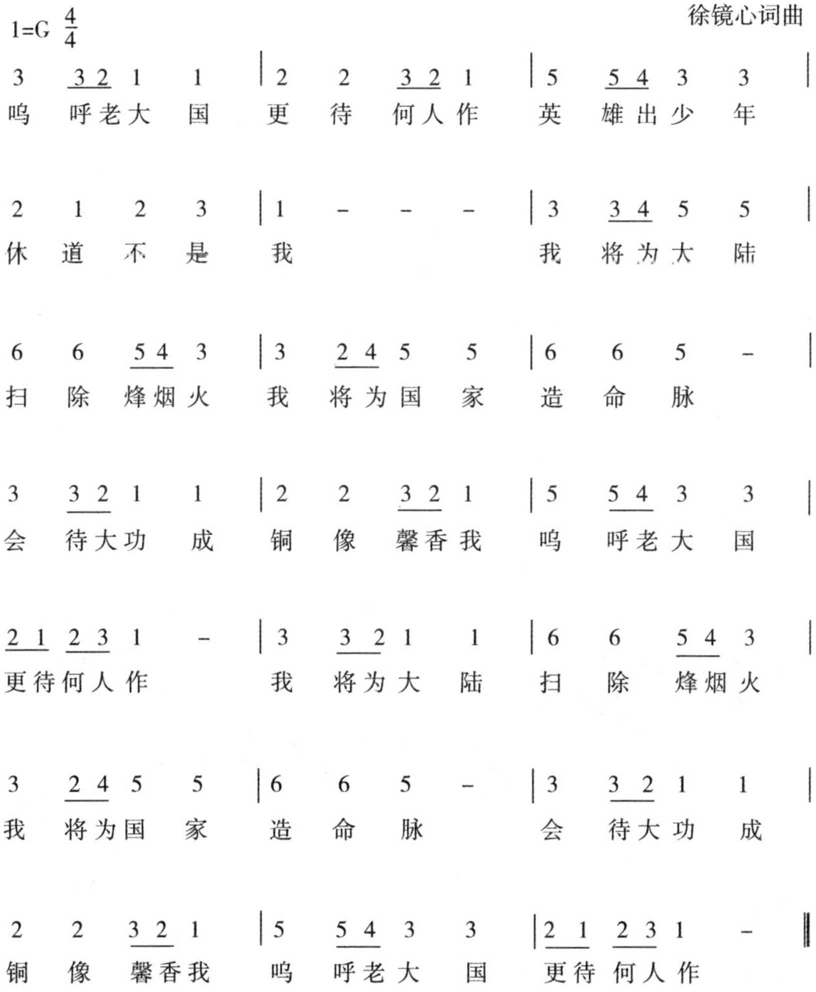

烟台共和急进会电[1]

各报馆、山东同乡会鉴：

今早九句钟，急进会正、副会长徐镜心、刘艺舟偕同志五百，光复登州。乞布告天下。

烟台共和急进会

致沪军政府转南京大总统电[2]

沪军政府转南京大总统鉴：

清军管带裕震违约，围我黄县，力战始解。初六、七两日，又邀同沪军与裕军血战于北马，敌大败。杀其统领，获其队官，夺其枪械，死伤其兵士百余人。惟敌军扰害我地面，残杀我良民，惨无人理。现虽略退守，然犹未艾。我军为保护地方治安，自不得不以战为守。惟彼满人奚负约，请转知外交部长，可向清廷严加责问。

山东军政府连、徐、刘公电

① 原载于《时报》1912 年 1 月 17 日第 1 版。

② 原载于《临时政府公报》1912 年 1 月 27 日第 2 号，又见于《时报》1912 年 2 月 2 日第 2 版。

致孙中山电[①]

孙大总统鉴：

登、黄举义时，同人公推连君承基为临时都督，辞不获已。胡君经武抵烟后，连君锐意退让。同人钦其毅力，仰其让德，坚留为鲁军总司令。强之再三，始受职。应即电闻，并恳转知各省都督。

山东共和急进会同人叩

山东统一会电[②]

各报馆钧鉴：

鲁抚张广建、警道吴炳湘到东以来，表里为奸，逮捕民党，摧残舆论，屠即墨、高密、诸城数县，纵兵杀掠，惨无人理。共和宣布，并不通饬各州县。种种劣迹，罄竹难尽。士绅震怒，民怨沸腾。前曾电请烟台胡都督遣派代表赴济会议，胡都督如约派丁鼎臣、侯雪舫、张弼臣等赴济。及到济后，逮捕三代表，拘禁警署。翌晨押送丁、侯二君出境，诬张以扰害军队罪，押送北京。似此故意侮辱民国代表，有心挑衅，若不严重交涉，无以洗我鲁省三千万同胞之耻。现已公举代表，与袁总统交涉，必达撤退，方免全省糜烂。

山东统一会公启

---

① 原载于南京《临时政府公报》1912年2月24日第21号。

② 原载于《申报》1912年2月29日第2版。

致袁世凯、孙中山等电①

北京新总统袁、南京总统孙、武昌副总统黎及各部长、参议院、北京天津上海各报馆钧鉴：

山东不幸，祸乱未已，全境军民汹汹，秩序扰乱，无非张广建等旧官虐吏之所致。共和宣布以来，全国熙熙，咸臻乐土。惟我齐鲁三千万同胞，尚在地狱中。公等坐视沉沦，不为援救，致水深火热，益无涯际。某等不得已，只有联合全省父老兄弟，进兵济南，誓剪除此辈民贼，庶可恢复秩序，保全治安。我公等为国为民，当必有以教之也。

特此谨布。

山东同盟会全体，徐镜心、谢鸿焘、蒋洗凡、
李凤五、栾星壑、左汝霖、邱特亭、朱五丹公叩
马　烟台发

致南京总统府等电②

南京总统府、参议院、各省都督暨各省临时议会、各报馆公鉴：

前清山东巡抚张广建，阳认共和，阴行专制，暴戾恣睢，日以捕拿政党为事。煽兵殃民，十室九扰。鲁省绅士，不堪其虐，相率来烟组织临时议

---

① 原载于《民立报》1912年3月3日。

② 山东临时议会由徐镜心发起组织，旨在与张广建进行合法的政治斗争。原载于南京《临时政府公报》1912年3月8日第46号。

会。现已完全成立，正式公举胡君为山东都督。省议会特派代表范君之杰①、丁君惟鲁②、安君举贤、丁君惟沛③暨议员周君树标、王君忠勋，晋京面谒袁大总统。要求罢斥张广建，饬胡都督赴济履新。诚以权力相争，不达目的不止。

特此通告。

山东临时议会周庆恩④等全体议员公叩

公布张广建、吴炳湘罪状书⑤

山东于辛亥九月二十三日宣布独立。自张广建与吴炳湘到东后，独立取消，张遂得署清藩司，吴遂得署清警道。后张又排去孙、胡两抚而据其位。迄今三月余，士类寒心，人民切齿，齐鲁天日，黑暗无光。乃近因希望山东都督复遣其党羽四散谣言，并有诋毁胡公经武之语，殊属丧心病狂，自外人类。兹将张、吴二人罪状，公布于中华民国四万万同胞之前：

张广建，安徽合肥人，曾在唐少川节下充差，官以资捐清候补直隶州。津浦铁路兴工，谋得北段腾地局总办差，以吞没公款，为清督办津浦铁路大臣吕镜宇撤差。

---

① 范之杰（1872—1957），别名范询炎，字俊丞，号历山农，浙江绍兴道墟人。1912 年任山东提法使，1913 年改任山东都督府秘书。

② 丁惟鲁（1871—1954），字揆野，山东日照人。1891 年中举，曾任济南府知府、山东东临道尹、北洋大学监督、日本留洋学生副总监等职。1915 年因反对帝制被选为国民代表。著有《日本学制纂要》《新式万国地理》《医学窥录》《揆野诗集》等。

③ 丁惟沛，北洋陆军学堂毕业，时任山东都督府军事顾问。

④ 周庆恩（1876—?），字次瑾，山东历城人。早年入日本法政大学读书。归国后任教于北洋译学馆、山东法政专门学堂。武昌首义后，在山东谋响应，事泄被捕。1912 年出狱后，被推选到烟台组织临时省议会，后为山东省议会副议长。1913 年被选为众议院议员。

⑤ 原文连载于《申报》1912 年 3 月 7 日、8 日、9 日第 6 版。

吴炳湘,亦安徽合肥籍。幼为清提督聂士成所厮养。及长,充聂差官,以保举得知县,又充第五镇收支员,故得职今第五镇统制吴鼎元,其时吴尚为标统。

山东宣布独立时,吴鼎元与巡防营统领聂宪藩(聂士成次公子,吴炳湘之少主人)均不反对。张、吴到东后,即潜往第五镇,运动吴鼎元反对独立。吴为其所惑,乃往见聂宪藩,令其附和,聂不得已,亦赞成。于是吴鼎元、聂宪藩乃以武力强迫孙宝琦将山东独立取消。

山东独立取消后,清政府论功行赏。张遂得以直隶州署山东布政使,吴遂得以补用知县署巡警道。二人接任之后,遂用极端压制手段残害东人。无论何事,二人皆秘密商酌,故张之罪即吴之罪,吴之罪即张之罪。二人固表里为奸,同恶相济者也。

(续)独立取消后,孙宝琦仍为巡抚,然于山东政事,不能做主。一切均有张、吴把持,孙遂成赘疣。不得已,乃请病假二十日,于十月十七日养病南关美国医院中。

济南商埠五里沟,有万顺恒洋货店与宜春轩钟表店者,皆同盟会之机关部也。刘君溥霖等寓宜春轩,蓝君玉昌等寓万顺恒,正谋画山东再行独立事。有汉奸张某者,亦同盟会中人,张、吴喂以多金,令作侦探。张某遂以刘、蓝二君谋画告张、吴。张、吴以清廷有革党准作政党之谕,不能捕杀,遂亦用杨以德、齐曜林等诬政党为土匪之惯技,于十月二十日早将刘君溥霖等十七人捕去,缚于防营,非刑拷讯,逼令自认土匪。蓝君玉昌则被防兵击死于万顺恒后院。

济南诸大绅闻其事,即谒张、吴,言刘等确为共和党人,张、吴则坚目为土匪。各绅遂公函要孙抚及提法使胡建枢出而干涉。张、吴乃将捕去十七人交审判厅,当经保释十四人。刘溥霖、萧兰池、孙仲濂三君则仍拘留待质。使无各绅及孙、胡之干涉,则刘君等十七人已早以土匪头衔,永含冤于九泉之下矣。

《齐鲁公报》为师范学堂监督王默轩与学务公所总务科科长赵心如两君所组织。刘君溥霖等被捕后,此报则极力指摘,痛詈张、吴之病狂丧心。张、吴衔之刺骨,嗣吴炳湘又贿以千金,王君等不受,并登报鸣谢,张、吴益恨。

至十二月初八日，竟借端将《齐鲁公报》封禁，并捕其主笔蔡君春潭。馆中一切财物，均被干没①，并派人捕拿王、赵二君。以毫无罪名之绅士而公然派人捕拿，张、吴之蔑视东人，毫无顾忌，可为达于极点矣。

山东未宣布独立以前，由各界同人组织一联合会，既独立以后，遂以联合会为临时议会，而公决将咨议局取消。张、吴抵任，即将联合会解散，并派警兵查拿会中重要人物。又派警兵八人常川驻咨议局，无论何人，概不准入。山东遂无建议机关，而成为完全官吏专制政体。

十月十五日，山东京官有公电到济，各绅士均到咨议局商酌复电，到者十二人。吴炳湘知之，亲率警兵七十人持械到局，指为开秘密会（岂有在驻有巡警之地开秘密会者，吴之昏昏，即此一语可见），将各绅士一律剥衣搜检，观其有无炸弹，并言此后若有三人相聚，即须禀报，否则一律干涉。

（续）刘君溥霖被捕外，尚有黄治坤（第五镇首倡独立者）、汤一心、张文友、周次瑾、李应凯均先后被吴捕去，拘留于巡警公所。吴又上条陈于胡抚，请将各志士一律正法，将各学堂自治会等一律解散。胡以谬妄荒唐斥之。

《济南日报》素畏官府，《齐鲁公报》被封，该报竟以为咎由自取，则其报之程度可知，乃于十二月十五日亦被吴炳湘封禁。

黄县、诸城、即墨各处光复，皆由本地志士起义。张广建于停战期内，派兵攻黄，任意抢掠，肆行残杀。民政长王治芗割去两耳，又用枪击死。拔贡生赵应秦击死之后，又剖腹出肠。其余无发辫者，无论何人，概行杀戮。

前诸城令王曾俊，以贪赃为诸城绅士臧君等所讦，因之落职，故其恨臧氏。诸城光复后，张广建派王之侄某，率巡防兵及旗兵到诸，挟嫌将臧姓一族任意杀戮，有全家孩提不留者。臧济臣以七十老绅，竟被抉眼洞腹而死。高等小学堂亦被围焚。城内前后被戕者五百余人。且将仁里、臧家庄等村，焚屠一空。

黄县之事，尚在宣布共和之前二日；诸城之事，则在宣布共和以后。

---

① 意谓暗中吞没他人财物。

查宣布共和为十二月二十四日，诸城于三十日犹残杀不已。呜呼！惨已！

清帝退位之电到济，张广建秘不宣布。经士绅诘问，始于二十九日宣布，各绅当即于正月初二日在咨议局开会，议组织国会办法。张广建知之，竟派防兵一营，围守咨议局，不准开会。翌日，各绅在商会会议，张、吴又派兵到商会干涉。

以上罪状，皆举其大者。其余种种虐待东人之举，如人民不得自由发电，学生不得自由租赁房舍等等，尚不胜缕举。然则张、吴之心，盖鬼蜮不足喻其密，蛇蝎不足喻其毒矣。

今者，中华民国完全成立，自由之花灿烂，东土此等蟊贼断难容其混迹政界，贻害民群。谨列其魍魉之行，以当禹鼎之铸，俾我全国国民勿再罹其荼毒，则不特山东人民之幸，抑亦全国人民之幸也。

致孙中山、袁世凯等电①

南京孙大总统、北京袁大总统、各省都督、各路司令、各政党、各社团钧鉴：

自宣布共和后，宗社党四出运动。山东旧官受感最深。前次取消独立事，张、吴诸人复暗助之，遂听军人横行，商贾罢市。省垣祸机已迫，朝夕不保。各府州县分兵四出，抢掠不堪。有意反对共和，甘为公敌。公为国家所推戴，幸勿忘我山东三千万无告之人民，则山东幸甚，大局幸甚。

山东统一会哀恳

① 原载于南京《临时政府公报》1912 年 3 月 8 日第 32 号。

致孙中山、袁世凯等电[①]

孙大总统、北京袁大总统、各省都督、各路司令、各报馆、各政党、各社团公鉴：

共和宣布已达半月，山东之亡清故官压制日甚。如公园、议场逮捕党人，目无发辫为匪，拘烟台代表如囚，妄定黄县为中立地，纵兵抢掠居民，钳制舆论，强分南北。犹敢电告各处，系我新大总统命令。直目我南北四万万同胞所公认之新大总统为法之拿破仑第三，显系反对共和。若公等犹不速筹办法，驱逐旧吏，是弃我山东三千万人民于不顾也。山东虽不肖，又何敢负公等。

已具呈，乞哀怜之。

山东统一会启

致孙中山、黄兴等电[②]

孙大总统、黄陆军总长钧鉴：

山东临时都督闻有委任孙宝琦之说，山东人民不愿承认。且民国既有胡都督在烟，何不就近派遣？一月之后，任众公举。至公至正，何必多费周折，再派他人。务乞与袁总统力为交涉，以俯顺舆情，而维大局。

山东统一会姜金和[③]、王善谟[④]等叩

---

① 原载于南京《临时政府公报》1912 年 3 月 8 日第 32 号。

② 原载于南京《临时政府公报》1912 年 3 月 8 日第 32 号。

③ 姜金和，山东蓬莱人，同盟会会员，曾创办志成小学，由徐镜心介绍加入同盟会。

④ 王善谟（1880—1962），字旭夫，山东省潍坊市潍城区人。1903 年 3 月留学日本。1905 年，经同学徐镜心介绍加入同盟会。回国后与潍县的同盟会员张柏庄、于均生、鄷洗元等组建同盟会潍县支部。

致孙中山等电[①]

孙大总统、各部部长、参议院长钧鉴：

前此光复登黄，敌众我寡，四处乞援。当承沪军北伐先锋队刘君基炎率兵到黄，助战数敌，兵正拟乘胜追逐，进取莱州。讵刘君因误会而生意见，以小嫌而废大谋，率全军撤退。再三挽留不住，致人心动摇，敌势乃张。剩仆同健儿四五百人，坐困孤城，援求不至，力尽而陷，遂遭蹂躏，抢劫残杀，惨不忍睹。

比鲁军败兵退登，沪军始复出发到黄，而大局统一已定。敌兵遵约已退，沪军遂分住登黄。地方绅民怵于勒索，罔敢招待。刘君部下竟运动平素反对革命之士绅，迫之以威势，诱之以禄位，遵伊指定旧为职员组成民政署。即利用新旧两方之冲突，以光复登黄之志士健儿为土匪，竟占据登州军政府。吞并鲁军北伐队兵四百余名，枪百六十余枝，子弹三十余万，尽据为己有。

又复勒索捐款，强迫供给，搜括至二十余万以上，民不堪扰。《芝罘日报》三月六、七、八号载沪军扰害登黄事甚详。又，胡都督前派王君仲熙与仆，由烟赴登，安抚商民。到沪军司令部投刺谒见，乃该部员竟拒称不是，甚且以仆等为土匪，派兵沿街查拿。旧历正月十七日该部出有告示可证。

种种横暴，难以悉叙，较满清虐政，殆尤甚焉。吁！权利熏心，土莽同党。仆等数百人流血捐躯而光复之者，沪军乃威迫势胁而霸占之。反客为主，损兵益私，犹复不已，必将激成祸变，重演惨剧，公等其何以教我？

登黄同盟会员徐镜心等公叩

蒸（10日）

---

① 原载于中国第二历史档案馆编：《南京临时政府遗存珍档》，凤凰出版社 2011 年版。

致孙中山电[①]

孙大总统钧鉴:

胡都督瑛奉命来烟,军民爱戴,全省临时议会又正式公举为山东都督。张广建残虐暴暴戾,煽兵扰民,已成乱象。屡电袁总统恳其斥退,以仁易暴,未邀允准。前总统委任都督,后总统当然有继续效力。乞电袁大总统,速罢张抚。令胡都督赴济履新,以顺舆情而救民困,不胜盼祷。

山东临时议会周庆恩、张应东、刘晒暨全体议员公叩

巧(18日)

致袁世凯、孙中山电[②]

北京袁大总统、南京孙大总统、参议院、各省都督、各军司令、北京、上海、天津各报馆钧鉴:

文登土匪惨杀民党已经月余。近由烟台军政府派重兵解散,始克复数城。将近城各地搜获无辫发之尸身无数,皆断首断足,甚或肢解数十段,野蛮残杀,大背人道。威海英人闻之,亦为不平。今于匪首王嘉禾家搜出莱州府知府杨某于本月初间致该匪首函件,始知此次匪乱,实由某前清官吏所主使。全鲁人士,同声愤恨。

吾鲁自取消独立以来,全省官吏日以捕杀民党为事,诸城、即墨各地

① 原载于南京《临时政府公报》1912年3月26日第48号附录·电报。

② 原载于南京《临时政府公报》1912年3月26日第48号。

之残杀，动逾千万。乃莱州府知府于南北统一、宣布共和一月之后，犹敢煽动匪乱，演出此次文登残杀之惨剧，以致鲁省人民畏官吏如虎狼，平日稍有维新之名者，均漂流四方，不敢复归故里。在专制时代尚无此残暴，今乃见之于共和期内，实堪悲痛。

倘犹执维持现象之说，仍用一般恶劣官吏，则山东人民岂复尚有噍类？各省皆享共和幸福，鲁省独终此黑暗，哀哀鲁人，何以至此。倘鲁省问题一日不解决，恐大局终无解决之一日。诸公若为大局计，当速设法援救，以共维民国基础。鲁人幸甚，大局幸甚。

山东同盟会徐镜心、谢鸿焘、丁惟汾、蒋洗凡等及全体会员哀叩效（19 日）

致袁世凯、孙中山等电[①]

袁大总统、孙大总统、参议院、黄参谋总长、各部总次长、各省都督、南北军事统一会、各报馆钧鉴：

阅鲁抚张广建致黄总长文电，谓无逮捕代表之事。而语语弥缝，处处矛盾，阅者苟细为参考，当无不知其为遁词。然事非身经，容有不知其详情者。故将原电径一解释，以祛阅者之惑。

原电谓：电准胡君将潜派人员，旋即取消。乃张承治、丁惟汾、侯延爽三人不奉胡君命令，潜行来济。

抑知张承治等之赴济南，系由张广建电请胡都督所派。及到青岛，彼又派代表虞维铎等七人来阻，商在青岛开议。张承治等以奉胡都督命，到济协商，有委任状，有咨文可凭，故于二月廿四号赴济。嗣后张抚乃电胡取消，彼时未接胡公取消之电，何得云不受命令？

① 原载于《申报》1912 年 3 月 23 日“公电”，又见《民立报》1912 年 3 月 23 日“山东电报”。

又谓:张承治运动军人,密谋起事,有寄本地绅士函电可证。

抑知张等甫到济,次日即被逮捕,何暇运动军人?所云密谋,究在何时、何处,与何人密谋?何不将同谋者逮捕作证?所寄绅士函电,系何人函电,又在何处,何不宣示?

又谓:张在五镇日久,物腐虫生,久任盘桓,恐酿巨变。

抑知五镇绅士感情果能融洽,断非他人所能煽惑。张仅个人,何从酿变?且即以虫喻张,而物腐又谁为之?

又谓:将张送北京,托大总统左右代谋位置。

抑知张承治现充鲁军参谋长,何劳张广建代谋位置?左右二字,究指何人?当赴京时,彼派人押送。且既恐张勾通山东军队,独不畏其勾通北京军队乎?犹云代谋位置,何其支离?

又谓:丁、侯二君亦谋保护,前往青岛。

查丁、侯二君下火车时,即有警兵跟随。次午,丁在石骏青处。忽有合肥人王某谓丁欠债二千金,强拽之至三区黑屋中。嗣送警署狱中,则见侯已先在。少迟,入见吴炳湘,彼谓此等债务我不便管,不如仍还青岛。丁谓未奉烟台命令,不能私归,且所欠何债。吴大肆咆哮,仍送狱中。次晨,派兵四十名,押送青岛,起□便溺,□来监视。

又,张等逮捕之日,青岛本部有人在电局中,见张树元、吴炳湘电告虞维铎云:张承治勾结军队,现已押解北京。丁、侯二人,获送青岛,以全代表颜面云。与代谋位置一语,自相矛盾。

又谓:张承治到济时,并无代表资格。

查到济在二月廿五号,代表尚未取消。又携都督咨文待投,何得云无资格?彼不以代表相待,强行逮捕。抑知即非代表,而以共和国民在共和国民土地,但无犯罪实据,即可享自由行动及居住之权。

又谓:电达胡经武君,旋接复电,亦深谅之。

查本都督亦发电稿,并无此事。

又谓:少数绅士,共和以前,宗旨各殊。

抑知东省初倡独立时,到会三千余人,俱表同意,何云少数?

又谓:现当大同之世,不肯和衷。

抑知诸城、黄县一带,凡无发辫,俱被惨杀。文登之乱,杀新党千数百人。又在匪首王骃禾家中搜出莱州知府杨芾手函,耸令诛除新党,禀省请奖。近济南逮捕一事,系由敝处通电各处,何得云系传闻?

原电谓:京津兵变,颇受影响。

是济南泰安、冀州一带兵匪滋事,彼已自认。

总之,张承治等之充代表,其宗旨在谋山东统一。到济以后,凡我济南同胞,以此宗旨为是也,即拒之亦将自来。以此宗旨为非也,即招之亦不肯至。张等三人岂有召集煽惑之手段乎?张抚究以蛇蝎视之,罪囚待之,必以押送出境而后快。似此侮辱我东代表,即系侮辱我东全体。彼乃敢作而不敢认,巧言自解,化日光天之下,不料有此鬼域。故详辨之,以质天下。

山东统一会全体叩

哿(20日)

致袁世凯、孙中山等电[①]

北京袁大总统、武昌黎副总统、上海唐总理、南京孙总统及各部长、参议院、各省都督、各报馆钧鉴:

闻三月十八号北京《亚细亚日报》登鲁绅汪懋琨复丁世峄书,声明汪、毛、王诸绅为张广建辩诬一电系张窃名私发,证据确凿。是张于十四大罪外,又犯捏名之罪,鲁人势不与之两立。我总统受职,誓词言犹耳。所谓建设共和、改让专制,岂身欺欺人者。大总统为万民托命之身,决不容此不肖官吏,而弃我鲁民,贻天下以口实也。疾首蹙额,待命悚惶。

山东临时议会全体公叩

马(21日)　印　济南发

① 原载于《申报》1912年3月23日,又见于黄彦、李伯新选编:《孙中山藏档选编(辛亥革命前后)》,中华书局1986年版,第603页。

致袁世凯、孙中山等电①

北京新总统袁、南京总统孙、武昌副总统黎及各部长、参议院、北京天津上海各报馆钧鉴：

山东不幸，祸乱未已，全境军民汹汹，秩序扰乱，无非张广建等旧官虐吏之所致。共和宣布以来，全国熙熙，咸臻乐土，惟我齐鲁三千万同胞尚在地狱中。公等坐视沉沦，不为援救，致水深火热，益无涯际！某等不得已，只有联合全省父老兄弟，进兵济南，誓剪除此辈民贼，庶可恢复秩序，保全治安。我公等为国为民，当必有以教之也。

特此谨布。

山东同盟会全体，徐镜心、谢鸿焘、蒋洗凡、李凤五、栾星壑、左汝霖、邱特亭、朱五丹公叩

马（21日）　烟台发

---

① 原载于《民立报》1912年3月23日。

致孙中山等电[①]

孙大总统、参议院、黄克强部长暨各都督、临时议会、咨议局、京津上海各报馆钧鉴：

民国成立，各省同胞皆得享共和幸福，独东抚张广建横行专制，纵兵全省。士民不堪其虐，相率来烟组织临时议会，正式电达袁总统，恳速斥退张抚。近接总统来电（见前日总统命令）等语。以山东现状而论，兵匪抢掠焚杀，横行无忌，市面扃闭，道途梗阻。兖、沂、曹一带，土匪猖獗，老弱逃避，流离遍野，所谓维持者何在？

袁电又谓：公举都督，无法令明文可据。

夫法令从民意而发生，民意依机关而发现。议会为民意机关，议会所举即民之所举。新建国家，一切政治组织自当以人民之公举为从违。况张为清代巡抚，胡为民国都督。张抚之资格与清偕亡，胡为孙总统所正式委任之长官。同一共和政府，孙前袁后，不得以前总统所委任者为无效。且一省而有两都督，东西分裂，国体安在？昨已据理力争，如不获命，鲁人当誓死要求胡都督代三千万同胞，讨伐暴官污吏，率兵西上，伐罪吊民。鲁人自谋保卫起见，绝不牵及大局，亦无一毫仇视袁总统之心。特此通告，务祈曲谅。

再专制余烬未熄，此后暴虐官吏，宜亟筹对待之策。舆论为前矛，铁血为后盾。议会战败，则合民党以援之。一省力弱，共合数省以趋之。此种联合机关，万不可缺。诸公如表同情，希即电示，以便协商组织为叩。

山东临时议会周庆恩等全体议员暨全省士民公叩

养（22日）　自烟台发

---

① 原载于《民立报》1912年3月25日“烟台电报”，又见于《时报》1912年3月25日。

致袁世凯、孙中山等电①

袁大总统、《亚细亚日报》、《国风报》、南京孙大总统、唐总理、各部总长、参议院本部、各政党、奉直鲁协会、黎副总统、各省都督、各军司令、《民立(报)》、《神州(日报)》、《大共和报》及各报馆钧鉴：

顷阅马龙标等个电，称山东都督胡公为自称总统，强占一方，又称我等军人当视为公敌等语。胡公之为山东都督，先经山东人民公举，又经孙大总统加状委任，全国皆知，何得指为自称都督、强占一方？马龙标等甘受张广建之运动，不认孙大总统委任之人，是即不认孙大总统。不认孙大总统，是即不认袁大总统。不认两大总统，是即反对中华民国，甘为中华民国公敌。现同人已联合各界，吁恳胡都督迅速进兵，扫除民国公敌，巩固民国基础。

恐有误会，特此电闻。

中国同盟会鲁支部叩

有(25日)

① 原载于《民立报》1912年3月27日“山东电报”。

致袁世凯、孙中山等电[①]

袁大总统、孙大总统、唐总理、各部总长、参议院、黎副总统、各省都督、各军司令、奉直鲁协会、各报馆、各政党同鉴：

前清鲁抚张广建煽惑军队，残杀平民种种罪行，屡经东人宣布，并屡电袁大总统，请其迅予罢斥，以出东人于水火。袁大总统始终以维持现状为词，未将张广建撤退。日前有令，以马龙标任五镇统制。鲁人闻之，方以为吴鼎元既去，则张广建少一党羽，山东大局或可早日统一。乃马龙标接事数日，忽有联合山东军人通电各省，反对胡都督之昼电。中谓胡都督自称都督，强占一方，又谓仰恳大总统饬令胡公取消都督，退出占地，否则我军人天职所在，不得不视为公敌云云。

夫胡公之为山东都督，先经山东人民公举，又经孙大总统委任，袁大总统来往电文亦均以都督相称。是胡公之为山东都督，早为全国人民、两大总统、各省都督所公认，何得谓之自称都督？烟台登黄一带，经民党掷无数头颅光复，与各省光复各地一律，何得谓之抢占一方？既为人民公举之都督，则非一二军人所可主张取消，既为山东之都督，自当驻于山东之地面，饬令取消退出占地，此又何说？

马龙标等既以胡公为强占一方，是即谓凡各省民军公举之都督，皆系强占一方；既以胡公为自称都督，是即谓凡各省民军公举之都督，皆系自称都督；既谓胡公当饬令取消、退出占地，是即谓各省民军公举之都督，皆当饬令取消、退出占地。否则，当谓凡民军公举之都督皆为公敌也。

共和宣布之后，袁大总统对于民军公举之都督并未有丝毫歧视之心，

---

① 原载于《新闻报》1912年3月28日第2版。文末有编者按："按此外尚有中国同盟会鲁支部公电一件、鲁军总司令暨军界全体一万二千人公电一件。大致皆以马龙标不认胡都督，为共和公敌，请速斩马龙标，否则势不两立等语。因电到已迟，且占篇幅，不及全刊，故附志之。"

乃马龙标等竟敢受张广建之运动，公然发电，不承认各省民军公举之都督。是其目中实无袁大总统之命令，更无孙大总统，已甘居于民国之公敌。故同人等一面公恳胡都督即日进兵，一面公电淮军司令陈干率领淮军、鲁军由徐州迅赴济南。庶民国公敌早日扫除，民国基础于此巩固。则不独山东同胞可出水火而登衽席，其有益于民国前途非浅鲜矣。

谨此电闻。

山东统一会姜致中等叩

致袁世凯、孙中山等电[①]

袁大总统、孙大总统、黄陆军总长、各部长、参议院、黎副总统、各都督、司令及京津沪各报馆公鉴：

接副总统感电，不胜诧异。全国共和、自由、平等，鲁省人民仍受摧抑，徒增愤慨。犹烦责言，重以威迫手段，胡敢以共和□政，更生抵抗，以冒威严。

惟鲁人虽懦，亦系国民一部分，所有享受权利与各省人民同立于平等地位。执政者似不能以一人专断，私意取消我鲁人选与之公权。胡都督经我鲁临时议会正式选举，呈请孙总统委任前来。我鲁人以各省都督均由公举，因援公例，以求根本之改革，自与拥主窃据、便谋私利者相悬。正大光明，其谁能毁？而暴吏盘踞，反增黑暗，满政余焰，早应铲除。

胡都督关怀大局，日事含忍，惟静待中央解决，不肯轻发一兵。我鲁人尚冀政府怜悯，拥护鲁人权利，俾跻共和之域，亦既呼号奔走，力竭声嘶。乃政府忽以巡抚改称都督，胡都督遂决计辞职，弃我鲁人。而南来电更益蛮横，视民军为公敌，以武力相迫骇。我鲁人计无复之，惟谋以铁血解决，昨经通电布告天下。而大总统、副总统饬责之电已数起。所最不解

① 原载于《申报》1912 年 4 月 1 日“公电”。

者,公共选举,竟作无效。单方委任,事在必行,较各省为独殊。反共和之初基,新政仍蹈专制。鲁非化外,焉忍摧残?

胡都督避个人之微嫌,遂高蹈之初志,缄默推浪,事非得已。鲁人公权所在,焉能与□牺牲。我鲁人动,则强指为不庭①;不动,则鲁民选举公权,竟消灭于共和民国成立之始。事之不平,宁有过斯?共和罪恶,良堪叹痛。

语云:不自由,毋宁死。我鲁人与其生为共和国之奴隶,何如死为自由国之鬼雄!副总统不惜附和袁公意旨,辅佐专断命令,以剥夺我鲁人之公权。我鲁人绝不能牺牲公权,以附和副总统之意旨,服从专断之命令。

天职所在,以此为誓。更以将死之呼吁,作最后之请求,哀恳我大总统、副总统格外施仁,允我鲁在烟议会,赴济南招集各属议员,共同组织议会,选举我鲁都督。我鲁议会前所举之胡都督,既亟欲去鲁,又为总统所不承认,不妨为共和国选举为特开一例,即作无效,以免烦言。无党无偏,必公必正。先以鲁人公共之选举,续以大总统、副总统正式之委任,如此则我鲁都督得我鲁人民之同意,为地得人,庶不相揆。

我共和民国之大总统、副总统,能委屈为我鲁人民允许,幸甚感甚。否则,我鲁人民甚盼副总统,实行征讨不庭之言。但使天下皆知:谓共和民国成立,鲁人援各省成例,争有选举都督权,政府不允,鲁人反抗,政府以兵讨之云云。我鲁人虽螳螂之敢当,秣马以相见。

谨抚诚悃,尚冀私怜。

山东临时议会、统一会全体一万二千人同叩

卅

① 出自《左传·隐公十年》:“以王命讨不庭。”杨伯峻注:“庭,动词,朝于朝庭也。九年《传》云‘宋公不王’故此云以讨不庭。此不庭为名词,义为不庭之国。”意谓叛逆。

致袁世凯等电[①]

北京袁大总统、各部首领、七省协会、南京前总统、各部长、奉直鲁协会、各省都督及京津沪各报馆钧鉴：

敝会前已完全成立，现又扩充组织。今午开全体大会，公举王讷为正会长，徐镜心为副会长。议决移本部于济南。

特此奉闻。

山东统一会叩

致袁世凯、黎元洪等电[②]

袁大总统、黎副总统、唐总理、各部部长、都督、各政党、各报馆鉴：

烟台人民闻胡都督有辞职之说，颇为惶恐。又闻有胡都督不日到京之说，人心更形不靖。当由各团体于江日(3日)开全体大会，公决三条：

一、胡都督之来东，系由人民公举，又经孙大总统委任，现在胡公虽向袁大总统辞职，人民则绝不承认，仍认胡公为民举都督。

二、电致各处绅民回济南，从速组织正式临时议会，公决都督问题。

三、山东都督问题若未解决，东省大局若未确实平靖，胡公不可一日离烟，除公举代表面谒胡公详陈外，合行电闻。

山东同盟会鲁支部徐镜心、山东统一会王讷、共和急进会左汝霖等公叩

支(4日)　自烟台发

---

① 原载于《太平洋报》1912年4月2日第3版。

② 原载于《民立报》1912年4月6日。

徐镜心自陈鲁事书[①]

黎副总统、袁大总统、黄留守、唐总理、各部长、参议院、都督、各军司令、各报馆鉴：

诵总统感(27日)电，辞意深厚，责以厚望。吾民仰窥高深，甚不欲以好辨之祠，冒渎钧听。第直道干上，反蒙不洁之羞，萤虫蔽聪，致为相德之累。方闻殊异，公理晦暝，虽欲无言，良难自已。

伏念军兴而后，淮沪既非敌有，齐鲁首当要冲，曹沂则困于伏莽，登黄则疲于饷糈。光复郡县，旋得旋失。兵寇交乘，流血万里。人民受兵燹之危，较重于北省；而享共和之福，独逊于南方。

清朝戾吏逞专制之凶焰，肆残毒之手腕，取消独立，反对共和，捕戮党人，诬辱志士，虐民之政，无恶不作。同胞呼号奔走，散之四方。不得已，请命总统委任胡公为都督，东西分治，仁暴殊途。

迨临时议会告成，遂行正式公举之礼。民视民听，非阿所私。乃奉电训，竟以推戴都督为责。夫民牧一官，万民托命，非以翌戴为策功之地，名位为鸩毒之媒。是人方厌专制而求共和，我复弃共和而求专制。鲁人虽愚，胡自戕贼？

尝闻君子不忍以不肖之心待人，吾民何不幸而遽遭摒弃耶？夫抚我则后，虐我则仇，国且宜然，省岂独异？张广建恣睢暴戾，罪恶贯盈，迥非寻常鲁莽灭裂者可比。其于议和期内枪毙政党，胁解社团，或涉嫌疑，犹可自解。至若公正之绅耆亦遭摧辱，法定机关之咨议局亦被封固。嗾使匪痞诬陷士人，为一网打尽之谋，效秦政坑儒之计。天人共恶，罪不容诛！

然此尚不足以尽其罪也。共和诏布以后，秘不发表。诸城、即墨已被民军占领，乃以剿匪为名，嗜杀邀功，穷治诛戮。覆巢之下，几无完卵。临

---

① 原载于《盛京时报》1912年4月10日第7版。

境州县，捕禁党类，狱为之塞。沿至今日，总统赦令已颁，党人罪案未释。其专制跋扈，违法蔑宪，蹂躏民命，破坏国体，求之往史，实所罕闻。

今接来电，中有张都督内清伏莽、外固边防，其功原不可没等语。我公反罪为功，将取固予，操纵或别有权衡。但鲁民剥肤切痛，覆盆埋冤。乘九死一生之余，申伐罪吊民之请。借寇公于河北，依道济为长城。势所必驱，情非得已。公不矜式鲁民之直，反旌张抚之功，窃恐彰彰不公，将为世道人心之害。镜心等纵不为苍生惜命，不得不为国法呼冤。一字褒贬，在所必争。正所以寒贼吏之胆，而防人道之闲也。

今者，张、吴去矣，鲁民安知惟于选举长官一节，尚未圆满解决。鲁人深明大义，绝不敢冒不韪□□贻公明德之玷。惟公理昭彰，长存霄壤，用敢不避斧钺，主持公论，冒渎上陈。

中国同盟会鲁支部徐镜心等全体公叩

歌（5日）

镌叙烈士缘起文[①]

清宣统辛亥，革命军武昌起义，响应者十余省。沪军先锋队司令基炎奉檄北伐，由烟登陆时，余与吾黄革命诸同志张彦臣、徐云卿、邹耀庭等，与辽宁人连君绍先相结合，先期袭蓬莱据之。传檄至黄，士绅启东门迎之入。比沪军至，已不及，遂合谋商进止。

以我军新集，军备未充实，留守黄。沪军西进至北马镇之东，与清军大小十余战，皆奋勇直前，呼声震天地，莫不以一当十。卒以众寡不敌，遂败退。当时战殁者数十人，血肉膏原野，莫为收拾。其伤重未死者皆舁至黄城就医。相继死者三十五人，皆厝于邑城东岳庙内。

清兵尾追至城，我军登陴固守。清兵围城三匝，三日夜而城陷。我军

① 原载于中国史学会济南分会编：《山东近代史资料》第二分册，山东人民出版社 1958 年版。

退归烟台，暂避其锋。适清帝逊位，和议成，清兵狼狈而窜。

来春战事平，革命诸君追念沪军诸战士，离乡井，冒白刃，残胫断脰，抱痛九泉。若听其尸体暴露，莫为埋葬，何以慰忠魂而光先烈？

爰为捐资购墓地两处，其当时阵殁者，为丛葬于北马之东郊，厝于东岳庙内者为分葬九里店西原，皆为立碑碣，镌姓名。

斯年仲夏，总统府曲参议同丰来黄考察沪军战绩，为之勒石纪功，俾垂不朽云。

“光复黄县死事官兵墓碑”碑文

连承基

吁呼！吾国人蛰伏于数千百年之专制王权下，何幸而突出重泉，与我五大族父老昆季舞蹈于共和之至治？敢敬告同胞曰：惠我者，此傫然在墓诸死士也。

予惭凉德，亲见诸死士之血瀑肉飞，拥护此灿烂光华之民国。而出今也，大难既平，徒剩其残骸暴露于野，实不忍见。爰命工合而瘗之，复立石于其墓之门，以传于后人。嗟哉，伟已！

吾犹记，旧腊三日，率诸死士，怀炸弹、荷土炮疾驰救黄县时，雨雪载途，风刺骨如羊角，绝无以为苦者。唯见琼屑旋空怒吼，转以激励吾之心胆愈壮，其犯难而进之勇何如。迨抵黄，日已暮，清军于暮霭中骤见援来，莫决多寡，惊而溃。我兵乘势追杀之，竟解黄围。予振旅入城，安慰其守者，支配其来者，顿使不折一矢，不伤一卒，所光复之土地，仍呈乐观，亦幸矣。

然，敌众我寡，势终不敌。越二日，敌侦知我之虚实，复来袭北马。徐君子鉴、安仁命曹亚东、唐〔之〕道均死拒之。旋退。自是，我军与敌常相持于北马间，死伤互见。

适刘基炎领沪军一营来，我军殊狂喜，备极劳之。以为协力以图，进取不难矣。讵刘善观望，屡约战愆期，曾以是致败。我军往往于最后五分钟奋勇逐北，而肝脑涂地者已累累然。

我军好冒险窥敌。一夕，为汉奸绐，被执者数人。皆强项不屈，敌以煤油注其身，炬燃之，惨甚。

予以敌灶日增，商于刘急攻之，不应。且徐引其军队脱离黄境，使敌人欺我军愈单,我军共愤。幸徐君子鉴督促安仁、丁明符、张吉臣领三百余人来归。苦徒手无器械,不能增战斗力。此时敌兵压境,我军当之,如有万孔千疮,不遑弥补。予唯以死誓众,泣陈此危城与大局关系,务期牵制清兵不敢南下。众闻之,均感泣。常有信宿立雪荷枪、不能安息者,疲苦万状。予亦渐觉不支,时或谬托援来,以坚士心,时或虚张旗鼓,以乱敌志,然终不济。

一日,驻北马兵喘息来告曰:“事急矣。清军四面集围,吾驻兵陷入危地!”予愕然,无以救。越三小时,其兵血战冲围出,死亡数十。于是,退保黄城。

翌日,清军以三千人围攻城下,飞弹如流星,落于吾之卧榻。市民扃户,号泣相闻。予犹与各兵士为最后之誓,决出土炮,轰轰向敌。城坏处即畚土填之,如是者两昼夜,望断秦廷。其矢竭,其弦绝,力亦尽,鼓亦衰,敌已登陴。拔白旗,出刺刀,与吾兵肉搏,积尸填衢。不得已,率残卒自东门出,以图再举。

是役,计官兵死者九十二人,即所谓傫然在墓者也。今日计之,诸死士与清兵抗于黄者二十余日。自黄县激战之局终,而清帝退位之诏出。后之人栖息于此灿烂光华之民国,食其新鲜空气者,其可以思。

中华民国元年十二月十五日驻烟军队总司令官连承基拜撰。

战死诸烈士题名录

李长胜　牟文海　于黄田　杜学孔　萧凤荣　周锡邦　芦廷吉　张合中
赵得胜　宋德盛　郭德胜　李德钦　刘得盛　马得魁　徐彦成　田寿玉
王德明　崔德成　王有才　王得胜　温同林　胡静元　刘玉山　刘春林
张瑞禧　赵德顺　张德胜　赵锡敦　张　泮　耿秉仁　王凤云　王　雪
顾凤舞　李明臣　穆文有　陆长吉　陈志忠　石万年　曲德公　耿章臣
李凤起　王乃德　萧培俊　贾松林　李志宽　张庆芝　穆兰亭　王攀名
谷凤五　焦德顺　吕克邛　许田义

光复黄县死事官兵墓碑文

呜呼!烈士名垂千古,武昌响应,登黄光复。爱国捐躯,死生何顾。弹雨枪林,伤心惨目。九十二君,分尸碎骨。四野荒丘,莫能指数。建兹义冢,慰彼幽魂。遍觅尸身,七十四人。识姓氏者,五十二君。勒碑刻石,民国纪勋。英雄洒泪，百世流芬。

中华民国元年十二月十五日驻烟军队总司令官连承基记。[①]

沪军北伐先锋队将士攻克黄县北马[②]各属殉难诸先烈纪功碑碑文[③]

尝闻政治积久必变，人心困极思伸。噫！物竞公理，固如是耶。我国数千年专制相沿，凡属五族同胞，均失自由权利，憔悴黑暗，亦已极矣。乃去秋武昌起义，各处响应，不阅月而光复者几遍十八行省。惟东海边隅，犹羁满廷势力范围之下，烽烟扰攘，触目腥膻，哀我生民，何辜罹此。

迨腊中，沪军都督陈其美君辄乘时整理雄师，檄令东渡，径达烟台，分防登郡。维时清军已占据北马、黄山、龙口一带，并陷黄城。父老哀号，飞电求援。于是沪军统领唐之道君、参谋长杨典钦君遂毅然以戡定之责自任，不避艰险，独拥先锋。

旋于正月二十四日拣派第一营营长刘少坤一营，并第二营一营，机关枪、大炮各二门，亲督将士，旗鼓直进，分路夹攻，次第克复。第当时沪军之临阵者，仅此少数而已。清军约集两千余人之众，势不相敌，固已昭若列眉。顾前后接战五六日、大小十余仗，虽其中胜负互见，而诸将士非战不克，非克不战之坚心，终不稍懈。果得共抒义愤，特建奇勋。

然诸将士之捐躯殉难与受重〔创〕者，亦各以数十计。呜呼！挥碧血于弹雨之中，拯苍生于衽席之上，南北合一、孰能促之？共和幸福，谁为敦之？

今者，仆奉袁大总统命，遄莅斯邦，督察战事成绩，穆仰英风，不禁悯恻钦慰者久之。谨述颠末，刊勒贞珉，按缀诸先烈芳名于后。爰为之铭曰：莽莽神州，堂堂汉族。恢复国基，鼎新革故。郭李齐名，鹰犬相逐。山斗增荣，感叨煦育。铁血健儿，厥功不朽。

计开沪军阵亡诸烈士芳名、年籍于左：

第一营副官　刘云达　　年三十七岁　　湖南宁乡

---

① 此碑文根据于富江所作拓片整理而成，该碑现立于龙口市烈士陵园内。

② 原碑文为“白马”，实为“北马”，即今龙口市北马镇，下同。

③ 此碑文与连承基“光复黄县死事官兵墓碑”碑文一起，附于徐镜心《镌叙烈士缘起文》之后，以资佐证，亦可为下文《光复登黄战事纪实》的参考资料。此碑现立于龙口市东江镇崖头村。

伍长	忻邦兴	年二十七岁	浙江镇海
正兵	王伯奎	年三十岁	湖北黄陂
正兵	陈吉生	年二十九岁	江苏宝山
正兵	夏文林	年二十九岁	江西上饶
正兵	唐占臣	年二十七岁	四川遂宁
正兵	殷正深	年二十四岁	江西铅山
正兵	黄福胜	年二十四岁	湖南湘乡
副兵	徐得标	年二十九岁	江西上饶
副兵	张均坤	年二十五岁	湖北宜都
号兵	周海清	年二十岁	江苏丹徒
伍长	钟献廷	年二十岁	安徽舒城
第二营营长	刘祖谦	年三十三岁	湖南湘乡
伍长	刘祖信	年二十六岁	湖南湘乡
兵士	何国梁	年二十六岁	江苏丹徒
兵士	金济和	年二十二岁	江苏上元
兵士	陈永福	年二十四岁	江苏桃源
伍长	章书乐	年十九岁	安徽婺州
兵士	朱祖宜	年二十八岁	广东前山
兵士	杨金宝	年二十四岁	江苏上海
兵士	李维九	年十九岁	浙江山阴
伍长	张顺如	年十八岁	广东香山
兵士	汪德成	年二十一岁	安徽合肥
兵士	夏春林	年二十四岁	浙江仁和
兵士	高福楠	年二十二岁	江苏太仓
兵士	周玉亭	年二十二岁	江苏吴县
兵士	耿炳壬	年二十二岁	山东新城
兵士	韩世恩	年三十岁	山东济南
兵士	赵常庆		
兵士	刘玉山	年三十二岁	直隶盐山
兵士	黄军通	年二十三岁	山东福山

兵士　刘春林　　年二十四岁　　直隶青县

兵士　杨瑞林　　年二十一岁　　直隶天津

兵士　夏天孝　　年二十五岁　　山东高密

兵士　董占元　　年二十八岁　　山东淄川

大总统府总参议　曲同丰

沪军北伐先锋队　第一营营长　刘少坤

第二营营长　徐育才

第三营营长　刘克厚

第四营营长　武　铭

第五营营长　何　晏

第六营营长　李秉平

第七营营长　赵以宽

第八营营长　张宗福　等公建

沪军北伐先锋队学生军军书长龙骧敬书

大中华民国元年七月　吉日　勒石

光复登黄战事纪实①

旧历黄帝纪元四千六百零九年九月廿三日②，山东举孙慕韩③为大都督、宣告伪独立之时，即余去济南之日。

二十九日④，随青岛船到上海。见同志均在破坏一面竞争事功，余遂

① 根据徐镜心手稿整理，原件现藏于烟台市博物馆，为国家一级文物。

② 即1911年11月13日。

③ 孙宝琦（1867—1931），字幕韩，浙江杭州人。1911年时任山东巡抚。1913年，任北京政府外交总长。1914年2月，代国务总理。1924年1月，任北京政府国务总理，兼外交委员会委员长。

④ 即1911年11月19日。

决计从建设一方面着手，随行者为杨君岘庄①，亦大赞成。因于十月初四日，联各省同志，发起组织“中华民国共和急进会”，宗旨在“启发民智，组合政团”，期于三个月内遍及全国，即假定英二马路卫生旅馆内为临时事务所。

初九日②，正与史君泽咸③、魏君宗莲④、孙君伯平、朱君升阶等议扩张，□□□□时出馆。〔行〕不数武⑤，忽睹蒋君洗凡⑥，讯知彼同杜君紫亭⑦、刘

---

① 杨岘庄，名杨振瀛。山东独立时，追随徐镜心，与徐镜心联名致信夏溥斋，嘱其防范游匪、贪官、清兵和列强破坏独立。1912 年 4 月 27 日，与苏筠尚、郑正秋等发起中华进步党，以“破除阶级、伸张人权、扫祛人道之障碍、救济众生之苦恼”为宗旨，并在青岛、香港、汕头等地设立支部。

② 即 1911 年 11 月 29 日。

③ 史泽咸（1885—1945），字刚峰，亦作刚封，山东乐陵人。1901 年，毕业于山东高等学堂。后赴日本留学。1905 年，考入鹿儿岛第七高等学校。1908 年，入东京帝国大学法科。武昌首义后回国参加革命。1912 年春，参与创立山东垦植协会。1913 年，被选为众议院议员、宪法起草委员。1916 年，国会恢复，仍任众议院议员。1922 年，第二次恢复国会时，再任众议院议员。

④ 魏宗莲（1885—？），字濂溪，山东陵县人。1903 年赴日本留学，入东京帝国大学法科，1911 年毕业回国。历任北京政府农林部佥事、农商部佥事、农政专门学校校长。1916 年 10 月，任湖北实业厅厅长。1920 年 12 月，任宜昌关监督兼宜昌沙市交涉员。1925 年去职。嗣任吉林省政府参议。1932 年，任吉林榷运局局长、吉黑权运署署长。著有《养肥牛法》《制造奶油法》等。

⑤ 行不数武，指没走多远。武，量词，古代六尺为步，半步为武，泛指脚步。

⑥ 蒋衍升（1881—1915），字锡蕃，又字洗凡，山东淄博人。1905 年加入中国同盟会，创办并主编《晨钟》，1911 年回国，是山东辛亥革命的骨干之一，民国初期著名的政治活动家。

⑦ 杜佐宸（1859—1935），字紫亭，山东潍坊人。1898 年，与刘树声、李咸升、于瀛、武焕奎、张树棻等创办学堂。1906 年，创办潍县第一公学，任校长。组织益群学社，提倡新教育，任县教育会会长。重视女子教育，后创办坤明女子学校。1906 年，加入中国同盟会。1908 年参与山东保矿斗争，被清廷构陷下狱，1911 年获释。出狱后，适逢武昌首义爆发，去济南与同盟会同仁发起组织联合会，宣告山东独立，被选为山东全权代表，赴武昌报告山东情况。再到上海，邀请炸弹制造专家虞和寅到山东筹款制造炸弹，购买枪械，组织数千人，先后光复高密、即墨、诸城等县。1912 年，国民政府成立稽勋局，被列为甲级功勋人员，任荣成县民政长。1914 年夏，潍县大水，督办赈务。1927 年，暂代潍县县知事。

君次兰、蒋君萑村、闫君拂尘①、黄君佐平等十数人，方自济南来，今晨下船。

山东独立已经取消，不能郁郁久居，故南来。余曰："然则我等益当北旋，共图恢复矣。"未几，第五镇参谋黄君佐平亦来，得悉军界内情，当〔场〕②介绍入会。既有黄君为军界之导火线，而北旋之志乃益坚。

初十日③，与史、蒋、朱、黄及崔君景三④、吴君启宪⑤等决定当晚开旅沪学界山东同乡会，以图议恢复〔之〕法。届时到会者三十余人，决议七条如下：

---

① 阎拂尘(1885—1947)，山东昌乐人。1903年考入山东大学堂，1905年考取保定讲武堂第二炮科班。武昌首义后，追随徐镜心参加山东独立。1913年参加二次革命，1916年发动周村起义，任山东护国军炮团团长。

② 该手稿中多处出现"当"，即当时、当场之意。

③ 即1911年11月30日。

④ 崔士杰(1888—1970)，字景三，山东临淄人。1905年赴日留学，1911年武昌首义后回国，追随徐镜心参加光复登黄战事。1912年返回日本，在东京帝国大学深造，获博士学位。1917年归国，任山东省交涉公署第二科科长。1919年，参预接收青岛及胶济铁路主权的中日谈判。1920年，转任陇海铁路徐州办事处处长。1922年，任督办"鲁案"善后事宜公署参议兼接收青岛筹备主任。1923年，出任上海华丰纱厂经理，开始涉足民族工商业。1926年任筹办中俄国交涉事宜公署顾问。1927年为冯玉祥日语翻译。1928年5月3日，"济南惨案"发生后，作为中方代表，与日本交涉，后由冯玉祥推荐代蔡公时出任山东省外交特派员，最终达成日军撤离山东的协议。1929年5月，任山东省政府委员，代理山东省工商厅长、胶济铁路理事会理事、胶济铁路管理委员会委员。1930年，山东省府改组，任鲁、豫、陕、甘四省视察员，仍兼任胶济铁路管理委员会委员和铁路中学校长。1935年2月，任外交部视察员。1936年，作为国民政府专员，主持徐镜心灵柩迁葬济南事宜。毕生发展民族工业，在济南创办仁丰纱厂，并任董事长。1955年，该厂公私合营后退休。著有《中国黄河沿岸之利用》一书，另有《濯沧斋诗抄》六卷等。

⑤ 吴启宪(1884—1951)，字斌卿，又作宾卿、摈清、滨清，山东临朐人。清末庠生。1902年，考取官费留日生，先后入弘文学院和爱知医学专门学校(名古屋帝国大学前身)学习。1905年，由徐镜心介绍，加入中国同盟会。1911年，毕业回国，参加东北光复和山东独立，在光复登黄系列战事中功勋卓著。入民国，积极参加二次革命和护国战争，曾任孙中山大本营随军医生。后定居济南，任职同仁会济南医院(山东省立医院前身)，后来开办私立立达医院、万达医院。

一、派吴赴曹州，会同彭君占元[①]、王君鸿一[②]等起兵攻济南。

一、潍县、济南军界之运动组织，余与黄君任之。

一、济南之暗杀及津浦路北段之毁坏，以断满兵南下之路，朱君任之。

一、德州招练民团，占据制造局，魏君兄弟任之。

一、沪军政府接洽，请派兵舰北下，以握满廷北洋运输之路，而联北方各部之声气，余与蒋君、□君任之。

一、留妥员驻急进会，以便代表急进会与□□□□接洽一切，筹办一切，蒋君任之。

一、电青岛刘君冠三[③]，将该部移并烟台，合力西征。

次日，将会议各条办妥。蒋君洗凡遂留沪急进会事务所，借为交通机关，并代表接洽各省，兼助杨岘庄经理会事。

十二日，余等随船北行。

---

① 彭占元（1870—1942），字青岑，又名东半，山东鄄城人。1903 年优级师范毕业后，留学日本，入法政大学。1905 年参加中国同盟会，是继徐镜心、张传一之后山东留日同盟会会长，捐款创立同盟会机关报《民报》。1911 年参与山东独立，后被推选为山东代表，参加南京临时政府筹备工作。任南京政府临时参议院议员、中华民国众议院议员、护法国会众议院议员。1913 年二次革命后，回乡发展教育。1935 年 7 月，黄河决口，主持大堤合拢工程。晚年定居曹州，经营盐务。

② 王鸿一（1874—1930），名朝俊，字鸿一，山东鄄城人。1892 年中秀才。1900 年，考入山东大学堂。1901 年留学日本，入东京弘文学院师范科。1903 年回国，任曹州官立高等小学堂教员。1904 年，在菏泽创办第一、第二公立小学堂，并发动学生自费赴日留学。1905 年，任曹州中学堂监督。1906 年，创办保姆养成所及幼稚园。1911 年，在菏泽成立尚志社，鼓励各校学生赴上海、徐州等地参加革命。1930 年，任国民政府内政部代次长。著有《三十年来衷怀所志之自剖》等。

③ 刘冠三（1872—1925），山东高密人。1902 年，考入山东大学堂师范馆。1905 年，加入中国同盟会。1906 年，在济南集资创办山左公学，创办《白话报》，宣传革命。1908 年，组织保矿会，反对德国侵吞山东矿权，后辗转沂州、曹州以及山西、察哈尔、河北等地联络同志。1911 年，回山东，与刘溥霖、蔡自声等秘密组织革命力量，响应武昌首义。1917 年，赴广州任护法国会众议院议员、山东招讨使，协同南方革命军北伐，并督师徐州，击败张树元部。

十四日，到青岛。与刘君冠三等会议，始知该部已组有虞君和寅①等之炸弹队。朱君升阶当与该会合并，分任济南、德州等事。刘君又称：“已电烟台王传炯②，惟彼不肯与我合并。近闻已将取消独立，现状颇危险。且昨已决议，此间移并曹、兖，而实先从峄县举事。至烟台冲要地，则非子鉴兄往不可。”遂改定余赴烟台，时崔君士杰、吴君启宪、蒋君萑村、闫君拂尘、刘君次兰同往。别推史君泽咸、杜君紫亭、偕同黄君佐平往办潍、济事。余均如初议。

次早，余等乘船行。临别与黄君约，登州光复，潍县响应。万勿急，急恐败。余问：“潍县为谁？”曰：“张君乘治字弼臣者之一营兵也！”

十六日到烟，寓德顺永栈。地颇偏僻，余约同人勿轻□□□□，再动。当晚，晤烟台诸同志，始知王传炯非吾党中人。烟台光复时，王适从天津来，值开会选举，彼登台演说，颇动众听，遂被举为司令。凡光复有功诸同志，渐次被排挤出，军政府中遂为权利辈所占据。余思避王传炯之忌嫉而又可渐图进取也，遂与众决议设立“北部共和急进会分会”。

十七日，接洽王传炯，假定商业中学堂即刘公祠为事务所。是日，派孙君尹平持函赴登州，会同该县自治会长柳君延辂③、民团长陈君伯侠等

---

① 虞和寅（1884—？），浙江镇海人，著名博物学家、地质学家。1902年，编辑《博物学教科书》，与其兄虞和钦合译《地质学简易教科书》。1907年，赴日留学攻读工科，潜心学习化学，并翻译多部自然科学著作，擅长研制炸药和炸弹。1911年回国，被派往山东，参加革命。入民国，专意地矿事业，撰写出大量调查报告。著述颇丰，译有日本箕作佳吉著《普通教育动物学教科书》等。

② 王传炯（1884—1935），字仲遴，安徽无为人。1901年，入江南水师学堂驾驶班第四届。1907年，受清廷派遣到英国学习。1910年，回国任清海军舞凤、龙骧炮舰管带。1911年11月，受清廷派遣从天津率舰到烟台镇压革命，13日迫于形势，伪装革命，攫取革命政权，暗中与清廷、袁世凯和孙宝琦保持密切联系，破坏革命。

③ 柳仲乘（1864—1939），字延辂，山东蓬莱人。1912年，由徐镜心、孙丹林介绍加入同盟会。开办华提士药房。1912年1月15日，作为内应配合徐镜心大连搬兵，光复登州。当日成立山东军政府，任民政司长。1925年，任胶澳商埠督办公署秘书长。1928年，任蓬莱县长。

组织分会,借以联络运动。又派曲君避尘①持函赴黄县,会同该县教育会长徐云卿②、农会长邹耀亭③、劝学员张彦臣④、自治会长赵元璞⑤等,仍如前办理,兼运动筹款、增练民团,并调查西路清军之布置,随时报告。

十八日,余等移寓事务所,稍稍布置办事秩序。时军学商各界,如谢克峻⑥、万崑山、张岩南等入会者,陆续不绝,而以宫仁山⑦、李凤五⑧介绍之人为最多。张君俞人者,广东人,系王君兆铭由北京至烟运动北伐者

---

① 曲世勤(1881—1944),字避尘、弼臣,山东龙口人。清末,在徐镜心的影响和带领下,投身革命,创办黄县第四育英学堂。武昌首义前后,追随徐镜心,从事谍报、筹款、交通和善后等事宜。入民国,以军功铨叙四川省万县县长,颇有政声。后返乡任区团总,维持治安,惩治恶霸,深孚众望。1938 年,拒绝出任伪职,到营口避匿。

② 徐文炳(1880—1966),字云卿,山东龙口人。清末秀才,曾留学日本,同盟会会员。

③ 邹斌元(1871—1913),字耀庭(又作耀亭、耀廷),山东龙口人。1891 年,补武庠生。与徐镜心交好。1905 年,加入中国同盟会,任黄县农会会长。武昌首义后,任烟台都督府财政顾问,襄助军事。1913 年,“宋案”发生,受徐镜心派遣,到天津组织救国社,任国民党天津分部交通部长,秘密联结前鲁军司令连承基,召集旧部,准备武装反袁。8 月 22 日,被捕解京。10 月 3 日,被袁世凯杀害。

④ 张殿邦(1875—1945),字彦臣、彦忱,山东龙口人。1905 年,加入中国同盟会。1908 年,任黄县劝学所学董,变卖田产,出资兴学,创办洼里小学和育德女学堂。武昌首义后,辅佐徐镜心光复登州、黄县。入民国,任黄县劝学所所长,创办县立师范讲习所。1924 年,任河北赵县县长,政绩卓著。1926 年,任黄县县长。1934 年,任黄县修志馆馆长。

⑤ 即赵镒斋(1861—1938),山东龙口人。武昌首义前曾办开成小学,参与光复黄县等战事。入民国,曾任黄县财政课长。曾出资在北京创办福盛粮店。

⑥ 谢克峻,1892 年 11 月毕业于北洋水师学堂第四届驾驶班。1902 年与谢葆璋在烟台东山海军训练营开设烟台海军学校,谢葆璋任管带,谢克峻任帮带。1903 年任“海圻舰”鱼雷大副。1905 年调回烟台海军学校教习。参加辛亥革命。1928 年 11 月任中华民国海军部咨议。

⑦ 即宫锡德,字仁山,为 1911 年 11 月 12 日光复烟台的“十八豪杰”之一。

⑧ 李凤梧(1876—1937),字瑞芝,号锋武,山东省栖霞市泽头村人。早年留学日本。1905 年加入中国同盟会。曾在烟台参与创办《渤海日报》。1911 年 11 月 12 日参加烟台光复。1912 年,任烟台军政府财政司司长。参加反袁斗争,失败后逃往大连。曾主持烟台广仁堂多年,从事慈善事业。1922 年创立烟台先志中学。

也,原为同盟会会员,至是亦联合□□□。是日,派崔君士杰同余弟镜古[①],持函赴登州□□会演说,运动筹款。

初,孙慕韩之取消独立也,屡电来烟。登州知府孙溪〔熙〕泽[②],与王传炯正游移间,而余等适至,独立之旗赖以不坠。

十九日,宋涤尘[③]、刘艺舟[④]、邱特亭等十人又自安东县来,而独立之旗为之益振。惟宋、刘诸君,因失败于辽东,遂欲以款、兵两项,求助于王传炯。王不应,力排挤之。

廿十日,余招待宋、刘诸君,移寓会中。当请宋君等于北来诸同人中,推一人为代表,以便助余与王传炯交涉各事。宋君遂推刘君艺舟为代表。王恶余之招待也,而干涉质问之,余以结会自由告。又问刘为何许人也,余以副会长告。余与王遂小起龃龉。又因李君锐之之刊登军事、由君芝贵之指挥巡警,王欲捕治之,余力为辩护而保全之,王于是益衔恨余。

二十一日,午后一时,开第一次会,宣告成立。余与张君俞人、刘君艺舟等,挨次演说南方及京津、东三省各处民军优胜、清廷劣败之情形。时军学商各界到会者二百余,类皆□□□,莫不感奋,且势为膨胀。甚至王

---

① 徐镜古(1875—1919),名文茂,字月汀,学名镜古,山东龙口人。1905 年,留学日本,加入同盟会。回国后创办坤元女校。与徐文炳、王学锦等在黄县秘密设立革命机关,参加光复登黄战事。入民国,先后任石岛海关关长、山东法政学堂学监。1915 年在黄县组织演讲团,反对“二十一条”,抵制日货。1919 年感染霍乱病卒。

② 孙熙泽(1869—1935),字焕庭,安徽省庐江人。清末曾被授为山东候补知县,济南、烟台地方审判厅丞。1911 年署理登州知府等职。入民国,历任山东全省高等审判厅厅长、国会议员等职。

③ 宋涤尘(生卒年月不详),山东蓬莱人。毕业于山东高等学堂,1906 年加入同盟会。后到东北运动革命,与徐镜心、陈干、商震、柏文蔚“组织机关部于奉天”,参与发动刘二堡、辽阳、凤凰城等地起义。1912 年初,参加光复登黄战事,负责在大连购办军械,组织义军。1913 年二次革命失败后,逃亡日本。后回大连、青岛,组织护法运动,失败到上海、广东,参与讨伐陈炯明和两次北伐。1927 年后,在李宗仁第七军任第三师政治部主任等。著有《北伐胜利中之军阀与帝国主义》等。

④ 刘艺舟(1875—1936),原名刘必成,又名刘木铎。湖北鄂州人。1904 年留学日本,1905 年加入同盟会。与同学等组织新剧团。1907 年回国后,在东北各地及天津沿海合演新剧,曾主演《黑奴吁天录》《爱之花》等新剧目,揭露清政府的黑暗统治和无能。1911 年春大连组织励群新剧社,参加光复登黄战事。入民国,继续以演戏剧为业。

传炯派董保泰□□□□枪兵士二十余人,亦均感动,于是烟台方面□□□□□,而入会之人乃益多。是日,派吴君启宪赴沪,□虞克昌举动,并购炸药材料。

初,余用平和手段欲联络王传炯入会,合力进行,至是始渐融洽。

二十二日,沪军政府派代表夏君醉雄等来烟,并派员分赴大连、营口各处,联络交通。时,刘、宋诸君因关东民军尚在战斗,需款孔亟,而王传炯又不接济,遂决定演剧筹捐。王传炯多方阻之,余力行排解始准。

二十四、五、六连日,借群仙茶园演剧。每开幕时,余及同人等为之演说提倡。而刘君等所演剧如《武汉风云》《波兰亡国记》等曲,均佳妙惟肖,悲愤大足,动人情感。二三日间,军商学各界人心又为之一变,革命之潮流愈高涨。王传炯亦渐与余联络,并邀余开会,借介识各会员,而内部同人亦多促余开会整顿秩序者。因连日演剧,荒废会事及进行之方针故也,遂定于二十七日午后三时开会。

至二十七日午前十时,刘君忽提议举王传炯为山东都督,改"军政分府"为"山东军政府"。余辞以为时尚早,且□□之。余向未与刘君共事,此次由宋、邱诸君介绍□□□□□。宋、邱诸君之信从刘君也,以为刘君必有把握□□□□□,惟时间太促。余催刘君速预备选举各事,刘君略□□,余遂与张君俞人等略为之备。届时开会,到者七八十人,余与刘君先行报告,遂请王传炯到会。

先是,余遇邱君丕振①于荣升栈,讯知其亦谋从登州举义也,稍稍联络之,至是亦到会。会中人闻余与刘君演说,组织山东军政府事,皆大赞成。又,声明推王传炯为都督,亦皆赞成。王力辞,众不允,辩论久之,始定。

余提议二事:一、规定军政府简章及选举各科职员。二、规定临时议

---

① 邱丕振(1885—1914),名天作,山东莱州人。兄弟十人,行七。1899年赴青岛学习德文,1901年考入济南武备学堂。1903年留学日本,入振武学校学习军事。创办利群社。1905年加入同盟会。回国后,创办掖西中学,宣传革命,对革命捐输巨大,是山东辛亥革命的重要骨干。1911年参加山东独立和烟台光复,光复登黄战事。入民国,参加反袁斗争,1914年在天津由于叛徒出卖被袁世凯逮捕。10月26日,在济南就义。1935年,被国民政府追赠为陆军少将。

会简章,组织临时议会。众赞成。此时,余拟闭会,而刘君又提议驱逐汉奸孙熙泽、赵英翰二人,又军政分府仍故址,而以商业中学堂为都督府。都督即刻视事,移宿府中。众又赞成。遂暂休息,时已晚八时矣。

是晚,会员均止宿会中,拟各事就绪后,明晨招集军商学各界开会,公布实行。当调巡防兵二十名,来府守护,并备大小枪十数枝,以资巡逻。夜半后,刘君及同人等半皆卧寝,余与张君俞人、谢君克峻等□□各项简章。忽警兵四合,枪声乱起,遂□□□兵戒备。俄而外兵撞门,声言索取王司令,□□□□枪声复大作。既而园内巡兵二十名,闻其管带董保泰声□□□招呼,遂开门,哄然出,而与外兵合。

王汉深率兵自外突入,四面射击。时王传炯忽奔出,刘艺舟等阻留不住,而外兵仍猛进不已。内卫兵尚有六名,见事急,连发三枪,悉中,外兵三人倒,余始纷然退去。王传炯仍被刘君及安静山、左雨农等拥护返入室内。时余手持四炸弹,给闫拂尘一枚,沿东墙南北巡逻,纷乱中已将炸弹抛出,至是复入室。未几,赵英翰、王汉深、董保泰等率兵警全部复来合围,惟只在门外扬言,不索还王司令不休。王嘱差人传令退归,不听。宋君涤尘两次出门外,善言以劝之归,又不听,几被枪击。嗣刘、左诸君簇拥王传炯,立门内大呼,令退兵,仍不听。相持约数时,不决。刘君倡议,王司令不归则兵不退,王司令归则同人危,双方已起嫌疑,须得相信之人居中担保我辈无危险,始允王君归。

遂群央余往求《芝罘日报》总理桑名贞治郎君,来为中保。余出门三次,均被阻,最后且被缚。而巡警八九名持枪抵余头颈示威,机轧轧欲开放。余大声呵止之,声闻□□□□□□□枪毙王以偿余命。王急大呼,令释放,遂免□□□。桑名君来,询明两方意见,遂令兵警先退去五十步,□□□王传炯送余等到报馆内,然后自率兵警归分府。时天已大明,余等只二十七人,余均不知下落,各物被巡防兵抢掠尽。适张君竞生自津来,留银千四百元,得移寓爱国亭,此二十八日事也。

是日,通电南北各省军政府告急,即假爱国亭为本会交通机关。王传炯利用汉奸巡警总办赵英翰,拘捕党员萧仕生、夏聘之、孙苇堂等,渐次派兵围守,交通断绝。又以海军练营帮带谢君克峻管理东、西两炮台。恐与余等连日交通,连日派员防堵,并向谢君索取炮栓。谢不允,几酿兵变。

又屡与日领事交涉，诬余等为土匪，迫令交出，或准其入馆捕拿。赖日本同志诸君及桑名贞治郎、仓谷雄亚、岛田诸君左右余等，极力辩白，始免。夏醉雄、万坤山等屡调停联合，同人多不允。

十一月初四日，同人之逃亡避匿者至此始稍稍聚集。惟能入不能出，出即被捕，有要事须桑名、仓谷箕藏诸君或馆主人代办。时蒋君萑村赴上海报告，余又另拨派闫拂尘持函密赴龙口。甫出馆，即被□□□待之。即托闫君转达余，欲联合以制赵英翰，□□□□一。及夏、万诸君等，力劝余等忍小忿而成大谋，余亦以为然。遂力主议和，不争损失赔偿之多寡。

初七日，王派万君坤山、山君少卿等四代表来送银七百元，以为党员北渡之川资，并释放被拘押各员，且要余取消急进会。余答以会之成否，党员之去留，均余等自由权，王传炯不得干涉。只不更索赔偿，此事便作罢休，遂含糊了结。时屡会议，别取根据之地。余提议合烟、黄两路取登州，左君汝霖以为易取而难守，不如东取威海，以图文荣，取守皆易。余当未深辩，即派左君与李凤五、傅学勤等先往调查，详悉后再行定夺。

初八日，崔君自登、黄来，带缴黄县捐银五百元，遂备悉登黄、预备整齐，并已筹款二千元，俟后汇到。至是刘、宋、邱诸君始知登、黄细情，遂决计先取登州。

是日早八时，刘君接大连友人信，云有败兵千人散处大连，枪械俱备，专候刘君之调遣。众信之。

初九日，议定先派宋、邱诸君携银一千元，赴大连选精壮兵二三百人，约定会合烟、黄三路取登州。先是，宋、刘诸君之来烟也，关东人邵子风、尹锡五等皆从之。至是，闻多兵散□□□□怦怦然，欲邀同刘君等，仍回关东举事。时同□□□□人居多数，一夜之间，秘议佥同。

初十日，遂群倡议全体赴大连，赞成者亦居多数，惟余与安君静山等寥寥数人反对。刘君亦赞成之，不决。最后始决定全体赴大连，仍由大连往取登州。余遂与刘君议定：在大连筹款募兵取登州，刘君任之，由烟赴登黄布置内应，余任之，误事者以军法从事。刘君等遂北去，复带去银千四百元。

余于临别时察邵、尹诸人之行色，已知其无回志矣，遂留张岩南、李子蓉、周洪武，并由黄调来邹耀亭等，同理机关部及财政事。初，邱丕振约余筹款购械，余着余弟月汀赴黄时，彼亦着其八弟邱典五归莱州，典卖羊角沟房屋及他产业，共凑银千数百元，至是亦携至，并率其九弟邱子厚同来。

十一日，余约同邱丕振、孙朴臣、辛少伯、张寅宾等微服乘船赴登州。当晚八时开行，次早四时到登，投宿旅店。孙、辛均本城人，归其家。天明，余入城到机关部华提士药房，晤柳仲乘，告以筹划大略。时陈伯侠因询知会员太少，不敷用，即推令柳、孙等，速选择介绍，以资扩充而备人才。余恐惹人注目，是日出城到李仲简□□□□，辛少伯引邱、张等到教会小学堂止宿。天晚，余□□□□回黄县催邹耀亭赴烟。

张彦臣携款来登，即定于孙朴臣家止宿，并备办各项物品。时陆续入会者，如孙君丹林、邹君渐逵、辛君真甫、陈君子超、刘君尚臣、刘君雁宾等，约十余人。

十三日，清知府孙熙泽来登已两日，今日回烟。

十四日，已将告示、谕帖、檄文、各色旗帜、白布袖章、招待之舢板种种应用物，全数备妥。惟屡拍电大连，而兵不至，风声渐泄漏。遂改由浸信教会董牧师（初，刘君与余约）处交涉密电。定三日内，必有确信，至此尚无确实消息，余疑之。最后，竟电索汇银三千元。余因与刘君无备款之约，今忽中变，知必有故。遂电烟台，令崔景三速赴大连，查明电复。

连日会议，预备兵到布置之策如左：

一、接大连出发密电后，即派人并舢板预备招待民军下船。

二、由向导领兵，自城东直入水城南门，占据水师营。

三、另派员率兵，由城西直抢北山大炮台守之。

四、兵舰将到时，柳仲乘、孙朴臣、孙汉臣率同民团入县署。烦县令请文武官员到署，托言会议，即监守之。

五、民团共八十名，除四十名守县署外，余分派守□□□、电报局等处。

六、派兵往城南，守天赤庙子药大库。又分兵守水城北首子药小库。

七、以府署为司令部，以考院为军政府。

连日相度山川海岸各处形势，并着张寅宾出行赴烟台，催办手票及印信等件。派李少亭赴莱州，徐梦桃赴莱阳，均运动响应事。又电调黄县徐云卿、张彦臣等，务于二十日前齐赴登州，预备举事。

是晚，张彦臣到，并缴洋二百二十元。

十五日，大连又来电，催速汇款。而在登同人候久心燥，辄欲散归，余不允。余料大连同人必不改前约，而在关东着手也。惟他人吾不敢信，独宋涤尘、邱特亭二君，知其决不负余。或别有难言之隐，亦未可知。

十六日，遂决定同人均在登守候。以二十日为限期，余与邱丕振凑款。

十七日晚，到烟，遍询均不知大连详情。惟烟台谣传急进会会员在大连招兵千人，不日来烟取军政分府云云。王传炯、赵英翰等惧而戒严，凡自大连来者，皆搜检。

是日，令邱典五赴大连，告以如果诸人皆负约，可秘招宋涤尘、邱特亭、安静山、□□观等出，而仍图进取登州，并电告余以详情。

十八日夜，来电，仍索款，亦不明言其故。是日晚，余携俄帖□□□□大连，嘱令邱丕振十九日带银一千元随后到。始知宋、邱诸君，因专意山东，而商君起予邀同在关东作事，不允，遂起意见。商君亦余旧同志，而宋涤尘介绍者也。时在关东举事，宋君等已招兵二百余名，前带银已用尽，求商君接济，商君不允，意见益深。至此，仍与刘君等演剧筹捐。惟所得无多，仅三四百元。先是，余在烟时，为购枪事，曾派仓君雄亚先来大连。至是与谋，先以千五百元购枪，以五百元赁船，余不足俟续筹。

是日，左雨农由威海派李凤五来，催令速备兵械，往威海。

二十日，电登州同人仍守候，不日兵到。拍电均用秘〔密〕码。初，李君廷璧字省斋者，在奉天机关部办事，至是奉天失败，亦来〔大〕连，共图山东事。同来者有姜君文卿。时范君秉钧者，亦自吉林来。省斋与余言，已托范君电吉林，催连君承基速来。连君字绍仙，余旧友也。知其来也，必能助余。连日为筹款购枪东西奔波，函电交驰，迄不得要领。而左君处亦频电来催，李凤五又强聒不舍，于是刘君又有舍登取威海之提议。

二十三日，刘君艺舟约余招集开会。刘君报告，左雨农偕李凤五来，约备兵械各五十数，速往取威海，威海得，则文、荣□□等东南州县可全下。而余屡提议取登州，以我辈现势□□方且难为力，况两方并进乎？既不能双方并举，势必至合力一途，果孰先而急，孰后而缓，请诸公一议决焉。

李君又报告，取威海之易得易守，取登州之易得难守云云。

余驳之云：“文、荣在烟台东南，原为吾囊中物，取之稍可立足，对于王传炯可以牵制之，而对于大局则无甚利益。且王传炯我苟攻之急，则彼将西退与叶长盛连为一气，合而谋我，则我一隅之地，虽得仍失，此不必取者一也。且文、荣穷僻，地不足资以筹款增兵，此不必取者二也。威海城四面皆英国租界，一有举动，即起外交，必承认王传炯而不承认我等，此不必取者三也。

“若夫登州则不然。其地为一府总枢，得登州，则所属十州县传檄可定，宜急取者一也。登为海防旧营，所储枪炮子药甚多，得之即足取用，宜急取者二也。南负诸山，北滨海口，用武则进战退守无不利，运输则东西南北罔不通，宜急取者三也。黄县之富，甲于全省，宋庆存储，富于王侯，得之则筹款增兵，立致富强，宜急取者四也。以此四者之利，较彼三者之弊，果孰先而急，孰后而缓，不辩而明。况且登、黄已布置月余，议决亦不只一次，奈之何君复游移□□乎？”于是众皆赞成取登州。当时电告左雨农，候取登后，再行定夺。

二十五日，余与崔景三到仓君寓，晤秋穗哲一郎君。遂完赁十九号永田丸，价金五百元。

初，商君起予允接济银一千元，既而只交二百元。适连君承基是日到，询知余用款甚急，遂与范君秉钧合力凑集俄帖七百元缴余。由是款项敷用，各项军装用品，渐次购齐。原拟是晚开行，既以枪械未运到，遂改于次日出发。当密电登州，告以二十六日晚七时出发，二十七日早三时可到。

时孙汉臣、刘雁宾、辛少伯均自登州陆续来，报告诸事备齐，风声尚未泄露。惟水师营王管带现又调回外防兵三棚，合前计有兵百名。请速开往，出其不意，攻其不备，破之尚无难；稍迟延，恐有变。

二十六日，午后，着孙、刘、辛及邱丕振先随商船往，以便布置。晚六时至八时，余与刘君等率健儿四百余名先后上船，留宋君涤尘、李君省斋在大连办理交通及采办军需用品。九时开行。

二十七日，早五时到泊水城北。遥望城雉，迤逦横陈，岸上高阁凌空，直矗云霄。晨烟稀微，鸡犬无声，知敌兵无备，尚在梦中。则城内同志必先布置得手矣。

余船至，并不鸣汽笛。遥见岸边三四舢板摇向余船，款乃而至。余先已推定姜君文卿为临时总司令。至是姜君排队下岸，随向导员韩介堂、刘淑芳、谢燕□、周炳南、辛少伯、刘雁宾、孙景春、李修圃等，自城东路进。有枪械之兵三十八名，夹入炸弹队仓谷箕藏等四十名，排列先行。无枪者随之，直向水师营去。当将王营带之巡兵丁姓，交刘雁宾拘守。余别派穆云舫等十数人，肩木炮、炸弹、炮架等物，随余西入水城下岸。令水手为穆等向导，直扑老柏山，夺其炮台守之。

姜司令率统带张吉臣、营长王凤山、姜敬亭、李福亭及兵士等，绕至水城南门入城。即到水师营门前，门尚未开，呼之再四。敌兵在营者共九十余人，睡尚未起，守门岗疑为已兵之出哨者归，披衣起而开门。突见我兵排围入，即转身取枪，拟向我兵射击。被营长王凤山瞥见，先以枪击之倒，余兵遂无敢动者。我兵乘势纷然拥入，无枪械者争先进，抢取枪械八十余枝，并子弹药袋均备。

姜司令等先随向导入清管带王步青寝室。王方惊起，手足无措，但云："我降！我降！我兵亦降！"遂强颜招待。次我兵搜索各室，复得枪械子弹若干，并分兵防守各岗门要地，禁止降兵出入□□。

方姜君率兵下岸时，刘君艺舟约余及连君承基、张君俞人、邱君特亭等一班文士，均先在船上，候城中战胜局定后，再同下岸。

余因随来诸人与本城内应诸同人多素未接洽，且布置多经余手，余人不知，或致功败垂成，遂嘱刘君等在船上静候好音，而余率穆云舫等入城。

下岸后，穆等向北山炮台去。余一人披斗篷，手提包，转过大桥口东，望见傅学勤率八兵奔赴北炮楼，向空开枪一排，即守其地。余隔岸遥讯，知已占据水师营，遂东转南行，入水师营。检点我兵，无一伤者，敌兵伤者亦甚轻，当令抬送病院治疗。

余少坐，略谈讯片刻，知各子弹库及电报局、城门等各要地均已照前计划分兵把守矣，遂带兵四名入府城北门。沿北街行，见商铺方开门设市，若不知余兵之至者。西转行到自治会，入晤各绅董，互相祝贺，少进饮食，即一面着人扫除旧府署之室，一面派员带兵到船，迎接刘、连、张、邱诸君下岸。时已早八钟矣。

饭后，余带自治会民团兵八名及刘瑞甫、孙朴臣、孙汉臣、柳仲乘、邹渐逵、辛真甫等同至府署悬挂白旗，排列门岗，遂定为山东民军司令部。当将备办之各项告示，由孙朴臣□□启用山东大都督印信。印毕，分发地方，张贴四门及城□□处。

时连、刘、邱诸君等已下船，接待入署。互相庆贺后，即各分头筹办诸事。柳仲乘向余言，县令王荩臣已先说妥，极表欢迎，现已来谒。遂传令入内，略寒暄数语后，而分府及水师营管带、城守卫游击等各文武官，均陆续到。遂一一接见，并将各官印信及所管仓库、银钱、兵丁、器械等项，全行取到，点缴收讫。即将各官招待一室中，令勿出，惟王令因投诚在前，且委令仍任民政长，故得自由出入。

旋派邹渐逵通知各教会勿恐，并派兵往保护之。又派员往收宋庆家藏枪械三十余支，及各衙枪械五百余支，惟快枪只百余支，余均来复枪。

是晚七时开会，推举军政府职员。初，余等之在大连也，邱君特亭商于余，以刘君艺舟任山东都督。余曰："此当公举，不能以一二人私意定夺之。"邱君强余曰："君为会长，承认，则全体无不承认者。"余曰："刘君之才，他事皆可，惟都督则不可。"邱君颇不悦，若以余欲贪此位置者。

既而，李君省斋亦以为言，余仍未承认，曰："听诸公举可也！"李君云："公举则君必当选。君性急直，社会多不谅君，恐于事实前□有碍。"余曰："十数年来，此次为最后之结果。苟如前此王传炯之冲突失败，余将来在民国终身无立足地矣。余非权力欲，实责任心也。"李君不悦，曰："究竟谁能任此者？"余曰："究竟非余信任之人不可。"李君遂曰："连绍先何如？"余曰："连君依旧时才性，甚合鄙怀。惟睽违已三年，不知近状何似？"李君曰："仍前。"余曰："苟公认者，即以连君任之也可。"遂定议，告连君。连君抵死不承诺，强之再三始允，遂同来登。至此余当场宣布，以连君绍先为山东临时大都督，并声明其才德之优美。众承认，无异词。余当场公推之军政府职员如左：

一、连君承基为山东临时大都督

一、姜君炳炎为临时总司令部长

一、柳君延辂、王君荩臣为民政司长

一、刘君艺舟为外交司长

一、李君锐之为财政司长

一、安君静山为军务司长

一、余自任参谋部长

李君之任财政部(司)长,系刘君艺舟强推荐,余皆同人公议推定。其部长缺一员者,留待贤能任之。最后,刘君又提议增设总务部,推余任之,旋即裁去。嗣复决议数事,胪列如左:

一、以旧考院为山东军政府

一、以旧府署为司令部

一、次日即进兵取黄县

一、提倡捐款,当募银二万一千七百元

一、派员收宋庆家枪械子弹(当收讫)

一、派辛绍白点收天赤庙子弹三十五万枚(当点收讫)

当通电南京及各省都督府,并电烟台虞克昌发兵援助。复电即时出发,又电告山东各府县以光复情形。并电告黄县教育会长徐文炳:我军明日西进,预备欢迎事宜。是晚,余与同人均宿司令部。

二十八日早,姜司令送精壮兵百二十名。十二时,向黄县出发,安静山、邱典五、辛绍白、夏聘之、李士元均随行。午后,接外交部总长伍电:续约停战一星期。又南京陆军黄部长、武昌黎副总统、上海安徽各都督均复电嘉贺,黄县复电欢迎。

预备妥当,派员查收各营署武官印信及军装子药等物。戒守城门兵士,严禁清官员出城、搬运物件等事。派丁明甫赴营口招兵。派仓君雄亚、陈君聚髯修理克鲁伯炮,预备赴黄助战。电大连宋涤尘速购枪械子弹。当电汇银一万元。

午后,成立军政府于旧考院。上海旅沪山东军事筹备处来电云:已□□胡君瑛为山东都督,业经中央政府委任,不日来烟云云。当复电:此间已由父老公举连君承基为山东临时都督。惟胡君夙为北部同志所仰望,果能来东助理一切,幸甚!请速启程来登为盼。

水师营兵六十余名投诚效力,当经余与刘艺舟演说开导,即时剪发。内有不欲剪者数人,迫于威,不敢违,遂并剪去。惟后此清兵多闻风裹足,不敢来降。

黄县来电报告:截留清驻防营饷银千数百两。降军官王步青派兵持札,分调其各路防兵来降:

一、蓬莱境之辛店、压脚圈、长山岛等处。

一、黄县境之诸由观、城西关、龙马镇、黄山馆等处。

一、招远县城里。

巡警区官王姓来谒,嘱令夜间加意巡逻。宋庆家暂认先纳捐银二万两以充军费。

二十九日,早五时,黄县电告已光复。即以县署为民政署,公推前令刘式镛为民政正长,王治芗①为民政副长,并派王日吉及余弟镜古任龙马镇民政分署正副民政长,收回龙口税关及行政权。并来电报告龙马镇光复事。

黄县来电报告:今晨前哨兵到黄山馆,遇敌小战,退北马镇。是晚,来电告急。电烟台关东都督蓝星浩:请拨兵舰来登援助。复电:即时出发。

午前十一时,派仓谷箕藏带炮队赴黄助战。午后四时到黄,正值我兵五十名在北马与敌兵六百人开战,互有胜负,至晚,渐败退。仓君适遇告急者至,当督炮队急进。将及北马,遇敌。炮击之,中敌中坚,敌大溃散。惟我兵劳甚,遂退城中暂息。

是日午后一时,接烟台机关部电告:烟台兵警溃变,有三百名持械西去,扬言攻取登、黄。余得电,即派傅学勤率马队三名,出城东去侦探,又派步兵十六名去城东十数里择险埋伏,一面仍派马兵一名出南城侦探。

时刘艺舟闻电惶急,忽传令紧闭城四门。余与同人力阻,不听。于是城内外商民,皆大惊扰。久之,傅学勤回报:三十里外无贼踪。据行人自烟来者言:此溃兵二百余名,已西南向莱阳去讫。遂急传令开城,人心始稍安,刘君亦自悔孟浪。

截留文登营兵饷银二百两。大连机关部新招兵百二十名到。龙口民政分署来电请兵及枪二十枝。当复电:兵舰不日开往。南琛兵舰载十字军自烟台来。

---

① 即王叔鹤(1863—1912),原名治芗,以字行,山东省龙口市菜园泊人。1912年参加黄县光复,任副民政长。2月14日,清军围攻黄城,城陷被捕,旋被杀害。

当晚,关外军都督府参谋长周远村等六人下岸,余与连君、刘君亲率绅商赴海岸迎接。时海岸水城山廓,东西十数里遍插国旗,迎风飘荡,城内商民,家家悬灯插旗,鸣爆竹声如霹雳,倾动全城,观者如堵。

余等分别招待周君等入中学堂,茶饭后,即约集全城绅商及同志二百余人开会欢迎。先由连都督代表全体致欢迎词,后周君答词,谓"关东与山东毗连,利害相关,将来进行,须互联络,以为扶助。今特奉蓝都督命来此,一为声势之应援,一为交通之联络。蒙诸父老兄弟接待,实不敢当"云云。众鼓掌。次由余代表全体致感谢词,略谓"今日之会,为山东与关外两方之同胞联合会。将来北方大局之统一,民国全局之统一,即自今日之会始。敝人谨代表全体,以感谢蓝都督,并以忭祝前途"云云。众又鼓掌。次由刘艺舟演说毕,遂闭会。时全场激昂,群情踊跃,为北方革命以来第一次之盛会云。嗣周君等随余等到军政府寄宿。

十二月初一日,黄〔县〕发电告急,被围速援。余与连都督遂决计亲率兵往救。南琛军舰拟午后启碇,被众电阻,留登。姜司令赴黄后,委柳仲乘代理登州司令部事宜。既而柳君以民政事烦,不能兼顾,遂改委刘艺舟兼理。

黄屡电乞援至急,当复电告以大都督亲征云云。当会诸军预备整齐,午后拟出发,不果。遂复电告以明早四时出发。

晚六时,张彦臣、邱典五、张东申三人自黄来报告:姜司令抵黄,时值昏夜,误以欢迎之团为拒敌之兵,妄发令开枪,射击欢迎团。既而知其误,遂停枪。幸欢迎团闻枪,均卧伏道左,遂得免伤亡。

又报称:今日为黄〔城〕西关集期,姜司令率兵西去抵敌,未及城西门而返。市人不知,以为怯敌而退。汉奸乘机造谣,捏言敌兵大至,致令全市惊惶,秩序紊乱。汉奸枪毙我兵一名,夺其械去。崔景三等沿街分头演说。久之,人心始定,商铺复开门。傍晚,敌复来攻城甚急云云。

先是,姜司令到黄时,自黄以东驻防清兵均投降,收其枪三十余支,惟北马、龙口、黄山馆三处清防兵,惧剪发,不敢降,强迫其哨官张裕魁西退至新城,与清管带温姓合兵,共计不过六百余人。盖温兵饷被我军截留,困急而怒,遂来攻(二十九日在黄山馆)。

又,烟台王传炯忌余等克复登、黄,当电请张广建、莱镇叶长盛,诬我等为土匪且甚少,故叶饬温来袭。我军抵抗甚力。

晚十二时,诸事备妥,余与连君稍休息。

初二日,早三时,余起招呼,随行各军官皆起。当传令四时由西门出发,觅一老者为向导,从海岸山僻小路向西进。届时,余与连君督兵百四十名出西门。行五里余,兵士抬子弹箱者怠不前往,屡停息,十里外,天色大明,遂向乡村雇佣人并骡马装运子弹。

迨午后二时,始至北沟集。先是兵分两路传进,至此会齐于北沟集南之旷野。时雪泥淤泞,各营兵士乱杂无序,久之,纷纷不定,无所适从。且去战地渐近,谣亦渐多,军心因之不靖。余急促连君,一面速调全队回北沟,严整队伍;一面速派马兵向西南两路出探。

于是回北沟,在庙院内,连君将兵队分配妥,即复前进。所有军士行李及无用之抬炮,均弃置于此,留二三兵守之,俟后来取,盖防中途遇敌不便故也。时已午后四时矣,此去黄城尚有卅余里。

兵出北沟,较前稍稍有秩序。历诸由观之北台上村一带,直扑黄城。所过村落,父老男妇咸引领以望,大有耕者不变、归市不止之象。过黄水河,去战地益近,连君激励诸将士,莫不跃跃欲试。乡人传言:清兵多在城西、南两面,现正围攻。兵士闻言进,虽力竭且奔,大有灭此朝食之气概。余窃喜其勇,而慌促未暇受教育也。

比至马家河村,去城只四里,探马屡回报,东、北两面均无事,据传言,贼仍在城西小河子一带。余与连君议定兵分二路:一由南路进,沿东围门,南行而西转;一由北路进,沿北围门,西行而南转。击贼于西南围门外,则贼易破,而围可解。

时余护兵赵正来探报:贼已退,循小河子西去,城东、北两面均阒无人,西、南两面亦不闻枪声,盖停攻已多时矣。乃益督队速进。余与连君均随北路队行。北至东北门,四望无人。派数兵登高探视,亦渺不见贼踪迹。惟兵行过急,泥水跋涉惫甚,坐不能起。余呼门者问状,不应。遂与连仍促兵西进。

时第三营营长李福亭言:兵惫甚,虽遇敌不能战,请入城稍休进食,再行定夺。连君怒甚,告以计划在前,倘南路遇敌奈何。余亦婉言劝商,久之不决。而门者言:东门闭不开,无命令也。余已先派马队二人探视东门南路兵队是否已去。既而，探回报，据守东门兵弁言：敌闻援至，数时前已尽西退，已请南路兵入城，并请我北路亦速转东门入城。余遂与连君督队东转，由东南围外入城。是晚，合兵防守，城内稍安。探者报称：敌兵已退驻殷家店子，距城已十余里。夜十时以后，时闻枪声，讯知城西、南两面仍时有敌兵一二窥探余。知敌惧我袭其后，而以此为之牵制计也。

晚间，余与连、姜二君会议守战事宜。姜君言：近探知敌兵确数只四五百人。余当责姜君：前时不应急电妄报，摇惑众心，后者牒报，亟须慎重。嗣余又提议："兵住城里是大忌讳，其害有四：耳目不周，囿于战守，一也；敌攻我守，敌逸我劳，二也；扰乱商民秩序，三也；兵有所恃，出无斗志，四也。应速将兵队调屯城西，分住南、北各村，布成犄角之势，使敌不敢近城，则城内自然安靖。而我亦得随时侦查敌情，计诱进取，暗袭明攻，使敌亦防不胜防，则彼此处于相等之地位。然后再谋避实击虚，得寸进尺，均可自由。"连君亦以为然，惟姜君惴惴焉，仍以敌众我寡为虑。

寻外间谣传，敌在城西北高岭，将架炮攻城，并备有云梯，预备今夜入城云云。当派人出探，回报并无此事。余与连君言："敌闻我等督兵来援，情怯而退，我若乘势追袭，必可得志。"连君亦赞成之。遂嘱姜司令传令第一、二、三各营，预备明早四时，兵分两路，向西进行，袭取北马镇。既而令下，各营预备至次早六时尚不齐，遂止。

初三日早，探报敌队全数西退，只殷家店子有兵十数人而已。余带护兵赵正来出西门外，时旭日方升，晨烟乍破，四望迢遥，并无敌踪，只乡民一二人时往时来，行于道上。遂传语姜司令，将预备出发之兵，调第一营出城，向西南搜查附近各村，第二营向西北一带，第三营沿大道西行，至九里店一带，均搜查各村落有无藏匿敌兵。遇警鸣枪，四面赴援。既而，各营均回报，十里内无敌踪。即令第一营住城西南半里之高家庙，第二营住城西北半里之松岚村，第三营住城西大道边之闫家疃。三营南北接连，约有五里，而犄角之势遂成。

初四日，午后，第二营哨探兵五人，在松岚村西小河子遇敌步探四五人。两方开枪，获敌一人，余均四奔。时第三营在闫家疃，亦见敌马步队约二十余名由大路来，遂亦开战。各营闻警，齐往围击。约一时许，敌不支，遂奔北马。姜司令仍率各营回城休息。

是夜，仍分班巡守。余与连君决定明早二时用饭，三时拔队，仍分两路西袭北马。比姜司令下令，而各营兵弁仍不用命，遂复中止。失机两次，误事非轻，余与连君等虽愤极，而无可如何也。余因微服巡行各营，始知连日不用命之原因，系前者伤亡者既未抚恤，劳绩者又未升赏，士卒怨生，不遵命令，职此之故。

初五日，余与连君调姜君回登。派安君仁为司令，即刻查明伤亡及有劳绩者，立予抚恤、升赏，军心大悦。遂并发给各营子弹，复下令，明早西取北马。是晚，沪军北伐先锋队司令官刘基炎、统领唐志道等率兵来援，住魏庄庙及书院各处。军士行路困惫已甚，约定休息一二日再出战。

一声霹雳，五族共和。天空任飞，浮云不碍。何自由乎？何自由乎？然而利害相依，祸福相伏，或监察不精，观听不明，为私欲上之自由，而不为道德上之自由。为个人的自由，而不为公共的自由。为范围外之自由，而不为法律中之自由。是自由，乃野蛮之自由，而非文明之自由。谁开导？是谁监督？是所以证未来与过去，不胜杞人之忧。欲去野而之文，宜尽先觉之责，必使闭者开、塞者通、滥者堵、反者正。精神以作于斯，耳目以新于斯，才智以浚于斯，心思志气以发越于斯，万事以振兴于斯，万政以改良于斯。庶亚东古国，对内毅然而为新者、兴者、恒者、安全者，对外伟然而为雄者、大者、先者、平者。是我同胞之自由，何如？是我言论之自由，何如？此自由报所发现于灿烂庄严之世界。①

是战也，我军一百五十人，当敌六百。我兵被虏三人，旋即逃回。伤四人，死二人。敌兵伤五人，死三人。余亲兵赵正来拇指受伤。

初七日，沪军与鲁军合攻北马。血战一日，我军大胜。敌军败溃，退新城。敌兵死伤五十余人，我兵死伤十余人。沪、鲁两军均屯驻北马。

初八日，沪军唐统带欲令鲁军敢死团开往黄山馆驿驻防，敢死团长曹亚东坚不从命，遂与沪军起意见，而失进取之机会。午前，派员赴北马犒赏各军。

初九日，余恐沪、鲁两军因龃龉而误大局，遂与连君议亲赴北马，以图维持。连君以府内事烦，不欲余往。遂荐张君殿邦、徐君文炳二人在内佐

① 这段文字在《纪实》手稿中，原文顺序如此，特用不同字体显示，以示区别。

理一切,余乃驰骑就道。至九里站〔店〕,遇沪军刘参谋,遂各停骖,马上会议。余先以将往调敢死团进驻黄山馆,以保所得地面;而请沪军仍驻北马,以为应援。刘君深以余言为然。即请余到北马,以此意告杨参谋;而彼则回城,运出兵弁行李,以为久住北马之计。比余至北马,亲见杨君,以意告之。杨君乃云:"全军回城之命令已下,无法挽回。"余知两军之意见已深,事机之坏状已出,遂推心置腹,与之婉商。告以沪军一退,则敌兵闻风来追,区区敢死团八十人,何足抵拒。筹商再四,杨君遂允今晚先留一队于此,余仍回城休息,明日再派两营主力兵来。余叮嘱再三,而转至敢死团。讵曹亚东自昨回城,至今未归。兵众方以沪军之退,惶惶焉问余以行止。余告以顷与杨参谋所议各节,并严禁各兵自由行动。

晚六时,兵士报称:沪军全体并带所有枪械子弹,尽回黄城去讫。余出巡视,果然。时谣言滋起。敢死团兵亦纷纷窃随沪军回城,余力阻不听。最后,仅余与仓君雄亚及北大、乔本、石井、栗田、闫□□与辎重兵十数人而已。当派赵正来持函赴城,催连君与沪军接洽,速派队来。是晚,市面惊惶,民心动扰。我军一夜数惊,仓君等亦与兵士轮班巡逻。余亦极力静镇,幸得无事。至夜十二时后,曹亚东带逃回之兵五十余人自城来。盖连君得余信而催之回也。

初十日,早四时,沪军第四队到北马,约五六十人。余拟即将敢死团开赴西十五里闫家店驻扎,而曹亚东以为回城之兵尚未集齐,不敢以五六十人冒险前进,仓君亦以为兵队不可距离太远,而先锋队亦不可太少。遂决定俟沪军两营到后,再行西进。

午前九时,余带兵十四名,哨探至闫家店,沿途获敌两秘探。午后四时,复回北马。时沪军第一队亦到。晚间,余与沪军两队长晤商进取。第一队长孙姓某称:伊愿带全队进驻黄山馆。

余遂决定以敢死团三分之二住闫家店,以资联络;三分之一偕同孙姓住黄山馆,以资向导。定于次早出发。

是晚,沪、鲁两军分地巡逻。讵第四队队长徐某误以客军为敌军,排队西去,整备迎战,比及近探,始知其误,复撤队回。连日传闻:敌营已檄招莱阳县驻防之常备军,来黄助战;并探悉莱镇叶长盛屡电向济南清抚张广建告急,张已遣马□营,陆续来黄拒战云云。

十一日，早八时，已饬敢死团整备西发。余与仓君亲往催沪军第一队孙队长约同起行。孙队长乃称军需未备，须迟至午后出发。余遂饬敢死团于十时先行出发。时余中表隋君振志，由城解运军饷两大车、宝银二百两、铜元二十五吊，将至黄山馆筹备军食，已于早八时到北马。晤余，匆匆数语，即于九时督车先行。晚四时，将至黄山馆二里许，被敌兵劫去，隋君谨以身免。午后一时，沪军第一队始出发。

余率敢死团行至官道丁家村，南望尘头起处，若有兵马之西行。审视久之，以为沪军自由小路西进也，遂置之。午后二时，余兵至闫家店，当饬各排觅店休止，俟沪军至。再派兵二十名，偕赴黄山馆，余与仓君亦少进饮食。食未毕，马探忽回报：西去十里外，遇敌马探六名，双方开枪，各退。余方与仓君计议进退，而曹亚东已回马转车，率兵东退。余大声止之，不听，最后仅余与仓君及兵士十数人留止。即复派步兵六名，随马探西侦。五六里外，复遇敌探而回。时已晚四时矣。

屡闻东北方八九里外隐约有战斗声，余与兵士等伫立村西围门内。久之，不见敌至。天将暮，余与仓君言：兵太少，苟遇敌，战守皆不利，且东北枪声胡为乎来，此不可不虑。遂率十数兵缓缓归去，仍如昨来哨探之状。行数里，忽砰然自北飞一弹来。余停马细审之，见一二人如村民□□，向余马首来。当饬兵还击一枪，令稍高，无伤人。来人遂停止，隐树后，久之无动静。余复督队行，将及北马之五里外，已昏黑不辨物，遇沪军马队。讯知该军出行至此，即遇敌兵五六十人，开战三时之久。敌败退时，该第一队仍在此薛家村哨探也。余回北马，曹亚东报告敌情，故张大其词，以自掩饰。余恐军心扰惑，故斥其妄，谓此不过敌哨探队耳。实则此五六十敌兵，即余出发中途南望所见之兵马，而来自莱阳县者也。余兵至闫家店时，敌兵而未及知，即由官道丁家村北，过大道而东行，欲埋伏于薛家村西，而不料沪军之适出于此也。

是晚，饬各兵队严为戒备。夜间，沪军第一队仍出哨于柳行河西北，去北马约三里许，探知敌兵且大至。夜十二时，派赵正来随参谋驰赴城，催取援兵。是晚，余宿天兴祥。

十二日，早五时，敌兵在柳行河西与沪军第一队接战。余闻警，出西南围门外巡视。曹亚东领敢死团，方依围墙作壁上观。时敌兵分西、南、北三面来攻，沪军第一队当正西，第四队当西南，而仓君与栗田等方驱迫敢死团二十余人向西北方应敌去。余尾行二里许，复由西北围门回。时西北面敌兵被击，稍退却。

余愤曹亚东之误事也，欲急归城撤换之。而敌众我寡，援兵不至，躁急万分，既见鲁军第三营营长李福亭率兵二十余人自城来。余催速往应敌，而李辞以兵皆一响毛瑟枪，不利于战。余诘以来者何事，则谓：沪军内部方起龃龉，连都督再三央说，始允出发，随后即到。恐前敌急不能待，特着某等来送信耳。余笑置之。遂分配数兵，巡东、南、北三面围门，以防敌之袭我后路也。

枪声窿窿，马蹄得得。弹落如雨，烟绕如云。子弹将尽，援兵不至。惶急之中，余觅得老马一，驰骑回城，催取一切，并速撤换曹亚东。时李福亭率顷所带来之兵二十余名，亦随回城。余力阻之，彼仍辞以枪不利应敌，且奉都督令来送信，非来助战。余无奈听之而已。

行至殷家店子，始遇沪军步队至，继炮队与机关枪队亦陆续至。余麾手，促令速赴前敌去。过九里店，遇沪军某队官，酒气熏人，带数兵运子弹至。见余，即举手枪，问何以退。余告以故，遂去。时沪军第一队队长孙姓者，亦自前敌驰回，告余曰："敌众我寡，援兵迟迟，势将不支。"午前十一时，敌攻入北马。沪军第一队与曹亚东所带敢死团五十余人先退，仓君等带敢死团二十余人最后退出，几至被虏，均止于北马东之张格庄。敌兵入北马街，争抢掠各商铺，而沪军援兵适至，即开机关枪猛攻前进。敌兵得财物者，纷纷如鸟兽散，无心应□。□于午后二时，复夺回北马，乘势西追。敌兵至闫家店，方休息造饭，饭熟将食间，我军追至，弃食复奔。至黄山馆，天已晚，将止宿，方进食，而我军又追至，敌又弃食西逃。至有赤足履水，过界河没胫者。盖虏我沪军七八名，沿途急追，只夺回四人，余三四人尚在敌军也。此次追至四十余里，沿途所得敌兵财物枪械无算。沪、鲁两军，并宿黄山馆驿。后闻沪军四名即在界河西岸被戕。惟敌兵逃至磁口，中夜复惊起西奔，一夜无休，直至新城，天明始休。

十三日，沪军陆续回黄城。声言：俟沪、鲁两军均回黄，稍休一日，借资整顿衣装，即进取莱州。午后，鲁军敢死团亦回黄城。是日，大行赏犒。继而沪军刘司令决议全军退登州，已遣学生军先行。唐统带、王外交长均反对，以为不可退，退则前功尽弃。刘不听。余与连都督及全城父老闻知，皆惊。连君亲往挽留，余又令张君殿邦告以父老推戴之心，及全城倚重之意。迄不听。傍晚，开城议事会，余与连君均到会。公议挽留沪军，以保全城生命财产。盖鲁军虽四五营，实则仅六七百人，枪械且不甚精备。沪军虽仅千人，而枪械甚精故也。讵刘到会，借口敢死团曹队长之退缩，且唆使兵士殴辱司令。又云，午前已电告叶长盛，我军退回登、烟，惟不许清兵越雷池一步云云。又云，此次实奉烟台电调回烟，而别谋由水路取莱之策，叶兵必不敢动也，久之不决。最后乃允留炮队与机关枪队两营在此镇守云云。未几，散会。

晚间，沪军仍令民政署预备车二十辆、马六十匹，预为行装计。连君遂邀刘司令到署，面告以情愿避位让能之意，及父老推戴之心。刘始虽谦辞，终则默认，遂复允许不撤退。刘回营。

十四日，连君既未发表，父老亦无动静，刘遂传令排队西出旅行，扬言赴龙口，实则绕道北行，而东回登州矣。午后，存城内者亦全军东去，致全城惊皇，商民逃避。晚十时后，连君秘嘱王仁山携款，时仁山充会计员也，并预备仆马，作回登计。连君虽不告余，而余已观察得之。遂坚嘱连君勿动，动则军民心乱，敌将乘虚追袭。试问回登后，敌复临城下，则当如何？连君托言赴登取援兵，且乔装短衣如仆从，当无人知觉云云，实则中怯欲遁也。

时已改委唐君志道为司令，因安君仁病吐血，力辞故也。而吴君俊夫亦于是日自登来。夜十二时后，军中皆寝，街无行人。余方出巡署前，而连君一人步出余前，潜告余云："与君至交，不敢相欺。兵微械单，城不可保。敌果来，全城涂炭矣。不如先□□妙。已告唐、吴二君，俟仆行后，天将明，君等即调齐各军队，托言西行野操，即绕道回登可也。"余闻言大惊，未及回答，连君已匆匆去。

余稍巡视，即回署。遍觅各科室，不见一职员，最后至秘书室中，见唐君一人，仍昏昏在睡乡，吴君亦他去。盖职员等已侦知连君遁出城去，莫不惊而窃逃也。时余一人坐对孤灯，默思弃之易而取之甚难，且黄失而登亦孤，其危险殆尤甚焉。余已料定敌人经此一创，必不轻出。惟闻沪军之退，必来追袭，将何以御之。且子弹将尽，决策乏人，仅余与唐、吴三人，安能理此烦剧。思久不决,然绝不欲以十数年之辛苦、数十日之经营,而轻于抛弃也。

正筹划无策,欲睡不能,忽门者报称:有数骑自东来,昏不辨谁何?问之,知自登来送子弹者,并带炸弹队二十人,行且入城。余闻言喜极,遂派妥人往,讯明接入。久之而四客戾至,讶问署中何阒无一人。余告以故,并云:“君等带子弹来大佳,余计已决。”四客为张、吴、董、周。当问余以连督何往,余知途中未遇,遂告以回登。时唐君被唤醒,余一一为之介绍。并告以已反连君言,决计保守,不退避。唐君亦赞成,谈笑久之(客邀余寝)。余催唐君出巡,而余与客寝。

十五日,早八时,将发电,而电局无一人,遍讯乃知巡警及各会所人员尽于昨夜逃窜出城。吁!都督胡可轻动哉!派人四出寻访电报员下落,傍晚,始由城东泉水疃寻得。接入局,译发来往各电。连君到登来函,令勿退兵,明日即率炮队来黄,此炮系由烟运登者也。

是日,西探无动静,商民职员见无事,亦稍稍还集办事。始终在署未出者,仅余及唐君、吴君及王君日吉、林君志刚、王君守曾等四五人而已。时仓君雄亚等屡以失机进取,催余进兵。余虽明知之,奈何以兵寡,不敢轻进。遂决定炮队到时,即西进。连日市面安静,城门出入自由,敌兵无动静。

十六日,午后三时,连君率炮队百二十余人,并过山炮二尊来黄。余心至此始放下。惟炮身附属用品尚有须修理者,拟俟明日修完,即西向出发。

十七日,炮仍未修理完。余遂与连君议定,先令第一营出驻北马,余与周君、吴君、仓君等亦遂行。晚七时,至北马。晚餐后,余率吴、周二君及张君邻非、仓君雄亚,带兵十四名,西北赴龙口,先收巡警枪械。嗣余入巡警局,见区官邓君树藩旧友也,多方慰藉之,并告以收枪为策略上问题,实不得已也。当晚宿局中。时南琛兵舰泊龙口已五六日,且泊处远甚。余当欲乘桴往,风大而止。

十八日早,风仍未息。乃托商会,代赁宁静丸船,赴兵舰接洽一切。至则风浪愈大,两船不能靠接。遂书函投舰上,以示来意。并悬国旗,以表欢迎。久之,舰长复函,投未及船而落海。两方语言尤被风浪之喧聒嗰晰不可辨，怅然而返。早六时，遣亲兵王得胜到黄山馆探敌消息。回报：敌探亦于是时到该镇，惟两方未见而各归，又侦知敌炮队且大至。即电催黄炮队速赴北马。

午后五时，北马第一营蒋参谋驰函来报：探至黄山馆，遇敌探，互开枪，我探马逸遂回，且侦知敌大队将至。我炮队今尚未来，应请退兵入城。余阅毕，深嗤其妄。即复函：告以此间确探知敌驻界河西之辛庄。而昼间哨探至黄山馆，晚间仍回河西去，盖其中情怯，而仅为自保计也，决不可退。又令北马到龙口路上，每里置巡兵一名，以通消息缓急，互为救援。讵蒋某得余函，并不置备，仍时时为退保计。夜十二时后，又来报，称营中一夜数惊，敌探数至，坚请退兵。余痛斥之，并告来兵，令回报：龙口去黄山馆仅二十里，且兵少至十数人，北马去黄山馆三十里，且兵多至百余名，敌果来，余实先受其害。奚为鼠胆至是耶？余发信附后，仍电黄催速进兵。是夜，兵士闻报，均摇摇欲退，余与仓君极力镇抚之。仓君并赐钱，令沽酒饮以自壮。而余与仓、张两君亦时时饮酒谈笑，以销长夜。

是日，黄来电：已遣炮队一营，带克鲁伯炮，先赴北马。

十九日早，余问诸兵士孰敢出探，卒无应者。余乃嘱仓、张二君留此，而自率王得胜及栗田君出探。是日为黄山馆集期，除夕在迩，民间购备年品，罔不归市。余沿途询问，知集市人甚多，黄山馆安静，并无敌踪迹。

午后，余至臧格庄。此去馆集仅三里，村人多识余。有新自集归者，秘告余敌马兵十数名，步兵二十人，现均伏馆集东村外，若有所伺，其亟回，勿前。遇数人，所言皆同。遂停马，转由村北西行以截击之。奈只二兵，不敢躁进。少停，遂返辔。行五六里，忽睹前二百步横河内有二骑，得得南行，露其头巾。细审恍然，知为敌探。我兵欲击之，余摇手止之，令鞭骑速前行。过河回顾二骑，已奔驰西南去矣。

晚七时，余至龙口，告仓君以状，兵士无不咋舌。余知敌兵昼出夜退，连日所探皆确。当驰函报北马，令勿动。

南琛舰已于早六时起碇出口。余复电烟台胡都督，催拨一小兵舰来助战。复电：无余舰分拨。旋又电南京孙总统，请拨兵舰来援。

晚八时，蒋某又差人来，请退兵。余复函痛驳斥之。即时移兵队于村南高敞地之店中，以便瞭望。

夜三更后，栗田、石井君等忽自北马驰至。报称：十二时后，敌马探十数人至北马西，与我巡哨兵相遇，开枪。我军误为敌大至，全队出阵。正战间，村边火起燎原。我炮队先退，而兵阵乱，蒋参谋率众奔，营长王凤山见势不支，亦回城去。敌兵亦回黄山馆。栗田、石井特绕道来报。仓君译以告余，遂秘筹进取计。余思敌不来，以少数游骑先来尝试，苟能抵御，料彼必不敢轻进。今蒋某等鼠胆，遽行败退，则贼必调大队前〔来〕攻矣。思之恨甚！

余遂与仓、张二君到电局喊门，令电黄仍速进兵北马。不料，此处夜不通电，遂回寓。沽酒围炉，饮谈笑语，与仓君详筹进止。仓君谓："明早七八时，敌众当至北马，则此间归路断绝，险莫大焉！"余曰："不然。此地虽背水，而非绝地。且有兵五十人者，当可一战。战而败，回黄之路，大道外尚有小道。即使陆路全行断绝，挂帆海上，亦可出险。"然此寥寥十数人，曾何足为孤注之掷，无已其回城乎。时除余三四人外，并无知失败事者。遂嘱海差十数人，分配轮班，沿街巡逻。而余与仓、张诸君遂还村南兵队住所，令队长招哨兵回，托言起程回北马。结束停当，时已五时，余等督兵缓缓归。

石井等沿路唱军歌，若凯旋然。不特市人不知，即海差仆役亦毫无知觉也。行及北马西北，遇马夫自北马来。讯知北马既无我兵，亦无敌人，然料敌来亦不远矣。遂越北马道，直向城去。十一时，始至城。此十二月二十日事也(以下缺失)。

敬告山东同胞文①

今中国共和民国成立矣！顾共和与专制、民主与君主，其区别乌乎在曰选举与委任而已。行政之大权，莫重于用人。操之于下，为选举，为自治，为共和；操之于上，为委任，为官治，为专制。故选举者，地方自治之第

---

① 原载于《盛京时报》1912年7月13日第1版。

一公权,共和民国之第一要素。

革命者,革委任为选举也,革官治为自治也,革专制为共和,革君主为民主也。英雄捐躯以此也,豪杰流血以此也,拼数千万头颅,竭数千年心血,卧薪尝胆,受枪饮弹,所战争以谋求者,亦无非为此也。此我国民之自由,即我同胞之生命得之,而不知保守,愚莫大焉!失之而不知力争,辱莫甚焉!

我山东之选举权,亦七八百之生命所换得者也。较之南数省虽不足,较之北数省则有余。南数省之都督,既经选举,岂我山东而独宜剥夺乎?北数省之选举,既皆力争,岂我山东独甘放弃乎?

泰西谚云:梓枯而生,不如自由而死。况我齐鲁圣贤之邦,杀身成仁,习闻古调成,父老兄弟,其谁肯放弃国民之公权,破坏民国之成例,以取非笑于各省,而留唾骂于万世哉?

或曰:十八省之选举,如果通行,则满蒙回藏,岂能异视?惟荆棘成丛,文化未开,畀以选举,且益为乱,庸有济乎?

曰:不然。革命之功,起于汉族,成于中土。较之蛮荒游牧之族,文野既殊,治乱各异。其智识稍优,力能自治者,当一视同仁。其不克自治者,亦应大公之人道,尽提携之义务。苟或顽梗不化,负固为敌,则如美国之对待生番,去莠留良,天演公理,又安得与我文明区域,享平等权利哉?

或又曰:山东党派纷争,政见歧出,甲主选举,乙主委任,果何所择而何所从也?

曰:不然。国体既定,国是自明。党派虽多,政见虽歧,而要以共和民主为归。循是者,为俊杰,为时中,为全国人民之代表;反是者,为邪说,为乱贼,为全国人民之公敌。

或又曰:共和民国之重选举权,固也,然能尽官吏而选举之乎?

曰:不然。除军官与司法官由中央委任外,其余凡属地方行政长官,即应由地方议会公举。例如,大总统一身兼军事、司法之政之全权,犹且由国会公举,则各省都督之由省议会公举,其法理不益彰著哉?

盖选举者,国民之公意;委任者,一人之私心。出自国民之公意,斯为共和;出自一人之私心,斯为专制。反对选举者,即为反对共和;反对共和,即为民贼。我山东父老兄弟得共起而诛灭之,以保全我民国之共和。

中华民国实业协会鲁支部杂志出版启事[①]

一、宗旨:本志以发挥本支部宗旨为宗旨。

二、内容:本志门类分十门:曰论说,曰调查,曰译丛,曰学说,曰纪事,曰杂说,曰实业司报告,曰会务报告,曰附录,曰广告。

三、体例:本志以适合鲁省近状及一般程度为准,文字不求古深,用语不分新旧。

四、价目:本志为普及起见,定价极廉,月出一册,每册百余页,定价大洋一角五分,全年一元五角,邮费在内。

五、地址:本志编辑部设在本支部事务所。

六、出版:本志定于九月一日即壬子年七月二十日出版。

七、发行:各埠有愿代理本志者,十份以上九折,二十份以上八折,五十份以上七折,百份以上另议。务先期通知发行部,以便订约。

八、通信:本支部通信处济南卫巷南头路东本支部事务所。

---

① 原载于《亚细亚日报》1912 年 8 月 16 日第 5 版。该启事在《亚细亚日报》和《民主报》上连续刊登一月有余。1912 年 9 月 25 日,改为《中华民国实业协会鲁支部杂志定期预告》说:"启者本杂志原定于九月一号出版,已行布告多日,兹因印刷局新机未到,将稿件延搁十余日,实该局不能负完全责任,致负诸君盛意。敝支部现已派员赴津订印,至迟本月十五日定当刊出,决不至再误时期。特此预告。"但因不能确定其具体名称,该杂志最终出版与否,尚待进一步考证。《民主报》1912 年 12 月 12 日第 7 版《鲁共和党之丑行》有"山东共和党副部长侯延爽一身兼京外多职,被该党党员推翻,辞去部长后,有正部长王丕煦、副部长袁景熙贪贿买缺,其屡次收受款目,被人查出并检获证据。山东实业协会会长徐镜心即要求都督周子廙将王丕煦拿审处刑"等语,"山东实业协会"即"中华民国实业协会鲁支部"。据此可知本启事作者为徐镜心。

鲁垦植会公电[①]

垦植协会鉴:

鲁垦植有限公司昨日成立,公举徐镜心、史泽咸、王志勋为临时董事,即转达各支部。

鲁垦植会

沁(9月27日)

垦植协会鲁支部职员表

正　会　长:徐镜心,子鉴,山东黄县,日本警察毕业

副　会　长:史泽咸,刚峰,山东乐陵,日本东京帝国大学法政经济科

王志勋,景垚,山东寿光,日本师范毕业

总务科长:曲建章,树屏,山东福山,北京译学馆毕业

科　　员:谢缉熙,泽生,山东福山,北京译学馆毕业

刘穆,次箫,山东安邱,山东陆军学校毕业

张愚,谦斋,山东长清,山东法政学校毕业

司　　事:隋树森,蒲洲,山东福山,北京齐鲁学堂毕业

垦务科科长:牛献周,正甫,山东沂水,日本东北路农科大学毕业

朱兆垣,星阶,山东平原,日本农科大学林科

科　　员:宋理堂,理堂,山东潍县,奉天高等农林学堂毕业

宋泽恺,乐亭,山东沂水,山东农林学校毕业

段尔廉,敬三,山东平原,山东测绘学校毕业

孔广士,一民,山东沂水,山东测绘学校毕业

财政科科长:马兰亭,兰亭,山东章邱

---

① 原载于《民主报》1912年10月8日第7版。

科　　员:马鹤年,子和,山东章邱,山东商会学校毕业

刁砚坊,少春,山东黄县

司　　事:马德馨,香谱,山东章邱

技　　师:朱焕章,炳文,山东夏津,日本东京农科大学本科毕业

张正坊,伯言,山东潍县,日本东京农科大学林科毕业

张传一,悟原,山东潍县,日本东京农科大学林科

陈锡璋,士莪,山东兰山,日本东京高等商业学校毕业

庄恩泽,山东沂水,日本东京早稻田大学经济科毕业

魏宗莲,廉溪,山东德州,日本东京帝国大学法政经济科

李春湘,南帆,山东荣成,美国留学

于书云,祥五,山东武城,日本大阪高等工业学校毕业

常寿宸,山东泰安,日本商业学堂毕业

马官和,惠阶,山东日照,日本西京染织学校毕业

刘曦,穆如,山东福山,山东毓材学堂毕业

刘润甫,山东福山

王熙,少白,山东商河

山东垦植分会驻吉事务所①

(甲)地址:临江府起元屯

职员:朱兆垣、段尔廉、宋理堂、马鹤年

书记:李平林

(乙)地址:依兰府龙爪沟

职员:牛献周、马兰亭、孔广士、宋泽恺、刁砚坊

① 原载于《民主报》1912年11月9日第7版。

关于库伦问题的通电[①]

北京《民主报》转袁大总统、各部长、参议院公鉴：

外患纷起，库、俄发端，敢抒管见，陈请采纳。

（一）库伦为我领土，历数百年，各国公认，无私与他国立约之权。

（二）库伦背叛我国，义应讨平，他国无权干涉。

（三）住库、蒙之外国人生命财产，我国负有保护责任，他国不得借口保护，派兵驻蒙。

（四）俄今与库订约并派驻兵队，蔑绝公道，侵我国权，应请宣布中外，即与开战，以保主权。

（五）派妥员分赴各盟旗抚慰，勿使受人煽惑。

（六）赶办内、外蒙三省各属民团并驻军各要隘，以防内忧外患之窃发。

国民党鲁支部徐镜心等叩

鲁共和党之丑行[②]

山东共和党副部长侯延爽，一身兼京外多差，被该党员推翻，辞去部长。后有正部长王丕煦、副部长袁景熙贪贿买缺。其屡次收受款目被人查出，并检获证据。山东实业协会会长徐镜心即要求都督周子廙将王丕

---

① 原载于《民主报》1912年12月2日第3版。

② 原载于《民主报》1912年12月12日第7版。后《民主报》1912年12月13日报道："此间国民党徐镜心等电中央，谓共和党鲁支部长王藩司丕煦假党敛贿。"

煦拿审处刑。

盖共和党如此贪鄙之行为，为害地方，不能看作一种政党。民主党、自由党、统一党、国民党、共和统一会各团体，均极力反对共和党。共和党惧，于是推举代表张志、安举贤、邹允中、朱谌赴各团认过和解，不能了事。该共和党员本官僚派人，其入党也，志在做官，今见党势将败，纷纷脱党，类被民主党吸收而去。

再志鲁共和党之丑行①

现又查得该党党员、民政司王丕煦，干事、劝业道石金声，假党敛贿，倚势欺民。近被该党党员张某举发，其在清洛铁路所吞赃证九千两，已于省议会弹劾通过。石金声惧罪将及己，于初四五两日，着二三私党运动商会，反对议员，遍发传单，胁迫罢市，煽惑暴动，几演成河南惨杀议员之状态。幸赖周督谓似此假公营私、扰害大局，请速派专员彻查严惩，以儆官邪而保治安。

山东垦植银行筹备处公告②

本支部接奉北京本部来函，促令各支部从速筹备银行，所有资本一面招股，一面由本部协助。现在，先设垦植银行筹备处事务所于山东省济南府芙蓉街路东垦植协会鲁支部内，组织临时筹备委员会。举定史泽咸、朱

---

① 原载于《民主报》1912年12月14日第7版。

② 原载于《民主报》1913年2月6日第9版。

五丹、朱兆垣、常寿宸、李藻林、马官和、庄恩泽、马鹤年、马兰亭为济南筹备员,史泽咸、牛献周、张功懋、刁砚坊、李文林为吉林筹备员。所有各处函电,请直达垦植协会鲁支部事务所,庶不致误。

山东垦植银行筹备处事务所启

垦植协会鲁支部呈[①]

我国幅员辽阔,物产丰盈,而险塞沃野,以满洲为最。吉林居三省之中,土地之美,山林之富,殖产兴业,尤为相宜。只以民户稀少,利弃于地,外人交焉思逞,边境益形空虚。而内地各省久虞人满,光复以后,闲散兵民,尤宜急筹安插。

目前之计,唯有以垦植之业务,行移民实边之政策。但兹事体大,非通筹全国之民力、财力,不足以调剂盈虚,消弭侵略。此本会所由成立,各省支部所由振奋焕发,而尤注意于关东三省者也。

本支部马首东来,著鞭最早,先经勘定吉林东北边沿江一带作为垦植地点,调查、经营双方并进,以临江府为中流管键,府治迤东广袤八九百里起筑村屯,建修桥梁道路,学堂、工厂一律竣工,而迤东迤西如三姓、绥远等处,当在分头推广。其所以为垦民计者,固已无微不到,但期源源而来,当使所至如归。

兹已订定《移垦专章》,俾资遵守。凡我民国同胞,不以省界分,不以种族异,苟愿负耒耜而受一廛,本部无不一体欢迎。所虑乘屋播谷,转瞬即届,山陬海澨,周知为难,唯有呈请都督分咨各省都督,转饬所属,广为晓谕,俾借知拓地殖产,胥在于兹。庶几万众一心,接踵而至,将垦务于以

① 原载于《秦中公报》第271期,1913年,第4—5页。该呈文先由垦植协会鲁支部垦植有限公司呈报山东都督周子齐,周子齐先后转奉天都督府和陕西都督兼民政长。陕西以“训令第一百号”,令陕西省实业司“遵照毋违”;奉天以“都督府训令”,令“各道府州县”“查照此令”。

骤兴,而边圉亦借臻巩固,于民生国计,裨益良多。附《移垦章程》多份,备文呈请转咨施行。

垦植协会鲁支部垦植有限公司移垦章程①

第一章　总纲

第一条　本公司以拓地垦荒、殖产兴业为宗旨。除备款招垦,随时规定施行外,其由各地民户移住开垦者,适用本章程规定。

第二条　本公司为促进垦务起见,凡有中华国籍之民户,愿移住开垦者,得适用本章程,认为本公司垦户。

第二章　移垦地点

第三条　本公司现已勘定吉林省依兰府之龙爪沟及临江府绥远州等处作为移垦地点。

第四条　本公司于临江府城东沿江一带筑起村屯房舍、道路桥梁,即以该处为移垦起点,以后垦户繁多时,再向绥远、依兰等处分头设置,次第安插。

第三章　牛具籽种

第五条　垦户应需各项,除水井、碾磨及其他一切公共用物,统由本公司置备外,如牛马车辆、农具籽种等项,仍由各该垦户自行购备。

---

① 原载于《奉天公报》第318期,1913年,第2—12页。

第六条　本支部设垦植银行于济南，设分行于各繁盛地方，各垦户预计牛具籽种需款若干，得交由附近垦植银行汇至垦地，自由支用，不取汇费。

第七条　本公司于垦地设立农业杂货店，置备各项适用农具及其他应用物品，照原价出售，以供垦户之需要，借促业务之发展。

第八条　谷蔬籽种各有土宜，本公司所设杂货店亦拟选择置备，供给垦民购用。

第四章　赴垦

第九条　移垦地点如临江等处，系在松花江之南岸与内地各镇埠轮路衔接，交通极为便利，所需路费诸可节省，暂由各垦户自行筹措，俟交通部核准免购车票时，再行布告。

第十条　各垦民有素居乡村，未惯远行，不悉赴垦途径者，可取具保结呈由本支部或该管地方衙门转达，本支部定期召集派员，分起带赴垦地，以资照料，其向本支部报垦，或呈由各该管地方衙门报本支部领有赴垦执照，自赴垦地领垦者，本公司一体安插。其距垦地较近各民户并可径赴该垦地，本公司事务所报告领垦。

第十一条　本支部呈请都督，咨各省都督转饬各属地方行政衙门示谕周知，照前条规定报垦，一面仍由本支部登报布告以广招徕。

第五章　居住

第十二条　本公司业经修起大小村屯数处，屯内房屋除划留公用外，其余专备垦户承领之用，垦户若能自行修造，亦可暂时借住。

第十三条　本公司为便利垦户修造起见，所储各屯房木足敷三百余间之用。

第十四条　各垦户欲承领房屋居住者，写具愿书，呈由本公司按照眷口多少分配指拨给许可证书，照原用价值由承领人分年归还，以重公款所占宅基各若干，不取分文代价，将来房价还清，由公司给与管业证书，得有法律上之所有权。

第十五条　各垦户为减轻负担计，自行起造房舍者，得由本公司酌量借给房草房木，惟限定于一年内归还，其备价领用房木者，亦照原价分年归还。

第十六条　第十四条第十五条各垦户归缴之房价木价，以每年九月初至十二月底为缴纳期间，逾期不缴者，以延不清缴论，其有特别原因，报由本公司核准通融者不在此限。

第十七条　各垦户自行修造房舍，并不借用房草房木者，均听自便。

第十八条　各垦户修造房舍，由本公司所划屯内每户指拨宅基五亩，给与管业执照，概不取价，惟房舍未经修成或借项未及还清者，不得自由典卖。

第十九条　垦户报领荒地，须预计三年内能垦若干，写具领垦愿书，用本公司丈出，指拨发给呈垦证书，不取荒价。

第二十条　垦户承垦荒地，每户不得过一方（合四百五十亩），其兄弟异居者，不在此限。

第二十一条　垦户承垦荒地，如限期内不能全数开齐，得由本公司酌量划出，照章另行放给他人，该垦户原领之证书作为无效，其先期开垦完竣者，得随时另垦荒段放给承垦。

第二十二条　垦户垦熟之地，由公司按期丈清，除征收十分之一补助道路桥梁一切公益经费外，其十分之九之熟地归该垦户所有，由公司发给管业证书。

第二十三条　垦民有暂不携带眷口，只身赴垦者，得组合素识之人数名，由一人出名领垦，本公司认为有垦户之资格，适用本章程之规定。

第七章　佃种①

第二十四条　本公司现已垦出熟荒若干，将来添置牛具所开之地，自当历年增多，招佃承种办法约分两项。

甲由佃户承认开垦债务，查照垦费原数分三年清还，除扣留该佃种熟地十分之三，补助公司经费外，余十分之七，由公司发给管业证书，归该佃户所有。

---

① 原文如此，无第六章。

乙由本公司与佃户缔结租据订明　年为一期,由立据之年起算,第　年起第　年增租　期满另立定期租据,不得增租。

第二十五条　前条甲项佃户须先写具承佃愿书,呈由本公司核给,承佃证书订明若干日内实行佃种,如届期无力承种,得由本公司另行招佃,该证作为无效乙项,租据内亦订明起种期限,逾期未种者无效。

第二十六条　第二十四条应缴之开垦费及地租等,适用第十六条之规定。

第八章　附则

第二十七条　本章程由呈请政府立案之日起颁布实施,发生效力。

第二十八条　本章程如有未臻完善之处,得随时斟酌修改,呈请施行。

第二十九条　各项愿书、证书及其他字据合同,除应由临时规定外,其可以先期规定者,分列如左:

甲承领房宅愿书

具愿书人　,现年　岁,原籍　省　府　县州,因家道贫寒,情愿带领家眷来贵公司移民屯,价领房宅,请指拨居住,以便从事垦植。所有价目照章归缴,所具是实。

具愿书人　押

保　人　押

垦植协会鲁支部垦植公司鉴

中华民国　年　月　日

乙领垦愿书

具愿书人　,现年　岁,原籍　省　府　县州,因家道贫寒,情愿带领家眷来贵公司移民屯,领地开垦,请即指拨,将来按期请丈所有已垦未垦各地,悉听照章处分,所具是实。

具愿书人　押

保　人　押

垦植协会鲁支部垦植公司鉴

中华民国　年　月　日

丙承佃愿书

具愿书人　　，现年　　岁，原籍　　省　　府　　县州，因家道贫寒，情愿带领家眷来贵公司移民屯，领地佃种，请即划拨，所有原垦费用按期归缴，所具愿书是实。

具愿书人　　押
保　　人　　押
垦植协会鲁支部垦植公司鉴
中华民国　　年　　月　　日

家书①

烟台邮转：黄县黄山馆济美长转徐树人堂记。徐子鉴由北京鲜鱼口抄手胡同山左徐寓发。廿三号。

敬禀者：心于前日移寓鲜鱼口抄手胡同畅园。如有函示，直寄该处可也。又，传语刁砚珍兄，速赴省勿误。又，家中全体能否移京住？或老母一人来亦好。函此并请老母福安不备。膝下心顿。

关于绝不承认袁世凯违法借款的通电②

政府此次不经国会议决，擅行签字借款合同，参议院于四月二十八日特开会议，当时指定王家襄、丁世峄、杨永泰、汤漪、王正廷五人调齐临时

---

① 录自徐镜心从北京寄往龙口家中的明信片，时间为1913年4月23日。

② 原载于《民立报》1913年5月7日。该宣言系5月5日参众两院议员通电，又见于《中华民国国父实录》。

参议院议事录及借款案件，详加研究。

关于此项借款合同，去年十二月二十六日，国务院咨文到前参议院称：赵总理定于本月二十七日午后二时，同财政总长出席，报告大借款情形。二十七日，赵总理、周总长仅携缮印借款情形说帖，及撮记六国借款合同大义，并附录特别条件草稿，到院出席，开秘密会议，并未带正式公文。

当时议场，虽足法定人数，而正式举手表决者，仅有特别条件五款。此外合同大义所列十六款，据称均系普通条件，除额数及利息曾经表决外，其他各款将条文开载，固属无从表决。即其内容是否确系普通性质，亦无从断定。

且此次会议结果，前参议院并无正式公文咨复政府，至合同成立之先，须提出全案正式交议，当时前参议院固已郑重声明，周总长亦称，俟磋商妥洽后，当然提交院议。嗣后周总长就此范围与六国团磋议，时经数月，迄未就绪，因有美国仗义脱离资本团之事。

议员见此次借款合同，确未经临时参议院通过，文卷具在，众目了然。政府当正式国会已成立之时，忽尔私自签字，对于立法机关视同无物，违背约法，莫此为甚。故四月二十九日参议院续开正式会议，多数表决，全文曰：对于政府所定中国政府善后借款合同，认为未经临时参议院议决，违法签字，当然无效云云。

一面咨复政府，表示否认。乃政府通电各省，硬诬此案为临时参议院通过，并怂少数人通电，淆乱是非。此种问题关系国家存亡及立法机关存亡，议员等深恐政府一手掩尽天下耳目，为人民代表者难任此咎，兹特详举情形，质诸全体国民。

又，本日众议院会议，多数表决与参议院一致否认，并闻。

马君武、林森、王法勤、杨永泰、毛印相、张我华
谢良牧、居正、吕志伊、周震鳞、徐镜心、汤漪等
微（5 日）

通告少数人挟制国会电[①]

各省都督、省议会、《民立报》转沪汉各报馆公鉴：

借款违法签字，业由两院正式否决。神圣立法，岂容更易？乃有少数人对于国会，意存破坏。于参众两院开议，每以消极逃席，使百事莫举。如五月九号参议院开会，报到者一百八十七人，出席者一百二十人。余六十七人藏于休息室，声言不推翻议案，彼等绝不出席。待至一□之久，两次延长时间，彼等仍不出席，竟以不足法定人数散会。议员等忝负代表之责，而竟为少数挟制，莫如之何。

特此公布，伏维明察。

居正、周震麟、彭邦栋、徐镜心、黎尚雯、马君武等叩

参议员布告全国之通电[②]

各省都督、民政长，各省议会、各公团、各报馆，上海《民立报》《民权报》《中华民报》《民国新闻》《共和》《西报》《新闻报》《天铎报》《申报》《时报》《时事新报》《民报》钧鉴：

国会议员以代表民意、拥护国法为天职。前此政府借词借款条件，已经前参议院议决通过。秘密签约，蹂躏约法、蔑视国会，经两院先后决议，认为无效，举国皆知。

---

① 原载于《民立报》1913年5月11日第3版。

② 原载于《民主报》1913年5月14日第3版。

今政府任意武断，置若罔闻，竟将借款合同咨交两院查照备案。查《约法》关于国库负担之契约，议院只有决议之职权，并无备案之规定。倘借款条件既经议决，则议会当然有案，更何须备？此项咨文，名实俱乖，荒谬绝伦，当然主张退还。

乃某党议员为政府所利用，死力拥护。既无正当理由，仅以不列席为挟制破坏之计，倒行逆施，甘心负国。庚日，参议院将退还原咨付表决，该党议员蓄意捣乱，临时逃席。蒸、文两日开会，复到会而不列席，致两次不足法定人数，不能开议，国家机关、国民意思均因牵制而受破坏，立法前途可为痛哭。

苟该党员确有正当主张，何难当场发表，折衷至当。乃事事捣乱，日日逃席。此等举动，岂顾存大局。稍具天良者，所肯出同人等身受民国付托之重责，任所在死生以之。惟忠言有逆耳之势，人心无悔过之机，横流日亟，无法挽救，负国负民，谁执其咎？特布天下，以俟公判。

参议院林森、汤漪、杨永泰、宋渊源、蒋举清、吕志伊、萧辉锦、李伯荆、李国定、杨喜山、邹树声、符鼎升、杨琼、曾彦、卢汝翼、杨增炳、刘濂、李绍白、吴文瀚、卢信、白乃祺、梁士模、蔡国忱、吴湘、卢式楷、李述膺、胡璧城、周廷劢、窦应昌、杨渡、郭椿森、章兆鸿、范振储、丁象谦、刘积学、谢持、燕善达、梁培、万宝成、吴景鸿、童抗时、朱兆莘、王鸿庞、段世垣、秦锡交、王洪身、金鼎勋、王靖方、蒋曾燠、刘正堃、雷焕猷、刘映鉴、陈敬棠、居正、蒋羲明、孙光庭、盛时、张我华、杨择、许桑、苗雨润、胡秉柯、田永正、富元、金兆棪、张联魁、李汉丞、周震麟、赵世钰、徐镜心、汪律本、洪焕南、张锡畛、彭邦栋、王立建、王鑫润、蒋报和、潘祖彝、黎尚雯、王佐才、黄宏宪、郑际平、蔡突灵、李英铨、严恭、谢良牧、金永昌、黄绍侃、杨芬、谢树琼、岳云韬、郑斗南、郭桐维、段砚田、周泽南、袁嘉谷、高家骥、马君武、赵鲸、魏鸿翼、唐琼昌、韩玉辰、高荫藻、杨家骧、高鸿恩、何士果、李自芳、赵成恩、李茂之、陈祖烈、杨崇山、郑林皋、朱念祖等仝叩

感怀诗[①]

伤心政海波澜倒，为语当途天地长。
汉武秦皇今安在，斯民终古有天良。

垦植协会鲁支部请于运河两岸提倡林业广植桑秧呈[②]

垦植协会鲁支部为呈请事，前由本支部呈请都督，将濒临运河之东临各县，沿河两岸拨归本支部，提倡林业，以期发达垦植，裨益民生。业蒙都督核准，通令各县在案。遵即遴派本支部总务经理牛猷周君，驰往运河一带相度情形，切实调查，以备开办。现已差竣回省。

据称，运河自桃城埠迄临清，绵亘二百余里，河身日渐干涸，一望青葱，率成大陆。两岸之地因滨河日久，地面皆系沙碱，其下层则仍为膏腴。唯以官荒之故，食其利者，除各县提作办学经费外，率为吏胥暗中侵蚀，甚且转相售卖，浸至化官为私。即或设官经理，而地面延长，照料难周，且一切开支需用浩繁，更有入不敷出之虑。以二百余里之土田，坐视其纠纷轇轕，而于地方无丝毫之输入，殊属可惜。

且东临一带，土壤素称瘠薄。自粮艘废运以来，交通顿窒，命脉几淹。商业凋零，生活困惫，已有日渐萎疲之现象。而考其地质，纯系淤沙结成，

① 录自台湾国民党党史会藏毛笔手稿原件。

② 原载于《山东实业》1913 年 6 月 15 日。

万无矿产发现之理。既无矿产,则工艺断难发达,眷念前途,良堪浩叹。

该员抵东昌后,与彼都官绅纵谈及此,于万难补救之中,为因地制宜之计。拟于运河两岸提倡林业,广植桑秧,以作将来振兴蚕业之预备。该处天时干燥,既于育蚕为宜,且人工极廉,经营较易。一面设立蚕校,悉力研究,数年而后,嘉木成荫,人才蔚起。以运河两岸二百余里之大,作一模范桑园,收效之宏,定可预卜。

当蒙该处官绅,佥表同情,并拟组织济西垦植分部,以为着手进行之地。即以济西观察使为分部部长,董率绅民,妥为布置。先将沿河两岸地,其已经垦熟者,一律备价收回;未垦者,即由分部直接经理。如此办法,于国计民生,殊属良有裨益。除由本支部开会报告,当经全体会员赞成外,为此具文,呈请都督核准立案。俯赐施行,实为公便,须至呈者。

参加联署的国会议员质问书[①]

按:任国会参议院议员期间,徐镜心参加联署了九次国会议员质问书。这些质问书,是根据民初相关法律赋予国会议员的权利,向袁世凯及其爪牙所主持的大总统府和国务院提出的。不仅反映了袁世凯肆意践踏法律、维护专制独裁统治的罪恶行径,也记录了进步议员对于袁世凯的反抗与斗争。

质问政府关于中国善后借款合同未交国会议决书[②]

（二年四月二十八日）

政府在临时期内,力持借债政策继续进行。临时参议院对于政府此

① 原载于《众议院议决案汇编》,1913年4月28日至9月16日。本文由刘建昆整理并加按语。

② 《众议院议决案汇编》,1913年12月,第9页。

种政策,亦始终表示同意。职此之故,现政府日向外人磋商借款,不留余力。本员亦能深谅其所由来,不至更生疑虑。

乃近闻政府与五国资本团订立二千五百万磅之借债条约,已于前二十七日由双方签字。此等绝大财政,民国存亡攸关,而条件内容,秘不宣示,人心惶惑,咸目政府为违法丧权。

查此次借款一案,临时参议院不过赞成大意,并未全案议决,遽行签字,实属骇人听闻。今按《临时约法》第十九条第四项,及《国会组织法》第十四条第二项之规定,提出质问,限于一日内应由国务总理、外交总长、财政总长出席,明白答复,以释群疑。

提出者:汤漪

联署者:张我华　周震鳞　蒋举清　朱念祖　宋渊源　徐镜心
马君武　杨永泰　吕志伊　居　正　王试功　曾　彦

国务院来文

(二年四月二十九日)

为咨行事。本年四月二十八日,准贵院咨开本院于本月二十八开会公决关于五国借款一案,应要求国务总理暨外交总长、财政总长,于二十九日午后一时来院出席答复质问,相应咨请贵总理查照,希届时邀同外交、财政两总长,来院出席可也等因。又,奉大总统交下贵院咨开:查《国会组织法》第十四条第二项规定,民国议会两院各得专行质问。兹据本院议员汤漪提出质问书一件,联署者在十人以上,应即转咨大总统查照希印,于一日内答复可也,计咨送参议员汤漪质问书一件等因。

查借款条件,曾于上年十二月二十七日,由临时参议院特开秘密会议,业经表决通过。此次所订中国政府善后借款合同,与前次所订条件大致相同。本拟俟国会构成,即将签字合同全文咨送两院,一面出席宣布兹准前因。除关于大借款详情,即日另文咨明外,相应咨请贵院查照可也。此咨参议院。

质问政府关于逮捕谢议员持书①

（二年五月二十四日）

为质问事。查《临时约法》第四条："中华民国以参议院、临时大总统、国务员、法院行使其统治权。"第九条："人民有诉讼于法院，受其审判之权。"第四十八条："法院以临时大总统及司法总长分别任命之，法官组织之。"现在军政执法处之机关，其成立之根据，究系属于《约法》第几条，抑系另有根据于别项法典，无从查考。况命名为军政执法处矣，则循名覆实，充其量其效力不过及于军人而止，普通人民自无受其逮捕审判之权。加以京师秩序早已恢复，军民相安，毫无龃龉。既有警察，已足保护京畿人民之治安。又有宪兵，尤足维持京畿军队之军纪，则此军政执法处之机关，更无保留之必要。此应行质问者一。

查《临时约法》第六条第一项："人民之身体，非依法律不得逮捕、拘禁、审问、处罚。"第二项："人民之家宅，非依法律不得侵入或搜索。"第十六条："参议院参议员，除现行犯及关于内乱外患犯罪外，会期中非得本院许可，不得逮捕。"《国会组织法》第十四条："民国宪法未定以前，《临时约法》所定属于参议院职权内之事项，为属于民国议会之职权。"今谢议员持，非参议院议员乎？仅据一无佐证之"炸弹嫌疑"，是可谓为现行犯乎？是可谓关于内乱外患之犯罪乎？五月十七号非在会期中乎？当逮捕之先，曾无片纸只字通知本院，其可得谓为得本院之许可乎？不特此也，即使逮捕之前已一一完成上列诸项之程序矣，则其逮捕、搜索之权，自有普通法院操之，军政执法处既非法庭机关，而容越俎捕人乎？侵害司法之独立权，剥夺人民之自由权，究竟据何项法律？此应行质问者二。

查现在北京秩序，安堵如恒，中国以内，并无战事。既不在战地之范围，又未有戒严之宣告，即使本区城内发生犯罪事实，亦应由总检察厅指挥检察官，督率司法警察，以执行其搜查、检证、勾摄等处分，而不应由军政执法处之侦探、军队横加干涉，即曰司法警察力有不逮，然尚有普通警

---

① 《众议院决议案汇编》，1913年12月，第20页。

察在。乃近日该执法处捕人之举,时有所闻,且动以军队出之,究系根据何种法律？且既以军队捕人矣,尤宜公然穿着制服,乃动以便衣出之是何理由？此应行质问者三。

据谢议员报告,当被捕至军政执法处时,不问理由,即强钉镣铐,闭禁牢狱,如前清之待死囚。此等野蛮非刑,根据何种法律？并闻拘囚累累,至数十人之多。此数十人者,既非军人,如果犯罪,自应归法院审问,按法处罚。今军政执法处既非法院,又非法定之机关,又未在宣告戒严期内,按照《临时约法》第六条第一项,则军政执法处对于人民,当然无逮捕、拘禁、审问、处罚之权。今该处公然以镣铐处罚人民,设法庭审问人民,置牢狱拘禁人民,派侦探逮捕人民,究据何种法律？此应行质问者四。

以上四点,相应按《临时约法》第十九条第九项提出质问,即希明白详细逐条答复,以释群疑。

提出者:张我华

联署者:朱念祖　丁世峄　王家襄　黎尚雯　杨　渡　金兆棪　丁象谦
徐镜心　章兆鸿　汤　漪　邹树声　范振绪　童杭时　高荫藻
朱兆莘　萧辉锦　张杜兰

国务院来文

（二年六月二十五日）

为咨复事:奉大总统发下贵院咨送张议员我华等质问书一件,当经缄送陆军部核复,兹准复称:

一、军政执法处为陆军司法机关,即《临时约法》第四十九条所载之特别诉讼。原此机关之设立,因光复以后,京畿一带游兵散勇,纷起滋事,故特立此项机关,以备惩治。此次犯罪人之用,原不及于普通人民之犯罪。间有对于常人犯罪而亦施逮捕者,缘军政执法处有兼辖宪兵营之职权。而宪兵对于司法,或普通警察,有应其请求出为援助之义务,故其对于常人犯罪之逮捕,非军政执法处之逮捕,为宪兵营之逮捕。既逮捕后欲行解送,必须备文,并须叙明案由,则自不能不行一时之拘禁,以审问其犯罪之概略,此实为权限上应有之事。至于处罚,除军人犯罪,或常人之犯军事罪外,自不应由该执法处办理。

二、谢议员之受逮捕,实为受施放炸弹、颠覆政府之嫌疑。认定为属于内乱罪之范围,当然毋庸先得院内之许可。至云逮捕一层,原系实行宪兵之职务,不得为越俎,亦不得谓侵辖司法之独立。

三、宪兵当施行逮捕时,不穿着制服者,乃为欲达逮捕之目的而然,系属逮捕手段之一种。并查各国对于宪兵逮捕罪犯之规定,亦未定有须穿着制服之必要也。

四、对于谢议员强钉镣栲一层,现询据该执法处,并不认有此事。设果有此,应由谢议员向该管检察厅,对于该处提起诉讼,自可得正当之裁判。

总之,法律各项草案(如普通刑法及民刑诉讼法、陆军刑法、陆军治罪法等)未经国会议决颁布以前,所有审判权限及执行逮捕、搜索各手续,非具有法律知识而又洞悉军事者不能明了。且普通司法审、检各别,而军事司法则审、检合而为一。此军政执法处之职权与普通司法迥异之原因也。惟军政执法处,系在民国元年北京戒严时设立,其组织容有未尽恰当之处。一俟将来正式政府成立,各项法制完备后,此项机关自可另行改组也等因,相应咨复贵院查照可也。此咨参议院。

质问政府关于滇省国税厅长熊范舆挪用公款书①

(二年五月二十八日)

云南省议会弹劾云南国税厅筹备处长熊范舆挪移滇蜀铁路公司路股并勒取锡务公司存银一案,虽经省议会寒日电达大总统、国务院、参众两院,称此案前奉大总统令,本省都督、民政长查复。兹本会准都督、民政长咨称:熊范舆借路款十六万元,因黔省松铜告急,黔政府由黔银行转借此款,配发军饷,并请展限六个月,由黔政府担保等语。查公司路款,纯系民股,并非公款可比。黔政府何得展转挪移?况黔政府担保之时,并无借款发饷之言。今因循未还,乃作此言为之回护。究竟此款何日归还,并未提

① 《众议院决议案汇编》,1913年12月,第29页。

及,徇情护恶,何以服人?此挪移路款一节,省政府查复不实之情形也。

又咨称:熊范舆勒取锡务公司所存款银,因有龚劲甫者,回滇运动革命,迫熊索取,旋即缴交实业司下欠一千两等语。查此案前经省政府传集锡务公司经理马、孙二人,当同各厅司长质问。据供称,当熊范舆带兵威胁勒取情形,言之凿凿。今忽云龚某运动革命,迫熊索取,尤属措词搪塞,委过他人。虽事后惧罪缴交实业司,而率兵勒取公司存款,罪恶昭著,万难掩饰。此勒取存款一节,省政府查复不实之情形也。

总之,熊范舆声势赫濯,手段诡谲,盘踞滇省财政机关七八年,种种劣迹,人所共知。省政府虽曲为之解,亦难洗刷净尽。查滇人民对于此事,群情愤激,舆论沸腾。以此等贪婪素著、屡失信用之人,揽国税厅之权,民国信用,妨害实多,国税前途,何堪设想。若任其蠹国殃民,本会万难公认。应请国务院提交国务会议惩办,治相当之罪,并勒限追缴路股,或另行派员查办,以平众愤,而警奸贪。本会业经闭会,全体议员以人民代表,责无旁贷,专待此案解决,始行解散。泪竭声嘶,伫候复示,临电不胜迫切待命之至等语。滇省议会,代表民意,实行清理财用之件,关系至巨,立待解决,断不容稍涉含混,使案有隐饰,而款无着落。政府对于此案究系如何办法?谨据《约法》提出质问,请于二日内答复。

提出者:孙光庭　杨　琼　赵　鲸　袁家谷　吕志伊

联署者:金兆棪　蒋曾燠　林　森　蒋报和　曾　彦　刘　濂　王靖方　徐镜心　朱兆莘　彭邦栋　蒋义明

国务院来文

(六月三日)

为咨复事。前奉大总统发下贵院咨送孙议员光庭等质问书一件,内称:接云南省议会弹劾国税厅筹备处长熊范舆挪移滇蜀铁路公司路股并勒取锡务公司存银一案,究系如何办理请答复等因。当经函交财政部核复,兹准复称:查熊范舆挪移铁路公司路股,并勒取锡务公所存款各节,前本部准国务院先后奉大总统发下香港公民及滇省议会电,同前由均经电请蔡都督兼民政长确查,具复在案。嗣准蔡都督电复称,滇路公司设有汇兑处,原司放款生息,熊与王、戴等,先后共借十六万元,以锡务公司股本作抵,照章付息。前经铁路局催还,熊等在黔筹借现款十六万元正拟归还。适黔政府需饷无法,即将熊等所借商款由黔银行借去,配发军饷。是取滇路之款,未能照期归偿,系有特别可原之理。此查明挪移路款之实在情形也。

又,勒取锡务公司存款一节,查熊系该公司董事。有龚劲甫来滇运动革命,探知熊有经手之款存该公司,率兵挟熊到公司,将存款提出。去年十月,熊将经手矿政公所之款,如数解缴实业司,此查明挪移锡款之实在情形也等语。前来本部,以该都督、本省长官,既经两次复查,本应毋庸置议。唯尚恐有不实不尽之处,正在核办间,适接熊范舆辞职之电,业经准其开去国税厅筹备处长本职,一面派员再行秉公查办,以昭核实而示大公等语。相应咨复贵院查照可也。此咨参议院。

质问政府关于调兵赴鄂书①

(二年六月十日)

库伦问题,前日本院秘密会议,经国务员出席报告。至协约之可否履行,应俟两院议决。唯政府近日之军事计划,实有令人疑且骇者。夫外交利钝,非司徒恃口舌之辩争,必以武力为后盾,此稍审国事者所能知。虽两国兵力,强弱殊形,尤当整军经武,力谋捍卫。从未闻于外患日逼、国本飘摇之际,而自撤藩篱,更为阋墙之斗者。宋案、借款两事发生后,南中诸省省议会、都督及公民等,叠次电争。虽不免稍有过激之言,然皆晋发于爱国热忱,初无他意。乃政府轻信浮言之挑拨,遂将北洋久练之兵第二、第六两师,移驻武汉等处,而鲁豫张、倪诸军复发动令具作战计划,致沿江赣、湘、浙、皖之民,有风声鹤唳、罢市辍耕之惨状。而关外之丧师失地,警耗迭传,政府久无出师之令,转欲逞其威力于中原,此议员等所百思不解者也。究竟政府迭次派兵南下,不以外蒙紧急重要国防为重,是何理由?谨据《约法》第十九条第九项提出质问,应请政府明白答复,以释群疑。

① 《众议院决议案汇编》,1913 年 12 月,第 40 页。

提出者:谢良牧

联署者:王法勤　刘　濂　郝　濯　彭建标　李英铨　李绍白　王观铭　吴　湘　徐镜心　唐琼昌　周震麟　卢　信　朱念祖　张我华　杨家骧　温雄飞　朱兆莘　汤　漪

国务院来文

（二年六月二十五日）

为咨复事。奉大总统发下贵院咨送谢议员良牧等质问书一件,当即缄交陆军部答复。兹准复称:迩日乱党窃发,勾结军队,人心扰攘,中外惊疑。武汉为全国中枢,不逞之徒,潜谋窥伺。黎副总统以兵力不敷分布,电调原驻豫南军队以资震慑,暴徒知防范綦严,始不敢逞,而沿江居民赖以安业。来书所称赣皖之民罢市辍耕等语,当系豫军未动以前情形,与目前事实迥不相符。又称关外警耗迭传,政府久无出师之命等语,此项军事计划,万无显然宣布之理。倘奸宄不作,内顾无忧,全国一心,同谋对外,政府岂不大愿?无如按之目下时势,尚难望此,则亦不敢稍疏内地之防,致贻生民之惨。伊古以来,断未有内不安而能御外者。国中现状,情势昭然,政府维持大局之苦心,当能共谅于天下也等因。相应咨复贵院查照可也。此咨参议院。

质问政府关于派兵南下书①

（二年六月十日）

政府近来于军事上之举动,殊有种种不可解者。查南北本无意见,而报纸喧传,或云某省将独立,或云某军已南下,谣诼繁兴,人心疑惧。所以本院刘、蔡两议员,均提出质问。旋据国务院答复,略称:报纸谰言,不足凭信。某省宣布独立之说,均属无稽等因。阅之不胜欣幸。惟是否派兵南下,咨复文内并未宣示,显系属实。南方各省,既称安谧,而前之纷纷扰

① 《众议院决议案汇编》,1913年12月,第42页。

扰,派兵遣将,果胡为乎？是不可解者一。

无事自扰,惊动全局,自应迅将军队调回以安人心。乃近据所闻,不惟南下之军尚未调回,而北驻之军且将续发,岂别有原因,抑传闻之误?是不可解者二。

库伦独立,久未取消。近闻库兵南犯,风云日急。蒙古存亡,关系全国。兵力对待,刻不容缓。南下之军队,应即调往西北,以御边患,而维大局。乃政府竟计不出此,岂西北边防兵力有余而无后顾之忧耶？是不可解者三。

谨依《约法》提出质问,希于五日内答复。

提出者:刘正堃

联署者:姚翰卿　郭相维　郑林皋　朱念祖　高家骥　童杭时　萧辉锦　张我华　蔡突灵　王靖方　黎尚文　曾　彦　田永正　杨　渡　周震鳞　杨福洲　陈焕南　蔡国忱　向乃祺　李伯荆　汤　漪　李绍白　徐镜心　张　锡　金兆棪　杨家骧　韩玉辰

国务院来文

（二年六月二十五日）

为咨复事。奉大总统发下贵院咨送刘议员正堃等质问书一件,当经缄交陆军部答复。兹准复称:迩日乱党窃发,勾结军队,人心扰攘,中外惊疑。武汉为全国中枢,不逞之徒,潜谋窥伺。黎副总统以兵力不敷分布,乃电调旧驻豫南兵队赴鄂,以资震慑。暴徒知防范綦严,不敢逞志,民赖以安。至蒙、疆告警,自有秘密布置,此种军事计划,万无显然宣布之理。所称南下军队,应即调往西北等语。军队行动,本部承行大总统指挥,负有全责,但使奸宄不作,内顾无忧,全国一心,同谋对外,政府岂不大愿?而目下时局,尚难望此。则亦不敢疏内地之防,贻国民以无告之惨。从古内忧之切,甚于外患,无事自扰,危及全国。政府派兵镇摄,乃应尽之责。目下大局稍定,情势昭然,谅维持之苦心,当可共白于天下矣等因。相应咨行贵院查照可也。此咨参议皖。

质问政府关于任命叶镜湜署广西高等审判厅长书①

（二年六月十三日）

民国二年五月三日，《政府公报》有任命叶镜湜署广西高等审判厅长之令。查《临时约法》第五十二条："法官在任中不得减俸、转职，非依法律受刑罚宣告或应免职之惩戒处分，不得免职。"广西高等审判厅长魏继昌署任已经两年，并无转职、免职之处分，应完全得《约法》之保障，今无故改任叶镜湜，显系违背《约法》第五十二条之规定。

又，查现行《法院编制法》，高等法官任用各条，以法政、法律三年毕业为衡。叶镜湜虽入京师法律学堂，然毕业考试落第，有案可据，叶镜湜并无法官资格。今忽以之充当高等审判厅长，殊与定章不符。本员为尊重《约法》维持法律起见，谨依《约法》第十九条第九款提出质问，希即转咨政府，详明答复。

提出者：曾　彦

联署者：卢汝翼　杨永泰　彭建标　徐镜心　卢式楷　梁士模　杨　芬　唐琼昌　黄宏宪　李茂之　梁　培

国务院来文

（二年六月二十五日）

为咨复事。奉大总统发下贵院咨送曾议员彦等提出质问书一件，当经缄交司法部答复。兹准复称：查《临时约法》第四十八条"法院以临时大总统及司法总长分别任命之法官组织之"等语，魏继昌系未经正式呈请任命人员，自不得援引《约法》保障以为口实。又，该条第二项"法院之编制及法官之资格以法律定之"等语，现在此项法律尚未规定即已经任命人员，亦无《约法》上之各项保障。至叶镜湜一员，系京师法律学堂毕业，教育部所送毕业生名册有案可稽。该员既系法律三年毕业，自可据案以为

① 《众议院决议案汇编》，1913年12月，第53页。

任用之依据等因。相应咨复贵院查照可也。此咨参议院。

质问政府关于直隶冯国璋干涉立法书①

（二年七月十一日）

《国会组织法》第十九条："两议员之岁费及其他公费，别以法律定之。"国会为立法机关，则议员之岁费及公费议决之职权，当然属之。此次两院院法起草委员于该草案中，将此项岁费及公费数目拟定，所以行使其职权也。乃本月四日直督冯国璋来电，对于该草案第九十二条竟加横议，员阅之不胜该〔骇〕异，无论该草案已经本院概付审查，并经审查会分别增删，刻正提交大会逐条讨论，必能臻于完善，即或经院议决后咨交政府，政府认为尚须修正时，而咨院复议之权，《约法》已有明条。该督为地方行政官，乌得僭越至此。以最后忠告之语气，为实行干涉之先声，立法机关前途，何堪设想？况其电文措词荒谬，任意侮辱，益足为该督弁髦法律、蔑视国会之证。政府对此种侵权藐法之通电，应否予该督以相当处分，并一面通饬各省都督、民政长，不得效尤，以杜行政干涉立法之渐。谨据《约法》第十九条第九项、《国会组织法》第十四条提出质问，请政府限日答复，是否有当，尚祈公决。

提出者：朱念祖

联署者：萧辉锦　卢式楷　王靖方　张我华　王家襄　金兆棪　段世垣
高家骥　许　椝　宋渊源　范振绪　刘映奎　李兆年　吴景鸿
窦应昌　丁象谦　王观铭　王文芹　焦易堂　李绍白　袁嘉谷
郑际平　李英铨　何海涛　韩玉辰　温雄飞　李自芳　汤　漪
马　坤　林　森　王凤翥　李国定　毛印相　张鲁泉　卢　信
杨　芬　向乃祺　卢天游　杨增炳　符鼎升　姚翰卿　郭相维
何士果　唐琼昌　杨福洲　王鑫润　周泽南　徐镜心　彭建标
彭邦栋　刘　濂　蒋曾燠　陶　逊

① 《众议院决议案汇编》，1913年12月，第89页。

国务院来文

（二年八月一日）

为咨复事。奉大总统发下贵院咨送朱议员念祖等提出质问书一件，查原书质问要点，以直督冯国璋来电，对于院法草案第九十二条竟加横议，以最后忠告之语气，为实行干涉之先声等语。国会为立法机关自应尊重。第核阅该督来电，不过以财政极为困难，借款亦转瞬告罄，希望过于迫切，措词遂尔激昂。且该督以个人名义发表意见，亦未便牵及其职权谓为干涉也。相应咨复贵院查照可也。此咨参议院。

质问政府关于奉督张锡銮叠借外债书①

（二年七月十六日）

各省财政吃紧，与中央相同，理宜规划久远，徐图生财之道，万不能纯恃借债为生活。奉省都督张锡銮前经向日本南满会社息借日金六十万元，以省城电灯厂、电话局暨西关商埠作抵，到手之日，顷刻立尽。此次来京，又借定交通银行二百万元，以奉天伍田随缺地价提前偿还。奉省一隅，既得此大宗借款，谅可以补救眉急，并举办生财事业。讵意连日以来，又有息借美国二百万磅之说，并闻有向英商新正洋行借债之举。事之有无，虽不可知，然似此借而复借、债上加债，并且以债还债，而借债遂无终了之期。本员向为主持借债以图生利之人，关于借债并不反对。惟于张督此举有不能不滋疑意者。究竟张督于奉省财政有无经久计划？将来能否有不借外债便可生存之一日？若纯恃借债能否持久？此不能不质问者一。

此次张督向美国及新正洋行借款，闻有归中央政府使用之说，究竟各项借款，果系奉借奉用，将来即由奉省偿还，抑系中央借用以奉产抵押，或奉省借由中央担保？此不能不质问者二。

① 《众议院决议案汇编》，1913年12月，第93页。

从前大总统通令各省不准私借外债。此次张督迭借巨款，是否经大总统许可，并经该省议会通过？此不能不质问者三。

以上三种疑点，谨按《约法》第十九条第九项、《国会组织法》第十四条提出质问，请政府限三日内答复。

提出者：李绍白

联署者：章兆鸿　杨　渡　姚翰卿　杨家骧　延　荣　高家骥　张鲁泉
谢书林　王凤翥　丁象谦　郭相维　刘映奎　郑林皋　袭玉崑
赵连琪　杨福洲　富　元　徐镜心　孙乃祥　苏毓芳　朱念祖

国务院来文

（二年八月十九日）

为咨复事。奉大总统交下贵院咨送李议员绍白等提出质问书一件，当经缄交财政部答复。兹准复称：查本部并未据奉省报告有举借新正洋行款项情事。当即抄录原件，咨请奉天都督据实答复。去后兹准该督来函复称：查原质问书第一问题，应分目前与经久两层。奉省行政、军政各费，二年度预算出入相抵，约亏九百余万元。历年积欠官银号及订购军火并所欠外债等项，约共六百余万两。现在每月立待支发、不容稍缓之款，总需银六七十万两，内以兵饷为尤要。其入款则至多不过三十万两，因税收正在淡月，田赋收款，必须冬令始解。现状等于燃眉，为炊岂能无米？欲求目前应付，除贷债而外，更有何策？至于财政根本计划，不外节流开源。节流则于岁出力求缩减，现正提议裁撤各机关；开源则惟有于固有之税捐竭力整顿，拟办之印花税等项，函求开办，而求金融灵活，非有生利之母财难语。兴举必须另借大宗外款，整顿银行实业，以期经济发达、取挹有资。

至第二问题，奉省并无此事，现在拟借者，亦非新正洋行之款，自属无可答复。

第三问题，奉省第一次借日金六十万元，已交省议会议决通过；续借大洋二百万元，现亦咨交等语，谨此答复等因。相应咨复贵院查照可也。此咨参议院。

质问政府关于大学校停办书①

（二年九月十六日）

昨日报载：国务会议已有停办北京大学校之成议。查现在学制，凡中学毕业者，即可升入大学预科，由预科入正科。比来各省高等学校，多已停闭。中学毕业者日以增多，理合推广大学，以为造就人材之地，乃何以忽有停办之议？良以国家财政困难，或因该大学内部紊乱，借为淘汰之计。然财政困难，惟有节省冗费，大学为全国教育之归宿，断无可停之理。况值此新生已招、旧生已到、教员已聘，于势尤难中止。如因该校内部紊乱，尽可整顿，何必因噎废食？未知国务院果有此成议否？如果停办，各新、旧生远道来京，将如何处置？各教职员已经聘定，将如何解约？各省中学毕业有志升入大学者，将何从肄业？而教育部提倡教育之真意果安在？希即明白答复以释群疑。

提出者：童杭时

联署者：郑际平　郑林皋　郭相维　高家骥　袁嘉谷　杨　琼　韩玉辰
万鸿图　卢式楷　李汉丞　杨福洲　杨永泰　蒋羲明　徐镜心
王鑫润　吴景鸿　张鲁泉　李国定　卢天游　李英铨

国务院来文

（二年十月十六日）

为咨复事。奉大总统交下贵院咨送童议员杭时等提出质问书一件，当经函交教育部答复。兹准复称：查本部规划有拟将北京、北洋两大学合并改组以谋整顿、扩充，现因兹事重大，方待审度情形，详细规定。北京大学已定于本月十三日仍旧开学，十四日上课。原质问书所称停办一节，无此事实等语。相应咨复贵院查照可也。此咨参议院。

① 《众议院决议案汇编》，1913 年 12 月，第 127 页。

袁政府违法借款之铁证宣言[①]

政府此次违法借款,现经两院多数表决,认为违法,当然无效。乃犹运动进步党议员,百计捣乱,希图翻案。岂知此案铁证确凿,断难掩饰。且此等丧权失利之合同,原属商家交易,为私法上之契约,并非公法上之条约,既有碍于国际,例应取消,以全大体,不容以私而废公也。此将证据公布如左:

临时参议院方面之证据:

(一)前参议院并无政府正式提案交议之案据。

(二)前参议院并无正式议决之案据。

政府方面之证据:

(一)政府并未存有交议前院之案据。

(二)政府并无前院议决咨复之案据。

据此四证,则政府所称从前参议院议决云云者,概属空言捏造,自欺以欺天下。我国民负债务之责,断难含混承认。况合同之丧权破产、违法签字,令外人握我财权,致我死命。以埃及我,以土耳其我。茫茫神州,沦胥以亡。妻孥财产,永为人奴。稍有人心,能勿痛愤?

袁世凯与五国银行之罪状

袁氏借款,不经国会议决,是为违背法律;银行出贷,协助政府违法,是为灭绝人道。丧我主权,破我财产,袁氏直接灭亡我国家;乘我危急,制

① 根据台湾国民党党史会所藏毛笔原件整理而成,署名徐子鉴,约作于1913年4月到5月间。另见罗家伦主编:《革命文献》第四十二、四十三合辑《宋教仁被刺及袁世凯违法大借款史料》,中国国民党中央委员会党史史料编纂委员会,1968年,第342页。

我死命，银行间接鱼肉我国民。违法签字，全国反对，袁氏乃充耳不闻，是真蹂躏民权；吏横民愤，大陆危迫，银行乃袖手旁观，是真丧尽公德。袁氏亟亟签字，利用银行，以达其政权专制之目的，是为政治之罪人；银行亟亟订约，利用袁氏，以达其利权专制之目的，是为商贾之罪人。

袁氏之祸，可以乱中华秩序，是为中华民国之罪人；银行之祸，并以破坏东方和平，是为东方全局之罪人。袁氏经两院反对，不肯取消合同，反欲运动翻案，是真穷凶恶极；银行知国民愤激，不早出手转圜，反欲试渐交款，是真狼狈为奸。袁氏挟银行团以抵抗国会（据政府人称，银行团不愿取消合同），依外凌内，是真丧心病狂；银行依私法约以破坏国际（合同为私法上事，既侵国际，应予取消），以私废公，是真反道败德。袁氏为法律之贼，银行为道德之贼。不弹劾袁氏，无以谢中华全国；不对待银行，无以保东亚和局。

附录　宣言题端

大注意，我国民，须平心，谋生存。勿利诱，失厥身，勿威怵，丧厥真。

民初参议院发言记录①

参议院第十七次会议纪录②

（1913）五月三十日下午两点十五分振铃开会，今日张议长（按：张继）因事请假，由副议长王正廷主席。

议事议程：继续讨论“中国善后借款合同，政府咨请本院查照备案问

① 此部分由徐学航整理。

② 原载于《顺天时报》1913年5月31日第9版。

题”,仍请次第排号顺序发言。

(四号)徐镜心登台发言云:本院反对政府之查照备案,该咨文既云“已经前参议院通过,定然有案,即无庸查照备案”。此本员所据之简单理由也。

参议院第二十八次会议纪事①

(1913)六月二十三下午一时,参议院振铃开会,副议长王正廷主席。至两点廿分始足法定人数,议长遂宣告开议。

议事日程:(一)《宪法起草委员互选细则案》(宪草委员会提出)初读。

委员长徐镜心报告云:本会开会数次,始行将此案提出,规定六条,不过第二条稍费研究。现在规定,系用无记名有限连记法,每票连记二十名。第六条规定,应得众议院之同意,是否仍候公决。

参议院纪事②

(1913)六月二十四号两点三十分始足法定人数,遂开议。

议事议程:讨论《宪法起草委员互选细则案》(起草委员会提出)二读。

徐镜心云:请按照今日议事日程开议。

徐镜心云:现在不过有两种意见:一、表决有限与无限;一、表决数之多寡。

参议院纪事③

(1913)六月二十七号午后一时振铃开会。副议长王正廷主席,延长

① 原载于《顺天时报》1913年6月24日第9版。
② 原载于《顺天时报》1913年6月25日第9版。
③ 原载于《顺天时报》1913年6月28日第9版。

至二点二十分始足法定人数,议长宣告开议。

议事议程:《参议院议案法草案》讨论。

秘书长朗读二十八条:徐镜心主张由政府或要求政府下加议员十人以上之提议。议长遂付表决,少数。

参议院杂观①

时间:(1913)七月二日

议事议程:讨论豫督张镇芳违法溺职之查办案。

《徐镜心之忠告审查员》洎夫主席指定审查员之后,徐镜心君起立发言曰"审查诸君应将此案详情彻底调查。务须注意,盖此案为本院开幕以来第一次弹劾案之根据,不可自行损失其价值"云云。诚为知本之论焉!

两院会合纪事②

(1913)九月十七日下午一时振铃开会,参议院正议长王家襄主席。延长至两点二十分钟,两院议员出席共六百三十二人,已足法定人数,议长遂宣告开议,命秘书长报告选举总统方法已经宪法起草委员会提出。报告毕,议长云:今日议初读,即请宪法委员说明理由。

议事议程:《宪法会议规则案》(本会提出)初读。

院长云:大家对题目"两院会合议事细则"有无异议?

徐镜心谓:此种题目甚为不妥。

两院会合纪事③

(1913)拾月一日下午一时开会,延至两点四十分钟已足法定人数,遂开议。

---

① 原载于《顺天时报》1913 年 7 月 3 日第 9 版。

② 原载于《顺天时报》1913 年 9 月 18 日第 3 版。

③ 原载于《顺天时报》1913 年 10 月 2 日第 9 版。

议事议程:《大总统选举法案》(审议报告)

徐镜心云:对于“得票过投票人数总额之半为当选”,主张为“四分三为当选”。

议长付表决,赞成少数。

参议院纪事①

(1913)十月二十七日午后一时开会,副议长王正廷主席。

议事议程:第一案《浦信铁路借款合同案》(审查委员会报告)一读、二读。

开议前,针对议员假期当如何计算问题,议长云:如道路甚远来函请假当以何日计算?

徐镜心云:当以来信之日计算。

在民初制宪中的发言②

按:徐镜心原为参议院选出的国会宪法起草委员会候补委员,第十七次会议(1913 年 9 月 13 日)之后,递补辞职的蒙古族议员阿穆尔灵圭而进入宪法起草委员会。截止到 1913 年 10 月 31 日宪法起草会议闭会,徐镜心在宪法起草委员会中发言五十七次。另外,在两院会合会及宪法会议中发言三次。

---

① 原载于《顺天时报》1913 年 10 月 28 日第 8 版。

② 此系刘建昆根据宪法起草委员会会议记录等整理而成,并加按语和注释,时间自 1913 年 9 月 13 日至 10 月 2 日。

宪法起草委员会第十七次会议

(1913年)九月十三日上午十时四十分钟开会

三十二号(徐镜心):本员尚有动议意见……①

宪法起草委员会第十八次会议

九月十五日上午十一时开会

第三十四号:审计院问题,讨论半天,从无头绪,应先将选举或任命付之表决,再然后再继续讨论,方有条理。②

三十二号(徐镜心):此等重要问题,未经讨论分明,不能含糊表决就算了事。③

三十二号(徐镜心):"居住国内","居住"二字应改为"生长",因恐有入籍之外国人住居中国,苟满有十年以上,亦得被选为大总统乎?④

三十二号(徐镜心):专制时代动云"天子受命于天",故往往用"皇天后土"等语,以表示其尊。今共和民国,断不容此等文字污蔑宪法。且总统宣誓,系对于国民,非对于天地,论其自称,当然用"仆"字。论其地点,当然在国会,并无疑义也。⑤

---

① 发言被主席打断。此时所讨论的问题是当预算不成立如何补救的问题。

② 原文为三十四,有误。当日下午由于变更议事日程,需讨论《大总统选举法案》,徐镜心主张应先表决上午所讨论的审计院问题,有二十八人支持他的主张,但未到三分之二多数。

③ 仍指审计院问题,徐镜心同意暂缓表决。

④ 以下三次发言均系讨论《大总统选举法案》。主席将此动议付表决,起立赞成者一人少数。

⑤ 此为讨论大总统誓言的自称及其地点,徐镜心对二十号议员黄云鹏的观点表示赞成。后主席以"仆"字付表决,起立者七人,少数。

宪法起草委员会第十九次会议

九月十六日上午十一时开会

三十二号（徐镜心）：合为一项或分为两项，均无关系。①

宪法起草委员会第二十次会议

九月二十日上午十一时二十五分开会

三十二号（徐镜心）：本员主张，审计院院长应由参议院按法定资格选举之。其理由有三：一、政府自行管理，不能自行审查；二、国民监督财政为唯一之主权，国会为国民代表，当然由国会审查；三、众议院既有预算决算之专权，则审查之权当然归之参议院。且参议院有参政性质，与众议院稍有区别，选举之权，自应归之参议院。②

三十二号（徐镜心）：现在大家所讨论者，应分两层，请先将组织之法或选举、或任命、或先推选而后任命此层决定后，此后再讨论组织之机关。③

三十二号（徐镜心）：修正宪法之提议权，应取美国制。一由国会，一由联邦议会，均得有提议修正权。中华民国虽非联邦制度，但全国省议会如果有三分之二之同意，亦应得提出议案，要求国会修正之，庶可收多数之民意而免舆情之隔阂也。④

宪法起草委员会第二十一次会议

九月二十三日上午十一时三十五分开会

---

① 讨论《大总统选举法案》第五条第一项、第二项是否合为一项的问题。后表决结果为不合并。

② 继续讨论审计院问题。后经表决赞成参议院为选举机关者三十四人，多数。

③ 因针对此问题发言者甚多，故徐镜心有此提议。

④ 徐镜心此说，实质是反对大总统有修改宪法的提议权。

三十二号（徐镜心）：本员以为第一条可规定为："中华民国立法权以国会行之。国会以参议院、众议院组织之"。此虽为老生常谈，要不可不规定，请付表决。①

三十二号（徐镜心）：第一应表决两院制名称。②

宪法起草委员会第二十二次会议

九月二十七日上午十一时二十分开会

三十二号（徐镜心）：反对。③

三十二号（徐镜心）：本员欲发之言甚多，非有一点钟之长时间不能完毕。现在既时间已过，应请先行休息。④

宪法起草委员会第二十三次会议

十月十三日上午十一时五分开会

三十二号（徐镜心）：天气寒冷时当然迁移，暂时不要研究。⑤

三十二号（徐镜心）：此案系继续讨论，可否照前次报号依次发言。⑥

三十二号（徐镜心）：本员极端信仰孔子，极端崇拜孔子，但以孔教定为国教，本员则极端反对。盖孔子之学，为人道、人理之学，非可与道教、佛教等宗教家相比。论认孔子为讲人伦、道德之家可，认为宗教家不可也。若认孔子之学为宗教，更订为一国之宗教，非大相悖谬乎？若认孔子为一种宗教，则如政治家、实业家，亦皆可以认为一种宗教矣。如是言之，岂非大谬？孔子专讲人伦、道德，为人之所当崇拜信仰，无容特别规定为

---

① 绝大多数议员是赞成采取两院制的，徐镜心此说仅因表决次序有所争议。

② 徐镜心认为宪法仅规定两院之名称即可，其他内容如两院组织之基础条件，由组织法规定。

③ 因孔教是否定为国教问题，主席汤漪单独提问徐镜心是否反对。

④ 因前面发言议员均发言甚长，当日下午议员人数又未达法定人数，故推迟至下次会议，徐镜心才就此问题发言。

⑤ 此发言针对三十四号议员陈善提议将起草委员会迁移至众议院的说法。

⑥ 因前次会议徐镜心的发言没能进行，故有此议。

宗教,更无容规定为国教也。若以孔子定为国教,则尧舜亦圣贤也,立尧舜为一国之宗教,亦未为不可。圣贤固不可灭,而孔子非宗教之性质,何须定为宗教耶？即就时势而察之,定孔子为国教,祸乱之兴,可以预及。且现在各教之中及各种报纸议论甚多,大概皆不以定孔教为国教为然也。本员主张信教自由,不主张定孔教为国教。①

宪法起草委员会第二十四次会议录

十月十四日上午十一时三十五分开会

三十二号(徐镜心):"国圉"二字系国家疆土之意,不如改为"国本"二字较为妥当。②

三十二号(徐镜心):一两字无大关系,毋庸互相争持,但"国防"字意较为单简,不如"国本"二字,可以概括一切也。

宪法起草委员会第二十五次会议录

十月十六日上午十二时开会

三十二号(徐镜心):出席未发言

宪法起草委员会第二十六次会议录

十月二十日上午十时二十分开会

三十二号(徐镜心):本席主张,此条不可删去,前项规定为两院议员三分之一以上之请求,此项为国会委员会之请求,故此条亦不可少也。③

---

① 在国教及孔教问题上,议员争议很大,既有实质问题的争议,也有程序问题的争议。虽然经过表决,但实质上关于孔教问题前期并未达成一致。

② 本次为讨论宪法之序言问题。圉,本义为养马的地方。对此动议,经表决六人赞成,少数。

③ 此发言针对宪法草案讨论三十四条第二项,经表决同意删除者为少数,即不同意删除。

三十二号(徐镜心):本员反对。以为不能与任免官吏之“免”字相混。①

宪法起草委员会第二十七次会议录

十月二十一日上午十一时开会

三十二号(徐镜心):出席,无发言记录。

宪法起草委员会第二十八次会议录

十月二十二日上午十时四十五分开会

三十二号(徐镜心):本员以为,既有前条之规定,政府必得派员先报告于各本院。②

三十二号(徐镜心):本员亦赞成此规定。③

三十二号(徐镜心):此章本系规定国会,并非专指议员。本席以为,仍应按照国会组织法之规定两院议员之岁费及其他公费为妥。④

三十二号(徐镜心):本员主张两院同数。何以言之?因宪治上规定系采两院制,均为独立机关。既均系独立之机关,独立之性质,何以参、众两院可不相同?虽国会委员会不过是代表国会,不过于国会闭会时代理其行动,而人数当然相同。若以人数多寡分配,则与两院制大相反背,是

---

① 讨论弹劾总统条文,针对八号议员汪容宝提出的将“黜其职”“褫其职”改为“免其职”的动议。徐镜心表示反对。经表决,仅有八人赞成汪氏。

② 讨论议员人身安全问题。三号议员龚政提议将宪法草案第四十九条改为“两院议员除现行犯外,非得各本院或获国会委员会之许可不得逮捕、监视及传讯”,是为保护议员人身自由。徐镜心有所误会,认为“两院议员于院内之言论及表决,对于院外不负责任”一条足以保障。

③ 讨论议员现行犯条款,经主席解释,徐镜心改为赞成龚政的提议。盖当时袁世凯政府随意逮捕议员已经引起议会的警惕。

④ 论草案第五十条,即议员之经费及公费的规定,最终讨论结果与徐镜心意见相同。

以本员绝对不赞成此说。①

三十二号(徐镜心):本员提议,此项委员是否要候补委员?若不要候补,如有辞职等事,又以何人补充?②

三十二号(徐镜心):恐与他项有冲突,不能讨论。③

三十二号(徐镜心):“经国会委员会之议决”,六十号主张议决改同意,本席甚不赞成。国会委员会为监督政府之机关,政府如有特别紧急之事项,当然可以参议、可以议决。④

三十二号(徐镜心):颁予勋章于人民负担,有莫大之关系。民国成立以来中将、少将之多鲫,非删除不可。⑤

宪法起草委员会第二十九次会议录

十月二十三日上午十一点半开会

三十二号(徐镜心):质问起草员:当讨论大纲时,并未表决此条。大总统既有解散众议院之权,为何又有停止两院会议权?⑥

三十二号(徐镜心):本员赞成。但是条文有语病,不如改为“大总统

---

① 此为讨论草案第五十一条,针对组成国会委员会的两院议员人数是否相等问题的发言。表决结果是赞成者三十人,多数。

② 因有议员认为此问题系条文上规定,不必讨论,因此问题没能在会议中深入讨论和表决。

③ 系主席询问草案第六十五条(大总统公布法律并执行)有无讨论,徐镜心答复之言。此条已经涉及责任内阁制度的实际内容,以责任内阁制,大总统不负执行法律的行政责任,故徐镜心云“与他项有冲突”。此条最终被修改为“大总统公布法律,并监督确保其执行”。

④ 此发言针对六十号议员吴宗慈提议将草案第六十七条“议决”改为“同意”的动议。经表决,吴宗慈的提议被否决。

⑤ 讨论草案第七十三条“大总统颁予勋章及其他荣典”时的发言。经表决,赞成删去“勋章及其他”五字者三十二人,多数。

⑥ 讨论草案第七十五条。此条在宪法大纲中并无,系起草人员“认为必须规定”而加入的。

得请求”云云。①

三十二号(徐镜心):本会系受两院之委托而起草宪法,何能不承认收受宪法会议所来之咨文?盖宪法会议者,即两院制全体是也。②

三十二号(徐镜心):本席主张原案,有三种理由:第一,众议院之解散是对于大总统、国务院全体负责任,非对国务员一部分负责任。第二,不信任有部分的,有全体的。本条之规定,明明是国务员之一部分,并非国务员全体。若以一部分之国务员对待众议院全体,未免太失体制。第三,将本条与第七十六条合看,便互相救济。七十六条已经规定大总统有解散众议院之权,本条当然规定众议院有不信任之决议权。有此三种理由,故本席赞成原案。③

三十二号(徐镜心):国务员到院发言,因其与国务中事情能尽知其底蕴。至于特派员宪法中若规定之很不妥当。④

宪法起草委员会第三十次会议录

十月二十四日下午一点二十分开会

三十二号(徐镜心):本员以为,此项委员所以主张须经任命者,系因恐有许多委员到院滥行发言,但虽经任命,不过是法律上认此委员可以代理国务员到院发言,然并未规定一个委员可以代理若干国务员。如是,则

① 主席汤漪指出,停会一层也已议决,因此不能讨论,只能讨论停会的次数和日期,徐镜心不得已表示赞成,但认为大总统之法律地位低于国会,停会只能请求。经表决,赞成者四人,少数。

② 当日下午继续开会时,主席报告接得宪法会议咨文称,国务院拟派委员随时出席宪法起草委员会陈述意见。议员何雯认为此件咨文未经宪法会议(即两院合会)开会议决,不能认为正式公文。主席汤漪则认为宪法起草委员会系与两院并立之机关,并非受两院委托。最终议决,以此咨文未经宪法会议议决,手续不完备为由退回。

③ 此发言系针对草案八十三条议会不信任国务员,国务员应当辞职问题,议员汪荣宝提议删除有关条款。徐镜心认为,不信任案是与草案第七十六条解散议会之权相互制衡的,不应当删除。最终决议将此条修正为“国务员受不信任之决议时,大总统非依第七十六条规定解散众议院,应即免国务员之职”。

④ 此发言系针对草案第八十四条国务员及其特派员到两院发言的问题。当日原文及所有修正案均没能通过。

若值提出预算案时,预算案既与各部均有关系,岂不仍有许多委员到院发言之嫌乎?①

三十二号(徐镜心):司法较之审计院尤为重要。审计员既由参议院选举,则司法官亦当由参议院选举。②

三十二号(徐镜心):各省政治良否,在官吏负责任不负责任。若法官由总统任命,仅数人负责任;若由两院选举,则两院议员负责任。以多少人负责任计较,故本员主张由两院选举。③

三十二号(徐镜心):任意更改,本员不赞成。④

三十二号(徐镜心):"于公布期内"可以改为"五日内"。⑤

三十二号(徐镜心):不要"作为"两字。⑥

三十二号(徐镜心):不规定,则两院均可议决。假使众议院不能成立,参议院还可以维持。⑦

宪法起草委员会第三十一次会议录

十月二十五日上午十一点三十分开会

三十二号(徐镜心):照此修正,于文字上不大妥当。预算内一切用

---

① 本次会议继续讨论上次问题。徐镜心此发言系针对二十七号议员汤漪的修正案而言。汤漪修正为"说明政府提案时得以委员代理"(列席两院及发言),"前项委员由大总统任命之"。徐镜心仍然表示反对。最终表决赞成汤漪者三十三人,多数。

② 二十三号议员黄璋对草案第八十五条提出修正,建议由两院选举最高法院法官。起初徐镜心主张由参议院选举,后同意由两院议员共同选举。

③ 同前。此修正案最终未能达成一致。

④ 指八号议员汪荣宝提出的将草案第九十条(法官之保护)一项、二项合并问题。

⑤ 讨论大总统因不同意法律案而不公布法律案,要求国会复议的问题。草案规定大总统十五日内须公布或者提请复议,有议员提出十五日后国会可能闭会以至于无法复议,徐镜心因此建议缩短十五日为五日,此办法未被采纳。

⑥ 指议员伍朝枢提出的增加"凡法律与宪法抵触者作为无效"一条的修正案。最终天坛宪草中没有"作为"二字。

⑦ 指草案第九十八条,原文为"凡财政法案众议院有先议权"。徐镜心支持删除的主张。当时未讨论出结果,后在第三十二次会议中议决删除。

度权包括在内，及临时事项，亦可毫无弊病，若改为预算外，则范围未免太宽。①

三十二号（徐镜心）：此条意思，须国会提议，非得政府同意，不得废除或裁减之。然国会即国家，如此，规定可改为“非经政府同意，国家不得废除或裁减之”。②

三十二号（徐镜心）：请主席反证表决。③

三十二号（徐镜心）：众议院应改为国会。④

三十二号（徐镜心）：本员拟在第一百零八条以后加一条，作为百零九条，其文云“审计院院长及其特派员得于两院出席及发言”。其理由有二：第一理由，可以到两院备咨询；第二理由，对于审计事情可以报告。⑤

三十二号（徐镜心）：可以改为“审计员得于两院出席及发言”。⑥

宪法起草委员会第三十二次会议录

十月二十八日上午十一点三十分开会

三十二号（徐镜心）：请假。

宪法起草委员会第三十三次会议录

十月二十五日上午十一点三十分开会

---

① 草案第一百零一条，经表决修正为“政府为预算不足或预算之不及，得于预算案内设预备费”，确实不太通顺，后改为“政府为备预算不足或预算所未及，得于预算案内设预备费”。

② 讨论草案第一百零二条，经表决起立者一人，少数。

③ 八号议员汪荣宝提议删去第百零四条第二项，经表决三十一人赞成。徐镜心有疑义故提议反证表决。本条多次表决和反证表决，大概因此时会场秩序混乱，会议记录也很混乱。

④ 讨论草案第一百零七条，原文为决算案由政府报告于众议院，徐镜心、汤漪等人主张改为“报告于国会”。

⑤ 表决起立者十三人，少数。

⑥ 起立者二十一人，少数。经其他议员讨论，最终结果为增加一项“审计院长关于决算报告，得至两院发言”，文字虽然略有不同，实质上采纳了徐镜心的动议。

三十二号(徐镜心):此乃讲法律,非是讲事实。法律上不能说“论不论”,只能说“有不有”。①

三十二号(徐镜心):本员以为照原案亦可,无大分别。②

三十二号(徐镜心):本席以为,“各院得自行审定”,文气不甚妥当,主张于“定”字下加一“之”字。③

三十二号(徐镜心):本席对于此项表决有疑义,请主席反证表决。④

三十二号(徐镜心):“请求”二字不妥当,不如改为“提议”。⑤

三十二号(徐镜心):动议取消。⑥

三十二号(徐镜心):“成之”不如改为“决之”。⑦

三十二号(徐镜心):“不”字应改为“非”字。⑧

三十二号(徐镜心):本员以为,即“成为预案”句,应改为“即为成立”句。⑨

三十二号(徐镜心):“审定”二字可以加一个“后”字。⑩

三十二号(徐镜心):第一百八条第二项,审计院院长关于决算有报告,何以关于预算无报告?⑪

---

① 讨论“中华民国人民无种族、阶级、宗教之别,于法律上均为平等”一条,是否将“无”字改为“无论”。

② 草案第十五条“中华民国人民依法律有选举及被选举之权”,有议员提出修改,徐镜心认为无须修改。

③ 原文为“两院议员之资格,各院得自行审定”,经表决起立者二十四人,少数。

④ 起立者十二人。在场四十七人,反对者十二人,赞成者即为三十七人,前次表决确系多数,当然加一“之”字。在程序上反证表决的一个问题是,有些议员总是不起立,类似于弃权。

⑤ 审议第三十四条国会临时会之牒集。

⑥ 九号议员杨永泰认为开会后始能提议,改为提议不甚妥当。徐镜心同意,故取消动议。

⑦ 审议第四十三条,“决议用投票法,以列席员过半数之同意成之”。最终未修改。

⑧ 审议第七十一条,最终文本为“国会委员会认为无戒严之必要时”。

⑨ 审议第九十八条,未采纳。

⑩ 审议第一百零六条,未采纳。

⑪ 审议即将结束,未深入讨论。

参众两院会合会议事录第六号

中华民国二年九月二十六日下午一时开会

日程:《宪法会议规则案》三读

徐议员镜心提议,本案第十四条“整理其条项及文句”改为“整理其条文”,附议在一员以上。主席用起立表决法,以徐议员镜心动议付表决,起立者少数,否决。

宪法会议议事录第七号

中华民国二年九月二十六日下午一时开会

日程:《大总统选举法案》审议报告

徐议员镜心临时提出修正之动议:本条二项“以得票过投票人总数之半者为当选”句,改为“得票仍以满投票人数四分之三者为当选”。附议在三十人以上。

主席宣告讨论。

主席用起立表决法,以徐议员镜心修正案付表决,起立者未得在席议员四分之三以上之同意,否决。

宪法会议议事录第八号

中华民国二年十月二日下午一时开会

日程:《大总统选举法案》(宪法起草委员会提出)二读(延前会)

徐议员镜心提出修正案:第四条增一项,文为“大总统当选,应于国会备文通知后定期到国会行就职式、宣读誓词、发表政见”。

主席宣告讨论。

主席用起立表决法,以徐议员镜心修正案付表决,起立者未得在席议员四分之三以上之同意,否决。

驳有贺长雄共和宪法持久策[①]

癸丑，革命失败，袁氏企图帝制自为，指使他的法律顾问日人有贺长雄论中国宪法，谓：中国人不适于共和政体，必集其大权于袁氏一人，始克不至分裂。国人知其谬而不敢有异言，先生独奋笔为驳议，于《京报》连续发表，袁氏忌之甚，先生卒以遇害。

一九五七年三月乡后学张静斋记

有贺先生为东洋法学巨子，迹其素行，考其著述，恒以发挥公理、主张民权为东亚士学所推重。乃近见其《共和宪法持久策》一书，不禁瞿然惊，讶然笑，而不解先生之何以大变其方针也！岂以我政府为不解法政，而故为此愚民之策也？抑以我国民为不识共和，而故此反唇之讥耶？虽然，是书之出，关系东亚民权之消长，影响中国前途之治乱，是不可以不辨。

（原著）制定共和政体之宪法，须注重国民心理，苟国民心理以为不公平，虽宪法成立，亦难持久，而此不公平之点，即为异日破坏宪法之根源，此征诸近世各国政治史毫无可疑者也。今民国国民，大半不解共和为何物，纵有能解之者，其心理亦只谓“三权分立”为共和政体之要素。夫“三权分立”，其义若何？无待详述，质言之，即立法权委任于代表国民之议会，行政权委任于国民选举之大总统，司法权委任于行政机关对立之法院之谓。以上三机关，互相独立，互相监视，期免专擅之弊，此则今日了解

① 原文连载于《盛京时报》1913 年 11 月 11—20 日第 2 版，《顺天时报》1913 年 11 月 5 日、6 日、7 日、8 日、9 日、11 日、12 日、13 日、14 日连载，又被收入中国史学会济南分会所编的《山东近代史资料》第二分册（山东人民出版社 1958 年版），有张静斋短序。

共和之国民所预期政体之组织，而希望订载之于宪法也。

（驳云）制订宪法，注重国民心理，著者之持论高矣，美矣，蔑以加矣。虽然著者之持论则如此，而著者之用心乃如彼。细察意旨，综核始末，不但不注重国民之心理，而反注重政府之心理；且不但不注重多数国民之心理，而反注重大总统一人之心理。首尾寥寥仅数千字，而乃前后自相矛盾，如是势力之中人甚矣哉。

国会议员者，国民所选举以代表其心理者也；宪法起草委员会者，国会所选举代表议员之心理，即代表国民之心理者也。蔑视国会，即为蔑视国民；蔑视宪法起草委员会，即为蔑视国会；蔑视国民与国会，即为蔑视国家，即为共和之蟊贼，即为民国之罪人。

"三权分立，互相独立，互相监视，期免专擅之弊"此数语者，老生常谈，乍观之，似无疑义，然而太不明了矣。世界各国，国体、政体各异其制，各国莫不有宪法，各国之宪法，莫不本诸孟德斯鸠三权之说以为推行。而究之立法与行政，畸轻畸重之间，莫不视其国体、政体以定为政治之中心。如美、如法、如比利时、如墨西哥、英吉利诸国，则莫不以立法机关为政治之中心；如日本、俄罗斯诸国，则莫不以行政机关为政治之中心。可知各国宪法，其政治之中心，恒视乎国体、政体以为转移，而其为三权分立，互为监视，期免专擅则一也。若但浑而言之曰三权分立，而不问其国体、政体之若何，是叩盘扪烛、胶柱鼓瑟之见也，乌足与语天下之事哉。

（原著）乃现在国会议员利用其有制定宪法全权，务扩张国会权利，显违三权分立之旨，偏向二权分立主义（即国会政府制），试取天坛议定之《中华民国宪法案》观之，可知其趣旨。该案五十六条曰："中华民国之行政权，由大总统经由国务院行之。"而其第八十一条又曰："国务总理之任命，须经众议院之同意。"又第四十三条曰："众议院对于国务员，得为不信任之决议。"

（驳云）三权既分，各尽其职，各行其是，岂徒国会务扩张其权利也哉？行政、司法何莫不然，而著者对于行政之越限侵权概置不问，唯斤斤然对于立法机关啧有繁言。所谓注重国民心理者固如是耶？大总统虽为行政首领，而对于国会不负责任，其负责任者，则总理及各部首长也。苟总理及各部长不经众议院之同意，而一由总统之任命，是总理与各部长对于总统负责任，而对于国会仍不负责任，则国家行政之责任将谁属哉？

且三权之分立，不过就其大概分疏之耳，究其实际，三权既有密切之关系，政治即有运用之中心，此各国所同，前已详言之矣。今中国国体既确定为民主，政体又确定为共和，国家主权属之国民全体，当然以国民为主体，当然以国民代表之国会为主体，当然以国会为运用政治之中心。此两院之所以能选举大总统也，此国会政府制之所以适用也，此国会委员会之所以设置也，此总理之任命所以须众议院之同意，国务员之不信任所以须众议院之票决也，此民主国家之真精神，而共和政体之大原理也。著者可以恍然矣。

（原著）前项决议用投票法，以列席员过半数之同意成之。又第八十三条曰："国务员受不信任之决议时，大总统须免其职。"此案如果可决，则大总统非经由国务员不能实行行政权，而国务员中定政治方针最关紧要之国务总理，大总统又不能自由简擢。且即使国务总理经众议院同意，大总统任命，而政治方针不能得众议院过半数赞成时，大总统又负使国务员全体免职之义务。至各部总长，虽不必经众议院同意，得自由任命，而其一部行政之计划不能得众议院过半数之赞成时，仍不能不使免职。由此观之，国务员不能承大总统之意思施行政治，必须承众议院之意思施行政治，行政实权在众议院，而不在大总统，所谓大总统行政权独立，亦有名无实。其真正独立者，只余国会与法院而已，故此种制度只能称之为二权分立主义，不得谓之为三权独立主义。而行政权依国会之意思行动，故又可称之为国会政府制。似此组织，实与了解共和之国民所预期之政体组织，大相悬殊，即与国民之心理不合。

（驳云）国民之心理，乌乎寄托？寄托于国会也。国会之心理，即国民之心理也。譬诸人之一身，有意识而后有行动，国会者，意识之机关，政府者，行动之机关也。行政而不本诸立法，犹行动而不根诸意识也，是为麻木不仁，是为疯狂病夫。政府之用人、行政，以何为标准？以国民为标准也，以国民之代表国会为标准也。一事也，国会以为可，则行之，国会以为否，则止之；一人也，国会以为可，则用之，国会以为否，则舍之。此民主共和国之通义，而大总统与国务员之所共同遵行者也。著者乃谓国务员应承大总统之意思施行政治，然则大总统又承何人之意思施行政治也哉？

众议院者，直接代表国民以监督政府者也；国务员者，直接总揽政务以担负责任者也。国务员之进退，动关全国之治安，若以不负责任之总统，循个人之私意，定国务员之用舍，无论国家政务无人负责，且复成何共和哉？又复成何民主哉？此《宪法（草案）》所以有第八十一条、第八十三条之规定也。

（原著）天坛决议案中，其最难解者，更有一端，即任命国务总理之同意权，及不信任决议权，使众议院独有是也。临时约法以制定宪法为国会之事业，国会者，合参议院、众议院组织而成，其职权平等者也。仅使众议院有监督政府之权，不知将何所依据？英、法二国内阁阁员之进退，取决于下院，上院无进退阁员之权，是固一种之事实，然此各以其国之历史相沿而来，非他国所得因袭。中国既无此种历史，胡亦设此制度？令人殊难索解。且就现在之事实观之，众议员党派繁多，其联合关系，千变万化，不可测度。若此案可决，恐国务员之地位随时动摇，朝不保夕，是又岂多数了解共和之国民所希冀耶！

（驳云）两院职权虽属平等，然国会取两院制者，其间固略有差别也。参议员由各省议会所选出，以代表地方者也；众议员由国民所直接选出，以自为代表者也。两院之对于政府，众议院以对待地位行使其监督权，参议院以调和地位行使其审判权，此取两院制之原理也。

众议院既与政府处对待地位，则任命总理之同意权、不信任国务员之决议权，当然属之众议院，而参议院无庸过问也。世界如美、法诸共和国，固无论矣，即君主立宪之英国，其内阁阁员之进退，犹取决于下院，况我共和民国适用国会政府制者哉。著者又谓"中国无此历史，不应设此制度"。试问中国以四千年君主专制之古国，安得有民主共和之历史也哉？即如日本明治以前之历史，曾有两院制度否耶？至谓众议员党派繁多，变化不测，恐国务员地位随时摇动云云，此尤无庸深虑者。国家立法，顺乎国体、政体之正，本诸公理、民心之宜，揆之时势，准诸中外，可者行之，否者止之，而于党派之竞争、国务员之地位，则匪所问矣。不然，宪法岂为调剂党争巩固禄位而设哉？

（原著）天坛议决案，不仅使大总统之行政权为国会所干涉，且使其受法院之掣肘。夫各部行政事务，初亦犹刑事、民事之须依据法律而行，然审判刑事、民事适用之法律，与为各部行政事业施行之法律，其间大有差异区别，司法权与行政权而使之各异其机关者，其故实由于此。夫法官之征用民法、刑法，乃须依据法律文字谨守而行，不得以己之私意左右其间。而为各部行政施行之法律则不然，其所规定范围较大，行政官于其规定之范围内，有自由裁量之权。自由裁量者，行政官查时势之所宜，考地方之情况，用适当之方法，便宜行事，以达法律之目的，而对于人民为行政处分之谓也。自由裁量为行政官不可少之职权，然因自由裁量之故，违背根本之法律，亦非法治国之所宜，故于司法审判以外，另设行政审判制度。凡人民因行政官自由裁量害其依法律应有之权利者，使其有出诉而受审判之途，此法院以外今置平政院之议所由起也。《临时约法》第四十九条载明，行政诉讼，以特别法规定，即是此意。而《新宪法案》第八十七条，则以行政诉讼与民事、刑事相提并论，均为法院内之一部事业。若是条可决，则各部及各省之行政事务，均被束缚于独立不可干涉之法官，而行政官原有之自由裁量之权，所谓查时势之所宜，考地方之情况，便宜行事，以求达法律之目的者，强半归于消灭矣。

（驳云）著者于任命总理之同意权及国务员之不信任议决权，不惮烦琐，至再至三，以为宪法如此规定，是使大总统之行政权为国会所干涉矣。然则如《宪法》第七十五条、七十六条所规定："大总统有解散众议院权及停止两院会议权"，不又将谓为使国会之立法权为大总统所干涉哉？夫国会之监督政府，使之趋于政治轨道也。苟政府而有失职不法之行为，且质问之矣，查办之矣，弹劾之矣，审判而罢除之矣，岂特干涉之乎哉？

盖任命总理之同意权，不信任国务员之议决权，此立法之所以监督行政也；解散众议院权，停止会议权，此行政之所以牵制立法也。所谓三权分立，其妙用正在此等处也。如著者言，是必如日本之天皇神圣不可侵犯也者，始足称为行政权之独立也。然试问世界中有如此之共和民国否耶？

著者又谓"天坛决议案，不仅使大总统之行政权为国会所干涉，且使其受法院之掣肘"云云，夫谓审判于刑事、民事外，应特设平政院规定行政法则可，谓大总统受法院之制裁则不可。民国约法，至总统以至平民，于法律上均为平等，无贵贱尊卑之别也。法院者，司法总机关也。大总统与各部、各省行政官，除行政事犯归特别审判外，其私人行为仍不能越乎普通法律范围中，即不能出乎法院制裁外也。至于行政官之自由裁量权，则纯视法律为标准。苟其行动不出法律外，虽不设平政院，依然可以自由也；如其行动出乎法律外，虽设平政院，依然受法律之干涉也。是故大总统与行政官之自由权，全视其行为之合法与否为断，而不关乎平政院之设置与否也，而亦非法院之所能掣肘者也。

（原著）三权分立制，创始于孟德斯鸠，其意以国会终岁议论不息，足以害行政之独立，故反对之。若采用国会政府制，势必于国会闭会期间仍置国会委员会，使其终岁不息，以从事于监督政府。此项委员会人数既少，操纵颇易，于行政权初无妨碍，美国现有此制，于行政部甚便。然美国宪法于此制度并无明文，惟两院内规则载明“国会闭会期，得置数个国会委员会”而已。民国应否置国会委员会？即使应设，应否规定宪法中？是诚应研究之问题也。

（驳云）三权分立之说，不过孟德斯鸠一时概论，略具规范耳。历代各国采而用之，变而通之，积之既久，始渐完备。国会委员〔会〕者，美国由实验而推行此制，以补救立法之不及，而防闲行政之专擅者也。且孟德氏之所谓防害行政者，为国会之终岁开会不息也，并非谓国会委员会之不应设置也。宪法草案之采取此制，无非为闭会以后备国会之交通补助而已。如各省省议会之常住议员，其作用正复相等，安得即谓为终岁开会不息哉。著者既云于行政权初无妨碍，且甚便易，则明白规定，抑又何害？又奚必沾沾攻击为也？至美国宪法无此明文者，因规定宪法在先，而推行此制在后，势不便复行加入，不得已乃定诸两院法规也。此问题几经讨论，几经详审，始行定草，又何庸著者之鳃鳃过虑哉？

（原著）以上所论，其一，为任命国务总理须众议院同意问题。其二，为众议院对于国务员得为不信任决议问题。其三，为以行政诉讼为审判之一部，使隶属于法院问题。其四，为国会闭会期内置国会委员会问题。此四者，于行政之独立有莫大之影响，若任立法机关之国会专断独行，而不使行政机关之大总统及国务员预闻其事，是否公平？无难断言。

（驳云）民国宪法既适用国会政府制，则任命总理之同意权、国务员之不信任议决权，国会委员会之设置，此三者可不烦言而解矣。乃著者以为此种问题于行政之独立有莫大影响，不能任立法机关专断独行，必须使行政机关之大总统、国务员预闻其事云云，是行政机关可以立法矣，而立法机关又何所事事也哉？所谓三权分立者，固如是耶？推是意也，宪法起草委员会可以不设，而以总统、国务员起草可也；国会亦可以取消，而以总统、国务员立法可也。民主改为君主亦可也，共和改为专制亦可也。然而于国体何？于政体何？于公理何？于民心何？所谓注重国民心理者，固如是耶？

（原著）《临时约法》第五十四条曰："中华民国之宪法，由国会制定。"就文字论，制定宪法之权，固应专属于国会；然就实际论，则不尽然。盖制定临时约法时，行政权究应委任于何种机关，尚未确定。虽一班人士之揣想，在选举正式大总统以继临时大总统，实行三权分立主义，委任以行政权。然此种想象，究未丽于法文，故后日宪法或不采单独大总统制，而采瑞士及汉堡二国之团体制，以行政权委任于数人组织之会议，亦未可知。且先选举正式大总统，后制定宪法，为制定临时约法时始意料所不及。而就事实论，固不得不谓大总统应有是权也。

（驳云）著者谓就文字论，制定宪法之权，固应专属于国会；而就实际论，则不尽然云云，试问法律舍文字外，果何所依据也哉？若以文字为不足恃，则有约法如无约法等，有宪法如无宪法等，有法律如无法律等。杀人、放火、劫夺、攘窃，强权所至，即为事实，文法成虚器，世界等如禽兽。吁！误天下苍生者，必此人也！吾不意著者之丧心病狂至于此极也。《约法》第四条、第三十条、第三十一条、第三十二条、第四十条已经明白规定行政权委任于大总统、国务员矣，何著者云"尚未确定"也！无论先举总统或先定宪法，究之宪法不能违背约法，即正式不能殊于临时也。《约法》五十四条："中华民国之宪法，由国会制定。"此煌煌明文也，约法而无效则已，约法而有效也，则大总统及各行政官之不能参于立法也，审矣。反是者，是为违犯国纪，反是者，是为侵越权限。若以私人资格发表政见，供诸国会，听其采纳，凡我国民，皆与有责，固不仅大总统、国务员已也。

（原著）况临时约法之精神，实许大总统参与制定宪法事业。《临时约法》第五十五条规定："临时大总统有提议增修约法之权。"盖制定临时约法，大总统始在北方就职，不能与议，故许其于制定后有提议增修之权，事后尚许其提议增修，事前反不许其主张意见，揆诸约法之精神，决不如此。然则正式大总统选举后，正值议定宪法之时，当然使大总统对于宪法有主张意见之机会，始与临时约法之精神符合。美国制定宪法时，华盛顿充独立殖民地代表第二联合会议议长，虽意见甚鲜，然国民三十万人出众议院议员一人，华盛顿实主张其说。法国制定宪法时，马克马洪元帅已被选为正式大总统，而马克马洪命外部大臣布罗利向国民会议之宪法起草委员会提出宪法草案，是即法国现行宪法之原案。此又法、美二国第一任大总统预闻宪法事业之先例也。

（驳云）前既云文字之不足凭，此乃云精神有可据，痴人说梦，自相矛盾。吾未闻何国立法，其文字与精神相反者也；吾未闻解释法律者，违背其文字而适用其精神者也。此等谬语，明目欺人，何乃出自著者之口中也？

著者引《约法》五十五条，今录其原文如下，云："本约法由参议院议员三分之二以上，或临时大总统之提议，经议员五分之四以上之出席，出席员四分之三可决，得增修之"云云。此不过规定议员与总统均有提议之权，而究之可决权、增修权仍在参议院也，并非如著者所云大总统完全有提议增修之权也。似此狂语欺世，诬蔑约法，实为法学败类，实为民国乱贼。至谓制订约法时，大总统始在北方就职，不能与议，故许其制定后有提议增修之权云云，此尤私心附会，无足深辩矣。对于宪法发表意见，凡属国民，皆与有责，前已言之矣。唯以行政之资格，不能干预立法之权限，此天经地义确乎不拔者也。乃著者谬引美、法二国第一任大总统以为参与立法之先例，不知华盛顿以首倡共和之圣哲，马克马洪亦服从国会之议决，其视立法机关有如神圣尊严，或则行使发言之职务，或则贡献个人之意见，究竟采取与否，仍听诸议会之自由，初何尝以大总统之威权干预国会之立法，而强迫其阿附己意哉？

（原著）今中华民国正式大总统已被选就职，其人为前清皇帝让出统治权改为共和政体时，委任以组织共和统一南北全权之人，又为曾任临时大总统一年有余，亲尝行政甘苦，为国民行政最有经验之人，为将来中华民国宪法成立总揽民国政务，对于民国国民之幸福发展负大责任之人。此人既已被选就职，而于制定宪法之大业，不使与闻其事，无论何人皆有不公平之慨。仅不公平，犹之可也，更因不公平之故，而议定与国民心理相违背之宪法，是将奈何？宪法苟与国民心理相违，必有乘机立于国民与国会之间，阴施离间之术，然后诉于强有力之一部分国民而改造宪法者。法国一千八百五十二年革命史，是其例也，可不惧哉。

（驳云）民国宪法，为国民全体计也，为国家万世计也，非为总统一人计，亦非为强有力一部分计也。如著者言，是欲使我全国万世之宪法，胥束缚于大总统与强有力之一部分之威权势力之下，而后始快于心也。所谓注重国民心理者，固如是耶？

（原著）余谓中华民国宪法，宜为持久计，宪法之最终决议权，在由国会而成之宪法会议，固应由国会独立行其职权，不容他人干与。然最终决议之先，逐条讨论之时，务广益集思，以昭公允，大总统派遣对于宪法陈述意见之委员，务予以主张意见之机会，以免偏倚。又余前所述四大问题，似应与国人共同研究，而于其间顺其自然，指导国民之心理，以预防将来之破坏。

（驳云）我五大民族所刻刻不忘者，只此“共和民国”四字而已；两院议员所念念在兹者，亦此“共和民国”四字而已。本此以草宪法，不啻我国民之自草也；本此以定法律，不啻我国民之自定也。此正为持久计也，此正顺其自然也，此正准国民之心理，以防将来之破坏也。

且夫国会者，非一人之组织，而全国人民之选举组织也；非一人之机关，而全国人民之代表机关也。萃四万万人之智识，谋四万万人之治安，集思广益，莫此为甚矣，共同研究，莫此为公矣。若以此为专擅，则所谓不专擅者，其道乌乎在？若以此为偏倚，则所谓不偏倚者，其道又乌乎在？至大总统与国务员其在两院本有发言之责，则宪法会议应否参与，即由议长咨询议会而行之，又乌乎不可哉？

参加联署的参议院查办案和建议案

美国承认民国应先派专使赴美答谢建议案①

国会第一次正式开会之翌日,美国使者即递国书,承认民国。美人对我之邦交,迥异寻常。其摆脱列强,翊赞友国,有足多焉。我国政府亟宜假此机缘,修我旧好,遣派专使,赴美答谢,此其时矣。

昔美十二州独立,法国独先承认,助兵输饷,为美奥援,所以致此者,以美派傅兰克林氏之力也。厥后法国革命成功,美首承认,法亦派大使赴美致谢礼焉。交邻有道,聘问不废,美法先例,足为我师。此次派使谢美,亦犹是意耳。

或曰:各国承认,只分后先;派使答谢,宁止一美?宜俟他日,同时分遣。

曰:是不然。美之承认我国,既比他国为先,则我之答谢美国,自宜比他国为早。亚东大局,列强均势,承认之举,莫敢先发。美独矫众议,为我声援,先派专使谢美,冀以感动列强,促使承认,其利一。中美交涉,事多重要,华工禁约,亟待改良,互益商约,亦宜缔结,先派大使,预订草约,其利二。美国而外,承认民国者,前有巴西,后有秘、墨,地属同洲,一使之选,兼聘四国,其利三。兆莘多年游美,稔厥内情。其对内也,坚守门罗主义;其对外也,保持世界和平。庚子宣言,止列强之瓜分;借款退团,恨五国之垄断。凡兹政策,具见感情。故定外交方针,当先联美。联美至计,在派专使。倘借答谢承认之举,妙选使才,疏通政见,太平洋东西岸,两共和姊妹国,日益亲睦,对峙弗衰,将于此举赖之。

按《临时约法》第十九条第八项:议员得以意见建议于政府。又,《国

---

① 原载于《大公报》1913年6月28日第14版。

会组织法》第十四条第一项建议之案:两院各得专行之。谨具此案,以待公决。

提出者:朱兆莘

联署者:刘映奎　吴　湘　徐镜心　杨家骥　段砚田　姚翰卿　彭建标
蒋曾燠　王鑫润　孙光庭　黄绍侃　卢式楷　田永正　刘　濂
宋渊源　丁象谦　陈祖烈　马良弼　邹树声　许　焱　赵成恩
黎尚雯　胡璧城　王家襄　刘光旭　符鼎升　富　元　唐琼昌
汤　漪　雷焕猷　陆铭鉴　王观铭　杨永泰　章兆鸿　宋　梓
石德纯　杨增炳　朱家宝　吴文瀚　曾　彦　刘正堃　苗雨润
段世垣　王试功　萧辉锦　蓝公武　金兆棪　周廷劢　陆宗舆
马　坤　鄂博噶台　黄宏宪　杨福洲　王凤翥　郭相维
刘嶲佺　郭椿森　向乃祺　王鸿庞　周学源　李英铨　魏鸿翼
万宝成　袁嘉谷　梁　培

政府答复文件

国务院来咨。为咨复事。奉大总统发下贵院咨送朱议员兆莘等建议案一件。当经函交外交部核办。兹准复称:查原议案内称国会第一次开会翌日,美国使者即递国书,承认民国,亟宜仿照美法先例,遣派专使,赴美致谢,冀以感动列强,促使承认,并可兼聘巴西、墨、秘等国等因。此次中国改建政体,美国首倡承认,其赞助厚谊,全国人民无不同深感荷。当经大总统特发槭电致谢,并同时电令驻美代表,谒见美总统,面达谢忱。

复经参众两院代表国民表决伸谢,由部转达在案。兹朱议员等请派专使赴美致谢,考之各国,向无此等办法。至原议案所称,美法有此先例一节。查美国独立之前,系英藩属,嗣得法国援助,脱离英属,故有派使赴法之举,较之中国君主政体改建共和者,情形迥不相同。厥后法国革命成功,美国表示襄助,以为酬答,故法亦派使聘美。是美、法虽有派使先例,均有特别原因。

我国情势不同,自未便仿照办理。且此次首先承认者,确系巴西,并非美国。假令遣派专使,亦应以致谢巴西为主体,聘美、墨、秘、古等国。

然若照此办法,既不足表示亲美之意,而将来他国承认,势须一律办理,殊嫌无谓。

再,承认之举,虽出自各国,而所以致此者,其权实操之于我。即以美国而论,此次承认民国,本拟于四月八日国会开幕之期实行,嗣因两院议长,未能举定,美国遂稍为观望。虽经本部屡次催商,而美政府谓,须俟议长举定后,始能正式承认。此即美国迟至二十余日后,始行承认之原因,足见承认之权,确系操之于我。

近来,本部屡准驻京各使面称,并据驻外各公使代表报告,均谓欧洲各国须正式总统举定后,始能承认等语。如正式总统不能早日举定,恐虽派专使赴美,亦不能感动列强,促使承认也。所有朱议员等建议派使赴美致谢一案,碍难照办等语,相应咨复贵院查照可也。此咨。

请与英国严重交涉废约停运退回印烟建议案①

鸦片流毒,蠹国误民,忧时之士莫不深恶痛绝,思欲摧陷廓清之。前清末造,各省有名无实之新政,比较成绩,独禁烟至为良好,岂非人心奋发之明效大验耶。惟清廷阳慕禁烟之美名,阴利税款之收入,故续订《中英禁烟条约》,不争停运,只议加税。蹉跎蹉跎,贻害至今。

乃者禁烟总会代表赴英联络,彼中议员、教会各方面,要求英政府废除烟约,移去上海存土,永远停运印烟入华。英众议院议员提出开放中国烟约议案,已得多数赞成,宣言极盼中国政府用正式公文诚意要求。苏格兰首都爱丁堡教会亦上书政府,请废约停运,移去上海存土,并望中国坚持到底。是英国舆论对于我国禁烟,能为道德之主持,此与英政府交涉一大好机会也。

驻法胡代表电外交部谓:法国政府因印烟输入中国,须由桂边通过,安南颇受影响,愿派代表赴荷兰禁烟大会,与中国所派专员提携抗议。是我国禁运印烟,更得法人相助,又与英政府交涉一大好机会也。

我政府若能利用此机会,迅备正式公文,〔与〕英政府即开谈判,一以

① 原载于《参议院公报》1913 年第 1 期国会第 5 册,第 37 页。

慰国民禁烟之热心，一以答外人赞成之善意。彼英政府内受舆论之攻击，外畏世界之讥评，度未必不就我范围。

我国自有外交以来，几于无一次不失败。推其原因，良由事事莫敢先发，以故常制于人，而不能制人。失败既久，遂养成怯懦习惯，并此确有把握之事，亦若不胜其迟回审顾者。夫我外交当局之用心，岂不曰：废约停运，英即让步，必以他事责望于我也；移去上海存土，英必以赔损失、索巨款于我也。尚雯之意，则以为英苟有所要求，随时皆可发动，断不因议废约而起，亦不因不议废约而止，在应付如何耳。此前说之不足虑也。

移去上海存土，乃英人赞同、吾国禁烟政策自然之结果，断无索偿之理由。且调查目前上海所存印烟，不过一万七千箱，约值英金七百万磅。而彼印度政府一千九百十二年度预算烟税之收入，估额一千一百万磅，截至是年年底，实收二千万磅。无论印度政府方面、商人方面，计其所获，已足偿损失之数而有余。此后说之不足虑也。

又，假定此项交涉分两段办理，逆料进行，当然前者较易，后者较难。然废约停运之目的既达，则上海存土之如何移去，方法正多。要非绝对的不可能之事，使先存一畏难之见，乃并容易得手者，亦不敢置词，殊非外交上得尺得寸之计划。谨依《约法》第十九条第八项、《国会组织法》第十四条第一项，提出建议案，以俟公决。

提出者：黎尚雯

联署者：宋渊源　富　元　周廷劢　李自芳　段世垣　孔宪瑞　王靖方
章兆鸿　郑际平　朱兆莘　徐镜心　符鼎升　李汉丞　黄锡铨
蒋曾燠　向乃祺　潘祖彝　金兆棪　燕善达　张我华　杨福洲

政府答复文件

国务院来咨。为咨复事。奉大总统交下贵院咨送黎议员尚雯提议案一件，当经函交外交部核复。兹准复称：查原议案所称废约停运、退回存土各节，业于五六月间，迭向英使提议。英使虽将废约之请，电达英国政府，惟据驻英刘代表函电称，英外部称拟俟朱使详文到部，再行核办。现尚未准答复。至退回存土一事，业经一再提议，亦未允照办。本部以在京交涉,既难得手,当饬刘代表就近向英外交部交涉,一面仍由本部备文催询,以促进行。又,原议案称,胡代表电谓法政府愿与中国提携抗议印烟输入一节,本部尚未接有此项电文,想系传闻之误等因。相应咨复贵院查照可也。此咨参议院。

查办河南都督张镇芳违法溺职案①

豫省绾毂,南北革命时代,几经兵燹,共和成立以后,益以土匪纷扰,旱灾频仍,涂炭流离,景象凄惨。生命财产,尚无依托,安宁幸福,更何冀希?当此时,地方长官应如何激发天良,夙夜竟惕,图补救以慰孑遗之望,勿负中央之托。乃张都督自受命以来,吸引佥壬,倒行逆施,违法溺职,贻害地方,驯至土匪白狼猖獗,各地糜烂,群情哗溃,舆论鼎沸。世垣籍隶河南,桑梓惨状,乌能默缄?

查张镇芳督豫,治理无术,舆情不恰。临时省议会提议弹劾,并要求其出席,忽于指定出席之日,即有轰击议会之举,枪伤议员十余名,转影响含射荥河分治问题,罗织疑狱,模糊了结,借以搪塞。破坏省会,误陷平民,此违法者一。

言论、身体自由,非依法律,不得侵犯,均载在《约法》。前《自由报》持论不阿,张督竟以军队违法逮捕该报记者贾英,拘留两月之久,卒以无何罪名,含混释放。人民保障,《约法》尚不足恃,遑论其他。蹂躏《约法》,逮捕记者,此违法者二。

商办洛潼铁路,尽归海兰线外,业经临时参议院议决在案。张督何得违反,擅加国有名词,率领军队干涉股东会议,并假手各县知事;强迫股东收买股票。又,洛潼铁路盐觔加价一项,本属股本性质,并非税捐可比。张督不经省议会之决议,遽移盐股作行政经费,恣意妄为,人心愤激,保商政策,宁不大谬?违背院议,擅移盐股,此违法者三。

地方治安,端赖吏治,故用人行政,古人所谨。张督自兼长民政以来,宵小竞进,贤能裹足,以好恶为进退,以喜怒为赏罚,恶劣知事,弥漫全省。

① 原载于《参议院公报》1913 年第一期国会第 8 册。

其间因违法吞款、纵役殃民之种种行为，现令省议会咨请查办者，不下数十。虽有纠正之法，已成贻误之局。漠视地方，紊乱吏治，此溺职者一。

白狼，一土匪耳。方其犯唐县，张督毫不介意，迨陷城抢掠既去，复文报粉饰，谬邀赏赉，奖田作霖、山文虎之章。刘凤桐一营，明明附匪，且携械以叛，而亦不能有所惩戒。赏罚不明，军心涣散，于是剿匪之兵敢于怠战，通匪之兵敢于附和。白狼遂坐以滋大，拥携悍众，破唐县，围宝丰，攻鲁山，陷鬲县，旬余间，辗转焚掠，河南半壁，悉成一糜烂之场。河陕汝一带，土匪蠢动，暗图响应，汴垣之内，且用戒严，全省恐慌，不可名状。张督滥用污吏，逼民为匪，既无以清匪之源，而于土匪蜂起之时，不能预为防范，以遏其始。匪势既炽，各县相继陷落，敢粉饰报捷，声言克复，谬称肃清，欺罔中央。措置乖方，剿抚无术，生灵涂炭，谁执其咎？军纪废弛，贻祸地方，此溺职者二。

以上各情，不过其荦荦大者，至其他悖谬行为，擢发难数。若常此滥膺都督，谬长民政，河南前途，更何堪想？谨依《国会组织法》第一条第三项之规定，提出查办案。仍乞公决。

提出者：段世垣　程　克　万鸿图

联署者：王靖方　王凤翥　汤　漪　焦易堂　张鲁泉　李汉丞　范振绪
张我华　李述膺　赵其相　彭邦栋　何海涛　金永昌　王鑫润
刘　濂　毛印相　金兆棪　杨家骧　丁象谦　陈同熙　朱兆莘
姚翰卿　田永正　郭相维　富　元　刘正堃　谢鹏翰　韩玉辰
温雄飞　马　坤　蒋曾燠　邓林皋　高仲和　章兆鸿　杨绳祖
高家骥　王沚清　刘积学　李伯荆　杨　琼　杨　渡　吕志伊
萧辉锦　林　森　魏鸿翼　卢式楷　孔宪瑞　蒋羲明　扎西土噶
孙光庭　向乃祺　杨永泰　蒋举清　杨福洲　徐镜心　杨增炳
宋国忠　窦应昌　万宝成

规划国民银行制度图广销公债以救济财政建议案①

窃以国无政不立，政非财不行。中国当满清末造，岁入二亿四千二百余万两，岁出二亿五千二百余万两，预算收支，已生一千万两之不足。

民国创建，需费尤巨。欲浚源，则生灵憔悴，既不忍加赋而竭泽；欲节流，则建设万端，复不能因噎而废食。据最近报告，本年一月至六月，入不敷出达一万一千七百四十八万元有奇，破产之祸，危在眉睫。举凡振兴实业、改良租税等理财常经，皆属西江之水滩救涸辙之鲋。于是，政客策士莫不以借外债为唯一法门。间有提及内债者，均恐应募无人，致成画饼，迟回不行。羲明等以为，值此危急存亡之秋，讲过渡时代整理之策，惟有筹设国民银行，谋消泄公债之尾闾，实为救济财政最速最妙之法。

考美国南北战争之后，财政奇绌，纸币紊乱，财政总长奇斯氏于千八百六十三年制定《国民银行条例》。越二年，成效卓著，财政因之整理。日本维新之初，政府纸币过多，停止兑换，欲发行公债，悉数收回，苦无销售之路。明治五年，乃发布《国民银行条例》。不数年间，设兑之多至一百五十三行，公债遂以发达。其制在妙用国家立法权，其功在活用银行资本金。民间游资有银行之吸引而易集银行，信用有国权之保证而益厚于是。国库支给，获公债之畅销而弗匮；工商事业，得银行之融通而振起。此活动经济救济财政之良法，美、日两国所赖济一时之危也。试分言其利益如下：

以外人为债权，利益日流于海外；以国民为贷主，子息仍留于国中。乃者外债唯恐不多，内债莫敢或举，不过为内款难募，不若外资易集耳。如定国民银行，必以其资金二分之一向政府购买公债，则千百万巨款，不难数月而成。计臣不致仰屋，外人无由要挟，利一。

设使公家有益，个人不利，国民裹足不前，政府亦难收其效。兹定以其公债作保证，发行同额纸币，则一万元资本可作两万元运用。美利所在，自能引诱营业，竞争共起。金融事业，活动经济，发达实业，利二。

---

① 原载于《参议院公报》1913 年第一期国会第 10 册。

货币复杂,既为交易魔障,钱庄纸票,更属歧异百出,阻害商业,莫此为甚。民国锐意改革,必谋统一。兹定纸币原形,必由中央制造,则交易尺度,得以渐趋一致。销纸票紊乱之积弊,作货币统一之先声,利三。

兵燹丧乱之余,经济停滞,故今日理财绝妙之道,无逾于疏通社会经济而使之流通。中央银行纵能招徕一二商股,究不弱国民银行得广搜社会藏金。涓滴汇于江河,舟楫赖其转运,资本萃于银行,朝野受其滋润,利四。

固或谓:各国趋势,发行纸币,均属中央银行特权,今分寄多数银行,恐开纸币滥发之端,添经济恐慌之害。不知西欧各国,壤地偏小,财源发达,经几许改革阶级,始有今日进化。德、英诸国银行,历史昭然若揭。

中国幅员辽阔,金融滞塞,倏欲以中央银行纸币,充全国经济需要,匪惟资力不足,即推行,亦难骤达。满清银行纸币,发行有年,流通于全国者,不敌九牛一毛,为最切之先例。美国文明,实为先进之邦,而银行制度,弗克集中。盖国情各殊,绝不能削趾以适履也。况纸币额数,予以限制,纸币原形造于中央,直接虽寄之于众,间接实操之于一。

语曰:两利相权取其重,两害相权取其轻。当民穷财尽之时,谋挹彼注兹之策,拘学理以自高,置现状于不顾,迂缓不切,于事何济用?特斟酌美、日成法,去短从长,规拟《国民银行则利》二十三条,冀弥补财政于万一。是否有当,即希公决。

提出者:蒋羲明

联署者:张鲁泉　丁象谦　朱兆莘　段世垣　王鸿庞　韩玉辰　李国定
胡璧城　向乃祺　刘　濂　徐镜心　朱念祖　刘映奎　彭介石
吴文瀚　蒋曾燠　解树强　周泽南　郑江灏　卢式楷

自书私债券印刷之缘起[①]

民国二年二、三月间，本人身充山东国民党支部长时，拟发起组织实业事，又恐党中同人不能一致，因避党而用个人名义出名负责，遵照民法印使债务券条例，即托济南芙蓉街至明印刷局王君杰三（在天津）代印，五元、十元，约不记得张〔数〕，共钞数二十万元。乃印讫而选举失败，本人亦以信用不足，且责任重大，而党中人及政界同人多不赞成，此事遂停止。未经立案，即时废弃。宗存济南芙蓉街恒盛银楼扁箱内，执事马姓子宾。此处现时所存一张，系当王君刷印时由津附入式样（1914 年 3 月 17 日）。

狱中供词[②]

本员前供内有“以死保仓谷无破坏政府之举动”一语，系指仓谷直接破坏而言，其时间在闻其赴津一语之前，至其间接破坏及闻伊赴津一语后，则不负担保责任。据仓谷于本月九号向本员云：今日有周生某，约伊随彼到津介绍买枪，伊明日即须随周生赴津去。本员闻言，劝阻之，未听。且究竟彼赴津后买得枪否，亦未确定，故当时虽知之而未暇举也。

周生，名维屏，号凌卓。系去岁在河南会馆谢某处有一二面之识，厥后不交通者，约四月余。陡于前月在顺治门里遇见，立谈少顷。别后第二

① 录自《京师警察厅档案全宗》，案卷编号：181-17-1777。

② 录自《京师警察厅档案全宗》，案卷编号：181-17-1778。

三日,周生来寓,与仓谷遇。凡朋友遇于己室,例应为之介绍。本员当时即循例为之介绍,并无所谓何事也,问仓谷、周生两人可知。至买枪情形及其用途,均有仓谷、周生可问,本员不知,不敢妄供。

至所住日人房屋,系由本员与仓谷两人当面向下平君所借。本拟暂住几日,俟移出后再酬谢人情,并无房租金。且室内物品,与仓谷、小川、下平三君交换互用者甚多。所具是实。

三年三月二十五号

徐镜心亲笔

狱中便笺[①]

老贾(按:徐镜心的厨役)如仍在寓,即将室内皮斗篷一件、枕头两个,交付去人带来听用。老贾如他去,即烦小川先生之贵驾代拿。又,皮匣内有银票一张十元者,亦并取交去人为要。匣上钥匙,在黑皮包内外层,寻之自得。徐镜心具。三月二十七日由军警司法处收押所发。

① 录自《京师警察厅档案全宗》,案卷编号:181-17-1777。

附录一　看看看中国新女界之发达[①]

徐文炳

中国女界,其昏暗陵夷,千百年于兹矣。一二维新之士,为之大声疾呼,以警告我女同胞,振奋精神,冀与欧美并称。若女学,若女报,若女子杂志,均不惮苦心孤诣以组织之。风气渐开,此诚中国女界文明之烧点也。

近有山东黄县西乡洼里村张殿邦之妻崔秋华,旧习汉文,因阅报有感,自上年设立女学一处,招集学生至十四五人,尤注重痛除缠足恶习。今各学生已皆天足,既聘请女师教授,而身任管理之责。今年马亭王家王鹏南之妻丁肃仪亦设立女学一处,附属育英学堂,聘请女师教授,丁氏任管理之责。与洼里女学连络一气,竞争进步,此山东女学之萌芽。

四月下旬,两女学互相参观,各开会欢迎演说。其言论虽浅陋不文,然当女界初出黑暗时代,而能进化如斯之速,其意识自亲切动人,可以深入于社会人心,以潜移风化,催进文明于不知不觉之中,必为吾同胞之所许,堪为女界之警钟,而沉梦庶乎其一觉焉。自宜甄采报端,以附乎师氏彤管之例,巾帼多才,或亦阅而能自兴起焉,此则记者之所深冀矣。

其演说略云:我们女子,生在中国,竞争者饰头、缠足而已。试想中国人口四万万,女子实居其半。因教育荒废,智识痼闭,无独立生活,无爱国理想,四万万人堪用者只有二万万,女子如同废物。譬人之一身,只有一

---

① 原载于《盛京时报》1907年7月5日第2版,署名"山东育英学堂教员徐文炳来稿"。徐文炳(1878—1966),原名龙田,字云卿,黄县海云寺徐家村人,清庠生。与徐镜心为同乡、早稻田大学同学。1905年,由徐镜心在东京介绍加入中国同盟会。清末,任黄县教育会会长,参加过徐镜心领导的登黄起义。民初,当选山东省议会第一届议员,曾任黄县教育局局长。此文为迄今发现的徐文炳传世的唯一文字,亦是《盛京时报》与山东革命紧密互动的重要线索,为纪念徐镜心与徐文炳的革命友谊,特附录于此。

半好用,那一半已成麻木不仁,势将累及全身不灵矣。不学之害,以至于此,蚩蚩然徒蠹社会之资财,妨文明之进步。而复其趣恶,其境苦,积以往数十世纪之冤抑悲感,血泪可以成江河,怨气可以塞宇宙。谁实使之,以至于此?即我们所谓修身者,率以不出大门,不与男子交接为箴言,阶之厉也。

今日二十余里到此参观开会演说,他人观之,必以我们为放纵,而不知修身矣。岂知中国女子因数千年历史之关系,丧失天然之人格,无学、无德、无智识、无团结精神,何有知修身?咱们今日举动,非同闲游,开展智识,竞争学问,修身之道,莫大于此。但中国女子为"无才是德"之语误及千秋,而沉沦地狱,毫不知耻,绝无与世界文明国之女国民同购无上之位置思想,可以人也。

自欧力东渐,朝野上下始恍然从事于维新,改良教育。吾女界豪杰亦争自濯磨,提倡学术,转易流俗,数年以来,成效颇著。京、津、江、浙、湖、湘、川、粤等处,女学相继成立,人才辈出,复不惮辛苦,相率跋涉重洋,远游异国。此正吾女界脱旧社会入新时代之一大关键也。

独吾山东女界,以五十四万四千三百八十七方里土地之广,四千万人口之多,当此竞争剧烈、改良过渡之时,环顾十府三州县,若女学堂、若女士留学东洋者,寥寥若晨星。曾闻栖霞谢鸿焘之妻马秋仪,上年曾到东京游学半载,今在烟台设立女学一处,吾乡馆前徐家徐镜古亦曾于去年设立女学一处。外此或又有之,然未之闻焉。是非吾山东女界一大缺憾耶!咱们须亟力求学,推广范围,为我山东女界争些许之价值,购一线之文明,以求吾女同胞警醒沉迷,洗净数千年沉沦地狱之耻,勿为天演公理所淘汰,则吾女界庶有望乎!

记者不敏,敢一言搀于其后曰:原来社会开化之迟速,有潮流焉,有层级焉。吾国前此茅蔀自甘,无一倡言女学者,至今日风气棣通,芸芸女同胞亦且亟起直追雪荀大夫"无才是德"之呓语。山东程度虽较他省为弱,然诚有人提倡之,女界文明,亦可拭目而俟。近如奉天一省,官派女子游学多至数十人,使各处全力为仿行,巾帼多才,何让于吾须眉豪杰?山东女界,尚各勉旃。吾辈男子,将何以自厉焉?

附录二　徐镜心创立的革命团体和社会组织考略

徐学航

徐镜心奔走革命"几二十年,前后如一日"①。为了达成革命理想,他踔厉奋发,勇挑重担,涉艰履险,敢为人先,在辛亥革命中建立了不朽功勋,他的革命事迹在中国民主革命史上留下了光辉的一页。张彦臣说:"自有同盟会而后,山东革命者奔走之勤,死事之烈,殆以徐君子鉴(徐镜心)为最。"②统观他的革命历程,可以发现一个非常显著的特点,就是他创立了许多革命团体和社会组织。这些团体和组织在辛亥革命中起到了领导指挥、组织发动、筹集军费、建设民生和抵制复辟等重要作用,对于推翻帝制、创立和捍卫民主共和影响深远。这些团体组织是徐镜心智慧和心血的凝聚,是他留给世人的一笔珍贵的革命遗产。

社会背景与思想基础

清末,政府对外卑躬屈膝,闭关锁国,对内残酷镇压,禁止言论、集会、结社自由,"于结党植党者,认为重罪"③,充分暴露出其反动性。徐镜心在日本留学时专修法政,曾编译过《日本大隈伯爵政党史论》,对党派团体作用认识充分,研究造诣颇深。他曾说:"中国第一坏,在禁止社会之组

① 杭辛斋:《徐镜心先生事略》,李日、徐学航主编:《革命巨子徐镜心》,山东大学出版社 2011 年版,第 133 页。

② 黄县革命史编写委员会:《徐镜心传》,龙口政协文史委员会编:《龙口文史资料》第二辑,1991 年,第 79 页。

③ 徐镜心编译:《日本大隈伯爵政党史论》,《盛京时报》1907 年 2 月 20 日第 3 版。

织。”[①]因此，他历来十分注重革命团体的建设，昼不遑食，夜不遑息，在反清起义和反袁斗争过程中，先后发起创立了多个革命团体，诸如同盟会、奉天联合急进会和共和急进会等。

1906年5月，徐镜心基于深厚的政治、法律学养以及对民主制度的研究与理解，设计出共和国家的架构，著成《政界表说略》一书。他特别重视行业协会在共和国家中的地位和作用，在著作中设计了“商会之组织表”。他认为商会对于现代国家意义重大：“国以富为基，富以商为本。商有会，而后可以知大得失，而后可以明大利害，而后可以组合大资本，与外国人作大竞争。”[②]商会在整合资源、抵御外侮、保卫利权方面具有不可替代的作用。因此，提出“全国设总商会，下辖丝商会、茶商会、盐商会、渔业及贩卖商会、各种技术工商会、舢板会、车脚商会、船商会、客栈商会、银钱商会、牧畜会、药商会、洋货商会、工艺制造会、土产物种植商会、土产贸易商会等”[③]。清末，他与宋教仁曾在东北创办木植公司，又亲手创立建筑公所和招垦公司。民国建立后，为践行孙中山实业救国的理念，创办多个社会团体，如山东实业协会、垦植协会、山东路矿协会和泺口河船协会等。

中国同盟会发起人之一

1901年，徐镜心在烟台毓材学堂读书期间即萌生了民主革命思想。1903年初，东渡日本留学。孙中山于1903年秋间去过日本。据《孙中山先生年谱》记载，“（1903年）秋间抵日，有廖仲恺、马君武、胡毅生、黎仲实等多人来会，表示赞成革命。先生（孙中山）乃托以在日物色有志学生，结为团体，以任国事”[④]。

1905年7月，孙中山从欧洲重回日本，着手创立全国性的革命团体“中国同盟会”，统一领导反清革命，徐镜心参与了中国同盟会的创建工

---

① 徐镜心：《主盛京笔政时著》，未刊稿，第48页。

② 徐镜心：《商会之组织表》前言，《政界表说略》，烟台诚文信，1906年，第12页。

③ 徐镜心：《商会之组织表》，《政界表说略》，烟台诚文信，1906年，第12页。

④ 民国中央宣传部：《孙中山先生年谱》，1931年，第28页。

作。杭辛斋说："乙巳年(1905年)适孙中山先生至日本,先生(徐镜心)乃与黄克强、张溥泉诸君子,秘密结社,以为革命机关。"①《子鉴先生事略》说："民元前七年,总理在日本创立同盟会,先生首先加盟,为鲁同盟会领袖。"②1973年,同盟会员、同盟会鲁支部文牍张静斋在写给山东省革委会政治部的信中说："烈士徐子鉴(徐镜心)先生,早岁参加过孙中山先生领导的辛亥革命,为中国同盟会发起人之一,担任同盟会鲁支部理事长,我曾担任徐先生的秘书,对徐先生的事迹知之较详。"③日本人田原祯次郎说："徐镜心,东牟公学创立者,在日本与黄兴订交,中国同盟会的组织者。"④

1905年7月30日(农历为六月二十八日),孙中山邀约各省同志及日本志士70余人,在东京赤坂桧町三番黑龙会址召开了中国同盟会筹备会议,徐镜心参加了此次会议。黎东方说："依照宋教仁的《我之历史》,这一天出席于筹备会的人,'皆签名于一纸','复由各人自书誓书'。在《中国同盟会成立初期乙巳丙午两年之会员名册》之上,除了极少数的例外,都记明了'加盟年月日',足资查证。我现在先把'乙巳年六月二十八日'加盟的人,列表如下:徐镜心,山东黄县(加盟日期作'乙巳六月七日',待考)。"⑤徐镜心被孙中山委任为同盟会山东分会第一任主盟人,是孙中山直接指定的同盟会北部支部部长,是山东籍留学生中参加同盟会的第一人。

---

① 杭辛斋:《徐镜心先生事略》,李日、徐学航主编:《革命巨子徐镜心》,山东大学出版社2011年版,第131页。

② 《子鉴先生事略》,2012年自丁惟汾先生在美国的遗物中捡出,未刊稿。

③ 张静斋:《为徐镜心裔孙徐耀南开具致山东省革委政治部的介绍信》,1973年3月18日,未刊稿。张静斋(1887—1974),原名龟年,字静斋,号长生、邻非。山东龙口人,同盟会员。1911年底,参加徐镜心领导的光复登黄起义,任军需科长。新中国成立后,任山东省古代文物管理委员会主任、省文史馆副馆长、省政协常委等职。

④ [日]田原祯次郎:《徐镜心》,[日]田原天南编:《清末民初中国官绅人名录》,(台北)文海出版社1973年版,第322页。

⑤ 黎东方:《细说民国创立》二九《同盟会》,上海人民出版社2003年版,第113页。

山东旅日同乡会会长

在日本留学期间,徐镜心经常登台演讲,号召救亡图存,并向国内发布《劝山东人士留学日本公启》,号召山东青年踊跃赴日留学。连续在《之罘报》上发表《敬告同乡父老书》《论欧洲腊丁、条顿、斯拉夫三族强弱及究竟》等10余篇论说,起到了启迪愚昧、增进智识、开通风气、宣传革命的作用。许多山东青年受其影响,负笈东渡,从此走上革命道路。

徐镜心在山东留日学生中以思想激进、见识广远著称,享有很高威望。1904年,被山东留日学生公举为"山东旅日同乡会"会长,成为山东留日学界领袖。

同盟会辽东支部创建人

1906年秋,徐镜心到达奉天,任《盛京时报》首任主笔,借以作革命宣传,该报馆"同时也是党人的大本营"①。为报馆撰稿之余,到各地"讲演主义,结纳豪杰"②,做了大量的革命宣传工作。冠华说:"满清末叶时,镜心赴东三省,前后与张继、宋教仁、吴禄贞联络各地同志,灌输革命宗旨,白山黑水之间,真不知埋下多少革命思想的种子。"③

丁惟汾说:"清廷总督徐世昌闻之,亟密令捕治,而镜心辄先知,避之吉林。"④徐宪章说:"(徐镜心)组织《盛京时报》于奉天省垣,又与张溥泉先生游历各处,运广长舌,作狮子吼,卒为东三省总督徐世昌察觉。徐大惧,下令逮捕,幸事先闻讯逃免,事虽失败,而党员介绍至三百余人,势力

---

① 冠华:《徐镜心为国牺牲》,李日、徐学航主编:《革命巨子徐镜心》,山东大学出版社2011年版,第137页。

② 丁惟汾:《徐镜心传》,李日、徐学航主编:《革命巨子徐镜心》,山东大学出版社2011年版,第127页。

③ 冠华:《徐镜心为国牺牲》,李日、徐学航主编:《革命巨子徐镜心》,山东大学出版社2011年版,第138页。

④ 丁惟汾:《徐镜心传》,李日、徐学航主编:《革命巨子徐镜心》,山东大学出版社2011年版,第127页。

已潜伏矣!”①

1906年底,张继回东京,徐镜心仍坚守东北,奔走于东三省军政、教育、绿林各界。1907年4月末宋教仁到东北时,徐镜心已通过近8个月卓有成效的工作,为辽东支部的创建,奠定了坚实的组织基础和人事基础。② 范予遂说:“(徐镜心)于一九〇七年建立同盟会辽东支部。”③

木植公司、吉林建筑组合公所、蜂蜜山招垦公司

1907年夏,徐镜心到达吉林,先后创办了木植公司、建筑组合公所和“蜂蜜山招垦公司”等机构,借以筹集资金并以此为掩护秘密开展革命。

(一)木植公司

7月末,徐镜心来到吉林省城后,先与宋教仁在翠花胡同创办了木植公司。丁惟汾说:“(徐镜心)至吉林,充高等学堂教员,会宋教仁谋收集关外豪俊举义,镜心与合谋,创办一木植公司,阳为实业机关也者,阴实部勒豪猾,须时而动。”④杭辛斋说:“旋与被刺之宋教仁君,在翠花胡同组合木植公司,吸收同志,拟在东北一带,密图举事。”⑤徐镜心还曾与宋教仁前往联络策反吉林南面桦树甸子开金矿的韩登举,但未能成功。徐、宋两人就此停办了木植公司。1908年初,宋教仁经延边珲春出境,前往朝鲜汉城搜集间岛资料,之后返回东京,徐镜心则转为组织“吉林建筑组合公所”。

---

① 徐宪章:《先伯子鉴公行述》,李日、徐学航主编:《革命巨子徐镜心》,山东大学出版社2011年版,第140页。

② 详见李日:《中国同盟会辽东支部史事考论》,《辛亥革命研究动态》2019年第3期。

③ 范予遂:《徐镜心烈士传略》,1983年,未刊印。范予遂(1893—1983)曾任国民党中央执行委员会委员、常务委员会委员。新中国成立后,任民革山东主任委员。

④ 丁惟汾:《徐镜心传》,李日、徐学航主编:《革命巨子徐镜心》,山东大学出版社2011年版,第127、128页。

⑤ 杭辛斋:《徐镜心先生事略》,李日、徐学航主编:《革命巨子徐镜心》,山东大学出版社2011年版,第132页。

（二）建筑组合公所

1908 年 4 月，徐镜心在吉林创办了建筑组合公所，为开展革命筹集资金。① 当时的《盛京时报》曾刊登过“吉林建筑组合所之成立”消息，该消息谓“吉林工界秩序紊乱，营缮无法，朱抚屡次设法改良不果。近日，升用同知、候补知县陈君翼亮、留东学生徐君子俭②、徐君宇及建筑工师郭君重三数人发起运动，照部定合资公司章程，并采仿日本建筑组合所办法，因地制宜，稍加变通，创立一建筑组合公所，以承办各项官工民房，系组织全省城木、瓦两行诸大工人商家，如恒升木局、德全木局、同聚成木局、源合德、鸿顺成诸大泥瓦作坊等共十数家和资本百余万钱，工人七百余名组合而成。目前已将合同章程等禀请商会注册并转移民政司，分饬各官衙公署知照遵行，想不日即将开办云”③。

（三）蜂蜜山招垦公司

1908 年下半年，徐镜心招集革命同志成立蜂蜜山招垦公司。《高密县志》记载：“（李廷璧）继赴吉林与镜心办一建筑公所及蜂蜜山招垦公司，冀以团结徒众，厚集资力。”④

1909 年 4 月，熊成基到东北联络新军第三镇所属官兵起义，来吉林与徐镜心密谋起义，参加蜂蜜山招垦公司活动。李培基《辛亥关外革命始末记》记载：“党人集议，密谋在蜂密山从事于开垦，以便存粮购械，并联结新旧军人及马胡子伺机起义。”⑤张国淦在《辛亥革命史料》中说：“宣统元年（1909 年）⑥，熊成基在吉林蜂密山密谋事泄被杀。由于吉林巡抚陈昭常残酷镇压，革命党人无法活动，于是共同决议，各以本人性能所宜，

① 中国史学会济南分会：《吕子人先生访问记录》（1957 年 9 月），山东人民出版社 1958 年版，第 224 页。

② 徐镜心，字子鉴。其时清廷东三省总督徐世昌正在缉捕徐镜心，为不暴露身份，故将“鉴”改作“俭”。

③ 《盛京时报》1908 年 3 月 18 日第 5 版。

④ 中国史学会济南分会编：《山东近代史资料》第二分册，山东人民出版社 1958 年版，第 384 页。

⑤ 李培基：《辛亥关外革命始末记》，《近代史资料》总 15 号，1957 年，第 28—29 页。

⑥ 此处时间记录有误。据《熊成基供词》和傅善庆《熊烈士事略》记载，熊于 1910 年 1 月 30 日被捕，2 月 27 日遇难。

分别转入学堂、军队、警界，分散各别进行活动。”[①]熊成基被捕时，徐镜心“仅以身免”。约在1910年初，又潜至革命党人、垦务大臣吴禄贞处“充垦务委员，拟图再举”。

黄县农会

丁惟汾说：“庚戌（1910年）秋，（徐镜心）以母病归里。与邹斌元（字耀廷）、王学锦、李梦庚、兄文炳、镜古等，创立县农会，确立革命基础。”[②]张彦臣说：“宣统二年（1910年），归本县与邹耀廷〔庭〕、张彦臣成立县农会，企图振兴实业，兼作本党基地。”[③]他自任会长，以此作为全县倡导革命的统一领导机关。该农会直接接受徐镜心领导，在革命酝酿期积极宣传革命，发展会员，在1912年前后的光复登黄系列战事中，发挥了至关重要的作用，使黄县成为辛亥革命时期中国北方最具革命朝气的一个县。

戏曲改良社

据史料记载：“清宣统三年辛亥（1911年）夏，（徐镜心）至济南与杜紫庭、王厚庵（学锦）、胡邻勃、刘冠三诸同志组织戏曲改良社，借研究戏曲发扬主义。”[④]徐镜心购买了京胡、二胡等乐器和音乐书籍，与革命同志研讨创新戏曲演奏内容及形式，以此为掩护，继续从事革命宣传与联络工作。

---

① 张国淦：《辛亥革命史料》，龙门联合书局1958年版，第263页。

② 丁惟汾：《徐镜心传》，李日、徐学航主编：《革命巨子徐镜心》，山东大学出版社2011年版，第128页。

③ 张彦臣：《先烈徐子鉴传略》，李日、徐学航主编：《革命巨子徐镜心》，山东大学出版社2011年版，第135页。

④ 徐宪章：《先伯子鉴公行述》，李日、徐学航主编：《革命巨子徐镜心》，山东大学出版社2011年版，第140页。

山东各界联合保安会

1911年武昌首义后，山东积极响应。据孙丹林回忆说：“徐子鉴(徐镜心)由日本东京联络丁佛言、侯雪舫、曲卓新等归国，在济南联络夏溥斋、杨毓泗、庄心如、王丕煦、于普源、刘冠三等士绅多人，运动咨议局迫令巡抚孙宝琦山东独立，与各省取一致步骤，与清廷断绝关系。”①丁惟汾说：“武汉起义，(徐镜心)乃召集同志丁惟汾、刘冠三等谋响应，假游大明湖，集古历亭开会。”“决议召集各界在咨议局开会，强迫孙宝琦宣布独立。”②

1911年11月4日，徐镜心与王学锦连夜拟定出《山东独立大纲七则(草案)》。5日，徐镜心、王学锦等将所拟《山东独立大纲(草案)》在咨议局会议上讨论，遭到立宪派和旧官僚的反对，立宪派首领借控制会议程序的机会采取了“擅改草案，敷衍终会”的办法，遂将独立大纲改定为《劝告政府八条》。

6日，徐镜心组织各界代表在咨议局开会，推举孙宝琦担任“山东独立交涉长”，孙拒绝。又在山西会馆集会，商议集谷，筹办民团，并酝酿推翻省咨议局。

7日，徐镜心召集各界代表在咨议局开会，人数甚多。会议一致通过推翻省咨议局，立即组织山东全省各界联合会，作为领导山东独立的机构，通过《山东全体联合会简章》《山东全体联合会职务权限章程》。

10日，徐镜心召集革命派及各界人士开会，“决议组‘联合保安会’，以‘保境安民’为宗旨，并提出‘以要求条件清廷即经允许，本省立即协议，恐日久变生，非速宣告独立不可’”③。

11日，徐镜心与丁惟汾、谢鸿焘、王乐平等假借游览大明湖，召集同

---

① 孙丹林：《山东辛亥革命之经过》，中国人民政治协商会议全国委员会文史资料研究委员会编：《辛亥革命回忆录》第五集，文史资料出版社1981年版，第326页。

② 丁惟汾：《徐镜心传》，李日、徐学航主编：《革命巨子徐镜心》，山东大学出版社2011年版，第128页。

③ 张健之：《论丁惟汾》，《山东文献》(台北)1992年第18卷第1期。

盟会员在历下亭开会。会上,徐镜心自任联合保安会会长。据丁惟汾回忆:“既集,镜心起立曰:‘今日之会提出,乃所谓捋虎头编虎须,几不免虎口者。会长一席,无庸公推,即由本席担任,请速讨论进行方针。’众无异议,盖此时此地,会长非镜心莫属也。”①

徐镜心要担任联合保安会会长的消息传出,遂遭到封建顽固势力强烈反对,并阴谋加害徐镜心。丁惟汾说:“士绅等夙惮镜心峻急,闻其为会长,群起反对之。”②徐镜心恐因为自己而“牵及大局”,于是北上(奉天)南下(上海)指挥联络,以期武力促成山东独立。他在离济前,召集鲁东革命同志开会,秘密进行了部署安排。张彦臣说:“子鉴等既被监视,一日,借游湖消遣,同张彦臣、于春暄、丛夔臣及文登各县同志十余人,在古历亭密议,豫定同人均由本县起义,事成再图济南。”③徐镜心离济当日,丁惟汾、张彦臣等同志按照徐事先的部署逼迫孙宝琦宣布山东独立成功。

在山东独立过程中,革命派是实现山东独立的最主要力量,“山东同盟会主盟人徐镜心是山东独立的核心人物”④。假使没有以徐镜心为首的革命派的领导和推进,在封建顽固势力雄厚的山东实现独立是不可能的。可见,徐镜心主导成立的“山东各界联合保安会”,成为整个独立运动的领导机构,发挥了积极作用。

奉天联合急进会

《近代东北史》记载:“革命党人张榕、徐镜心、张根仁、柳大年等人,鉴于蓝天蔚被迫离奉,‘不流血’革命化为泡影,‘其势涣散,多不得力’。为了把分散四处的革命力量联为一体,在省城与保安公会对抗,在四乡发

---

① 丁惟汾主编:《山东革命党史稿·先烈传》(上),(台北)铭华制版印刷有限公司,1971年,第3页。

② 丁惟汾:《徐镜心传》,李日、徐学航主编:《革命巨子徐镜心》,山东大学出版社2011年版,第128页。

③ 黄县革命史编写委员会:《黄县革命史实》,李日、徐学航主编:《革命巨子徐镜心》,山东大学出版社2011年版,第245页。

④ 宋玉娥:《辛亥革命在烟台》,山东省政协文史资料委员会编:《辛亥革命在山东》,山东人民出版社1991年版,第31页。

动起义,于(1911 年)十一月十七日建立了奉天联合急进会。①”宁武说:“当辛亥革命风潮涌现到东三省时,在奉天的同志由徐镜心同志召集会议,研究革命工作进行办法。徐提议组建全省革命急进会(即奉天联合急进会)。左雨农提议举张榕为会长,徐镜心、赵中鹄两同志副之。”②该会的宗旨是“将以响应南方,牵制北军势力,使清帝不敢东归,赵督不敢中立”③。左雨农认为,徐镜心担任同盟会北部支部领导人,领导山东及东北的革命任务尤其艰巨繁重,东三省革命由本地同志担纲领导比较合适,以便徐镜心专心加强对山东革命的领导和与南方革命党的联络。张榕革命意志坚定,徐镜心很信任他,于是同意让 28 岁的张榕担任会长。

奉天联合急进会成立后,立刻密派同盟会同志分赴各地组织起义,点燃了 11 月下旬以辽南为中心的起义高潮。首先是辽阳起义,其次是铁岭、开原起义,再次是凤凰厅起义,虽然这些起义都相继失败了,但革命党人愈挫愈奋、屡仆屡起、再接再厉,极大地动摇了清王朝在东三省的统治。

中华民国共和急进会、北部共和急进会

邹念之编译的日本外交电文称:“据情报获悉:大连革命急进会会员三百名,于一月十五日上午在山东登州府登陆,未遇任何抵抗即将该地占领。据闻刻下该地市面平静,民心安堵。”④其对“革命党急进会”⑤注解为“全称为‘同盟急进会’,由商震、张根仁、钱拯、刘艺舟、吴景濂、田又

① 王魁喜等:《近代东北史》,黑龙江人民出版社 1984 年版,第 378 页。

② 宁武:《我的回忆录》,龚世萍主编:《爱国志士宁武》,辽宁人民出版社 1994 年版,第 112 页。

③ 《临时稽勋局给张锡銮的咨文》(三月十五日),辽宁省档案馆编:《辛亥革命在辽宁档案史料》,1981 年 10 月,第 143 页。

④ 邹念之:《一九一二年一月十五日,相羽驻芝罘副领事致内田外务大臣电(第 97 号)》,邹念之编译:《日本外交文书选译——关于辛亥革命》,中国社会科学出版社 1980 年版,第 216 页。

⑤ “革命党急进会”注解为“同盟急进会”不准确,应为“奉天联合急进会”。“奉天联合急进会”与“中华民国共和急进会”均为徐镜心创立,是两个既互相联系又相互独立的革命组织。

横、张榕等人领导组成，举张榕为会长，会址设沈阳。辛亥首义后东三省各地的革命活动，大抵均与该会有关。张榕后为张作霖杀害”。这种解释不正确，急进会员占领登州是徐镜心创立的“中华民国北部共和急进会”所领导的一次起义，是徐镜心直接指挥“光复登黄起义”的一部分。

“中华民国北部共和急进会”最初由徐镜心在上海发起创立，并在各地设立分会，如北部共和急进会等。徐镜心说：“因于十月初四日，（在上海）联各省同志，发起组织‘中华民国共和急进会’，宗旨在‘启发民智，组合政团’，期于三个月内，遍及全国。”①

《顺天时报》登载“急进分会之开会”消息称：“芝罘近有上海共和急进会同人，约集奉天、济南、京津等处民军代表组织急进会。日昨假座商业中学堂，于下午一钟开会，宣告成立。列席者二百余人，先由徐君（徐镜心）登台演说京津近今一切事宜，张君（张俞人）演说南京、汉口革命事，刘君（刘艺舟）演说奉天革命党被官场捉获冻毙之惨状，其开会报告宗旨：一、中华民国已经于民军起义，各国承认为交战团之时成立。二、本会之组织在启发民族共和知识、组织民族共和团体；其义务在协助民军政府，以谋成我民国现在之利益；其权利在监督各民军政府，以维持我国将来之幸福。三、入会规则。”②当时日本驻芝罘副领事称：“革命党员在当地集结了约 60 名同志，于本日下午组织革命急进会（即北部共和急进会），选举黄县人徐镜心担任会长。该会设立的宗旨是在山东省鼓吹革命思想，集合同志，募集资金，成为满洲及南清的纽带，为他日革命军北上做好准备，加速清朝灭亡。”③

北部共和急进会成立后，组织起民军北伐队，于 1911 年 12 月 25 日拟定章程，“以发兵北伐推倒政府为第一要义，并联络上海、天津、保定、张家口、奉天、济南、南京、青岛、北京各地之同志以为作战之计划，现正极力

---

① 徐镜心：《光复登黄战事纪实》（1912 年手稿，国家一级文物），现藏烟台市博物馆。

② 《顺天时报》1911 年十一月初一日第 4 版。

③ 《日本驻芝罘副领事相羽致内田外务大臣电（第 78 号）》，《清国革命动乱相关信息（山东省）》，1911 年 12 月 12 日下午至 13 日上午，第 40 页。

设法集款”①。山东各地急进会员听闻消息后无不振奋,他们积极响应,按照事先安排,几乎同时发动了登州、黄县、文登、荣成、即墨、安丘、青州、高密、诸城等地光复起义,在辛亥革命史上留下了光辉的一页。

山东军政府

1912年1月15日,徐镜心率领急进会员500人光复登州,建立了山东历史上第一个民主革命政权——“山东军政府”②。

在革命同志一致公推其任山东大都督时,他为了团结革命队伍,推进革命进程,坚辞不就,转而荐举旧友连承基担任,仅担任参谋长一职。其后,徐镜心与连承基又率兵光复黄县,并与数千清军在黄县鏖战28天,大小战役13次,“声势烜赫、震动全国”③,此役被誉为“埋葬帝制的最后一战”④。山东军政府的设立,是山东辛亥革命和北方辛亥革命的标志性事件之一⑤。

山东省议会

1912年初,“(徐镜心)召集周庆恩等,令组织山东省议会,以庆恩为议长。元年,南北统一,军事结束。在烟(烟台)同志公推镜心,移省议会于济南,协同各县代表,重行选举议员,成立山东临时省议会”⑥。经选举,徐镜

① 高玉铭主编:《中国戏曲志·山东卷》,中国ISBN中心出版社1994年版,第704页。

② 徐镜心:《光复登黄战事纪实》(1912年手稿,国家一级文物),现藏烟台市博物馆。

③ 范予遂:《徐镜心烈士传略》,1983年,未刊印。

④ 具体过程参见徐镜心:《光复登黄战事纪实》(1912年手稿,国家一级文物),现藏烟台市博物馆。

⑤ 详见李日:《徐镜心〈光复登黄战事纪实〉的成稿、流传及其史料价值》,《南京社会科学》2016年第8期。

⑥ 丁惟汾:《徐镜心传》,李日、徐学航主编:《革命巨子徐镜心》,山东大学出版社2011年版,第128页。

心当选省议会副议长,后“徐以省议会副议长被举为北京参议员”①。

山东统一会

1912 年 3 月 31 日,徐镜心在烟台组织成立“山东统一会”。《顺天时报》“时事要闻”刊登的“山东统一会之要电”谓:“袁大总统、各部首领、各省议会、孙前总统、奉直鲁协会、各报馆鉴:敝会前已完全成立,现又扩充组织。今午开会,公举王讷为正会长,以徐镜心为副会长,议决移本部于济南特此奉闻。山东统一会公叩(四月一日)。”②

同盟会鲁支部

1912 年 4 月 14 日,徐镜心召集山东同盟会员在济南李公祠召开成立大会③,会议推举徐镜心任会长,刘冠三任副会长,丁惟汾任党务主任。通过了《中国同盟会鲁支部章程(草案)》。《章程》规定了完备的组织机构,支部下设评议部、干事部。干事部又分为总务、交际、理财、文事、政事诸部,对工作计划甚详。同时创办《齐鲁民报》(又名《新齐鲁公报》),为革命党人的喉舌。

大同会

民国成立后,徐镜心积极践行孙中山“实业救国理念”。他带领同盟会山东支部积极开展了“经济革命”,以实现“兴办实业,振兴经济”的目标。据孙丹林回忆,1912 年 5 月,“徐镜心乃约回教之领袖第五师长马龙标、军政执法处长满洲籍赓勋,共同组织一大同会,会员以创办实业,发展

---

① 孙丹林:《山东辛亥革命之经过》,中国人民政治协商会议全国委员会文史资料研究委员会编:《辛亥革命回忆录》第五集,文史资料出版社 1981 年版,第 340 页。

② 《顺天时报》1912 年 4 月 3 日第 7 版。

③ 张玉法:《民初政团统计表》,《民国山东通志》,(台北)山东文献杂志社 2002 年版,第 2224 页。

工商业,筹划五族生产为前提,即在(济南)八旗会馆开大会,公推马龙标为会长,徐镜心、赓勋、邱丕振、王丕煦为副会长"①。当时计划的项目有开办"水产公司""水产银行"、黄河沿岸大规模造林等。

山东路矿协会

据史料记载:"1912 年 7 月 28 日,徐镜心于山东济南创立山东路矿协会,以'研究路况事宜,实谋进行'为宗旨。以徐镜心为会长,刘思锡、崔怀德为副会长,下设总务、铁道、矿务 3 部。"②

国民党鲁支部

1912 年,宋教仁为了在国会选举中取得优势,进而限制袁世凯的权力,遂决定以同盟会为主体,联合统一共和党、国民公党、国民共进会、共和实进会等政治团体组建了国民党。8 月 25 日,国民党在北京虎坊桥湖广会馆成立,9 名理事为孙中山、黄兴、宋教仁、王宠惠、王人文、王芝祥、吴景濂、张凤翙、贡桑诺尔布。理事长为孙中山,宋教仁为代理理事长。

徐镜心立即在济南响应,组建了国民党山东支部。王墨仙说:"同盟会则改组为国民党,以徐镜心、丁惟汾、庄心如、王墨仙、刘冠三、谢一尘等为首,称为国民党鲁支部理事。"③张玉法说:"济南支部:支部长徐镜心。"④张彦臣说:"同盟会改组为国民党,(徐镜心)被举为鲁支部理事长。"⑤

① 孙丹林:《山东辛亥革命之经过》,中国人民政治协商会议全国委员会文史资料研究委员会编:《辛亥革命回忆录》第五集,文史资料出版社 1981 年版,第 340 页。

② 蔡鸿源、徐友春主编:《民国会社党派大辞典》,黄山书社 2012 年版,第 29 页。

③ 王墨仙:《辛亥山东独立记》,中国史学会济南分会编:《山东近代史资料》第二分册,山东人民出版社 1958 年版,第 85 页。

④ 张玉法:《民国初年的政党》,岳麓书社 2004 年版,第 70 页。

⑤ 黄县革命史编写委员会:《黄县革命史实 · 徐镜心传》,中国史学会济南分会编:《山东近代史资料》第二分册,山东人民出版社 1958 年版,第 155 页。

山东实业协会、山东垦植协会、泺口垦植会、泺口河船协会

1912年9月，徐镜心发起成立山东实业协会①，同时还创办了山东垦植协会、泺口垦植会、泺口河船协会等实业组织，大力提倡移民垦植及谋渔航事业之发展。丁惟汾说："镜心以革命建国惟民是务，均田猝未能行，莫如力行垦植，倡议移民出关垦植同江，创山东垦植协会。又谋滋渔、航业，创泺口河船协会。"②

1912年9月27日，徐镜心在致垦植协会公电中说："鲁垦植有限公司成立，公举徐镜心、史泽咸、王志勋为临时董事，即转达各支部。经公举，垦植协会鲁支部正会长为徐镜心，副会长：史泽咸、王志勋；总务科长：曲建章，司事：隋树森，垦务科科长：牛献周，财政科科长：马兰亭，司事：马德馨；技师：朱焕章、张正坊、张传一、陈锡璋、庄恩泽、魏宗莲；李春湘、丁书云、常寿宸、马官和、刘曦、刘润甫、王熙等。另设山东垦植分会驻吉林事务所，地址：临江府起元屯、依兰府龙爪沟。"③

中国同盟会北方革命行动委员会

宁武说："1913年的春天，有老同盟会会员、国民党的理事和国会议员徐镜心同志和白逾桓、李元著等5人前往天津到我的临时住处，召集了十几个人的会议。会议根据当时国内形势，研究了革命策略和方针等问题。徐镜心同志在会上说：我们应当联络各方面同志继续革命，袁世凯的罪行已经是众所周知，我们只靠在国会中对袁进行政治斗争是不足以打倒袁世凯的，必须组织军事力量来打倒袁贼，建立民以为贵的共和国。在辛亥一役由于革命的不彻底，被袁氏趁火打劫，弄得国将不国矣！可是我

---

① 《民主报》1912年12月12日第7版《鲁共和党之丑行》有"山东实业协会会长徐镜心即要求都督周子廙将王丕煦拿审处刑"等语。

② 丁惟汾：《赠陆军上将黄县徐君碑》，李日、徐学航主编：《革命巨子徐镜心》，山东大学出版社2011年版，第317页。

③ 《民主报》1912年10月8日第7版。

们要抱定决心坚强奋斗，革命之火一定会燃遍全中国的。今后的任务就是应该从速的将革命组织建立起来，推举能坚持革命的同志领导，以便进行革命活动。”①

大家一致同意徐镜心的倡议，决议建立“中国同盟会北方革命行动委员会”，总机关设于北京国风报社内。宁武说：“推举徐镜心同志为理事长，刘乾一同志、我（宁武）和白逾桓同志为副理事长，白逾桓同志兼任宣传部长，张凤九同志任理事兼组织部长，李元著任理事兼联络部长，杨大实任理事兼总务部长。”②会议决定派李元著、张凤九二位同志前往上海，将会议的精神和做出的决定汇报孙中山先生。会议结束后，同志们都分赴各指定地点，开始进行地下工作。

议员监督团

1913年，二次革命失败后，“袁氏（袁世凯）志气骄盈，自以为所欲为，无所不可。于是改编约法，定为终身总统制，其帝制自为之心，亦已昭著。先生乃与同志组织议员监督团，亦触政府之忌”③。4月，徐镜心入京就任民国参议院议员，他曾当面告诫袁世凯：“总统者，公仆也。国民者，共主也。仆无自己意志，以主人意志为意志；仆无自己行动，以主人行动为行动。总统能为此，则中国治，否则中国乱。治则全国之休，乱亦非总统之福也。”袁世凯慕徐镜心之才，“乃遣心腹示意饵以甘肃都督，欲收为己用，镜心不为动”④。“大选之际，袁逆嗾使军警包围议场，强迫投票，徐镜

① 宁武：《我的回忆录》，龚世萍主编：《爱国志士宁武》，辽宁人民出版社1994年版，第131页。

② 宁武：《我的回忆录》，龚世萍主编：《爱国志士宁武》，辽宁人民出版社1994年版，第132页。

③ 杭辛斋：《徐镜心先生事略》，李日、徐学航主编：《革命巨子徐镜心》，山东大学出版社2011年版，第133页。

④ 丁惟汾：《徐镜心传》，李日、徐学航主编：《革命巨子徐镜心》，山东大学出版社2011年版，第129页。

心不为屈,仍投选孙先总理。”[①]

革命党人评价说:“先生(徐镜心)性刚毅,在国会中守正不阿,逆党深严惮之。”[②]他组织议员监督团维持国会秩序,反抗暴力干涉议会选举,坚决抵制袁世凯复辟帝制,袁氏由此恨之入骨,乃决计倾陷之。不久,徐镜心遂遭构陷杀害。刘大同评价徐镜心说:“呼呜徐子鉴,杀身以成仁。议员千百个,汝不愧平民”[③],可谓不刊之论。

---

① 徐宪章:《先伯子鉴公行述》,李日、徐学航主编:《革命巨子徐镜心》,山东大学出版社 2011 年版,第 141 页。

② 佚名:《子鉴先生事略》,原稿于 2012 年自丁惟汾先生放在美国的遗物中发现,未刊稿。

③ 刘大同:《哭徐镜心烈士就义于北京》,李澍田主编:《刘大同集》,吉林文史出版社 1993 年版,第 127 页。

附录三　徐镜心东瀛史事考

李　日

第一节　与孙中山相遇时间考

1905年中国同盟会成立。作为中国近代第一个真正意义上的资产阶级政党,同盟会在清末曾经集结了一大批社会精英和革命志士,他们信仰三民主义,追随孙中山先生,为推翻封建专制制度、建立民主共和国家,做出了不可磨灭的贡献。在中国北方尤其是山东和东北地区,以中国同盟会北部支部领导人兼山东分会主盟人徐镜心为核心的志士群体,在思想和组织上完全接受孙中山和同盟会的领导,创造性地开展革命工作,发动武装起义,为推翻清王朝战斗到最后一刻,在辛亥革命史上写下了雄浑悲壮的一页。然而,在近百年的辛亥革命研究中,孙中山与山东辛亥革命、孙中山与山东同志的关系等问题并没有受到足够的重视。笔者结合新发现的文献资料,通过对孙中山与徐镜心的交往,初步揭示孙中山与山东辛亥革命的关系。

孙中山是伟大的民主革命先行者,徐镜心是孙中山"一见倾心"①的革命同志。1912年以前,孙中山先生在国内的革命活动主要集中在南方,而徐镜心则长期在北方开展革命工作。徐镜心以其对革命的巨大贡献和深远影响而被誉为"辛亥革命大潮的北方舵手"②,是与黄兴、宋教仁齐名的"革命巨子"③。迄今为止,学术界对于孙中山与徐镜心相识的时间问题,并没有形成一个统一可靠的说法。据笔者考证,孙、徐初次见面

---

① 徐宪章:《先伯子鉴公行述》,李日、徐学航主编:《革命巨子徐镜心》,山东大学出版社2011年版,第139页。

② 中新视频:《百年辛亥:革命大潮的北方舵手——徐镜心》,2011年10月19日播出,http://www.chinanews.com/shipin/2011/10-19/news45735.html。

③ [日]佐藤三郎:《民国之精华》第一辑,北京写真通信社1916年版,第243页。

的时间有以下六种可能性：

第一，1904 年以前。1904 年孙中山经日本赴美国，临行前“复嘱同志多人在日本物色有志之学生，结为团体。于是留东学生益集中于革命旗帜之下”①。徐镜心于 1903 年赴日留学，任山东同乡会会长，在留日学生界颇有名声。从他 1905 年 1 月至 5 月发表的文章来看，徐镜心已经是一个接受了革命思想的青年志士，即中国同盟会在日本东京成立以前，徐镜心的革命思想已经成熟。因此徐镜心很有可能在 1904 年孙中山离开日本赴美国之前已经与之相识，是孙中山“复嘱同志多人”中之一员。

第二，1905 年 7 月 19 日至 25 日。如果徐镜心并非孙中山“复嘱同志多人”中之一员，那么，他作为山东留日同乡会的会长，又具有革命思想，应该是被物色的“有志之学生”之一。1905 年 6 月 4 日，孙中山在巴黎致函日本友人宫崎滔天说：“旅资告乏，阻滞穷途”，定于 11 日由马赛乘“东京号”回日本。② 经过近一个月的海上旅行，7 月 19 日孙中山到达日本横滨，“由程家柽传告，东京学生往来(东)京(横)滨之间者甚多”③。孙中山“居横滨数日，留日学生派代表百余人迎往东京”④，山东学生代表首推徐镜心，应无疑义。因此有可能是在 7 月 19 日至 25 日之间，徐镜心迎接孙中山时，初次见面。

第三，1905 年 7 月 25 日至 29 日。有史料记载，徐镜心是由张继介绍而结识孙中山的。张继的回忆录称：1905 年夏间，孙中山“由美来倭，宫崎寅藏介绍黄克强晤面，商组革命大同盟事”，而此时张继与黄兴“同寓于牛区神乐坂旁”。⑤ 孙、黄会晤后，联络各省留学生的工作迅速展开，张继为北方直隶人，从性格、语言、风俗等方面，适宜联系山东留学生，因此介绍徐镜心结识孙中山。孙中山 7 月 19 日到达日本，25 日到

---

① 邹鲁：《中国国民党史稿》(上)，东方出版中心 2012 年版，第 48 页。

② 李吉奎：《孙中山与日本大事记》，《中山大学学报论丛》(哲学社会科学)十九，《孙中山研究论丛》第六集，中山大学学报编辑部，1988 年，第 193 页。

③ 田桐：《革命闲话》，《太平杂志》1929 年 11 月第 1 卷第 2 号。

④ 过庭：《纪东京留学生欢迎孙君逸仙事》，《民报》1905 年 11 月 26 日第 1 号。

⑤ 张继：《张溥泉先生全集》，(台北)中央文物供应社 1951 年版，第 235 页。

达东京[①],先后会见杨度、黄兴、邓家彦等人。虽然孙、黄初次见面的时间至今也没有定论,但是我们可以推算出二人初见的时间是7月25日至27日之间。因为孙中山7月28日与宋教仁、陈天华等人会晤,而“先是,孙逸仙已会晤庆午”,即孙中山与黄兴会晤的时间必在28日以前。而孙中山会见黄兴时,张继也在场。据宫崎滔天的记载:他和孙中山“到达黄寓时……顷刻,黄兴、末永节、张继三个人出来了,将我们带到中国餐馆凤乐园”[②]。因此,很有可能是孙、黄会晤之后,张继将徐镜心介绍与孙中山认识。

第四,1905年7月30日。这一天是中国同盟会召开筹备会的日子。据曹亚伯回忆:“是日,到会四十余人。黄兴、孙文、宋教仁……秋瑾等。大约各省皆有一二。”[③]在筹备会召开以前,孙中山早已在网罗革命人才,他曾多次强调人才的重要性和紧迫性。1905年初,孙中山在欧洲时就曾指出:“今后将发展革命势力于留学界,留学生之献身革命者,分途做领导人。”[④]7月19日到达日本后,他对宋教仁等人说:“现今大势及革命方法,大概不外联络人才之一义。”“现今之主义,总以互相联络为要。”[⑤]当时,在日本的各省留学生的数量大致如下:“两湖、川、浙,各六七百人。云贵、苏、徽、直隶、江西,各三四百人。”“山东两次官派六十人,自费四五十人。较之山(晋)、陕、河南稍优。”[⑥]可见,山东留学生有100多人,是同盟会筹备会不可或缺的一个省份,也是孙中山“互相联络”的重要目标之一。

第五,1905年8月7日。据《宋教仁日记》记载:“未初,至程润生寓,晤孙逸仙,言今晚六时约诸同志在山口方相会。”[⑦]此时,据孙中山到达日

① 宋教仁:《宋教仁日记》,湖南人民出版社1980年版,第89页。

② [日]宫崎滔天:《清国革命军谈》,《宫崎滔天全集》第一卷,(东京)平凡社1971年版,第282页。

③ 曹亚伯:《武昌革命真史》上册,上海书店1982年版,第16页。

④ 朱中和:《欧洲同盟会纪实》,中国人民政治协商会议全国委员会文史资料研究委员会编:《辛亥革命回忆录》第六集,文史资料出版社1981年版,第6页。

⑤ 宋教仁:《宋教仁日记》,湖南人民出版社1980年版,第90页。

⑥ 徐镜心:《劝山东人士游学日本公启》,《之罘报》1905年4月4日。

⑦ 宋教仁:《宋教仁日记》,湖南人民出版社1980年版,第94页。

本已经有近20天的时间,其间孙中山广泛走访联络,而此时距8月13日的欢迎大会不足一周时间,距成立大会还有14天,宋教仁说孙中山预约相会的"诸同志"时虽没有列举姓名,但是他们一定是孙中山网罗的某些省、地方或团体组织的代表人物。徐镜心为山东留日学生领袖,极有可能前去相会。

第六,1905年8月13日。是日,留日学生在富士见楼举行孙中山欢迎大会,"各省学生千三百余人","山东徐镜心、丁惟汾等与焉"。① 这是史书上唯一一处明确关于徐镜心与孙中山见面日期的记载,但是否为初次见面时间,尚难确定。

由上述分析可以看出,徐镜心与孙中山初次见面的时间有两个时间段:一是1904年以前,但至于具体日期,在新资料发现以前,很难确定;二是1905年7月19日至8月13日之间。

第二节 参加同盟会筹备会考

孙、徐的初次见面,孙中山对徐镜心便十分倚重。据史料记载:

乙巳,总理(孙中山)至日本,召集革命同志创立同盟会,见镜心,器之,委为山东主盟人。②

乙巳年,适孙中山先生至日本东京。先生(徐镜心)乃与黄克强、张溥泉诸君子秘密结社,以为革命机关。③

乙巳年的时候,总理正在东京创立同盟会,因徐先生(徐镜心)赞助革命甚力,遂被委为山东主盟人。④

清光绪三十一年乙巳,本党孙先总理至日本,召集革命同志,成立同盟会于东京,与先伯(徐镜心)一见倾心,使为山东同盟会

① 丁惟汾主编:《山东革命党史稿》,(台北)铭华制版印刷有限公司,1971年,第131页。

② 丁惟汾:《徐镜心传》,《山东文献》(台北)1971年第7卷第1期。

③ 杭辛斋:《徐镜心先生事略》,《黄县民友》1934年第2卷第2期。

④ 冠华:《徐镜心为国牺牲》,《小学与社会》1936年第2期。

首领。①

既得孙中山信任和器重，徐镜心便开始协助孙中山进行联络和同盟会筹备工作。7月30日，孙中山“乃复召集各省先起响革命者，得五六十人，为会于日人内田良平家，黄兴与焉”②。关于本次筹备会的参加人员和省籍等问题，历来众说纷纭。单就徐镜心而论，现在有两种截然相反的说法：

一种说法是，徐镜心没有参加7月30日的筹备会，另一种说法则认为徐镜心参加了7月30日的筹备会。

持明确的否定意见者的观点有：(1)与会者“分别来自湘、鄂、粤、桂、皖、赣、陕、闽、浙、直等十个省”③。(2)与会者中，“湖南籍20人，湖北籍19人，广东籍16人，广西籍7人，安徽、江西各2人，直隶、陕西、浙江、福建省籍各1人”④。(3)与会者的省籍有安徽、浙江、陕西、江西、广西、湖北、湖南、福建、直隶、广东、四川⑤。上述三种观点都认为没有山东籍人士参加筹备会，即直接否定了徐镜心参加筹备会的可能性。此外，还有一种观点认为“徐镜心不可能参加筹备会”⑥。

持肯定意见者有：(1)与会者“大约各省皆有一二”⑦。(2)与会者“计到中国本部十七省留学生（甘肃无留学生）六十余人”⑧。(3)有学者“依据《中国同盟会成立初期（乙巳、丙午两年）之会员名册》，并参照其他

---

① 徐宪章：《先伯子鉴公行述》，毛笔原件，1929年6月，现藏台北国民党中央党史史料编纂委员会。

② 丁惟汾主编：《山东革命党史稿》（上），（台北）铭华制版印刷有限公司，1971年，第131页。

③ 周兴梁：《孙中山与中国同盟会的成立》，《四川师范大学学报》（社会科学版）2006年第1期。

④ 邱钱牧：《中国政党史》，山西人民出版社1991年版，第88页。

⑤ 蒋永敬：《民国胡展堂先生汉民年谱》，（台北）台湾商务印书馆1981年版，第47页。

⑥ 李淑蘋：《中国同盟会筹备会议与会者人数及省籍考略》，《历史档案》2000年第2期。

⑦ 曹亚伯：《武昌革命真史》上册，上海书店1982年版，第16页。

⑧ 李守孔：《国民革命史》，台北各界纪念孙中山百年诞辰筹备委员会，1966年，第83页。

著述”,在与会人员名单中增加了徐镜心等①。

在讨论徐镜心是否参加了 7 月 30 日的筹备会之前,非常有必要将参加本次会议的人员名单、人数和省籍等问题做一简单回顾。

首先,由于中国同盟会筹备会及成立大会的档案史料,迄今尚未发现,历来有关当时情形的记载,多出于部分亲历者的回忆或研究者的考证,因此截至目前,所有史料中披露的参加此次会议的人员名单均不完备,人数均不确切,省籍亦难统一。例如,仅与会人数一项,便有 40 余人②、50 余人③、70 余人④、80 余人⑤、84 人⑥和 100 多人⑦七种说法。

其次,由刘揆一和何天炯等人保管的《中国同盟会成立初期(乙巳、丙午两年)之会员名册》(以下简称《名册》)是迄今为止研究同盟会初期情形最具权威性的文献资料。因为刘揆一与何天炯不仅是亲历者,而且是重要的见证人。

因此,除非有足够的证据,不能轻易否定或质疑《名册》的权威性和可信度,否则很容易出现谬误。例如,一篇名为《中国同盟会筹备会议与会者人数及省籍考略》(以下简称《考略》)的文章认为:

> 山东人徐镜心的入盟日期,《名册》记为乙巳六月七日,此日期如是旧历,新历即为 7 月 9 日,如是新历,旧历则为五月初五日,如是六月十日、六月十七日、六月二十七日的笔误,也都不是新历 7 月 30 日,故疑为七月六日,即新历 8 月 6 日。徐镜心做主盟人就是在此日期之后,因此徐镜心不可能参加筹备会。⑧

---

① 郭汉民:《中国近代史实正误》,湖南人民出版社 1989 年版,第 396 页。

② 曹亚伯:《武昌革命真史》上册,上海书店 1982 年版,第 16 页。

③ 此数据源自傅启学所著孙中山先生的传记,由台北各界纪念孙中山百年诞辰的筹备委员会于 1965 年印行(第 123 页)。

④ 王俯民:《孙中山详传》(上),中国广播电视出版社 1991 年版,第 250 页。

⑤ 黎东方:《细说民国创立》,上海人民出版社 2013 年版,第 108 页。

⑥ 郑会欣:《也谈同盟会第一次筹备会议人数》,《历史档案》2006 年第 2 期。

⑦ 金冲及、胡绳武:《辛亥革命史稿》第二卷,上海人民出版社 1985 年版,第 20 页。

⑧ 李淑蘋:《中国同盟会筹备会议与会者人数及省籍考略》,《历史档案》2000 年第 2 期。

这段文字有数处明显的不妥:第一,《考略》将徐镜心入会的时间“疑为七月六日,即新历8月6日”,没有任何依据,缺乏起码的逻辑思考。既然如此,也可以“疑为”除六月七日之外的任意一天。以“疑为七月六日”作为判断事实的依据,从而得出“徐镜心不可能参加筹备会”的结论,是十分荒谬的。第二,设若如《考略》所说,徐镜心1905年8月6日加入同盟会,到8月20日被任命为北部支部领导人兼山东分会主盟人,其间共有14天时间,加上如《考略》所说,徐镜心连筹备会都没参加,他在同盟会中没有任何思想基础、组织基础和人事基础,是不可能被孙中山和同盟会委以山东主盟人重任的。第三,8月6日,在同盟会成立前后并非一个特殊的时间节点。翻遍现存史料,未见孙中山、黄兴等重要人物在这一天有任何活动记载,宋教仁这一天“未初,至会馆阅报。申初,回。熊岳卿来,坐谈良久,遂同至岳卿寓,留晚餐,夜遂宿焉”①。再如,有研究者认为:

> 此据《同盟会成立初期之会员名册》,并参照冯自由、邹鲁诸书记载,名册使用公历、夏历不一,凡属乙巳六月二十八日或七月三十日者均是(参加了筹备会的)。安徽程家柽等未署日期,酌定。诸书记是会已有十七省留学生参加,误。山东徐镜心署期为乙巳六月七日,疑误,但由彼介绍入盟者最早为乙巳七月二十七日。
>
> 以上凡10省75人。加上先生(孙中山)、宫崎寅藏、内田良平、末永节4人,合计79人。②

这段文字也值得商榷。(1)“安徽程家柽等未署日期,酌定”,可见程家柽是否参加了筹备会,亦是“酌定”,而非确定。(2)“诸书记是会已有十七省留学生参加,误”,没有任何证据和推理,即否定前人(包括亲历者和研究者们)主张“已有十七省留学生参加”的“诸书”,是主观的臆念,不足征信。(3)对于徐镜心是否参加筹备会议的推断含混不清,模棱两可,但最终还是在“疑误”的前提下予以否定,结论不免草率。

现在再来讨论徐镜心是否参加了1905年7月30日中国同盟会筹备会的问题。

---

① 宋教仁:《宋教仁日记》,湖南人民出版社1980年版,第94页。

② 陈锡祺主编:《孙中山年谱长编》上册,中华书局1991年版,第343页。

中国同盟会成立之前，以孙中山等为召集人，于 1905 年 7 月 30 日下午（未初至酉初，即下午 1 点多至 5 点多）召开了一次筹备会。会议地点是在赤坂区桧町三番黑龙会，黑龙会地址是日本人内田良平的宅邸①。综合宋教仁和邹鲁等人的著作，可知此次筹备会议的程序和内容是：

第一项，孙中山演说革命之理由、形势和方法，历时“一时许”。

第二项，黄兴宣布开会的目的，并请入会人员签名，“皆签名于一纸”。

第三项，孙中山宣布同盟会宗旨，讨论组织问题、会名和会纲等。定名为“中国同盟会”，确定十六字会纲。

第四项，与会人员自书誓书（誓约）。规定了誓书格式和内容，入会者各自填写一份，并举右手宣誓。誓书的格式是：

> 联盟人某省某府某县人某某
>
> 当天发誓：驱除鞑虏，恢复中华，创立民国，平均地权。矢信矢忠，有始有卒，有渝此盟，任众处罚。中国同盟会会员某某。天运某年某月某日。

第五项，孙中山传授秘密口号。如问“何处人”，答为“汉人”；问“何物”，答为“中国物”；问“何事”，答为“天下事”等。

第六项，推举黄兴等 8 人为起草员，负责起草同盟会章程等文件。

而据《山东革命党史稿》记载：

> 越数日，复大会于日本人坂本金弥氏之别庄，同盟会本部遂告成立。十七省加盟学生凡数百人，山东徐镜心先加盟。加盟者先自缮誓约，然后起立举右手读誓辞。辞曰：“联盟人省府县某，当天发誓，驱除鞑虏，恢复中华，创立民国，平均地权。矢信矢忠，有始有卒，有渝此盟，任众处罚。”下署同盟会会员某，又下署天运某年某月日。会有秘密口号，则问何处人，答曰汉人。问何物，答曰中国物。问何事，答曰为天下事。

《山东革命党史稿》的作者是丁惟汾，他是继徐镜心之后第四任山东分会

① ［日］田中健之：《辛亥革命与日本人》（原题《支援革命的日本人》），任景国译，《中央公报》（东京）2011 年 2 月号第 1522 期。

主盟人(其入会的主盟人是徐镜心),近代名流,国民党元老。他所著的《山东革命党史稿》是研究山东辛亥革命的重要文献,只是在编写史稿时,由于记忆不清或史料不足,难免出现一些细节的错误。但书中所述革命史迹,是值得信赖的。或谓该史稿中说此次会议的地点是在“日本人坂本金弥氏之别庄,同盟会本部遂告成立”,这分明是1905年8月20日的中国同盟会成立大会,并非筹备会。诚然,成立大会是在坂本金弥别墅召开的,但此次成立大会的主要内容是:一是黄兴宣读章程,中间有不同意见;二是选举总理及职员、议员,结果公举孙中山为总理,邓家彦等8人为司法部职员,田桐等20人为评议部职员,孙中山指任马君武等8人为执行部职员;三是孙中山传授秘密口号;四是黄兴宣布《二十世纪之支那》为同盟会机关报。① 据此可知,成立大会的内容与筹备会内容迥异,因此可以断定《山东革命党史稿》中混淆了时间和地点,将同盟会筹备会误认为是成立会。

由上可见,《山东革命党史稿》所记载的会议程序与宋教仁、邹鲁所述1905年7月30日的同盟会筹备会完全吻合,因此可以断定徐镜心参加了筹备会。

需要特别指出的是,综观《名册》,内中还有一个十分重要的信息,长期以来被忽视了,即所有标明加盟日期为“乙巳六月二十八日”或“乙巳七月三十日”的65名同盟会员,《名册》中均未标注其主盟人和介绍人。此外,还有广东区金白、湖北但焘、田桐未标明加盟时间,也未标明其主盟人和介绍人,湖北陶德瑶仅标明为“乙巳六月”且无主盟人和介绍人。换言之,现在各类名单中公认的参加筹备会的70名同盟会员,均无主盟人和介绍人。② 再进一步统计发现,参加筹备会的各省分会的主盟人如直隶张继、安徽吴春阳、湖北时功玖、湖南黄兴等,全部如此。据记载:筹备会“散会前,众议会员盟书于干部未成立前,暂托总理保管,总理盟书则由黄兴保管”③。可见,这70名会员之所以未标注自己的主盟人和介绍人,

---

① 宋教仁:《宋教仁日记》,湖南人民出版社1980年版,第98页。

② 邱权政、杜春和:《辛亥革命史料选集》(上),湖南人民出版社1981年版,第100—148页。

③ 邹鲁:《中国国民党史稿》(上),东方出版中心2012年版,第51页。

主要有以下两个原因：(1)他们公认的自己的主盟人是孙中山先生。(2)他们与孙中山先生一样，是中国同盟会的发起人和创始人之一，是天然会员，无需标明主盟人。

查《名册》中山东同盟会员的情况可知，山东共53人，其中乙巳年加盟者48人，除孔繁霨由张继主盟外，其余46人全部由徐镜心主盟。唯有作为山东分会主盟人的徐镜心没有主盟人，这也从一个侧面可以证明徐镜心参加了筹备会。因此，我们可以断定，徐镜心从7月19日迎接孙中山到8月20日同盟会召开成立大会的大约一个月时间内，全程参与了中国同盟会的创建工作，是中国同盟会的创始人之一。

附录四　徐镜心《光复登黄战事纪实》的成稿、流传及其史料价值

李　日

徐镜心是辛亥革命时期与黄兴、宋教仁齐名的革命领袖,有“南黄北徐”和“南宋北徐”之誉。他的手稿《光复登黄战事纪实》(现存烟台市博物馆,为国家一级文物。以下简称《纪实》),记录了1911年武昌首义发生后他领导山东革命的具体过程。其中,尤以光复登州、黄县的战事经过最为具体。光复登黄系列战事从1912年1月初开始到2月14日止,历时一个多月,背景复杂,战况惨烈,被誉为“埋葬帝制的最后一战”,因此《纪实》是研究中国北方尤其是山东、东北地区辛亥革命的珍贵文献。然而,自1912年4月成稿以来,《纪实》手稿数易其主,从烟台到济南到北京到黄县到成都到济南,最后又辗转回到烟台,历经私人收藏和国家文博部门调拨、保管,世人难得一见。幸运的是,经过笔者的长期追索,在徐氏后人的帮助下,我们有幸得到了手稿原件、抄件的全部内容。在认真比对、校勘原件和抄件的基础上,本文拟初步探讨烈士生平、《纪实》原稿流传的经过及其历史价值。

一

1912年2月14日,南北议和告成、清帝退位的消息传到黄县,黄县战事方止。战事结束后,徐镜心命朱全璣等人募集资金修建烈士陵园,安葬光复登、黄死节的革命烈士。至此,他认为“驱除鞑虏,建立民国”的目标已经实现,此后应致力于民生主义,因此到省垣济南,发起成立“山东垦植协会”和“泺口河船协会”,从山东移民到关外垦植,谋划渔航事业之发达。《纪实》就是他在去济南的途中写成的。据随行的徐镜心秘书张静斋回忆:“《光复登黄战事纪实》,是辛亥革命先烈黄县徐子鉴先生的手

稿。前一部分所记为一九一一年十二月至一九一二年二月光复登、黄两地的战斗事实。后一部分则是在(黄县)围城中与敌军作战的经过。失败后,先生退到烟台,于四月上旬取道天津,转往济南。这稿就是在船上写的。”由此可见,《纪实》手稿写成于 1912 年 4 月。另据张静斋回忆:徐镜心撰写《纪实》时,“当时用的两个本子大小不一致,不可能订在一起,就成了两部分”。

《纪实》上部原稿现藏于烟台市博物馆,是写在“华盛斋”制的线装本(元书纸质)上的,共 43 页。稿本长 21 厘米,宽 14 厘米,中有红色行线,每页 9 行,每行 21 字左右,封面和首页的标题“光复登黄战事纪实”中的“光”字原写作“恢”字,后被圈掉,在其右边加写“光”字。每句有圈号,标明句读。凡 8000 余言,记录了从 1911 年 11 月 13 日至 1912 年 2 月 7 日的革命活动和战事情况。《纪实》下部,因第一本已写满,故 2 月 7 日之后的战事,便换新本撰写,这一本“字数较少”。

《纪实》成稿之后,由徐镜心随身携带,直到 1914 年 4 月 14 日他在北京牺牲。徐镜心牺牲后,遗物由仓古箕藏等友人运回山东黄县黄山馆的烈士家乡,由于担心烈士夫人陈安凤看到后伤心,部分先烈的照片(包括遇难照片)被烈士之堂弟徐镜古取走保管,《纪实》手稿等交由烈士长子徐焕章保存。1914 年,徐镜古向徐焕章索看手稿,“曾拟汇纂发刊”①。

徐镜古(1875—1919),名文茂,字月汀,学名镜古。1905 年随徐镜心东渡日本留学,入早稻田大学师范科,同年加入同盟会。年底,为反对《取缔规则》愤而回国,在家乡创办坤元女校,主持明新学堂,提倡新式教育,宣传革命思想。1906 年,与徐云卿、王学锦等同志组织同盟会,“无日不以宣传革命为己任”②。民元以后,曾任石岛海关关长、山东法政学校学监。1914 年徐镜心被难,徐镜古“痛悼手足,伤心国事”③,开始收集整理

---

① 徐宪章:《先伯子鉴公行述》,李日、徐学航主编:《革命巨子徐镜心》,山东大学出版社 2011 年版,第 142 页。

② 徐学航:《徐镜古事略》,李日、徐学航主编:《革命巨子徐镜心》,山东大学出版社 2011 年版,第 205 页。

③ 黄县革命史编写委员会:《黄县革命史实 · 徐镜古传》,中国史学会济南分会编:《山东近代史资料》第二分册,山东人民出版社 1958 年版,第 160 页。

徐镜心文集，不幸于 1919 年因感染霍乱病故。

1929 年，黄县组织“黄县革命史编写委员会”，编写《黄县革命史实》。编委会曾向徐焕章借阅《纪实》手稿，以《纪实》为提纲扩写而成《黄县革命史实》①。《黄县革命史实》完成后，《纪实》手稿交还徐焕章。

《纪实》手稿归还给徐焕章之后不久，又被徐镜古长子徐宪章借走。徐宪章（1895—1950），字伯斌。幼时就读于明新学堂。1921 年，任黄县劝学所所长。1929 年，任山东莱芜县长，后任邹县法院院长、荣成法院承审员（院长）、北平电政管理局秘书、齐鲁大学秘书等职。1931 年初，他从徐焕章处借去《纪实》手稿作研究之用，写成《先伯子鉴公行述》，未再归还。抗日战争爆发后，1937 年 9 月徐宪章随齐鲁大学南迁入蜀，在成都华西坝办学，因此《纪实》手稿也被带到了四川。1950 年，徐宪章去世，其子徐善珽等在其遗笥中发现了徐镜心的几种文稿，包括《纪实》手稿、铅印本《政界表说略》和徐镜心主持《盛京时报》时所写的社论手稿等珍贵资料，并妥善保管。

1942 年，徐镜心长孙徐绳武（1915—2016）因公事经过成都，前去探望徐宪章，并将原稿抄录一份，随身携带。1948 年徐绳武去了台湾，抄件也被带到台湾。2011 年徐镜心烈士曾孙徐学航先生专程赴台湾，将徐绳武保存的《纪实》抄件再抄录了一份带回龙口，并请书法家李恩祥先生重新抄录，装订成册，交徐镜心故居纪念馆永久珍藏。

新中国成立后，曾经担任过徐镜心秘书的张静斋出任山东省文物管理处主任、山东文史研究馆副馆长。1961 年，为纪念辛亥革命五十周年，他到处打听《纪实》手稿下落，先后“发了四十几封信，凡是黄县可以查找

① 现在所见的《黄县革命史实》署名为“黄县革命史编写委员会”。据张静斋回忆，该书“执笔人是栖霞孙绍周。材料是根据我的口述和袁旨言先生的补充，还有赵竹容先生的调查记，但总的来说是以子鉴先烈的《光复登黄战事纪实》为纲领而加以扩充的。写成后印刷若干册，分送当日参加人士，征集意见并加以修正。这就是刊在《山东近代史资料》第二分册内的文件”（张静斋：《辛亥黄县革命的点滴回忆》，《龙口文史资料》第二辑，政协山东省龙口市委员会文史资料委员会编印，1991 年，第 18—19 页）。

的地方都查找过。但没能找到”①。

1963 年 7 月，徐善珽专程赶到济南，与烈士裔孙徐聪一起，将手稿上部，连同徐镜心主持《盛京时报》时所著社论、时评等原始手稿及其遗著铅印本《政界表说略》三种一起交给了张静斋。张静斋一并交给山东省博物馆，作为辛亥革命的遗物入藏保存。这个过程和细节都在杜明甫②先生的日记里。杜明甫 1951 年调入山东省博物馆，时任张静斋秘书。

据 1963 年 7 月 16 日《杜明甫日记》记载：“今日下午，自库房归时，就便见了张静斋主任。他出示了他和徐子鉴、仓谷箕藏的合影，徐子鉴被难后的尸体照片，徐子鉴死后日人仓谷箕藏收敛葬于北京彰仪门里的照片。着交馆里保存。另有徐子鉴手写‘光复登黄战事纪实’、‘主盛京笔政时论著’，俱系手稿。另有《政界表说略》，系光绪丙午（1906 年）在烟台东牟公学所著，烟台文明印书社铅印本，系重要文物。”

山东省博物馆于 1964 年 10 月 10 日开具了捐赠收据。据杜明甫 10 月 10 日的日记记载：“填写给徐廷玉（即徐善珽）捐赠徐子鉴遗著的收据。送宋馆长核批，印发。以高杰（时在山东博物馆办公室，负责保管公章）不在，由宋馆长在收据上盖了印。完后，由我用个人名义写信给张静老（即张静斋），请他转去。即交房志敏（时在山东博物馆工作，住处临近张静斋）同志，交给他（张静斋）的保姆。”

---

① 张静斋：《辛亥黄县革命的点滴回忆》，李日、徐学航主编：《革命巨子徐镜心》，山东大学出版社 2011 年版，第 276 页。

② 杜明甫（1901—1970），山东省黄县（今龙口市）东江镇黄格庄村人，著名的文博专家。1915 年就读于黄县县立商业学校，1917 年转入县立中学。1920 年中学毕业后任教于西江格庄崇正学校。1927 年后，相继在黄县商会和直东轮船公司任书记。1929 年后在黄县教育局任职。1934 年撰文评《辞通》（刊《大公报》图书副刊），颇得顾颉刚、谭其骧赏识。1935 年撰文评《王云五小辞典》，批校 400 余条，撰写条目 3000 多条，并于翌年加入禹贡学会。1947 年 3 月参加革命工作，先在胶东图书馆，继又到北海专署文物管理委员会工作。1951 年调入山东博物馆，致力于博物馆事业。1954 年参加山东博物馆山东地方志古代史陈列设计工作，以他为主举办了“山东滕邹地区汉画像石图片”“山东革命史料”“义和团起义六十周年”“辛亥革命五十周年”专题展览。擅书法，以隶书闻名，人称“杜隶”。杜明甫先生有记日记的习惯，现存杜氏日记起于 1953 年 2 月 15 日，迄于 1968 年 8 月 26 日，共 39 本，由杜明甫先生裔孙杜嗣允保管。

值得指出的是,张静斋还曾为《纪实》手稿加写跋语,介绍了手稿背后一些鲜为人知的史实。关于张静斋为《光复登黄战事纪实》加写跋语之事,杜明甫日记记载如下:

1963 年 7 月 16 日:张静斋得到《纪实》手稿后,“嘱于《光复登黄战事纪实》后加跋语,俟(秘书杜明甫)拟竣,请他(即张静斋)修改再写”。

8 月 19 日:杜明甫撰成了跋语初稿,“寄张静斋”。

10 月 27 日:杜明甫对初稿进行了修改,“张静斋着人取去跋黄县徐子鉴手稿清纸,旋盖印送来”。

杜明甫留下来的生前日记本中,夹着这份跋语,落款时间为 10 月 8 日。但是稿纸并未盖张静斋的印章,估计应该是有意保存的抄件。跋语的内容如下:

> 右《光复登黄战事纪实》,是辛亥革命先烈黄县徐子鉴先生的手稿。前一部分所记为一九一一年十二月至一九一二年二月光复登黄两地的战斗事实。后一部分则是在围城中与敌军作战的经过。失败后,先生退到烟台,于四月上旬取道天津转往济南。这稿就是在船上写的。当时用的两个本子大小不一致,不可能订在一起,就成了两部分。后一部分字数较少。一九三零年前后,黄县编写《黄县革命史实》,主要是以手稿为纲而扩写的。后来又把原稿归还了先生长君焕章保存。前年,为纪念辛亥革命五十周年,征集文献遗物,我曾发过四十多封信,征集这个稿本,迄未得到(焕章已逝世)。今年始从先生从子宪章在蜀中的遗笥中找到前一部分,并有先生主盛京笔政时著手稿及《政界表说略》(铅印本),而由宪章长君善斑一并交给我。至于后一部分,却已遗失无存了。为了保存先烈的遗著,特将三书一并赠给山东省博物馆,作为辛亥革命的遗物入藏保存。一九六三年十月八日黄县张○○记。①

此处落款时间的“一九六三年十月八日”,应该是最初起草跋语的时间,并非跋语定稿时间。《纪实》手稿的下部,可以确定已经遗失。

---

① 这份跋语夹在杜明甫先生 1963 年 10 月 21 日的日记中。当天的日记中说:“五时半晚饭,酸辣汤,价一角,吃馒头,三分。饭后写张静斋《登黄战事纪实》跋语,练毛笔字。”因此,这份跋语很可能是杜明甫先生的抄件。

《纪实》原稿现藏于烟台市博物馆。据烟台市博物馆的文物调拨记录记载:“1963 年,徐镜心长孙徐廷玉(实误,徐廷玉乃徐镜古长孙,徐镜心长孙是徐绳武——作者注)将《纪实》手稿交给张静斋,张静斋转给杜明甫。1964 年,杜明甫将《纪实》交给宋玉娥(时为烟台博物馆副馆长)。”实际上,这份调拨单的内容可能是事后根据回忆补记的,它记录的《纪实》原稿调拨时间并不准确。

1965 年 2 月,烟台市博物馆通过张静斋向山东博物馆提出借用《纪实》手稿。据杜明甫日记记载:1965 年 2 月 7 日,烟台市博物馆致函山东博物馆,“要求协助复制徐子鉴《光复登黄战事纪实》手稿”,杜明甫拟回信告知“难以复制”,“只能抄录或照相”。1965 年 3 月 21 日,烟台市博物馆向张静斋提出要“蒐集《光复登黄战事纪实》照片”,张静斋因此写信给杜明甫,杜明甫回信说,要等烟台市博物馆给山东博物馆发公函,与他“个人联系无效”。

1965 年 4 月 6 日,“烟台博物馆宋馆长(指宋玉娥——作者注)来”。晚饭时,她告诉杜明甫“明日来看徐子鉴的手稿”,杜明甫答以“明日上午学习,约她下午来”。4 月 7 日下午,“宋馆长来。看了徐子鉴手稿,做了详谈”,“谈了复制徐子鉴手稿”,“约定日后派人来制”。4 月 14 日,烟台市博物馆派遣“孙春源、迟乃邦两同志”到达济南。16 日,“烟台博物馆孙、迟两同志到”,商量借用《纪实》手稿。18 日,山东博物馆“秦馆长批了烟台市博物馆借用《光复登黄战事纪实》的借据”,并嘱杜明甫“添注经手人”,杜明甫在借据上写上了他的名字。

至此,《纪实》手稿的借用手续才算办理完毕。① 因此可以断定,《纪实》手稿是烟台市博物馆从山东博物馆借用的,时间是 1965 年 4 月 18 日。

二

山东是清廷的财源重地和京津门户,东北地区是清王朝的发祥地,清

① 杜明甫:《杜明甫日记》,未刊稿,1965 年 2 月至 1966 年 4 月。

廷对于山东和东北的控制綦严，因此徐镜心领导的同盟会北方支部和山东支部、辽东支部的革命环境，相比之下更加复杂恶劣，革命在北方每前进一步，都要付出更高的代价。武昌首义后，山东的独立旋起旋灭，一波三折，而这正是北方新旧势力殊死搏斗的真实写照。在山东，以孙宝琦、张广建、吴炳湘等为轴心的封建余孽和袁世凯的爪牙，仰仗北京的支持，始终把持着山东的政权；以徐镜心为首的革命党人始终处于白色恐怖之中，革命一直处于秘密状态，因此相关革命资料或被毁或散佚，收集整理，委实不易。《纪实》手稿出自徐镜心之手，又形成于胶东系列战事之后不久，便显得尤其珍贵。细读《纪实》，它再现了徐镜心在武昌首义后领导光复山东、胶东和辽东的全过程，全景式展现了武昌首义后山东战场的斗争形势和革命过程，对于研究山东辛亥革命、研究徐镜心事功、研究中国北方辛亥革命，都是弥足珍贵的文献，对于许多重要历史疑难、谜案的解决和揭示，具有极其重要的价值。

（一）《纪实》手稿首次完整披露了武昌首义后徐镜心的革命活动以及山东、东北的革命过程

1911年10月10日，武昌首义爆发后，山东是最早起义响应的北方省份之一。徐镜心是山东独立的“核心人物”。他精心组织、周密安排、亲自领导了济南和烟台的光复运动。11月13日，烟台、济南同时宣告独立。但是，在敌对势力的破坏之下，山东独立不足半月即被取消，山东政权复被封建势力把持。烟台光复的胜利果实，很快被反动军官王传炯窃取。在此情势之下，徐镜心南下北上，会晤孙中山，请示机宜；召集同志，制定战略。在齐鲁大地上，上演了一幕幕威武雄壮、惊心动魄的历史活剧。

在济南，徐镜心认真总结了此前东北斗争的经验和教训，最后鉴于山东特殊的省情，决定采取分头并进的斗争策略，即不放弃联合各界争取和平独立，同时加紧武装起义的准备。① 因此，他在大明湖秘密召开会议，命各县革命骨干立即返回家乡，准备武装起义，“豫定同人均由本县起义，

---

① 《山东取消独立史》，《齐鲁公报》1911年12月6日。

事成再图济南"[①]。但起义的计划不幸泄露,"镜心峻厉,异党素惮畏,益忌之","谋危镜心"。[②] 于是 11 月 13 日,即山东独立当天,徐镜心便偕同志杨岘庄等离开济南转赴青岛。到青岛后与刘冠三等同志会晤,分析山东局势。19 日又从青岛乘船赴上海。

到上海后,徐镜心向孙中山汇报山东形势,孙中山说"君来此胡为者?山东事君自相机处理可耳",并令陈其美和胡瑛与徐镜心"商略",三人最后达成一致意见:"先据烟台,再取登州,以图济南","且约期会为实力援助"。[③] 12 月 2 日,徐镜心在完成和孙中山、陈其美等同盟会高层的沟通协商以后离沪返鲁。4 日,到达青岛,与刘冠三等筹划部署以青岛为中心沿胶济铁路地区的武装起义。6 日,回到烟台。

烟台光复后,政权被反动军官王传炯把持,王传炯知道徐镜心"是山东独立的核心人物","山东临时都督的孙宝琦对徐恨之入骨",所以极力排斥徐镜心。徐镜心在烟台设立"北部共和急进会"与之抗衡,王传炯极尽破坏之能事,甚至派巡警包围急进会,妄图加害徐镜心,形势危急。徐镜心被迫将共和急进会移驻大连。至此,烟台"独立之与不独立,实际上本绝无丝毫之差别"。[④] 徐镜心便重新调整战略,另辟战场,取道烟台以西之登州为起点,西进济南,争取山东独立。

登州(今蓬莱市)府下辖牟平、福山、黄县、招远、栖霞、莱阳、海阳、威海、文登等州县,辖地范围几乎囊括整个胶东半岛。登州位于山东半岛最北端,与辽东半岛一衣带水,历史上是胶东半岛的政治经济文化中心,地势险要,是屏障京津、联络东北的战略要塞,历来为兵家必争之地。同盟会成立以后,徐镜心着力在此发展会员,由他介绍加入同盟会的孙嘏臣、孙丹林、陈命官等人,很早便在登州开展工作。革命计划改变后,登州一

---

① 《光复前之酝酿》,中国史学会济南分会编:《山东近代史资料》第二分册,山东人民出版社 1958 年版,第 128 页。

② 丁惟汾:《山东革命党史稿》(五),《山东文献》(台北)1976 年第 2 卷第 3 期。

③ 《徐子鉴光复登州》,中国史学会济南分会编:《山东近代史资料》第二分册,山东人民出版社 1958 年版,第 130 页。

④ 孙宝琦:《致内阁总理袁世凯电》,中国史学会济南分会编:《山东近代史资料》第二分册,山东人民出版社 1958 年版,第 267 页。

度成为山东革命的中心。为了新计划的顺利实施和最终实现，徐镜心做了大量卓有成效的组织领导工作。

第一，他指派登州籍同志在登州做准备。1905 年，由徐镜心介绍登州籍秀才孙丹林加入同盟会，此后孙丹林长期在登州开展革命工作。徐镜心离开烟台后，首先来到登州会晤孙丹林，二人分析了山东形势，最后决定袭击登州水师营，占领战略要地“水城”，然后克复登州①。随后，徐镜心前往东北，孙丹林则留在登州准备起义。登州籍同志分工明确，运动新军、筹款、购买军械，准备与徐镜心里应外合，克复登州。

第二，组织援军。1911 年 12 月 17 日，即共和急进会被王传炯包围的当日，徐镜心通电南北各省及军政府告急，并以烟台军政分府的名义致电陈其美：“此时（山东）全省唯有烟台一隅尚在吾军民手中，惟能力薄弱，不得不仰仗南军接济。若能派兵船载兵随带军火来此，烟台即可保，且亦可为北伐后路接济地也。”其后，沪军北伐先锋队、闽军、十字军等革命力量先后受命抵达烟台，成为增援胶东的主力部队。另外，徐镜心将“北部共和急进会”搬到大连之后，便紧锣密鼓地组织增援胶东的武装力量。他先后联系了自己在东北的同志商震、连承基等人，组织了 400 多人的队伍，随时待命出发。

第三，筹集革命经费。起义前夕，组织粗定，经费奇绌是最大的制约因素。为此，徐镜心与邱丕振约定共同筹款，徐镜心派其堂弟徐镜古到黄县家乡筹款，邱丕振派其弟邱典五回莱州老家典卖房产和产业，所得的这些款项基本能够满足购械、告示、檄文、旗帜、袖章、舢板的需要。

1912 年 1 月 15 日凌晨，徐镜心带领东北援军到达登州。此时，登州城里的同盟会员已经占领清军炮台，攻取清水师营、府衙、电报局等关键部位。至上午 9 时，全城光复。下午，众人聚议，成立山东军政府，以连承基为都督，徐镜心任参谋部长②，随即派人到黄县进行军事联络。

黄县是徐镜心的故乡，治所在黄城，是西进掖县（今莱州）、潍坊的咽喉之地，战略意义重大。黄城以西 20 公里之龙口镇，是山东出入东北、京

① 孙桂梧：《光复登州》，烟台市政协文史资料委员会、烟台文史资料编辑部编：《烟台文史资料》第十四辑，1991 年，第 97 页。

② 山东省蓬莱市史志编纂委员会：《蓬莱县志》，齐鲁书社 1995 年版，第 232 页。

津的重要港口。由龙口沿海岸向南 15 公里便是黄山馆,黄山馆自古是出胶东去省城济南的交通要塞。此外,黄城西南 10 公里的北马镇,是通往黄山馆进入掖县的捷径。

当时,黄县籍同盟会员数量居山东全省之冠,且大多由徐镜心介绍加入同盟会,对徐镜心十分敬重,对于徐镜心安排的革命工作均能够脚踏实地、不折不扣地完成,因此黄县的革命基础在当时也最为雄厚。

黄县同盟会员张彦臣、王叔鹤、徐云卿等人,在接到徐镜心光复黄县的计划后,立即招集民军,着手起义。1 月 17 日,黄县民军占领清兵防营,黄县光复。晚 10 时许,徐镜心派遣的登州民军到达黄城。18 日,成立黄县军政府。19 日开始分兵两路向西进军:左路由 120 多人组成的敢死队进攻北马镇,当日克复北马;右路由徐镜心之弟徐镜古率领进攻龙口,当天光复龙口,同时收回了龙口海关的行政权。

1 月 20 日,左路军正欲乘胜进攻黄山馆,却遭到清军 600 多人反扑,退回黄城。清军尾随而至,包围了黄城。21 日,徐镜心带领 200 余人“怀炸弹,荷土炮”,“雨雪载途,风刺骨如羊角,绝无以苦者”①,从登州赶来支援,清军闻讯遁去。22 日,再取北马,遭到清军伏击。民军血刃肉搏,战至黄昏,清军溃退黄山馆。25 日,刘基炎率领的沪军北伐先锋队到达黄城。27 日,北伐军与黄县民军合师西进,复攻北马②,适清军大队人马反扑。11 时许,北马再度失陷。

2 月 1 日,刘基炎无视黄县险恶的军事形势,率队离开黄县,蓝天蔚等不伸援手,这给清军反扑造成有利时机。至 2 月 7 日午后,2000 余名清军分西、南、北三路包围黄城,屡发重炮攻城。城内民军只有不足 400 人,黄县军政府急电南京、上海、烟台、登州求援,无奈远水不解近渴,援军到

---

① 连承基:“光复黄县死事官兵墓碑”碑文。墓碑现存龙口市烈士陵园。

② 《临时政府公报》1912 年 1 月 27 日第 2 期中有徐镜心、连承基、刘基炎《致沪军政府转南京大总统电》,电文有“南京大总统钧鉴:接黄县电内开:‘沪军政府转南京大总统鉴:清军管带裕镇违约,围我黄县,力战始解。初六、七两日,又邀同沪军与裕军血战于北,马敌大败,杀其统领,获其队官,夺其枪械,死伤其兵士百余人’”等语,其中“血战于北,马敌大败”一语,系“血战于北马,敌大败”的讹误。2005 年 1 月《全国高等教育自学考试档案文献编纂学试题》第五大题第 2 题,引用此段文字,照抄公报原文,亦未审“北马”为交战地,实误。

来需要时日，正如王叔鹤烈士所说的“申包胥之哭秦庭，将近七日；南霁云之乞贺兰，不遣一兵”①。2月11日拂晓，清军破城，民军与清军肉搏，“积尸填衢”，黄城陷落。清军烧杀抢掠，无恶不作，大肆捕杀革命党人。12日，徐镜心自蓬莱亲率援军星夜兼程驰援黄城。13日，清军闻风而逃，逃前将所捕革命党人全部杀害，王叔鹤、庄梦占等28名革命骨干同日罹难②。14日，南北议和的消息传到黄县，战事方止。

是役也，“清军集两千余众，势不相敌，故已昭若燃眉。顾前后接战五六日，大小十余仗，虽其中胜负互见，而诸将士非战不克、非克不战之坚心终不少懈。果得共抒义愤，特建奇勋，然诸将士之捐躯殉难与受重创者，挥碧血于弹雨之中，拯苍生于衽席之上”，“与清兵抗于黄者二十余日。自黄县激战之局终，而清帝退位之诏出”。③

徐镜心在光复登州、黄县，西取济南的同时，先后派遣山东同盟会骨干分赴山东各地，组织发动光复斗争。文登、荣成、即墨、青岛、诸城、枣庄、淄博等地战事之激烈，一如登、黄战事。革命的烽火遍及齐鲁大地，令清廷顾此失彼，首尾不能相顾。山东战场，在南北议和的同时激烈展开，牵制和消灭了清军的有生力量，为同盟会在南方的胜利和清帝最后退位做出了重大贡献。

1911年11月到1912年2月底的三个多月时间，正是推翻帝制、建立共和最为关键的时刻。南北议和的成败，取决于战场上的胜负。而徐镜心等北方同志独能百折不挠，力挽狂澜，领导山东、胶东战事，战斗到最后一刻，为革命建立了不朽的功勋。因此，黄兴说：“烟埠与民国成立关系最大。去岁山东虽取销独立，而烟台能独立支持，因以牵制北军，促成共和，其功甚大。”④1930年编修的《黄县革命史实》中也特别指出：“黄县之光

---

① 王叔鹤：《通电》，李日、徐学航主编：《革命巨子徐镜心》，山东大学出版社2011年版，第174页。

② 山东省龙口市史志编纂委员会编：《龙口市志》，齐鲁书社1995年版，第536-537页。

③ “沪军北伐先锋队攻克黄县、北马各属殉难诸先烈纪功碑”碑文。该碑现存龙口市东江镇崖头村。

④ 黄兴：《在烟台各社团联合欢迎会上的演讲》，湖南省社会科学院编：《黄兴集》，中华书局1981年版，第255页。

复,在当时特局部中之一波荡耳！而其影响之大,直系于南北和局,且促成清帝退位之速。溯自山东独立取消后,而开封、滦州之革命,相继失败,清廷北方之势未减,以致和局顿绌,虏气又张。假使无登黄之光复,则烟台都督府无由成立,北伐军曷由猝莅耶,乃以渤海门户已失,恐我军直捣津沽,不得不遑遽退位,此海滨一隅之地,关于全局,盖有举足轻重者矣!”①

(二)《纪实》手稿披露了许多鲜为人知的历史场景和历史细节

《纪实》详细记载了武昌首义后山东战场的复杂性。如所周知,1912年1月,为扫除封建专制势力,迫使清帝退位,临时政府准备分六路大军北伐:以湘鄂为第一军,由京汉路前进;在宁之各省北伐军为第二军,沿津浦路前进,与第一军会合于开封、郑州间;淮扬为第三军,烟台为第四军,向山东前进,会于济南、秦皇岛;合关外之兵为第五军,山陕为第六军,向北京进军。第一、二、三、四军既达第一目标后,再与五、六军会合,攻占北京。但到最后,只有烟台、关外有行动,其他各路进展缓慢或根本没有进展。

武昌首义后,胶东以烟台为中心,一时间精英荟萃,各路云集:徐镜心、连承基、邱丕振、丁惟汾、胡瑛、蓝天蔚、孙丹林、刘艺舟、商震、邹耀庭、刘基炎、杜潜等风云际会,关外讨虏军、沪军、闽军、鲁军、广东十字军、学生军齐聚于此。虽然都是革命同志,但对于革命方略、权力分配等各有盘算,内讧严重。虽然都属于革命军,但彼此之间互不统属,战略战术上配合的默契程度很低,对于领导权力、军需给养的争夺却十分激烈。以至于在黄县战事最为危急的时刻,刘基炎、蓝天蔚等人竟意气用事,或隔岸观火,或釜底抽薪,致黄城陷落,清军屠城。刘基炎“以三军之司令,等群儿之抛惰,掷全城之生灵”;蓝天蔚“舰泊蓬莱,必许以三万元始来援。款未集,援也不至”。时黄县副民政长王叔鹤烈士曾通电全国,怒斥刘等“所号召于天下者,莫不曰为主义而牺牲,其所表为事实者,乃皆惟利是图,宁非同盟之耻乎?”这些都可以从《纪实》中看得十分清楚。

---

① 黄县革命史编写委员会:《黄县革命史实》,李日、徐学航主编:《革命巨子徐镜心》,山东大学出版社2011年版,第243页。

北伐的局面之所以如此不堪，最主要的原因是革命党对于袁世凯抱有幻想，“堕其术中，号令各军不许进击，决与议和，则大错特错者也”。“使南政府毅然攻击，行见北方健儿群起响应，袁且将为瓮中之鳖矣，岂能操必胜之算哉！”①但是，南京临时政府策略疏阔，用人不当，致山东战场军令、政令扞格不畅，局面混乱，最终功败垂成。

（三）《纪实》记录了山东军政府和山东都督的产生过程

众所周知，武昌首义后，全国各省纷纷响应，并先后建立起革命政权。革命政权以省为单位，一般称“某省军政府”或“都督府”，如“湖北军政府”“湖南军政府”“沪军都督府”等，通常建制于省会城市，是本省的最高革命政权，而山东的情况则与此迥异。

一百年来，学术界对于山东革命政权的称谓林林总总，五花八门，对“山东军政府”的描述也大多语焉不详，更有甚者，以偏概全，冒名顶替，制造了很多混乱。尤其是徐镜心、连承基等人在登州成立的军政府的名称，历来众说纷纭。丁惟汾在《山东革命党史稿》中说“于蓬莱立军政府”②，有的说是“蓬莱军政府”“登州军政府”“蓬莱都督府”“革命军政府”“军政分府”等等，不一而足，现在看来这些说法都不准确。

众所周知，武昌首义后，以徐镜心为首的山东革命党人在省会济南开展了紧锣密鼓的光复运动，至 11 月 13 日宣布独立，“举孙慕韩为大都督”③。但由于封建势力和立宪派的极力阻挠，山东独立旋即取消，并没有成立“山东军政府”或“山东都督府”。

而据《纪实》记载，真正的“山东军政府”成立于蓬莱：1912 年 1 月 15 日登州光复后，当天晚上 7 时成立“山东军政府”，推连承基为“山东临时大都督”，“推姜君炳炎为临时总司令部长，柳君延辂和王君荩臣为民政司长，刘君艺舟为外交司长，李君锐之为财政司长，安君静山为军务司长，徐镜心任参谋部长”，启用“山东大都督印信”，山东军政府的驻址在蓬莱城内“旧考院”。至此可知，武昌首义后山东最高的革命政权“山东军政

① 谭人凤著，饶怀民笺注：《石叟牌词》，上海书店出版社 2001 年版，第 83 页。

② 丁惟汾：《勘定蓬莱》，《山东革命党史稿》，（台北）铭华制版印刷有限公司，1971 年，第 49 页。

③ 徐镜心：《光复登黄战事纪实》（手稿，国家一级文物），现藏烟台市博物馆。

府”确实存在,但不在省会济南,而在登州。这是由山东辛亥革命特殊的斗争形势决定的,也是山东辛亥革命的一个突出特点。

特别需要指出的是,连承基任山东临时大都督,完全是徐镜心盱衡全局、礼贤相让的结果。以徐镜心在山东、东北革命中的贡献及其在革命党人中的崇高威望而论,山东都督非徐镜心莫属。如丁惟汾说:光复登州后,“众推镜心为都督,镜心固辞”①。当时的革命骨干李省斋曾对徐镜心说:“公举则君必当选(都督)。”《黄县革命史实》中载:“都督首席,众颇属望于子鉴,子鉴辞。”②而且徐镜心的意见对于大都督人选也具有决定性意义,“君(徐镜心)为会长,(君若)承认,则全体无不承认者”③。

当时,刘艺舟“有领袖欲”,四处运动同志游说徐镜心,被徐镜心断然否决。他认为“刘君之才,他事皆可,惟都督则不可”。推其原因,首先是刘艺舟在革命同志中缺乏威望,如同志邱丕振认为刘艺舟“恶知革命大义,不慎于始,恐他日受大害也”④。其次,刘艺舟 1911 年初到东北,往返于大连、烟台、威海之间演文明戏,鲜少从事革命组织工作,对于山东革命形势并不了解,与革命同志颇多隔阂,没有组织基础和人事基础。最后徐镜心提议推连承基为大都督,连承基“抵死不承诺,强之再三始允”。推举连承基的原因有三:第一,连与山东同志交谊颇深,山东同志对其不无好感。第二,连承基在大连搬兵、光复登州的过程中贡献突出。第三,从大连来登州的革命志士多为东北籍,与连同乡熟稔,便于指挥协调。由此可见,史书上所说徐镜心在礼让都督的过程中“居心光明”⑤、顾全大局,可谓不刊之论。

(四)《纪实》证实了刘艺舟并未担任过“代理都督”的问题

刘艺舟(1875—1937),原名刘必成,艺名艺舟,湖北鄂城人,是中国

---

① 丁惟汾:《勘定蓬莱》,《山东革命党史稿》,(台北)铭华制版印刷有限公司,1971 年,第 49 页。

② 《黄县革命史实》,《前锋日报》1936 年 8 月 13 日第 7 版。

③ 徐镜心:《光复登黄战事纪实》(1912 年手稿,国家一级文物),现藏烟台市博物馆。

④ 《黄县革命史实》,《前锋日报》1936 年 8 月 13 日第 7 版。

⑤ 邱绍尹:《邱丕振事略》,中国史学会济南分会编:《山东近代史资料》第二分册,山东人民出版社 1958 年版,第 168 页。

近代戏剧史尤其是新剧史上的重要人物,被誉为“中国早期新剧家”[①]。刘艺舟参与了1912年初登州、黄县光复斗争,盛传他曾出任“鲁军总司令代理都督”“登黄都督”。因此,在近现代梨园界和戏剧史上一直流传着刘艺舟“都督演戏”的说法。

最早提出刘艺舟是“都督”这一说法的是1912年3月18日《民立报》上的戏剧广告,该广告先是用夺目的标题说:“自五千年来未有之大新剧家,恢复登黄之伟人,刘艺舟排演最新新剧!”然后介绍了刘艺舟在登黄光复中的“传奇”:“及此次武汉起义,君(刘艺舟)谋响应于东,以掣北军之肘,备尝辛苦,几濒于死。卒以七支枪,数十炸弹,偕同志五百人一举而恢复登州。兵入黄县后,人多敬君苦志,谋举君为山东大都督,君辞之。仅就鲁军司令,代理都督事宜。”[②]紧接着,《申报》也刊登类似广告。[③]由于《民立报》是当时同盟会的机关报,在革命党中具有较大影响力,《申报》是旧中国一份影响广泛的民营报纸,所以对于这两报的宣传,人们大都深信不疑。“当时戏剧界都认为这是一件梨园盛事,‘都督唱戏’这句话曾经流传一时。”[④]

不唯如此,“都督唱戏”的说法还流传到了日本。如1914年刘艺舟在日本演戏时,“因为刘艺舟做过山东的总督,吸引了相当一批日本人和留日学生来听他演讲”[⑤]。解放后,人民政府重视文史工作,京剧大师梅兰芳因为与刘艺舟有过交集,所以在其回忆录中特别谈到了刘艺舟“都督唱戏”的事情。[⑥] 1984年,有刊物发表文章说:“登州城里守军不知来了多少革命党吓得屁滚尿流,纷纷弃城而逃,来不及跑的就在城头上挂起白旗,投降了。不几天,黄县光复,刘艺舟就任山东军政府登黄都督。”[⑦]

---

① 王凤霞:《刘艺舟民国元年行迹新考》,《广州大学学报》(社会科学版)2011年第6期。

② 佚名:《戏剧广告》,《民立报》1912年3月18日。

③ 佚名:《广告》,《申报》1912年3月28日。

④ 梅兰芳:《戏剧界参加辛亥革命的几件事》,《戏剧报》1961年Z6期。

⑤ 黄爱华:《“中华木铎新剧”在日本的公演》,《浙江艺术职业学院学报》2006年第1期。

⑥ 梅兰芳:《戏剧界参加辛亥革命的几件事》,《戏剧报》1961年Z6期。

⑦ 贵征:《打登州和都督唱戏》,《陕西戏曲》1984年第8期。

1990 年发表的《民国初年刘艺舟的革命和演剧活动》一文也持此观点。2005 年,有文章直接以《都督唱戏》称“刘艺舟导演的这场真刀真枪的《打登州》一举成功,几天后黄县光复,刘艺舟就任‘登黄都督’”①。直到 2011 年 6 月还有人认为刘艺舟短期任过“鲁军总司令代理都督”②。

现在,从《纪实》所记载的山东军政府的产生过程和人事安排来看,刘艺舟只是山东军政府的“外交司长”。此外,刘艺舟也不是“代理都督”,只是代理总司令。他代理总司令的原因是山东军政府临时总司令姜炳炎在军政府成立第二日(1912 年 1 月 16 日)即率部进军黄县,并在黄县、北马战役中取得胜利,但胜利后未能如约犒赏三军,致兵士情绪低迷,斗志锐减,后接连失败,遂被撤去前线司令职务,而以安仁(安静山)为司令。姜炳炎 1 月 24 日回到蓬莱,“同志们群起非难,姜自觉无颜,请了病假”,司令职位因此由刘艺舟代理。综上所述,刘艺舟既然不是都督,“都督演戏”便无从谈起,自系子虚乌有。

(五)《纪实》记载了徐镜心发起“中华民国共和急进会”的史实

徐镜心在《纪实》中说:“二十九日(即 1911 年 11 月 19 日),随青岛船到上海。见同志均在破坏一面竞争事功,余遂决计从建设一方面着手,随行者为杨君岘庄,亦大赞成。因于十月初四日(即 11 月 24 日),联各省同志,发起组织‘中华民国共和急进会’。宗旨在‘启发民智,组合政团’。期于三个月内,遍及全国,即假定英(租界)二马路卫生旅馆内为临时事务所。”

截至目前,关于“中华民国共和急进会”的史实,仅有《民立报》的一则史料——《发起中华民国共和急进会启事》:“本会以发扬民族之知识、组织共和之政团为宗旨,期于三个月内遍及全国。有志加入者,请移玉到二马路(九江路)卫生旅馆内廿号临时事务所接洽”,落款为“发起人公白”③,未署真名,因此后世常常将“中华民国共和急进会”与“中华民国公民急进党”混淆,如上海社会科学院历史研究所编辑的《辛亥革命在上

---

① 刘乃伦:《都督唱戏》,《中国京剧》2005 年第 7 期。

② 王凤霞:《刘艺舟民国元年行迹新考》,《广州大学学报》(社会科学版)2011 年第 6 期。

③ 《发起中华民国共和急进会启事》,《民立报》1911 年 12 月 1 日第 1 版。

海史料选辑》(上海人民出版社 1966 年版)第 795 页,便将"中华民国共和急进会"(简称"急进会")和"中华民国公民急进党"(简称"急进党")误认为同一个团体,而实际上并非如此。

查相关资料可知:第一,二者成立时间不同。急进会成立于 1911 年 11 月 24 日,急进党成立于 1912 年 3 月 13 日。急进会早于急进党 4 个月成立。第二,发起人不同、宗旨不同。急进会的发起人为徐镜心,而急进党发起人为"周福鹏、徐扫千、罗鸣举、鄢江如、陈鹏云、沈剑侯、郑铁如、查士端、邹东山、田颂尧、高集生、梁炳麟"。急进会以"发扬民族之知识、组织共和之政团为宗旨",而急进党在《申报》1912 年 3 月 13 日第 7 版上发布《简章》,声称"以养正锄非,化私为公,巩固民权,发展民意,俾全国人民各尽公民天职,造成完全共和国家为宗旨"。第三,具体活动不同。急进会主要活动于北方,致力于北方各省尤其是山东、东北地区的光复。而急进党主要活动于南方,并出版《公民急进党丛报》,曾经为黄兴辞职事上书孙中山①。今由手稿可知,急进会与急进党是两个完全不同的历史概念。

徐镜心是辛亥革命时期中国同盟会北部支部的领导人、山东分会的主盟人,长期活动于中国北方尤其是山东和东北地区,领导反清武装斗争,矢志追求民主共和,最终因反对帝制而被袁世凯杀害。徐镜心牺牲后,国是日非,白云苍狗,烈士遗迹或尘封或散佚,颠沛流离,所剩无几,这也正是中国北方尤其是山东、东北地区辛亥革命研究难以深入的重要原因之一。《纪实》手稿幸能传世,可谓弥足珍贵。我们有理由相信,随着徐镜心的其他遗著,如《政界表说略》《武备择要》《原老篇》《养生秘诀》《气占法》等的发现,随着大批北方辛亥志士的史料不断发掘面世,中国北方辛亥革命的许多历史谜团一定会渐次解开,北方辛亥志士的革命事功一定会得到更加客观公正的评价,辛亥革命研究中"南重北轻""南北失衡"的现状一定会得到极大的改观。

---

① 《为黄兴辞职事上临时大总统书》,《时报》1912 年 3 月 30 日第 4 版。

附录五　《〈辛亥光复蓬莱纪事〉补正》补正

李　日

1911年10月10日武昌首义后,以徐镜心为核心的革命党人在东北、山东发动了大规模的武装起义以响应南方,争取独立。这些起义中,以胶东战事最为复杂、惨烈,对清廷的打击也最为沉重。但是,迄今为止,学术界对以"光复登(州)黄(县)"为代表的一系列胶东战事的研究还十分薄弱,人们对这段历史的认识还停留在一些文史资料的层面上。毋庸讳言,文史资料是历史研究的重要资料来源之一,然而由于作者在亲历历史事件时的身份、撰写回忆录时记忆力的自然衰退程度、撰写的初衷和态度等各不相同,所提供给世人的文史资料的质量可谓良莠不齐。因此,在科学研究过程中,对文史资料的征引,必先经过严格的考证,否则失之毫厘,谬以千里,对同一个历史问题的结论往往会相互矛盾,甚至大相径庭。文史资料《辛亥光复蓬莱纪事》与《〈辛亥光复蓬莱纪事〉补正》便是一例。

1957年《近代史资料》第4期发表了"隐名"的《辛亥光复蓬莱纪事》(以下简称《纪事》)。① 陈修夫见到后,感到"颇有出入",于是写成《〈辛亥光复蓬莱纪事〉补正》(以下简称《补正》)予以反驳,并指出了其中八处"错误"②。《近代史资料》编辑部当时向"隐名"反馈了陈的意见,"隐名"做了简要的解释,但未再发表正式的回应。事实上,在没有掌握更客观、更有说服力的证据以前,做出正式的回应并非易事。

---

① 此文作者不署本名而"隐名"的原因,《近代史资料》1957年第4期上并未有任何说明,只是加了编者按说"本文作者是参加辛亥光复蓬莱一役的主要成员"。依据"隐名"在文章中的一些信息可知,其隐名的原因与另外一件发生于1914年的历史谜案的相关当事人有重大关系,而与回忆"辛亥光复蓬莱"这个叙事中心没有任何关联。

② 刘萍主编:《辛亥革命资料选编》第三卷下,社会科学文献出版社2012年版,第704—710页。

幸运的是，笔者近几年来致力于本问题的研究，获得了两种重要的资料：第一种是 1911 年 10 月 17 日至 1912 年 4 月 23 日日本驻芝罘（烟台）领事馆发回国内外务省的情报①；第二种是徐镜心烈士的手稿《光复登黄战事纪实》。日本领事馆情报的客观性以及革命巨子徐镜心手稿的权威性，对于辨明《纪事》和《补正》之间的分歧，具有决定性作用。

"隐名"的《纪事》与陈修夫的《补正》两篇文史资料的主要分歧有如下三点：

第一，《纪事》中说："徐镜心由旅顺买枪七百支，又所带的人全在行李内藏有武器，又持手枪，中途逼着船长改航道。"而《补正》中说："概无其事。"②

现在看来，《补正》是错误的。因为，徐镜心大连搬兵时，中途确实有逼迫船长改变航道驶往蓬莱之事。这条船是日本人经营的"永田丸"号客轮，固定往来于大连和烟台之间。

据《光复登黄战事纪实》记载：1912 年 1 月 13 日，徐镜心与崔景三到其日本友人仓谷箕藏寓所，由仓谷开介绍信，联系上船长秋穗哲一郎，花五百元租赁了"永田丸"，约定 14 日晚 9 时从大连出发，15 日凌晨即可到达蓬莱。

崔景三，即崔士杰（1888—1970），山东临淄人，是这次搬兵的主要亲历者。他在 1961 年时撰写了《辛亥革命烟台起义亲历记》一文，详细介绍了大连搬兵的全过程。他说："我带着仓谷的介绍信，到大连商船株式会社接洽"，该社的负责人"对中国革命也颇表同情"。崔景三"于是就乘机把运输队伍赴山东的真实情形告诉了他们（秋穗哲一郎夫妇），（他们）竟然表示愿意帮忙"。

因为客船的目的地是烟台，"如转地航行，则非经大连日本海关批准

① 由于这些情报是提供给日本政府高层作分析中国形势、制定对华政策的决定性依据，因此情报人员尽力做到了客观、细致、准确，针对有些问题，日本外务省和驻芝罘领事馆之间还有往来数次的质疑和修正。因此，这些情报所反映的历史细节是比较可靠的。

② 刘萍主编：《辛亥革命资料选编》第三卷下，社会科学文献出版社 2012 年版，第 709 页。

不可。经过两三天的研究，提出了一个办法：就是我们持去烟台的船票上船，开船以后，即以队伍哗变的方式，在航行途中强迫该船转赴登州。这样做可以使船长推卸责任。船长几经考虑，最后同意采取这个办法，同时约定了上船日期。还向船长提出要求，千万要保守秘密。事情就这样决定了”。

14 日晚，船出大连以后，“航行至中途，时已深夜。我们那个带队的大队长①问一船员，船往哪里开？那人说是开往烟台，大队长便率领队伍闹了起来。……大队长把枪掏了出来，表示如不把船开往登州，便要动武。船长假称要打电报向日本政府报告，并声言不能开往登州。大队长便说如打电报，就先把船弄沉，大家同归于尽”。此时，崔景三出来调停，“船长装出非常委屈的样子，召集船员开了个会，无可奈何地答应了要求”。②

崔的说法是可靠的，当时日本驻芝罘领事馆发回国内的情报也可以印证这一点。这封电报于 1912 年 1 月 15 日上午 9 点 55 分由芝罘发出，16 日凌晨 1 点 5 分到达日本外务省，其内容是：“日本汽船公司的永田号于 1 月 14 日下午 8 点从大连出发驶往芝罘。航行途中，因乘客中约有 300 名革命党急进会成员，轮船安全受到威胁。在万不得已的情况下，将该船停靠于登州府，并让上述急进会成员下船。之后于 1 月 15 日下午 2 点到达本港。然该轮是否由大连出发之前已与该等会员达成某种默契而后起航，似有可疑之处，刻下正在调查中”③，但再无下文。

由此可见《纪事》作者说“此轮因事先贿买，揭关时并未留难”④，“永田丸因运枪被海关罚港三星期，此事记忆很清”⑤是可信的。

---

① 即郑天楚，号林双，时任广东十字军北伐队队长。据孙丹林回忆，郑天楚所带领的队伍成员系青年学生、有志之士，皆自带新式快枪，甘愿充当徐镜心卫队。详见孙丹林：《山东辛亥革命之经过》，中国人民政治协商会议山东省委员会文史资料研究委员会编：《文史资料选辑》第十二辑，山东人民出版社 1981 年版，第 10 页。

② 崔士杰：《辛亥革命烟台起义亲历记》，中国人民政治协商会议山东省委员会文史资料研究委员会编：《文史资料选辑》第十二辑，山东人民出版社 1981 年版，第 76 页。

③ 日本亚洲历史资料中心：《芝罘领事馆电报》，编号 1-0890，第 99 号。

④ 《辛亥光复蓬莱纪事》，《近代史资料》1957 年第 4 期。

⑤ 《编者按》，刘萍主编：《辛亥革命资料选编》第三卷下，社会科学文献出版社 2012 年版，第 704 页。

而陈修夫在其《补正》中说，大连搬兵的轮船是他向南满铁路运输课课长大慈弥荣借的，他告诉大慈“这四百多带枪的在老虎滩附近集合，请运输课派一只船，明晚开往登州”①。让铁路运输课课长派“一只船”专程赴蓬莱，这不符合制度规定，也不合常理，此其一。

陈又说：“因为海关还是清朝的，把船开出查验线，武装的人才可上船。”此说并不成立。按照当时成例，日本轮船的活动受驻大连日本海关管辖，“如转地航行，则非经大连日本海关批准不可”②，此其二。

陈说上船的时间是“1912 年 1 月 11 日或 12 日”，而轮船到蓬莱的时间是 1 月 15 日凌晨，大连到山东半岛的航程通常只需数小时。陈氏所说的登船时间不正确，此其三。

陈说 400 多人登船的地点在老虎滩，“把人连枪运到西岗子，进入仓库，晚上用渔船运出口外，再上轮船”，最后是“有一二十只渔船，把我借的这四百多人送上船来”。这说明陈所借的轮船并不是正常运行的客轮。正常的客轮登船必在码头直接上船，不需用“一二十只渔船”摆渡运送。而日本的情报说大连搬兵的轮船是“永田丸”号客船，倒是该船到达终点蓬莱阁下时，因无码头停靠，只能停在近海，由蓬莱同志准备的舢板小船将 400 多人摆渡登陆，此其四。

综上所述，陈氏所说的登船时间、登船地点、登船方式、轮船性质都与事实不符，可见他所谓的“借船”之事或全系杜撰，或另有其事。

第二，《补正》说：“光复黄县的是姜团长，连承基、徐镜心始终未去黄县，更无与清军接仗之事。”这是一个必须辨明的重要问题。

现据各类史料，梳理光复登州、黄县的时间节点和地理坐标如下：

1912 年 1 月 15 日登州光复后，徐镜心即电告黄县通知“我军明日西进，准备欢迎事宜”，“命徐云卿、赵竹容、李寅卿、邹耀庭等事先共同努

---

① 刘萍主编：《辛亥革命资料选编》第三卷下，社会科学文献出版社 2012 年版，第 706 页。

② 崔士杰：《辛亥革命烟台起义亲历记》，中国人民政治协商会议山东省委员会文史资料研究委员会编：《文史资料选辑》第十二辑，山东人民出版社 1981 年版，第 76 页。

力”。[1] 16 日 12 时,派精兵 120 名随司令官姜炳炎向黄县进发。17 日早 5 时,黄县光复,成立黄县民政署,渤海重要门户龙口亦同日宣告光复。本日上午,清兵自掖县东向进攻黄县,与革命军对阵于黄县城西 10 公里之外的北马。徐镜心得到报告后,于 11 时派遣日本人仓谷箕藏带领炮队西进增援黄县,仓谷箕藏于下午 4 点到达黄县。

20 日,得黄县被困告急电报,徐镜心与连承基决定亲自带兵驰援。21 日凌晨 3 时,徐、连带兵启程,因雪泥淤泞,行军缓慢,下午 2 时至登州与黄县的中点北沟镇休整 2 个小时。4 时出发,傍晚到达黄县,入城休息。

22 日,清兵闻风后退,自此相持六七日。徐镜心、连承基等人连日在黄县城内谋划战事方略,准备战斗物资,并保持与沪军都督府和孙中山的联系[2],同时积极协调与刘基炎、蓝天蔚等人之间的关系。

26 日,清兵来犯,沪军北伐先锋队司令刘基炎以民军为前锋,民军不从,主、客军因生嫌隙。

2 月 1 日,刘基炎率部离开黄县。

2 月 1 日,连承基等回登州组织力量增援黄县。2 月 3 日返回黄县。

2 月 6 日,徐镜心亲率护兵王得胜及日本人栗田骑马出城侦察敌情。午后到达黄山馆,晚 7 时到达龙口。深夜,有人来报北马发生战事,本是小股清兵的试探性进攻,结果民军头领胆小怕事,误以为是清兵主力反扑,下令撤退。

2 月 7 日,3000 多名清军开始从西、南、北三面合围黄县城。

2 月 11 日,黄县陷落。

12 日,徐镜心亲率援军来解黄城之围。

13 日,清军败退。

15 日南北议和的消息传到黄县,战事方止。

黄县是徐镜心的家乡,也是徐镜心回国发动革命的落脚点和根据地。黄县的同盟会员几乎全部是以徐镜心为主盟人而加入同盟会的,徐镜心

---

① 黄县革命史编写委员会:《黄县革命史实》,李日、徐学航主编:《革命巨子徐镜心》,山东大学出版社 2011 年版,第 247 页。

② 连承基、徐镜心:《为黄县战事致沪军政府转孙中山电》,《临时政府公报》1912 年 1 月 27 日第 2 号。

在他们心目中享有崇高的地位。当时，黄县同盟会员的数量亦居山东之冠。在光复黄县的战事中，他们坚决执行徐镜心的命令，在搜集情报、物资供应等战斗环节上，起到了不可替代的作用。如刘基炎带领沪军到达黄县时，黄县同志已遵照徐镜心命令，“预备铺地草四车，苇席百张”，“箪壶之是将，刍秣之是供”①，“备极地主之谊”②。而刘基炎、姜炳炎、安仁等人均是初次入黄，对黄县地形并不熟悉，对人事组织更是陌生，没有徐镜心的主导和谋划，战事的进行是无法想象的。

此外，黄县战事结束后，徐镜心和连承基分别撰写了《镌叙烈士缘起文》和《黄县战事鲁军死难官兵诔文》。徐镜心说：“清宣统辛亥，余与吾黄〔县〕革命同志张彦臣、徐云卿、邹耀庭等与辽宁人连君绍先相结合，先期袭蓬莱据之，传檄至黄，士绅启东门迎之入。”③黄县战事中，徐镜心的文韬武略表现得淋漓尽致，他的军事智慧得到充分发挥。

1月21日率部到达黄县城后，徐镜心与连承基连夜在黄县军政府内商讨军事战略。徐镜心指出：“兵住城里，大忌，害有四：耳目不周，囿于战守，一也。敌攻我守，敌逸我劳，二也。扰乱商民秩序，三也。兵有所恃，出无斗志，四也。应速将兵队调屯城西，分住南北各村，布成犄角之势，敌不敢近城，则城内自然安靖。而我亦得随时侦查敌情，计诱进取，暗袭明攻，使敌亦防不胜防。则彼此处于相等之地位，然后再谋避实击虚，得寸进尺，均可自由。连君亦以为然。”④随后的战事进程也充分证明，徐镜心在黄县战事中的战略战术是完全正确的。

连承基是黄县光复的主要领导者之一。据《黄县革命史实》记载，1912年1月21日，徐镜心、连承基到黄县后第二日，为便于“筹措款项，接济军需，以资调度”，“征集黄县地方同志意见”，成立了黄县军政府，连

---

① 王叔鹤：《通电》，李日、徐学航主编：《革命巨子徐镜心》，山东大学出版社2011年版，第256页。

② 郭孝成编：《山东独立状况》，《中国革命纪事本末》第二编，商务印书馆2011年版，第100页。

③ 徐镜心：《镌叙烈士缘起文》，李日、徐学航主编：《革命巨子徐镜心》，山东大学出版社2011年版，第356页。

④ 徐镜心：《光复登黄战事纪实》（1912年手稿，国家一级文物），现藏烟台市博物馆。

承基任都督，徐镜心任参谋长。总务、财政、军需、谍报各部分别由黄县同志张彦臣、赵镃斋、张静斋、朱全瓅、徐云卿、赵竹容等人担任。《黄县革命史实》系1930年撰写，是数十位[①]黄县籍亲历者集体合作的结果，这也是公认的研究黄县辛亥革命的权威资料，因此该书所说的连、徐与黄县军政府之史实，值得信赖，即连承基、徐镜心到过黄县，且身经大小战役十几次，应无异议。

连承基还曾说过："吾尤记腊月三日（1月21日）率诸死士，怀炸弹，荷土炮，疾驰黄县时，雨雪载途，风刺骨如羊角，绝无以苦者。""迨抵黄，日已暮。清军于暮霭中骤见援来，莫决多寡，惊而溃。我兵乘势追杀之，竟解黄围。余振旅入城，安慰其守者"，"越二日，敌侦知我虚实，复来袭北马。徐君子鉴、安仁命曹亚东、唐之道均死拒之"。2月8日，清军合围黄县城，"城下飞弹如流星，落于吾之卧榻"。[②]

另据记载，徐镜心在领导黄县光复时，曾带来其日本朋友栗田、石井、乔木、仓谷箕藏[③]、北大[④]、永吉、小岛[⑤]等。其中，乔木血气方刚，长于射

---

① 据张静斋回忆，徐镜心发展同盟会员"颇为谨慎，宣传面极广，而介绍的会员不过三十几人，至辛亥革命前才又介绍了四十几人，这些都是久就接受了宣传教育认为忠实可靠的人"。至1930年编写《黄县革命史实》时，除28名会员牺牲、数位病故外，均健在，他们的日记、信函、文件、实物等资料以及回忆、调查、考证、甄别等工作保证了《黄县革命史实》的权威性。"执笔是栖霞孙绍周，材料是我（张静斋）和袁旨言先生的补充，还有赵竹容先生的调查记，但总的来说是以子鉴先生的《光复登黄战事纪实》为纲领而加以扩充的。写成后印刷若干册，分送当日参加人士，征集意见并加以修正。"参见张静斋：《辛亥黄县革命的点滴回忆》，中国人民政治协商会议山东省委员会、山东省历史研究所编：《辛亥革命五十周年纪念文集》，山东人民出版社1962年版，第112—115页。

② 连承基：《黄县战事鲁军死难官兵诔文》，李日、徐学航主编：《革命巨子徐镜心》，山东大学出版社2011年版，第357页。

③ 徐镜心：《光复登黄战事纪实》（1912年手稿，国家一级文物），现藏烟台市博物馆。

④ 宋玉娥：《辛亥革命在烟台》，山东省政协文史资料委员会编：《辛亥革命在山东》，山东人民出版社1991年版，第37页。

⑤ 邱绍尹：《辛亥革命前后的回忆》，中国人民政治协商会议山东省委员会、山东省历史研究所编：《辛亥革命五十周年纪念文集》，山东人民出版社1962年版，第99页。

击，勇于任事，清军来时，屡登城墙还击，不幸中弹牺牲。而日本驻芝罘领事馆发回国内的情报也可以印证："根据今早龙口三井会社派遣人员发回的电报，称黄县发生战斗时，有两名革命军中的日本人战死。据称，在革命军中与革命党员从大连出发同行的日本人有五六名。"①这也可以从一个侧面证明徐镜心、连承基从1912年1月20日至2月11日一直在黄县前线。

由上可见，徐镜心、连承基是光复黄县的领导人，他们不仅主导了黄县、北马的战事，而且在黄县"奔走驱驰，寝食俱废"②，并肩战斗坚持到最后一刻③。《补正》中所谓"连承基、徐镜心始终未去黄县，更无与清军接仗之事"，纯属无稽之谈。

第三，陈修夫在其《补正》中说"邱丕振、连承基皆帮助款项，又云登州光复之役，邱丕振捐助军饷最多。这事也不可解，光复之役，人及军械，全是我借来的。何有他二人捐款之事？"这也是非常值得商榷的。

陈修夫声称光复登州的"人及军械，全是我借来的"，过于绝对。400多人的队伍军需是一个巨大数目，非群策群力难以完成。众所周知，经费是革命的经济命脉，经费奇绌往往使革命举步维艰、中途受挫或功败垂成。现在看来，陈修夫借兵、筹款之事，全系自说自话，并无旁证，显系孤证，其可靠性值得怀疑。纵然有之，但说"全是我借来的"也明显是夸大其词。因为，据现有史料，当时为革命筹款、捐输的人和事所在多有。仅徐镜心的筹款活动，在其《光复登黄战事纪实》中就有如下记载：

1911年12月28日，"张彦臣携款来登(州)"。

1912年1月2日，"是晚，张彦臣到，并缴洋二百二十元"。"惟屡拍电大连而兵不至"，"电汇银三千元。令崔景三速赴大连，查明电复"。

1912年1月3日，"大连又来电，催速汇款"。

---

① 日本亚洲历史资料中心：《芝罘领事馆电报》，编号1-0890，第19号。

② 杭辛斋：《徐镜心先生事略》，《黄县民友》1934年第2卷第2期。

③ 据《黄县革命史实》记载：黄县城陷前一日，徐镜心在黄县军政府内与张静斋讨论军务，有"虮虱缘领际蠕动，以军马倥偬未，暇易衣也。适为仓谷所见，诧曰：'君真孟尝君也。'徐镜心说：'君谓我有食客三千耶？'言已，相与大笑"(中国史学会济南分会编：《山东近代史资料》第二分册，山东人民出版社1958年版，第153页)。

1912 年 1 月 4 日,“以二十日为限期。余与邱丕振凑款”。

1912 年 1 月 13 日,“与崔景三到仓君寓。晤秋穗哲一郎君,遂完赁十九号永田丸,佣金五百元”。“商君起予先接济银一千元。既而只交二百元。适连君承基是日到,询知余用款太急。遂与范君秉钧合力凑集七百元缴余,由是款项敷用。各项军装用品,渐次购齐。”

1912 年 1 月 14 日,“晚六时至八时,余与刘君等率健儿四百余名,先后上船。留宋君涤尘、李君省斋在大连办理交通及采办军需用品”。可见,徐镜心、邱丕振、张彦臣等人筹措的革命经费数量较大,比较充足,所以才可能留下宋、李两同志继续在大连招兵买马,购办军需,疏通客轮,源源不断运往登州。

1912 年 1 月 15 日,“募捐银二万一千七百元”。

1912 年 1 月 16 日,“电大连宋涤尘,速购枪械子弹,当时电汇银一万元”。“宋庆家暂认先纳捐银二万两(前后共十二万元)①,以充军费。”

仅上述记录中徐镜心、邱丕振、连承基等人筹措到的有确切数字的经费便有 3.52 万元之巨,而实际经费数目必定还要多,还要巨大。如光复登黄的重要当事人邱绍尹曾撰文说,徐镜心、连承基初到黄县,“锐意筹款,扩充队伍,筹款共计有十二万元之巨”。至此可见,陈修夫的说法不能成立。

此外,还需要特别说明的是,邱丕振是对革命做出重要贡献的辛亥先驱。他的贡献之一,就是自始至终对革命慷慨的巨额捐助。邱丕振之父邱金相以草帽缏生意起家,曾获巴拿马博览会特奖,草帽缏出口为山东第一,年利润在 800 万元以上。邱家在京津沪等地设立商号,开办济和烟草公司、爱群印刷所、元和机器织网厂、铁厂等实业,富甲一方。邱家对革命的巨额捐输有文字记载的便有三次:

第一次是 1906 年 7 月,徐镜心到莱州拜访邱金相,动员其出资支援革命,邱当即捐资 2 万元,并对徐镜心说:“吾有十子,两人务农,四人业商。余四子交君提携。”邱丕振(行七)、邱典五(行八)、邱子厚(行九)、

---

① 邱绍尹:《辛亥革命前后的回忆》,中国人民政治协商会议山东省委员会、山东省历史研究所编:《辛亥革命五十周年纪念文集》,山东人民出版社 1962 年版,第 96 页。

邱绍尹(行十)兄弟四人即由徐镜心介绍加入同盟会,从此走上革命道路,被誉为"邱氏四杰"。

第二次是武昌首义后,徐镜心与邱丕振等人在烟台创建"北方共和急进会",筹谋北方举义,而仓促之间"饷械无所出",邱丕振"乃尽货其产"①,邱典五、邱子厚、邱绍尹"各捐其产"②。绍尹把他在"各商埠共三处的不动产,各值一万、两万不等,以不足三分之一的廉价售出"③,"筹备经费十万元"④,购械募兵,这种义举不唯"在山东一省,即在全国说来也是少见的"⑤。

第三次是筹备光复登州前去大连搬兵。由徐镜心与"邱丕振凑款"⑥,"由邱丕振、邱子厚兄弟捐产输助"⑦,邱氏四杰"鬻产助之"⑧,"携带了一笔很大的款,因而徐先烈(徐镜心)的力量非常充实"⑨。值得指出的是,"邱氏四杰"捐助革命慷慨大方,而生活中却极其节俭。光复登州时,需款孔急,邱丕振见其弟典五吸烟卷,曾呵斥道:"你吸一盒烟卷,损失

---

① 佚名:《邱丕振事略》,烟台市政协文史资料委员会、烟台文史资料编辑部编:《烟台文史资料》第十四辑,1991年,第199页,

② 邱绍尹:《邱典五、孙竹君事略》,烟台市政协文史资料委员会、烟台文史资料编辑部编:《烟台文史资料》第十四辑,1991年,第209页。

③ 邱绍尹:《辛亥革命前后的回忆》,中国人民政治协商会议山东省委员会、山东省历史研究所编:《辛亥革命五十周年纪念文集》,山东人民出版社1962年版,第94页。

④ 邱绍尹:《邱丕振事略》,中国史学会济南会分编:《山东近代史资料》第二分册,山东人民出版社1958年版,第165页。

⑤ 邱绍尹:《忆我的七兄邱丕振》,烟台市政协文史资料委员会、烟台文史资料编辑部编:《烟台文史资料》第十四辑,1991年,第198页。

⑥ 徐镜心:《光复登黄战事纪实》(1912年手稿,国家一级文物),现藏烟台市博物馆。

⑦ 张静斋、袁旨言:《辛亥革命在黄县》,山东省政协文史资料研究委员会编:《山东文史资料选辑》第二十一辑,山东人民出版社1986年版,第33页。

⑧ 丁惟汾:《勘定蓬莱》,《山东革命党史稿》,(台北)铭华制版印刷有限公司,1977年,第33页。

⑨ 张静斋:《登黄革命几件未记载的事实》,中国史学会济南分会编:《山东近代史资料》第二分册,山东人民出版社1958年版,第183页。

几粒子弹!”典五当场将未吸完的烟卷掷掉,终登州之役没有再吸。①

反观陈修夫本人的情况,问题会更加清楚。据现在仅存的一篇关于陈修夫的资料,也是他自己写的《补正》来看,他虽然说大连搬兵的经费“全是我借的”,但对他自己的借款过程、借款对象、借款数量、借款去向,却讳莫如深,只字不提。这些本是最核心的内容,也是最核心的证据,然而陈氏却空口无凭,这正是《补正》最不合乎情理的地方。至此,《补正》的上述三种说法已不攻自破,此不赘言。

通过上述论证可知,《补正》一文在有关登黄光复的三个核心问题上的叙述,都与历史事实大相径庭,直可谓荒谬绝伦。之所以会出现这种现象,可以从以下三个角度来分析:

第一,陈修夫初次到达登州的时间问题。

陈修夫说他在 1912 年 1 月 11 日或 12 日送走“刘艺舟、宋涤尘、李慎斋、邱特亭、连绍先、徐子鉴,还有一位姓姜的”后,当夜返回天津,往返共 5 天,又回到大连。

这里有两个错误:一是徐镜心、连承基、刘艺舟、邱特亭等人同船回登州,时间是在 1912 年 1 月 14 日夜 8 时,而非 11 日或 12 日。二是大连搬兵时,与徐镜心同船回登州的同志中,恰恰没有宋涤尘和李慎斋两人。因为据徐镜心《光复登黄战事纪实》记载:1912 年 1 月 14 日,“晚六时至八时,余与刘君等率健儿四百余名,先后上船。留宋君涤尘、李君省斋(即李慎斋)在大连办理交通及采办军需用品”。

可见,1 月 15 日之前,宋涤尘、李慎斋必定在大连。而陈修夫说 11 日或 12 日送宋涤尘、李慎斋回登州,显然是错误的。由此可见,陈修夫并没有参加 1 月 15 日登州光复,因此也不可能参加山东军政府的成立大会。

陈修夫说:“刘艺舟从蓬莱光复以至登州都督取消,这期间他任总司令,并非外交部长。”这是一个明显的破绽。因为 1912 年 1 月 15 日登州光复当天,即成立了山东军政府,军政府各部人事安排早已揭载史书:连承基为山东临时大都督,徐镜心为参谋部长,姜炳炎为临时总司令,柳延铬

---

① 邱绍尹:《邱丕振事略》,中国史学会济南分会编:《山东近代史资料》第二分册,山东人民出版社 1958 年版,第 173 页。

为民政司长，刘艺舟为外交司长。而刘艺舟恰恰不是“总司令”。可见，陈氏根本不知道也无法知道山东军政府高层的人事安排。这说明，陈修夫绝非军政府高层，他根本不清楚军政府高层的决策和分工的真实情况。

同时，这也说明陈修夫是在刘艺舟代理姜炳炎任临时总司令以后才到蓬莱的。刘艺舟代理总司令的原因是，山东军政府临时总司令姜炳炎在军政府成立第二日（1 月 16 日）即率部进军黄县，并在黄县、北马战役中取得胜利，但胜利后，未能如约犒赏三军，致兵士情绪低迷，斗志锐减，后接连失败，遂被徐镜心撤去前线司令职务，而以安仁（安静山）为司令。姜炳炎于 1 月 24 日回到蓬莱，“同志们群起非难，姜自觉无颜，请了病假”，司令职位由刘艺舟代理。陈修夫只知道刘艺舟是总司令，根本不知道刘艺舟是外交司长代理临时总司令，可见他到达蓬莱的时间必在 1 月 24 日之后。

陈修夫又说：刘艺舟曾三次给他汇款，每次 5000 元，“每次买枪一百支，子弹两万粒”，“第三天召集一百人”送到登州，“这样送了两次”，“第三次我自己带着这一百人到了登州”。

查日本驻芝罘领事馆情报，其中关于当时军事动向、兵力运输的情报是日本政府最关切的，因此此类情报往来最为密集，也最为详细。现将 1911 年 10 月 17 日至 1912 年 2 月 12 日（即从武昌首义爆发到黄县陷落）期间该领事馆军事情报列表如下：

日本驻芝罘领事馆情报中有关军事动向的记录汇总

（1911 年 10 月至 1912 年 2 月 12 日）

序号	时间	出发地	到达地	人数	主要人物	运输方式	情报编号
1	19111017	青岛	向南	不详	德国	军舰	29
2	19111017	烟台	莱州	500	官军招募	—	36
3	19111105	天津	烟台	少量	革命党人	轮船	38
4	19111108	烟台	—	300	道台募巡防兵	—	42
5	19111115	—	烟台	60	美国陆战队	运输船“萨普莱号”	52
6	19111115	俄国	天津	10	—		52
7	19111201	青岛	天津	200	陆军	德国汽船大臣号	70
8	19111209	大连	烟台	13	革命党	—	74

续表

序号	时间	出发地	到达地	人数	主要人物	运输方式	情报编号
9	19111212	南方	峄县	—	革命党先锋	—	77
10	19111207	青州	莱州	三营	清兵	骑兵、炮兵、步兵各一营	77
11	19111212	鲁南	潍坊	1048	张勋	—	77
12	19111213	上海	烟台	800	北伐先锋	海容、海筹、海琛	78
13	19120111	上海	烟台	500	兵士	—	94
14	19120114	大连	登州	300	急进会	永田	97、99
15	19120116	上海	烟台	600	沪军	海容、海筹、海琛	100
16	19120120	上海	烟台	1000	北伐军	新昌、新铭、康平、泰顺;21 日转赴登州、黄县	11、30
17	19120119	莱州	向东	400	官军	—	18
18	19120123	登州	黄县	300	北伐军	海琛号	19
19	19120124	黄县	北马	200	革命军	—	21
20	19120126	烟台	—	5000	北伐军募新兵	烟台 400,文登 500	22
21	19120125	登州	黄县	300	北伐军	—	23
22	19120124	大连	烟台	300	革命党佣兵	清国汽船肇兴号	24
23	19120126	大连	烟台	131	革命党佣兵	共同号	24
24	19120129	登州	黄县	400	北伐军	康平号	33
25	19120130	烟台	登州	50	新兵	舞凤舰	43
26	19120203	上海	烟台	若干	革命军	致远号	43
27	19120203	登州	烟台	450	革命军	顺泰号、新铭号	47
28	19120206	烟台	登州	200	革命军	顺泰号	52
29	19120209	烟台	文登	150	革命军	—	57
30	19120208	烟台	登州	500	本地新兵	新铭号	58
31	19120210	上海	烟台	300	士兵	图南号	61

注:本表系根据日本亚洲历史资料中心所藏《芝罘领事馆电报》(编号 1-0890)整理而成。

由上表可见,1912 年 1 月 15 日登州光复以后,从大连到烟台的兵员运输记录只有两次,分别是 1912 年 1 月 24 日 300 名革命党佣兵由大连出发,25 日到达烟台后转赴登州;1 月 26 日,131 名革命党佣兵由大连启程来烟台。陈修夫说“第三次我自己带着这一百人到了登州”,因此可以断定,陈修夫是 1 月 26 日到达烟台后转赴登州的。而此时,登州、黄县光复已有 10 余日。因此,从时间上可以断定,陈修夫并没有参加登黄光复,他并非该历史事件的亲历者。

1 月 26 日,陈修夫到达登州后,便去军政府找刘艺舟,军政府“门里门外,门禁不严,出入不问”。到了刘艺舟处,他“问刘艺舟占领登州的经过”,“问为什么连承基当了都督”,“又问邱特亭”,“又问占领黄县的事情”,“又问邱子厚事”,“据姜团长说”等等。① 这不仅可以补证我们前述的陈修夫非亲历者的结论正确,更可见陈修夫的《补正》,不过是事后打听得来的片面之词而已,不足征信。

第二,陈修夫在光复蓬莱战事中的身份问题。

首先,没有史料能够证明他与光复登黄的主要人物在 1911 年春前存在交集。陈修夫在其《补正》中提及的朋友仅有刘艺舟、宋涤尘、邱特亭。刘艺舟 1910 年从日本回国,任教于天津法政学校,因暗中宣传革命被捕下狱。1911 年春出狱后与光华、燕士等人组织了利群新剧社,在大连、安东、辽阳、威海等地巡演。② 因此,陈修夫和刘艺舟相识最早应在 1911 年春。据日本驻芝罘领事馆的情报可知,刘艺舟、宋涤尘等于 1911 年 12 月 9 日晨 6 点从大连乘船到达烟台(第 74 号),当天与王传炯会面(第 76 号)。12 月 14 日,徐镜心组织发起北方共和急进会,“选举黄县人徐镜心担任会长,刘木铎担任副会长。该会设立的宗旨是在山东省鼓吹革命思想,集合同志,募集资金,成为满洲及南清的纽带,为他日革命军北上做好准备,加速清朝灭亡”(第 78 号)。18 日,急进会在与王传炯做激烈斗争。29 日,“二者最终达成妥协。但急进会以了解当地情况为由,派出视察员 23 名,前往威海卫及黄县。其中,1 人留下,保持当地与各地的联络通信,

---

① 刘萍主编:《辛亥革命资料选编》第三卷下,社会科学文献出版社 2012 年版,第 707—708 页。

② 梅兰芳:《戏剧界参加辛亥革命的几件事》,《戏剧报》1961 年第 Z6 期。

其他20余人暂时向大连出发”(第86号)。这“20余人”中就有刘艺舟、宋涤尘等,他们将共和急进会搬到大连,准备武装起义。陈修夫这才找到刘艺舟、宋涤尘等人。可见,陈修夫与革命党人的联络时间是在1911年春至1912年初,即刘艺舟在环渤海地区演戏之时。

其次,募兵购械是十分重要的事情,事关巨额经费的安全、兵员质量和枪械物资的质量,更关系到前线将士的安危。因此,经办者必须是革命组织中的可靠者。1912年1月14日,徐镜心等人在赴登州前,特别留下了宋涤尘、李慎斋继续在大连购械募兵,说明急进会高层对宋、李的信任。徐镜心说:“惟他人吾不敢信,独宋涤尘、邱特亭二君,知其决不负余。”①

1月16日,徐镜心又“电大连宋涤尘,速购枪械子弹,当时电汇银一万元”。进军黄县后,“派崔士杰携银八千两赴大连买枪”,“续又备款一万两,派陈聚髯往购”②,又派邱典五去,“购妥者迅速运送,没购成者赶紧进行,能订购若干即订购若干,款项不够,继续筹汇”③,又派张彦臣到烟台订购枪械,令“黄县会计员王仁山汇款两万元”④。最急迫时,竟命张彦臣将所有存款12万元“全部提出”,“亲赴大连,视察邱典五、崔景三购枪情形”。⑤ 宋涤尘、李慎斋、崔景三(为徐镜心所倚重)、陈聚髯(连承基的副官长)、张彦臣(徐镜心的同乡同学同志)都是山东军政府高层最为信任的革命者。可见,登州光复后,山东军政府在大连安排有专门的人员募兵购械以保障后勤供给,并且其经费充足。“几经波折始购得枪械若干以

---

① 徐镜心:《光复登黄战事纪实》(1912年手稿,国家一级文物),现藏于烟台市博物馆。

② 黄县革命史编写委员会:《黄县革命史实》,中国史学会济南分会编:《山东近代史资料》第二分册,山东人民出版社1958年版,第151页。

③ 邱绍尹:《辛亥革命前后的回忆》,中国人民政治协商会议山东省委员会、山东省历史研究所编:《辛亥革命五十周年纪念文集》,山东人民出版社1962年版,第98页。

④ 黄县革命史编写委员会:《黄县革命史实》,中国史学会济南分会编:《山东近代史资料》第二分册,山东人民出版社1958年版,第151页。

⑤ 邱绍尹:《辛亥革命前后的回忆》,中国人民政治协商会议山东省委员会、山东省历史研究所编:《辛亥革命五十周年纪念文集》,山东人民出版社1962年版,第98页。

永田丸运至龙口”①,除个别人办事不利之外,他们为登黄战事做出了巨大贡献。

再次,经费问题。由上述可见,陈修夫并非山东军政府安排在大连专事购械募兵的正式人员,因此,也不可能经手巨额的经费。事实也正是这样。他说:刘艺舟给他寄款三次共 1.5 万元,买了三次枪弹,每次“枪一百支,子弹两万粒”,按照当时价格,仅仅敷用。若以每支枪 50 元计算②,400 多人的佣兵队伍配备齐全,人手一枪,至少需要 2 万元,加上冬天军服、每人适量军饷、交通费用等,需款总额至少在 3 万元。这说明陈氏经费严重不足,现在看来,陈修夫所使用的刘艺舟的“一万五千元”经费,不足已知的当时总经费 16.8 万元的十分之一。

第三,并不能排除历史投机的嫌疑。

《近代史资料》在发表《纪事》和《补正》两文时,都曾加了编者按。《纪事》的编者按里说:“本文作者是参加辛亥光复蓬莱一役的主要成员。”③而《补正》的编者按里只是说陈是“当事人”,陈亦说自己是“参加

---

① 黄县革命史编写委员会:《黄县革命史实》,中国史学会济南分会编:《山东近代史资料》第二分册,山东人民出版社 1958 年版,第 151 页。

② 截至目前,还没有可靠的资料或证据记载当时枪支弹药的真实价格,仅笔者所见,在光复登黄期间,有三处资料谈到了枪弹交易的情况:一是邱丕振曾与关外大都督蓝天蔚商议,接济其军饷 4 万元,蓝让给邱步枪 1000 支,均价每只步枪 40 元(邱绍尹:《邱丕振事略》)。二是陈修夫曾向商震“借三千元,拟买枪五十支”,均价每支枪 60 元(陈修夫:《补正》)。三是陈修夫 1.5 万元买了 300 支枪加 6 万粒子弹,即每支枪配 200 粒子弹,均价 50 元。可见,当时普通枪支价格在每支 40 元到 60 元之间。因此取以上三者均价,以每支枪 50 元计算,比较合理。

③ 从《纪事》来看,“隐名”确实是光复登黄的主要成员,因为他所叙述的光复登黄战事,除个别之处(主要是人数、钱数等一些具体数字)有瑕疵之外,光复登黄的整个过程和一些历史细节都经得起检验。此外,《纪事》后半部分讲到光复登黄之后的山东局势以及徐镜心、邱丕振等人的后续情况,真实确切,有些事情的真相,保密级别高,并非常人能够了解和掌握。民国初年,革命有功人员均由中央铨叙局考核,委以各类官衔和职位。光复登黄的革命志士,尤其是徐镜心、连承基等核心人物的下属,贡献卓著者多被委任为县长,如孙丹林任高苑县长,张彦臣任赵县县长等。他们在民国的仕途,有原地踏步从一而终的,也有因时局变化告老还乡的,也有步步高升进入中央政府的。至此可以看出,陈修夫的贡献在孙丹林、张彦臣之下,并非光复登黄的主要成员,更不是核心成员。

蓬莱光复之一人”。可见,两文作者在光复登黄的过程中地位、职位不同,这也决定了他们看待整个事件的视野和细节会完全不同,因此有全面和片面之分,有真象和假象之异,有现象和本质之别。现在看来,陈修夫不遗余力否定真实历史,对“主要参加者”所述的信史全盘否定,并不能排除其历史投机的嫌疑。

《近代史资料》1957 年第 4 期发表《辛亥光复蓬莱纪事》时,特加编者按说:该文作者是“辛亥光复蓬莱的主要参加者”,但该“主要参加者”因为文章中涉及一桩至今未解的历史谜案(与光复蓬莱无关),为避免不必要的麻烦,故不署真名,而仅用“隐名”。这是作者和编者经过慎重考虑的结果,也说明“隐名”之事实乃不得已而为之,也是最佳选择。

而陈修夫恰恰抓住这个机会,对“隐名”的《纪事》进行否定。从前面的辨析来看,《补正》对《纪事》的否定已经达到了丧心病狂的程度。陈修复之所以这样肆无忌惮,正是由于他断定《纪事》作者不便反驳,甚至不会反驳。因为只要“隐名”进一步回应,其身份便会更加清晰,这样就会失去其当初发表《纪事》时隐名的意义。事实恰如陈氏所料,《纪事》作者只给编辑部做了简要回应:“对陈先生所提八点纠正,尚有不同意见。”如“连承基、徐镜心确率军到黄县,并且身临前敌,后败回蓬莱,声泪俱下为我亲见”。再如“邱丕振因为热心革命,捐助军饷最多,山东故老都知道这件事,绝非虚构”。而陈修夫趁机来否定光复登黄“主要参加者”“绝非虚构”的历史事实,恰可反证其所谓的“补正”是虚构的。

新中国成立以后,人民政府特别重视文史资料的征集、整理和出版工作,一大批珍贵的历史资料得以面世,为人们认识历史真相奠定了坚实的基础。如所周知,文史资料并非严谨的学术研究之作,出于种种原因常常会出现这样那样的问题,“有褒无贬,善善从长,微善必录”现象所在多有①,一些历史事件的亲历者和见证人也容易以自我为中心,出现自我美化、文过饰非、自我夸大、自我拔高的现象。应该说,在不影响、不妨害历史真相的范围内,这种现象是可以理解的,也是不可避免的。但也有极少

① 严昌洪:《〈革命巨子徐镜心〉读后:兼谈辛亥革命志士纪念集的特色》,《忍斋七秩文集》,中国社会科学出版社 2012 年版,第 558 页。

数的人,为着某些目的,指鹿为马,颠倒黑白,臧否人物,阉割历史,严重破坏了文史资料的严肃性和公信力,《补正》便是一例。然而,谎言终究是谎言,尽管它绘声绘色,信誓旦旦,天花乱坠,只要我们仔细甄别、严加考证,不放过蛛丝马迹,便不难发现其中的破绽,便不难将颠倒的事情再颠倒过来。

附录六　刘艺舟“都督演戏”辨

李　日

刘艺舟(1875—1937),原名刘必成,艺名艺舟,湖北鄂城人,是中国近代戏剧史上的重要人物,被誉为“中国早期新剧家”①。刘艺舟在1912年初参加了登州(今山东省蓬莱市)、黄县(今山东省龙口市)的光复之役,盛传他曾出任“鲁军总司令代理都督”“登黄都督”,因此在近现代梨园界和戏剧史上一直流传着刘艺舟“都督演戏”的说法。实际上,他没有担任过任何形式的都督。可以说,演戏确有其事,而所谓的“都督演戏”说,则是无稽之谈。

一、“都督演戏”的由来

截至目前,专题研究刘艺舟的学术论文主要有3篇:1990年沈骏发表了《民国初年刘艺舟的革命和演剧活动》,对刘氏民国初年的具体活动进行了考察,但该文对刘氏的革命活动的叙述并不详细,亦不准确。②2011年王凤霞的《刘艺舟民国元年行迹新考》一文,对刘艺舟1912年的活动轨迹进行了重新梳理,对刘艺舟借戏剧活动推动政治理念的做法以及谋求和平解决蒙藏问题的努力予以充分肯定。此外,黄爱华的《中华木铎新剧在日本的公演》一文,是基于日本学者吉田登志子、中村忠行的资料写成的,介绍了刘艺舟1914年在日本演出的情况,与本文研究的论题并无紧要关联。相关的文史资料主要有梅兰芳的《戏剧界参加辛亥革命的几件事》、刘艺舟之子的《回忆我的父亲刘艺舟》以及部分刘氏传记,如朱双云的《新剧史·春秋》、周剑云的《菊部丛刊·伶工小传·刘艺舟传》

① 王凤霞:《刘艺舟民国元年行迹新考》,《广州大学学报》2011年第6期。

② 沈骏:《民国初年刘艺舟的革命和演剧活动》,《戏曲研究》第三十五辑,文化艺术出版社1990年版,第213页。

和欧阳予倩的《谈文明戏·刘艺舟》等。

上述研究的一个明显特点就是，这些作者皆是专门从事戏剧研究的专家，其论著都是从戏剧学的专业角度，以刘艺舟“都督演戏”为学术原点，探讨刘氏戏剧活动的特点与贡献，进而发现戏剧与中国近代社会的互动关系。这些论著只是出于行文和叙事完整性的需要，才约略谈到了刘艺舟的革命活动，而不是专门探讨他从事革命活动的具体过程，对“都督”问题的历史真相，缺乏科学细致的探究。这就存在着一个明显的逻辑纰漏：若“演戏”是真，“都督”是真，则“都督演戏”成立；反之，若“演戏”是真，而“都督”是假，则“都督演戏”不成立。

现在看来，最早提出刘艺舟是“都督”这一说法的是 1912 年 3 月 18 日《民立报》上的戏剧广告，该广告以大号字体的夺目标题说：“自五千年来未有之大新剧家，恢复登黄之伟人，刘艺舟排演最新新剧”，并细致介绍刘艺舟在登黄光复中的革命贡献：“及此次武汉起义，君（刘艺舟）谋响应于东，以掣北军之肘，备尝辛苦，几濒于死。卒以七支枪，数十炸弹，偕同志五百人一举而恢复登州。兵入黄县后，人多敬君苦志，谋举君为山东大都督，君辞之。仅就鲁军司令，代理都督事宜。”①。

紧接着，《新闻报》也多次刊登类似广告。所不同的是，《新闻报》上这些广告都是刘艺舟自己主动投放的。他自拟的广告词称：“鄙人目睹社会积习多由四民阶层过峻，而优伶一途尤为人众吐弃，故愿牺牲色相，置身舞台，实行平等主义，破除彼此界限。此次来沪，谬承各界欢迎，鄙人自顾无似不胜惭悚，乃阅念五日广告，戏单均书有‘山东临时都督’字样，殊与鄙人所抱平民思想大相刺谬。”这里，刘艺舟虽然说与他的平民思想不符，但他并未主动申明自己是否真正出任过或代理过山东临时都督。相反，他欲说还休，半推半就：“矧鄙人前在山东时，胡都督瑛未至烟台，连都督承基尚在黄县。鄙人不敏，虽承同人公推，在登州代理都督事宜，然为时过久，已成陈迹。若再窃用虚名，世虽能谅，其如鄙人反侧难安。”②由于《民立报》是当时同盟会的机关报，在革命党中具有较大影响力，《新闻

① 佚名：《戏剧广告》，《民立报》1912 年 3 月 18 日。

② 《来函》，《新闻报》1911 年 10 月 12 日第 2 版。

报》在旧中国影响广泛，所以经此两报的宣传，人们对刘艺舟的“都督”身份大都深信不疑，“当时戏剧界都认为这是一件梨园盛事，‘都督唱戏’这句话曾经流传一时”①。

不唯如此，“都督唱戏”不仅在国内流传一时，很快还流传到了日本。例如，1914 年刘艺舟在日本演戏时的节目宣传单上就有这样的告白之语：“刘艺舟曾任山东省总司令，为艺术界之大泰斗。”②当时日本大阪的主要报纸《大阪每日新闻》《大阪日报》《大阪时事新报》，东京的《朝日新闻》《每日新闻》《万朝报》《读卖新闻》《都新闻》《中央新闻》《中外商业新闻》，横滨的《贸易新报》以及《歌舞伎》《新小说》等杂志纷纷刊登类似广告，刊发评论文章。因此，刘艺舟在日本的演戏和演讲活动备受关注，“因为刘艺舟做过山东的总督，吸引了相当一批日本人和留日学生来听他演讲”③。

解放后，人民政府重视戏剧和文史工作，京剧大师梅兰芳因为与刘艺舟有过交集④，所以在其回忆录中特别谈到了刘艺舟“都督唱戏”的事情。他说：“辛亥年，他（指刘艺舟）和光华、燕士等组织了一个剧团，到大连、安东、辽阳、威海一带演出。”当得到武昌首义的消息后，“即于某天率领全体团员搭乘开往烟台的一只日本轮船，布景道具中有演剧用的大炮、炸弹、旗帜等等。半夜里轮船将要驶经登州（蓬莱）海岸时，他向日本船主要求在登州抛锚，船主和中国买办都坚持不允。刘艺舟对二十几位带武装的团员说：‘你们给他一点颜色看看。’他们就拔出盒子枪，在甲板上开了一排枪，迫使船主把船开到登州。拂晓时，船靠登舟码头，汽笛长鸣，枪声齐作。……当地潜伏的民党开城欢迎。刘艺舟带了队伍整队进城，出示安民，并派人点收军火、仓库、钱粮。当地的民党和黄县方面驻军取得

---

① 梅兰芳：《戏剧界参加辛亥革命的几件事》，《戏剧报》1961 年 Z6 期。

② ［日］吉田登志子：《“中华木铎新剧”的来日公演：日中戏剧交流史上的一断面》，《中国戏剧》1992 年第 3 期。

③ 黄爱华：《中华木铎新剧在日本的公演》，《浙江艺术职业学院学报》2006 年第 1 期。

④ 梅兰芳与刘艺舟的交集，见于 1937 年 4 月 29 日《戏世界》中啸岚的文章《梅兰芳定期演义剧》：“与余洪元、吴天保、刘艺舟合摄名照一帧。梅兰芳最近在汉盛举尤多。”

联系,几天后,黄县也光复了。刘艺舟随即就任‘登黄都督’(登州府属辖蓬莱、黄县、牟平、文登、福山、莱阳、海阳七县,因当时只占领府治所在地的首县蓬莱和黄县,所以称作‘登黄都督’)。”“刘艺舟后来和朋友们谈到登州的事说:‘我以前爱听梆子《打登州》,还能学几句秦琼唱的唱腔,想不到那次无意中唱了出真的“打登州”。’”①梅兰芳先生是一代宗师,他的这个观点几成定论,被广泛接受和传播。

综上所述,有关刘艺舟的主要身份头衔,自称或他称均不一致,众说纷纭,莫衷一是。除上述六种(鲁军司令、代理都督、山东临时都督、登州代理都督、山东省总司令、登黄都督)之外,尚有“省长”②、“山东都督”③、“山东登黄都督”④、“烟台都督”⑤等,排除“鲁军司令”与“山东省总司令”,单以“都督”论,尚有“山东都督”“山东临时都督”“烟台都督”“代理都督”“登州代理都督”“登黄代理都督”和“登黄都督”七种头衔。因此,考察这些头衔的真伪,是决定“都督演戏”成立与否的关键。

二、光复登黄战事中的“都督风波”

刘艺舟是中国近现代著名的戏剧家,是以新剧宣传革命的代表性人物。他“从事新剧甚早”,“颇有才名,善雄辩,口若悬河。一个普通题材,及出于艺舟之口,则有理由,有条理,有气势,有姿态,能另听者眉飞色舞,点首称是”。⑥ 他还擅长编剧演剧,“专演革命化之激烈剧”⑦。1910 年,他从日本留学回国后,长期在辽宁等地借演戏宣传革命,并借机接纳豪杰,联络声气。1911 年 10 月 10 日武昌首义后,在东北组织光复斗争,但

---

① 梅兰芳:《戏剧界参加辛亥革命的几件事》,《戏剧报》1961 年 Z6 期。

② 兰:《谈刘艺舟》,《戏世界》1936 年 7 月 1 日第 1 版。

③ 佚名:《逮获刘艺舟之风闻》,《时报》1913 年 3 月 13 日第 3 版。

④ 海上漱石生:《新剧家黄钟声、任调梅、刘艺舟轶事》,《金钢钻》1933 年 8 月 28 日第 2 版。

⑤ 苏少卿:《安乐窝剧谈录》,《中国艺坛画报》1939 年第 43 期。

⑥ 苏少卿:《安乐窝剧谈录》,《中国艺坛画报》1939 年第 43 期。

⑦ 海上漱石生:《新剧家黄钟声、任调梅、刘艺舟轶事》,《金钢钻》1933 年 8 月 28 日第 2 版。

很快失败，遭到通缉。1911 年 12 月 9 日，刘艺舟与宋涤尘、邱特亭等人从辽宁安东（今丹东市）逃到烟台。

烟台是中国同盟会北部支部和山东分会机关所在地，时北方革命的主要领导人徐镜心正在此发起成立“中华民国北部共和急进会”，欲向王传炯夺回革命领导权。由宋涤尘、邱特亭引荐，刘艺舟被徐镜心任命为共和急进会副会长。当时，共和急进会遭到王传炯的极力排斥①。1911 年 12 月 26 日，经过会议商讨，徐镜心决定将共和急进会移驻大连。

本来，刘艺舟“因失败于辽东，遂欲以款、兵两项求助于王传炯。王不应，力排挤之”②。他不仅没有认清王传炯的反动本质，反而仍对其抱有幻想。在 12 月 17 日上午举行的共和急进会内部会议上，他竟然“忽提议王传炯为山东都督”，因为遭到同志一致反对未果。③ 刘艺舟在烟台难偿所愿，遂萌生退意。

12 月 27 日，刘艺舟接“大连友人信，云有败兵千人，散处大连，枪械俱备，专候刘君之调遣，众信之”④。跟随刘艺舟来烟的邵子风、尹锡五等闻信，“怦怦然，欲邀同刘艺舟等，仍回关东举事”。12 月 29 日，共和急进会举行全体会议，决定派遣刘艺舟、宋涤尘、邱特亭等人，先行到大连筹款

---

① 时王传炯暗通山东巡抚孙宝琦，在烟台实行戒严，断绝交通，污蔑徐镜心等革命志士为“土匪”，制造白色恐怖。徐镜心于 1911 年 12 月初从上海回到烟台，王传炯知道徐镜心是“山东独立的核心人物”，而其上司孙宝琦（此时已是山东临时都督）对徐镜心恨之入骨，所以极力排斥徐镜心。徐镜心在烟台设立“北部共和急进会”，王传炯极力破坏，甚至派巡警包围急进会，妄图加害徐镜心，急进会因此决定移驻大连。至此，烟台“独立之与不独立，实际上本绝无丝毫之差别”（孙宝琦:《致内阁总理袁世凯电》，中国史学会济南分会编:《山东近代史资料》第二分册，山东人民出版社 1958 年版，第 267 页）。另，后来革命军光复登州时，在清兵首领王步青卧室搜出王传炯的电报，电报中称:“得密息。革命党人拟偷袭登州。务严防。”此电报可为王传炯与清军秘密联络的证据。参见邱绍尹:《忆我的七兄邱丕振》，烟台市政协文史资料委员会、烟台文史资料编辑部编:《烟台文史资料》第十四辑，1991 年，第 182 页。

② 徐镜心:《光复登黄战事纪实》（1912 年手稿，国家一级文物），现藏烟台市博物馆。

③ 徐镜心:《光复登黄战事纪实》（1912 年手稿，国家一级文物），现藏烟台市博物馆。

④ 徐镜心:《光复登黄战事纪实》（1912 年手稿，国家一级文物），现藏烟台市博物馆。

募兵，刘等带去银元共计2400元。徐镜心“于临别时，察邵、尹诸人之行色，已知其无回志矣”。四天后，即1912年1月2日，刘艺舟从大连拍电报向徐镜心再“索汇银三千元”，3日“又来电催速汇款”，6日夜又“来电，仍索款，亦不明言其故”。

1912年1月6日夜，在完成了登州光复作战的部署之后，徐镜心亲赴大连召集旧部。经过紧锣密鼓的活动和联络，1912年1月14日夜，徐镜心带领连承基、刘艺舟、宋涤尘等400多人，从大连乘“永田丸”船起航开往烟台，途中以手枪逼迫船长改道蓬莱，15日凌晨到达蓬莱阁下。在登州城内同志的配合下，徐镜心率众志士从海上进攻，当日光复登州。这就是辛亥革命史上著名的“大连搬兵”。

值得指出的是，在光复登州过程中，刘艺舟自始至终没有登陆，而是和一班文士待在船上，实际上并未参加武力光复的战斗。“永田丸”到达蓬莱阁下后，登州的内应同志用舢板小船接驳，将徐镜心和兵士迎接到岸。据徐镜心《光复登黄战事纪实》记载：“下岸时，刘君艺舟约余及连君承基、张君俞人、邱君特亭等一班文士，均先在船上，候城中战胜局定后再同下岸。余因随来诸人与本城内应诸同人多素未接洽，且布置多经余手，余人不知，或致功败垂成。遂嘱刘君等在船上静候好音。”孤证不立，参加登州光复的崔士杰的回忆也证明了这一点，他说当时“海上停有一艘美国小艇，付给一百元租用，让连、刘两人携带着文件等物移到这艘美国小艇上去，等待我军胜利消息”。“我们占领了登州后，就把留在美艇上的连、刘两人接了下来。”①

登州光复当夜，革命党人召开会议，“推举军政府职员”。先是，徐镜心甫到大连，刘艺舟便运动邱特亭说服徐镜心让位，由刘艺舟担任军政府都督，被徐镜心拒绝。《光复登黄战事纪实》记载道：

> 是晚七时开会，推举军政府职员。初余等之在大连也，邱君特亭商于余，以刘君艺舟任山东都督。余曰：“此当公举，不能以一二人私意定夺之。”邱君强余曰：“君为会长，承认，则全体无不承认者。”余

① 崔士杰：《辛亥革命烟台起义亲历记》，中国人民政治协商会议山东省委员会文史资料研究委员会编：《文史资料选辑》第十二辑，山东人民出版社1981年版，第76页。

曰:“刘君之才,他事皆可,惟都督则不可。”邱君颇不悦。

刘艺舟仍不甘心,复遣李省斋前来向徐施压:

既而,李君省斋亦以为言,余仍未承认,曰:“听诸公举可也!”李君云:“公举则君必当选。君性急直,社会多不谅君,恐于事实前有碍。”李君不悦曰:“究竟谁能任此者?”余曰:“究竟非余信任之人不可。”李君遂曰:“连绍先何如?”余曰:“连君依旧时才性,甚合鄙怀。惟睽违已三年,不知近状何似?”李君曰:“仍前。”余曰:“苟公认者,即以连君任之也可。”遂定议,告连君,连君抵死不承诺,强之再三始允,遂同来登。至此,余当场宣布,以连君绍先为山东临时大都督,并声明其才德之优美,众承认,无异词①。

最终,会议推选姜炳炎为革命军临时总司令,柳仲乘、王莛臣为民政司长,刘艺舟为山东军政府外交司长。以登州旧考院为山东军政府,以旧府署为司令部。第二天(1月16日),军政府派总司令姜炳炎率兵进攻黄县。姜炳炎临行,“委柳仲乘代理登州司令部事宜。既而柳君以民政事烦,不能兼顾,遂改委刘艺舟兼理”②。可见,刘艺舟并不是代理总司令,并非都督,亦不是代理都督。

此外,1911年11月山东独立,孙宝琦为都督。后独立取消,袁世凯派张广建任山东巡抚,后改为都督,这是专制残余担任的山东都督。1912年1月15日,在蓬莱成立山东军政府,推举连承基为山东临时都督。后南京临时政府任命胡瑛为山东都督,治所设在烟台,将山东军政府从蓬莱迁到烟台,改蓬莱的山东军政府为蓬莱军政府(亦称“登州军政分府”)。1月17日,革命军光复黄县,成立黄县军政府。可见,历史上根本就没有“登黄军政府”,因此根本不存在“登黄都督”或“登黄代理都督”之说。

由上可见,刘艺舟只是出任山东军政府外交司长,代理司令部事宜,也并非“总司令”,前述七种“都督”头衔全系子虚乌有。因此,刘艺舟“都督演戏”的说法根本不成立。

---

① 徐镜心:《光复登黄战事纪实》(1912年手稿,国家一级文物),现藏烟台市博物馆。

② 徐镜心:《光复登黄战事纪实》(1912年手稿,国家一级文物),现藏烟台市博物馆。

三、自编自导自演“多幕闹剧”

刘艺舟争当都督不成，与他在革命党人中素乏威望有直接关系。同志们发现他有“领袖欲”①，好名贪利②，是“冒充登州司令之伶人”③，喜欢赌博狎妓④，“以猥亵罪被斥有案”⑤。这里的“猥亵罪”，据其同期革命同志回忆说是，刘艺舟在登州时，“行为不检（乱搞男女关系——原注）”⑥。更有同志直斥“刘艺舟一优伶耳，彼恶知革命大义，不慎于始，恐他日受大害也”⑦。

刘艺舟争当都督不成，未遂所愿，不仅不反躬自问，反而频繁进行破坏和分裂活动，以泄私愤，对革命造成了巨大危害。

（一）非法改组山东军政府

登州光复后第二日（1月16日），刘艺舟便私自以个人名义起草通

---

① 孙桂梧：《光复登州》，烟台市政协文史资料委员会、烟台文史资料编辑部编：《烟台文史资料》第十四辑，1991年，第101页。

② 当时有评论说：“海上有以伶人而自号志士者曰潘月樵，更有号志士而为伶人、为伶人而反号志士者，则刘艺舟其人也。夫伶人以色艺博巨金，志士以矫情博续誉。故志士好名，伶人得利，月樵得利而复贪名，艺舟得名而复贪利，贪利不得则复去而鹜名，是二人之扰攘不已，终不外于一贪字，品斯下矣。”（鸾：《时人月旦：刘艺舟与潘月樵》，《大共和日报附张》1913年9月4日）

③ 顾虹、谭珊珊：《刘基炎致陈其美电》（1912年2月12日），《沪军都督府调查部往来要电》，《都会遗踪》2012年第3期。

④ 据记载，刘艺舟“好博，博辄负”。有人见他“数数持衣物付之长生库（即当铺）也。彼每为此，必云‘我今日又为君子矣’，引用四书‘君子坦荡荡’以示‘当当’也”（苏少卿：《安乐窝剧谈录之刘艺舟》，《中国艺坛画报》1939年第43期）。再如，有报道称“民党巨子刘艺舟、李统球在宣武门外西草场胡同大开赌场……为步军统领王怀庆所捉，共获男女赌徒二十八人”（松：《刘艺舟被捕——因为赌博》，《时报》1921年3月19日）。

⑤ 黄县革命史编写委员会：《黄县革命史实》，李日、徐学航主编：《革命巨子徐镜心》，山东大学出版社2011年版，第260页。

⑥ 张静斋：《登黄革命几件未载史实》，李日、徐学航主编：《革命巨子徐镜心》，山东大学出版社2011年版，第272页。

⑦ 黄县革命史编写委员会：《黄县革命史实》，中国史学会济南分编：《山东近代史资料》第二分册，山东人民出版社1958年版，第130页。

电,被革命同志发现,被迫当场修改电稿①。这份电稿于 17 日见报,全文是:“各报馆、山东同乡会鉴:今早九句钟,急进会正副会长徐镜心、刘艺舟偕同志五百光复登州,乞布告天下。烟台共和急进会。”②17 日,徐镜心等旋即西征。在此后从 1 月 17 日到 2 月 14 日的近一个月时间内,黄县前线一系列激烈战事接踵而来,连承基、徐镜心等根本无暇顾及登州后方。刘艺舟仍不死心,便乘机再次以个人名义于 1 月 22 日向各全国报馆发出登州光复的通电,通电全文如下:“山东民党急进会员刘艺舟十一月二十七日早九钟偕同志五百人占领登州。府城百姓安堵如常。兵不血刃,全城遂被共和军占领,已将府署改为山东军政府矣。”③

刘艺舟的上述行为本质上属于贪功心切、博取虚名,对革命危害尚小。最让革命同志无法忍受的是,他趁山东临时都督连承基在前线率部作战的时机,“想乘机独揽大权,发展实力”,非法改组山东军政府。

先是,连承基、徐镜心、姜炳炎等西征黄县后,刘艺舟“曾以敢死队名义任用亲信,扩组队伍”,但因革命同志坚决抵制,未能得逞,“均无成”。④

时烟台军政府“代理都督”杜潜(字辅东)被虞克昌驱逐,“在烟台立不住脚,便转与刘木铎联系”。刘艺舟表示欢迎,于是杜潜、丁惟汾等便带领两营学生军(即十字军)到了登州。1912 年 2 月 1 日(农历腊月十四日)晚,刘艺舟召集开会,“企图改组军政府”。留守登州的鲁军司令邱丕振等接到刘艺舟召开会议的亲笔信后“极感诧异:前线既已告捷,有何急事必深夜开会。乃嘱司令部赴会人员都携带武器,以防不测。至则果见武装士兵上着刺刀,布满会场内外。丁惟汾正在台上讲话,会内有人把刘木铎刚宣布的内容潜告邱丕振:杜辅东为都督,丁惟汾为财政部长,刘自己为司令(不再代理),并于宣布后掏出手枪拍案大呼:有不赞成的便是汉奸,我将以此对待。邱丕振闻此大怒,站在会场门口厉声斥责:武装开

① 刘萍主编:《辛亥革命资料选编》第三卷下,社会科学文献出版社 2012 年版,第 707 页。

② 《烟台电》,《时报》1912 年 1 月 17 日第 1 版。

③ 《共和军占领登黄记》,《申报》1912 年 1 月 24 日第 6 版。

④ 邱绍尹:《忆我的七兄邱丕振》,烟台市政协文史资料委员会、烟台文史资料编辑部编:《烟台文史资料》第十四辑,1991 年,第 183 页。

会,采取强迫形式,完全失掉会议的根本意义。今晚一切决议概行否认。说完拔出战刀,注视讲台上刘木铎等的动静。同去的司令部人员也都持枪以待。一时会场秩序大乱,即将演出流血惨剧”。幸亏有人极力调停,始得和平解决,条件是“一、这次的决议完全无效。二、限刘等24小时内退出登州。于是刘木铎等迅速离去”①。

刘艺舟等见事情败露,连夜逃往烟台。在烟台,他并不甘心,再次以个人名义,向报馆通电,并不惜捏造事实,以掩人耳目,混淆视听。通电全文如下:

> 连都督谦让可风:登州军政府成立后,起义诸君共举连君韶先为临时大都督。所施政治,无不俯顺舆情,故登郡商民咸额手称庆。嗣以清军在黄县,久战不退,连君遂喟然曰:我辈起义,本为救民水火,何能目睹黄县之商民受累耶?遂托政务于刘君艺舟,亲赴前敌,誓流血以援黄危。而烟台杜都督辞职后,旋被刘君请至登州,当晚登州合城开欢迎大会。举杜君代理连君政务,杜君再三推让,绅民不获已,遂函告连君。连君星夜赶回登州,恳托杜君代理。杜君不获已,始准暂时代理。如二公者,其谦让真可风矣。②

而此电见报之日,即2月9日,正是黄县前线革命军与清兵胶着拉锯、艰苦鏖战之时。此时,清军在侦知革命阵营内部分裂后,开始从潍坊、青州、莱阳等地调集重兵,于2月12日前,完成了对黄县城的军事合围。连承基、徐镜心等人在前线得知刘艺舟的分裂行为,知道“急电登州出援”无望,“连夜退回登州。刘艺舟不知去向”。③ 2月14日,黄县沦陷。清军入城后,大肆劫掠,残酷屠城,革命志士和普通商民被杀害者总数超过500人。

(二)依附胡瑛,分裂革命阵营

胡瑛督鲁,是山东革命的一个重要转折点。胡瑛于1912年1月中旬

---

① 邱绍尹:《忆我的七兄邱丕振》,烟台市政协文史资料委员会、烟台文史资料编辑部编:《烟台文史资料》第十四辑,1991年,第184—185页。

② 佚名:《连都督谦让可风》,《申报》1912年2月9日第6版。

③ 孙丹林:《山东辛亥革命之经过》,中国人民政治协商会议全国委员会文史资料研究委员会编:《辛亥革命回忆录》第五集,中华书局1963年版,第186页。

到达烟台。刘艺舟逃到烟台后，即以同乡之谊投奔胡瑛。胡瑛在1905年底曾受徐镜心之邀，到烟台东牟公学任教半年有余。时隔六年，重返山东，可谓物是人非。时集结于烟台的武装力量有连承基、徐镜心和邱丕振等领导的鲁军（本地民军）三个营约一千人，以刘基炎为司令的沪军北伐先锋队五个营号称三千人，关外大都督蓝天蔚率领的东北义军一个旅并军舰数艘，此外还有杜持率领的闽军（北伐军第一师第一旅）、郑天楚带队的十字军二百余人，各部之间互不统属。虽然临时政府命令所有武装归胡瑛节制，但各部并不遵从。

鲁军在光复登州后，即开会公举连承基为山东临时都督。此番委派胡瑛督鲁，引起大部山东同志的"大哗"，他们纷纷质疑南京临时政府"为何不征求山东同志的同意，硬派一个都督来"，有同志则更为激烈，声称"如南京竟这样蛮干，我们应以武力与之周旋"。邱丕振甚至主张"根本取消都督"，理由是"华南先独立的省份，好些是为争都督而起内讧，是革命中的极大耻辱，我们应坚决取消这不祥之物"①。胡瑛督鲁的任命公布后，以徐镜心为代表的山东同志为顾全革命大局，迅即发布欢迎通电说："此间已由父老公举连君承基为山东临时都督，惟胡君夙为北部同志所仰望，果能来东助理一切，幸甚。请速启程来登为盼"②，最终接纳了胡瑛。

沪军北伐先锋队司令刘基炎，率部到达登州、黄县后，见鲁军人数既少，枪械又差，"连承基兵力单弱，虚拥都督位置，心已轻之"，"遂有取而代之之意"。③"胡瑛虽莅烟就职，并无基本军队可靠，刘基炎亦不称其为山东首领。"④刘基炎对蓝天蔚亦甚是轻蔑，这引起了蓝天蔚的痛恨。蓝在给沪军都督府的电报中骂刘"颇强硬"，将其"枪械扣留九日，枪九十支，子弹七十余万"，"刘基炎狡诈，伊复在沪有所运动，请极力打破，否则

---

① 邱绍尹：《忆我的七兄邱丕振》，烟台市政协文史资料委员会、烟台文史资料编辑部编：《烟台文史资料》第十四辑，1991年，第181—182页。

② 徐镜心：《光复登黄战事纪实》（1912年手稿，国家一级文物），现藏烟台市博物馆。

③ 黄县革命史编写委员会：《黄县革命史实》，中国史学会济南分编：《山东近代史资料》第二分册，山东人民出版社1958年版，第141页。

④ 孙丹林：《山东辛亥革命之经过》，烟台市政协文史资料委员会、烟台文史资料编辑部编：《烟台文史资料》第十四辑，1991年，第20页。

羽翼丰满,伊将称帝于北方也”。[①] 而刘基炎不甘示弱,于同日致电沪军都督府说,蓝天蔚私吞枪械子弹。[②] 其他如闽军、十字军、女子北伐队等力量,因始终在前线作战,并未卷入内耗,即使遇有主客纷争,亦能常常保持中立。刘基炎和蓝天蔚因为势均力敌,相互角力,相互抵制。但刘、蓝之于胡瑛,因占尽武装优势,则是共同抵制。

本来,山东同志在混乱中接纳了胡瑛,主客之间的矛盾稍稍缓和,正可以合力支援黄县前线,全力西征。但是,刘艺舟又乘机携私怨离间胡瑛与鲁军的关系,致使双方矛盾不断激化,直至公开化。

胡瑛未到烟台以前,刘艺舟“势单力薄,尚不敢公开翻脸,对被扣留的人只是软禁,还未失礼”[③]。烟台是山东军政府与东北三省交通联络的枢纽,山东与东三省之间的经费往来、人员流动和军械运输等机要交通,都必须经过烟台中转。刘艺舟熟谙其中秘密,因此他到烟台以后,不断拦截、扣留登州山东军政府方面的经费、人员和物资。如“张彦臣赴大连经过烟台时,即被刘木铎扣留。邱典五在大连购到的一批步枪、大炮、机枪等经过烟台回登州时也被扣留,被扣留的还有购置的一船军装”[④]。不唯如此,刘艺舟还非法“代表山东军政府”派人到上海冒领了四挺机关枪,而枪到手后却根本派不上用场。山东籍参议院议员彭占元、刘冠三知道后,特从南京发电报给刘艺舟,“请拨给明侯(陈干)二支”[⑤]。陈干一日两电,派吕子人、陈冠三赴沪寻找刘艺舟,将“机关枪及附属器具全行带摄”[⑥]。

---

① 顾虹、谭珊珊:《蓝都督来电》(1912 年 2 月 1 日),《沪军都督府调查部往来要电》,《都会遗踪》2012 年第 3 期。

② 顾虹、谭珊珊:《蓝都督来电》(1912 年 2 月 1 日),《沪军都督府调查部往来要电》,《都会遗踪》2012 年第 3 期。

③ 邱绍尹:《忆我的七兄邱丕振》,烟台市政协文史资料委员会、烟台文史资料编辑部编:《烟台文史资料》第十四辑,1991 年,第 186 页。

④ 邱绍尹:《忆我的七兄邱丕振》,烟台市政协文史资料委员会、烟台文史资料编辑部编:《烟台文史资料》第十四辑,1991 年,第 185 页。

⑤ 顾虹、谭珊珊:《南京参议院来电》(1912 年 3 月 26 日),《沪军都督府调查部往来要电》,《都会遗踪》2012 年第 3 期。

⑥ 顾虹、谭珊珊:《右将军陈明侯来电》(1912 年 4 月 13 日),《沪军都督府调查部往来要电》,《都会遗踪》2012 年第 3 期。

胡瑛到达烟台后，刘艺舟等人便将扣留山东军政府的人员、经费、枪械和物资等，转手交给胡瑛，以博垂青。胡瑛督鲁并未见真实才能和得力举措力挽狂澜，“关于革命如何进展，没有提出任何新的意见，也未曾与大家公开研究过对策”，“每天只是躺在大烟床上不理政事，为一般宵小所包围”。① 在获得胡瑛信任后，刘艺舟“便把邱丕振说成是反对胡瑛督鲁最力之人，胡便与他们并力对付登州。从此公开翻脸，他们把扣留的人全数投狱”②。

邱丕振等致电胡瑛质询，胡瑛答复说：“一、逮捕的原因是有人控告。二、立即承认烟台军政府，登州改为军政分府。三、送好枪 500 支到烟。”③函电交驰之际，黄县前线革命军正在与清军叶长盛部鏖战，清军援兵源源不断，而革命军则弹尽援绝，黄县战场局势发生根本翻转。最终，黄城沦陷，革命功败垂成。

黄城沦陷与刘艺舟一系列的破坏活动有直接关系：第一，多次扣留登州革命党人购买的大批武器弹药，最终导致黄县前线弹尽援绝。第二，制造内讧，影响士气，到黄县前线增援的沪军数度撤出黄县，回到烟台。第三，清兵闻知革命阵营内讧，乘机增兵反扑。第四，刘艺舟等在登州和烟台不断掣肘，制造内讧，牵扯登州革命力量，使山东军政府“不能专力对付前方”。④

（三）战略错误，致数县屠城

刘艺舟在新剧方面的贡献有目共睹，他以演戏为主要方式，宣传革命、筹措经费，功不可没，不容否认。但是，在北方辛亥革命大潮中，尤其是军事、武装等方面，历史已经用血淋淋的事实证明刘艺舟并无特殊才

① 崔士杰：《辛亥革命烟台起义亲历记》，中国人民政治协商会议山东省委员会文史资料研究委员会编：《文史资料选辑》第十二辑，山东人民出版社 1981 年版，第 81 页。

② 邱绍尹：《忆我的七兄邱丕振》，烟台市政协文史资料委员会、烟台文史资料编辑部编：《烟台文史资料》第十四辑，1991 年，第 186 页。

③ 邱绍尹：《忆我的七兄邱丕振》，烟台市政协文史资料委员会、烟台文史资料编辑部编：《烟台文史资料》第十四辑，1991 年，第 186 页。

④ 邱绍尹：《忆我的七兄邱丕振》，烟台市政协文史资料委员会、烟台文史资料编辑部编：《烟台文史资料》第十四辑，1991 年，第 186 页。

能,有些时候甚至显得十分幼稚。他分不清革命舞台和戏剧舞台的本质区别,将二者混为一谈,以戏剧舞台的做派在革命舞台上亮相,这就注定了刘艺舟所参与的革命终将是一场悲剧。

第一,草木皆兵,自悔孟浪。

1912 年 1 月 17 日午后,在登州的山东军政府接到烟台电报,称"烟台兵警溃变,有三百名持械西去,扬言攻取登黄"。徐镜心"得电,即派傅学勤率马队三名,出城东去侦探。又派步兵十六名,去城东十数里,择险埋伏。一面仍派马兵一名,出南城侦探"。而刘艺舟"闻电惶急,忽传令紧闭城四门"。徐镜心"与同人力阻不听,于是城内外商民皆大惊扰。久之,傅学勤回报,三十里外无贼踪。据行人自烟来者言,此溃兵二百余名,已西南向莱阳去讫,遂急传令开城,人心始稍安,刘君亦自悔孟浪"。①

第二,东进主张,彻底失败。

武昌首义后,集结在烟台的革命党人对于革命方略曾有不同的见解。归结起来主要有三种取向:一是以徐镜心、张彦臣等人为代表的"西征路线",即到大连搬兵,从海上光复登州,再下黄县,继而西征潍坊、济南。二是以刘艺舟、胡瑛、左雨农等人为代表的"东进路线",即率革命军主力从烟台东进,光复牟平、荣成、文登、乳山诸县。然后再回师登州、黄县,继而西征。三是以邱丕振为代表,主张先光复黄县西南之莱州,继而西征。邱丕振的主张赞成者极少,因而很早便作罢。最后,争议的焦点便是"东进"和"西征"两条路线分歧。

先是,1911 年 12 月,革命党人在烟台遭到王传炯极力排挤,难以立足,遂"屡会议,别取根据之地"。徐镜心"提议合烟黄两路取登州",左雨农认为"不如东取威海,以图文荣,取守皆易"。徐镜心当时并未深辩,当即派左雨农与李凤五、傅学勤等"先往调查,详悉后,再行定夺"。② 12 月 30 日,徐镜心从烟台乘船赴登州,布置光复事宜。1912 年 1 月 7 日,徐镜心亲赴大连募兵购械。

---

① 徐镜心:《光复登黄战事纪实》(1912 年手稿,国家一级文物),现藏烟台市博物馆。

② 徐镜心:《光复登黄战事纪实》(1912 年手稿,国家一级文物),现藏烟台市博物馆。

在大连,这个分歧仍然存在。刘艺舟、左雨农、李凤五等人坚持认为取威海、文登、荣成“易得易守”,而登州则“易得难守”。徐镜心等则认为,文、荣等县在烟台东南,临近海隅,“原为吾囊中物,取之稍可立足,对于王传炯亦可以牵制之。而对于大局,则无甚利益。且王传炯,我苟攻之急,则彼将西退与叶长盛连为一气,合而谋我,则我一隅之地,虽得仍失,此不必取者一也。且文、荣穷僻,地不足资以筹款增兵,此不必取者二也。威海城四面皆英国租界,一有举动,即起外交,必承认王传炯而不承认我等,此不必取者三也”。

而“登州则不然。其地为一府总枢。得登州,则所属十州县,传檄可定,宜急取者一也。登为海防旧营,所储枪炮子药甚多,得之即足取用,宜急取者二也。(登州)南负诸山,北滨海口,用武则进战退守无不利,运输则东西南北罔不通,宜急取者三也。黄县之富,甲于全省。宋庆存储,富于王侯,得之则筹款增兵,立致富强,宜急取者四也。以此四者之利,较彼三者之弊,果孰先而急,孰后而缓,不辩而明。况且登黄已布置月余,议决亦不只一次。奈之何君复游移?”“于是众皆赞成取登州。当时电告左雨农,候取登后,再行定夺。”①

1912年1月中旬胡瑛到达烟台后,刘艺舟等复游说胡瑛实施“东进路线”。胡瑛并不调研论证,依计而行。他不仅减少、延缓对西线的支援,反而向西线索要“好枪500支”。派遣左雨农带领李晏卿、林春暄、丛琯珠等于1月19日“持少数兵器”光复文登②,成立文登军政分府;派遣刘鉴清、曲渭纶等同日光复荣成。文、荣光复后,革命党人不是急于壮大武装力量,而是“把强迫剪发看作天字第一号工作”③,这就给当地的封建势力以反扑的口实和机会。

文登的顽固官绅乘机举办团练,并煽动民众进攻县城。革命党人坐

---

① 徐镜心:《光复登黄战事纪实》(1912年手稿,国家一级文物),现藏烟台市博物馆。

② 毕元椿、丛钟浩:《辛亥文登五十九烈士传》,中国史学会济南分会编:《山东近代史资料》第二分册,山东人民出版社1958年版,第213页。

③ 张静斋:《辛亥黄县革命的点滴回忆》,李日、徐学航主编:《革命巨子徐镜心》,山东大学出版社2011年版,第275页。

困孤城,“内无兵力,外无救援”,文登城旋于1912年2月10日沦陷。反动势力以“捉秃子”(即革命党人、新式学堂剪去发辫的师生和所有剪去发辫的男子)[①]相号召开始屠城,对革命党人及其家属大肆杀戮劫掠,“造成文登县有史以来所未有的惨劫”和“自古以来没有的一件最大惨案”。[②]

荣成县的封建余孽亦纠合匪徒,合围县城,荣成县城于2月11日沦陷。反动势力对革命党人进行了疯狂反扑,“喊拿之声、放火之声及宅内人号哭之声喧成一片,惨不可闻”[③]。反动势力不仅在城内滥杀,而且到各村排查,仅在隆峰村便“一次逮捕剪掉发辫、拥护共和者十三人”[④],“被俘的刘鉴清、曲渭纶等连同在乡村的共二十余人,都被土匪用铁丝穿透手掌,绑到县城西门外枪杀”[⑤]。包括文登、荣成两县在内的胶东地区一时间陷入血腥的白色恐怖之中。

第三,妇人之仁,救援失策。

文、荣惨案发生之初,胡瑛“如能派适合兵力前往,无需打仗,只要对空放几排枪,就能把这些土匪赶跑”[⑥],但是胡瑛、刘艺舟在救援文、荣等地的决策上,再次出现重大失误。他们不仅没有认清封建余孽的反动本质,反而过低估计了反动势力的能量,甚至对文、荣恶劣官绅抱有幻想,与虎谋皮,“派人前往调解,一连派了三次”,都于事无补。这反倒助长了反动势力的嚣张气焰,“匪徒认为革命军是无力量的”,并到处裹胁民众,“很快聚集五六千人”。胡瑛这才“知道不打不行”,却又再次误判,“只派了一连兵前往,结果被打回,伤亡七八人”。最后,在革命同志的强烈呼吁

---

① 张济人:《辛亥革命光复烟台、荣成的回忆》,烟台市政协文史资料委员会、烟台文史资料编辑部编:《烟台文史资料》第十四辑,1991年,第60页。

② 王锡三:《文登辛亥革命惨史纪实》,中国史学会济南分会编:《山东近代史资料》第二分册,山东人民出版社1958年版,第214页。

③ 李懿堂(穆斋氏志):《遭险记略》,烟台市政协文史资料委员会、烟台文史资料编辑部编:《烟台文史资料》第十四辑,1991年,第120页。

④ 原荣成县政协文史组:《辛亥荣成县隆峰村惨案》,烟台市政协文史资料委员会、烟台文史资料编辑部编:《烟台文史资料》第十四辑,1991年,第115页。

⑤ 张济人:《辛亥革命光复烟台、荣成的回忆》,烟台市政协文史资料委员会、烟台文史资料编辑部编:《烟台文史资料》第十四辑,1991年,第61页。

⑥ 张静斋:《辛亥黄县革命的点滴回忆》,李日、徐学航主编:《革命巨子徐镜心》,山东大学出版社2011年版,第275页。

下，胡瑛才下定决心，派遣“三千大兵前往。是时，匪徒已裹挟到男女一万五千余人，经过一场大战，匪徒死了一千多，革命军你伤亡五六十人”①，这才最终光复文登、荣成及其周边县城。

事后，革命同志斥责胡瑛是“糊涂都督”，谴责胡瑛、刘艺舟等人“荼毒文、荣，是‘妇人之仁’”，但胡瑛“不承认是‘妇人之仁’，而说自己是‘书生之见’”。②

东进战略的完全失败，不仅直接导致文、荣屠城，损失惨烈，清军亦因此判断胶东革命力量薄弱。“未及一月，清军向胶东各县反攻。”清军反攻又刺激了各地反动官绅的反革命冲动，“消息传来，形势突变”③。山东省内各县的清兵和劣绅闻风而动，黄县、诸城④、费县、高密和即墨⑤等地，几乎同时遭到反攻倒算，清军和劣绅在各县的屠杀持续到 2 月 12 日清帝宣布退位后数日乃止。

1912 年 2 月 12 日，清帝退位，南北议和，双方停战。山东则出现了南京临时政府委任胡瑛为都督和袁世凯委任张广建为都督的“一省二督”局面。后经调停，胡瑛派遣刘艺舟等人从烟台到青岛与张广建谈判。在青岛期间，刘艺舟因“扰乱青岛的治安”被德方驱逐，从此黯然离开山东，

---

① 张静斋：《辛亥黄县革命的点滴回忆》，李日、徐学航主编：《革命巨子徐镜心》，山东大学出版社 2011 年版，第 275 页。

② 张静斋：《辛亥黄县革命的点滴回忆》，李日、徐学航主编：《革命巨子徐镜心》，山东大学出版社 2011 年版，第 275 页。

③ 张济人：《辛亥革命光复烟台、荣成的回忆》，烟台市政协文史资料委员会、烟台文史资料编辑部编：《烟台文史资料》第十四辑，1991 年，第 58 页。

④ 据记载，当时清军侦知诸城“革命军力量不充实，遂会电驻沂州的巡防营报告情况，并请出兵。当清兵进至离城数十里时，城内劣绅王少舲等勾结清兵，装扮乡民，运送柴草入城，暗藏军器。阴历十二月二十三日夜，清兵迫近城下，伏敌在城内纵火，革命军受到内外夹攻，二十四日佛晓城陷，焚杀掳掠，全城糜烂”，枪杀革命党人，“可查出者百余人（据传说共有三百余人）”。（王麟阁：《即墨、高密、诸城独立之回忆》，中国史学会济南分会编：《山东近代史资料》第二分册，山东人民出版社 1958 年版，第 234 页）

⑤ 据记载，即墨光复后，军张树元部前往镇压，城内劣绅“拜迎城阳道中”，待清军进城，“狂喊犇入，驱张知县先导，逐户搜，举城惶骇，鸡犬不宁，前后捕杀十人，悬首示”（孙永平：《辛亥革命即墨起义纪事》，中国史学会济南分会编：《山东近代史资料》第二分册，山东人民出版社 1958 年版，第 241 页）。

“去了上海，仍作演新剧的生活”。

刘艺舟在武昌首义后的表现，不仅引起北方同志的不满，就连孙中山在得知情况后也对刘有所反感。这从1914年3月刘艺舟写给孙中山的一封亲笔信中可见一斑：

> 中山先生大鉴：数月内赴东京，两次未克一候教言者，恐先生以外视而见拒也。然区区之心，可告鬼神，于先生终未敢稍贰，纵间以人言播弄，使其情不能昭见于明公，亦不过一时之误会，究非艺舟所敢自认其罪。宽如先生，当已见谅而悉之矣。艺舟自东亡以来，以同志中不肯稍垂顾念，穷迫莫支，不得已避居大阪，借日人之助，做戏剧以谋生活，国家大事几无余力一问矣。先生远虑宏猷，于艰难万状中而能督同志驱驰前行，血气之士，能不慨然以兴反躬之思，更不觉汗流浃背，茫然不知所自处也。①

信中，刘艺舟辩解说是因为“人言播弄”，孙中山才不愿接见他，两次拒绝他。他又说是因为“同志中不肯稍垂眷顾”，所以孙中山发起成立中华革命党时，也不吸收他加入，这才使他“汗流浃背，茫然不知所自处”。这种理解十分偏狭，不是健全的态度。

刘艺舟“都督演戏”说，现在看来是非常吊诡的。它本身并不存在，却能花样百出，世纪流传。查其究竟，主要有以下三个方面的原因：

一是刘艺舟的自我抬高。从1912年3月18日最早出现刘艺舟是“都督”“演新剧”的广告开始，刘艺舟便一直在自我抬高。他在当日的广告中说“人多敬君苦志，谋举君为山东大都督，君辞之。仅就鲁军司令，代理都督事宜”，显然是违背事实、自我杜撰的噱头。从1913年起，刘艺舟离开革命队伍，“穷迫莫支”，“做戏剧以谋生活”，为求票房，继续以“都督演戏”相招徕。到20世纪30年代，光复登黄的亲历者大多离世，他便更加肆无忌惮，竟然在剧场高悬“‘登黄都督’之敞灯（即灯笼）一对，观者罔不瞩目”②。

---

① 刘艺舟：《致孙中山》，未刊稿，现藏于台湾中国国民党党史馆，档案编号：环湘总3号。

② 海上漱石生：《新剧家黄钟声、任调梅、刘艺舟轶事》，《金钢钻》1933年8月28日第1版。

二是媒体误导。“都督演戏”说最早由媒体推出，其后各种媒体在一个世纪中不分青红皂白，盲目跟风，不断重复，最终形成群体意识。错误的群体意识一旦形成，就会成为持久、稳固、无须证明的结论。① 从现有的文献资料可以看出，“都督演戏”说在 1912 年、1913 年、1915 年、1916 年、1918 年、1923 年、1924 年、1926 年、1928 年、1933 年、1934 年、1936 年②、1937 年③、1939 年④、1947⑤ 年的国内报刊上均出现过。1949 年后，此说亦以一定的频率传播，1961 年、1984 年⑥、1990 年、1992 年、2005 年⑦、2006 年、2009 年、2011 年⑧、2012 年、2013 年、2016 年、2018 年、2020 年的报刊和网络新媒体均出现过。

三是社会讹传。“都督演戏”说之所以流行百年，与社会各阶层一再讹传有直接关系。讹传者主要分为三类：一是意见领袖，包括行业权威人士和社会名流贤达，他们对于“都督演戏”的认可和赞赏，具有一般逻辑和认知规律上的“权威性”。二是为亲者讳、为尊者讳者，包括从感情上亲近刘艺舟的家属戚谊、同乡好友和同道同仁，他们不仅与有荣焉，而且极力维护此说。三是绝大多数以此为谈资的受众。既然意见领袖和刘氏“朋友圈”都认可“都督演戏”之说，绝大多数的普通受众便会主动接受、信从和传播。

可见，意见领袖用“断言法”（罔顾事实，不理睬任何推理和证据）、新闻媒体用“重复法”（尽可能措辞不变，周期性循环传播）、普通受众用“传染法”（不辨真伪，随机传播），这三种人群和力量互动影响，在很长的一段历史时期内汇成传播合力，最终助推、促进了刘艺舟“都督演戏”说的

---

① 1937 年 5 月 30 日，刘艺舟逝世。当时仍报道称：“前登黄总司令兼代山东都督刘艺舟，上月卅日在汉逝世。”（《立报》1937 年 6 月 18 日第 1 版）

② 兰：《谈刘艺舟》，《戏世界》1936 年 7 月 1 日。

③ 《前任代理山东都督暨讨司令刘艺舟生前之苦干精神》，《影与戏》1937 年第 28 期。

④ 邹公：《刘艺舟现身说法》，《东方日报》1939 年 9 月 11 日第 3 版。

⑤ 许黑珍：《刘艺舟正式下海》，《小日报》1947 年 6 月 4 日第 1 版。

⑥ 贵征：《打登州和都督唱戏》，《陕西戏曲》1984 年第 8 期。

⑦ 刘乃伦：《都督唱戏》，《中国京剧》2005 年第 7 期。

⑧ 王凤霞：《刘艺舟民国怨念行迹新考》，《广州大学学报》（社科版）2011 年第 6 期。

流行和固化。

辛亥革命时期,革命者运用新剧传播现代文明常识、培养国民民主意识,为最终推翻封建专制制度做出了卓越贡献。反过来,民主革命的大潮对于民族戏剧的改革和现代戏剧的兴起起到了决定性的推动作用。革命者在以戏剧改造社会的同时也改造了戏剧本身,但戏剧家在以戏剧唤醒国民的同时却未必唤醒自己。

历史上,打登州曾是隋唐英雄血与火的历史和业绩,光复登州也是壮烈的近代民主革命史诗。舞台上,《打登州》只是戏曲演员形与神的演绎和表达,“都督演戏”亦是浪漫的室内道具唱腔布景。历史的舞台迥异于舞台的历史,刘艺舟的悲剧在于将舞台等同于历史,将革命等同于儿戏。“都督演戏”的世纪讹传,则说明社会常将舞台的戏剧幻作历史的真实,并且乐此不疲。

后　记

2021年12月，经过严格的竞标手续，《徐镜心集》的出版事宜终于尘埃落定。徐镜心先烈母校的山东大学出版社最终竞得了这部书稿的出版权。屈指算来，这是我们从事徐镜心研究过程中，继一部著作、两个纵向项目、十篇学术论文、五集电视专题片、三次国际会议、一次学术座谈会、一份博士后出站报告和一部书稿之后的又一项成果。虽然过程之中山重水复，艰辛备尝，但此刻的内心却是十分欢喜。

二十年来，我们专注于徐镜心与辛亥革命的研究。在推出系列学术成果的同时，念兹在兹要把徐镜心及其领导的中国北方辛亥革命尤其是东北和山东地区的辛亥革命史研究清楚、传播出去、普及开来、造福社会。

功不唐捐，玉汝于成。如今随着徐镜心故居纪念馆、光复登黄战事陈列馆的落成并对社会免费开放，徐镜心故里——馆前后徐村被评为山东省旅游特色村、省级生态文明村和第五批中国传统村落，黄山馆镇被评为第六届全国文明村镇，龙口市蝉联中国北方第一强县，我们的心里真是快慰。因为一百多年前以徐镜心为核心的中国北方辛亥革命志士们的初心和理想，正在不可逆转地一步一步变成现实。

先驱总是寂寞，先觉最是孤独。革命巨子徐镜心曾经在很长的一段历史时期内，几乎阒然无闻。众所周知，改革开放以来，辛亥革命研究的起点越来越高，难度越来越大。历经几代学人一个多世纪的千淘万漉之后，尚有"徐镜心与北方辛亥革命"这样高品位的学术宝藏，真可谓是沧海遗珠，千载难逢。作为学者，我们又是何等的幸运！

徐镜心这座革命宝藏、这颗辛亥明珠，历来有人关注。丁惟汾、张彦忱、杭新斋、孙丹林、宁武和崔士杰等同志,以不同方式保存了大量历史线索;李宏生、卫香鹏、曲晓范、赵树好、马庚存和宋玉娥等学者,从各自角度探究了若干重要史事。这为我们的研究奠定了坚实的基础,从而避免了许多弯路和错路。

直到本书出版之前,有关徐镜心与辛亥革命的研究,绝大多数是基于已有文史资料的探索,而对徐镜心核心史料的深度挖掘则进展缓慢。大量的重要史料一直尘封于历史深处,常人难得一见。本书此次公布的徐镜心遗作遗著,包括政论、函电、议案、家书、诗词、小说和歌曲等,绝大多数是首次结集面世。我们常常窃喜,自己一介凡夫俗子是何等的幸运:求学时有良师,生活中有知音,工作上有畏友。这些幸运既机缘巧合,又相互支撑,最终形成合力,助益、激励我们把学术研究和报效桑梓结合起来,把同乡先贤徐镜心与辛亥革命的历史命题做起来,做下去。

"世之奇伟、瑰怪、非常之观,常在于险远,而人之所罕至焉。"徐镜心研究之所以长期停滞不前,从根本上讲,是因为关键史料的搜集十分困难。在过去的一个多世纪中,由于时局动荡、社会变迁和人事更迭等原因,这些资料飘零散佚,颠沛流离,或数易其主,或历经运动,已播迁到东北、北京、山东、上海、南京、四川、台湾等地及日本和美国等国家。

历史文献似有一个规律,珍贵者总是分散,重要者通常遥远,关键者多被破坏。并且越珍贵、越重要、越关键的资料,越像深谷幽兰、山巅仙草和海底骊珠,追求者非有非凡的努力和艰辛的探索而绝不可得。《诗》云:"民鲜克举之,我仪图之。"二十年来,在查找资料的过程中,我们多次陷入困境,但我们不懈怠、不气馁、不辞劳苦,没有放过任何蛛丝马迹,付出了最大的努力和诚意。

史料的收集,往往要以时间和诚意为代价。史料的数量和质量与付出的时间和诚意成正比。长期以来,我们在各种相干不相干的场合、人群之中,反复讲述徐镜心的故事,到处打听徐镜心的资料。有一些资料的线索,恰恰是在我们绝望到就要放弃时突然出现,给人以踏破铁鞋无觅处得来全不费工夫和蓦然回首的惊喜。

例如,我们一度认为徐镜心著《政界表说略》和主编《盛京时报》时的社论手稿已经湮灭无存。2013年冬,徐学航和杜嗣允偶然结识于旧货市场,杜兄谓其祖父杜明甫先生的日记里有一些关于徐镜心遗物的记载。后得其帮助,我们从杜明甫日记中发现了徐镜心《光复登黄战事纪实》《政界表说略》和《主盛京笔政时著》手稿等重要文献在1949年后的流传轨迹。再历经五年抽丝剥茧的查证和锲而不舍的追索,最终于2018年收集齐全这三种珍贵文献,经过整理校注后编入本书,成为本书的核心内容。

再如,我们一直认为,徐镜心在清末民初日不遑食、夜不遑寐地"实行革命",应该没有时间从事文字著述,因此其传世文字少也是自然。但是,感谢现代科技为学术研究带来的便利,李一苇在国内外一些重要的数据库中,陆续发现了更多徐镜心的文献,数量之大,价值之高,令人喜出望外。其中包括徐镜心1912年在济南创办垦植协会、移民东北等活动时起草的启事、章程和建议书等,填补了民元徐镜心文献的断档,展现了孙中山"实业救国"理念在山东的生动实践,也是研究实业救国思潮的重要史料。

此外,多种文献都曾记载,1912年秋徐镜心进京出任参议院议员,袁世凯在接见他时曾说"昔闻子鉴,今见子鉴矣"。但袁世凯第一次听说徐镜心到底是在何时,一直无解。新发现的资料为我们解开了这个世纪之谜:1905年,徐镜心还在日本留学时,就曾在北京《中华报》上发表了《上袁宫保安置沿海八省书》,洋洋洒洒"六千余言"。此举有类孙中山《上李鸿章书》,袁世凯断不会置若罔闻。查到这份珍贵史料后,我们真是激动。李日在2018年6月29日的日记中写道:"徐先烈《上袁宫保安置沿海八省书》4月23日得到,心情莫名激动至今。唯彼时母亲大人病重,已在弥留之际。父亲大人心痛绝食,水米不进,仅靠打营养液点滴维持。我心如汤煮,肝胆欲裂,无暇他顾。时至今日,心神稍宁,往后余生务必要努力做事,勇于任事,以告慰先烈和父母在天之灵。""史料遗存如草蛇灰线。只要抱定决不放弃之一念,按兆察迹,再得先烈冥冥中指点,抑或谢父母之养育,莱山之陶冶,终是可寻。功夫不负有心人,这是真的。”其他资料的获得,亦各有故事,限于篇幅,此不论列。

整理史料的过程是一个不断学习、不断成长的过程。

首先,要向英烈学习。细读先烈的著述,字里行间到处洋溢着“敢破天荒、革故鼎新的开创精神;披肝沥胆、毁家纾难的奉献精神;勇于任事、淡泊名利的实干精神;赴汤蹈火、百折不挠的战斗精神;捍卫真理、视死如归的牺牲精神”,激励着我们用烈士的精神从事烈士文集的整理与研究。每当我们遇到困难和挫折,心灰意冷、踌躇为难之时,我们总会提醒自己:在英雄的面前,你还有何话可说?二十年间,我们从事《徐镜心集》整理与研究的最大体会就是,学问本身是自我提升境界的捷径。从研究对象那里汲取人生经验、职业素养、革命精神、家国情怀和豪迈气质,是学问应有之义。做学问不是要去教训别人,而是首先教训自己。

其次,要向专家学习。徐镜心博学多才,举凡文学、历史、军事、艺术、政治、外交、教育、自然科学,甚至医学、堪舆等方面,均有涉猎。在《徐镜心集》整理与研究的过程中,我们遇到了很多疑难问题,涉及多个专业领域。为此我们曾多次向各行专家请教。这些专家之中,既有名教授、大学者,更有“土专家”“土秀才”。龙口收藏界朋友为我们提供了相关物证,姚毅先生向我们捐赠了徐镜心家书(明信片)、于富江先生捐赠了相关碑刻的拓片。不唯如此,龙口的耄耋老人亦能为我们吟唱徐镜心作词作曲的《爱国歌》和《明新学堂校歌》。这让我们愈加感到,真正的学问必定根植于苍茫大地。做学问的人,一定要到群众中去,密切联系群众。群众是最大的资料宝库和学问源泉,人民掌握着所有打开真理之门的密钥。

泰山岩岩,鲁邦所瞻。一时一地而成永恒,必有奇人异事存焉。我们的家乡山东省龙口市,自古繁华,英才辈出。20世纪初,徐镜心在正冠缨绝、纳履踵决的恶劣环境中领导革命,上承齐鲁文化急公好义、忧国忧民的优良传统,下启中国北方民主革命、抗暴救亡之先声,这是龙口人、山东人在中国近代史上留下的最为浓墨重彩的一笔和最为铿锵有力的足音。可以说,徐镜心是近代齐鲁儿女的杰出代表,“徐镜心精神”是齐鲁文化近代转型的重要标志之一。

本书出版之际,我们特别感谢饶怀民教授、郑师渠教授、李良玉教授和严昌洪教授的热情指导,徐镜心烈士裔孙徐聪先生生前为建设光复登黄战事陈列馆慷慨解囊,连承基先烈侄孙连厚伟先生在日文资料翻译方面鼎力襄助,烟台华正仪器仪表有限公司法定代表人李彦志先生赞助办公设备,徐学川、赵军志在纪念场馆建设上热心支持,姜富强、郑祖波、隋治波、刘建昆诸兄在徐镜心研究方面助力良多,张世江、陈延兵、张恒峰、林玉国、杨益东、张明涛、宋少帅、王连利、王东超、连永升、朱之方、孙振林、姜永进和朱良迅诸友提供了各种帮助。中山大学李吉奎教授、中国社科院曾业英研究员、鲁东大学司书景教授、中国人民大学龙国富教授、人民出版社马长虹编审、中共山东省委党校章猷才教授、烟台大学于文书教授和董晔教授等提出了宝贵建议,齐鲁医院组织部张欣平部长、山东博物馆于芹主任和李娉主任、烟台市博物馆李鹏飞主任为查阅史料提供便利,台湾警察大学前校长刁建生先生、日本法政大学王敏教授和周曙光博士、旅美的丁炅女士、段世垣烈士裔孙段静安先生提供了部分线索并惠赠资料,原龙口第六中学副校长刘连铸及烟台大学新闻系研究生徐艳、程党晶、谭雅丹、刘畅和彭博等,帮助收集和整理了部分文稿,徐学豪、徐学杰、吕春雁、郭春香等家人为本书出版提供后勤保障;北京市档案馆、上海图书馆、大连图书馆、山东大学图书馆、台湾国民党党史会、悉尼大学图书馆等单位为我们收集资料提供了诸多便利,在此一并鸣谢。

本书的编辑和出版,自始至终受到中共龙口市委、龙口市人民政府的高度重视。吕波书记强调“要深入挖掘辛亥革命巨子徐镜心的革命故事”,把红色文化传播、中华优秀传统文化传承与乡村振兴结合起来、与新时代龙口发展打头阵争先锋结合起来,并批示各相关部门、单位为本书的出版提供最大便利。本书由市政协策划出版,市委宣传部为此也做出了具体贡献。山东大学出版社的编辑刘森文先生、郭凯迪女士为本书的出版付出了令人感动的辛劳。

看似寻常最奇崛,成如容易却艰辛。古人云:“尽吾志也而不能至者,可以无悔矣。”由于编者才疏学浅,书中一定还有很多不足之处,恳望读者诸君不吝赐教,在此先致谢意。

编者

2022年6月1日